Kunst-Reiseführer in der Reihe DuMont Dokumente

Zur schnellen Orientierung – die wichtigsten Orte und kulturellen Stätten Jordaniens auf einen Blick:
(Auszug aus dem ausführlichen Ortsregister S. 488)

Amman	88	Qalaat er-Rabad	194
Aqaba	442	Qasr el-Azraq	240
Hisban	271	Qasr el-Kharaneh	246
Jerash/Gerasa	157	Qasr el-Mshatta	250
Jordan	125	Qusair Amra	241
Kerak	318	Shobeq	331
Madaba	274	Totes Meer	136
Meqawer (Festung Machärus)	306	Umm el-Jemal	256
Nebo	282	Umm Qeis/Gadara	199
Pella	128	Wadi Rum	439
Petra	334	Wadi es-Sir	116

In der vorderen Umschlagklappe: Übersichtskarte von Jordanien

In der hinteren Umschlagklappe: Der Stadtkern von Amman

Frank Rainer Scheck

Jordanien

Völker und Kulturen
zwischen Jordan und Rotem Meer

DuMont Buchverlag Köln

Umschlagvorderseite: Die Khazne Firaun, das ›Schatzhaus des Pharao‹, in Petra
Umschlaginnenklappe: Priester in Madaba
Umschlagrückseite: Jahreszeitenhaupt in der Apostelkirche in Madaba
Frontispiz, S. 2: Im Äußeren Sik von Petra. Lithographie von David Roberts

© 1985 DuMont Buchverlag, Köln
5. Auflage 1992
Alle Rechte vorbehalten
Satz und Druck: Rasch, Bramsche
Buchbinderische Verarbeitung: Bramscher Buchbinder Betriebe

Printed in Germany   ISBN 3-7701-1573-2

Inhalt

Vorbemerkungen 11

Historischer und kulturhistorischer Überblick

Vorgeschichte 13

Die eisenzeitlichen Reiche 20
Edom 22
Moab 24
   Text der Mescha-Stele 27
Ammon 28
Kulturgeschichtliche Entwicklungslinien 32

Die Zeit des Hellenismus (ca. 332–63 v. Chr.) 33
Die Hellenisierung des Ostjordanlandes 36

Rom und Ostrom (63 v. Chr.–636 n. Chr.) 38
   Die zehn ursprünglichen Mitgliedstädte der Dekapolis .. 40
Ökonomische Faktoren 45
Orientalische Kulte und Christentum 46
Grundzüge der kulturellen Entwicklung 48

Arabersturm und Omayyaden (636–750) 62
Die Dynamik der frühislamischen Kultur 67

Islamisches Mittelalter und Kreuzzüge (750–1291) ....
Reich und Kultur der Abbasiden 72
Umriß der Kreuzzugbewegung 74
   Zeittafel zu den Kreuzzügen 76
Die Kreuzritter östlich des Jordan 78
   Kreuzritterfestungen in Oultrejourdain 78
Fränkischer Wehrbau 79

Mamluken und Osmanen (1250–1918) 84
   Die Entstehung des jordanischen Staates 87

Amman und Umgebung 88

Geschichtlicher Überblick 88

Sehenswürdigkeiten in Amman
Die Unterstadt in römischer und byzantinischer Zeit 92
Das Forum 93
Das Theater 96
Das Odeum 98
Das Nymphäum 100
Die Hussein-Moschee 101
Der Zitadellenhügel 102
Der Tempel auf der Zitadelle 104
Die byzantinische Kirche 105
Der Qasr 106
Die Nordterrasse 108
Das Archäologische Museum 110
Die eisenzeitlichen Türme 111

Die Umgebung von Amman
Zwei römische Mausoleen: el-Quweisme und el-Nuweijis 111
Die Felsgräber von el-Kahf 112
El-Qasr und Khirbet es-Suk 114
Mosaik und Kirche von Swafiyeh 114
Wadi es-Sir – ›Fürstenhöhlen‹ und ›Sklavenburg‹ 116
Weitere Stätten 123

Der Westen: Jordangraben und Totes Meer

Das Jordantal 125
Pella 128
Tell es-Saidiyeh und Tell Deir Alla 133
Dolmen und Menhire in Jordanien 134

Das Tote Meer 136
Die Ruinen von Kallirhoë 154

Weitere Stätten im Westen 156

Jerash und der Norden 157

Geschichtlicher Überblick 157
Reisende und Archäologen 162
Seetzen über Gerasa 163

Sehenswürdigkeiten in Gerasa
Der Triumphbogen (Hadriansbogen) 165
Besichtigungsvorschlag 167
Das Hippodrom 168
Südtor und Stadtmauer 169
Stadtstruktur und Straßensystem 170
Das Ovale Forum 171
Der Zeus-Tempel 172
Das Südtheater 173
Das Macellum 174
Das Südtetrapylon 175
Der Omayyadenbau am südwestlichen Decumanus 176
St. Peter und Paul und die Gedächtniskirche 177
Die Genesius-Kirche 177
Der Drei-Kirchen-Komplex 178
Die Kirchenbauten um den Brunnenhof: Kathedrale und Theodorskirche 179
Das Nymphäum 182
Die Viaduktkirche (Propyläenkirche) 184
Die Atriumsmoschee 185
Artemis-Propyläen und Artemis-Tempel 186
Die Synagogenkirche 189
Das Nordtheater 189
Die Isaias-Kirche 190
Das Nordtetrapylon 190
Die Westbäder 191
Das Nordtor 191
Die Ostbäder 192
Die Procopius-Kirche 192
Birketein: Doppelbecken und Festtheater 193

Ein Ausflugsziel bei Jerash
Qalaat er-Rabad 194

Drei Dekapolis-Städte: Capitolias, Abila, Gadara
Beit Ras/Capitolias 197
Queilbeh/Abila 198
Umm Qeis/Gadara 199

Weitere Stätten im Norden 229

Der Osten: Wüstenschlösser und Hauran-Städte

Die omayyadischen Wüstenschlösser 230
Die Funktion der Landsitze – fünf Theorien 231
Omayyadisches Hofleben 233
Die Omayyadenkalifen 234
Qasr Burqu 237
Qasr el-Hallabat 238
Hammam es-Sarakh 239
Qasr el-Azraq 240
Qusair Amra 241
Qasr el-Kharaneh 246
Qasr et-Tuba und Bayir 249
Qasr el-Mshatta 250
Qastal 253

Umm el-Jemal und die Stätten des südlichen Hauran 254
Umm el-Jemal 256
Ruinenstätten nordöstlich und nordwestlich von Umm el-Jemal 263
Jawa 265
Safaitische Ritzungen 267

Zwischen Mafraq und Zarqa: Zwei spätantik-christliche Wehrdörfer
Khirbet es-Samra und Rihab 268

Entlang der Königsstraße 270

Zwischen Amman und dem Wadi el-Mujib
Hisban 271
Madaba 274
Nebo 282
Main und Hammamet Main 288

Meqawer (Festung Machärus) 306
Flavius Josephus über Machärus 307
Dhiban (Dibon) 309
Aroër, Umm er-Rasas und Lehun 310

Zwischen Wadi el-Mujib und Wadi el-Hesa
Durch das Wadi el-Mujib nach Qasr, Balua und Rabba 314
Kerak 318
Muta und Mazar 324
Dhat Ras 325

Zwischen Wadi el-Hesa und Petra
Durch das Wadi el-Hesa nach Khirbet et-Tannur und Khirbet edh-Dharih 326
Tafila, Sela und Buseira 329
Shobeq 331

Petra – Hauptstadt der Nabatäer 334

Die Nabatäer 334
Gesellschaftliche Entwicklungsstufen 335
Herrschaftsform und Reichsstruktur 336
Strabo über die Nabatäer 337
Die nabatäischen Könige 338
Außenpolitische Entwicklungslinien 339
Petra nach den Nabatäern 344

Grundzüge nabatäischer Kultur
Kulturelle Anfänge 345
Materielle Kultur: Haus- und Stadtarchitektur, Wasserbau, Töpferkunst 347
Religiöse Kultur: Pantheon, Bildkunst, Kultplätze 350
Sepulkralkultur: Gräber und Grabfassaden 354

Wanderungen durch Petra
Wadi Musa und Bab es-Sik 358
Petra-Pioniere 359
Der Sik 366
Khazne Firaun 368
Der Äußere Sik 370
Zum Großen Opferplatz und durch die östliche Farasa-Schlucht 372
Nach Farasa (West), zur Obodas-Kapelle und auf den Jebel en-Nmer 379

Die ›Königswand‹ 381
Im Norden der ›Königswand‹ 401
Die Innenstadt 403
   Grabungen in Petra 404
El-Habis und Wadi es-Syagh (Wadi Syagh) 412
Umm el-Biyara 413
Durch das Wadi es-Sugra nach Sabra und zum Jebel Harun 415
Über Wueira oder durch die Nordschluchten nach Beidha und zum Sik el-Barid 417
Der Weg nach ed-Deir 420

Der Süden: Entlang der Wüstenstraße

Der arabische Limes (Limes Arabicus) 426
Lejjun 428
Qasr Bushir 429
Odruh und Daganiya 431

Die moslemischen Pilgerforts und die Hejaz-Bahn 432
Die Hejaz-Bahn 437

Wadi Rum 439

Aqaba 442
Geschichtlicher Überblick 443
Mittelalterliche Stadt und Pilgerfort 446

Weitere Stätten im Süden 448

Praktische Reiseinformationen 449

Glossar 473
Ausgewählte Literatur 484
Register 488
Abbildungsnachweis 496

Vorbemerkungen

Vielleicht ist Jordanien kein ›großes‹, kein ›klassisches‹ Kulturland, in jedem Fall aber gibt es beispielhaft zu erkennen, wie Prozesse kultureller Beeinflussung und Transformation verlaufen. Eine *eigenständige* Hochkultur entstand in den Gebieten jenseits des Jordan nicht – dafür fehlten die natürlichen Voraussetzungen: ergiebige Böden und ein gesicherter Wasserhaushalt. So erscheint auch wenig verwunderlich, daß die Großmächte und Imperien des Mittelmeerraums wie des Zweistromlands, wenn sie sich in diesem Gebiet ›engagierten‹, seine Erschließung und kulturelle Integration zumeist nur zögernd betrieben. Man schätzte den transjordanischen Landstrich primär als Verteidigungsgürtel im Vorfeld der Wüste, beschickte ihn mit Schutztruppen und bewehrte ihn mit Kastellen. Als Grenzmark der ›zivilisierten Welt‹ säumte das Ostjordanland die ägyptische wie die assyrische Herrschaftssphäre, den Südosten der hellenisierten Welt und den römisch-byzantinischen Orient. Jenseits der militärisch-machtpolitischen Aspekte verdient indessen Aufmerksamkeit, in welcher Weise die kulturellen Impulse jener Großmächte und Zivilisationen wirksam wurden, wie man sie aus- und umformte zu einer landesspezifischen Kultur; von der ›jordanischen Peripherie‹ her gerät dabei auch das Profil der beeinflussenden Kulturen ins Blickfeld.

Die Begriffe Jordanien, Transjordanien und Ostjordanland, die wir synonym verwenden, sind freilich mißverständlich, wenn man sie nicht historisch-geographisch differenziert. Das moderne Staatsgebiet des Haschemitischen Königreichs schließt Zonen ganz unterschiedlicher, ja gegensätzlicher geschichtlicher Entwicklung zusammen – es umfaßt die traditionellen Beduinenlande im Osten und Süden ebenso wie die Äcker und Felder der nordwestlichen Siedlungsgebiete. Was heute eine politische Einheit ist, war über Jahrtausende durch den Grenzverlauf zweigeteilt, die Dörfer, Städte und Handelswege des jordanischen Westens wurden abgeschieden gegen die Welt der Nomaden im Osten. Zweimal in historischer Zeit allerdings gelang es arabischen Kräften, das west-östliche Herrschafts- und Kulturgefälle zu unterlaufen und ihre Einflußsphäre von der Wüste auf die westlichen, die traditionellen ›Kulturgebiete‹ Jordaniens auszudehnen: einmal in der nabatäischen Ära, dann wieder im Zeichen des Islam. Eine Stadt wie Petra und der Kranz der omayyadischen Wüstenschlösser wecken besonderes Interesse an diesen Perioden, die geprägt sind von kulturellem Synkretismus, aber auch neue schöpferische Potenzen zeigen.

Jordaniens erster neuzeitlicher Besucher war im Jahre 1806 Ulrich Jasper Seetzen, Ende des letzten Jahrhunderts begann die im eigentlichen Sinne wissenschaftliche Erschließung des

VORBEMERKUNGEN

Landes, vorangetrieben von Forschern wie Alois Musil, Rudolf Brünnow und Alfred von Domaszewski. Ihre Pionierleistungen sind bis heute wertvoll geblieben, zumal im frühen 20. Jh. politische Wirren die historische, kunsthistorische und archäologische Untersuchungen erheblich einschränkten. Einen neuen Aufschwung nahmen jordanische Archäologie und Kunstgeschichte in den 60er und 70er Jahren, nunmehr bereits auf einheimische Wissenschaftler gestützt. In den 80er Jahren konzentrierten zusätzlich zahlreiche ausländische Grabungsteams, durch die politischen Konstellationen im Libanon, im Irak, im Iran an der Entfaltung ihrer wissenschaftlichen Arbeit gehindert, ihr Interesse auf das diesbezüglich liberale Jordanien, das mit Grabungslizenzen und materieller Förderung nicht geizte. Trotz der stürmischen Entwicklung gerade dieser letzten Dekade bleibt indessen ein ungleichmäßiger Forschungsstand zu konstatieren: Stätten wie Jerash/Gerasa oder Petra sind verhältnismäßig intensiv bearbeitet worden, andere Plätze haben noch kaum Beachtung gefunden, und es bleibt offen, inwieweit die Ergebnisse einzelner Ausgrabungen verallgemeinert werden dürfen. Dies hat uns veranlaßt, Forschungsresultate und Einschätzungen der verschiedenen Wissenschaftler als solche deutlich zu kennzeichnen. Der Leser sei um Verständnis dafür gebeten, daß ihm statt fertiger Ergebnisse und fester Urteile gelegentlich nur Lehrmeinungen oder Hypothesen geboten werden können.

Bei der Arbeit an dem vorliegenden Buch habe ich vielfältige Unterstützung erhalten: Die jordanische Botschaft in Bonn-Bad Godesberg (Presserat Nayef Mutlay) und das Ministerium für Tourismus in Amman (N. Atalla; H. Alkhateeb) seien an erster Stelle genannt. Georg M. Blochmann (Köln), Michael Köhler (Köln), Manfred Lindner (Nürnberg), Reinhard Merker (Willich), Johannes Odenthal (Berlin), Karl Schmitt-Korte (Götzenhain), Achim Schnütgen (Köln), Alfred Stolz (Frankfurt), Peter Wald (Köln) und Jörg Wittenberg (Hamburg) gaben wichtige inhaltliche Hinweise und Informationen. Mit Fawzi Zayadine und Ghazi Bisheh (beide Amman) konnte ich Gespräche über verschiedene Problempunkte führen. Georg M. Blochmann (Köln), Klaus Fischer (Bonn), Hans-Thomas Gosciniak (Köln), Michael Jansen (Aachen) und Friedrich Kaltz (Oppenheim Stiftung, Köln) halfen bei der Beschaffung von Literatur und Illustrationsmaterial. Ihnen allen sei herzlich gedankt. Mein ganz besonderer Dank aber gilt Ursula Clemeur, ohne deren unermüdliche Hilfsbereitschaft der vorliegende Text nicht denkbar wäre.

Köln, im Juni 1985 und zur fünften Auflage im Juni 1992   Frank Rainer Scheck

PS   Natürlich ist auch im vorliegenden Band das notorische Problem der Transkription arabischer Bezeichnungen und Eigennamen nicht gelöst worden. Benutzt werden die in Jordanien selbst gebräuchlichen, gelegentlich allerdings in sich uneinheitlichen anglisierenden Umschriften.

Historischer und kulturhistorischer Überblick

Vorgeschichte

Steinwerkzeuge des **Paläolithikum**, der Altsteinzeit, die in der Levante und Palästina um 1 800 000 v. Chr. einsetzt und im 9. Jt. v. Chr. zu Ende geht, wurden vor allem im Süden und Osten Jordaniens gefunden: u. a. bei Aqaba, Wadi Rum, Maan, el-Jafr und Azraq. Da die Jäger und Sammler paläolithischer Zeit im Bereich des heutigen jordanischen Königreichs nicht in Höhlen – natürlich vorgegebenen Räumen der Konservierung – lebten, haben sie uns keinen geschlossenen Umriß ihrer materiellen Kultur hinterlassen. Inwieweit die wesentlich reicheren palästinischen Befunde *im einzelnen* übertragbar sind, muß dahingestellt bleiben. In groben Zügen, vielleicht mit einer gewissen Verzögerung, folgt der altsteinzeitliche Entwicklungsgang Jordaniens aber dem Palästinas. Wir heben hier nur den Übergang vom groben Faustkeil zur sorgfältig bearbeiteten Klinge hervor; diese wohl wichtigste ›technologische‹ Neuerung vollzog sich im Mittelpaläolithikum.

Das **Mesolithikum**, die Mittelsteinzeit, wird für die Nachbarregionen auf das 9. und 8. Jt. v. Chr. angesetzt; östlich des Jordan ist diese Epoche u. a. durch eine Fundstelle im Wadi Madamagh (nahe Petra) repräsentiert. Besonderes Interesse verdient der Umstand, daß die mesolithischen Jäger- und Sammlergemeinschaften in der Spätphase dazu übergingen, Herden von Schafen und Ziegen zu halten – der erste Schritt von der Jagd hin zur Domestizierung von Tieren. Damit und mit dem gleichzeitig einsetzenden Anbau von Wildgetreide war prinzipiell die Möglichkeit einer seßhaften Lebensweise gegeben. Den Übergang dazu bezeugen die Rundhütten, die man an einer Stelle nahe dem See Genezareth nachwies.

Sichel, Mörser und Stößel wohl aus dem 9. Jt. v. Chr. sind mit einiger Sicherheit als Werkzeuge für erste, grobe landwirtschaftliche Arbeitsgänge und zur Aufbereitung pflanzlicher Nahrung zu interpretieren. Eingetiefte Rundhütten aus Lehmziegeln mit Gras- oder Schilfdächern werden nun zur bevorzugten Wohnung. Die Kunst dieser Jahrtausende – und zum ersten Mal kann man in diesem Raum von Kunst in engerem Sinne sprechen – umfaßt grob skulptierte Kiesel, figürliche Knochenschnitzereien und Ritzungen an Gebrauchswerkzeugen. Es handelt sich durchweg um Kleinkunst, wobei naturalistische und geometrisierende Gestaltungstendenzen parallel laufen. Wiederum beziehen sich diese Feststellungen hauptsächlich auf palästinisch-levantinische Funde. Allerdings weist Transjordanien mit dem im Jebel Tubaiq, einem östlichen Wüstengebirge, gelegenen Kilwa zumindest *eine* bedeutende Stätte mesolithischer Kunstäußerung auf. (Nach einer Grenzkorrektur gehört der Platz, der 1914 von Gertrude BELL entdeckt und 1938 von Hans RHOTERT ausführlich beschrieben wurde, nunmehr zum saudi-arabischen Königreich.) An den Felswänden und an Steinblöcken des Jebel finden sich zahlreiche Ritzbilder von Tieren, deren »gelegentlich weiche und wallende Profillinien« (Giovanni GARBINI) an die Felsgravuren der Sahara-

KULTURGESCHICHTE: VORGESCHICHTE

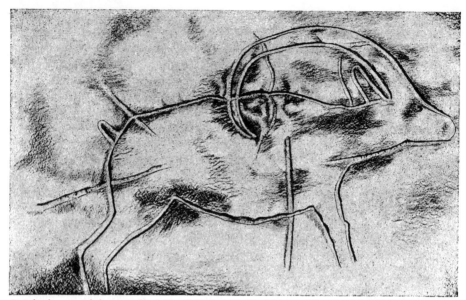

Steinbock, von Pfeilen getroffen. Mesolithisches (?) Ritzbild aus Kilwa im Jebel Tubaiq (nach: H. Rhotert)

Gebirge erinnern. Aufgrund stilkritischer Erwägungen (und somit nur mit relativer Gewißheit) schreibt man sie mesolithischen Jägern zu. Thematisch dominieren in Kilwa Steinbock-Darstellungen, daneben sind Kamele, Rinder und Wildkatzen abgebildet; ferner hat man eine Jagdszene gefunden.

Auch wenn sich im Mesolithikum eine seßhafte Lebensweise bereits abzeichnet, muß das, was sich im Raum des Fruchtbaren Halbmonds im 9. und 8. Jt. v. Chr. vollzieht, im vollen Wortsinn als **neolithische Revolution** bezeichnet werden, als der entscheidende zivilisatorische Aufbruch. Die palästinische ›Leitstätte‹ für diesen Prozeß ist Jericho am Westrand des Jordantals. Noch in der präkeramischen Phase, d. h. vor der Erfindung der Töpferei, hat sich hier eine Stadt entwickelt. Ihre schließlich 2000 oder 3000 Einwohner schützten sich durch Steinbefestigungen, darunter ein Turm von fast 9 m Höhe mit innerem Treppenaufgang. Die Monumentalität dieser Wehranlagen, die in den frühneolithischen Siedlungen Anatoliens, Syriens und des Irak Vergleichbares, aber nicht Ihresgleichen haben, weist auf die zeitgenössische Frontstellung zwischen ›progressiven‹ Siedlern und ›konservativen‹ Jägern hin. Zwar hat man auch in Jericho Knochen von Wildtieren gefunden, die den Anteil der Jagd an der Nahrungsversorgung bezeugen; die Wirtschaftsbasis dieser ›ältesten Stadt der Welt‹ ist aber mit dem Nachweis von Kulturpflanzen als die einer Ackerbaugemeinschaft faßbar geworden: An die mesolithische Wildgetreide-Erntewirtschaft knüpft nunmehr bereits ein Regenfeldbau von Kulturgetreide an. So sprechen die mächtigen Mauern von Jericho wohl für das gewachsene Schutzbedürfnis einer seßhaften Minderheit, die sich in einer durch wildbeuterische Gemeinschaften bestimmten Umwelt zu behaupten hatte.

Das ›eingetiefte Rundhaus‹, bekannt schon aus dem Mesolithikum, gibt dem frühen Jericho eine große architektonische Einheitlichkeit; der Schluß auf eine auch soziale Abgeglichenheit liegt nahe. Eine Klassengesellschaft altorientalischen Typs ist am Jordan noch nicht entstanden; allerdings bereitet die neue Form des Wirtschaftens ihr den Boden – vor allem mit Ansätzen zu einem System künstlicher Bewässerung. In dieses Bild fügt sich, daß der Totenkult von Jericho – auch er eine bedeutsame kulturelle Errungenschaft – nicht auf Einzelindividuen von herausragendem gesellschaftlichen Status ausgerichtet ist. In eher egalitärer Weise sucht man statt dessen die Toten dem Familienverband durch eine Bestattung unter den Wohnräumen zu erhalten (auch im südjordanischen Basta bezeugt). Wie aus der architektonischen Struktur der Siedlung wird man daraus schließen dürfen, daß der Hausverband, ›die Sippe‹, als Keimzelle der sozialen Organisation und Garant persönlicher Sicherung fungierte. Ein Symbol dieser Lebens- und Denkweise erkennen wir in jenen Totenschädeln, die mit Gips nachmodelliert sind, wobei (Kauri-)Muscheln die Augen bilden (Beispiele zeigt das Archäologische Museum von Amman).

Tierfigürchen (Schafe, Ziegen), Phallusnachbildungen und Flachplastiken von Menschen, gefertigt aus Tonerde und Schilf, weisen, wie alles in Jericho, über das 8., 7. und 6. vorchristliche Jahrtausend hinaus – damit ist zugleich gesagt, daß man von den aufsehenerregenden Erkenntnissen, die im Zuge der Ausgrabungen Kathleen KENYONs seit 1952 gewonnen wurden, nicht ohne weiteres auf das kulturelle Gesamtniveau der Zeit und der Region schließen kann. Andererseits ist Jericho durchaus kein Einzelphänomen. Vielmehr führt es eine Tendenz an, die auch an anderen nahöstlichen Plätzen, freilich weniger spektakulär, belegt werden kann: auf jordanischem Boden vor allem in Beidha, wenige Kilometer nörd-

Totenschädel aus Jericho, mit Gips modelliert. Muscheln ersetzen die Augen. Vergleichbare Stücke finden sich im Archäologischen Museum von Amman (Zeichnung: U. Clemeur)

lich des Talkessels von Petra (vgl. S. 419). Dort hat die britische Archäologin Diana KIRK-
BRIDE seit 1958 sechs einander zeitlich folgende Siedlungen aufgedeckt. Die teils runden,
teils rechteckigen Häuser und Werkstätten mit verputzten Fußböden und Wänden weisen
vielfach zwei Stockwerke auf. Wahrscheinlich wurden hier schon Überschußgüter für den
Handel produziert – jedenfalls fand man ganze Stapel von Reibmühlen, deren Zahl sich aus
dem Eigenbedarf der Siedlung nicht erklären läßt. Neue Forschungen und Ausgrabungen
auf jordanischem Boden, so in Abu Tawwab (Z. KAFAFI), Ain Ghazal, zwischen Amman
und Zarqa (G. ROLLEFSON; Z. KAFAFI), in Wadi Shueib (A. SIMMONS), Basta (H. J. NISSEN,
M. MUHEISEN; vgl. S. 448), Wadi Jeilat (A. GARRARD) und im Umfeld von Qasr Burqu (A.
BETTS; vgl. S. 237f.) bezeugen eine Vielfalt neolithischer Lebensbilder, in denen als jordanische Konstante allerdings die Dominanz des ›Pastoralismus‹ (d. h. einer Hirtenwirtschaft)
faßbar wird – im Unterschied zum paläolithischen Jägerleben einerseits, zum entschiedenen
landwirtschaftlichen Neuansatz in zeitgleichen nahöstlichen Stätten andererseits.

Wenn man die Mauerumgürtung von Jericho als Ausdruck einer ›fortgeschrittenen‹, zur
Verteidigung gezwungenen Wirtschafts- und Gesellschaftsform betrachtet, stellt sich
sogleich die Frage, warum Teleilat el-Ghassul, die bedeutendste **chalkolithische** (kupfersteinzeitliche) Stätte Jordaniens, im 5. und 4. Jt. v. Chr. ohne alle Befestigungen auskommen konnte, ebenso übrigens zeitgleiche Sätten wie Abu Hamid (erforscht von G. DOLL-
FUSS, Z. KAFAFI), Nord-Shuna im Jordantal (C. GUSTAVSON-GAUBE), Pella (B. HENNESY,
vgl. S. 128) und Sahab (M. IBRAHIM; vgl. S. 124). Zwar besaß auch das neolithische Beidha
oder eine kleine jungsteinzeitliche Siedlung wie Ain Abu Nekheleyh im Wadi Rum keine
schützenden Mauern, doch läßt sich dies einleuchtend aus der Abgeschiedenheit der Plätze
und einer günstigen Geländebeschaffenheit erklären. Ghassul aber, um bei diesem Beispiel
zu bleiben, nur etwa 25 km Luftlinie von Jericho entfernt, lag bar jedes natürlichen Schutzes
in der Ghor-Ebene am Ausgang des Jordantals zum Toten Meer (ca. 5 km von Suweima
nahe der Amman-Jerusalem-Straße). Sollte der Grund solch erstaunlicher Selbstsicherheit
darin zu suchen sein, daß die Siedler über eine fortgeschrittene Kultur und Technologie
verfügten, der gegenüber die primitiven Steinwerkzeuge und wohl auch Angriffsformen der
Jäger- und Sammlerkulturen zeitweilig machtlos waren? Aus den Ausgrabungen der Jesui-
ten Alexis MALLON, Robert KÖPPEL und René NEUVILLE vom Päpstlichen Bibelinstitut
Jerusalem zwischen 1929 und 1938, die 1958 bis 1960 unter Robert NORTH, 1967/68 dann
unter B. HENNESSY von der British School of Archaeology fortgeführt wurden, wissen wir
jedenfalls, daß es bereits hochentwickelte Waffen, Kupferbeile, in Ghassul gab. Nicht
minder bedeutsam sind Funde von Dattel- und Olivenkernen, die auf den Anbau der
entsprechenden Nutzbäume und somit auf weitere Kultivierungsfortschritte schließen lassen. Die in der chalkolithischen Schicht der Höhlenwohnungen von Sahab, südöstlich von
Amman, nachgewiesenen Samen verschiedener Kulturpflanzen werfen zusätzlich Licht auf
den gut entwickelten Bodenbau jener Zeit.

Die Häuser von Ghassul (wir sprechen im folgenden durchweg von der obersten Schicht
von insgesamt vier freigelegten Siedlungsphasen) wurden durch gepflasterte Wege vonein-

ander getrennt. Ihre auf rechteckigem oder trapezförmigem Grundriß aufgeführten Mauern bestanden aus Lehmziegeln, waren manchmal mit Bruchsteinen fundamentiert und in der Regel wahrscheinlich mit Gras oder Holz eingedeckt.

Die neolithischen Bestattungen in bzw. unter den Wohnräumen wurden im chalkolithischen Ghassul aufgegeben, oder genauer: Diese Bestattungsform beschränkte sich nun auf die Leichname von Kleinkindern, die man in den Winkeln der Aufenthaltsräume beisetzte. Hier wird ein religiös-weltanschaulicher Wandel sichtbar, den man – mit der gebotenen Vorsicht – vielleicht so erklären kann, daß die Einzelfamilie oder Sippe gegenüber der Siedlungsgemeinschaft in den Hintergrund rückte. Das Resultat: die ›Erfindung‹ des Friedhofs. Vorherrschend sind dabei Bestattungen in Schachtgräbern, deren Steinverkleidung und Gestalt an Dolmen erinnern (die jordanischen Dolmen und Menhire werden aufgrund dieser Analogie von einigen Forschern in chalkolithische Zeit datiert; vgl. S. 135).

Von der Vorstellungswelt und Mythologie des kupfersteinzeitlichen Ghassul erzählen die vielfarbigen Darstellungen, die in verschiedenen Häusern auf den Wandputz aufgetragen sind. Besondere Beachtung fand Anfang der 30er Jahre dieses Jahrhunderts das sogenannte Gemälde mit dem Stern, ein 3,2 x 2 m großes Fresko in den Farben Schwarz, Weiß, Rot und Gelb, das von Eckhard UNGER als »ältestes Weltbild« und als Darstellung des Nachthimmels

Das ›Sternfresko‹ aus Teleilat es-Ghassul, eines der eindrucksvollsten Kunstwerke chalkolithischer Zeit (nach: ZDPV 77, 1961)

KULTURGESCHICHTE: VORGESCHICHTE

mit Mond und Sternzeichen gedeutet wurde. UNGER bringt das eindrucksvolle Gemälde sowie zwei weitere Sternfresken mit dem aus Mesopotamien bekannten Astralkult in Verbindung.

Soviel jedenfalls ist sicher: Im chalkolithischen Transjordanien setzte sich die Scheidung der gesellschaftlichen Aufgaben und somit eine Spezialisierung im Sinne sozial sanktionierter Arbeitsteilung durch. Erst in diesem Kontext erklärt sich z. B. die chalkolithische Verhüttung im Wadi Feinan (im Südbereich des Wadi Araba), untersucht von A. HAUPTMANN und G. WEISSGERBER.

In der **frühen Bronzezeit** (ca. 3200–ca. 2100 v. Chr.) zogen neue Stämme und Völker in das Gebiet des heutigen Jordanien und nach Palästina, bezeugt durch eine veränderte Bestattungsform. In runden Schachtkammergräbern häufte man nun ca. 2 m unter der Erde die Gebeine mehrerer Toter auf; die Schädel der Verstorbenen, manchmal acht und mehr, wurden vom übrigen Gebein abgesondert und auf dem Boden der Kammer aufgereiht. Als Grabbeigabe findet sich eine teilweise mit Ritzungen geschmückte Keramik. Tell esh-Shuna und Tell Umm Hammad Sharqi im Jordantal, Tell el-Umeiri nahe Madaba, vor allem aber Bab edh-Dhra am Zugang zur Lisan-Halbinsel (Totes Meer) sind die für diese Zeit und ihre Kultur relevanten Stätten östlich des Jordan.

Der letztgenannte Platz, 1924 entdeckt und zwischen 1965 und 1968 unter Paul W. LAPP von den American Schools of Oriental Research archäologisch erschlossen (neue Forschungen und Ausgrabungen unter D. MCCREARY, W. RAST, T. SCHAUB, D. J. ORTNER und V. A. CLARK seit 1975 bzw. 1977), war über die frühe Bronzezeit, genauer: zwischen ca. 3250 und ca. 2350 v. Chr., in drei oder vier unterscheidbaren Phasen besiedelt. Während die beschriebene Bestattungsform der ersten Phase zuzuordnen ist, zeigen die Gräber von Bab edh-Dhra – man schätzt ihre Zahl auf insgesamt über 20 000 – in der zweiten Phase einen ganz anderen Typus: Nun wurden die Gebeine von jeweils mehreren Toten in Ossuarien, rechteckigen Lehmziegelbauten mit Seitenlängen zwischen 3 und 7 m, beigesetzt. Darin drückt sich ein Umbruch in der Kultur eines ›Wanderer-Volkes‹ aus, das zwar an seiner traditionellen Gemeinschaftsbestattung festhält, mit der Seßhaftwerdung aber auch entsprechende Grabformen, Beinhäuser, entwickelt. Graburnen in Hausform, wie wir sie aus dem zeitgleichen palästinischen Chudera kennen, künden ebenfalls davon, daß hier *Siedler* den Tod in einer ihrem Leben entsprechenden Weise bewältigen.

Der archäologische Befund für diese Phase von Bab edh-Dhra unterstreicht unseren Gedanken: Die Ausgrabungen brachten eine Kleinstadt von ca. 350 × 130 m zutage, umschlossen von einer bis zu 7 m (!) starken Steinmauer. Es liegt auf der Hand, daß die Einwanderer von einst nun selbst unter starkem nomadischen Druck standen oder von neuen Völkerwanderungen bedroht waren – eine Konstellation, die offenbar auch andere frühbronzezeitliche Stätten wie Khirbet ez-Zeraqun (nordöstlich von Irbid) und Jawa (vgl. S. 265f.) zur Anlage monumentaler Stadtwälle bewog.

Eine Bestätigung dafür gibt uns die sogenannte **Zwischenperiode** (Intermediate Period), die man gelegentlich auch als letzte Phase der frühen Bronzezeit betrachtet; sie leitet zwischen ca. 2300 und ca. 1900 v. Chr. zur mittleren Bronzezeit über. Archäologisch erkundet sind bislang nur wenige jordanische Stätten dieser Periode; wir nennen Ader, Khirbet Iskander sowie Tell Iktanu und ergänzen, daß G. L. HARDING bei el-Hosn und Rajan DAJANI 1968 am Jebel et-Taj in Amman jeweils ein Grab der Zwischenperiode freilegten. Der wichtigste Platz ist aber wiederum Bab edh-Dhra; Paul W. LAPP konnte den Nachweis führen, daß die frühbronzezeitliche Siedlung trotz ihrer monumentalen Mauerbewehrung um 2300/2200 v. Chr. von Invasoren aus der Syro-Arabischen Wüste zerstört wurde. Man sieht in ihnen allgemein Stämme der in sumerischen Texten als Martu, d. h. Westen, in ägyptischen Texten als Amu bezeichneten biblischen Amoriter, die nicht nur in Jordanien und Palästina, sondern auch nach Mesopotamien (Amoriter-Dynastie in Babylon!), Nordsyrien und in das Gebiet des heutigen Libanon einfielen. Was Bab edh-Dhra angeht, so wurden dort die Beinhäuser von Tumulusgräbern abgelöst: Die Verstorbenen bettete man in eine schmale, flache Grube, das Grab wurde durch einen kleinen Steinhügel bezeichnet; als Bestattungsbeigabe finden sich häufig Dolche.

Nelson GLUECK gelangte aufgrund einer landesweiten archäologischen Bestandsaufnahme Ende der 30er Jahre zu dem Urteil, das Transjordanien der **Mittelbronzezeit** (ca. 1900–ca. 1500 v. Chr.) habe gänzlich im Zeichen nomadischer Lebensführung gestanden – ein Land ohne Städte und größere permanente Siedlungen. Diese Einschätzung kann heute nicht mehr aufrechterhalten werden. Allein auf der East Bank wurden 1975/76 in einem Survey 19 mittelbronzezeitliche Siedlungen nachgewiesen. Eindrucksvolle Beigaben mittelbronzezeitlicher Gräber, die seither u. a. in Amman, Irbid, Naur und Sahab aufgedeckt wurden, dazu Befestigungswerke in Amman und am Tell Safut bei Suweileh beweisen, daß es zumindest regional eine urbane Kultur gab. Wahrscheinlich stand sie unter dem Einfluß der Hyksos, eines semitischen Kulturvolkes, das Mitte des 2. Jt. v. Chr. in Ägypten eindrang (und dort die 15. Dynastie begründete). Die Hyksos, d. h. Herrscher der Fremdländer, führten nicht nur Pferd und Streitwagen im Nahen Osten ein (wodurch sich ihre militärischen Offensiverfolge erklären), sondern später auch Neuerungen im Festungsbau, vor allem das sogenannte Glacis, eine Erdaufschüttung oder Böschung, durch die bei der Anlage von Festungsgräben ein toter Winkel vermieden wird. Eben solche Glacis zeichnen aber die erwähnten Befestigungen von Amman (untersucht von Rudolph DORNEMANN) und am Tell Safut aus.

Insgesamt muß man für das Jordanien der Mittelbronzezeit ein (gegenwärtig unübersichtliches) Nebeneinander nomadischer und seßhafter Elemente annehmen: Während die amoritischen Eindringlinge immer mehr mit der einheimischen Bevölkerung verschmolzen, konnten sich ältere Siedlungen in Einzelfällen unberührt behaupten, rückten neue Nomadenstämme ins Ostjordanland vor, wurden die technologischen Neuerungen der Hyksos übernommen.

Ein wenig deutlicher erscheint das Bild der jordanischen **Spätbronzezeit** (ca. 1500–1200 v. Chr.), die im Zeichen des pharaonischen Ägypten der 18. Dynastie stand. Unter THUTMOSIS III., der allein siebzehn Mal nach Palästina zog, erstarkte das Reich am Nil zu einer Großmacht, der sich im Vorderen Orient nur die anatolisch-nordsyrischen Hethiter gewachsen zeigten. Von der kommerziellen und kulturellen Kraft des Neuen Reiches profitierte auch das Ostjordanland. Funde in Pella, Tell Deir Alla und Amman belegen, daß Handelsverbindungen bis nach Griechenland und Zypern bestanden.

Jordaniens hervorragendes Architekturdenkmal der Spätbronzezeit ist der von HARDING und HENNESSY ausgegrabene Quadratbau am Marka-Flughafen von Amman mit 16 m Seitenlänge und 4,5 m dicken Mauern. Kleinfunde mykenischer und zypriotischer Herkunft, dazu Skarabäen und Bronzewaffen lassen eine Deutung des Baues als Nomadenheiligtum, wie sie WRIGHT und CAMPBELL vorgeschlagen haben, kaum zu; wenn er – einer anderen Hypothese zufolge – lediglich ein Wachtturm war, müßte er dem Schutz einer entwickelten urbanen Siedlung oder sogar eines Kleinreiches bzw. Siedlungszusammenhangs im westlichen Hügelland gedient haben. Für diese Hypothese spricht die Entdeckung eines weiteren spätbronzezeitlichen Baus bei Mabrak, 4 km südöstlich, der mit dem Marka-Gebäude in Sichtkontakt stand. Der Ausgräber, K. YASSINE, tendiert allerdings dazu, das Monument (Grundriß: ca. 18 × 24 m; Mauerstärke: ca. 2 m) als Residentialbau und Beispiel für einen eigenständigen transjordanischen Bautypus zu bewerten.

Die eisenzeitlichen Reiche

Mit der Eisenzeit, die man in zwei Phasen untergliedert und von ca. 1200 bis ca. 900 v. Chr. bzw. von ca. 900 bis 539 v. Chr. (Eroberung Babylons durch die Perser) datiert, verdichten sich die Siedlungsstrukturen im Ostjordanland zu *Kleinreichen*. Das Alte Testament, das uns nunmehr als Zeugnis zur Verfügung steht, nennt für diese Reiche die Namen Edom, Moab und Ammon; dazu kommen zwei kurzlebige amoritische Kleinstaaten unter den Königen SICHON und OG.

Die biblischen Berichte sind gewiß nicht wortwörtlich zu nehmen, etwa in ihren überhöhten, metaphorisch anmutenden Zahlenangaben, und enthalten darüber hinaus unübersehbare innere Widersprüche – man vergleiche beispielsweise die Passage 4. Mose (Numeri) 20, 14 ff., die für den Israelitenzug eine transjordanische Umgehungsroute östlich der Königsstraße angibt, mit 4. Mose (Numeri) 33, 1–49, wo die Stationen einer Direktroute durch die Araba, Edom und Moab genannt werden. Dennoch sind sie grundsätzlich ernst zu nehmen und enthalten unschätzbare historische Informationen. Den genannten Widerspruch erklärt Y. AHARONI, einer der bedeutendsten historischen Geographen des Heiligen Landes, daraus, »daß die israelitische Eroberung nicht in einem Zug oder zu einem Zeitpunkt stattgefunden hat, sondern in mehreren Wellen, die in der Tradition zu einer einzigen Eroberung zusammengefaßt wurden«. Wir beziehen uns im folgenden auf die Überlieferung Numeri 20, 14 ff., die uns die Verhältnisse im Ostjordanland des 14. (oder 13.) Jh. v. Chr. erschließt.

Siedlungsräume bzw. Machtbereiche nach der israelitischen Landnahme im palästinisch-jordanischen ▷
Raum (Karte: G. Rebensburg nach Y. Aharoni)

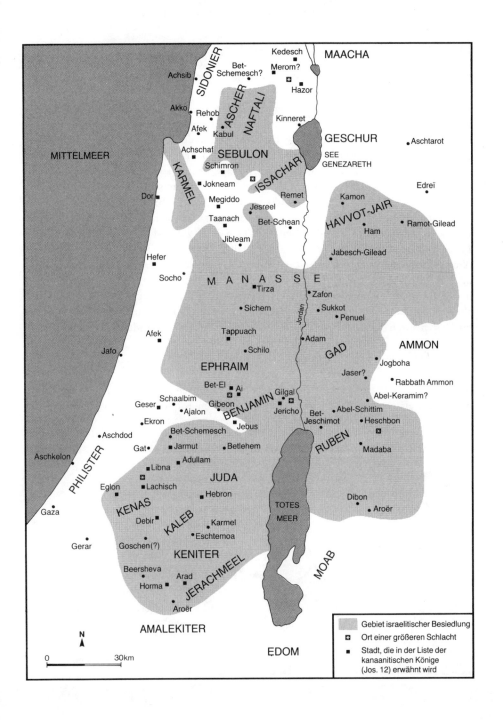

KULTURGESCHICHTE: EISENZEITLICHE REICHE (EDOM)

Edom

Edom, das südlichste der eisenzeitlichen Reiche, stellte sich den Israeliten des Exodus auf ihrem Zug ins ›Gelobte Land‹ danach als erste Macht entgegen (vgl. 4. Mose [Numeri] 20, 14–21). Obwohl die Juden dem König von Edom ihre Not vor Augen führen und ihm versichern: »Wir werden eure Felder und Weinberge nicht betreten und kein Brunnenwasser trinken. Wir werden die Königsstraße benutzen und weder rechts noch links davon abbiegen«, verwehrt Edom ihnen »mit schwer bewaffneten Kriegern« den Durchzug. Genannt wird das Kleinkönigreich auch in ägyptischen Dokumenten, so in den historischen Berichten RAMSES' II. (ca. 1290–1224 v. Chr.). Wie der amerikanische Archäologe W. F. ALBRIGHT mitteilt, findet Edom darüber hinaus im 256. Amarna-Brief Erwähnung.

Die literarischen Zeugnisse für ein zumindest militärisch starkes Edom schon des 2. Jt. v. Chr. stehen allerdings in einem gewissen Widerspruch zu den bisherigen archäologischen Erkenntnissen. Die Edom-Spezialistin Crystal-M. BENNETT von der British School of Archaeology fand weder bei ihren Grabungen auf Umm el-Biyara (Petra) noch in Tawilan oder in Buseira eine Spur edomitischer Besiedlung vor dem 9. oder 8. vorchristlichen Jahrhundert. Gerade von den genannten Plätzen jedoch durfte man sich Aufschluß über eine ältere bodenständige Kultur versprechen. Edom, das im Norden durch das Wadi el-Hesa, im Westen durch das Wadi el-Araba, im Osten durch die Arabische oder Syrische Wüste und im Süden durch den Golf von Aqaba bzw. das ehemalige Gebiet der Midianiter begrenzt wird, besitzt ja nur wenige Regionen, die potentiell für den Ackerbau nutzbar sind, insbesondere eben die Gegend von Tafila/Buseira mit ihren zahlreichen Quellen sowie Ain Musa bei Petra. Andererseits haben Nelson GLUECKs Grabungen am Tell el-Khailifa bei Aqaba den Nachweis einer größeren Stadt erbracht, die vom Kupferbergbau, daneben von der Schiffahrt und vom Karawanenhandel lebte, und zwar etwa seit dem 10. Jh. v. Chr. Ferner

Semitischer Nomade oder Wanderhandwerker, vielleicht aus dem syrisch-jordanischen Raum. Wandmalerei in einem ägyptischen Grab des frühen 2. Jt. v. Chr. (Zeichnung: U. Clemeur)

wissen wir – wiederum durch GLUECK –, daß in Fenan, dem biblischen Punon, zwischen Petra und dem Toten Meer gelegen, bereits um 2000 v. Chr. Kupfererz abgebaut und verhüttet wurde.

Angesichts solcher Differenzen zwischen archäologischem und literarischem Befund sollte man hervorheben, daß die erwähnten ägyptischen Texte keine Gewißheit darüber schaffen, ob die Edomiter ein seßhaftes Volk waren. J. R. BARTLETT jedenfalls sieht die edomitischen Herrscher, die das Alte Testament in 1. Mose (Genesis) 36, 31–39 anführt, aufgrund der fehlenden Erbfolge zwischen den aufgelisteten ›Königen‹ als Häuptlinge halbnomadischer Stämme an. Im übrigen bleibt unbestimmt, in welchem Zusammenhang die Horiter, in 1. Mose (Genesis) 36, 20–30 als die in Stämmen organisierten »Einwohner des Landes« erwähnt, zu den Edomitern standen.

Am ehesten bietet sich die Erklärung an, daß im Edom dieser Zeit einzelne Städte und Stammesgebiete *nebeneinander* bestanden, wobei das nomadisch/halbnomadische Element zunächst vorherrschte. Erst mit bedeutender Verzögerung wäre das von Stammeswesen und Karawanenhandel geprägte Land, in dem ansonsten nur örtlich Bodenschätze gefördert wurden, dann in den dafür tauglichen Regionen zum Ackerbau übergegangen. Eine solche Einschätzung schließt nicht aus, daß die Edomiter eine hohe Kampfkraft ins Feld führen konnten, daß sie die Israeliten des Exodus zu einem Umgehungsmarsch zwangen und König DAVID Anfang des 1. Jt. v. Chr. nötigten, Garnisonen nach Edom zu legen und dort Vögte einzusetzen (vgl. 2. Samuel 8, 14; 1. Chronik 18, 12–13).

Jenes Edom, das zur Zeit König JORAMS von Juda, d. h. Mitte des 9. Jh. v. Chr., die militärische Bedrückung abschüttelte und als Königreich Selbständigkeit erlangte, von Juda zwar noch einmal erobert wurde, unter dessen König AHAS Mitte des 8. Jh. v. Chr. aber wiederum unabhängig wurde, ist schon eher mit den Grabungsergebnissen von Umm el-Biyara, Buseira und Tawilan in Verbindung zu bringen. Buseira, das seit 1971 freigelegt wird, ist als das biblische Bozra identifiziert worden, das in 1. Mose (Genesis) 36, 33 Erwähnung findet; Tawilan bei Petra als jenes Teman, das der Prophet AMOS (1, 12) wortgewaltig mit Feuer bedroht. Im 8. und 7. Jh. v. Chr. sprechen die Propheten JESAJA (34, 5–17) und JEREMIA (49, 7–22) Drohworte gegen Edom insgesamt und Bozra im besonderen aus; die Hervorhebung des Orts könnte bedeuten, daß er zu dieser Zeit Hauptstadt von Edom war. Nach dem Ausgrabungsbefund von C.-M. BENNETT könnte auf der ›Zitadelle‹ von Buseira im 8./7. Jh. v. Chr. ein assyrischer Provinzgouverneur residiert haben. Fraglich ist hingegen die Lokalisierung des edomitischen Sela (= Fels), das nach 2. Chronik 25, 11–14 vom judäischen König AMAZJA erobert wurde. 10 000 Edomiter (»Seïriter«) soll dieser dabei erschlagen, 10 000 weitere von einer Berghöhe in den Tod gestürzt haben; die edomitischen Götterbilder wurden im Triumph nach Juda überführt, wo AMAZJA ihnen im Tempel einen Ehrenplatz gab und Opfer darbrachte. Gewöhnlich wird zwar der Bergstock Umm el-Biyara in Petra mit Sela gleichgesetzt, doch gibt es noch eine zweite Identifizierungsmöglichkeit: die Felsfestung es-Sela ca. 50 km nördlich von Petra. Allein vom Namen, aber auch von der Topographie her hat sie Anspruch, als das biblische Sela zu gelten, so wie sie später offenbar auch nabatäische Fliehburg gewesen ist (vgl. S. 330).

KULTURGESCHICHTE: EISENZEITLICHE REICHE (MOAB)

Einer der interessantesten Funde der britischen Archäologin BENNETT auf Umm el-Biyara, wo sie die Mauerzüge eines edomitischen Dorfes freilegte (vgl. S. 414), war ein Siegelabdruck des Edomiterkönigs Qos GABOR. Dieser Herrscher ist auch aus assyrischen Quellen der Zeit der Könige ASARHADDON (reg. 680–669 v. Chr.) und ASSURBANIPAL (reg. 668– ca. 627 v. Chr.) ein Begriff. In Tawilan (vgl. S. 358) fand BENNETT einen Schmuckstein mit eingeschnittenem Altar, Halbmond und Stern; es könnte sich um eine symbolhafte Gottesdarstellung aus dem Zusammenhang eines Astralkults handeln.

Daß Edom bis zuletzt weniger vom Ackerbau als vom Handel lebte, ergibt sich auch daraus, daß es zwar den Babyloniereinfall im 6. Jh. v. Chr. leidlich überstand, nicht aber die Vereinnahmung seiner Karawanenrouten durch das arabische Volk der Nabatäer (vgl. S. 334ff.), das wohl seit Ende des 6. Jh. v. Chr. in Edom einsickerte und die ansässige Bevölkerung teilweise nach Nordwesten abdrängte. In Juda, südlich von Hebron, wo sich schon seit dem 7. Jh. v. Chr. einzelne Edomiter angesiedelt hatten, fand das südjordanische Volk eine neue Heimat. Dieses ›zweite Edom‹ ist unter dem hellenisierten Namen Idumäa ein fester geographischer Begriff geworden.

Moab

Moab, das zweite eisenzeitliche Reich, schloß sich, abgegrenzt durch das Wadi el-Hesa, nördlich an Edom an. Im Westen vervollständigen Wadi el-Araba und Totes Meer, im Osten die Wüste den geographischen Umriß. Stets umkämpft war Moabs Nordgrenze, sie verschob sich zwischen dem Wadi el-Mujib und der Linie von Hisban oder Madaba.

Unsere Kenntnis über Moab beruht auf den Ausgrabungen von Dhiban (1950–1957) und Hisban (1968–1976), auf zwei bedeutenden Funden (Balua-Stele, Mescha-Stein) und den älteren Forschungsberichten, unter denen die von H. B. TRISTRAM (1873), Alois MUSIL (1907/08), W. F. ALBRIGHT (1924), Nelson GLUECK (1934) und Karl-Heinz BERNHARDT (1960) hervorragen; dazu kommen die archäologischen Feldforschungen, die J. Maxwell MILLER seit 1978 in Moab durchführt. Nach wie vor aber bleibt das Alte Testament die Hauptquelle unseres historischen Wissens.

Über die Zeit des Exodus erfahren wir in 4. Mose (Numeri) 22–26 das folgende: Nach der Umgehung Edoms zogen die Israeliten in die »Steppen von Moab«, was BALAK, den König des Landes, veranlaßte, den Seher BILEAM vom Euphrat (vgl. S. 134) um Hilfe anzurufen; dieser sollte die Eindringlinge, die »das ganze Land bedeckt« hielten, durch einen Fluch verderben. Göttlich inspiriert tat BILEAM jedoch etwas ganz anderes: Viermal segnete er das ›auserwählte Volk‹, das nach einer Zählung, die MOSES und der Priester ELEASAR »am Jordan bei Jericho« durchführten, damals mehr als 600 000 wehrfähige Männer in zwölf Stämmen umfaßt haben soll.

Historisches Interesse verdient vor allem die Nachricht in 4. Mose (Numeri) 21, 26–30, daß SICHON, König der Amoriter, den Moabitern noch vor der Ankunft der Israeliten die

Die Balua-Stele, entstanden im 13./12. Jh. v. Chr., zeigt ägyptischen Einfluß, ist aber ein jordanisches Kunstwerk. Sie wurde 1930 in Moab entdeckt und befindet sich heute im Archäologischen Museum von Amman (Zeichnung: W. A. Ward und M. F. Martin, ADAJ VIII/IX, 1964)

beiden Städte Heschbon und Dibon und ihr »ganzes Land bis zum Arnon«, d. h. bis zum Wadi el-Mujib, geraubt hatte. Dieser Krieg zwischen den Kleinreichen führte nicht nur zur Anlage von moabitischen Wachttürmen, sondern hatte auch fortdauernde Versuche Moabs zur Folge, den verlorenen fruchtbaren Landstrich zurückzugewinnen. Der Gegner hieß dabei bald Israel, denn die Stämme Ruben und Gad schwangen sich gegen SICHON zu den Herren des fraglichen Gebiets auf. Auch Ammon meldete Territorialansprüche an (s. u.).

Über eine archäologische Bestätigung dieser alttestamentlichen Berichte verfügen wir nicht. Jedoch schildern die Reliefs von Luxor eine ägyptische Strafexpedition, die unter RAMSES II. (reg. ca. 1290–1224 v. Chr.) u. a. nach Moab entsandt wurde. Dort gab es eine Festung Dibon und eine Stadt namens Boteret, deren Kapitulation im Bild festgehalten ist. Ägyptens Einfluß im Ostjordanland war aber nicht nur militärischer Art. Von der kulturellen Prägekraft des Pharaonenreiches kündet das bedeutsamste archäologische Denkmal Jordaniens aus dieser Zeit: die Balua-Stele (heute im Archäologischen Museum von Amman). Reginald HEAD entdeckte den spitz zulaufenden Block aus schwarzem Basalt 1930 in einem Siedlungshügel ca. 15 km südlich von Dhiban. Während die Inschrift an der Spitze der Stele bis zur Unleserlichkeit verwittert ist, hat sich das Basrelief darunter gut erhalten. Wir sehen drei stehende Figuren – vermutlich einen König zwischen zwei Göttern – von ägyptischem Typus, erkennbar an den Kopfbedeckungen der beiden flankierenden Figuren und der Art der Gewänder. Gleichwohl handelt es sich bei der Balua-Stele, wie ihre letzte Untersuchung durch W. A. WARD und M. F. MARTIN 1964 ergab, nicht um ein importiertes ägyptisches

KULTURGESCHICHTE: EISENZEITLICHE REICHE (MOAB)

Werk, sondern um eine Leistung einheimischer Künstler. Man datiert das Relief ins späte 13. oder frühe 12. Jh. v. Chr.

Auf die Zeit zwischen ca. 1200 und 1020 v. Chr. bezieht sich Richter 3, 12–30. Vom Sieg des Moabiterkönigs EGLON über die Israeliten wird dort berichtet: »Eglon verbündete sich mit den Ammonitern und Amalekitern, zog in den Kampf, schlug Israel und eroberte die Palmenstadt« (Jericho). 18 Jahre lang herrschte EGLON über Israel, dann fiel er einem Attentat zum Opfer. Aus einer Schlacht am Jordan, in der angeblich 10 000 Moabiter, »alles starke und kriegstüchtige Männer«, fielen, ging Israel siegreich hervor – und zwar auf 80 Jahre, in der Bibel Zeit der »Ruhe« genannt. Noch einmal kämpfte Moab in den Tagen SAMUELS, des letzten Richters (vgl. 1. Samuel 12, 9), und SAULS, des ersten Königs von Israel (vgl. 1. Samuel 14, 47), um seine politische Unabhängigkeit, seit dem 11. Jh. v. Chr. aber, zumindest seit der Zeit König DAVIDS (um 1000 v. Chr.), war es unterworfen und tributpflichtig (2. Samuel 8, 2). Zu neuer Selbständigkeit gelangte das Land erst im 9. Jh. v. Chr. mit der Teilung Israels in ein Nord- und ein Südreich, bezeugt durch das – neben der Balua-Stele – zweite große außerbiblische Denkmal: den 1868 entdeckten Mescha-Stein, manchmal auch Moab-Stein genannt. Die Inschriftenstele, die einst in der Moabiterhauptstadt Dibon stand (und sich heute im Pariser Louvre befindet; Kopien im Burgmuseum von Kerak, im

Der Mescha-Stein (Moab-Stein) wurde 1868 bei Dhiban in Moab gefunden. Der Text der Stele rühmt die Taten des moabitischen Königs Mescha (Mitte 9. Jh. v. Chr.) und enthält zahlreiche ergänzende Hinweise zur biblischen Geschichte (Original im Pariser Louvre, Kopien in mehreren jordanischen Museen)

Text der Mescha-Stele

»Ich (bin) Mescha, der Sohn des Kamosch (...), des Königs von Moab, des Diboniters. Mein Vater regierte über Moab dreißig Jahre, und ich regierte nach meinem Vater, (der) diese Hohe Stätte für Kamosch machte in Qarhoh (...), denn er rettete mich vor allen meinen Feinden und ließ mich über alle meine Gegner triumphieren. Omri, der König von Israel, demütigte Moab viele Jahre lang, denn Kamosch war ergrimmt über sein Land. Und sein Sohn folgte ihm, und auch er sagte: ›Ich will Moab demütigen‹. Zu meiner Zeit sagte er (dies), aber ich habe triumphiert über ihn und sein Haus, und Israel wurde vernichtet für immer! (Jetzt) hat Omri das Land von Madaba besetzt, und Israel hat dort gewohnt während seiner Zeit und der Hälfte der Zeit seines Sohnes (Ahab), vierzig Jahre; aber Kamosch wohnte dort zu meiner Zeit. Und ich baute Baal-Meon und die Zisterne darin, und ich baute Qaryaten. Nun hatte der Stamm Gad immer in dem Land Ataroth gewohnt; und der König von Israel hatte Ataroth für sie gebaut. Und ich kämpfte gegen die Stadt und nahm sie, und ich erschlug alle die Leute in der Stadt zur Genugtuung für Kamosch und Moab. Und ich führte von dort weg (...) ihren Statthalter und schleppte ihn vor Kamosch in Kerioth, und ich siedelte dort die Leute von Scharon und von Maharith an. Und Kamosch sagte zu mir: ›Geh, nimm Nebo von Israel!‹ So ging ich bei Nacht und kämpfte gegen sie von Tagesanbruch bis Mittag, und ich besiegte sie und erschlug alle, 7000 Männer, Knaben und Frauen, Mädchen und Dienerinnen, denn ich hatte sie zur Vernichtung Aschtor-Kamosch geweiht. Und ich nahm von dort die (...) Jahwes und schleppte sie vor Kamosch. Nun hatte der König von Israel Jahaz gebaut und lebte darin, während er gegen mich kämpfte, aber Kamosch trieb ihn hinaus vor mich. Und ich nahm 200 Männer von Moab, alles bewährte (Krieger) und führte sie hinauf gegen Jahaz und nahm es, um es (dem Bereich) von Dibon hinzuzufügen. – Ich baute Qarhoh, die Mauer der Wälder und die Mauer der Zitadelle, ich baute auch seine Tore und seine Türme und das Haus des Königs, und ich baute die beiden Wasserbehälter in der Stadt. Nun gab es keine Zisterne in der Stadt Qarhoh, so sagte ich zu allen Leuten: ›Jeder Mann soll für sich selbst in seinem Haus eine Zisterne bauen!‹ Und ich ließ durch die gefangenen Israeliten Balken für Qarhoh schlagen. Ich baute Aroër und baute die Straße durch das Arnon(tal), ich baute Bet-Bamoth, denn es war zerstört worden; ich baute Betser – denn es lag in Ruinen – mit 50 Mann von Dibon, denn ganz Dibon ist (mein) abhängiges Gebiet. Und ich regierte (in Frieden) über die 100 Städte, die ich dem Land hinzugefügt hatte. Und ich baute (...) Madaba und Bet-Diblathen und Bet-Baal-Meon, und setzte hier den (...) des Landes. Und was Hauronen anbetrifft, so wohnte darin (... und) Kamosch sagte zu mir: ›Gehe hinab, kämpfe gegen Hauronen!‹ Und ich ging hinab (und ich kämpfte gegen die Stadt und nahm sie), und Kamosch wohnte darin während meiner Zeit ...«

Mosaikenmuseum von Madaba und im Archäologischen Museum von Amman), berichtet über die Auseinandersetzung eines moabitischen Königs MESA oder MESCHA mit Israel (s. o.; bei dem vielfach erwähnten Kamosch handelt es sich um den Hauptgott von Moab). Aus israelitischer Perspektive nimmt 2. Könige 3, 4–27 auf die MESCHA-Episode Bezug. Danach wurde sein Reich durch eine vereinigte Streitmacht der Israeliten, Judäer und Edomiter von Süden her angegriffen, Moab verwüstet und der Moabiterherrscher selbst in Kir-Heres, wie es die Bibel nennt, d. i. im heutigen Kerak, belagert. Als MESCHA jedoch seinen erstgeborenen Sohn auf der Festungsmauer als Brandopfer darbrachte, gaben die Alliierten – aus unbekannten Gründen – ihre Belagerung auf.

KULTURGESCHICHTE: EISENZEITLICHE REICHE (MOAB/AMMON)

Seit etwa 800 v. Chr. bestimmte die neue Großmacht Assyrien die Regionalgeschichte der Jordanländer. In ihrem Machtkampf mit Ägypten griff sie zunächst unter ADAD NIRARI III. nach Syrien, Palästina und Jordanien, unter TIGLATPILESAR III. (reg. ca. 745–727 v. Chr.) wurden dann Ammon, Moab und Edom unterworfen. König der Moabiter war zu jener Zeit ein gewisser KAMOSCH NADAB. Unter ihm und seinem gleichnamigen Nachfolger (Sohn?), später unter MUSURI von Moab zahlte das Land jährlichen Tribut an TIGLATPILESAR, SANHERIB und ASARHADDON; einen Beduinenaufstand im Wadi Sirhan schlug Moabs König KAMOSCH HALETH im Interesse Assyriens nieder. All diese historischen Namen und Angaben entstammen den assyrischen Annalen; zusätzlichen Aufschluß über die materielle Kultur der Zeit (7. und 8. Jh. v. Chr.) haben die Ausgrabungen der American Schools of Oriental Research in Dhiban in den 50er Jahren erbracht; es wurden dabei jedoch keine Schriftzeugnisse gefunden. Als weitgehend unergiebig für die Frühgeschichte erwiesen sich die Ausgrabungen der Andrews University in Hisban. Allein schon der Namensgleichheit wegen mußte man hier den Platz des alten Heschbon vermuten, der nördlichsten Stadt Moabs und kurzfristigen Kapitale des Amoriters SICHON. Tatsächlich wurden aber keine bedeutsamen Siedlungsspuren aus der Zeit vor dem 8. Jh. v. Chr. aufgedeckt (vgl. S. 271).

Nach dem Untergang des Assyrerreiches (besiegelt durch den Fall Ninives 612 v. Chr.) vermochten die mesopotamischen Chaldäer die alte Zwangsherrschaft über das Land beiderseits des Jordan nicht aufrechtzuerhalten; es kam zu Aufständen und Bündnissen gegen das neue, das neubabylonische Reich, doch häuften sich auch die Regionalkonflikte wieder. Auf Veranlassung NEBUKADNEZARS II. (reg. 605–562 v. Chr.) zog eine gemeinsame Streitmacht von Chaldäern, Moabitern und Ammonitern gegen das Juda des Königs JOJAKIM (2. Könige 24, 1–2). Nach dem zweiten Zug gegen Jerusalem, diesmal unter NEBUKADNEZAR selbst, entzogen sich viele Juden der ›babylonischen Gefangenschaft‹ durch die Flucht nach Moab.

In die Perserzeit (ab 539 v. Chr.) fallen Vorstöße der Moabiter gegen Jerusalem. Ihr Ziel: den symbolträchtigen Wiederaufbau des Tempels durch die zurückgekehrten Juden zu verhindern (vgl. das alttestamentliche Buch Esra) – was jedoch fehlschlägt.

Überhaupt ist die Perserzeit, die zugleich Gebietsverluste an die Ammoniter mit sich bringt, bereits eine Zeit des moabitischen Niedergangs, der politischen Entmachtung. Der Achämenide KYROS feiert dies mit folgenden Worten: »... all die Könige, die da in Thronräumen sitzen (...) und alle Könige der Westländer, die da in Zelten leben, brachten mir reiche Tribute und küßten in Babylon meine Füße.« Wie in Edom sind es schließlich auch in Moab die Nabatäer, die das Ende des Kleinreiches besiegeln: Etwa seit dem 4. Jh. v. Chr. dringen sie aus Edom nach Moab vor, ohne daß es allerdings zu einer Massenauswanderung der einheimischen Bevölkerung kommt.

Ammon

»Zwischen dem Arnon und dem Jabbok, bis hin zum Jordan« – so Richter 11, 13 – erstreckte sich gegen Ende des 2. vorchristlichen Jahrtausends das Reich der Ammoniter: vom Nahr

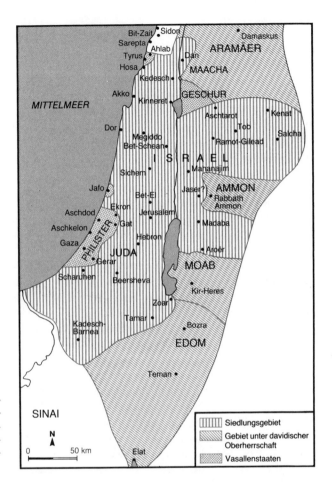

Das Reich Davids und die transjordanischen Kleinreiche Anfang des 1. Jt. v. Chr. Skizze der Macht- und Einflußsphären (Karte: G. Rebensburg nach Y. Aharoni)

ez-Zarqa im Norden bis zum Wadi el-Mujib im Süden also. Nach Osten hin bildete die Wüste die natürliche Grenze, nach Westen hin der Jordan.

Diesem klaren Bild geht eine etwas undurchsichtige geschichtliche Konstellation voraus. Zur Zeit des israelitischen Exodus, also etwa zwei Jahrhunderte früher, scheinen die Ammoniter als politischer Faktor nämlich keine Rolle gespielt zu haben. Zwischen den Arnon (Wadi el-Mujib) und etwa die Höhe von Madaba hatte sich damals zu Lasten Ammons und Moabs der schon erwähnte Amoriterstaat unter König SICHON geschoben. Ammon war auf ein Kerngebiet um die Hauptstadt Rabbath Ammon reduziert, zumal im Norden ein weiteres Amoriterreich – Baschan mit der Hauptstadt Aschtaroth – Macht gewonnen hatte. Diese Situation wurde nun durch das Heranrücken der Israeliten noch weiter kompliziert. Nach 5. Mose (Deuteronomium) 2, 19 gebot ihnen Gott, das Land der Lot-Söhne, der Ammoniter

KULTURGESCHICHTE: EISENZEITLICHE REICHE (AMMON)

(vgl. 1. Mose [Genesis] 19, 38), nicht anzutasten. Statt dessen wandte der Israelitenzug sich gegen die amoritischen Feinde Ammons: gegen OG von Baschan, der bei Edrei (dem heutigen Deraa in Syrien) geschlagen wurde, und gegen SICHON von Heschbon. Danach erst konnte Ammon über das eingangs bezeichnete Land gebieten, bedrängt allerdings durch die Israelitenstämme Ruben, Gad und Manasse (vgl. Josua 13, 8–12 und 15–31). Es entspann sich eine Art ›Erbfeindschaft‹ zwischen Ammon und Israel: Ammon beanspruchte nämlich (ebenso wie Moab) das Land, in dem der Amoriter SICHON geherrscht hatte, und zwar mit der Begründung, daß es zuvor ammonitisches Herrschaftsgebiet gewesen sei; demgegenüber rechtfertigten die Israeliten ihre territorialen Forderungen damit, daß sie – und nicht Ammon – die Amoriter bezwungen hätten (vgl. Richter 11, 12–28). Die politischen Spannungen dieser Zeit mögen Ammon veranlaßt haben, befestigte Karawanenstationen und auf den Hügeln rings um die Hauptstadt mehrgeschossige steinerne Wachttürme (Rujm el-Mafluf) zu errichten; auf dem heutigen Jebel Amman ist unweit des Goethe-Instituts ein besonders gut erhaltenes Beispiel solcher eisenzeitlicher Verteidigungsarchitektur zu sehen (vgl. S. 111).

Indes beschränkte Ammon sich nicht auf die Defensive: Nach Richter 10, 9 überquerten seine Truppen den Jordan, um »gegen Juda, Benjamin und das Haus Ephraim Krieg zu führen«. Als später Jabesch in Gilead von Ammonitern belagert wurde, gelang es SAUL, der in der Folge erster König von Israel wurde, die Stadt freizukämpfen (1. Samuel 11, 1–11).

Kriegs- und Friedenszeiten lösen einander in den kommenden Jahrhunderten häufig in schnellem Wechsel ab. Im Rahmen unseres Überblicks mag der Hinweis auf die vernichtende Niederlage genügen, die DAVID dem Ammoniterkönig CHANUN oder HANUN beibrachte (2. Samuel 10, 1–19); in ihrem Gefolge wurde Rabbath Ammon verheert, geriet Ammon offenbar unter israelitische Oberherrschaft. Das anschließende Miteinander der beiden Reiche wird in der biblischen Nachricht (1. Könige 14, 21 und 31) greifbar, das DAVIDS Nachfolger SALOMON eine Ammoniterin zur Frau hatte; sie gebar jenen REHABEAM, der später über Juda regieren sollte. Im 9. und 8. Jh. v. Chr. gewann und behauptete Ammon dann aufs neue staatliche Unabhängigkeit.

Als die Assyrer an den Jordan vorstießen, gehörte auch das Ammoniterreich zu jenen Mächten, die in der Schlacht von Qarqar am Orontes (ca. 853 v. Chr.) die Invasoren wenn nicht zurückschlagen, so doch schwächen konnten (die historische Situation ist nicht klar). 733 v. Chr. aber vermochte sich Ammon gegen die Übermacht aus dem Osten nicht mehr zu halten, es wurde assyrischer Vasall, tributpflichtig den TIGLATPILESAR, SANHERIB, ASARHADDON und ASSURBANIPAL. Die assyrischen Quellen nennen in diesem Zusammenhang die Ammoniterkönige SANIPU, BOD-EL (PUDIEL) und AMINADAB. Letzterer regierte im 7. Jh. v. Chr. und ist auch aus jordanischen Inschriften bekannt.

Überhaupt treten wir mit dem 7. Jahrhundert in einen Zeitabschnitt ein, in dem Ammon durch Zeugnisse seiner materiellen Kultur und Kunst zu sprechen beginnt. Das zeitgenössische Kulturniveau wird faßbar in den rundplastischen Skulpturen, die im Bereich der Zitadelle von Amman, bei Abu Alanda, Arjan und Khirbet el-Hajjar gefunden wurden (bis auf zwei heute sämtlich im Archäologischen Museum von Amman). Es sind Werke einheimi-

Beispiele ammonitischer Bildhauerkunst: Links zwei Frauenporträts – ursprünglich ›janusköpfig‹ aneinandergefügt –, die 1968 auf der Zitadelle von Amman zutage kamen; rechts das Standbild eines ammonitischen Königs, entdeckt 1949 am Nordende der Zitadelle. Die Arbeiten gehören ins 8./7. Jh. v. Chr. (Zeichnungen: U. Clemeur)

scher Künstler, weder kraftvoll noch monumental. Ungeachtet aller bildnerischen Unbeholfenheit und Provinzialität wird aber deutlich, daß ihnen Assyrien (Armhaltung, Fußstellung) und das aramäische Nordsyrien (Haartracht, Gewandform) unmittelbar, Ägypten dagegen nur mittelbar Pate stand – wie es auch der geschichtlichen Situation entspricht. Die gedrungenen Männergestalten – es gibt nur eine Frauenstatuette – der ammonitischen Bildhauerkunst halten die Arme an den starren Körper gepreßt oder in weihevoller Pose gegen die Brust gewinkelt, wobei die Hände geschlossen sind. Anatomische Details zeichnen sich unter den knöchellangen Gewändern nicht ab, zu den Accessoires gehören häufig Schärpe, Gürtel, Schal, Ohr- und Armschmuck. Nach A. Abou Assaf stellen die Statuetten und Kopftorsi in der Regel Könige oder Gottheiten dar, erstere an Haarbinde oder Stirnreif, letztere an der ›ammonitischen Götterkrone‹ mit fezförmigem Mittelteil und leicht eingerollten seitlichen Ansätzen zu erkennen. Neben freistehenden oder Rückenpfeiler-Figuren sind auch einige janusköpfige, ›doppelgesichtige‹ Frauenporträts bekannt geworden, »die als Teile monumentalen Architekturschmucks gedient haben müssen« (A. Abou Assaf). Beachtung verdienen ferner die Terrakotten des späteisenzeitlichen Ammon, ebenso ungeschlacht wie uniform gestaltete Reiterfigürchen. Man fragt sich, ob die spitz zulaufenden Kopfbedeckungen der Berittenen zum Waffenkleid ammonitischer Kavallerie gehörten, und weiter, ob sie der Ebene der ›Volkskunst‹ oder der ›Hochkunst‹ zuzuordnen sind. Die tönernen Reiter wurden übrigens in einem Grab südwestlich von Amman zusammen mit einem Siegel von assyrischem Typus gefunden. Andere Siegel(abdrücke) aus dem Umkreis von Amman nennen die Namen von Gottheiten, Hofbeamten (ADONI NUR, ADONI PELET) und Königen (NADAB bzw. AMINADAB).

Nach dem Untergang Assurs wurde Ammon dem chaldäischen Neubabylon botmäßig; dessen politisch-militärischer Zugriff war freilich nicht zu vergleichen mit der im ganzen Vorderen Orient gefürchteten Härte und Grausamkeit Assyriens. Wie Moab beteiligte sich Ammon nach 2. Könige 24, 2 an einer von NEBUKADNEZAR eingeleiteten Militäraktion gegen Juda, und wie Moab zählte es in der Perserzeit zu jenen Kräften, die den Wiederaufbau des Tempels von Jerusalem zu vereiteln suchten. Ein gewisser TOBIAS (TOBIJA) scheint sich als persischer Statthalter in Ammon dabei besonders hervorgetan zu haben. NEHEMIA stellte aufgrund der andauernden Feindschaft zwischen Israeliten und Ammonitern sogar Mischehen zwischen Angehörigen der beiden Völker unter Verbot (Nehemia 13, 23–27). Die Zeit der jüdischen Bedrängnis dürfte aber im 4. Jh. v. Chr. zu Ende gegangen sein; damals wanderten immer mehr Israeliten in den Bereich des ehemaligen Königreichs Ammon ein, wo später jüdische Kleinstaaten, Ammonitis und Peräa, entstehen sollten.

Kulturgeschichtliche Entwicklungslinien

Versuchen wir uns abschließend einige Entwicklungslinien der eisenzeitlichen Reiche östlich des Jordan zu vergegenwärtigen. Dies auch deshalb, weil über das hellenistische Transjordanien – wie wir noch sehen werden – vielfach nur spekulativ gesprochen werden kann: Es mangelt an Textzeugnissen, Denkmälern und Ausgrabungen.

Es gelang Assur, Babylon und Ekbatana-Persepolis zwar, die drei alten Kleinstaaten östlich des Jordan zu zerbrechen, doch erwuchs daraus keine neue politische Einheit: Jordanien blieb vernachlässigtes Grenzland. Sein formaler Status als Provinz des assyrischen (neubabylonischen, achämenidischen) Reiches änderte daran ebensowenig wie die Schaffung infrastruktureller Zusammenhänge oder die Einführung des Reichsaramäischen als offizieller Einheitssprache. Ausschlaggebend war letztlich die territoriale Unsicherheit, die von nomadischen Attacken und nabatäischem Vordringen ausging. Niemals offenbar setzten die vorderorientalischen Großmächte ihre ganze militärische Kraft zur Befriedung und Eingemeindung des Ostjordanlandes ein; arm an Städten, Ressourcen und Ackerboden, stellte es keinen sehr lockenden Preis dar. Viel eher betrachteten sie diesen Saum ihrer Machtsphäre als nützliche Pufferzone gegen die unberechenbaren beduinischen Kräfte. In diesen Zusammenhang gehört HERODOTS Nachricht, TIGLATPILESAR III. habe im 8. Jh. v. Chr. auf der Sinai-Halbinsel Araber als Grenzwächter gegen nachrückende Stämme eingesetzt. Das politische Augenmerk war stets auf Ägypten, daneben zunehmend auch auf Syrien gerichtet.

Kultur- und kunstgeschichtliches Profil zeigt Transjordanien während der Eisenzeit lediglich auf provinziellem Niveau. Man übernimmt und kombiniert, aber man entwirft und entwickelt nicht selbst. Bedeutende architektonische Neuerungen, wie wir sie für das benachbarte Syrien im axialen Antentempel von Ebla oder im Bautyp des sogenannten Bit Hilani erkennen, gehen aus dem bescheidenen jordanischen Synkretismus nicht hervor;

jedenfalls zeigt das, was das Land bisher an Funden freigab, wenig Originalität. Die Kunst von Ammon, Moab und Edom orientiert sich – mit einer gewissen Individualität der Umsetzung – an den Errungenschaften des Pharaonenreiches und des Zweistromlandes; dabei drängt der kulturelle Einfluß Mesopotamiens und Syriens den Ägyptens im Laufe des 1. vorchristlichen Jahrtausends mehr und mehr zurück. Die ›ägyptisierende‹ Balua-Stele und die vier oder fünf Jahrhunderte spätere, assyrisch-syrisch geprägte ammonitische Bildhauerkunst bekräftigten dieses Urteil.

Auch religionsgeschichtlich gerät das Land jenseits des Jordan in den Bannkreis des Ostens. Darüber hinaus dürften allerdings seit etwa dem 7. Jh. v. Chr. auch Gottheiten des arabischen und südarabischen Pantheons in Ansehen gestanden haben, wenigstens in Edom und Moab. Hingegen zeigte der anfangs brüchige, dann immer strengere Monotheismus Israels im Ostjordanland keine nennenswerte Wirkung; in der ethnisch so stark aufgefächerten Region galt Jahwe den Nachbarvölkern Israels nur als ein Gott unter vielen.

Die Zeit des Hellenismus (ca. 332–63 v. Chr.)

Nicht erst der Alexanderzug brachte griechisches Gedankengut und griechische Kultur in den Nahen Osten. Bereits die Sidon-Sarkophage aus dem 5. und 4. Jh. v. Chr. sprechen von hellenischem Einfluß auf die vorderasiatischen Mittelmeerstädte: So sieht man den reliefierten Klagefrauen-Sarkophag aus der Nekropole von Sidon als das Werk eines ionischen Bildhauers aus der Mitte des 4. Jh. an. Wir wissen weiter, daß während der vorangegangenen Jahrhunderte griechische Handwerker für die persischen Achämeniden arbeiteten, und dürfen vermuten, daß die hellenische Unterstützung der ägyptischen Unabhängigkeitsbestrebungen auch kulturelle Ausstrahlung im östlichen Mittelmeerraum und auf das Pharaonenreich hatte. Eine ganz andere Frage ist, was dies für das Ostjordanland bedeutete. Wie intensiv, zu welcher Zeit und in welchen Regionen machten sich griechische Einflüsse jenseits des Jordan bemerkbar? Und welche spezifische kulturelle Ausprägung fand der Hellenismus in diesem Randgebiet der ›bewohnten Welt‹?

ALEXANDER der Große – und dies ist vielleicht symptomatisch – überschritt zwar Euphrat, Tigris und Indus, nicht aber den Jordan. Sein Zug durch den Nahen Osten führte nach den Triumphen am Granikos (334 v. Chr.) und von Issos (333 v. Chr.) über die phönikischen Hafenstädte Arados, Tripolis, Byblos, Sidon und Tyrus nach Gaza (332 v. Chr.) und weiter nach Ägypten. Auf dem Rückmarsch schwenkte der Feldherr auf der Höhe von Tyrus in östlicher Richtung ab, um auf dem Boden des Fruchtbaren Halbmonds ins Zweistromland vorzustoßen.

Auch ALEXANDER war von den legendären Reichtümern Arabiens – Edelmetalle, Edelsteine, Rauschmittel, Gewürze – fasziniert, wollte die arabische Küste aber über den Persischen Golf und nicht über das Rote Meer gewinnen. Vor allem im Ausbau Babylons zur Hafenstadt wird diese Richtung seiner Bestrebungen deutlich. Hingegen spielte Ägypten, mochte es ihn auch als ›Befreier‹ vom persischen Joch begrüßt haben, keine Rolle in seinen

KULTURGESCHICHTE: HELLENISTISCHE ZEIT

marinepolitischen Überlegungen, noch weniger natürlich ein Platz wie Ela/Aqaba am Rande des griechischen Sichtfeldes und Interesses. Von einer eigentlichen Integration Jordaniens in das Alexanderreich kann entsprechend keine Rede sein.

Unter kulturgeschichtlichem Aspekt vermag das oft gezeichnete Bild vom abendländischen Feldherrn, dem ein hellenisierender Troß von griechischen Händlern, Handwerkern und Verwaltungsbeamten auf dem Fuß folgt, ohnehin nicht zu überzeugen. Der »hellenisierte Orient«, von dem Daniel SCHLUMBERGER spricht, wurde nicht unter ALEXANDER verwirklicht, sondern ist Ergebnis eines epochalen Prozesses kultureller Durchdringung; und man kann diesen Prozeß sehr wohl auch im Sinne einer ›Orientalisierung des Griechentums‹ verstehen, vor allem seit dem Beginn des 3. Jh. v. Chr. In jedem Fall ist er nur indirekt an die politische Geographie nach dem Untergang des Alexanderreiches gebunden.

Die beigegebene Karte illustriert diese politische Geographie für das Jahr 321 v. Chr., das Jahr der Reichsteilung von Triparadeisos (Syrien). Zwei Jahre zuvor war ALEXANDER in Babylon gestorben, und seine Generäle hatten erste – wie sich zeigte: nicht haltbare – Vereinbarungen getroffen; nun verhandelte man erneut um die territoriale Beute, und erneut zeichneten sich in der vermeintlichen Einigung bereits die nächsten Heerzüge gegeneinander ab. Die Zeit der Diadochen (d. h. Nachfolger; gemeint sind die Feldherren ALEXANDERs) mit ihren verwickelten, vielseitigen Kämpfen soll uns hier aber nicht im Detail interessieren; für den palästinisch-jordanischen Raum gewinnen im ausgehenden 4. Jh. v. Chr. vor allem zwei Ereignisse Bedeutung:

– der Versuch des ANTIGONOS-Feldherrn ATHENAIOS, im Jahre 312 v. Chr. den nabatäischen ›Felsen‹ zu erobern (vgl. S. 335); aus diesem Zusammenhang stammt die erste historisch gesicherte Nachricht über das arabische Volk der Nabatäer, das sich der angreifenden Griechen mit List und Verhandlungsgeschick zu erwehren wußte;

Die politische Situation nach der Reichsteilung von Triparadeisos (Karte: G. Rebensburg)

Münzporträts frühhellenistischer Zeit. Links: der erste ptolemäische Herrscher, Ptolemaios I. Soter; rechts: der Gründer des Seleukidenreiches, Seleukos I. Nikator (nach: H. Kreißig)

– die Niederlage des ANTIGONOS-Sohns DEMETRIOS POLIORKETES in der Schlacht von Gaza (311 v. Chr.) gegen eine Diadochenkoalition; eine ihrer Folgen war der Wiederaufstieg des Reitergenerals SELEUKOS zum Großherrn Asiens.

Im Nahen Osten machten bald danach zwei hellenistische Machtblöcke gegeneinander Front: das ägyptische Ptolemäer- und das kleinasiatisch-syrisch-mesopotamische Seleukidenreich. Die beiden Hauptstädte: Alexandria im westlichen Nildelta, das unter den Ptolemäern zum weltweit führenden Kulturzentrum aufstieg, und Antiochia am Orontes, die heutige türkische Kreisstadt Antakya. In den fünf (nach anderer Zählung: sechs) sogenannten Syrischen Kriegen stritten Ptolemäer und Seleukiden um die Herrschaft im Vorderen Orient, vor allem um Palästina und Phönikien. »Diese Kriege hemmten die Ausbreitung der griechischen Kultur, die ohne sie sicher in Asien tiefer eingedrungen wäre« (William TARN). Im Jahre 276 v. Chr. marschierte das ägyptische Heer nach Syrien und entriß dem Seleukiden ANTIOCHOS I. Phönikien und die gesamte Südküste Kleinasiens, dazu die Insel Zypern. Auch in den nächsten Jahrzehnten sollten die Ptolemäer im Nahen Osten bestimmend bleiben, wobei ihre Herrschaft über das Ostjordanland allerdings eher nominellen Charakter besaß. Dies würde jedenfalls erklären, warum die Nabatäer (deren Geschichte an anderer Stelle zusammenhängend behandelt werden soll; vgl. S. 334 ff.) ihre Machtsphäre über die ehemaligen edomitisch-moabitischen Regionen ausdehnen und stabilisieren konnten.

Noch ein weiteres Staatswesen verdankt seine Existenz dem politisch-militärischen Patt der beiden hellenistischen Imperien oder anders: dem zeitweiligen, relativen Machtvakuum im Nahen Osten – das Kleinreich eines gewissen HYRKAN mit der Hauptstadt Araq el-Emir (vgl. S. 117 f.); es sollte allerdings nur wenige Jahre Bestand haben. HYRKAN gehörte dem Hause der Tobiaden an, einem Geschlecht, das vielleicht bis auf den persischen Statthalter TOBIAS im Ammon des 5. Jh. v. Chr. (vgl. S. 32) zurückgeht. Der Untergang des hyrkanischen Kleinstaats fällt mit dem Vordringen der Seleukiden zusammen, die sich Anfang des 2.

Jh. v. Chr. schließlich gegen die Ptolemäer im Nahen Osten durchsetzen konnten, mehr oder minder deutlich unterstützt übrigens von den Nabatäern.

Der Schlag gegen Ägypten – 198 v. Chr. gliederte ANTIOCHOS III. Palästina ins Seleukidenreich ein – setzte eine weitere politisch-kulturelle Kraft am Jordan in Bewegung: das Judentum. Zu jener Zeit teilte es sich in eine kleine philhellenische und eine starke traditionalistisch-religiöse Partei. Beiden gegenüber hatten sich die ptolemäischen Oberherren neutral verhalten, indem sie Religionsfreiheit gewährten. ANTIOCHOS III. und IV. hingegen stützten sich auf die ›Hellenisten‹, stellten das mosaische Gesetz als Verfassungsgrundlage in Frage und griffen sogar nach dem Tempelschatz von Jerusalem (ANTIOCHOS IV. im Jahre 169 v. Chr.). Den heftigen Widerstand der jüdischen Traditionalisten suchte ANTIOCHOS IV. durch militärischen Druck zu brechen und durch forcierte Hellenisierung zu unterlaufen; zwangsweise wurde der Kult des Zeus Olympios/Baal Schamin sogar im Tempel zu Jerusalem eingesetzt, es war verboten, den Sabbat zu heiligen und die Thora zu beachten.

Als eine Reaktion darauf muß man die Gründung klösterlicher Siedlungen abseits der Städte durch strenggläubige jüdische Randgruppen werten. Weltweit berühmt wurde Qumran am Toten Meer – seit etwa 150 v. Chr. Siedlung der asketisch-egalitären Essener –, als man 1947 in den Höhlenwohnungen der Sekte eine Bibliothek mit den ältesten bekannten Fassungen alttestamentlicher Texte entdeckte (einige der ›Schriftrollen vom Toten Meer‹ liegen im Archäologischen Museum von Amman).

Historisch folgenreicher war freilich die militärische Reaktion der Juden und insbesondere des Priesteradels; sie nahm Gestalt an im Aufstand des JUDAS MAKKABÄUS, Sohn des MATTATHIAS. Zwischen 167 und 165 v. Chr. schlug ›der Hämmerer‹ JUDAS dreimal seleukidische Heere, 164 v. Chr. eroberte er sogar das Gebiet des alten Ammon jenseits des Jordan. Auch nach einer schweren Niederlage 161 v. Chr. kämpften die jüdischen Partisanen ihren ›Heiligen Krieg‹ weiter, bis sie 140 v. Chr. die politische Unabhängigkeit gewannen. Der Judenführer ALEXANDER IANNÄUS (reg. 103–76 v. Chr.) aus dem Geschlecht der Hasmonäer trug sogar den Königstitel und gewann den Seleukiden noch einmal Teile des Ostjordanlandes bis hinunter zum Wadi el-Hesa ab. Auch mit den Nabatäern im Negev und im jordanischen Osten und Süden gerieten die jüdischen Invasoren in Konflikt, ehe der Machtantritt Roms in Palästina ihrer politischen Selbständigkeit, die sich unterdessen in inneren Auseinandersetzungen erschöpft hatte, ein Ende setzte.

Die Hellenisierung des Ostjordanlandes

Die kulturgeschichtliche Gestalt des hellenistischen Transjordanien wird durch seine politische und geographische Randständigkeit bestimmt:
– durch die Grenzlage zu den beiden großen Reichen der Seleukiden und Ptolemäer;
– durch die Zweiteilung des Territoriums in einen staatlich organisierten Norden und einen imperial zunächst nicht vereinnahmten Süden (der später den Nabatäern zufällt und auch kulturell im Zeichen ihrer Eigenart steht);

- durch den ›Sperriegel‹ Judäa, der Teile des Ostjordanlandes zumindest im Späthellenismus (Hasmonäerzeit) gegen mediterrane Einflüsse abschließt;
- durch das altbekannte siedlungsgeographische Neben- und Gegeneinander von Ackerland und Wüste, von Bauern und Beduinen.

Zwei Folgerungen dürfen, so scheint es, aus dieser Situation des Landes gezogen werden:
- Die Hellenisierung Transjordaniens vollzieht sich mit einer gewissen, im Süden unverkennbaren Verzögerung; damit ist zugleich gesagt, daß sich vorhellenische Kulturstränge in diesem Raum hartnäckiger als sonst behaupten.
- Die Hellenisierung ptolemäischen und seleukidischen Zuschnitts wird regional durch die ›Sonderkulturen‹ der Juden und der Nabatäer gebrochen und überformt.

Wir sind bei solchen Urteilen zu Rekonstruktionen, auch Spekulationen gezwungen, weil nur verhältnismäßig wenige aussagekräftige Denkmäler die hellenistische Kultur jenseits des Jordan repräsentieren. Zudem handelt es sich bei Araq el-Emir, verschiedenen nabatäischen Grabfassaden (meist unsicherer Datierung) und einer Festungsruine der Makkabäer in Meqawer um Monumente der schon angesprochenen ›Sonderkulturen‹, die vielleicht nicht als landestypisch gelten können. Nur, gibt es überhaupt eine solche *Landes*eigenart im Sinne des modernen Grenzverlaufs, gibt es einen einheitlich-kompakten jordanischen Hellenismus – oder muß man nach dem Gesagten nicht vielmehr von der Existenz verschiedener regionaler ›Hellenismen‹ ausgehen?

Da ist einerseits der Nordwesten, das Gebiet der späteren Dekapolis. Auch in römischer und byzantinischer Zeit ununterbrochen besiedelt und immer wieder überbaut, hat sich hier nicht allzuviel aus den Jahrhunderten vor der Zeitenwende erhalten. Es läßt sich aber noch feststellen, daß Städte wie Gerasa (Jerash) und deutlicher noch Gadara (Umm Qeis) die typischen Merkmale einer seleukidischen Stadt tragen – Angleichung der Fortifikationen an die landschaftliche Topographie, regelhafte Parzellierung des Stadtareals, axiale Gesamtanlage mit langen Baufluchten: die Stadt als ›Gesamtkunstwerk‹, als einheitlicher Baukörper. Und wir wissen natürlich von einer hellenistischen Kultur, die in den genannten und ihnen benachbarten Städten (Pella, Philadelphia u.a) blühte, verbunden mit Namen wie MELEAGROS, MENIPPOS und PHILODEMOS; letzterer wurde – obwohl aus Gadara stammend – bezeichnenderweise ›der Grieche‹ genannt. Es waren dies Schriftsteller und Philosophen, die zwischen epikureischer und kynischer Lebensauffassung schwankten, zwischen einer Betonung des Erotischen und Weltflucht – einander verbunden aber durch die gemeinsame Abkehr vom Mythos, durch die Profanierung des Göttlichen und nicht zuletzt durch etwas, was in vorgriechischer Zeit außerordentlich selten war: Sinn für Komik, Humor, ja für feine Ironie. Vielleicht ist der Relativismus, der sich hierin ausdrückt, überhaupt *das* Kennzeichen des hellenistischen Kulturaustausches, der verschiedene Wertvorstellungen miteinander konfrontierte, die organische Bindung an die jeweilige Tradition der Geburtsgemeinde oder -region lockerte und aus den entstehenden Brüchen und Reibungsflächen schöpferisches Potential gewann.

Andererseits läßt sich etwa südlich der Höhe von Madaba eine unmittelbare und tiefgreifende Hellenisierung in Architektur, Kunst und Literatur kaum mehr ausmachen, ein spezifisch seleukidischer oder ptolemäischer Einfluß nur ausnahmsweise (s. u.) unterscheiden. Es verwundert deshalb nicht, daß die maßgeblichen Studien zum Hellenismus des Orients sich mit einem Urteil über Transjordanien als Ganzes zurückhalten. Zwar erreicht die Hellenisierung, wenn auch verspätet (1. Jh. v. Chr.), noch die Nabatäerhauptstadt Petra, wo bestimmte Elemente der Tempel- und Grabfassaden (mehrfache Türrahmungen, Ziergiebel, Viertelsäulen) alexandrinische Prägung zeigen, doch zweifellos sind die Mitte und der Süden Jordaniens in hellenistischer Zeit nicht jenes »verpflanzte Makedonien«, als das Johannes ODENTHAL mit Recht das zeitgleiche Syrien bezeichnet.

Rom und Ostrom (63 v. Chr. – 636 n. Chr.)

Nach dem zuweilen dunklen Bild des hellenistischen Jordanien treten die geschichtlichen und kulturellen Konturen mit dem Machtantritt Roms im Nahen Osten in größerer Deutlichkeit hervor. Dieser Machtantritt vollzieht sich faktisch mit POMPEIUS' Marsch nach Palästina 64/63 v. Chr., seine Vorgeschichte reicht aber ins 3. vorchristliche Jahrhundert zurück, als sich – nach dem Ersten Punischen Krieg – das zunächst verhalten agierende Rom zu einer aktiven imperialen Macht entwickelte, um schließlich auch nach Asien zu greifen. 190 v. Chr. schlug ein römisches Heer die Streitmacht des Seleukiden ANTIOCHOS III. bei Magnesia im westlichen Kleinasien, 133 v. Chr. fiel dem aufstrebenden mediterranen Imperium das Pergamenische Reich durch Erbvertrag zu. Wer auch immer fortan im Mittelmeerraum eigene politische Anliegen verfolgte, sah sich mit der militärischen Stärke Roms konfrontiert. POMPEIUS (106–48 v. Chr.) war der energische Vollstrecker römischer Ambitio-

Münzporträts späthellenistischer Herrscher. Links: Mithradates VI., ein erbitterter Feind des expandierenden Rom; rechts: der Armenierkönig Tigranes (nach H. Kreißig)

nen; er kämpfte in Spanien, ging umsichtig gegen die Seeräuber im östlichen Mittelmeer vor, verhandelte ausgleichend mit den iranischen Parthern, besiegte und verfolgte den hartnäckigen asiatischen Gegenspieler des expandierenden Italien, MITHRADATES VI., und zwang dessen Schwiegervater, den Armenierkönig TIGRANES (der 86 v. Chr. Restgebiete des Seleukidenreiches erobert hatte), Syrien und Phönikien auszuliefern. Gemäß dem Prinzip, römische Provinzen, wo notwendig und möglich, »durch vorgelagerte Klientelstaaten« zu decken (H. VOLKMANN), erforderten es danach die ›Sicherheitsinteressen‹ des Imperiums, eine zweite, vorgeschobene Verteidigungslinie im Vorderen Orient aufzubauen.

Insbesondere in den unübersichtlichen ostanatolischen Hochgebirgsregionen und an den Wüstengrenzen mußte den Römern daran gelegen sein, ihr eigentliches Provinzterritorium schützend mit halbautonomen Lokaldynastien und Kleinreichen zu säumen. Sie hießen Kolchis, Armenien, Kommagene, Edessa – oder auch Nabatäa. Das ›Angebot‹ Roms lautete dabei jeweils auf Beistand und Militärhilfe im Kriegsfall, das Versprechen der vertragsgebundenen ›Klienten‹ auf Loyalität gegenüber dem Imperium. Eine echte Wahl blieb den Lokaldynasten meist natürlich nicht.

Einmal mehr sehen wir Transjordanien somit in seiner alten Funktion: Dem Land fällt die Aufgabe zu, die gefügte Ordnung eines Großreiches gegen beduinische Kräfte abzuschirmen. Doch sollte man mit Blick auf die hellenistische Regionalisierung auch diesmal nicht vom Ostjordanland als Ganzem sprechen; erneut gilt es, zwischen den nördlichen und südlichen Landesteilen zu unterscheiden. Im fruchtbaren, griechische Kultur demonstrierenden Nordwesten schuf POMPEIUS die Voraussetzungen zu einem Städtebund, der Dekapolis; die 10 bis 18 Mitglieder dieses Bundes wurden bei kommunaler Selbstverwaltung der Provinz Syrien zugeschlagen und haben damit als – wenn auch locker angeschlossener – *Teil* des Römischen Reiches zu gelten. Im Süden, den POMPEIUS selbst nie besuchte, verfuhren die römischen Invasoren im Sinne des ›Klientelprinzips‹. Durch POMPEIUS' Feldherrn SCAURUS militärisch bedroht und zu einer hohen Tributzahlung genötigt, akzeptierten die Nabatäer bei garantierter innerer Selbständigkeit ohne weiteren Widerstand die römische Oberhoheit – die nabatäische Abhängigkeit vom Handelsgewinn hätte anhaltende kriegerische Auseinandersetzungen nur um den hohen Preis eigenen wirtschaftlichen Ruins und des Verlustes aller hellenistischen Errungenschaften zugelassen. Der historische Umschwung war für die Araber zudem mit erheblichen Territorialeinbußen verbunden. In den vorangegangenen Jahrzehnten hatten sie sich nämlich entlang ihrer Handelsrouten auf ehedem seleukidischem Boden festgesetzt, neue Stützpunkte wie Bos(t)ra und Umm el-Jemal (Thantia?) gegründet und die eigene Machtsphäre um 84 v. Chr. zu ihrer größten geschichtlichen Ausdehnung gebracht (vgl. S. 341). Die nunmehr gebotene Selbstbehauptung auf beschränktem Staatsgebiet gelang freilich so gut, daß nicht etwa die Zeit größten Landbesitzes, sondern das erste halbe Jahrhundert nach der Zeitenwende die Hochblüte des Nabatäerreiches sah: Nie gekannte Gütermengen flossen nun über die nabatäisch kontrollierte Weihrauchstraße in den östlichen Mittelmeerraum, wo in Phönikien und Kilikien Kaufleute und Reeder darauf warteten, die kostbaren indo-arabischen Importe von Gewürzen, Aromata, Edelmetallen und Elfenbein zu übernehmen.

KULTURGESCHICHTE: RÖMERZEIT

> **Die zehn ursprünglichen Mitgliedstädte der Dekapolis**
>
> Abila (= el-Queilbeh; Jordanien)
> Dion (vielleicht in der Nähe von Irbid; Jordanien)
> Gadara (= Umm Qeis; Jordanien)
> Gerasa (= Jerash; Jordanien)
> Hippos (= Qalaat el-Hosn; Israel)
> Kanatha (= Qanawat; Syrien)
> Pella (= Tabaqat Fahl; Jordanien)
> Philadelphia (= Amman; Jordanien)
> Raphana (= er-Rafe; Syrien)
> Skythopolis (= Beth Shean; Israel)
>
> *(Möglicherweise war auch schon Damaskus eine Dekapolis-Stadt der ›ersten Stunde‹.)*

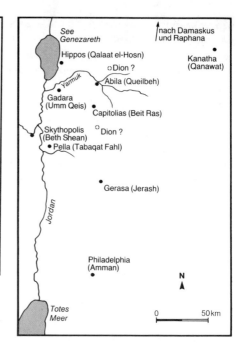

Die Region und die Städte der Dekapolis (Skizze: G. Rebensburg)

Wie Nabatäa hatte auch Judäa unter POMPEIUS seine politische Eigenständigkeit verloren, doch trugen die neuen römischen Oberherren der besonderen, hierokratischen Staatlichkeit der Juden anfangs durch erhebliche Zugeständnisse Rechnung. Namentlich CÄSAR räumte Judäa Steuererleichterungen, Befreiung vom Militärdienst und eine weitgehend unabhängige Gerichtsbarkeit ein. Eine weitere Konzession, der Abzug reichsrömischer Besatzungstruppen, ermutigte allerdings im Jahre 40 v. Chr. die Parther (die im selben Jahr überraschend nach Syrien eingedrungen waren) zu dem Versuch, Palästina zu *ihrem* Klientelstaat zu machen und damit Zugang zum Mittelmeer zu gewinnen. Mit der römischen Reaktion auf diesen Angriff der östlichen Konkurrenzmacht verbindet sich der Aufstieg des HERODES. Vor den Parthern und ihren jüdischen Verbündeten hatte der Sohn des judäischen Prokurators ANTIPATROS sich nach Rom geflüchtet, wo er noch im selben Jahr zum König der Juden ausgerufen wurde. Drei Jahre später (37 v. Chr.) avancierte er dann kraft römischer Waffen vom nominellen zum faktischen Herrn Palästinas. Mit harter Hand beseitigte der »königliche Freund Roms«, wie er in antiken Quellen genannt wird, zunächst alle innenpolitischen Widersacher, vor allem die überlebenden Mitglieder des Hasmonäerhauses (das mit den Parthern paktiert hatte), entmachtete das Priesterfürstentum zugunsten einer profanierten Staatsstruktur und bemächtigte sich mit der sogenannten Peräa jenes ostjordanischen Landesteils, dessen Status entsprechend seiner Lage zwischen der nördlich angrenzenden Romprovinz Syrien bzw. ihrem Ausläufer, der Dekapolis, und Nabatäa im Süden nicht vollständig geklärt war. Unter anderem brachte HERODES Madaba sowie die Festung Machärus (in der nach bekanntem biblischen Bericht JOHANNES der Täufer sein Leben ließ) in seinen Besitz. Mehr noch als solche Landnahmen beunruhigten die Nabatäer aber HERODES' und seiner Nachfolger Übergriffe auf das Batanäa genannte Gebiet östlich des Sees Genezareth: Sie sahen hier ihre merkantile Lebensader, die Handelsstraße von Bos(t)ra nach Damaskus, bedroht. Die damit unausweichlichen Auseinandersetzungen zwischen Palästina und Nabatäa wurden mehr als ein halbes Jahrhundert mit allen Mitteln und auf allen Ebenen geführt: Man bekriegte sich offen oder auch verdeckt (mit der Unterstützung von Partisanen), verleumdete einander in Rom und intrigierte bei den römischen Provinzstatthaltern in Syrien. Nimmt man hinzu, daß sich innenpolitisch beiderseits des Jordan taktische Eheschließungen, Hinrichtungen und Giftmorde im Umkreis der Throne häuften, ergibt sich ein wenig schmeichelhaftes Bild der vorderasiatischen Kleinstaaterei jener Tage.

Bei alledem darf man aber nicht vergessen, daß HERODES und HERODES ANTIPAS (ebenso wie auf der nabatäischen Seite SYLLÄUS, OBODAS III. und ARETAS IV.) römische ›Klienten‹, tributpflichtige Sachwalter römischer Interessen blieben und daß sie sich in den umrissenen Grenzen politischer Halbautonomie bewegten. Daß Rom den langen Zügel seiner politischen Oberhoheit auch straffen konnte, wurde unter den Kaisern CLAUDIUS und TRAJAN deutlich: 44 n. Chr. nahm Rom Judäa als Provinz unter unmittelbare ›Landpflege‹, im Jahre 106 n. Chr. auch das Nabatäerreich; dessen kommerzielle Bedeutung war zuvor in gleichem Maße gesunken, wie sich der Schiffsverkehr im Roten Meer entwickelt hatte. Der traditionsreiche transarabische Karawanenhandel, inzwischen durch zahllose Zölle überteuert und durch neue Nomadenwellen verunsichert, erlag zunehmend der Konkurrenz der römisch-ägyptischen Handelsmarine, deren verbesserte Navigationstechnik unterdessen auch den gefürchteten Winden im Golf von Suez gewachsen war.

Nabatäa und Judäa wurden also römische Provinz. Nicht nur angesichts der beiden palästinischen Judenaufstände, die 70 n. Chr. von TITUS bzw. 135 n. Chr. unter HADRIAN blutig niedergeschlagen wurden, darf man sich aber fragen, ob dies gegenüber der klientelstaatlichen Bindung tatsächlich eine für das Imperium vorteilhafte Regelung darstellte. Unbestritten ist dabei, daß Rom in den Neuprovinzen bedeutende Entwicklungsmöglichkeiten zugewann: Die Via Nova, die Kaiser TRAJAN auf der Trasse der alten Königsstraße in den Jahren 111–114 n. Chr. von Syrien hinunter zum Golf von Aqaba führen ließ, repräsentiert beispielhaft die Verbesserung des Wegesystems und damit der Handelsverbindungen unter der Römerherrschaft. Auch kamen unter reichsunmittelbarer Verwaltung die kleinstaatlichen Händel weitgehend zum Erliegen. Und schließlich und vor allem boten sich Rom nach der Vereinheitlichung des Münzwesens intensivere Möglichkeiten ökonomischer Einbindung und Erschließung der Außenprovinzen. Die Gewinne aus direkten und indirekten Steuern übertrafen bei weitem die Höhe der vorausgegangenen Tributzahlungen.

Dennoch ergibt sich auf längere Sicht eine Negativbilanz, weil mit der neuen administrativen Regelung jene politische Flexibilität verloren ging, an die sich viele Erfolge des vor- und frühkaiserzeitlichen Rom knüpften. Die nun – wie überall – auch im Jordanland errichteten Grenzbefestigungen (Limes Arabicus; vgl. S. 426 ff.) bezeichnen den Übergang von der

KULTURGESCHICHTE: RÖMERZEIT

imperialen Offensive zu einer Sicherung des Status quo, in der sich die Defensive schon ankündigt. In der Folge verlor die Hauptstadt mehr und mehr die Übersicht über die Netze ihrer Provinzialbürokratie, wurde sie von einer immer schwerfälligeren Zentralverwaltung niedergezogen. Karl CHRIST berichtet, daß aus den 30 hohen Verwaltungsämtern der augusteischen Zeit im 3. Jh. n. Chr. nicht weniger als 200 geworden waren – dies aber nur die Spitze einer Administration, unter der ein ganzes Wurzelwerk von Ämtern und Verwaltungsfunktionen wucherte, von der Provinz- über die Regional- bis hinunter zur Ortsebene. Hatten die ›Klienten‹ im eigenen Interesse römische Grenzsicherung betrieben, so mußte Rom nach erfolgter Kolonialisierung Truppen an den gesamten Grenzumfang legen. Zwar war man bemüht, die Rekruten in den jeweiligen Provinzen selbst auszuheben; gleichviel, die militärische Macht verschob sich vom italischen Zentrum an die ›barbarische‹ Peripherie des Imperiums. Damit ist das Geschick des römischen Reiches vorgezeichnet und ein wichtiger Grund dafür genannt, daß nun immer mehr Feldherren den kaiserlichen Purpur anlegten: Männer aus den Provinzen, vom Heer gekürt. Nennen wir den Thraker MAXIMINUS, den Pannonier DECIUS oder auch PHILIPPUS ARABS, den Sohn eines Araberscheichs aus der südsyrischen Trachonitis.

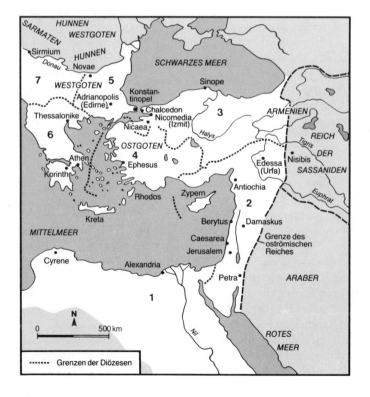

Die Verwaltungsstruktur des oströmisch-frühbyzantinischen Reiches im 5. Jh., hervorgegangen aus der konstantinisch-diokletianischen Reichsreform: 1 Diözese Aegyptus 2 Diözese Oriens 3 Diözese Pontus 4 Diözese Asiana 5 Diözese Thracia 6 Diözese Macedonia 7 Diözese Dacia. Vom Christentum übernommen, bezeichnete der Begriff Diözese später den Amtsbereich eines Bischofs (Karte: G. Rebensburg)

Römischer Panzerreiter (Clibanarius) wohl des 3. Jh. n. Chr., dargestellt in einem Graffito aus Dura-Europos (Zeichnung: U. Clemeur)

Bedingt durch die neue Grenzsicherheit, konsolidierten sich die namhaften Handelsposten in den Außenprovinzen, vor allem im Vorderen Orient, wurden bislang ungenutzte Ressourcen ausgebeutet, Brachland in Ackerboden verwandelt, Bewässerungssysteme angelegt, neue Städte gegründet, alte ausgebaut. Im Ostjordanland erhielten die Dekapolis-Städte Gadara, Gerasa, Pella, Philadelphia etc. im Zuge dieses provinziellen Aufschwungs jene Prachtausstattung mit Nymphäen und Foren, Theatern und Tempeln, deren Relikte bis heute beeindrucken. Auch ökonomisch gewannen die Grenzlande des Reiches also einen wachsenden Anteil an der imperialen Macht.

Ende des 3. Jh. war DIOKLETIAN jener Kaiser, der dieser Entwicklung durch weitreichende, ihrem Wesen nach repressive Verwaltungsreformen Rechnung trug: Sie kosteten Rom und den Senat endgültig die Vorrangstellung, denn nicht nur verteilte DIOKLETIAN die Herrschaft auf zwei Augusti und zwei Caesares, er bestimmte auch mehrere Teilhauptstädte (darunter Trier), um die provinziellen Sonderentwicklungen besser kontrollieren und aufhalten zu können. Anders gesagt: Rom verlor deshalb seinen Status als Reichshauptstadt, weil die formalen Machtzentren an den realen Macht- und Konfliktzonen orientiert wurden. DIOKLETIAN, Haupt der regierenden Tetrarchie, residierte dabei im ökonomisch besonders bedeutsamen Osten: in Nicomedia (dem heutigen türkischen Izmit), zeitweilig auch in Antiochia; und KONSTANTIN bestätigte diese Tendenz, als er seine Hauptstadt an den Bosporus verlegte – an die Grenze nach Asien.

Denn die orientalischen Pfründe des römischen Reiches erschienen zunehmend bedroht, seit sich Persien unter der Sassanidendynastie durch eine nationale Idee und die Staatsreligion des Zarathustra neu geeint zeigte. Seit dem Orientfeldzug des SEVERUS ALEXANDER 232/233 beschäftigte die Sassanidengefahr das Reich: 242–244 konnten GORDIAN III. und PHILIPPUS ARABS sich militärisch wie auch vertraglich gegen SCHAHPUR I. durchsetzen,

KULTURGESCHICHTE: RÖMERZEIT

schon ein Jahrzehnt später aber nahm SCHAHPUR das syrische Antiochia ein, Anfang 260 geriet Kaiser VALERIAN sogar in persische Gefangenschaft; Kaiser CARUS wiederum gelang es 283, die Sassanidenhauptstadt Ktesiphon zu erobern, und auch DIOKLETIAN kämpfte trotz des Friedensvertrags von 288 später wieder gegen die Perser. Hinzu kamen regionale Unabhängigkeitsbestrebungen im Vorderen Orient. Die Königswitwe ZENOBIA aus der syrischen Oase Palmyra nutzte die Krise des Reiches zur Errichtung eines Separatstaats, der sich um 270 kurzzeitig von Armenien bis nach Nordafrika erstreckte. Schließlich rührten sich aufs neue Beduinenstämme an der Südostgrenze, entlang des Limes Arabicus. »Halbnackt, in bunte Umhänge bis zu den Hüften gehüllt, ziehen sie auf ihren schnellen Pferden und schlanken Kamelen in Friedens- wie in Kriegszeiten umher«, so charakterisiert sie der römische Geschichtsschreiber AMMIANUS MARCELLINUS. Die genannten außenpolitischen Gefährdungen nötigten DIOKLETIAN, den arabischen Limes noch einmal auszubauen und in die Tiefe zu staffeln – eine Maßnahme, an der Ostrom bzw. Byzanz im 4. Jh. festhielt und festhalten mußte, weil die militärische Auseinandersetzung mit den Sassaniden fortdauerte. Erwähnung verdient besonders der Perserfeldzug des JULIAN APOSTATA, der im Jahre 363 mit 1100 Schiffen und 65 000 Fußsoldaten entlang des Euphrat gegen Ktesiphon vorrückte.

Eine Erschöpfung der beiden kämpfenden Großmächte machte sich im 5. und mehr noch im 6. und 7. Jh. bemerkbar. Interessanterweise wurde in dieser Zeit das ›Klientelprinzip‹ wiederbelebt, freilich weniger aus politischer Umsicht als aus militärischer Schwäche: Ostrom setzte christianisierte Araberstämme zur Verteidigung der Wüstengrenze gegen wandernde Beduinen, zunehmend aber auch gegen die sassanidischen Widersacher ein. Den syrischen Dajaima-Stamm, der diese entlastende Funktion zunächst wahrnahm, lösten unter Kaiser ANASTASIUS die Ghassaniden ab – Araber, die ursprünglich wohl aus dem Jemen stammten und sich zu einer seit 451 als häretisch geltenden Form des Christentums, dem Monophysitismus, bekannten. Ihr Fürst (Phylarch) HARITH wurde im Jahre 529 von Kaiser JUSTINIAN zum »Herrscher aller Araber« erhoben und gebot danach über die Ostteile der Diözese Oriens, aber auch über einige Landstriche Transjordaniens und Palästinas. Ein Reich im strengen Sinne begründeten die Ghassaniden wahrscheinlich nicht, doch besaßen sie eine Art Residenz im syrischen Resafa: Ein rechteckiger, gedrungener Bau mit Mittelhof, 1911 von Ernst HERZFELD entdeckt, dürfte dem Ghassanidenherrscher MUNDHIR (reg. 569/570–581/582) als Audienzsaal gedient haben. Arabische Dichter nennen darüber hinaus beliebte Lagerplätze der Ghassaniden in Palästina und bei Damaskus, in Jordanien läßt sich den ghassanidischen Phylarchen archäologisch eine Palastanlage auf dem Rafa-Hügel bei Ain el-Minya (westlich von Main) zuordnen.

Den Persern stand umgekehrt seit dem 3. Jh. der arabische Lakhmiden-Stamm zur Seite, dessen Fürsten in Hira am Euphrat residierten und dort, wie J. WELLHAUSEN hervorgehoben hat, eine höfische Kultur nach sassanidischem Vorbild inszenierten. Die herausragende lakhmidische Herrschergestalt des 6. Jh. war MUNDHIR III. (nicht zu verwechseln mit dem erwähnten Ghassaniden MUNDHIR), der gegen das Ostrom JUSTINIANS stritt und dabei auch nach Syrien einfiel, sich aber zugleich innerarabischer Gegner zu erwehren hatte.

Nun wäre es eine Verkürzung, in Lakhmiden und Ghassaniden lediglich neue ›Klienten‹, nützliche Hilfstruppen der Großmächte zu sehen. Die Stämme erscheinen zugleich als die Vorboten des Arabersturms im 7. Jh., der im Zeichen des Islam stehen sollte. Durch Herkunft, Verwandtschaft und beduinische Wanderbewegungen noch immer mit Zentralarabien verbunden (AMR, Sohn des Lakhmiden MUNDHIR III., herrschte beispielsweise im arabischen Hejaz), vermittelten sie ihrer südlichen Heimat Techniken der Kriegsführung ebenso wie Errungenschaften der militärischen Ausrüstung. Insofern kommt der historischen Nachricht, daß Anfang des 7. Jh. ein Araberstamm, die Beni Scheiban, erstmals ein persisches Ritterheer zu bezwingen vermochte, die Bedeutung eines Signals zu. Auch Ostrom galt dieses Signal, seit es in den ›Barbaren‹- und Perserkriegen von einem stationären Verteidigungskonzept (Limessystem) zu einem mobilen Heer überging, in dem die Reiterei dominierte. Araber wie Byzantiner trafen fortan unter annähernd gleichen militärisch-technischen Voraussetzungen aufeinander.

Zur Geschichte der vorderasiatischen Großreiche vor dem Islam bleibt nachzutragen, daß Rom und Ktesiphon im Jahre 591 zwar zu einem Friedensschluß gelangten, nur 20 Jahre später, zur Zeit des oströmischen Kaisers HERACLIUS, aber ein folgenschwerer Sassanidenangriff auf Syrien begann. Antiochia und Damaskus wurden erobert, das nördliche Jordanien überrannt. Im Jahre 614 standen die Perser vor Jerusalem, 20 Tage dauerte die Belagerung. Dann drangen – in den Worten des ANTIOCHOS STRATEGUS – »die bösen Feinde mit einer Wut, die der von tollen Tieren und brüllenden Drachen gleichkam, in die Stadt ein«. Jerusalem wurde verwüstet, das Heilige Kreuz verschleppt, die Kirchen und Klöster entweiht, die christliche Bevölkerung massakriert – 50 000 Tote soll es gegeben haben. In drei Feldzügen zwischen 622 und 628 vermochte HERACLIUS die Perser zwar noch einmal militärisch zurückzuschlagen, doch sollte sich die Diözese Oriens wirtschaftlich und auch kulturell von den Verheerungen nicht mehr erholen. Als die islamische Armee am 20. August 636 die Schlacht am Yarmuk (dem heutigen syrisch-jordanischen Grenzfluß) für sich entschied, zog sie in ein ausgeblutetes, zerrüttetes Land ein.

Ökonomische Faktoren

Wie erklärt es sich aber, daß die Ostdiözese in den drei Jahrhunderten davor, Jahrhunderten andauernden Krieges und zahlloser Perser- bzw. Lakhmideneinfälle, in wirtschaftlicher Blüte stand? Im Ostjordanland weist nahezu jede vor-byzantinische Stätte auch byzantinische Siedlungsspuren auf – nie zuvor war die Region so dicht bevölkert. Ihren Wohlstand bezeugen in Syrien zahlreiche, darunter architekturhistorisch wegweisende Kirchenbauten, in Transjordanien bemerkenswerte Bildmosaiken, die nicht nur Kirchenböden, sondern auch Privathäuser schmückten (vgl. etwa S. 276 ff.). Gerasa und Rihab, Madaba, Nebo und Main sind Ortsnamen, die hier Erwähnung verdienen.

Offenbar betraf die Krise des römischen, dann des oströmischen Reiches die Diözese Oriens weniger als den Westen. Die besonders intensive militärische Abschirmung kann dies allein nicht bewirkt haben, denn wie wir sahen, wurde sie ja immer wieder durchbrochen. Allerdings mag die regionale Truppenstärke ein Grund dafür gewesen sein, daß sozialer Unmut über Steuerdruck und Beamtenwillkür, Münzverschlechterung und Geldentwertung in der Ostdiözese kaum einmal gewaltsam ausgetragen wurde. Wichtiger erscheint aber etwas anderes: Der in allen Reichsteilen seit dem 3. Jh. wachsende Großgrundbesitz konnte im Vorderen Orient an Traditionsstränge vorhellenistischer Domänenwirtschaft anknüpfen. Auch wenn man keineswegs von einem organischen Übergang der antiken zur feudalen Produktionsweise sprechen kann, verliefen die spätantiken Krisenprozesse im Vorderen Orient deshalb weniger ruckhaft. Ein weiteres Moment des Epochenübergangs, der Verfall der Metropolen, traf die Diözese Oriens ebenfalls in geringerem Maße als den Westen, denn die orientalischen Städte vor allem Phönikiens und Syriens zogen ihren Wohlstand nicht so sehr aus dem Steueraufkommen (das mit zunehmendem Separatismus der Landmagnaten spärlicher anfiel) als aus dem Handel, aus Transitgeschäften und der Ausfuhr bodenständiger Erzeugnisse. Um so katastrophaler wirkte sich allerdings die Besetzung des Landes durch persische Truppen aus. Einzelne Vorstöße der Gegenmacht hatte man verkraften können, im Verlauf der jahrelangen kommerziellen Trennung vom Mittelmeerraum aber wirkte sich die Exportorientierung der Ostdiözese und ihre weitgehende Beschränkung auf Oliven- und Weinmonokulturen verhängnisvoll aus, denn die Perser ihrerseits konnten oder wollten die Landesprodukte nicht verwerten.

Hinzu kam, daß es dem byzantinischen Nahen Osten seit dem 5. Jh. an Religionseinheit mangelte. Nach der Verurteilung des Nestorianismus auf dem Konzil von Ephesus (431), des Monophysitismus auf dem Konzil von Chalcedon (451) hatte die Diözese Oriens jene Gemeinschaft im Glauben verloren, die im 4. Jh. noch zur kulturellen Stabilisierung im östlichen Reichsteil beigetragen hatte. (Es kann schwerlich ein Zufall sein, daß jenes Gebiet des Imperium Romanum, das Goten-, Hunnen- und Perserkriege überstand und nicht, wie das Westreich, unter der Völkerwanderung zerbrach, sich als weithin identisch erweist mit der geographischen Sphäre, in der das Christentum am frühesten eine kulturelle Tradition ausbildete.)

Orientalische Kulte und Christentum

Diese stabilisierende und integrierende Funktion des Christentums gehört schon zu den im engeren Sinne kulturellen Entwicklungsmomenten des römischen und oströmischen Reichs, die von der verstärkten Provinzialisierung nach der Zeitenwende ihren Ausgang nahmen. Die kulturhistorische Bedeutung der Provinzbildung liegt vor allem darin, daß sie außeritalische Regionaltraditionen zu immer stärkerer Geltung brachte. Wenn man seit AUGUSTUS von einer ›Romanisierung‹ des Reiches sprechen konnte, von einem beherrschenden Fluß römischen oder italischen Kulturguts in die Außenkolonien, so setzte sich – unmerklich zunächst und unbeachtet, nach TRAJAN aber offenkundig – eine gegenläufige Bewegung durch: Das alternde Imperium Romanum wurde orientalisiert, und zwar ausgehend vom

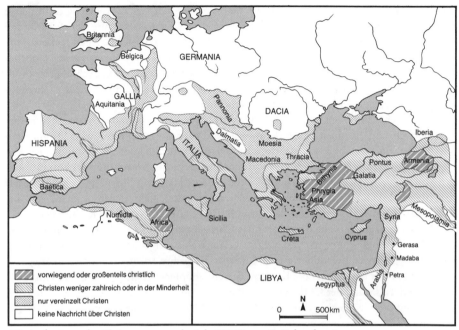

Die Ausbreitung des Christentums um das Jahr 300 (Karte: G. Rebensburg)

kultisch-religiösen Bereich. So waren praktisch alle stadtrömischen Tempelbauten des 3. Jh. orientalischen Gottheiten geweiht, entstanden in der Haupstadt Mithräen, Serapeen, orientalisierende Sonnenheiligtümer. Grob gesprochen, wiederholte sich im Machtbereich Roms das, was dem Hellenismus nach ALEXANDER widerfuhr: Der militärische Erfolg des Westens wurde kulturell aufgefangen und mündete schließlich in »eine gewaltige Reaktion des Ostens« (F. ALTHEIM). Aussagekräftig ist in diesem Zusammenhang, daß sich nach dem 3. Jh. im syro-mesopotamischen Raum das Syrische als Verkehrssprache gegen das (seit den Seleukiden) geläufige Griechisch durchsetzte. Vor allem aber der religionshistorische Aspekt beeindruckt: welche Kraft nämlich das ›Licht aus dem Osten‹ entwickelte, welchen Einfluß die ostmittelmeerischen Mysterien- und Erlösungsreligionen nahmen, überboten schließlich noch vom Christentum.

Rückhalt fanden die neuen Kulte zunächst im Heer. Bei ihrer Grenzwacht in den östlichen Provinzen lernten die römischen Soldaten, sofern ihnen diese Gottheiten nicht von Kind auf vertraut waren, Dea Syria und Mithras, Kybele und Attis, Jupiter Dolichenus und Isis kennen und verbreiteten die jeweiligen Riten im Zuge von Truppenverlagerungen über das gesamte Reich.

Das Christentum drang vom palästinischen Raum her zuerst in die Judengemeinden ein, die sich in zahlreichen hellenistischen Städten der Levante gebildet hatten. Die jüdische

KULTURGESCHICHTE: RÖMERZEIT (KULTURELLE ENTWICKLUNG)

Diaspora und die Versklavung zahlreicher palästinischer Juden nach ihrem fehlgeschlagenen Aufstand gegen HADRIANs Herrschaft bahnten dem Christentum dann den Weg in den lateinischen Teil des Imperium Romanum. Wie die genannten orientalischen Kulte konnte es sich daneben auf das römische Heer stützen, das Christus – ähnlich wie Jupiter Dolichenus und Mithras – als ›Kriegs- und Siegergott‹, als Sol Invictus, zugleich aber auch als Weltenheiland, als Erlöser verehrte – eine wesentliche Doppelung, durch die das Christentum zu einer religiösen Integrationskraft avancierte.

›Strategische‹ Vorteile gewann die Religion des Messias also offenbar daraus, daß sie sich gleicherweise auf die Mittlerschaft der römischen Truppen wie auf eine ›zivile‹ Strömung in Gestalt der jüdischen bzw. judenchristlichen Diaspora stützen konnte. Sie war den Kräften der Reichssicherung ebenso verbunden wie der Unterschicht (Sklaven) und der kommerziellen Mittelschicht (christianisierte jüdische und syrische Händler). Mehr und mehr wurde das Christentum damit auch zu einem politischen Integrationsfaktor, dem schließlich – aus welchen persönlichen Beweggründen auch immer – Kaiser KONSTANTIN Rechnung trug.

»Als staatstragende Religion vollzog das Christentum den schon begonnenen geistigen Prozeß einer Angleichung der verzweigten Götterwelt auf eigene Weise. (...) Den Sonnen- und Heilsgottheiten gegenüber wurde Christus der wahre Sol Invictus, der unbesiegbare und einzige Herr und Lenker des Kosmos, dessen Schöpfer er zugleich ist. Als der Gott über Leben und Tod stand der Christengott den im Rhythmus von Leben und Tod verhafteten Mysteriengöttern entgegen als wahrer Heiland und Herr der Auferstehung und des ewigen Lebens« (Günter RISTOW).

Damit vollendete das Christentum einen spirituellen Prozeß, in dem seit hellenistischer Zeit und beeinflußt noch durch die älteren Astralreligionen des Zweistromlandes die personale Gestalt der Gottheit zurücktrat hinter ein kosmisches Prinzip. In Übereinstimmung mit der allgemeinen Tendenz zur abstrakten Denkweise, deutete man die Polymorphie, die Vielgestaltigkeit der Gottheiten nun monotheistisch zum bloßen Ausdruck eines höchsten Wesens um.

Grundzüge der kulturellen Entwicklung

Entsprechend der skizzierten weltanschaulichen Entwicklung vollzieht sich auch die Evolution der materiellen Kultur in römischer und frühbyzantinischer Zeit: Die Körperlichkeit kompakter, wohlproportionierter Baustrukturen und wirklichkeitsnaher Sujets wird mehr und mehr aufgegeben zugunsten einer ›schwerelosen‹, symbolhaften Architektur und Kunst, die nicht durch sinnliche, sondern durch spirituelle Qualitäten überzeugt.

Spätestens seit dem Ende der Republik tendierten stadtrömische Auftraggeber und Architekten zu großzügigen Bauprogrammen, zur Monumentalisierung und zur Förderung einer ›Luxusarchitektur‹. Dies ist – trotz der Villen eines TIBERIUS oder HADRIAN – vor allem eine *öffentliche* Großarchitektur (Theater, Thermen, Stadien, Foren, Tempel) von urbanem Charakter.

II AMMAN Römisches Theater (vor 1917)
◁ I PETRA Die Patres Jaussen, Lagrange und Vincent vor dem Turkmaniye-Grab (1897)
III AMMAN King Talal Street im Stadtzentrum (1926)

IV JERASH/GERASA Ovales Forum (1902)

V JERASH/GERASA Artemis-Tempel mit den Zelten der Puchstein-Expedition (1902)

VI MADABA Türkische Grenzwache (um 1898)

VII Zelt eines jordanischen Scheichs (um die Jahrhundertwende)

VIII KERAK Christenmädchen in traditioneller Kleidung (um 1919)

IX KERAK Katholische Schüler (um die Jahrhundertwende)

X   QASR EL-KHARANEH   Arabien-Expedition von Jaussen und Savignac (1912)

XI   WADI RUM (1914)

XII AQABA Anritt auf die Stadt (1917; Aufnahme von T. E. Lawrence)

XIII VERSAILLES Feisal (vorn) und T. E. Lawrence (rechts dahinter) auf der Friedenskonferenz (1919)

Die regelhafte Anlage der römischen Städte gilt als etruskisches Vermächtnis (Beispiel: Marzabotto bei Bologna, 6. Jh. v. Chr.), scheint aber auf den ersten Blick auch bruchlos an den griechisch-hellenistischen Städtebau anzuschließen. Ein entscheidender Unterschied ergibt sich jedoch aus der axialen Grundstruktur der römischen Anlagen. Als Idealschema von kosmologischer Bedeutung erweist sich dabei ein geometrisches Raster von Wohnbezirken und öffentlichen Komplexen, das durch ein Straßenkreuz streng gegliedert wird: Cardo heißt die nord-südliche Straßenachse, Decumanus die ost-westliche. Repräsentativ und praktisch zugleich, bestimmte dieses Schema auch die innere Ordnung des römischen Legionslagers, und über solche Lager gelangte es als städtebauliche Grundstruktur, als steingewordenes Emblem des Imperiums, in alle Provinzen des Reiches. Etwa nach Neuss am Rhein (Novaesium), wo eine rechteckige, umwallte Anlage, besetzt mit Kommandantur und Kasernenblöcken, rechtwinklig von zwei Straßenzügen, der Via Principalis und der Via Praetoria, geschnitten wurde. Etwa auch nach Nordafrika, wo Timgad, das ›algerische Pompeji‹, den axialen Stadtbauplan bis heute in klassischer Form repräsentiert. Nun handelt es sich bei Timgad wie bei Novaesium um römische *Neu*gründungen in offenem, ebenem Gelände; dagegen mußten sich die urbanen Ordnungsvorstellungen Roms im Vorderen Orient gegenüber gewachsenen Strukturen durchsetzen, gegen die hellenistischen Stadtpläne etwa der Dekapolis. Natürlich gab es auch Legionslager in Transjordanien – in el-Lejjun und Odruh sind ihre Ruinen zu sehen (vgl. S. 428 f.; S. 431) –, doch erfuhren beide Castra als Grenzlager abseits der Via Nova keinen städtischen Ausbau; eine spätantike Festungssiedlung wie Umm er-Rasas westlich von Dhiban wiederum weist zwar den römischen Lager- und Stadttypus auf, kann aber schon von ihren Bemessungen kaum als Stadt angesprochen werden. In den älteren urbanen Zentren des jordanischen Nordwestens blieb die römische Architektur-Orthodoxie andererseits von seleukidischen, in Petra von nabatäischen Traditionen unterströmt. Kurzum: Eine *exemplarische* römische Stadt ist im Ostjordanland nicht zu finden.

Aber auch wenn Roms Provinzherren und Siedler die architektonische Umgestaltung der vorderorientalischen Städte nicht vollendeten, ist die Romanisierung der Dekapolis und selbst Petras sinnfällig genug. Allein die Theaterbauten, die in Gadara wie in Gerasa, in Philadelphia wie in Petra entstanden, belegen eindrucksvoll römischen Einfluß. Der nahöstliche Hellenismus hatte, so scheint es, in den drei Jahrhunderten seiner kulturellen Vorherrschaft weder Theater noch Odeen oder Stadien hervorgebracht, da Bühnenaufführungen oder Wettspiele im judäisch-nabatäischen Bereich keine Tradition besaßen. Nun suchte man innerhalb der Stadtgebiete ebenso kultur- wie repräsentationsbeflissen nach geeigneten Plätzen und zögerte nicht, ältere Bauten und Anlagen (in Petra sogar Gräber) dem Theaterluxus zu opfern. Erwartungsgemäß zeigen die meisten dieser Neubauten die römische Halbkreisform, mögen sie auch, so in Amman, nach griechischer Art an den Hang gelehnt oder, so in Petra, aus dem gewachsenen Fels geschlagen sein. Die Thermenanlagen, deren beste Beispiele auf jordanischem Boden Gerasa bietet, sind ebenfalls römische Importe; des weiteren Triumphbögen und Basiliken, letztere als öffentliche Mehrzweckbauten wohl eine süditalische Entwicklung. Sofern jenseits des Jordan neue Stadtmauern gezogen wurden, geschah

KULTURGESCHICHTE: RÖMERZEIT (KULTURELLE ENTWICKLUNG)

dies nach römischer Art ohne Rücksicht auf die natürliche Landschaft, also nicht, wie unter den Seleukiden, angepaßt an die jeweilige Topographie. Auch in der Konzeption der Stadttore hielt man sich an die reichsrömische Norm: Die tonnengewölbten Durchgänge waren repräsentativ in Haupt- und Nebenbögen gegliedert. Übrigens baute das römische Jordanien weithin in Werkstein, dem im nördlich angrenzenden Syrien häufig verwendeten Backstein kommt nur eine Randbedeutung zu.

In mindestens zwei Belangen freilich paßte sich das römische Bauschema dem älteren Architekturbestand an: in der Tempelkomposition und in der städtischen Achsenführung. Hier behielten orientalisch-hellenistische Elemente Geltung, bildeten sich baukünstlerische Mischformen bzw. Kompromisse aus.

Für den Tempelbau kommt dieser Synkretismus wenig überraschend, denn man weiß vom Ideen- und Formenkonservativismus gerade im kultischen Bereich. Am originellsten verschränken sich orientalischer und römisch-hellenistischer Formenkanon sicherlich im Baal-Tempel des syrischen Palmyra und im Bacchus-Tempel von Baalbek, aber auch eher mediterrane Bauten wie der Artemis- und der Zeus-Tempel von Gerasa weisen die (nach Robert AMY) typische Besonderheit syrischer Gotteshäuser auf: den Aufgang zum Dach oder Dachgeschoß. Der genaue Zweck solcher Tempeltreppen ist ungeklärt. Man kann sich vorstellen, daß sie von Priestern benutzt wurden, die auf dem Dach des Sanktuariums Opfer darbrachten oder als autoritative Stellvertreter der Gottheit auftraten; denkbar aber auch, daß die oberste Tempelplattform nach altmesopotamischem Vorbild als Sphäre des Kontakts mit der Gottheit oder als »Gottesthron« (Theodor DOMBART) galt. Für diese zweite Deutung würden zusätzlich die auf syrischen Tempeldächern häufigen Türme sprechen. Jedenfalls besitzen auch nabatäische Heiligtümer (Dhat Ras, Qasr Rabba oder der Qasr el-Bint genannte Antentempel von Petra) solche charakteristischen Treppenaufgänge.

Von Nabatäa selbst ging offenbar die Dreiteilung des Tempeladytons aus. Dessen Mittelnische – der Platz des Gottesstandbilds oder Gottessteins – kann in den syrischen Beispielen in apsidialer Rundung ausgeführt sein, zeigt im Ostjordanland aber durchweg eckige Gestalt. Zumeist ist das Adyton erhöht, zum Podium führt eine Treppe vor der Mittelnische. Mit alledem wurde der Cella-Bereich in seiner Selbständigkeit stärker betont, als dies in vergleichbaren mediterranen Tempeln der Fall war. Dies gilt auch für den alternativen nabatäischen Tempeltypus mit quadratischer Cella und zentralem, zuweilen erhöhtem Altar (jordanische Beispiele: Khirbet et-Tannur, Wadi Rum, Löwen-Greifen-Tempel in Petra), der aber baugeschichtlich weniger wirksam wurde.

Ein Blick auf die Stadtpläne des römischen Ostjordanlands verdeutlicht die zweite relevante Abweichung von der reichsrömischen Baunorm: Das rational ordnende Achsenkreuz wirkt abgeschwächt, statt dessen tritt eine der Wegachsen dominierend hervor. In Gerasa ist dies die Nord-Süd-, in Gadara, Petra und Philadelphia jeweils die Ost-West-Achse. Zwar finden sich stets Ansätze kreuzender Straßen, und in Gerasa fehlen auch die obligatorischen Kreuzungsmarken in Gestalt von Tetrapylonen nicht (wie diese Provinzstadt den römischen Stadtbaukonzepten überhaupt am befangensten folgt), doch handelt es sich dabei teilweise um zweitrangige Treppenwege oder um so kurze Straßenarme (Gadara, Philadelphia), daß axiale Funktion und strukturierende Wirkung zurücktreten. Am deutlichsten zeigt sich die Einachsigkeit vielleicht im prachtvollen Säulenboulevard von Palmyra, der als Ordnungsfaktor alle Seitenwege beherrscht; aber auch in Gadara gibt nur *ein* Hauptweg dem gesamten Stadtgefüge Maß und Richtung, und zu einem stehenden Begriff wurde die Gerade Straße von Damaskus. Die Kolonnadenstraße ist hellenistisches Erbe. In den römischen Städten des Vorderen Orients dezentralisiert sie den Stadtplan und gewinnt mit ihren beiderseits aufgereihten Läden den Charakter einer kommerziellen Achse, eines Straßenforums. So sehr steht sie im Zeichen von Handel und Wandel, daß die eigentlich als Agoren vorgesehenen Plätze häufig in sakrale oder repräsentative Funktionen überführt werden, bezeugt durch das auf den Zeus-Tempel orientierte Ovale Forum von Gerasa oder auch durch zwei monumentale Platzanlagen in Palmyra.

Petra erscheint als Ort eines großen baukünstlerischen Dialogs mediterraner und altorientalischer Traditionen: Altvorderasiatische Zinnen und griechische Triglyphenfriese, altiranische Zwerggeschosse und hellenistische Ziergiebel, ägyptische Hohlkehlen und römischer Fassadenstil, aber auch original nabatäische Elemente wie das Hörnerkapitell finden an den Grabwänden im Sinne eines manchmal bizarren, stets aber reizvollen Eklektizismus zusammen. Wobei die Frage bleibt, mit welcher Freiheit die peträischen Steinmetzen über die Elemente ihres ›Kunstverschnitts‹ verfügten. Ist beispielsweise die Präsenz alexandrinischer Merkmale sicheres Indiz für eine hellenistische Entstehungszeit der betreffenden Fassade – oder könnten solche Elemente auch zu einer späteren Zeit aus Repräsentationsgründen ›zitiert‹ worden sein? Neigt man zu dieser zweiten Annahme, nähert man sich damit dem Versuch von Archäologen wie P. C. HAMMOND, A. NEGEV und F. ZAYADINE, bestimmte Grab- bzw. Fassadentypen mit den kulturellen Prestigeansprüchen der verschiedenen sozialen Schichten Nabatäas in Verbindung zu bringen. Danach wären die assyrisch-altarabischen Grabformen nicht unbedingt die ältesten der Nekropole, sondern Bestattungsplätze konservativ denkender Familien oder Sippen. Und in den hellenistisch-römischen Prunkgräbern käme das ›modernistische‹ Repräsentationsbedürfnis einer mediterran orientierten Oberschicht im Umfeld des Königshauses zum Ausdruck.

Bedeutung über Petra hinaus gewann die Auflösung normativer Formenrepertoires, die Umdeutung und Umgruppierung ihrer einzelnen Bestandteile. In diesem spätantiken Trend bewegte sich nicht zuletzt auch das Christentum. Den profanen Mehrzweckbau Basilika erhob und heiligte die neue Religion zum christlichen Versammlungshaus. Wie Michael AVI-YONAH gezeigt hat, sind jüdische Gemeinden hier beispielgebend gewesen – die Synagoge von Hammat Gader im Yarmuk-Tal etwa dürfte aus der römischen Basilika-Architektur hervorgegangen sein. Aber auch in Beiläufigkeiten drückt sich ein freier Umgang mit den überkommenen Traditionen aus: in der Bedenkenlosigkeit beispielsweise, mit der die frühen vorderorientalischen Christen in ein und demselben Bau wechselnde Kapitelltypen einsetzen. Und was in hellenistischer Zeit noch als baukünstlerische Geschmacklosigkeit galt, der Einsatz architektonischer Spolien nämlich, wurde nun mehr oder minder die Regel. Damit soll indessen nicht gesagt sein, daß die frühbyzantinische Architektur sich in Epigonentum und Eklektik erschöpfte. Als durchaus eigenständige Bauleistung muß z. B. die Weitarkadenbasilika gelten, die mit ihrem variablen, ausgreifenden Stützensystem, wie P. GROSSMANN gezeigt hat, zu einer der hervorragendsten Raumschöpfungen des Orients aufstieg. Basiliken dieser Art finden wir vor allem in Syrien, aber auch in Umm el-Jemal (Westkirche).

Es fällt häufig schwer, Brüche, Rückgriffe und Linien größerer Kontinuität exakt zu unterscheiden. Die frühen syrischen Höhepunkte des sakralen Zentralbaus (Bosra, Simeonskloster) sind sicher nicht denkbar ohne das Vorbild römischer Kuppelbauten und Rundtempel – aber sind sie deshalb Reprisen? Jedenfalls bezog die frühbyzantinische Kirche ihre Chorkomposition mit zentraler Apsis und zwei Seitenkammern (den sogenannten Pastophorien) von der dreiteiligen Cella-Stirn nabatäischer und syrischer Tempel (welche wieder in älteren orientalischen Traditionen wurzeln). Eine Weiterentwicklung dieser Chorform sehen wir im Typus der Drei-Apsiden-Basilika; St. Peter und Paul von Gerasa (ca. 540) ist dafür ein wichtiges frühes Beispiel.

Aus der Auflockerung der alten Formenkanons, der Neuverfügbarkeit entbundener Elemente ging auch die christliche Ikonographie hervor. Auf jordanischem Boden ist die Mosaikkunst ihr bevorzugtes Medium. Wenn dagegen die Freiplastik hier wie im ganzen oströmischen Reich seit KONSTANTIN zurücktritt oder sogar verschwindet, stimmt das überein mit dem Hang zur Entkörperlichung, den wir oben schon als Charakteristikum der frühbyzantinischen Kunst herausgestellt haben. In einer eher flächigen Bildkunst (Relief, Email, Elfenbeinschnitzerei, Miniaturmalerei, Wandmalerei, Mosaik) wurden fortan griechisch-römische Motive (Szenen aus Mythologie, Jagd und Tierfabel) neben stilisierte Bilder Gottes, der Kaiser und kirchlicher Würdenträger gesetzt. Dabei erfuhren die antiken Motive, die man zunächst ganz unbefangen übernommen hatte, mit der Zeit eine christliche Neuinterpretation. Dies gilt übrigens auch für die Formensprache der altchristlichen Baukunst: Namentlich die alttestamentliche Vision des ›himmlischen Jerusalem‹ wird ab dem 4. Jh. als Sinnmodell auf die bestehenden Kirchenbauten übertragen, zugleich konnte das Kirchenschiff im christlich-symbolischen Denken auch mit der erschaffenen Welt, dem

Byzantinischer Mosaikboden aus dem Dorf Kfeir Abu Sarbut, ein Beispiel der ›Madaba-Schule‹ (nach: Archaeological Heritage of Jordan)

Mosaik (Ausschnitt) aus dem Nordschiff der Georgskirche von Nebo. Der Stifter Johannes Ammonius in Adorationshaltung (nach: Byzantinische Mosaiken aus Jordanien)

Erdenrund identifiziert werden. Ursprünglich Profanes oder ›Heidnisches‹ erschien nun als Manifestation christlicher Transzendenz, als Anspielung auf Szenen der Heiligen Schrift. Das dionysische Rebenmotiv etwa gerät in den neutestamentlichen Kontext des Weinberg-Gleichnisses, Fischerdarstellungen scheinen auf den ›menschenfischenden‹ Petrus zu verweisen, und Christus als Guter Hirte findet seinen Platz in der Ikonographie der antiken Schäferidylle. Allmählich wurde so die gesamte spätantike Bildersprache ›christianisiert‹; die geläufigen Tierdarstellungen faßte man vielfach als Sinnbilder Gottes auf. Im Einklang damit entwickelte sich eine spezifisch christliche Symbolik: Den Palmzweig nimmt man als Siegeszeichen, den Anker als Mal der Hoffnung, das Boot als Chiffre für die christliche Gemeinde.

Nicht immer gewinnt man allerdings in gleichem Maße den Eindruck, daß Heilswirklichkeit hinter den Dingen gesucht wird. Mosaiken der ›Madaba-Schule‹ lassen auch im 6. Jh. noch deutlich Spuren einer antiken Lebensauffassung erkennen (etwa die Thalassa-Darstellung in der Apostelkirche von Madaba). Dagegen haben sich in den ungefähr zeitgleichen Mosaiken von Gerasa oder Rihab Vereinfachung und Geometrisierung der Motive stärker durchgesetzt. Auf dem Kirchenboden von St. Kosmas und Damian (Gerasa, 6. Jh.) etwa stehen die dargestellten Stifter in zeichenhafter Reduktion vor einem hellen Grund – der Künstler rückt ganz augenscheinlich vom antiken Realismus ab. Statt einer erzählenden Bildlichkeit, wie sie etwa die Nebo-Mosaiken bieten, statt Farben- und Detailfreude ziehen solche Böden im Geist von Byzanz eine hieratische Komposition vor. Dabei werden die Motive häufig in Bildfeldern vereinzelt. Bei den Tierdarstellungen von St. Kosmas und Damian fragt man sich, ob sie überhaupt eine ikonographisch-symbolische Bedeutung besitzen oder ob nicht ihr ornamentaler Wert überwiegt – ein Problem, das in noch stärkerem Maße durch die Kunst der Omayyaden aufgeworfen wird. Wo der Anti-Illusionismus auch den ornamentalen Motiven ihre Gegenständlichkeit und räumliche Tiefe entzieht, ergibt sich schließlich ein reiner Teppicheffekt – auf späten jordanischen Mosaikböden wie dem in der Menas-Kirche von Rihab (635 n. Chr.) vollendet sich diese Entwicklung.

Bei Gegenbeispielen und widersprechenden Einzelaspekten geht die bildnerische Tendenz somit hin zu einer Kunst, die an einer jenseitigen Welt mehr interessiert ist als an Körpern aus Fleisch und Blut.

Arabersturm und Omayyaden (636–750)

Seit der Zeit der altorientalischen Großreiche diente das Ostjordanland als Pufferzone gegen Arabien. Im Verbund der römischen Provincia Arabia wurde es fest an den mediterranen Raum angeschlossen. Das arabische Volk der Nabatäer, das sich, beginnend mit der Achämeniden-Ära, im südlichen Transjordanien ansiedelte, zeigte sich kommerziell so engagiert in der griechisch-römischen Welt, daß es auch politisch und kulturell gebunden werden konnte. Später stiegen mit Ghassaniden und Lakhmiden akkulturierte Araberstämme zu Bundesgenossen Ostroms und Ktesiphons auf. Ferner brachte ein lebhafter Karawanenhandel Araber, ›Rhomäer‹ und Sassaniden einander näher: Im zentralarabischen Mekka, das aus Warentransit und Wechselgeschäften enorme Gewinne zog, rüsteten die großen Handelshäuser Karawanen mit Hunderten von Treibern und bis zu 2500 Kamelen für die Wüstenmärsche nach Hira oder Damaskus aus. Dennoch besaß das Wort Arabien für die mittelmeerische wie für die persische Kulturwelt einen unheilvollen Klang. Safaitisch- und thamudischschreibende Beduinen, die auf Felsen und Steinen allein des östlichen Jordanien Tausende von Graffiti hinterließen (vgl. S. 267), übten mit ihren Wanderzügen Druck auf die zivilisatorischen Grenzräume aus. So wachten zunächst nabatäische, dann römische und oströmische Kastelle oder Beobachtungstürme am Saum der Wüste über die jeweilige Interessensphäre.

Erst vor diesem Hintergrund wird in vollem Ausmaß begreiflich, daß die Araberinvasion des 7. Jh. neben dem Hellenismus *den* fundamentalen Einschnitt in der transjordanischen Landesgeschichte markiert. Der seit ALEXANDER expansive Westen gerät in eine kritische Defensive, die Wüste erobert das Mittelmeer.

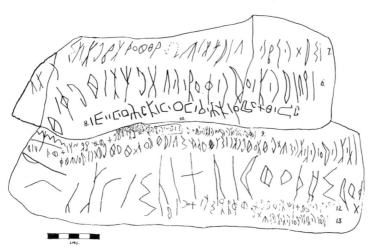

Beispiele safaitischer Graffiti, wie sie sich in den Wüstenregionen des Ostjordanlandes zu Tausenden finden. Die meist kurzen Inschriften wurden von vorislamischen Nomaden auf Steine oder in Felsen graviert (nach: ADAJ XXI, 1976)

Aufs engste verbunden ist dieser historische Richtungswechsel mit dem Wirken des arabischen Religionsstifters MOHAMMED. Um 570 in eine angesehene, aber verarmte mekkanische Familie hineingeboren, entwarf MOHAMMED aufgrund gewisser mystischer Erlebnisse im ersten Jahrzehnt des 7. Jh. die Grundlagen einer neuen monotheistischen Religion. Der Islam (das Wort bedeutet soviel wie Hingabe an Gott) knüpfte an Christentum und Judentum an, integrierte aber auch altarabische Traditionen, darunter die Pilgerfahrt nach Mekka (vgl. S. 432 ff.). MOHAMMED selbst trat als Prophet auf, als gottgesandter Nachfolger Mosis und Jesu. Entsprechend sehen gläubige Moslems in den Lehren, die das Heilige Buch des Islam, der Koran, enthält, nicht die persönlichen Worte MOHAMMEDs, sondern Offenbarungen des »einen und einzigen Gottes«, niedergelegt in einem himmlischen Ur-Koran. Heftig angefeindet wegen seiner Kritik am altarabischen Polytheismus (dessen Zentrum Mekka und dessen Nutznießer die mekkanische Kaufmannsaristokratie war), vermochte der Prophet in seiner engeren Heimat nicht Fuß zu fassen. So zog er 622 n. Chr. mit einem Gefolge von Gläubigen, den sogenannten Gefährten, einige hundert Kilometer weiter nach Yathrib, das seither Medina, d. h. Stadt (des Propheten) heißt. Dort durfte er günstigere Lehr- und Lebensbedingungen erwarten. Das Jahr dieser Hejra, dieses ›Auszugs‹ nach Yathrib, gilt der islamischen Gemeinschaft als *ihre* Zeitenwende, markiert den Beginn einer eigenen islamischen Zeitrechnung.

Das Bild MOHAMMEDs als Seher und Künder wird freilich nur der einen Seite seines Wirkens gerecht. Nicht minder bedeutsam ist, daß der Prophet als umsichtiger Realpolitiker zu agieren verstand und sich nicht scheute, Steuerfragen zu regeln oder soziale Zwistigkeiten zu verhandeln. Von Yathrib/Medina aus gelang es ihm nach blutigen Auseinandersetzungen mit Mekka (623, 625, 630), die arabischen Stämme über alle Erbfehden hinweg zu einen und eine Art ›Gottesstaat‹ zu begründen, der bei seinem Tode Anfang Juni 632 bereits weite Teile der Arabischen Halbinsel umfaßte. Auch Ela, das heutige Aqaba, gehörte seit 631 zum Gründerreich des Propheten.

MOHAMMEDs Tod konnte die Eroberungswelle des Islam nicht mehr aufhalten. Die ersten beiden Nachfolger des Religionsstifters, die Kalifen (d. h. wörtlich Nachfolger) ABU BAKR und OMAR, sandten die moslemischen Krieger nach Nordafrika und in die Länder des Fruchtbaren Halbmonds. Die arabische Kenntnis des nahöstlichen Wegenetzes, der oströmischen und sassanidischen Grenzstädte und Handelszentren, die Beweglichkeit der beduinischen Kamelreiterei, dazu die durch Ghassaniden und Lakhmiden nach Arabien vermittelte Waffentechnik trugen zu raschen und leichten Erfolgen bei. Bereits in den 30er Jahren des 7. Jh. nahmen Truppen unter der grünen Fahne des Propheten, geführt von Feldherrn wie KHALID IBN AL-WALID, Jordanien, Syrien und Palästina ein – die alte Diözese Oriens also. JAFAR IBN ABU TALEB, ZAID IBN HARITHA und ABDULLAH IBN RUAHA waren Moslemgenerale, die während dieser ersten Eroberungen auf jordanischem Boden getötet wurden (632); in Mazar, südlich von Kerak, erheben sich ihre Kenotaphe. Im Januar 635 wurde ein Griechenheer bei Pella am Ostrand des Jordantales aufgerieben, im September des Jahres fiel Damaskus. Noch einmal sammelte das Ostrom des Kaisers HERACLIUS seine militärischen Kräfte. Die moslemischen Krieger wichen zunächst nach Süden aus, stellten sich dem

KULTURGESCHICHTE: ARABERSTURM UND OMAYYADEN

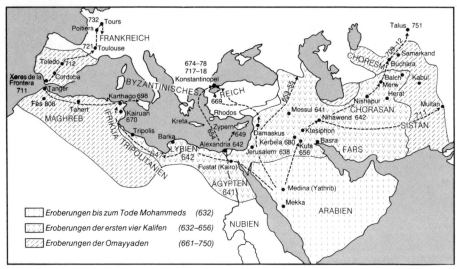

Die Ausbreitung des Islam von Mohammed bis zum Ende der Omayyadenzeit (Karte: H. Heibach; nach: J. Odenthal)

byzantinischen Heer dann jedoch am 15. August 636 in der historischen Schlacht am Yarmuk nahe dem heutigen Umm Qeis. Sie endete mit der vernichtenden Niederlage Ostroms. In kürzester Zeit zogen islamische Truppen danach durch ganz Syrien bis hinauf an die Gebirgsgrenzen Anatoliens, ohne auf nennenswerten Widerstand zu stoßen. Das wenige Jahrzehnte zuvor durch die Sassaniden verheerte und kriegsmüde Land, das zudem mit der orthodoxen oströmischen Auffassung des Christentums nicht übereinstimmte, ergab sich ohne größere Gegenwehr. Palästina widersetzte sich mit mehr Entschiedenheit, konnte dem moslemischen Druck letztlich aber ebensowenig standhalten. Im Jahre 638 zog der Kalif OMAR in die auch den Moslems heilige Stadt Jerusalem ein, um die Kapitulationserklärung der christlichen Machthaber zu unterzeichnen.

Damit war bis auf wenige Städte (etwa Caesarea, das drei Jahre später fiel) der gesamte Vordere Orient in moslemischer Hand, traten die militärischen Aspekte hinter politisch-administrative Aufgaben zurück. Vorerst verfügten regionale Kommandeure oder Militärgouverneure über die Macht, doch war OMAR bestrebt, von Medina aus eine finanziell-fiskalische Kontrolle durchzusetzen. Dazu stellte er Emissäre, die nur ihm persönlich verantwortlich waren und das religiös-politische Zentrum repräsentierten, an die Seite der jeweiligen Regenten. Wo die politische Lage es erlaubte, wurden die Militärmachthaber sogar durch zivile Vertrauensleute aus Medina abgelöst, KHALID IBN AL-WALID, der Eroberer Syriens, etwa durch ABU UBAYDA, einen alten Mitstreiter des Propheten.

Aber mochte Medina den Araberkriegern auch weiterhin ›geistige Heimat‹ bleiben, mochte es sich durch die erwähnten Zentralisierungsmaßnahmen formal die Oberhoheit sichern, es fehlten in der Stadt des Propheten doch alle Voraussetzungen, die zufließenden Kriegsgewinne und Steuergelder angemessen zu verwerten. Die städtischen Zentren Wüstenarabiens, ob Medina, Mekka oder Taif, blieben, was sie waren: Umschlagplätze des Transithandels ohne nennenswerte eigene Produktivität. Demgegenüber richteten sich die eroberten Provinzen bald wieder in alter – und in neuer – ökonomischer Stärke auf, insbesondere Syrien/Palästina, wo die byzantinische Provinzverwaltung fast unverändert übernommen worden war. Nun fiel auch positiv ins Gewicht, daß sich die meisten Städte dieses Raumes nach der Yarmuk-Katastrophe den anrückenden arabischen Truppen kampflos ergeben hatten; gemäß islamischem Recht waren sie daraufhin weitgehend unbehelligt geblieben, Plünderungen und Enteignungen fanden nicht statt, lediglich Ländereien der Krone oder geflüchteter Großgrundbesitzer wurden konfisziert: offiziell durch den Kalifen selbst, der solche Latifundien aber an arabische Gefolgsleute weitergegeben haben muß, denn wenig später befinden sich Moslems im Besitz großer Güter außerhalb der Städte (vgl. S. 232).

Der sich damit abzeichnende Aufstieg des islamischen Vorderen Orients, überhaupt die ungleichmäßige Entwicklung der einzelnen Reichsteile sollten sich nachhaltig auswirken. Noch in der ›abbasidischen Revolution‹ Mitte des 8. Jh. wird spürbar, daß der Islam in Syrien, Palästina, Jordanien (mit der Ausnahme von Ramla, 715–717) keine neuen Städte begründete und der gegebene hohe semitische Bevölkerungsanteil in dieser Region die Arabisierung auf Kosten der Islamisierung erleichterte; dagegen wurden in den Ostprovinzen, vor allem im Irak, neue moslemische Lagerstädte wie Kufa und Basra Zentren einer besonders entschlossenen islamischen Mission.

Noch allgemeiner gefaßt, erklären sich die wachsenden Widersprüche im Reich der Kalifen dadurch, daß eine religiös motivierte Bewegung zur Staatsmacht gelangte und ihre Führer nun vielfach Wege gingen, die durch ökonomische und administrative Sachzwänge diktiert wurden. Tradition, alte Stammesorganisation und Sendungsbewußtsein gerieten in Gegensatz zu politischem Pragmatismus wie auch kommerziellem Kalkül, und bereits der Kalif UTHMAN, Nachfolger OMARS, rückte darüber ins Kreuzfeuer religiöser Kritik. Bald erschütterten Kalifenmorde und religiöse Schismen den Islam. Der Kalif OMAR wurde 644, UTHMAN 656, der auf ihn folgende ALI 661 getötet, und Mitte des 7. Jh. spalteten sich die Kharejiten und Schiiten konfessionell vom (sunnitischen) Hauptstrom des Islam ab. Dabei kann die kharejitische Häresie auf den Widerspruch zwischen moslemischem Purismus und Egalitarismus (Losung der Kharejiten: »Der Frömmste soll Kalif sein, und wäre es ein abessinischer Sklave«) und dem ›gemäßigten‹ Kurs der sunnitischen Machthaber (wie auch ihrer schiitischen Konkurrenten) zurückgeführt werden; die bis heute andauernde Spaltung zwischen Sunniten und Schiiten erwuchs dagegen unmittelbar aus dem Machtkampf zwischen dem Statthalter von Syrien, MUAWIYA, und dem Vetter und Schwiegersohn des Propheten, ALI, und war auf Fragen der Herrschaftslegitimation konzentriert. Übrigens machte sich auch ein jordanischer Platz, Odruh, als Ort eines Schiedsgerichts bei den Verhandlungen der religionspolitischen Parteien im Jahre 659 einen Namen (vgl. S. 431).

Entschieden wurden die sozialen und religiösen Divergenzen mit dem Machtantritt des Omayyaden MUAWIYA im Jahr 661. Allein, daß ein Mitglied dieser mekkanischen Kaufmannsfamilie, die einst gegen MOHAMMED Front gemacht hatte, an die Spitze des Reiches gelangte, bezeugt die Profanierung des erklärten ›Gottesstaates‹. Noch bezeichnender ist vielleicht der Umstand, daß MUAWIYA den Regierungssitz von Medina nach Damaskus verlegte, also das politische mit dem ökonomischen Zentrum jener Zeit zur Deckung brachte. Denn als dieses ökonomische Zentrum darf Damaskus gelten, nachdem das traditionsreiche Antiochia, »des Orients glanzvoller Höhepunkt« (AMMIANUS MARCELLINUS), als westwärts – auf Italien, Griechenland, Kleinasien – orientierter Hafen unter den gegebenen geopolitischen Bedingungen seine Vorrangstellung verlor.

Zwischen 661 und 750 hatten in ununterbrochener Folge Omayyaden, zuerst solche der sufyanidischen, dann der marwanidischen Linie, das Kalifat inne, herausragend darunter ABD AL-MALIK (reg. 685–705), sein Sohn AL-WALID I. (reg. 705–715) und HISHAM (reg. 724–743). Die familiäre Erbfolge ist an sich schon bemerkenswert, weil damit das dynastische Prinzip in den Islam eingeführt wurde. Bis heute gilt die Omayyadenherrschaft vielen Moslems deswegen als unislamische Mulk, d. h. Königsherrschaft, nicht als authentisches Kalifat. Doch war es unter den Omayyaden, daß der Islam ein Weltreich an sich riß, dem sich seinerzeit allein das chinesische Tang-Imperium ebenbürtig zeigte. Byzanz wie auch das westliche Frankenreich konnten nicht ernstlich mit diesen beiden imperialen Giganten konkurrieren. Immerhin gelang es den ›Nebenmächten‹, sich in der Defensive zu behaupten: Karl MARTELLS ›fränkischer Schildwall‹ stoppte 732 in der Schlacht von Poitiers den islamischen Zug gegen Westeuropa, und Byzanz schlug in den 60er und 70er Jahren des 7. Jh., dann wieder zwischen 715 und 717 mehrere arabische Vorstöße auf Konstantinopel zurück. Das von dem syrischen Griechen KALLINIKOS erfundene Griechische Feuer, ein ›spätantikes Napalm‹, das mit Druckflaschen versprüht wurde, bildete dabei die entscheidende byzantinische Abwehrwaffe.

Gesellschaftspolitisch vollendeten die Omayyaden das System des Feudalismus, das sich im Nahen Osten seit spätrömischer und sassanidischer Zeit herausgebildet hatte. Die Masse der unmittelbaren Produzenten, vor allem Bauern und städtische Handwerker, war dabei ökonomisch selbständig, mußte aber an Grundherren und örtliche Gewalten eine Feudalrente in Form von Naturalabgaben oder zusätzlicher Arbeit abführen. Es ist einsichtig, daß die arabischen Eroberer ein solches Zwangsverhältnis mit besonders freier Hand durchsetzen konnten. Zusätzlich geboten sie über das komplexe Bewässerungssystem mit seiner sogenannten hydraulischen Technologie (Hebewerke, Kanalanlagen, Wasserräder), das schon im Alten Orient zur Kontrolle und Zentralisierung der Landwirtschaft eingesetzt worden war und bis in byzantinische Zeit Landwirtschaft am Rande der Wüste ermöglichte.

Zwar erhoben sich 725/726 koptische Bauern in Ägypten, 739–741 Teile der – ohnehin erst spät unterworfenen – Berberbevölkerung im Maghreb gegen die Damaszener Fremdherrschaft, doch erst als sich die Widersprüche innerhalb der Oberschicht selbst zuspitzten – Widersprüche etwa zwischen Medina und Damaskus, zwischen den ›großen Familien‹, zwischen Altmoslems und Neubekehrten, den sogenannten Mawali, zwischen Sunniten und Schiiten – und dem plebejischen Widerstand Auftrieb und Richtung gaben, gerieten die Omayyaden in Bedrängnis. Von Differenzen innerhalb der arabischen und im weiteren der islamischen Führungsschicht künden die häufigen administrativen Revirements und Wechsel an der Spitze des Kalifats: Die durchschnittliche Regierungszeit der omayyadischen Kalifen betrug nur sechseinhalb Jahre. Kritisch wurde die Situation für die erste islamische Dynastie, als sich Anfang des 8. Jh. im iranischen Norden eine arrivierte Opposition, hinter der die mächtige Abbasidenfamilie stand, die Unzufriedenheit breiter Bevölkerungsteile mit den auferlegten Steuerlasten zunutze machte und zugleich die Schiiten auf ihre Seite zog, indem sie in der Frage der Herrschaftslegitimation deren Standpunkt vertrat. Auch Humayma in Südjordanien gehörte offenbar zu den Zentren, von denen aus pro-abbasidische Kräfte Stimmung gegen die Omayyaden machten (vgl. S. 448).

Im Jahre 747 begann unter schwarzen Fahnen und unter der Losung, »das Recht zu mehren, dem Unrecht zu wehren«, in Khorasan der Aufstand des ABU MUSLIM. Schon ein Jahr später waren der gesamte Iran und Teile des Irak für die Abbasiden gewonnen, und 750 besiegelte die Niederlage des Omayyaden MARWAN II. am Großen Zab (im heutigen Nordirak) den Wechsel in der Führung des Weltreichs; lediglich auf der Iberischen Halbinsel vermochten sich einige Überlebende der besiegten Dynastie zunächst als Emire, ab 938 dann als Kalifen von Cordoba, regional zu behaupten.

Die Dynamik der frühislamischen Kultur

Ihren Ausgang nimmt die islamische Kultur von einem Defizit: In Zentralarabien, dem Ursprungsland der islamischen Bewegung, mangelte es im 7. Jh. an einer eigenständigen, ›konkurrenzfähigen‹ Architektur und Bildsprache. Den bescheidenen Rang der vorislamischen Sakralarchitektur belegt allein schon die ästhetische Reizlosigkeit des höchsten zentralarabischen Heiligtums, der Kaaba in Mekka. Auch scheinen arabische Berufskünstler die Ausnahme gewesen zu sein, für wichtige Bau- oder Ausschmückungsarbeiten zogen die reichen Kaufmannsaristokraten Mekkas und Medinas im allgemeinen koptische oder jüdische Fachkräfte heran, so etwa für die Restaurierung der Kaaba im Jahre 605. Ein zusätzliches Indiz für die bildnerische Armut des vorislamischen Arabien wird man im Fehlen eigener arabischer Begriffe für eine Anzahl von künstlerischen Tätigkeiten sehen.

Der religiöse Führungsanspruch des Islam war angesichts solcher Voraussetzungen kulturell vorerst kaum einzulösen, zumal aus dem synkretistischen Charakter der Religion eine unverwechselbare Ikonographie schwerlich hervorgehen konnte. Immerhin fand die entstehende moslemische Sakralarchitektur ihren Orientierungsrahmen in den Anforderungen des islamischen Kultus. Im Anschluß an die Forschungen u. a. von Jean SAUVAGET und K. A. C. CRESWELL hat zuletzt Doğan KUBAN schlüssig zusammengefaßt, wie religiöse Vorschriften und Traditionen – etwa das kollektive Freitagsgebet, der Gebetsruf, die Ausrichtung der Betenden nach Mekka – in architektonische Grundelemente der Moschee umgesetzt wurden und welche exemplarische Bedeutung das Haus des Propheten in Medina als ›erste Moschee‹ für die Entwicklung des moslemischen Sakralbaus besaß. Oleg GRABAR zufolge macht es diese funktionale Struktur »nahezu unmöglich, eine mohammedanische Moschee mit einem

KULTURGESCHICHTE: FRÜHISLAMISCHE KULTUR

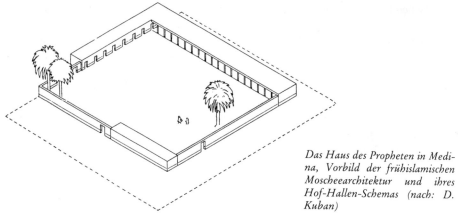

Das Haus des Propheten in Medina, Vorbild der frühislamischen Moscheearchitektur und ihres Hof-Hallen-Schemas (nach: D. Kuban)

vorislamischen Gebäude zu verwechseln, denn wenn die phonetischen oder morphematischen Elemente des Gebäudes auch dieselben blieben, so stellte sich doch die syntaktische Struktur nun als eine andere dar«.

Baukünstlerisch zu überzeugen, gar zu beeindrucken vermochten die ›Moscheen der ersten Stunde‹ allerdings nicht. Wenn der abendländische Reisende ARCULFUS um 670 n. Chr. ein frühes moslemisches Gotteshaus in Jerusalem als »plump gebaut« abqualifiziert, macht er auf das kulturelle Dilemma der militärischen Siegermacht aufmerksam, das dieser selbst zunächst freilich gar nicht bewußt war. Verschiedene Quellenberichte weisen auf eine anfängliche moslemische Geringschätzung vor allem der christlichen Bildkunst hin, die sich nur aus Unverständnis und eigener ästhetischer Bedürfnislosigkeit erklären läßt.

Erst der akkulturierte Islam der Omayyadenzeit begreift, daß ihm auch künstlerische Aufgaben zufallen. Monumente wie der Felsendom und die al-Aqsa-Moschee in Jerusalem oder die Omayyadenmoschee in Damaskus antworten auf die endlich erkannte und anerkannte christliche Herausforderung – und zwar auf folgende Weise: Die omayyadischen Bauherren akzeptieren die in Syrien und Palästina vorgefundene Kunst und Architektur als maßgeblich und trachten, sie immanent zu überbieten. Sinnfällig wird der neue Kulturanspruch insonderheit dort, wo die neue Religion traditionelle Sakralstätten wie das salomonische Tempelterrain von Jerusalem oder den antiken Tempelbezirk von Damaskus zum Bauplatz repräsentativer Moscheen bestimmt. Dahinter steht die religiöse Gewißheit, im und durch den Islam die Vorläuferkonfessionen vollendet und überboten zu haben.

In welcher Weise aber konnte/sollte unter solchem Anspruch, mit diesem Selbstverständnis die ältere Formensprache ausgeschöpft werden? Der erste Eindruck ist: durch Kompilation all dessen, was an der vorderorientalischen Bildkunst wertvoll und bemerkenswert erschien. Ins »Monumentale und Überdimensionale« (H. G. FRANZ) erhöht, sollte, so scheint es, allein das schwelgerische Zitat dem Betrachter die kulturelle Überlegenheit des Islam nahelegen. Nehmen wir das Beispiel des Felsendoms von Jerusalem. Zwischen 687 und 692 unter dem Omayyadenkalifen ABD AL-MALIK errichtet, bedient sich dieser Memorialbau in seiner Architektur und Innenausstattung der älteren Formenrepertoires wie einer Fundgrube. Beginnend mit dem Grundriß, der an byzantinische Zentralbauten anschließt, etwa an San Vitale in Ravenna, die Sergius-und-Bacchus-Kirche in Konstantinopel oder – um ein näherliegendes Beispiel anzuführen – an die Kathedrale von Bos(t)ra; auch »die Säulen, die Kapitelle und Marmorverkleidungen der Wände weisen kaum Unterschiede zu denen einer beliebigen Kirche in Konstantinopel auf. Einige der Akanthusmuster auf den Metallhüllen der Zugbalken stehen wiederum lokalen Formen näher als rein byzantinischen, während andere Dekormotive hier wie in den Mosaiken dem sassanidischen Persien nicht weniger zu verdanken haben als der byzantinischen Kunst. Das Flügelmotiv folgt eng sassanidischen Vorbildern, und wenn als zentrale Dekorationselemente mit Vorliebe Juwelen- und Edelsteindarstellungen eingesetzt werden, entspricht auch dies ganz östlicher Art« (D. T. RICE).

Hätten wir demnach von einer bloßen Parvenü-Kunst des Zitats ohne eigentlich islamischen Zuschnitt zu sprechen? Eine unzureichende Antwort darauf wäre, daß als spezifisch islamisch gerade jener markante Synkretismus zu gelten habe, in dem als moslemische Innovation lediglich der dekorative Einsatz von Schriftbändern auffalle – Vorbote der islamischen Kalligraphie. Doch ist die Summe der islamischen Kunst mit dem Begriff Synkretismus nicht gezogen, gerade wenn man sich an Georges MARÇAIS' berühmtes Wort von der Unverwechselbarkeit dieser Kunst erinnert und natürlich dessen, was als das Kennzeichen islamischer Bildnerei schlechthin erscheint: der Verzicht auf Darstellungen von Mensch und Tier. Diese letzte Eigenheit kann im Bereich der Bildenden Kunst vielleicht als jenes strukturierende Prinzip genommen werden, das wir für die Sakralarchitektur im islamischen Kultus erkennen, ist damit aber noch nicht erklärt. Der Versuch einer solchen Erklärung führt mitten in die widersprüchliche Dynamik der frühislamischen Kultur.

Als der österreichische Arabist Alois MUSIL 1898 in Transjordanien das Wüstenschloß Qusair Amra entdeckte und einige Jahre später als Omayyadenbau identifizierte, war es vor allem die Existenz einer figürlichen Kunst, welche die Forschung irritierte. Nun häuften sich aber mit den Jahren und Jahrzehnten derlei omayyadische Zeugnisse. Wandgemälde mit halbnackten Palastschönen (Qusair Amra), ein Fresko der griechischen Erdgöttin Gäa mit Meerzentauren als Begleitern (Qasr al-Heir [West]), das altorientalische Motiv eines Löwen, der eine Antilope schlägt (Khirbet el-Mafjar), Porträtbüsten nach koptischer Manier (wiederum Khirbet el-Mafjar) – sollte es sich hier tatsächlich um Werke *islamischer* Kunst handeln, einer Kunst, die man fast ›gewohnheitsmäßig‹ mit Bildfeindlichkeit und strikter Ornamentalität gleichgesetzt hatte?

Ins Zentrum der Aufmerksamkeit und der Kritik rückte jetzt die orthodox-moslemische Begründung für die Nicht-Figürlichkeit islamischer Kunst, die lange Zeit ohne Bedenken akzeptiert worden war. Es hätten, besagte diese moslemische Position, die Doktrinen des Koran und die fromme Abneigung des Propheten gegen Künstler *von vornherein* zoomorphe und anthropomorphe islamische Darstellungen verhindert.

Die nun anhebenden Rekonstruktionsversuche der kulturellen Abläufe im 7. und 8. Jh. ergaben indessen ein anderes, in jedem Fall komplexeres Bild. Die beiden jüngsten (und wohl wichtigsten) Studien von Oleg GRABAR und Heinrich Gerhard FRANZ stimmen darin überein, daß kein weltanschauliches Apriori, keine fertige Lehre die islamische Distanzierung von Tier- und Menschendarstellungen in der Kunst bedingte; sie gehen allerdings dort auseinander, wo FRANZ den konkreten Entwicklungsgang stärker aus den innerislamischen Widersprüchen zwischen – wie er es nennt –»Nomadismus« und »urbanem Imperismus« ableitet, während GRABAR die Selbstbehauptungsprobleme islamischen Kunstschaffens unter dem Druck der alten »Bilderkulturen« von Byzanz und Ktesiphon betont. Dabei beschäftigen ihn nicht so sehr Aspekte der rein technischen Unterlegenheit, vielmehr das Fehlen einer exklusiv islamischen Ikonographie (der vor allem die religiösen Interferenzen zwischen Christentum und Islam entgegenstanden). Zog man in den eroberten nahöstlichen Gebieten einheimische Künstler und Baumeister heran – und man *mußte* sich vorderhand auf sie stützen, wenn man bauen, restaurieren, ausschmücken wollte –, lief man Gefahr, mit Bildgehalten belastet zu werden, die dem Islam nach Anspruch und Credo fremd, ja inakzeptabel sein mußten. Also zielte – wir folgen weiterhin GRABAR – das islamische Programm vorerst auf Elimination jener Bildelemente, die Bedeutungsträger waren oder erfahrungsgemäß sein konnten, d. h. vor allem anthropomorpher und zoomorpher Motive (während die ikonographische Ungefährlichkeit ornamentalen Dekors außer Zweifel stand). Die Mosaiken der Omayyadenmoschee von Damaskus dokumentieren in diesem Sinne ein frühes Stadium des islamischen ›Kulturkampfs‹: den Versuch, die traditionelle Ikonographie in einer charakteristisch islamischen Weise abzuwandeln. Die Bildposition der obligatorischen byzantinischen Heiligengestalten oder Kirchenmänner nehmen Bäume ein, die als Bildgegenstände unbedenklich erschienen und um ebenso unbedenkliche Architekturdarstellungen ergänzt wurden: mit dem Ziel, wie moderne Interpreten mutmaßen, eine Paradieslandschaft erstehen zu lassen. Ob aber der durchschnittliche zeitgenössische Betrachter die Mosaikkomposition tatsächlich als eine »Erinnerung an die paradiesischen Städte Medina und Mekka« (J. ODENTHAL) rezipiert hat, muß offenbleiben.

Auch im Medium des Münzgelds wurden in frühomayyadischer Zeit experimentelle Versuche unternommen, zu einer bildhaften islamischen Ausdruckssprache zu gelangen. Die Münzen zeigen in Nachahmung byzantinischer und sassanidischer Prägungen vornehmlich Herrschergestalten, bemühen sich zugleich aber, durch kleine Veränderungen und Zufügungen – z. B. Mihrabmotiv, islamische Zeremoniallanze, arabische Kopfbedeckung statt Sassanidenkrone – ein unverwechselbar moslemisches Moment in die Darstellung zu bringen. Wenn Ende des 7. Jh. diese Prägungen in Gold und Silber eingestellt und fortan rein epigraphische Münzen ausgegeben werden, mutet das wie ein Eingeständnis bildnerischen Scheiterns an. Auch in anderen Kunstgenres, soweit sie *öffentliche* Wirkung anstreben, finden vergleichbare ikonographische Experimente nun ein Ende.

Die frappierende Bildkunst omayyadischer Landpaläste (vgl. S. 243 ff.) ist anscheinend deshalb von diesem sonst allgemeinen ikonographischen Rückzug ausgenommen, weil sie als *private* Repräsentationskunst eine Sonderfunktion zu erfüllen hatte: eine Funktion, die sich aus dem Legitimationsbedürfnis der frühislamischen Machthaber erklärt. Gerade das Bewußtsein eigener Kulturarmut könnte – dies als Hypothese – zu einem gesteigerten

Omayyadische Münze, experimentelle Prägung des 7. Jh. mit Zeremoniallanze im stilisierten Mihrab (Zeichnung: U. Clemeur)

Interesse omayyadischer Aristokraten an architektonisch-künstlerischem Gepränge und einem durchgebildeten Zeremoniell geführt haben. Es stünde somit Kontinuität in der Bildsprache für Kontinuität und Legitimität von Herrschaft, und es hätten die traditionellen Insignien fürstlicher Lebensart den omayyadischen Führungsanspruch zu bekräftigen. Daß die Paläste typologisch an die römische Tradition der herrschaftlichen Villa rustica anschließen, läßt sich auch aus anderen Motiven als kulturellem Traditionsbewußtsein erklären, kein Zufall aber kann es sein, daß bis in Bildthematiken hinein omayyadischer Repräsentations- und Legitimationswille nachweisbar sind. So feierte ein berühmtes (inzwischen leider stark zerstörtes) Wandgemälde in Qusair Amra offenbar eine ›Gemeinschaft der Fürsten‹ über alle ethnischen, politischen und konfessionellen Unterschiede hinweg (vgl. S. 243). Bildbeteuerungen wie diese mögen der Selbstverständigung der omayyadischen Residenten förderlich gewesen sein, zielten vornehmlich aber auf die Gäste des jeweiligen Palastherrn, zum einen auf verbündete Stammesführer, dann auf die neue Oberschicht aus arabischen Aristokraten, Offizieren, städtischen Administratoren, Großhändlern und im Lande gebliebenen christlichen Grundbesitzern. Daß tatsächlich zu Festen, Gastmahlen und Empfängen auf die Omayyadenschlösser geladen wurde, wissen wir aus verschiedenen historischen Berichten, und man darf vermuten, daß die Besucher die explizite oder implizite Botschaft des spätantiken Ambiente und seiner fürstlichen Repräsentationskunst wohl verstanden haben: Hier residierten keine neuen Barbaren, sondern die rechtmäßigen Erben der untergegangenen Reiche.

Islamisches Mittelalter und Kreuzzüge (750–1291)

Reich und Kultur der Abbasiden

Unter den Abbasiden verlagerte sich der politische und kulturelle Schwerpunkt der islamischen Welt nach Mesopotamien. Formal wahrte das neue Herrscherhaus, zumindest in seinem ersten, seinem ›goldenen‹ Jahrhundert, die arabische Hegemonie über einen »multinationalen Zentralstaat« (G. ENDRESS), doch rückten persische Mawali, nun als Vollbürger anerkannt, verstärkt in administrative Führungspositionen. Überhaupt gewann persisches Erbe, die alte sassanidische Kultur innerhalb des islamischen Reiches starken, ja beherrschenden Einfluß. In der Gründung der neuen Reichshauptstadt Baghdad nahe den Ruinen der Sassanidenresidenz Ktesiphon kann man insofern eine symbolische Handlung sehen. Auch in Lebensart und Herrschaftsstil ließen sich Kalifen wie AL-MANSUR (reg. 754–775), AL-MAHDI (reg. 775–785) und insbesondere HARUN AL-RASHID (reg. 786–809) von den höfischen Gepflogenheiten altorientalischen Königtums anregen. Parallel dazu führten sie eine repräsentativ gesteigerte, zeremonielle Herrschaftskultur zur Vollendung (in »Tausendundeiner Nacht« ist sie zur Legende geworden), dergegenüber alle omayyadische Prachtentfaltung bescheiden wirkt. In einem imperialen Bau wie dem Palast Jausaq el-Khaqani (bei der Stadt Samarra, dem ›abbasidischen Versailles‹) hatte der Gast immer neue Tore, Gänge, Gärten und Gebäude zu durchschreiten, über fast einen Kilometer hin, ehe er den Thronsaal erreichte. Und Baghdad erhob (wie Jacob LASSNER gezeigt hat) allein durch seine kreisförmige, zentralisierte Stadtanlage symbolhaft den Anspruch, Mittelpunkt der Welt zu sein. Auch eine höfische Bildkunst blühte; Ernst HERZFELDS Ausgrabungen und Rekonstruktionen haben uns ihr Anliegen wenigstens in den Grundzügen vermittelt.

Ist die Polemik der abbasidischen Machthaber gegen ihre omayyadischen Vorläufer, denen kulturelle Permissivität und Verrat an der arabisch-islamischen Sache vorgeworfen wurden, somit als schiere Demagogie zu bewerten? Zweifellos trägt sie solche demagogischen Züge, die ja auch die Innenpolitik des Abbasidenkalifats durchziehen. Doch ist ein wesentlicher Unterschied in Situation und Verhalten der Herrscherfamilien zu bedenken: Wenn die Omayyaden auf Elemente byzantinischer Kunst und Baukunst zurückgriffen, nahmen sie auf eine lebende Kultur Bezug, die einer sehr realen politischen Macht, dem verhaßten Christenstaat, verbunden war; hingegen beerbten die Abbasiden die gleichsam ›frei gewordene‹ Kultur niedergegangener Widersacher. Im übrigen wäre man schlecht beraten, höfische Wandmalereien in einem Haremstrakt von Samarra oder die Repräsentationskunst in den Empfangsräumen einiger Großbürgerhäuser für die kulturellen ›Leitfossilien‹ der Abbasidenzeit zu nehmen. Vielmehr setzte sich im Hauptstrom der abbasidischen Kultur die unter den Omayyaden aufgekommene Tendenz zur Entfigürlichung fort – eine Tendenz, die den Nachfahren der ersten Moslemgenerationen nun schon authentisch islamisch erschien (und a posteriori auf Koran-Gebote zurückgeführt wurde). In Samarra, wo die künstlerische Weiterentwicklung gut zu verfolgen ist – Beachtung verdient vor allem der sogenannte Schrägschnittstil – erfaßt die Abstraktion und Denaturalisierung auch die vege-

Malerei aus einem Palast des abbasidischen Samarra, islamischer Nachklang spätantiker Kunsttraditionen (Zeichnung: E. Herzfeld)

tabilen Elemente, es kündigt sich hier die Arabeske des islamischen Hochmittelalters an, die »ureigenste Schöpfung arabischen Geistes« (E. KÜHNEL).

Als die epochale Leistung von Baghdad und Samarra gilt die Schaffung einer islamischen Gemeinschaftskultur, die seither über alle militärischen Konflikte, dynastischen Brüche und regionalen Sonderentwicklungen hinweg erhalten blieb, mehr als ein Jahrtausend schon. Diese Vereinheitlichung beruhte auf der Kodifizierung der religiösen Überlieferung (Hadith, d. h. Aussprüche des Propheten) unter den Abbasiden und in der Etablierung von vier verbindlichen Schulen des religiösen Rechts. Die Autorität, zu der die Staatsmacht diesen Rechtsschulen verhalf, ging zu Lasten der religiösen Heterodoxie. Auch in Architektur und Kunst setzte sich eine gewisse Zentralisierung durch: Die Provinzen orientierten sich an den Schöpfungen der Tigrismetropolen, wurden von deren Werkstätten oder Ateliers teilweise auch direkt beliefert: So ging etwa 862 eine hölzerne Kanzel mit reichem Schnitzwerk von Baghdad an die Sidi Oqba-Moschee im nordafrikanischen Kairouan, während dem spiraligen Minaretthaupt der Ibn Tulun-Moschee in Kairo augenscheinlich die berühmten ›gedrehten Minarette‹ von Samarra als Vorbild dienten.

Der nahöstliche Raum blieb indessen von solchem Kulturimport in auffälliger Weise ausgespart. Weder auf Syrien noch auf Jordanien fiel der Glanz des abbasidischen Kalifats.

Dies bedeutet allerdings nicht (wie es spätestens seit Mitte der 70er Jahre geltende Lehrmeinung war), daß Transjordanien sich mit dem Untergang der Omayyaden entvölkerte und alte Siedlungskontinuitäten zugunsten von Pastoralismus und Nomadismus abrissen. Zahlreiche neue Grabungsbefunde, ob in Ela, Pella, Beit Ras oder Abila, ergeben ein durchaus anderes Bild, das freilich korrespondiert mit den von MUQADDASI gegebenen Schilderungen eines blühenden, landwirtschaftlich ergiebigen und dicht besiedelten abbasidischen Nordjordanien. Nur im Bereich monumentaler Bautätigkeit fiel Jordanien kulturhistorisch zurück. Vielleicht darf man also folgern: Der transjordanische Landstrich prosperierte zwar wirtschaftlich, doch nicht politisch. Vielleicht, weil die alten ›Kronlande‹ der Omayyaden den Abbasiden in schlechter Erinnerung waren? Oder aufgrund des nach wie vor hohen christlichen Bevölkerungsanteils in dieser Region? So wird man dazu neigen, auch die Moschee im Stadtzentrum von Amman (vgl. S. 101), auf die MUQADDASI 985 hinweist, eher für einen Omayyaden- als für einen Abbasidenbau zu halten, zumal ihr (von MUQADDASI gleichfalls erwähnter) Mosaikzierat in dieselbe Richtung deutet; die Abbasiden verzichteten weitgehend auf diesen byzantinisch ›vorbelasteten‹ Dekortypus.

In einer Sonderstellung sehen wir übrigens Ela, das mittelalterliche Aqaba, das spätestens Mitte des 10. Jh. unter die Kontrolle der ägyptischen Fatimiden gelangt sein dürfte, aber als »Hafen Palästinas« (MUQADDASI) auch unter den Abbasiden wohlbewehrt und -gepflegt war – bis die Kreuzritter kamen und die Festungsstadt zerstörten, vielleicht im Jahr 1116.

Umriß der Kreuzzugbewegung

Zu den politischen Voraussetzungen der Kreuzzüge gehört der Verfall des Abbasidenreiches in einem mehrhundertjährigen Prozeß. An seinem Anfang steht die Belehnung hoher ziviler und militärischer Beamter mit Ländereien nebst Pacht- und Steuerhoheit, aber auch mit Statthalterwürden. Offenbar wollten die Abbasidenherrscher auf diese Weise ›Stützen des Reiches‹ und eine breitere soziale Basis gewinnen. Doch gefährdeten die abbasidischen Protegés in ihrem Drang nach erweiterten politischen Freiräumen, immer neuen Sinekuren sowie lokaler oder regionaler Selbstherrlichkeit nur die innere Einheit des Kalifats, das seine Gunstbeweise zudem mit empfindlichen Steuerausfällen entgelten mußte: Nach H. MOHR/ W. WAADE sanken die Staatseinnahmen zwischen 755 und 851 fast um die Hälfte ab. Ein General namens TAHIR, den der Kalif AL-MAMUN zum Statthalter von Khorasan erhoben hatte, machte bereits im Jahre 820 ernst mit dem Autonomiegedanken. Den Tahiriden folgten sogleich andere Regionalmachthaber, zunächst vornehmlich im Westteil des Imperiums, wo der Kalif fern war und das nahe Beispiel der Omayyaden von Cordoba (seit 756 freie Herren auf spanischem Boden) einem dynastischen Alleingang Erfolg verhieß. Zugleich erschütterten soziale Unruhen das Kalifat, ausgelöst durch überzogene Bodenrenten, Mißverwaltung in den stürmisch wachsenden Städten und rücksichtslose Auspressung der Sklaven, sich äußernd aber durchweg mit religiösen Argumenten. So blieb denn auch die Abgleichung konfessioneller Gegensätze, die den ersten Abbasiden gelungen war, Episode: Der sunnitisch-schiitische Dissens trug schärfere Züge denn je und wurde jetzt auch theologisch untermauert. Zuletzt mischte sich in das skizzierte historische Kräftespiel noch ein weiteres ethnisches und politisches Element in Gestalt der zentralasiatischen Türken. In den Steppen Transoxaniens nach den Grundsätzen der sunnitischen Orthodoxie islamisiert, schalteten sich Turkkrieger erst als Kalifengarde, später als eigene dynastische Macht (Seldschuken) in die politischen Kämpfe unter den abbasidischen Schattenkalifen ein. Schon 1037 geboten sie über ein vorderasiatisches Großreich, 1055 konnte sich einer ihrer Herrscher mit abbasidischem Segen »König des Ostens und des Westens« nennen, und 1071 überrannten Seldschukentruppen unter ALP ARSLAN das Heer des byzantinischen Kaisers ROMANOS IV. – die türkische Völkerwanderung erreichte Agäis, Marmarameer, Bosporus. Weiter im Süden hatten schon ein Jahr zuvor seldschukische Mannschaften Jerusalem eingenommen und den Byzantinern Edessa und Antiochia entrissen.

Dies alles erschwerte die traditionsreiche christliche Wallfahrt in die Heilige Stadt – und man hat darin den wichtigsten *äußeren* Anlaß für die Kreuzzüge sehen wollen. Andererseits wurden schon zuvor, beispielsweise ab 1008 unter dem Fatimiden AL-HAKIM, im Nahen Osten Christen verfolgt und Kirchen entweiht (im Jahre 1009 auch die Grabeskirche in Jerusalem!), ohne daß Europa darauf militärisch geantwortet hätte. Haben sich also die abendländischen Ritter und ihr Troß lediglich die zerrütteten Machtverhältnisse im Vorderen Orient, eine militärische ›Gunst der Stunde‹ zunutze gemacht? Dagegen spricht wiederum, daß den Nahen Osten seit der Autonomieerklärung der Tuluniden nur ausnahmsweise eine Einheitsmacht beherrscht hat, daß es viele ›Gelegenheiten‹ gab, die fränkische Feudalherren ungenutzt verstreichen ließen.

Die Diskussionen über die *inneren* oder innereuropäischen Beweggründe der ›bewaffneten Wallfahrten gen Jerusalem‹ zeigen eine ähnliche Dualität von ›religiös‹ und ›profan‹ orientierter Argumentation. Die meisten älteren Interpreten sahen in den Kreuzzügen schlicht die inspirierte Großtat eines gläubigen Abendlandes, eine Folge religiöser Verinnerlichung. Seit dem Nachweis, daß Papst URBAN II. seine Kreuzzuglosung »Gott will es!« (auf der Synode von Clermont 1095) nicht im Predigteifer und nicht in visionärer Verzückung, sondern nach sorgfältiger Planung und diplomatischer Vorbereitung ausgegeben hat, konzentriert sich eine ernüchterte Forschung mehr auf die politischen und ökonomischen Hintergründe der geschichtlichen Aktion, doch zeigen sich in der konkreten Einschätzung erhebliche Differenzen. Ist der »sozialökonomische und politische Aufschwung des feudalen Europa im 11. Jahrhundert« (W. ZÖLLNER) die Kraftquelle der Kreuzzugbewegung oder sind »Überbevölkerung, Hungersnöte, ritterlicher Beuteverlust, Versorgung der nachgeborenen Söhne« (U. HAARMANN) die treibenden Motive? Ins Grundsätzliche geht die Frage, ob Erscheinungen wie der Kinderkreuzzug von 1212 oder der Bauernkreuzzug von 1096 unter dem fromm-fanatischen Eremiten PETER VON AMIENS mit einem linearen sozioökonomischen Ansatz überhaupt zu erklären sind. Wie die breite, anekdotenreiche Nacherzählung der Kreuzzuggeschichte durch Steven RUNCIMAN nahelegt, ergibt sich die Forschungsproblematik nicht so sehr aus historiographischen Defiziten (im Gegenteil: »für keinen Abschnitt der mittelalterlichen Geschichte liegt ein ähnlich reicher Urkundenschatz vor« – H. WOLLSCHLÄGER); unbefriedigt läßt vielmehr die mangelhafte theoretische Bewäl-

KULTURGESCHICHTE: KREUZZÜGE

Zeittafel zu den Kreuzzügen

1070	Die Seldschuken besetzen Jerusalem
1071	Niederlage des byzantinischen Kaiserheeres unter ROMANOS IV. gegen den Seldschuken ALP ARSLAN
1074	Erste Kreuzzugspläne (GREGOR VII.)
1095	Papst URBAN II. ruft in Clermont zur Befreiung des Heiligen Landes auf
1096	Kreuzzugsversuch des Eremiten PETER VON AMIENS
1096–1099	**Erster Kreuzzug** unter Beteiligung französischer, flämischer, lothringischer und normannischer Ritter; 1097/98 Eroberung von Antiochia und Edessa; 1099 Eroberung von Jaffa und (am 15. Juli) von Jerusalem; erster Herrscher im Königreich Jerusalem wird GOTTFRIED VON BOUILLON
1100–1101	Eroberung von Haifa, Arsuf und Caesarea
1104	BALDUIN VON BOULOGNE, seit 1100 König von Jerusalem, erobert Akkon
1109	Eroberung von Tripolis
1115–1118	Vorstöße BALDUINS ins Ostjordanland, ans Rote Meer und an den Nil
1124	Einnahme von Tyrus; das syrisch-palästinische Küstengebiet (bis auf Askalon) ist nun in fränkischem Besitz; damit endet die offensive Phase der Kreuzzüge
1127–1128	Eroberung von Aleppo durch die seldschukische Zengiden-Dynastie
1144	Ein Zengiden-Emir erobert die fränkische Grafschaft Edessa; dies ist der Anlaß zum Zweiten Kreuzzug
1147–1149	**Zweiter Kreuzzug** unter KONRAD III. und dem französischen König LUDWIG VII.; katastrophale Niederlagen gegen seldschukische Truppen in Kleinasien und Nordsyrien
1153	Eroberung des fatimidischen Askalon durch die Kreuzfahrer
1163–1168	Kreuzrittervorstöße gegen das zerrüttete fatimidische Ägypten
1169–1171	Sturz der Fatimiden durch SALADIN; Beginn der Ayyubidenherrschaft über Ägypten und Syrien
1187	Schlacht von Hattin (See Genezareth), entscheidende Niederlage der Christen gegen SALADIN; Folge ist die Eroberung Jerusalems (am 2. Oktober) und zahlreicher anderer Kreuzritterstellungen; daraufhin
1189–1192	**Dritter Kreuzzug** unter FRIEDRICH I. BARBAROSSA (stirbt 1190), RICHARD LÖWENHERZ von England und PHILIPP II. AUGUST von Frankreich; trotz der Eroberung von Akkon (1191) und einem Sieg über SALADIN in der Schlacht bei Arsuf gelingt es nicht, Jerusalem zurückzuerobern, doch wird Zypern gewonnen (1191)
1192	Waffenstillstand zwischen Kreuzrittern und Ayyubiden; Akkon wird neue Hauptstadt in einem schmal gewordenen Outremer
1202–1204	**Vierter,** 1217–1229 **Fünfter,** 1248–1254 **Sechster,** 1270 **Siebter Kreuzzug,** alle mehr oder minder erfolglos, dazu von byzantinisch-lateinischen Kämpfen überschattet (1204 Eroberung von Konstantinopel); auch andere Unternehmen wie der Kreuzzug HEINRICHS VI. (1197) und der Kinderkreuzzug (1212) scheitern, doch gelingt es FRIEDRICH II. 1228/29, Jerusalem, Bethlehem und Nazareth ein letztes Mal durch Vertrag zurückzugewinnen (1244 erneuter Verlust)
1258	Eroberung Baghdads durch die Mongolen, Sturz der Abbasiden
1259	Der Mamlukengeneral BAIBARS schlägt die Mongolen an der Goliathquelle (nördlich Jerusalem) und schließt Ägypten und Syrien zusammen (1260)
1265–1291	Verlust der verbliebenen fränkischen Herrschaftsbereiche an die Mamluken, Ende von Outremer

tigung der Bewegung und vor allem des Phänomens der Massenbegeisterung; hier verschränken sich rationale und irrationale Momente in schwer aufzulösender Weise.

De facto stehen sich Ausgang des 11. Jh. im Vorderen Orient drei politisch-militärische Mächte gegenüber: fränkische Kreuzfahrer (gelegentlich durch byzantinische Kräfte verstärkt), Seldschuken und Fatimiden. Nur die Verfeindung der beiden islamischen Teile aus machtpolitischen und konfessionellen Gründen – die Seldschuken bekennen sich zu einem streng sunnitischen Islam, die Fatimiden sind Schiiten ismailitischer Richtung –, erlaubte es dem ersten Christenheer unter GOTTFRIED VON BOUILLON, im überseeischen Outremer (wie man das Heilige Land nannte) Fuß zu fassen. Die fränkischen oder normannischen Herrschaften des 12. Jh. – Edessa, Antiochia, Tripolis, schließlich auch das Lateinische Königreich Jerusalem – sind überdies nur am Saum einer seldschukischen Machtsphäre denkbar, die sich seit 1092 in konkurrierende Fürstentümer zersetzt hatte. Es bedurfte aber nur einer Teilkonsolidierung, wie sie der Seldschukenlinie der Zengiden in der ersten Hälfte des 12. Jh. gelang, um die Franken in ernste Bedrängnis zu bringen. Als die Zengiden und ihre Nachfolger, die Ayyubiden (mit SALADIN als herausragender Gestalt), wenig später den »verrotteten Fatimidenstaat in Ägypten« (F. TAESCHNER) für die sunnitische Orthodoxie eroberten, gerieten die Kreuzritter in eine territoriale Umschnürung, die sie aus eigener Kraft und

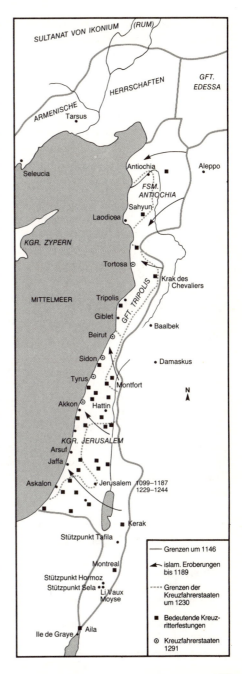

Die Herrschaftssphären der Kreuzritter in Outremer und Oultrejourdain (Karte: G. Rebensburg)

trotz abendländischer Entsetzungsversuche (Dritter und Vierter Kreuzzug) nicht mehr zu sprengen vermochten. Nur der Zerfall des Ayyubidenreiches nach SALADINs Tod (1193) in einzelne Familienfürstentümer (Ägypten, Aleppo, Baalbek, Damaskus, Hama, Homs, Jazira, Jordantal/Ostjordanland) hat danach noch einen Verhandlungserfolg wie den FRIEDRICHs II. möglich gemacht, der Jerusalem im Jahre 1229 ›der Christenheit‹ ein letztes Mal zurückgewann. Zu einem weiteren Aufschub verhalf den Kreuzrittern der Mongoleneinfall, der die etablierten islamischen Kräfte des Vorderen Orients wanken oder stürzen ließ. Als aber 1259 BAIBARS, Feldherr der inzwischen in Ägypten zur Macht gelangten mamlukischen ›Sklavendynastie‹, die Mongolen zurückwarf und anschließend Ägypten mit Syrien/Palästina/Jordanien in einem neuen islamischen Großreich vereinigte, war der Untergang von Outremer besiegelt: Zwischen 1268 und 1291 mußten die Kreuzfahrer ihre letzten orientalischen Stützpunkte räumen.

Die Kreuzritter östlich des Jordan

Ins Ostjordanland waren die Kreuzritter mit größerer Mannschaft erstmals 1107 unter BALDUIN I. vorgedrungen, um seldschukische Truppen aus dem ›Mosestal‹ bei Petra zu vertreiben. 1115 brach der König von Jerusalem dann aufs neue nach Terre oultre le Jourdain oder kurz: Oultrejourdain auf. Es ging um dreierlei: die Ostgrenze gegen die einsickernden Beduinen abzuschirmen; die wichtige Handels- und Pilgerstraße von Damaskus nach Arabien zu beobachten (und durch Überfälle zu verunsichern); und eine etwaige Militäraktion Syriens und/oder Ägyptens an der verwundbaren Ostflanke von Outremer durch gezielte Fortifikation zu erschweren. In Shobeq, einem der wenigen fruchtbaren und damit zur Selbstversorgung taugenden Plätze in Edom, ließ BALDUIN zu diesem Zweck eine starke Burg errichten, genannt Le Krak de Montreal, d. h. Königlicher Berg. Zum Herrn der Festung, die zu dieser Zeit 150 Kilometer und mehr von der nächsten fränkischen Ritterburg entfernt lag, und zugleich zum nominellen Lehnsoberen allen ostjordanischen Territoriums bestellte der König den Ritter ROMAN VON LE PUY. Im Jahr darauf stand BALDUIN erneut jenseits des Jordan. Er inspizierte Shobeq und stieß dann über Wadi Musa weiter nach Süden bis an die Küste des Roten Meeres vor, wo er Ela/Aqaba besetzte und, wie es scheint, gleich

---

Kreuzritterfestungen in Oultrejourdain

Großburgen
Krak de Moab (Pierre du Désert) = Kerak
Mons Re(g)alis (Montreal) = Shobeq

Kleinere Burgen und Stützpunkte
Ahamant = Maan (?), Amman (?)

Aila (Helim) = Aqaba
Hormoz
Ile de Graye = Jeziret Firaun
Li Vaux Moyse = Wueira
Sela = Petra/el-Habis (?)
Tafile = Tafila

mit zwei Burgen befestigen ließ, die eine davon auf der vorgelagerten Insel Ile de Graye. Daß BALDUIN bei diesem Zug von 1116 auch schon das moabitische Kerak militärisch instand gesetzt hat, ist nicht erwiesen; einiges spricht aber dafür, daß er eine fränkische Mannschaft im Wadi Musa garnisonierte und daß die Reste der bescheidenen Feste von Wueira wie auch der Stützpunkt auf el-Habis aus diesem Jahr (1116) stammen. Mit einigen wenigen einsamen Burgen war Oultrejourdain freilich nicht zu einem sicheren Landstrich des Beutestaates Outremer zu machen; die Franken unternahmen auch gar keine Anstalten, das verödete Land zwischen Wadi el-Mujib und Rotem Meer zu besiedeln, begnügten sich vielmehr mit den spärlichen Tributzahlungen der einheimischen Nomaden.

Die Versuche moslemischer Herrscher, sich mit vorgeschobenen Posten im Ostjordanland festzusetzen, vereitelte man zunächst konsequent: Als der Artemis-Tempel von Gerasa Anfang des 12. Jh. durch den Atabeg von Damaskus in eine kleine Festung verwandelt wurde, leitete BALDUIN II. unverzüglich eine Gegenaktion ein (vgl. S. 162).

Im Jahre 1132 zog dann, eingesetzt durch FULKO, den dritten lateinischen König von Jerusalem, der Hofbeamte PAYEN LE BOUTEILLER (genannt PAGAN) als Nachfolger des ROMAN VON LE PUY in den Osten. Der neue Landverweser ließ ab 1142 das traditionsreiche Kerak zu einer kampfstarken fränkischen Stellung ausbauen. Die Notwendigkeit dieser Maßnahme hatte wenige Jahre zuvor (1139) der Einfall moslemischer Scharen von Moab nach Judäa demonstriert. Des weiteren wird der Kreuzritterburg Kerak, die in den Quellen auch als Pierre du Désert auftaucht, die Aufgabe zugefallen sein, die Salzgewinnung am Toten Meer zu kontrollieren und aus den Äckern und Getreidefeldern des näheren Umlandes Erträge zu ziehen. Die wachsende ökonomische Bedeutung Keraks ließ den Platz in der Folge zur inoffiziellen Hauptstadt von Oultrejourdain und zum Sitz eines lateinischen Erzbischofs avancieren. Südlich von Kerak entstanden in Tafila und Hormoz neue Kreuzritterstützpunkte.

Während der allgemeinen Defensive von Outremer (etwa seit der Jahrhundertmitte) gerieten auch die ostjordanischen Festungen unter erheblichen Druck: 1170, 1173 und 1183/84 wurde Kerak jeweils kurz belagert, 1188 dann durch die Ayyubiden eingenommen. Ähnlich Shobeq/Montreal, das sich nur wenige Monate nach Kerak den Truppen SALADINs ergeben mußte. Mit Aqaba hat es eine etwas andere Bewandtnis. Die dortige Land- und Inselfestung waren schon 1170 von den Ayyubiden gestürmt worden, und nur in die Landburg zogen danach noch einmal (kurzfristig) Franken ein: Ende 1182 oder Anfang 1183, als RAINALD VON CHATILLON, seit 1177 Burgherr zu Kerak, von Ela/Aqaba zu einer Piratenfahrt ins Rote Meer und gegen Mekka aufbrach.

Fränkischer Wehrbau

Die abendländische Festungsarchitektur stand vor Beginn der Kreuzzüge auf vergleichsweise niedrigem Niveau: Es gab den normannischen Donjon, einen viereckigen steinernen Wehr- und Wohnturm, und es gab die sogenannten Motten, ummauerte oder palisadenbe-

KULTURGESCHICHTE: FRÄNKISCHER WEHRBAU

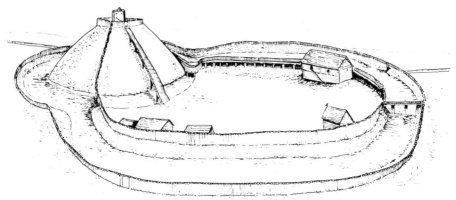

Beispiel einer Motte, einer bewehrten Hügelfestung, wie sie im Europa vor den Kreuzzügen üblich war (nach: R. C. Smail bzw. R. A. Brown)

wehrte Hügelfesten, wie sie etwa der Teppich von Bayeux (um 1070) zeigt. So beeindruckten die Wälle des byzantinischen Konstantinopel alle durchziehenden Kreuzritterheere. Im Ostjordanland stieß man dann auf die beispielhaften Lager und Kastelle römischer oder oströmischer Zeit, und auch die arabisch-islamische Festungsbaukunst, die in sassanidischen und altorientalischen Traditionen wurzelte, erhob sich technisch weit über die bescheidenen Beispiele des fränkischen Wehrbaus.

Doch konnten die Kreuzritter die morgenländische Militärarchitektur nicht ohne weiteres übernehmen. Wo dies möglich war, quartierten sie sich freilich zunächst in den alten Wehranlagen ein: in Antiochia etwa in den byzantinischen Bollwerken des 10. Jh., in Jerusalem in den Bastionen der Fatimiden. Für neue Verschanzungen blieben aber vorerst die europäischen Vorbilder architektonisch maßgebend – vor allem deshalb, weil die byzantinische ebenso wie die islamische Festung mit ihren ausgedehnten Außenwerken auf große Mannschaften angelegt waren, die den Franken nicht zur Verfügung standen. Die Eroberer bedurften keiner befestigten Kasernen oder Militärlager, sondern kompakter Burgen, die einem Feudalherrn als Zuflucht und Residenz dienen konnten. Bevorzugt wurde außerhalb der Städte mit ihrer latent feindseligen moslemischen Bevölkerung gebaut: zunächst in höchster Eile unter Bedeckung eines Christenheeres, ab etwa 1120, unter BALDUIN II. und FULKO, dann in größerem Maßstab und planvoller. Dies deckt sich teilweise mit der Unterscheidung zwischen frühen, einfach befestigten *Offensivburgen* und mehrfach umwallten *Defensivburgen*, wie sie spätestens nach dem Machtantritt der Zengiden erforderlich wurden. Eine andere Klassifizierung bezieht sich auf die Topographie der Festungen. Danach ist zwischen den *Niederburgen* vor allem der palästinischen Küstenebenen und den *Höhenburgen* im westsyrischen Hügelland und in Oultrejourdain zu differenzieren. Shobeq/Montreal und Kerak repräsentieren dabei die beiden gebräuchlichen Typen der Höhenburg, die entweder als *Zentralburg* auf einem isolierten Bergkegel plaziert (Shobeq) oder als *Bergrückenburg* angelegt sein konnte (Kerak). Im Prinzip leichter zugänglich (ein Vorteil in Friedenszeiten), mußte die Bergrückenburg durch einen tiefen Halsgraben mit Zugbrücke und Fallgatter (dies eine fränkische Erfindung) für den Verteidigungsfall gerüstet sein. Dagegen dürfte es sich bei der Landfestung von Aqaba um eine Niederburg gehandelt haben – einen Festungstypus, der sich deutlich am Vorbild des römischen Kastells orientierte. Das turmverstärkte Mauergeviert des bis heute am Ort erhaltenen Mamlukenkhans (vgl. S. 446 ff.) könnte insofern sehr wohl über Grundmauern der Kreuzfahrerära errichtet sein.

Eine Niederburg in Palästina beschreibt WILHELM VON TYRUS, der Chronist des Ersten Kreuzzuges, mit folgenden Worten: »Sie war von viereckiger Gestalt, und an jeder Ecke war ein Turm, einer davon wuchtiger und stärker befestigt als die übrigen.« In diesem hervorgehobenen Turm erkennt man den alten normannischen Donjon oder Bergfried, der in der einen oder anderen Form obligatorisch für die Kreuzritterburg war. Zumeist diente er dem fränkischen Burgherrn als Residenz. Wenn dieser Bergfried zwischen dem 11. und 13. Jh. vom sichersten zum gefährdetsten Punkt der Feste wandert, den er dadurch verstärkt, erscheint dies wie ein Hinweis auf den wachsenden militärischen Druck, dem die Wehrbauten ausgesetzt waren. Nicht anders wird zu deuten sein, daß man die Mauern des Bergfrieds abrundet (was Wurfgeschossen einen Teil der Aufschlagswucht nimmt), daß man mauergeschützte Innenhöfe anlegt, die Wasserversorgung durch Zisternen verbessert und im Laufe des 12. Jh. zu großen Kompositburgen mit schweren Ringmauern, Schildwällen, Zwingern und gewinkelten, vielfältig gesicherten Toranlagen übergeht (in Syrien etwa Krak des Chevaliers und Marqab). Architektonisch wird dabei kaum noch Neues entwickelt, vielmehr sucht man die Verteidigungskraft durch Häufung, Verstärkung und Überdimensionierung der herkömmlichen Hindernisse zu erhöhen.

Man fragt sich: Wie konnten die wehrhaften Residenzen der Kreuzritter überhaupt eingenommen werden? Am ehesten, indem der Angreifer die Besatzung aushungerte oder wartete, daß Wassermangel sie zur Aufgabe zwang. Zu solchen Belagerungen gehörte auch der psychologische Terror: Vor den Augen des Feindes fanden grausame Hinrichtungen statt, wurden die Schädel Enthaupteter auf Stangen gepflanzt. Sehr viel schwieriger gestaltete sich ein Sturmangriff mit den primitiven Angriffswaffen, die im 11. und 12. Jh. zur Verfügung standen. Dies waren Sturmböcke für den waagerechten Stoß, sogenannte Widder zur Lokkerung des Mauerwerks, Wurfgeschütze, mit denen Steine, Brandsätze, aber etwa auch Bienenstöcke auf die Verteidiger geschleudert wurden, schließlich hölzerne Belagerungstürme und Leitern. Die Burgmannschaften setzten ihrerseits Geschütze ein, gossen Pech oder siedendes Öl durch die Steinnasen (die sogenannten Maschikulis) der Mauerkränze und Torbauten und wehrten sich mit Bogenschüssen und Lanzenwürfen. Keinen Rat wußte man sich aber gegen die Angriffstechnik des Unterminierens. In vielen Armeen zogen Bergbauspezialisten mit (SALADIN rekrutierte sie im Gebiet von Aleppo), die es im Schutz provisorischer Palisadenwände verstanden, Stollen unter die tragenden Partien der Burgmauer zu treiben und diese zum Einsturz zu bringen. Vor die Außenwälle geschobene Böschungen oder Schrägmauern erschwerten solches Untergraben, verhinderten es aber nicht. Nur wenn die Burg auf gewachsenem Fels stand (wie der syrische Krak) oder von einem Wassergraben umschlossen wurde, konnte man sich vor moslemischen Mineuren sicher fühlen.

Kampf zwischen Kreuzrittern und moslemischen Arabern, Illustration aus der Chronik des Wilhelm von Tyrus (nach: J. Berque)

In eroberte Festungen rückten meist moslemische Mannschaften ein. War dies aus strategischen Gründen nicht ratsam, wurden die Burgmauern geschleift, um ein neuerliches Festsetzen fränkischer Truppen auszuschließen. Möglicherweise ist die Landburg von Aqaba aus solchen Motiven zerstört worden. In Shobeq/Montreal und Kerak übernahmen dagegen ayyubidische Truppen das Kommando, erneuerten oder restaurierten die Festung und stellten sie von Militär- auf Verwaltungsaufgaben um. Auch einer der wenigen moslemischen Burgbauten auf jordanischem Boden, die nahe Ajlun im nordwestlichen Hügelland gelegene Zentralfeste Qalaat er-Rabad (vgl. S. 194 ff.), erfuhr eine solche Umfunktionierung: 1184/85 unter SALADIN als offensiver Stützpunkt gegen das Lateinische Königreich errichtet, fungierte sie nach der Schlacht von Hattin (1187) und der moslemischen Inbesitznahme von Oultrejourdain als administratives Zentrum der Region. (Dies gilt ähnlich für die unter BAIBARS ausgebaute Burg von es-Salt, die 1840 von den Osmanen zerstört wurde.)

Zu sprechen bleibt über die im engeren Sinne ästhetischen Qualitäten der Kreuzritterburgen. Als militärische Zweckbauten verzichten sie – weitestgehend – auf architektonischen Schmuck; es ist ihre wuchtige Funktionalität, die beeindruckt. Doch sind einige ihrer großen Hallen (etwa im Krak des Chevaliers) »den besten frühgotischen Sälen Westeuropas durchaus vergleichbar« (S. RUNCIMAN). In der Kapellen- und vor allem der Kirchenarchitektur (die östlich des Jordan aber kein Beispiel hat) sind zudem dekorative und repräsentative Ambitionen unübersehbar. Den Einfluß Outremers auf die abendländische Architektur – ein Historiker nennt ihn die einzige positive Auswirkung der Kreuzzüge – bezeugt etwa RICHARD LÖWENHERZ' Château Gaillard, 1195 auf einem Bergrücken oberhalb der Seine erbaut. Die architektonische Anlehnung geht bis ins Detail: Die Rundtürme der Umfassungsmauer, die Einbindung des Donjons in den Mauerzug der Zitadelle, die Präsenz des sogenannten Talus, einer den Mauern vorgelegten Böschung oder steinernen schiefen Ebene – dies alles ist über die Vermittlung der Kreuzritterburgen aus der arabischen Wehrarchitektur an die Seine gelangt. Als die wichtigste bautechnische Errungenschaft ebenfalls orientalischer Tradition wird vielfach der Spitzbogen angesehen, der erstmals Anfang des 12. Jh. im französischen Raum nachweisbar ist.

Mamluken und Osmanen (1250–1918)

Bei allen bestehenden Unklarheiten über die Entwicklung Jordaniens in diesen fast sechs Jahrhunderten ist doch unzweifelhaft, daß der Landstrich politisch und kulturell vernachlässigt wurde. Bis zum Anfang des 19. Jh. entvölkerte er sich immer mehr, der Nomadismus nahm zu, und es verblieben schließlich nur einige wenige ›Siedlungsinseln‹. Der Hintergrund: Mamluken und Osmanen setzten die alte Politik fort, das Ostjordanland als Schild für die weiter westlich gelegenen ›eigentlichen‹ Interessensphären zu benutzen. Dieser Schild sollte zunächst vor den Mongolen schützen – und gab dem ägyptischen Zentrum des Mamlukenreiches auf Kosten des palästinisch-syrischen Raums auch tatsächlich die erwünschte Sicherheit. Natürlich aber lassen sich einzelne mamlukische Bauleistungen nachweien, ob in Pella (Moschee) oder in Sela (Festungsmauern). 1299 besetzten die Mongolen vorübergehend Syrien, 1303 wurde erneut auf syrischem Boden gefochten. Als 1323 ein Friede ausgehandelt werden konnte, der die Grenze zwischen der westlichen und östlichen Großmacht etwa auf der Linie Damaskus-Homs-Aqaba fixierte, scheint die Besiedlungsdichte vorübergehend zugenommen zu haben, vor allem im Jordantal (Zuckermanufaktur) und im nordwestlichen Bergland (Abbau von Eisenerz). Dann drangen an der Wende vom 14. zum 15. Jh. Timurs Mongolen in den Nahen Osten ein, verwüsteten die Region, gelangten aber nicht an den Nil. Während Ägypten so eine »Spätblüte der Kultur des sunnitischen Islam« (G. Endress) erlebte, verfielen Syrien und Jordanien, zumal die Region mehrfach von Seuchen heimgesucht wurde. Nur einige syrische Städte wie Damaskus, Aleppo und Hama konnten sich als Zentren des Transithandels und als Sammel- oder Ausstattungsplätze der großen moslemischen Pilgerzüge einen gewissen Wohlstand bewahren. Von Jordanien ist dies nicht zu sagen. Hier »fristeten armselige kleine Dörfer ein kümmerliches Leben inmitten der Ruinen einer großen Vergangenheit« (G. L. Harding). Weder Amman noch Jerash noch Madaba spielten eine Rolle, Kerak blieb immerhin mamlukischer Verwaltungssitz, nominelle ›Hauptstadt‹ der Provinz Malakat el-Kerak, die sich von Amman bis hinunter in den Hejaz erstreckte. Nennenswerte Bauleistungen sind nicht zu verzeichnen, einige ältere Burgen (Shobeq etwa) wurden aber gewartet und renoviert. In Aqaba, an der Straße von Kairo nach Mekka, errichteten die Mamluken als Warenlager und Pilgerherberge eine befestigte Karawanserei.

Der Machtantritt der Osmanen im Vorderen Orient (1516 nahmen sie Syrien, 1517 Ägypten ein) änderte an der Misere nur wenig: Das Ostjordanland wurde nun in zwei Verwaltungseinheiten (Ajlun und Kerak-Shobeq) aufgeteilt und faktisch von lokalen Familien wie den el-Ghazzawi und Qansuh beherrscht. Osmanische Steuerregister unterrichten uns über den Zustand des Landes Ende des 16. Jh. Permanente Siedlungen finden sich zu dieser Zeit nur in den Regionen um Ajlun, es-Salt, Kerak und Shobeq – auffälligerweise also überall dort, wo ältere Wehrbauten überdauert hatten. Man darf an diesen Plätzen osmanische Garnisonen vermuten, die Siedlern einen gewissen Schutz vor Nomadenüberfällen boten. Die bedeutendsten unter diesen Nomadenstämmen sind mit ihrem jeweiligen Kerngebiet auf der beigegebenen Karte (S. 86) verzeichnet. Bemerkenswert erscheint, daß sich einige von ihnen bis ins 20. Jh. in ihren alten ›Stammlanden‹ nachweisen lassen – und bis ins 20. Jh. hinein bedrohen sie die Pilgerstraße nach Mekka. Die moslemischen Wallfahrer konnten nur unter militärischer Bedeckung reisen, mußten eine Art Wegesteuer an die Beduinen entrichten und die lebensnotwendigen Wasserstellen durch Pilgerforts sichern. Diese lagen – von Norden nach Süden – in Mafraq, Zarqa, Belqa, Qatrana, Hesa, Aneza und Maan, dazu in Aqaba und an der Mudawwara-Route. Die bis heute erhaltenen Pilgerforts des 18. und 19. Jh. (vgl. S. 432 ff.) sind an den traditionellen Plätzen errichtet.

Der Niedergang des Osmanenreiches, das ›Engagement‹ europäischer Kolonialmächte, regionale Autonomiebestrebungen (Ägypten, Galiläa) und ein neuer arabischer Fundamentalismus (Wahabiten auf der Arabischen Halbinsel) prägen die politische Geschichte des Vorderen Orient im 18. und 19. Jh. Immerhin scheint gerade in dieser unruhigen Zeit

KULTURGESCHICHTE: OSMANEN / BRITISCHES MANDAT

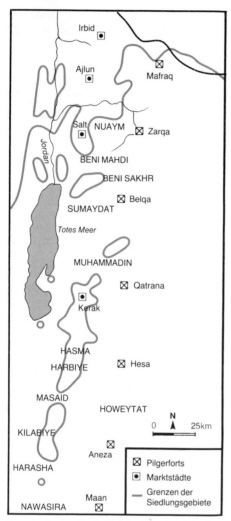

Transjordanien Ende des 16. Jh.: Marktstädte, Siedlungsgebiete, Pilgerforts und Nomadenstämme (Karte: G. Rebensburg nach W.-D. Hütteroth und K. Abdulfattah)

die Siedlungsintensität wieder zugenommen zu haben, der Wüste nach und nach neues Agrarland abgerungen worden zu sein. Dazu bedurfte es als Voraussetzung jenes ›Interessenausgleichs‹ zwischen Beduinen und Bauern, den das osmanische Landgesetz von 1858 vorbereitete. Khirab genanntes Ödland am Wüstensaum, teilweise riesige Flächen, gelangten damals in die Hand von Beduinenscheichs, die sich daraufhin Landsitze errichteten, so etwa in Yaduda und Tunayb südlich von Amman, und ihr Land Bauern anvertrauten. Den Schutz, den sie diesen gewährten, ließen sie sich mit ›dem Zehnten‹ entgelten. Zuweilen ergriffen auch Bauern die Initiative, sicherten sich, teilweise im landwirtschaftlichen Kollektiv, Khirab-Land und gingen mit den beduinischen Stammesverantwortlichen Schutzbündnisse ein. Langsam verschob sich so die Siedlungsgrenze nach Osten, flossen auch neue Gelder in eine regere Bautätigkeit. Neben den erwähnten Landsitzen entstanden vor allem im Norden des Landes Sakral- und Zivilbauten, aber auch neue militärische Einrichtungen, teilweise (z. B. in es-Salt) nach der Zerstörung älterer Architektur.

Einen neuen historischen Hintergrund schufen der osmanische Erfolg im Krimkrieg (1853–1856) und die an den russisch-türkischen Krieg von 1877/78 anschließende planvolle Ansiedlung von kaukasischen Tscherkessen als Wehrbauern (seit 1878); diesen moslemischen Neuankömmlingen gelang es, an die Khirab-Bauern und deren Pionierleistung anschließend, die Beduinengefahr – zumindest regional – zu bannen und neue Siedlungsgebiete zu erschließen. Moderne Waffen und Transportmittel (Hejaz-Bahn) trugen das ihre zu einer größeren Absicherung gegen Nomadenübergriffe bei. Allmählich gewann so das Ostjordanland jene Konturen, die der heutige Reisende wahrnimmt: Konturen, die sich kunsthistorisch als eine Legierung spätosmanischer und europäischer

Stilproben darstellen, ergänzt um Elemente lokaler Tradition, die vor allem im Bauschmuck wirksam werden. Ein gutes Beispiel aus jüngster Zeit ist die Abu Darvish-Moschee auf dem Ashrafiyeh-Hügel von Amman.

Die Entstehung des jordanischen Staates

1916	Nach Abstimmung mit dem britischen Hochkommissar in Ägypten, H. MAC MAHON, Beginn des arabischen Aufstands unter dem Haschemiten HUSSEIN, Herrscher im Hejaz; ihm wird ein arabisches Großreich in Aussicht gestellt, wenn er sich am Kampf gegen die Osmanen beteiligt. – Im selben Jahr aber SYKES-PICOT-Abkommen, in dem Großbritannien und Frankreich die Aufteilung des den Arabern zugesicherten Territoriums verabreden.
1917	Einnahme von Aqaba (Histor. Abb. XII) durch arabische Truppen unter Führung von T. E. LAWRENCE (LAWRENCE von Arabien). – Im selben Jahr aber BALFOUR-Deklaration, in der Palästina zur ›nationalen Heimstätte‹ der Juden erklärt wird.
1918	Faktisches Ende der Osmanenherrschaft über jordanisches Gebiet. Eroberung von Damaskus durch arabisch-englische Truppen.
1918–1920	Mit englisch-französischer Billigung bildet sich ein Arabisches Königreich Syrien unter Einschluß des Ostjordanlandes.
1919	FEISAL, Sohn HUSSEINS, fordert auf der Konferenz von Versailles die Erfüllung der britischen Versprechungen von 1915/16 (Histor. Abb. XIII).
1920	Im April Konferenz von San Remo: Palästina – und damit auch das Ostjordanland – wird unter britisches Mandat gestellt; das heutige Syrien und der Libanon geraten unter französische Kontrolle.
1921	Konferenz von Kairo: ABDULLAH, zweiter Sohn HUSSEINS, akzeptiert das Angebot, unter britischer Oberhoheit als Emir in Transjordanien zu herrschen; sein Bruder FEISAL wird König des Irak.
1922	Der Völkerbund stimmt dem britischen Vorschlag zu, Transjordanien als selbständiges Emirat von Palästina abzutrennen (die Regelung tritt im Mai 1923 offiziell in Kraft).
1923	Arabische Proteste und offener Aufruhr, als ABDULLAH dieser politischen Regelung zustimmt und den Briten Ministerien in seinem Emirat zugesteht. Eine Reaktion auf die Unruhen ist die Schaffung der Arabischen Legion, einer Einsatztruppe unter britischem Kommando.
1928	Ein britisch-transjordanischer Vertrag erweitert die innenpolitischen Befugnisse ABDULLAHS. Verabschiedung einer ersten Verfassung.
1946	Transjordanien wird unabhängiges Königreich, der bisherige Emir ABDULLAH erster König. Nach der Ermordung ABDULLAHS in Jerusalem (1951) folgen ihm sein Sohn TALAL und am 2. Mai 1953 sein Enkel, der bis heute regierende HUSSEIN.

Zur Geschichte des unabhängigen Jordanien vgl. S. 459

Amman und Umgebung

Beiruts Niedergang hat Amman zur führenden Handelsmetropole des Vorderen Orient aufsteigen lassen. Noch um die letzte Jahrhundertwende ein Dorf mit etwa 2000 Einwohnern, entwickelte sich die Siedlung im Tal des Wadi Amman seither zu einer Millionenstadt. Immer weiter greift sie entlang ihrer Ausfallstraßen in das umgebende Hügelland: Dörfer wie etwa el-Quweisme (vgl. S. 111f.) oder Khirbet es-Suk (vgl. S. 114), vor zehn Jahren noch selbständig, sind heute faktisch in das Stadtgebiet einbezogen. An modernen Kalkstein- und Betonbauten vorbei schiebt sich dichter Autoverkehr, im Straßenbild dominiert westliche Kleidung, und in den Geschäften der Innenstadt und des Jebel Amman sind europäische Konsumgüter aller Art erhältlich. Auch Damaskus, Aleppo, Kairo oder Baghdad besitzen solche modernen Allerweltsviertel, doch kann man dort gleich daneben das Gassengewirr orientalischer Altstädte erleben, passiert man Plätze, mit denen sich Namen und Ereignisse der islamischen Geschichte verbinden. In Amman dagegen beschränkt sich das orientalische Moment im wesentlichen auf die Suks nahe der Hussein-Moschee (Abb. 1–4), und fast verwundert nimmt man in einem der mit Mietshäusern bebauten Berghänge ein römisches Theater wahr (Abb. 8) – Zeuge dafür, daß man auf historischem Boden steht.

Geschichtlicher Überblick

Feuersteinwerkzeuge, im Umkreis von Amman gefunden, werden nach Steinabschlag und Typus bis ins Paläolithikum datiert. Offenbar hat das wasserführende Tal zunächst prähistorische Jäger und Sammler, dann auch Siedler angezogen: 1982 stieß man bei Grabungen in Ain Ghazal, einer Vorstadt im Nordosten von Amman, auf neolithische Hausmauern des 8. Jt. v. Chr., und bis in die Mitte dieses Jahrhunderts waren an den Hängen der Stadt einzelne Dolmen, vielleicht chalkolithischer Zeit (vgl. S. 135), zu sehen. Einen spätbronzezeitlichen Quadratbau, der 1955 beim Bau des Marka-Flughafens von Amman freigelegt wurde, hat man nicht zuletzt aufgrund von Schmuckfunden (Opfergaben?) als Tempel (G. L. HARDING) bzw. als Heiligtum halbnomadischer Stämme (E. F. CAMPBELL, G. E. WRIGHT) gedeutet. Sollte es sich dagegen um einen Wehrturm handeln, könnte der Bau in den Siedlungszusammenhang spätbronzezeitlicher Ortsanlagen gehören, die S. MITTMANN im nördlichen Ostjordanland nachgewiesen hat.

Aus der Eisenzeit stammen steinerne Wachttürme auf verschiedenen Hügeln im Umkreis von Amman und in den Außenvierteln der modernen Stadt (vgl. S. 110f.). Sie sicherten eine Siedlung, die als das biblische Rabba oder Rabbath Ammon gilt. Etwa zwanzig Mal spricht das Alte Testament über die Ammoniter und ihre Beziehungen zu den Israeliten (vgl. S. 28ff.), nur selten aber unmittelbar über die Hauptstadt des ostjordanischen Volkes. Aussagekräftig ist auch davon nur das wenigste: Erwähnt seien EZECHIELS Drohspruch (25,5), Rabba möge als »Weideplatz der Kamele« enden, und die Vision des AMOS (1,14), der Feuer um die Mauern der Stadt lodern und ihre Paläste darin vergehen sieht. Historisch-geographische Bedeutung kommt der Passage 2. Samuel 12, 26–31 zu. Hier wird die Eroberung Rabbas durch JOAB und DAVID geschildert und eine »Wasserstadt« von der eigentlichen Königsstadt unterschieden – wie man annehmen darf: der heutige Stadtkern im Tal vom Zitadellenhügel (Jebel el-Qala). AMOS' Anspielung auf die »Paläste« Rabbas und Funde ammonitischer Rückenpfeiler- und Architekturplastik im Bereich der Zitadelle (vgl. S. 30f.) weisen gleichermaßen auf eine gut entwickelte späteisenzeitliche Baukunst hin.

Noch vor der Mitte des 3. Jh. v. Chr. wurde Rabba hellenisiert und zu Ehren des neuen Oberherrn, PTOLEMAIOS II. PHILADELPHOS (reg. 285–246 v. Chr.), offiziell in Philadelphia umbenannt. Daneben hielt sich – nach einer neuen Hypothese – der aramäische Name Birtha (= Festung). Wie zuvor schon unter den Achämeniden scheint Amman auch unter den Ptolemäern einer Gouverneursdynastie, den sogenannten Tobiaden (vgl. S. 117f.), als Regierungssitz gedient zu haben. Von den gewiß bedeutsamen architektonischen und künstlerischen Errungenschaften der nach griechischer Manier verschönten Stadt hat sich indessen nichts erhalten. Im Jahre 218 v. Chr. verloren die Ptolemäer Philadelphia an das zweite hellenistische Großreich: das seinerzeit expansive Seleukidenimperium unter König ANTIOCHOS III.

Gnaeus POMPEIUS, Wegbereiter des Römischen Reiches im Nahen Osten, räumte hellenisierten Zentren wie Philadelphia/Amman erhebliche administrativ-politische Privilegien ein und förderte ihren Zusammenschluß in einem halbautonomen, kommerziell orientierten (und von Rom kontrollierten) Städtebund, Dekapolis genannt; stark war dieser merkantile Bund vor allem im Ostjordanland (vgl. S. 39f.). Die Einnahme Philadelphias durch die Nabatäer im Jahre 31 v. Chr. blieb Zwischenspiel; bereits ein Jahr darauf eroberte HERODES, eingestimmt auf die Interessen des großen römischen ›Partners‹, die Stadt von den Arabern zurück. Innerhalb des Imperium Romanum behielten die Dekapolis-Zentren offenbar auch dann noch eine gewisse Autonomie, als die ganze Region unter Kaiser TRAJAN der Provincia Arabia einverleibt wurde. Als städtische Hauptkonkurrenten Philadelphias erwiesen sich jetzt Bos(t)ra und Gerasa – und alle drei Metropolen waren reich und repräsentationsbeflissen genug, um kostspielige Bauprogramme nach klassisch-imperialem Vorbild zu verwirklichen. Was sich heute als das ›antike Amman‹ darbietet, ging aus dem ›Kultur- und Bauboom‹ des 2. und 3. Jh. n. Chr. hervor – und wurde teilweise offenbar aus dem florierenden Pferdehandel finanziert.

AMMAN: GESCHICHTE

In der frühchristlich-oströmischen Stadt residierten Bischöfe, bezeugt für die Zeit zwischen 325 und 575. Am Konstantinskonzil von Nicäa (325) und ebenso an der Synode von Antiochia (341) nahm jeweils ein Bischof CYRIUS aus Philadelphia teil, auf dem Konzil von Chalcedon (451) war ein gewisser EULOGIUS Vertreter der städtischen Kirche. Während der diokletianischen Verfolgungen starben viele Christen Philadelphias für ihren Glauben. Eines der frühen Gotteshäuser in Amman und Umgebung war dem Andenken des hl. ELIANUS geweiht, einem Blutzeugen, der vielleicht in Madaba beheimatet war. Zu dieser in christlicher Zeit noch vor Philadelphia/Amman rangierenden Bischofsstadt bestanden auch kulturelle Beziehungen – das Mosaik am Boden der 1969 entdeckten Kirche von Swafiyeh, einem westlichen Vorort Ammans, lehnt sich stilistisch (Akanthushintergründe, Farbgebung) unverkennbar an die bekannteren Beispiele aus dem Madaba der Jahrtausendmitte an (vgl. S. 276 ff.).

Die annähernd zehnjährige Sassanidenherrschaft über die Stadt nahm vermutlich 614 ihren Anfang, im Jahr der Eroberung Jerusalems. In ihrer politischen Bedeutung kann die persische Invasion kaum überschätzt werden, mehr als fraglich ist allerdings, ob das Interim der städtischen Architektur Impulse gab. Man wird sich daran erinnern, daß unter den neuen Herren die ökonomischen Grundlagen vor allem des syrischen Raums, Weinbau und Olivenkultur, ruiniert wurden (vgl. S. 46). Daß gleichzeitig ambitioniert gebaut worden sein soll, will nicht einleuchten. Andererseits ist *prinzipiell* nicht auszuschließen, daß auf jordanischem Boden in der Besatzungszeit eine Militär- und Herrschaftsarchitektur entstand. So fehlt es nicht an entsprechenden Datierungen erhaltener Bauten: Der englische Kunsthistoriker J. WARREN etwa sieht im Qasr auf dem Jebel el-Qala von Amman ein Werk der Perser (vgl. S. 107), und auch Qasr el-Kharaneh in der östlichen Wüste ist – z. B. von K. A. C. CRESWELL – als Sassanidenfort bezeichnet worden (vgl. S. 248).

Mitte der 30er Jahre des 7. Jh. nahmen unter der grünen Fahne des Propheten arabische Truppen die Stadt ein; die anschließende Islamisierung Ammans vollzog sich eher unauffällig, ohne Pressionen und Verfolgungen. Als Ort einer omayyadischen Münzanstalt muß die Stadt seit dem 8. Jh. von einiger Bedeutung gewesen sein. In der ›Weltgeschichte‹ (»Geschichte der Gottgesandten...«) des islamischen Historikers TABARI, der Amman Ende des 9. Jh. besuchte, liest man von einem Omayyadenprinzen namens SULEIMAN IBN HISHAM und erfährt weiter, daß der Kalif AL-WALID II. ihn nach Amman verbannt hatte. Heinz GAUBE schließt daraus, »daß Amman in der Zeit des Walid II. als Notablengefängnis diente« und nimmt für die Stadt eine »wichtige innenpolitische Rolle« an. Für seine Vermutung spricht, daß jener Prinz – nach dem Tode AL-WALIDS aus seiner Haft entlassen – mit »alle(n) Schätze(n), die in Amman waren« (TABARI), in das heimatliche Damaskus zurückkehrte. So mögen also auf dem Zitadellenhügel, der in omayyadischer Zeit in großem Stil bebaut wurde, nicht nur unliebsame Verwandte des herrschenden Dynasten, sondern auch Geld und Gut bei einer Elitetruppe des Kalifen in Obhut gewesen sein.

Im Jahre 985, ein knappes Jahrhundert später als der zitierte TABARI , beschreibt der Kulturgeograph MUQADDASI Amman als einen »Hafen in der Wüste», hebt Wasserreichtum und Fruchtbarkeit des Umlands hervor, verweist andererseits aber auf den schlechten

Amman um 1880, gesehen von der Zitadelle. Im Tal u. a. das Nymphäum, im Vordergrund die römisch-omayyadische Zitadellenmauer (nach: S. Merrill)

Zustand der Anfahrtsstraßen und das niedrige Bildungsniveau der Bevölkerung, die Zeugnis ablegen für das Desinteresse der abbasidischen Dynasten an der Region. Der Zitadellenhügel gilt MUQADDASI als »Burg Goliaths«, das römische Theater als »Zirkus Salomons«; daneben erwähnt er auch eine schöne mosaikgeschmückte Moschee in der Stadtmitte (vgl. S. 101).

Auf MUQADDASI folgen Jahrhunderte der ›Geschichtslosigkeit‹. Im 14. Jh. nennt ABU AL-FIDA Amman dann schlicht eine »sehr alte Stadt, die schon vor der Zeit des Islam in Ruinen lag«. Unter den Osmanen zunächst nicht mehr als eine ärmliche Raststation (größere Beachtung schenkten die Türken dem benachbarten Salt, aber auch Zarqa), begann die Renaissance der alten Hauptstadt 1878 mit der Ansiedlung moslemischer Tscherkessen – »leider nicht zum Vorteil der Ruinen«, wie der Baedeker von 1908 beklagt. Wie menschenleer die Stätte vor der Übersiedlung der kaukasischen Wehrbauern dalag, zeigen verschiedene historische Stiche und Photographien.

1918 von britischen und verbündeten arabischen Truppen erobert – der Zitadellenhügel wurde dabei bombardiert –, avancierte Amman 1922/1923 zur Hauptstadt des neugeschaffenen Emirats Transjordanien; ABDULLAH IBN HUSSEIN aus dem arabischen Feudalgeschlecht der Haschemiten übernahm die Regentschaft. Nun entstanden die Hussein-Moschee im Stadtzentrum (1924) und später als Residentialbauten der Basman- und der Raghadan-Palast im Osten der Stadt (Abb. 1; auch Histor. Abb. III). Als Transjordanien 1946 die formelle Unabhängigkeit erlangte, nahm Emir ABDULLAH den Königstitel an; 1950 erklärte er Amman zur Hauptstadt seines Haschemitischen Königreichs Jordanien. Flüchtlinge aus

AMMAN: UNTERSTADT/FORUM

Amman um 1880, gesehen von der Zitadelle. Links das Odeum, im Vordergrund das Forum, dahinter das römische Theater (nach: S. Merrill)

dem Heiligen Land trugen nach dem Palästina-Konflikt von 1948/49 und dem ›Sechs-Tage-Krieg‹ von 1967 zur Bevölkerungsexplosion der Kapitale bei. Die heute etwa 1,4 Millionen Einwohner, darunter ein hoher Prozentsatz Palästinenser (vgl. S. 458), erhalten nach wie vor Zustrom aus den ländlichen Gebieten, in jüngster Zeit auch aus dem Libanon, Ägypten und dem Irak.

Sehenswürdigkeiten in Amman

Die Unterstadt in römischer und byzantinischer Zeit

Das Zentrum des römischen Philadelphia lag, beiderseits des Wadi Amman, in der Niederung der Stadt, und zwar dort, wo sich das Tal zwischen Zitadellenhügel im Norden und Theaterhügel im Süden etwas ausweitet. Während sich die Säulenstraßen nördlich des Wasserlaufs hinzogen – der relativ kurze Cardo in nordwestlich-südöstlicherRichtung, in etwa der heutigen King Feisal Street folgend, der längere Decumanus west-östlich orientiert, weitgehend deckungsgleich mit Hashemite bzw. King Abdullah Street –, legten die römischen Baumeister Forum, Odeum und Theater auf die Südseite des Wadi. Substruktionen brachten die beiden Uferbänke des kleinen Flußtals (arab.: Seil) auf gleiche Höhe; den

Wasserlauf selbst überspannten offenbar Tonnengewölbe. Nach nivellierender Erdaufschüttung entstand auf diesem Fundament eine ebene Fläche zwischen dem Fuß der Akropolis und dem Theaterhang. Jordanien-Pioniere wie WARREN und NORTHEY haben in den 60er und 70er Jahren des 19. Jh. die Reste der Seil-Abdeckung noch wahrgenommen, doch ist nicht sicher, ob die Gewölbe den Bach von Amman tatsächlich in ganzer Länge, »vom West- bis zum Ostende der antiken Stadt« (Adnan HADIDI), abdeckten. Der englische Arabien-Reisende DOUGHTY berichtet jedenfalls von einer römischen *Brücke*, die im Jahre 1876 nahe dem Forum über den Flußlauf führte. Wie auch immer: Teile der römischen Unterstadt diesseits und jenseits des Seil waren durch aufwendige Ingenieurs- und Erdarbeiten planiert. Solche Veränderungen der natürlichen Geländekonturen lassen sich in römischen Stadtanlagen verstärkt seit der Flavierzeit beobachten. Auch die Kolonnadenstraßen erhoben sich – jeweils an die 10 m breit – streckenweise auf einem stabilisierten Unterbau.

Im Westen und wohl auch im Osten, wo er an die Via Nova Traiana angeschlossen war, begrenzten den gepflasterten Decumanus monumentale Tore, die aber ebenso untergegangen sind (1915 zerstört) wie das Propylon ein Stück westlich des Forums. Durch dieses Prachttor führte eine Via sacra, ein heiliger Weg, über steile, wahrscheinlich gewendelte Treppen hinauf zum Temenos des Akropolis-Tempels (vgl. S. 103).

In byzantinischer Zeit ist die antike Infrastruktur mitsamt ihren öffentlichen Bauten und Einrichtungen zunächst offenbar instand geblieben, bereichert um die Sakralarchitektur der neuen Religion. CONDER sah 1881 in der Unterstadt drei Kirchen, darunter jene ›Kathedrale‹, die Anfang des 19. Jh. schon Ulrich Jasper SEETZEN aufgefallen war. J. L. BURCKHARDT wiederum beschrieb kurz »eine geräumige von großen Steinen erbaute Kirche nebst einem Turme von der Art, wie ich sie in mehreren verfallenen Städten in Hauran gesehen«. Bis heute erhalten haben sich zwei andere frühbyzantinische Sakralbauten: in ihren Grundmauern eine bescheidene Basilika auf dem Jebel el-Qala (vgl. S. 105) und – mit sehenswertem Mosaikboden – eine Kirchenruine etwa des 6. Jh. in der Amman-Vorstadt Swafiyeh (vgl. S. 114 ff.).

Das Forum

Im Jahre 1964 beschloß die Stadtverwaltung von Amman, das Gelände des römischen Forums zwischen dem Theater im Süden, dem Seil bzw. der heutigen Hashemite Street im Norden, dem Odeum im Osten sowie dem eigenen Amtssitz im Westen als städtische Grünanlage auszugestalten (erst 1988 wurde das Projekt vollendet). Das Department of Antiquities erhielt zuvor Gelegenheit, einen Plan des antiken Stadtkerns zu erarbeiten.

Bei der Anlage des Forums hatten die römischen Architekten und Ingenieure die natürliche Verbreiterung des Tals genutzt, durch Abdeckung des kleinen Flußlaufs das verfügbare Areal noch erweitert und es durch Aufschüttung so weit über den Seil erhöht, daß der Fluß

AMMAN: FORUM

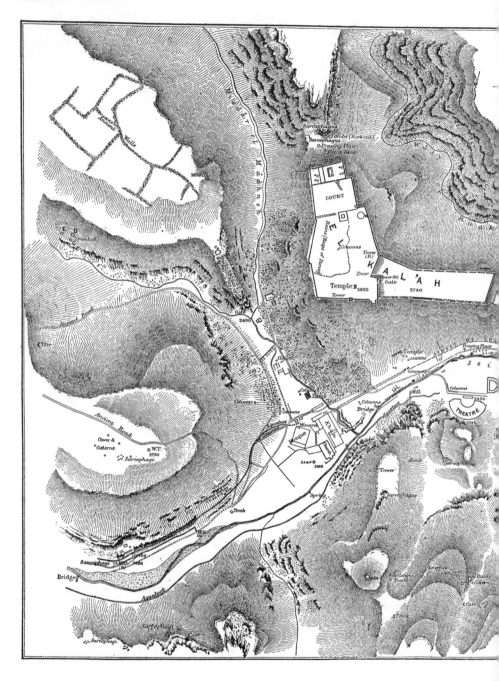

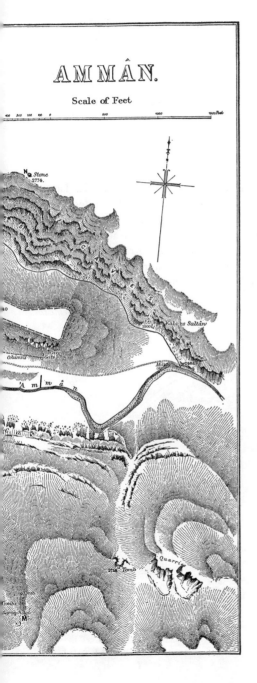

auch bei höchstem Wasserstand (nach winterlichen Regenfällen) Forum und Decumanus nicht überfluten konnte. Umgekehrt entsorgte ein unterirdischen Dränagesystem mit Terrakottaröhren den Platz nach seiner Nordwestecke hin, wo die Abwässer in das Wadi geleitet wurden.

Die untypische, trapezoide Form der Anlage erklärt sich aus den besonderen topographischen Gegebenheiten der Stadtniederung. An drei Seiten umgaben Säulenwege oder -hallen das Forum (Abb. 7), nach Norden hin war es vermutlich an die Kolonnaden des Decumanus gebunden. Mitsamt seinen Peristylen nahm der philadelphische Platz mehr als 7600 m² ein – wir haben also eines der größten Foren der römischen Welt vor uns. Im Osten 50 m und im Westen 48 m breit, maß die Anlage im Süden annähernd 100 m – hier verläuft auch die Kolonnade vor dem hochaufragenden Bühnengebäude des Theaters; den Säulen mit ihren korinthischen Kapitellen liegt auf dieser Seite über einige Dutzend Meter noch der einfach profilierte Architrav auf (Abb. 7).

Speziell für den Nahen Osten gilt, daß die hellenistische Säulenstraße auch in römischer Zeit als kommerzielle Stadtachse fungierte; in Jordanien sind Gerasa und Gadara dafür bemerkenswerte Beispiele. Hinzu kommt nach der Zeitenwende die allgemeine Tendenz der römischen Welt, die merkantile Funktion ihrer Foren abzuschwächen und ihnen statt dessen staatliche und politische, kulturelle und religiöse Aufgaben zuzuweisen. Bedenkt man, daß im näheren Umkreis des philadelphischen Forums keine zivile

Der erste Stadtplan von Amman/Philadelphia, veröffentlicht von C. R. Conder (Karte: G. Armstrong)

Bebauung römischer Zeit nachweisbar ist, und weiter, daß die Anlage – wie Theater und Odeum – im 2. Jh. n. Chr. entstanden sein dürfte, verstärkt sich der Eindruck, das Forum von Amman sei von vornherein weniger zum Handelszentrum als – im Sinne einer Staatsagora – zum Schauplatz politischer Aktivitäten und des offiziellen Stadtlebens bestimmt gewesen. Dafür spricht auch seine Nachbarschaft zu den Propyläen (vgl. S. 103) und damit indirekt zur Akropolis mit dem Tempel (oder den Tempeln) Philadelphias sowie die Distanz zum städtischen Straßenverbund, in dessen Umkreis man eigentlich ein *Handels*forum erwarten würde.

Das Theater

Am nördlichen Fuß des Jaufa-Hügels, der einmal eine Nekropole trug, steigt das Theater auf, Ammans imposantestes römisches Monument. Vom Hang bzw. der Höhe des Zitadellenhügels liegt der Zuschauerraum als ein steinerner, in die Stadt getriebener Keil besonders eindrucksvoll im Blick (Abb. 8). Das Theater von Amman »ist nicht allein das größte Bauwerk seiner Art in Jordanien, sondern es zählt auch zu den hervorragendsten Theatern der griechisch-römischen Welt hinsichtlich der Größe, des Erhaltungszustands und seiner Bedeutung«, urteilt Fawzi EL-FAKHARANI, der den Bau 1975 in einer Studie vorstellte.

Das römische Theater von Amman. Unten die Säulen des Forums, über der Cavea eine Tempelnische (Grundriß: F. el-Fakharani, AA 1975)

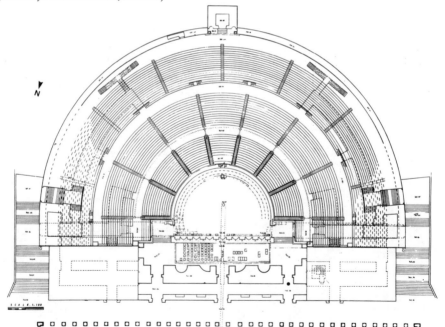

Bis 1957 in Teilen verschüttet (Histor. Abb. II), wurde das Theater bald nach seiner Freilegung restauriert, leider in einigen Details nicht sachgemäß und auch nicht, wie es wünschenswert gewesen wäre, in einem vom originalen Baubestand farblich abweichenden Stein. (Neue Restaurierungen an den Cavea-Flügeln im Frühjahr 1992 vermeiden diesen Fehler.) Datiert wird der Bau in antoninische Zeit – und zwar gestützt auf eine fragmentarische Inschrift der Scenae Frons. Auch der Stil der Schmuckformen weist in die Mitte des 2. nachchristlichen Jahrhunderts. Vom Typus her wirkt das Theater nicht zwingend römisch: In seiner Hanglage ist es ja nicht *gegen* die, sondern nach griechischer Art *mit* der Topographie errichtet. Andererseits beschränkt die Cavea sich auf das römische Halbrund – womit wir bereits von den technischen Details im engeren Sinne sprechen.

Zwei Umgänge gliedern die drei Ränge des Auditoriums mit ihren insgesamt 44 Sitzreihen für etwa 6000 Zuschauer in Abschnitte von 14, nochmals 14 und 16 Bänke (von unten nach oben); ein weiterer Umgang ist oberhalb des dritten Ranges aus dem Felsen gearbeitet. Auch das römische Theater von Bos(t)ra in Syrien war mit drei Rängen angelegt. Außerhalb des großsyrischen Raumes hat der eher seltene Typus noch im tunesischen Dougga und im stadtrömischen Pompeius-Theater Entsprechungen.

Die acht Treppenaufgänge des unteren Ranges scheiden sieben gleich große Sitzkeile und zwei Randsektoren aus. Im zweiten Rang setzen sich die Treppen geradlinig fort. Dagegen sind die sieben Aufgänge des dritten, des obersten Rangs jeweils auf die Mitte der tieferen Sitzkeile orientiert.

Der bekannten Forderung des VITRUV, »dafür zu sorgen, daß der Sitzraum nicht den Einflüssen von Süden her ausgesetzt ist«, kommt das Theater von Amman/Philadelphia gewissenhaft nach. Genau gesagt, ist seine Achse aus der strengen Nordrichtung leicht nach Westen versetzt. Man kennt diese Eigenart u. a. aus dem Theater von Herculaneum.

Mehr als 95 m breit und 16 m tief, ragte das Bühnengebäude mit seinen zwei, vielleicht sogar drei Geschossen ursprünglich hoch über die Kolonnaden des Forums; die ungewöhnlich mächtigen Seitenmauern besitzen noch heute eine Höhe um die 25 m. Der Bühnenboden selbst erhebt sich etwa 1,5 m über die Orchestra; seine Holzbohlen waren ursprünglich ein wenig zum Zuschauerraum geneigt, um bessere Sicht auf das Spielgeschehen zu bieten.

In der Grundfläche der Orchestra – ihr Radius beträgt etwas über 13 m – öffnete sich ursprünglich ein runder Einstiegsschacht; er führte in einen unterirdischen Gang, wie ihn auch einige hellenistische Theateranlagen aufweisen, und ermöglichte ein überraschendes Auftauchen der Akteure. Bei der Neupflasterung der Orchestra im Jahre 1967 hat man diese Einstiegsöffnung als Wasserablauf verkannt und abgedeckt. Etwa 2,5 m bühnenwärts markiert ein punziertes Kreuz im Pflaster den idealen Schallpunkt des Theaters.

Zu den religiösen Einrichtungen des Theaters zählt ein Altarstein in der Orchestra. Anders als in den meisten griechischen Theatern, wo er meist dem Dionysos-Kult diente, steht er nicht in der Mitte des Halbrunds, sondern zum Auditorium hin versetzt.

Religiös inspiriert ist auch der kleine Cavea-Tempel des Theaters von Philadelphia, über dem oberen Rang in die äußere Umfassungsmauer eingelassen bzw. in den Felsen geschlagen. Bis auf ein umlaufendes Simsband zeigt sich der tonnengewölbte Raum heute schmuck-

AMMAN: THEATER/ODEUM

Die Fassade des Cavea-Tempels im römischen Theater von Amman (Aufriß: F. el-Fakharani, AA 1975)

los, doch waren seine Wände in römischer Zeit inkrustiert. Die Front des Felstempelchens weist zwischen Eckpilastern mit korinthischen Kapitellen zwei Nischen auf, abgeschlossen jeweils durch eine Muschel. Vermutlich hat in diesem Heiligtum einst eine Athena-Statue gestanden – in Parallele zum Pompeius-Theater mit seiner Venus Genetrix oder auch zur Ceres im Theater-Tempel von Leptis Magna. Dies läßt sich schlußfolgern aus der bedeutenden Rolle der Göttin innerhalb des philadelphischen Kultus und belegen mit dem Fund eines Athena-Torsos aus bläulich-weißem pentelischem Marmor unter den Steintrümmern des Theatergrunds. Möglicherweise ist diese Figur der bekannten Athena des MYRON von Eleutherai nachempfunden und älter als die übrigen Theaterskulpturen, die bei den Räumungsarbeiten entdeckt wurden und jetzt im Bereich des Bühnengebäudes aufgestellt sind: ein Panzertorso und eine Frauenstatue, beide stilistisch der antoninischen Zeit angehörend.

Seitenräume des Theaters beherbergen heute zwei kleine **Museen**: das Folklore Museum und das Jordan Museum of Popular Traditions. Man hat hier Beduinen- und Volkstrachten, Teppiche, traditionellen Schmuck und andere kunsthandwerkliche oder folkloristische Exponate zusammengestellt. Von kunsthistorischem Interesse ist ein tonnengewölbter Gang mit Mosaiken aus Madaba und Gerasa. Deutlich hebt sich der Madaba-Stil des 5./6. Jh. mit seinen Akanthus-Hintergründen vom zeichenhaften Gerasa-Stil ab. Unter den Mosaiken aus der nördlichen Nachbarstadt Philadelphias befinden sich auch einige Bodenpartien aus der 442 v. Chr. vollendeten, heute verschwundenen Kirche des Elias, der Maria und des Soreg. – Die beiden Museen sind täglich, ausgenommen dienstags, jeweils von 9–17 Uhr, an Feiertagen von 10–16 Uhr geöffnet.

Das Odeum

Das kleine Odeum, das nach Adnan HADIDI in den Anfang oder in die Mitte des 2. Jh. n. Chr. datiert werden muß, wird zur Zeit (Stand: Frühjahr 1992) restauriert. In einem nahezu rechten Winkel zur Theaterachse schloß der Bau das Forum nach Osten hin ab. Zwischen Südwestecke des Odeums und Ostecke des Theaters hatten die römischen Architekten ein Tor und einen kleinen Vorplatz eingefügt, um den beiden öffentlichen Bauten eine strukturelle Verbindung zu geben. Die Nachbarschaft von Theater und Odeum ist im übrigen keine Eigenheit des römischen Philadelphia, sondern etwa auch in Korinth, Catania oder im kleinasiatischen Anemurium nachweisbar. Während in den Großtheatern Schauspiele zur Aufführung gelangten, benutzte man Odeen in der Regel für musikalische Vorträge und Rezitationen.

Auf einem historischen Photo von 1881 (s. u.) ist die einst beachtliche Höhe des Bühnengebäudes gut zu erkennen; auch die Cavea dürfte mit einer Umfassungsmauer ursprünglich noch aufgestockt gewesen sein und wurde im Frühjahr 1992 unter Einsatz modernen, etwas helleren Steinmaterials dahingehend rekonstruiert. So waren die Voraussetzungen gegeben, das Auditorium durch Zeltbahnen oder eine Holzkonstruktion vor Witterungsunbilden und insbesondere vor der Sonne zu schützen. Bei nachmittäglichen und abendlichen Aufführungen hätte schräg einfallendes Licht den Zuschauern sonst die Sicht verdorben.

In den letzten Jahren hat man zwar die Orchestra freigelegt und etliche der insgesamt 18 Sitzreihen des Odeums restauriert, doch ist die Muschel des Zuschauerraums (äußerer Durchmesser: 38 m) zur Zeit noch eingerüstet. Besser lassen sich Teile des einst mit Friesen und Nischen schmückend gegliederten Bühnengebäudes studieren, dessen schmaler, tonnengewölbter Innengang sich mit drei Türen zur Bühne hin öffnete. Vor der ebenfalls

Die Front des Odeums von Amman. Photo der Conder-Expedition aus dem Jahre 1881

AMMAN: NYMPHÄUM / HUSSEIN-MOSCHEE

nischengeschmückten Außenwand des Bühnenhauses kam ein Mosaikboden mit stilisierten roten Vasen auf weißem Grund zum Vorschein (heute wieder abgedeckt).

Inmitten der Sturzblöcke über diesem Boden entdeckte man 1972 einen Kalksteinquader mit einem bemerkenswerten apotropäischen Basrelief: Ein großes Auge, umgeben von zwei Schlangen und zwei Skorpionen, des weiteren von Dolch, Pfeil und Bogen (auf der rechten Seite zerstört), sollte das Odeum und seine darstellenden Künstler wohl vor dem ›bösen Blick‹ übelwollender Zuschauer behüten. Solche Schutzzeichen und -mittel genossen Wertschätzung gerade im älter werdenden Römischen Reich. Ein Mosaik gegen den ›bösen Blick‹ aus Antiochia dürfte das bekannteste, eine abwehrmagische Basaltgravur aus dem syrischen Suweida das geographisch nächste Vergleichsstück zum Odeumsrelief von Philadelphia sein (das heute auf der Bühne des Theaters deponiert ist).

Das Nymphäum

Das Nymphäum, der Prachtbrunnen der römischen Stadt, lag knapp 400 m westlich der Trias Forum – Theater – Odeum nördlich des Seil – eben dort, wo von Norden her ein weiteres kleines Wadi auf das Flußtal stößt. Offenbar versorgte dieses zweite Wadi (an dessen Oberlauf C. R. Conder die Reste eines antiken Bades wahrnahm) das Nymphäum

›Schauseite‹ des römischen Nymphäums von Amman. Darstellung des 19. Jh. (nach: S. Merrill)

mit Wasser. Ganz in der Nähe kreuzten sich jedenfalls die beiden städtischen Hauptstraßen; somit war der Brunnen von allen Teilen Philadelphias aus leicht erreichbar.

An seinen monumentalen Resten vorbei verläuft heute eine verkehrsreiche Straße; der Nordwestseite des Nymphäums sind Wohnhäuser angebaut. Man kommt an diese Innenseite, die eigentliche Schauseite des Brunnens, nur auf Umwegen von der King Talal Street heran, sollte sich aber nicht allein nach den festungsartigen Außenmauern mit ihren schweren, bossierten Blöcken und turmartig vorspringenden Apsiden (Abb. 9), durchbrochen nur vom ›Wassertor‹, ein Bild machen: Nach Norden hin war das Nymphäum einst durch Nischen und Ädikulä prunkvoll gegliedert; dazu erhob sich hier eine Säulenstellung korinthischer Ordnung – die Reste dreier Stützen sind noch zu sehen. In den Dübellöchern, mit denen die unteren Steinlagen der Innenmauern übersät sind, saßen ursprünglich Metallkrampen. Sie hielten eine Marmorverkleidung.

Die Frage nach der Entstehungszeit des Brunnens wird durch Inschriften und urkundliche Belege nicht beantwortet, doch ist die stilistische Verwandtschaft mit dem Nymphäum von Gerasa (errichtet 191 n. Chr.) unverkennbar. Danach dürfte das Brunnendenkmal von Philadelphia um die Wende vom 2. zum 3. nachchristlichen Jahrhundert erbaut worden sein.

Die Hussein-Moschee

Amman ist nicht eben reich an bedeutender islamischer Architektur. Die Bauten auf dem Jebel el-Qala (s. u.) hier einmal ausgenommen, kann man eigentlich nur auf die Abu Darvish-Moschee im Süden der Stadt mit ihrem etwas zuckerbäckerhaft wirkenden, jedoch nicht reizlosen ornamentalen Steinwechsel, die vom Kuppeltypus her iranisch anmutende King Abdullah-Moschee vom Ende der 80er Jahre (Abb. 5) und auf die Hussein-Moschee von 1924 verweisen (Abb. 1). Im Zentrum der Unterstadt gelegen, hat das letztgenannte Bauwerk jene große omayyadische (?) Moschee abgelöst, die CONDER 1881 noch gesehen hat, wenn auch in schon verfallenem Zustand; dieselbe wohl, von der AL-MUQADDASI 985 die folgende Beschreibung gab: »In der Stadt steht am Marktplatz eine schöne Moschee, deren Hof mit Mosaiken geschmückt ist; es heißt, daß sie der zu Mekka ähnelt.«

Heute repräsentiert die Hussein-Moschee bereits die Tradition des modernen Amman. Als ihre architektonische Besonderheit sind die beiden verschieden hohen und verschieden gestalteten Minarette anzusprechen; sie flankieren eine zweigeschossige, von Türen und Fenstern vielfach durchbrochene Fassade mit einem Abschlußband aus Steinmuscheln. Der Peristylhof mit Reinigungsbrunnen leitet über zu einem breitgelagerten Innenraum, der die frühislamische Breitraumtradition im allgemeinen und die der vermuteten Vorläufermoschee im besonderen aufgenommen hat. Daß die Hussein-Moschee so deutlich mit der osmanischen Sakralarchitektur und ihrer Kuppelbauweise bricht, darf man vielleicht auch als eine politische Entscheidung des Jahres 1924 werten. – Dem auch in Jordanien wachsenden islamischen Fundamentalismus entspricht, daß Nicht-Moslems in der Moschee nicht geduldet werden.

Der Zitadellenhügel

Jebel el-Qala oder einfach Qala (arab.: Festung) nennt man heute den L-förmigen Zitadellenhügel, der das Stadtzentrum von Amman im Norden überragt. Königsstadt, Akropolis, Goliathsburg sind ältere Bezeichnungen, die Abschnitte einer etwa viertausendjährigen Siedlungsgeschichte markieren. Diese beginnt – wie Keramikfunde zeigen – mit der frühen Bronzezeit; der seit längerem geplante Neubau des Archäologischen Museums (vgl. S. 103) wird sie vorläufig abschließen. Zivil besiedelt ist der Jebel längst nicht mehr. Um so markanter kommen seine historischen Denkmäler zur Geltung. Dies sind erstens die römischen (von den Omayyaden restaurierten) Wälle, welche die Hügelhöhe sichern, dann die Ruinen eines römischen Tempels, die bescheidenen Überreste einer frühbyzantinischen Kirche,

Jebel el-Qala, der Zitadellenhügel von Amman (Karte: G. Rebensburg nach A. Northedge, ADAJ XXVII, 1983)

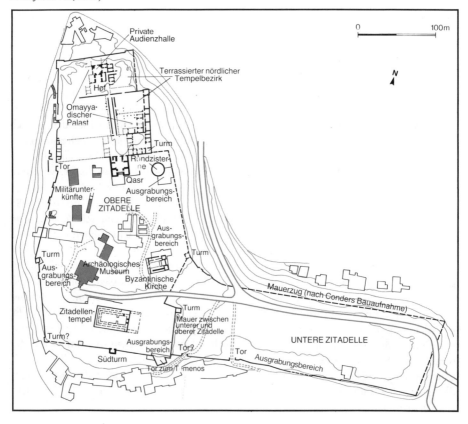

ein gut erhaltenes spätantik-frühislamisches Iwan-Gebäude und – daran anschließend – ein römisch-omayyadischer Baukomplex, der das Nordende der Zitadelle einnimmt. Alle diese Denkmäler besetzen den breiteren nord-südlichen Arm des Jebel el-Qala, bekannt als obere Zitadelle; dagegen weist die untere Zitadelle keine monumentalen Reste auf – es bietet sich von hier aber ein schöner Blick auf römisches Theater, Odeum und Forum in der ›Tiefe‹ der Stadt. In byzantinischer und frühislamischer Zeit trennte eine turmbewehrte Mauer die beiden Zitadellenhälften, um der wichtigeren oberen Terrasse zusätzlichen Schutz zu geben; ältere römische Bauten der Zitadelle, auch der ›Herkules-Tempel‹, wurden dafür ihrer Steine beraubt. Etwas westlich der Stelle, wo jene Scheidewand auf den südlichen Außenwall traf, führte im Zickzack eine Prozessionstreppe hinunter zum Propylon und zum Decumanus der römischen Unterstadt. Heute befindet sich die Auffahrt zum Zitadellenhügel im Nordosten.

Mit dem Survey des englischen Offiziers C. R. CONDER, der sich 1881 zehn Wochen in Transjordanien aufhielt, beginnt die wissenschaftliche Erforschung der Zitadelle (vgl. den Stadtplan S. 94/95). Zuverlässiger als CONDER beschrieb der Amerikaner H. C. BUTLER den Ruinenhügel – er hatte 1904 Vermessungen in Amman vornehmen können. 1927 wurde erstmals auf dem Jebel gegraben: Eine italienische archäologische Expedition unter G. GUIDI und später auch R. BARTOCCINI legte Bauten der oberen Terrasse frei, darunter die byzantinische Kirche, und grub beim Qasr, im Nordbezirk sowie im Bereich des ›Herkules-Tempels‹. Der Zweite Weltkrieg verhinderte indessen eine abschließende Publikation der archäologischen Ergebnisse. Dem Bau eines Museums auf dem Jebel el-Qala gingen im Jahr 1949 weitere archäologische Sondierungen voraus. Unter dem damaligen Direktor der Antikenverwaltung, G. L. HARDING, wurden die Grundmauern mehrerer omayyadischer Häuser freigelegt. Für Aufsehen sorgte im selben Jahr der Fund einer Gruppe von ammonitischen Skulpturen auf der Nordwestseite der Zitadelle, außerhalb der Mauern. Am Südhang entdeckte G. L. HARDING das Grab des ADONI NUR, das mit seinen Beigaben, darunter mehreren Siegeln (heute im Archäologischen Museum) neues Licht auf die Geschichte des ammonitischen Volkes und seiner Hauptstadt warf. Das gilt auch für die Schürfungen des amerikanischen Archäologen R. DORNEMANN vor den Mauern im Bereich der oberen Zitadelle; es kamen dabei Reste eines eisenzeitlichen Glacis zutage, dazu mittel- und frühbronzezeitliche Artefakte, welche die Anfänge der Stadtgeschichte klären halfen. Der jordanische Archäologe F. ZAYADINE leitete in den 60er Jahren erste Ausgrabungen auf der unteren Terrasse. Sie ergaben, daß dieser Teil des Jebel el-Qala in der späten Eisenzeit ein ammonitisches Wohnviertel trug; dem entspricht die Deutung der oberen Zitadelle als Tempel- und Palastbezirk. Neue Ausgrabungen im Jahre 1987 (F. ZAYADINE und M. NAJJAR als Vertreter des Department of Antiquities; J. A. GREENE vom American Center of Oriental Research) erhärteten den Befund, daß auf der unteren Terrasse bis in omayyadische Zeit, dabei an byzantinische Traditionen bruchlos anschließend, gesiedelt wurde. Bauaufnahmen der Nordterrasse (A. NORTHEDGE) und des Qasr (A. ALMAGRO-GORBEA, H. GAUBE) lieferten zusätzliche Aufschlüsse.

Der Tempel auf der Zitadelle

Nach verbreiteter Auffassung haben wir in der Ruine des südwestlichen Zitadellenecks einen Tempel des Herkules vor uns. Nur: Definitiv erwiesen ist diese sakrale Zueignung nicht. Man weiß zwar, daß dem Herakles/Herkules im römischen Philadelphia hohe Verehrung gezollt wurde, kennt auch einige Münzen der Stadt, die den Namen Heracleion tragen, und darf vermuten, daß dem gottgleichen Heros am Ort irgendein Heiligtum geweiht war, doch könnte ein entsprechender Tempel auch im Norden der Akropolis gestanden haben. Fawzi EL-FAKHARANI meldete vor einigen Jahren sogar Zweifel an, daß es sich bei der fraglichen Ruine überhaupt um einen Tempel handle. Statt dessen nahm er die Baureste für die einer Athena-Bibliothek, doch widerlegt ihn die Existenz eines Temenos, eines umrissenen Tempelbezirks von etwa 120 m west-östlicher Ausdehnung.

Noch an einer anderen Spekulation über den Qala-Tempel läßt sich schwerlich festhalten. Sie geht auf den italienischen Archäologen BARTOCCINI zurück. Bei seinen Räumungsarbeiten stieß BARTOCCINI im Cella-Bereich des Tempels auf einen Steinrücken mit geglätteter Oberfläche, den er sogleich als ›Heiligen Felsen‹ der Ammoniter identifizierte. Es gibt jedoch keinerlei Anhaltspunkte dafür, daß mit dem Gestein tatsächlich Opferhandlungen, etwa für den ammonitischen Hauptgott Milkom (MLKM), verknüpft waren. Vermutlich ist der Felsen bei jenen römischen Planierungsarbeiten abgeflacht worden, in deren Verlauf man die Zitadelle von älteren Siedlungsresten frei machte und nivellierten Baugrund bereitete. Dies dürfte im 2. Jh. n. Chr. geschehen sein; ein Inschriftenfragment, gefunden im Schutt nahe der Tempelruine, deutet jedenfalls in die Zeit des römischen Kaisers MARC AUREL (reg. 161–180 n. Chr.). In der Frage der Tempeldedikation schafft die Inschrift allerdings keine Gewißheit.

Inschriftenfragment vom Zitadellentempel (nach: C. R. Conder)

Auch daß im Umfeld des Tempels eine kolossale Hand und ein Ellenbogen zutage kamen – heute am Aufgang zum Archäologischen Museum zu sehen –, weist nicht zwingend auf ein monumentales Herkules-Standbild hin – der skulpturale Gigantismus der Antike ist ja nicht an das Motiv des muskulösen Halbgotts gebunden. Die errechnete Haupthöhe jener Statue, etwa 9 m, verdeutlicht aber, daß der Tempel als ein sakrales Wahrzeichen des römischen Philadelphia die Silhouette des Akropolisplateaus bestimmte. Seit Anfang der 90er Jahre bemüht sich das jordanische Department of Antiquities in Kooperation mit dem American Center of Oriental Research um eine Restaurierung des Tempels. Sieht man den Steinmetzen zu, die an Ort und Stelle neugeschlagene Blöcke bossieren, fragt man sich freilich nach dem Sinn solcher monumentalen Aufbauleistungen, die keinerlei kulturhistorischen Erkenntnisgewinn abwerfen und allein der Steigerung touristischer Attraktivität dienen.

Die byzantinische Kirche

Die kleine byzantinische Kirche knapp 100 m nördlich des Akropolis-Tempels wurde zuerst – im Jahre 1928 – von der italienischen Mission ausgegraben. Weil die archäologischen Resultate nie zur Veröffentlichung kamen, entschloß sich Pater Bellarmino BAGATTI vom Franziskanischen Bibelinstitut in Jerusalem 1948 zu einer Nachgrabung. Er lieferte auch einen Plan des Sakralbaus. Diesen Grundriß hat dann 1977 wiederum F. ZAYADINE korrigiert und ergänzt, als er für die jordanische Antikenverwaltung zum dritten Mal Bodenforschung in der Kirche trieb.

Wir haben es mit einer dreischiffigen, etwas über 20 m langen, etwas über 12 m breiten Basilika zu tun. Zutritt zum Gotteshaus hatten die Kirchgänger durch zwei Seitenpforten und den Haupteingang im Westen; auf dieser westlichen Seite war der Kirche ein Atrium vorgebaut. Während die Seitenschiffe mit Platten ausgelegt waren, besaß das Mittelschiff einen Mosaikboden (die erhaltenen Partien sind heute wieder abgedeckt); seine rotbraunen, gelben, blauschwarzen und weißen Steine fügten sich nach einem geometrischen Grundrhythmus zu Rosetten und floralen Arrangements.

Die halbrunde, mit Blöcken der nahen Tempelruine aufgemauerte Apsis wies ein Synthronon auf, eine Steinbank für den Klerus, der hier der Meßfeier beiwohnte. Aus Marmor bestanden die Innenauskleidung der Apsis und die Schranke zum Hauptraum der Kirche hin. Der Raum südlich der Apsis – vor dem dritten Ausgrabungsturnus noch als Sakristei angesprochen – gilt seit ZAYADINE als eine Zufügung omayyadischer Zeit, desgleichen drei Zisternen im Kircheninnern.

Daß die Apsis mit einer geraden Mauer ummantelt ist und keine Nebenräume besitzt, hat ZAYADINE als Beleg für eine Entstehung des Baus im 4. oder 5. Jh. genommen. Man kann diese Eigentümlichkeiten aber auch einfach als Merkmale des nordsyrischen Kirchentyps werten, der sich zeitlich nicht auf die beiden genannten Jahrhunderte beschränkt (vgl. S. 261f.). Das Muster des Mosaikbodens erinnert jedenfalls an das der Menas-Kirche von Rihab (datiert 635; vgl. S. 269). Sollte der Bau demnach aus dem 6. oder 7. Jh. stammen, hätte man ihn nur kurzzeitig zum Gottesdienst benutzt – möglicherweise wurde er bereits im 7. Jh. durch ein Erdbeben zerstört.

Der Qasr

Nordwestlich der byzantinischen Kirche erhebt sich ein stattlicher Quadratbau (Abb. 6), heute einfach Qasr (arab.: Burg, Schloß) genannt. Als das besterhaltene Denkmal auf dem Zitadellenhügel hat er über die Jahrzehnte die verschiedensten Deutungen erfahren, das meiste Interesse auf sich gezogen.

Die Amman-Reisenden des 19. Jh. hielten das Gebäude wechselweise für eine Kirche oder eine Moschee. Die zweite Interpretation konnte sich auf den arabischen Geographen MUQADDASI berufen, der 985 von einer »Moschee über dem Urias-Grab« auf dem Jebel el-Qala sprach. Er bezog sich damit auf jenen biblischen ›Hethiter‹ URIAS (URIJA), der als Gatte der begehrenswerten BATHSEBA von König DAVID, seinem heimlichen Rivalen, im Ammoniterkrieg auf gefährdeten Posten gestellt wurde; tatsächlich fiel URIAS dann vor den Mauern von Rabba (vgl. 2. Samuel 11, 1–27).

Eine erste detaillierte Baubeschreibung, illustriert durch Risse und Strichzeichnungen, lieferte Major CONDER, der das Monument der frühislamischen Zeit zuwies. In der Folge geriet es in jenen Datierungsstreit, von dem ausführlich an anderer Stelle die Rede ist (vgl. S.

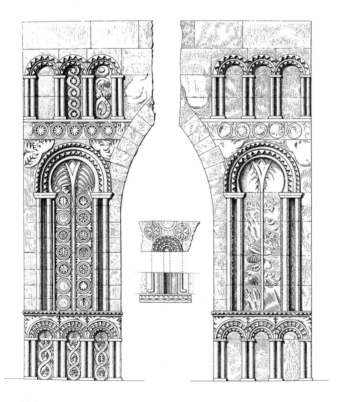

Innenschmuck des Qasr auf dem Zitadellenhügel. Paneele der West- und Südwand, rechts mit den Resten eines Lebensbaums (nach: C. R. Conder)

Einige Schmuckelemente aus dem Innern des Qasr (nach: H. Gaube, ZDPV 93, 1977)

230f.). Es ging dabei, kurz gesagt, um die historische Einordnung und typologische Abgrenzung omayyadischer Kunst. Für den Qasr wollte K. A. C. CRESWELL die Auseinandersetzung bereits 1932 mit dem Urteil: ›vorislamisch‹ abschließen; seiner Meinung nach war der Bau ghassanidischenUrsprungs. Der italienische Archäologe BARTOCCINI sprach das Denkmal 1934 seinerseits »einem der frühen arabischen Herrscher des Gebiets« im 9. oder 10. Jh. zu, sah hier also offenbar einen frühabbasidischen Regionalfürsten residieren. Dies traf CRESWELLS ghassanidische Datierung, mehr noch aber eine Zuweisung des Baus an die sassanidischen Invasoren, wie sie zuvor ebenfalls vorgeschlagen worden war. Zwar wurde der Qasr in jüngerer Zeit noch einmal als Sassanidendenkmal eingestuft (John WARREN, 1977), doch hat sich allgemein die Ansicht durchgesetzt, er stelle eine omayyadische Bauleistung dar. Zu dieser Auffassung trug bei, daß A. NORTHEDGE die an den Qasr nördlich anschließenden Ruinen als die eines omayyadischen Palastkomplexes auf römischem Unterbau und mit römischen Spolien ausweisen konnte. Auch die bautechnisch-stilkritischen Ergebnisse spanischer Archäologen (A. ALMAGRO-GORBEA) am Qasr, dazu Heinz GAUBES Untersuchungen deuten definitiv auf die Omayyaden hin.

Jenseits der kunsthistorischen Debatte ist folgendes festzuhalten: Der Qasr erhebt sich auf der höchsten Höhe des Zitadellenhügels, besitzt einen nahezu quadratischen Grundriß (ca. 25 × 27 m) und ragt an die 8,5 m hoch, aufgeführt aus Kalksteinblöcken unterschiedlicher Größe. Etwa 10 × 10 m mißt sein Innenhof; ihn erweitern vier Iwane, von denen die beiden im Westen und Osten geschlossen, die beiden im Süden und Norden als Torbauten geöffnet sind. Aus dem Nordwestraum des Qasr konnte man ursprünglich über eine Wendeltreppe das Dach erreichen, im Südwesten, Südosten und Nordosten haben einfache Eckzimmer ihren Platz. Spitztonnen bzw. elliptische Halbkuppeln auf Trompen wölben sich über Eckgemächern und Iwanen. Auf das eher unscheinbare Äußere des Quadratbaus – immerhin heben Mauervorsprünge die Südfassade als Eingangsfront hervor (Abb. 6) – antwortet im Innern eine schmuckvolle Wandgestaltung mit Nischen bzw. Blendarkaden, denen geometrische oder florale Dekorelemente eingepaßt sind. CONDERS Zeichnungen zeigen den Bildzierat noch in wünschenswerter Deutlichkeit.

Die Frage, ob der Innenhof einst überdeckt war, läßt sich zur Zeit nicht mit Sicherheit beantworten: Eine Steinkuppel hält ALMAGRO-GORBEA für wahrscheinlich (s. die Rekonstruktionszeichnung auf S. 109), andere Forscher vermuten hier ein Holzdach, doch ist auch nicht auszuschließen, daß der Hof wie auch die Rundzisterne etwas weiter östlich stets unter freiem Himmel lag.

Welchem Zweck hat das Bauwerk nun gedient? Jede Hypothese schließt eine Zuweisung des Qasr an bestimmte Bauherren, an eine bestimmte Epoche ein. Ist er – und dies scheint seit Anfang der 80er Jahre unbestreitbar – omayyadisch, so haben wir es mit einem Torsaal zu tun, der dem eigentlichen Palastbezirk vorgeschaltet war. Eingangstrakte dieser Art sind aus der iranischen Bautradition bekannt – man denke an die Vier-Iwan-Halle von Nishapur oder den parthischen Palast von Assur. (Ein Teil der Zuweisungsproblematik ergab sich eben aus dieser Analogie.) Vor allem aber finden sich dem Qasr vergleichbare Bauformen in frühislamischen Schlössern – etwa in Khirbet el-Minya, Khirbet el-Mafjar und dem westirakischen Ukhaidir. In Mshatta und im Jausaq el-Khaqani von Samarra hat man Audienzhallen eines ähnlichen Typs festgestellt. Oleg GRABAR weist auf die Bedeutung solcher Repräsentationshallen (außerhalb des privaten Palastbereichs) für das höfische Zeremoniell frühislamischer Fürsten hin: Hier fanden Empfänge von Würdenträgern, aber auch von Bittstellern statt, hier wurde Recht gesprochen. Daß ausgehend vom Qasr Säulenstellungen (wohl eines Arkadenkorridors) nach Norden liefen, paßt ebenso in das Bild axialer omayyadischer Palastanlagen wie ein zweiter Saalbau am Ende jener Kolonnaden, der eine gewisse Ähnlichkeit mit dem Qasr aufweist und als private Empfangshalle gedient haben dürfte (s. u.).

Die Nordterrasse

Zwischen 1927 und 1938 gruben die italienischen Archäologen um GUIDI und BARTOCCINI im nördlichen Teil der Zitadelle, dem sich zuvor nur H. C. BUTLER gewidmet hatte. Der Arbeitseinsatz der italienischen Mission war bedeutend, doch erschienen nur vier kurze Vorberichte über die Ergebnisse, so daß der Engländer A. NORTHEDGE bei seiner Bauaufnahme des Ruinengeländes in den 70er Jahren neu ansetzen mußte.

Die Terrasse, die den Zitadellenhügel im Norden abschließt, ist künstlich aufgeschüttet. Innerhalb des umwallten Terrains verläuft noch eine weitere Mauer annähernd von West nach Ost; sie unterteilt die Nordterrasse in zwei ungleiche Trapezoide. Was man heute an steinernen Konturen wahrnimmt, stammt überwiegend aus omayyadischer Zeit, doch gehen die Terrassenkonstruktion selbst und eine erste Bebauung auf römische Architekten zurück. Erhalten hat sich von jenem architektonischen Grundbestand wenig. So läßt sich auch kein klares Bild über die Funktion der nördlichen Zitadelle für das römische Philadelphia gewinnen; allein schon die Aufebnung einer Terrasse unter sicher erheblichem Auf-

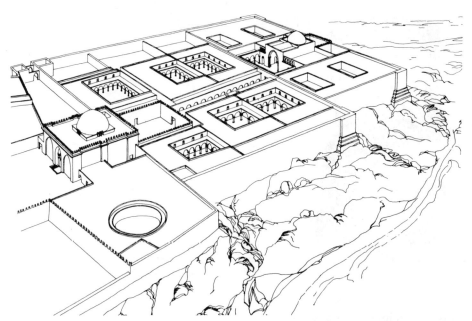

Der omayyadische Palast auf dem Zitadellenhügel mit Qasr sowie Rundzisterne (links), Beit-Trakten (Mitte) und privater Audienzhalle (rechts oben) in der Rekonstruktion von A. ALMAGRO-GORBEA

wand weist allerdings auf die Bedeutung des Geländes für die antike Stadt hin. Möglicherweise erhoben sich hier mehrere Tempel innerhalb eines Temenos.

Ein halbes Jahrtausend später gestalteten omayyadische Baumeister die Nordterrasse unter Wahrung römischer Linienführungen zu einem Palastbezirk um. Wie es im Sinne des Beit-Prinzips frühislamische Baugepflogenheit war, fungierten dabei Innenhöfe als Zentren architektonischer Ensembles von mehreren (hier jeweils etwa einem Dutzend) Gemächern. Als Torhalle zum Palast diente anscheinend der Qasr; seine eindrucksvolle Innenausstattung stand bereits im Dienste fürstlicher Repräsentation.

Die Privilegierten, welche die Tor- und Audienzhalle passieren durften, gelangten in einen Hof von ca. 26 × 24 m, von dem ein Säulenweg ausging. Beiderseits von Residentialtrakten begleitet, führte dieser repräsentative Weg, die erwähnte Trennmauer hinter sich lassend, auf einen zweiten, kleineren und breiter gelagerten Hof, dem nordwärts eine tonnengewölbte Halle und ein Kuppelraum (anzusprechen wohl als Diwan i-Khas, als *private* Audienzhalle) angeschlossen waren. A. ALMAGRO-GORBEAS Rekonstruktion vermittelt einen guten Eindruck von der Anlage des frühislamischen Schlosses. Wer hier residierte, wissen wir nicht mit Sicherheit; es könnten omayyadische Statthalter der Provinz Belqa gewesen sein.

Übrigens ist seitens der jordanischen Antikenverwaltung geplant, Teile des Palastbezirks zu rekonstruieren. Auch hier stellt sich also die oben (S. 105) aufgeworfenen Frage.

Das Haupt der Stadtgöttin Tyche, ein Werk des 2. Jh. n. Chr., ausgegraben unmittelbar neben dem Archäologischen Museum, heute dort ausgestellt (Zeichnung: U. Clemeur)

Das Archäologische Museum

Im Jahre 1950 konzipiert, nach G. L. Hardings Befund über den Grundmauern eines Omayyadenbaus errichtet und 1951 eröffnet, ist das Archäologische Museum für die Fülle der neuen Funde längst zu eng geworden. Vieles lagert in Depots oder wurde im Museumsgarten provisorisch untergebracht. Daher ergibt, was in den Museumssälen selbst ausgestellt ist, nur ein ausschnitthaftes Bild jordanischer Kultur – das aber dennoch beeindruckt.

Zu den interessantesten Exponaten gehören modellierte Totenschädel aus Jericho (Neolithikum; vgl. S. 15); ein Kinderskelett im tönernen Bestattungsgefäß aus Teleilat el-Ghassul (Chalkolithikum; vgl. S. 17); die Hinterglas-Rekonstruktion eines mittelbronzezeitlichen Grabes; die Balua-Stele sowie Statuen ammonitischer Könige oder Gottheiten, dazu der Balaam-Text von Tell Deir Alla (Eisenzeit; vgl. S. 25 f., S. 31 f., S. 134); einige der Qumran-Rollen vom Toten Meer (vgl. S. 36), nabatäische Reliefs u. a. aus dem Bergtempel von Khirbet et-Tannur (vgl. S. 326 ff.); verschiedene römische Skulpturen und Figurinen, vor allem aus Gerasa und Amman, darunter das Haupt der mit der Stadt-Krone geschmückten Tyche von Philadelphia.

Unter den Ausstellungsstücken islamischer Zeit verdienen Bauschmuck (Kopien!) aus dem westjordanischen Omayyadenpalast Khirbet el-Mafjar und ein schön skulptierter Türsturz aus dem Wüstenschloß Qasr et-Tuba besondere Beachtung, zu erwähnen ist ferner Keramik der Ayyubiden- und Mamlukenzeit.

Geöffnet ist das Archäologische Museum täglich, außer dienstags, von 9–17 Uhr, an Freitagen und Feiertagen von 10–16 Uhr.

Die eisenzeitlichen Türme

Im Westen und Süden der Hauptstadt, zum Heiligen Land und nach Moab hin, hat man in den letzten Jahrzehnten etwa zwei Dutzend eisenzeitliche Anlagen lokalisiert. Lange Zeit galten sie als *Grenz*befestigungen des ammonitischen Reiches. Eine Inschrift wohl des 9. Jh. v. Chr., gefunden auf dem Jebel el-Qala, macht indessen eine andere Deutung wahrscheinlich; in ihren ersten beiden Zeilen erwähnt sie den geplanten, ›gottbefohlenen‹ Bau von *Karawansereien* und *Handelsposten*. Vor allem jene vielräumigen Komplexe, die bisher als ammonitische Wehrsiedlungen eingestuft wurden (etwa Tell Qailat ed-Diyab), fänden als befestigte Rastplätze eisenzeitlicher Karawanen eine befriedigendere Erklärung – dies schon deshalb, weil es im Alten Orient nicht üblich war, Staatsgrenzen zu bewehren; was man schützte, waren Städte, Siedlungen, Residenzen. Zudem fehlen augenscheinlich entsprechende ›Grenzbefestigungen‹ im Osten des ammonitischen Reiches, wo jedoch stets Beduineneinfälle drohten.

Daß nicht Reichsgrenzen, sondern die einzelnen ammonitischen Ortschaften und ihre Verbindungswege gesichert wurden, bezeugen auch eisenzeitliche Rundtürme, Rujm el-Mafluf genannt, die sich an vielen Stellen des ostjordanischen Hügellandes finden, nicht zuletzt im Umkreis der alten Hauptstadt Rabbath Ammon: Die Wachtstationen – denn um solche handelt es sich zweifellos – standen zumeist in Sichtkontakt zueinander und überblickten von einer Hügelposition aus die nahen Flußtäler und Siedlungen.

Auf der Nordseite des Jebel Amman gelangt man – unweit des Goethe-Instituts – an die Überreste eines dieser Rujm el-Mafluf. Ursprünglich mehrgeschossig, kann der Wehrturm weder durch architektonische Eleganz noch durch Bauschmuck fesseln; imposant sind aber die teilweise ›zyklopischen‹ Maße der Steinblöcke, die – wahrscheinlich mit Hilfe von Erdrampen – ringförmig aufgeschichtet wurden.

Probleme bereitet die Datierung, der archäologische Befund ist widersprüchlich. Bei Grabungen in dem Turm auf dem Jebel Amman stieß man ausschließlich auf römische Töpferware; dagegen kamen in einem heute zerstörten zweiten Rujm auf der Südseite des Jebel Artefakte der späten Eisenzeit zutage, an anderen Plätzen wiederum fand man früheisenzeitliche Scherben. Wahrscheinlich sind die Anlagen zu unterschiedlichen Zeiten entstanden und noch lange nach den Ammonitern benutzt worden.

Die Umgebung von Amman

Zwei römische Mausoleen: el-Quweisme und el-Nuweijis

C. R. CONDER fand bei seinen Amman-Forschungen vor allem auf dem Jaufa-Hügel südlich des Theaters zahlreiche römische Gräber und Sarkophage; sie sind heute ausnahmslos verschwunden. Dies gilt auch für die meisten anderen Begräbnisplätze auf den Hügeln rings um

UMGEBUNG VON AMMAN: EL-KAHF

die Hauptstadt und auf der unteren Zitadelle. Gut erhalten blieben aber zwei Mausoleen im Süden und Norden von Amman.

El-Quweisme liegt an der südlichen, der alten Ausfallstraße, etwa 4 km vor dem Abzweig nach Sabah in einem kleinen Garten. Das Grabmal ist in qualitätvollen Quadern an einem Hang aufgeführt und steht noch in voller Höhe einschließlich Dach und Gewölbetonne. Bis auf ein Gesims und ein auffälliges Frontfenster ist der Bau außen schmucklos. Vier Stufen führen zur Eingangsplattform. Von den neun Sarkophagen, die BRÜNNOW und DOMASZEWSKI vor mehr als achtzig Jahren im Innern sahen, sind noch vier vorhanden. In der Nähe des Grabmals finden sich, etwa 100 m nordwestlich, die kärglichen Reste eines zweiten, des weiteren zwei byzantinische Kirchen mit (abgedeckten) Mosaikböden; sie stammen beide aus dem 8. Jh., aus omayyadischer Zeit also.

Wie el-Quweisme ist das Mausoleum von **el-Nuweijis** (auch: Qasr el-Nuweijis; Abb. 11) ein Familiengrab, und auch die Datierung beider Monumente stimmt überein: das 2. oder 3. Jh. n. Chr. Im Innern des quadratischen, sehr ansehnlichen Baus von 14 m Seitenlänge sind vier Eckkammern abgeteilt. Über dem Zentralraum wölbt sich eine Steinkuppel, und zwar bemerkenswerterweise auf Pendentifs oder Hängezwickeln. Gewisse Ähnlichkeiten des Mausoleums mit dem Qasr auf dem Zitadellenhügel (vgl. S. 105ff.) haben besonders K. A. C. CRESWELL beschäftigt. Aufmerksamkeit verdienen der Fries auf der Frontseite des Grabes und der eigentümliche, fackelartige Dachaufsatz. – Man findet Qasr el-Nuweijis rechts der Straße, die im Norden Ammans von der Sports City Junction, vorbei am Denkmal des Unbekannten Soldaten, Richtung Zarqa führt.

Die Felsgräber von el-Kahf

Die Felsgräber von el-Kahf – auch er-Rakim genannt – sind nicht ganz leicht zu finden. Von der alten Ausfallstraße nach Aqaba/Madaba muß man, etwa 1 km nach Überquerung der

Schnitt durch das Westgrab von el-Kahf (nach: R. Brünnow und A. von Domaszewski)

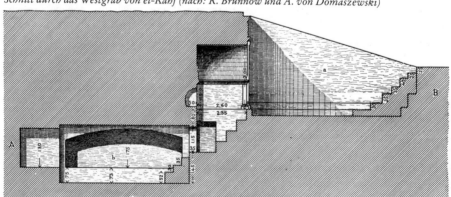

Die Front des Ostgrabs (›Siebenschläfer-Grabs‹) von el-Kahf (nach: R. Brünnow und A. von Domaszewski)

Eisenbahnschienen, ostwärts abbiegen. Nach weiteren 3 km auf dieser asphaltierten Nebenstraße passiert man einen Hügel. Auf seiner halben Höhe sind die Mausoleen in eine Felsspur gemeißelt. Besondere Beachtung verdienen das reich reliefierte Westgrab und das sogenannte Siebenschläfer-Grab etwa 200 m weiter östlich.

Die ersten Beschreibungen und Pläne von el-Kahf veröffentlichten 1870 C. WARREN und 1889 C. R. CONDER. Auch R. E. BRÜNNOW und A. VON DOMASZEWSKI haben sich mit dem Grabkomplex befaßt. Seither ist er aber offenbar nicht mehr wissenschaftlich bearbeitet worden.

Das **Grab im Westen,** dem ein eingetiefter Hof vorgelagert ist, besticht durch seine Fassade: Links und rechts ›tragen‹ ionische Halbsäulen ein Scheingebälk. Im Giebelfeld der Grabfassade erkennt man inmitten von Ranken- und Blumenzierat die Konturen einer Porträtbüste. Der floral-ornamentale Rahmen der großen Bogennische darunter geht in Pilaster über, die einst mit Stierprotomen geschmückt waren. Ein Schacht inmitten der Bogennische – ursprünglich bedeckte ihn eine Steinplatte – geleitet vor die Tür der eigentlichen Grabkammer mit drei Arkosolien. Christliche Kennzeichen weist der Felsbau nicht auf – er könnte also auch in vorbyzantinische Zeit gehören.

Dagegen kann am christlich-byzantinischen Ursprung des **Ostgrabs** kein Zweifel sein. Die Grabfront zeigt links und rechts jeweils eine Bogennische, während den Eingang zwei gedrungene Halbsäulen flankieren; ihre Kapitelle weisen stilistisch ins 5. oder 6. Jh. Über der Tür zog sich ein heute stark zerstörter Fries mit fünf Schmuckmedaillons hin; in einem davon sieht man ein abgeschliffenes griechisches Kreuz. Drei Stufen führen hinab in den zentralen Grabraum, von dem zwei Arkosolien sowie eine weitere, offenbar nicht vollendete Kammer abgehen. Die Wände dieser inneren Räume hat man in späterer Zeit neu verkleidet, denn als vermeintliches Grab der Siebenschläfer ist der Felsbau bis heute eine islamische Pilgerstätte.

Jene Siebenschläfer-Legende hat im christlichen Glauben ihren Ursprung: Sieben fromme Jünglinge sollen sich vor den Christenverfolgungen unter dem römischen Kaiser DECIUS (reg. 249–251) in eine Höhle beim kleinasiatischen Ephesus geflüchtet haben, wo sie wundersam in einen annähernd zweihundertjährigen Schlaf versetzt wurden; erst unter dem christlichen Kaiser THEODOSIUS II. (reg. 408–450) erwachten sie »als unanfechtbare Zeugen für die angezweifelte Auferstehung der Leiber« (J. KEIL) aus ihrem Zustand zwischen Ruhe und Tod. Der Prophet MOHAMMED überführte diese Legende in den Islam. In der 18. Sure des Koran, die El-Kahf (d. h. Die Höhle) überschrieben ist, liest man von Jünglingen, die in standhaftem Glauben an den einen Gott jeden Götzendienst verweigerten und, vom Herrn geleitet, mitsamt ihrem Hund in einer Höhle Zuflucht suchten.

In der Folge wurden mit dem Namen el-Kahf oder er-Rakim (die Bedeutung der zweiten Bezeichnung ist unklar) zahlreiche Felsbauten, Felsgräber und Höhlen der moslemischen Welt belegt, in denen man den Ort des ›Schläferwunders‹ vermutete. Besonders im islamischen Volksglauben genießen derartige Stätten hohe Verehrung. In der unmittelbaren Nachbarschaft islamischer Siebenschläfer-Gräber findet man vielfach Moscheen, heißt es doch in der Höhlen-Sure: »Wir wollen eine Moschee (eine Kapelle, ein Gebäude) über ihnen errichten.« Tatsächlich wird auch das Ostgrab in el-Kahf von den Grundmauern (Qibla-Wand) einer kleinen Breitraummoschee überragt.

El-Qasr und Khirbet es-Suk

Bei der Fahrt über die alte Ausfallstraße nach Aqaba/Madaba passiert man, etwa 3 km jenseits der Eisenbahnschienen, die Grundmauern eines spätrömischen Mausoleums – eines gut gefügten Quadratbaus mit einem Eingangsbogen im Westen. Wie so viele ältere Architektur im arabischen Raum heißt er einfach **el-Qasr**, also Burg. Zweifellos gehört das Grabmal zu jenem namentlich unbekannten römischen Dorf, dessen Reste, wenig mehr als 100 m entfernt, an einem Hang rechts der Straße liegen (unterhalb eines rot-weißen Sendeturms). Die heutige Bezeichnung des Platzes ist **Khirbet es-Suk**, d. h. Ruine des Marktes; man kann ihn als einen Vorort von Amman bezeichnen.

Anfang der 80er Jahre wurde in Khirbet es-Suk unter Fawzi ZAYADINE vom jordanischen Department of Antiquities gegraben. Die Bemühungen galten jenem Bau, den 1870 als erster C. WARREN beschrieben hat. Der Architekturbestand ›vor Ort‹ ist etwas verwirrend, zumindest bei einem nur kurzen Besuch. Zwei Reihen ionischer Säulen mit unterschiedlich gestalteten Kapitellen sowie ein Portal im Osten mit Eierstabzierat weisen den Ursprungsbau wohl als Tempel aus. Später hat man das etwa 30 m lange Gebäude verkleinert; dazu wurden Mauern zwischen die Säulenstellungen gezogen: Aus dem westwärts orientierten Römertempel (?) entstand eine geostete byzantinische Kirche. In islamischer Zeit wurde diese Kirche dann wiederum zur Moschee umgewidmet – ein geradezu ›klassisches‹ Beispiel für die Kontinuität von Kultplätzen.

Mosaik und Kirche von Swafiyeh

Swafiyeh ist heute eine Vorstadt im äußersten Westen von Amman, auf der Höhe des 6th Circle südlich der Ausfallstraße (Al-Aqsa Street) nach Wadi es-Sir gelegen. Im Winter 1969

Jahreszeitenpersonifikation auf dem Mosaikboden von Swafiyeh/Amman (nach: ADAJ XV, 1970)

entdeckten Anwohner hier im Garten eines Privathauses Flächen eines eindrucksvollen byzantinischen Mosaikbodens. Die Freilegung begann im April 1970 unter Leitung Bastiaan VAN ELDERENS von der American School of Oriental Research; darüber hinaus sollte die archäologische Kampagne Aufschluß über die Siedlungsgeschichte des Hügels von Swafiyeh bringen. Angesichts starker moderner Bebauung ließ sich eine umfassende Chronologie allerdings nicht mehr erstellen; mit Sicherheit aber war Swafiyeh schon in spätrömischer Zeit (3. Jh.) bewohnt. Von der anschließenden frühbyzantinischen Besiedlung zeugt der Mosaikboden selbst. Aus frühislamischer Zeit kamen quantitativ bedeutende Funde von geome-

UMGEBUNG VON AMMAN: SWAFIYEH/WADI ES-SIR

trisch bemalter Töpferware, dazu Mauerreste zutage. Auch um etwa 1200 n. Chr. war der Platz nochmals kurzfristig bewohnt.

Das Mosaik von Swafiyeh schmückte einst den Boden einer kleinen byzantinischen Kirche – eine der wenigen, die in der Umgebung von Amman bekannt geworden sind. Wie diese Kirche ausgesehen hat, ließ sich nicht mehr genau feststellen, jedenfalls war sie nicht vom üblichen basilikalen Typ. Vermutlich gehörte sie als Kapelle zu einem Klosterkomplex. Im allgemeinen befindet sich das Mosaik mit seiner Grundfläche von 9,5 × 5 m in einem guten Erhaltungszustand, lediglich am südlichen Ende sind Partien verlorengegangen. Der Boden gliedert sich in ein großes rechteckiges Feld mit Tier- und Menschendarstellungen, einen umlaufenden Streifen von etwa 80 cm Breite sowie ein weißes Mosaikband mit einigen geometrischen Mustern. In dieses äußere Band ist am östlichen Ende des Bodens eine (teilweise zerstörte) Inschrift eingefügt, die einen Bischof THOMAS erwähnt. Aus den beiden erhaltenen Ecken des Randstreifens blicken zwischen Akanthusblättern großäugige Gesichter hervor – mysterienreligiöse Verkörperungen der Jahreszeiten, wie sie ähnlich etwa aus der Apostelkirche von Madaba (vgl. S. 281; Farbabb. 30) bekannt sind. Auch die Darstellungen eines Esels mit Traubenkörben, eines Pferdes, einer Antilope und eines Lastkamels erinnern an Mosaikböden in Madaba oder Nebo. Spezifisch christliche Themen gestaltete der Künstler von Swafiyeh nicht, vielmehr zeigt er sich noch ganz der antiken Bildsprache verpflichtet.

Wadi es-Sir – ›Fürstenhöhlen‹ und ›Sklavenburg‹

Die Tallandschaft des Wadi es-Sir gilt mit Recht als das lohnendste Ausflugsziel in der näheren Umgebung von Amman. Man hat sie mit einem riesigen natürlichen Amphitheater verglichen. Von einem Flüßchen durchzogen, senkt sich das Tal nach Süden hin, um schließ-

Die Fassade von ed-Deir am Weg nach Araq el-Emir. Die Gestaltung der Fenster zeigt, daß es sich um einen Taubenschlag und nicht – wie manchmal behauptet wird – um einen Grabbau handelt (nach: C. R. Conder)

lich über eine Geländestufe in das Wadi Kefrein einzumünden. Dahinter scheidet ein Bergriegel die beiden Wadis von der Senke des Toten Meers. Der Eindruck, den Wadi es-Sir vermittelt, ist der von Abgeschlossenheit und großer Weite zugleich.

Derjenige Abschnitt des Tals, den man Araq (oder: Iraq) el-Emir, d. h. Höhlen des Fürsten, nennt, ist auch kunsthistorisch bedeutsam: einmal durch einen Komplex von ausgebauten Höhlen, die dem ganzen Platz seinen Namen gaben, zum anderen durch ein monumentales hellenistisches Bauwerk, vom Volksmund als Qasr el-Abd, d. h. Burg des Sklaven oder Knechts, bezeichnet.

Aus der Hauptstadt kommend, erreicht man Wadi es-Sir entweder über die ›Circle-Street‹ (Al-Aqsa Street) auf dem Jebel Amman oder über die University Street. Nach etwa 12 km ist ein Tscherkessenstädtchen erreicht, das ebenso wie das Tal Wadi es-Sir heißt und mehr und mehr in die Peripherie von Amman einbezogen wird. Vier Kilometer hinter dem Ort, wo die Straße über den Flußlauf führt, passiert man den Rest eines **Aquädukts**. Linker Hand ist oberhalb des Talgrunds eine durchfensterte Fassade, die **ed-Deir** , d. h. das Kloster, genannt wird, in das Gestein gearbeitet. Viele hundert Wandnischen im Innern sowie Ausflugöffnungen in drei der Stein›fenster‹ legen eine Deutung des eigentümlichen Felsbaus als – vielleicht spätantiker oder mittelalterlicher – Taubenschlag nahe.

Von ed-Deir sind es noch etwa 7 km bis Araq el-Emir. Links läßt man ein zweites Teilstück des erwähnten **Aquädukts** zurück, rechts die **Höhle von Bassa**, in der die jordanische Antikenverwaltung 1974 eine byzantinische Kirche mit Mosaikboden freilegte und zudem einen Hort von omayyadischen Gold- und Silbermünzen entdeckte. Schließlich tauchen rechts der Straße an einer Klippe die Eingänge der ›Fürstenhöhlen‹ auf, einen knappen Kilometer weiter, am Ende des asphaltierten Wegs, steht die Ruine der ›Sklavenburg‹.

Einigkeit bestand in der Forschung seit je darüber, daß die Stätte mit dem Tyros oder Tyrus in den »Jüdischen Altertümern« (XII, 4,11) des Historikers FLAVIUS JOSEPHUS gleichzusetzen sei. Heutiger Augenschein und das, was JOSEPHUS vor fast 2000 Jahren über den Zufluchtsort des Tobiaden HYRKANUS zu berichten wußte, stimmen in bemerkenswerter Weise zusammen.

HYRKANs Familie, das ›Geschlecht der Tobiaden‹, wird gewöhnlich auf jenen TOBIAS oder TOBIJA zurückgeführt, den das biblische Nehemia-Buch mehrfach erwähnt, in 2,19 etwa als »Knecht von Ammon«. Das Wort Knecht oder Sklave ist dabei nicht buchstäblich aufzufassen; vielmehr meint es hier den ›Knecht‹ eines Königs, also etwa einen Hofbeamten, aber auch einen Statthalter oder tributpflichtigen Fürsten. TOBIAS war zu dieser Zeit als Landverweser von Ammon dem persischen Großkönig ARTAXERXES I. (reg. 464–425/424 v. Chr.) botmäßig – und dies offenbar, anders als NEHEMIA in Juda, ohne alle eigenen nationalen oder religiösen Ambitionen. Von einem möglichen Nachfahren dieses TOBIAS berichtet ein Papyrus aus dem sogenannten Zenon-Archiv; es handelt sich dabei um einen Brief an den ptolemäischen ›Finanzminister‹ APOLLONIOS, geschrieben im Mai des Jahres 259 v. Chr. Sein Verfasser trägt wieder den Namen TOBIAS und wird in dem Dokument greifbar als transjor-

UMGEBUNG VON AMMAN: WADI ES-SIR

> **Flavius Josephus über Hyrkan**
>
> »Hyrkanus (...) setzte sich jenseits des Jordan fest und lag beständig mit den Arabern im Kriege, von denen er viele niedermachte oder gefangen nahm. Er erbaute sich eine feste Burg, die er bis zum Dache aus weißem Marmor aufführte und rings mit Tiergestalten von ungeheurer Größe versah. Um dieselbe zog er einen breiten und tiefen Graben. An dem gegenüberliegenden Gebirge ließ er die vorspringenden Felsgräten durchbohren und stadienlange Höhlen daselbst anlegen. Letztere dienten teils zur Abhaltung von Schmausereien, teils zu Wohn- und Schlafstätten. In sie hinein leitete er kräftige Quellen, die der Anlage zum Schmucke und zur Bewässerung dienten. Die Eingänge zu den Höhlen ließ er nicht größer machen, als daß ein Mann eben eintreten konnte, und zwar mit Rücksicht auf seine Sicherheit. Sollte er nämlich von seinen Brüdern einmal belagert werden, so dachte er ihnen auf diese Weise zu entschlüpfen. Dazu legte er auch noch Höfe von großer Ausdehnung an und schmückte sie mit weiten Gartenanlagen. Die ganze Ansiedlung nannte er Tyrus. Sie liegt zwischen Arabien und Judäa, jenseits des Jordan (...). Hier herrschte Hyrkanus sieben Jahre lang, die ganze Zeit hindurch, während welcher Seleukus in Syrien regierte«.

danischer Statthalter des ägyptischen Königs PTOLEMAIOS II. PHILADELPHOS (reg. 285–246 v. Chr.), betraut mit der Verteidigung der Grenzmark gegen Seleukiden und Araber. Die »Jüdischen Altertümer« des JOSEPHUS schließlich, unsere dritte Quelle, liefern eine anekdotisch ausgestaltete Familienchronik der ›letzten Tobiaden‹. In ihrem Mittelpunkt steht ein gewisser JOSEPH, »Sohn des Tobias«, und sein Aufstieg zum ptolemäischen Steuereintreiber in Phönikien, Südsyrien und Palästina. Fraglich bleibt, ob die Namensgleichheit (über den Vater) und die vergleichbare politische Aufgabe den Rückschluß auf eine dynastische Verbindung bis in NEHEMIAS Zeit erlauben, zumal der JOSEPH der »Jüdischen Altertümer« sein Amt als mitteloser Mann, verspottet »wegen seiner Dürftigkeit« (XII, 4,3), antritt. HYRKANUS jedenfalls, der jüngste Sohn des Steuerpächters, zog sich nach Zwistigkeiten mit den Brüdern und Mordanschlägen gegen ihn über den Jordan zurück, schuf sich dort – wir haben die Passage zitiert; s.o. – eine eigene kleine Machtsphäre und behauptete sie gegen die ansässigen Araber und damit indirekt auch gegen ihre seleukidische ›Schutzmacht‹. Offenbar blieb HYRKANUS Parteigänger der ägyptischen Ptolemäer. Als im Jahre 175 v. Chr. auf seleukidischer Seite mit dem vierten ANTIOCHOS ein König von »große(r) Macht« zur Herrschaft gelangte, habe der politisch isolierte HYRKANUS – so die »Jüdischen Altertümer« – keine Zukunft für seinen Kleinstaat gesehen und sich das Leben genommen.

Die **Höhlen von Araq el-Emir** sind auf der Nordwestseite des Wadi oberhalb der modernen Straße in eine steile Felswand eingetieft. Vor der höhergelegenen Grottenreihe zieht sich, teilweise im Schatten überhängenden Gesteins, eine ca. 300 m lange begehbare Galerie hin. Ursprüngliche Einzelhöhlen hat man hier durch Wanddurchbrüche, Treppenstufen und Gänge zu einem ganzen Höhlensystem erweitert. Dieser Ausbau könnte sehr wohl unter HYRKAN erfolgt sein – ganz nach der Schilderung des JOSEPHUS. C. R. CONDER, einer der frühen Forschungsreisenden, nahm die zahlreichen Steintröge bzw. -krippen in der el-Hosn

Front einer der beiden ›Tobias-Höhlen‹ von Araq el-Emir (nach: C. R. Conder)

genannten Höhle sowie die Reste einer Felsrampe hinauf zur Galerie als Indizien dafür, daß die betreffende Kaverne einmal der Kavallerie des HYRKANUS als Stallung diente. Sofern Tropfwasser und Wandfeuchtigkeit sie dazu nicht untauglich machen, werden die Höhlen heute als Ziegenställe oder Lagerräume benutzt.

Die meisten der ›Fürstengrotten‹ sind von unregelmäßiger Gestalt, weder verziert noch sonderlich sorgfältig bearbeitet. Um so mehr Aufmerksamkeit zieht eine große Höhle mit profiliertem Türrahmen auf sich. Rechts des Eingangs ist mit prägnanten aramäischen Lettern der Name Tobias in den Fels geschnitten. An der links benachbarten Grotte taucht der gleiche Namenszug noch einmal auf. Wie soll man diese Inschriften deuten? Man hat Epitaphe in ihnen sehen wollen – womit der Höhlenkomplex zur Nekropole würde –, doch

Die Höhlen von Araq el-Emir (Stich: Comte de Vogüé)

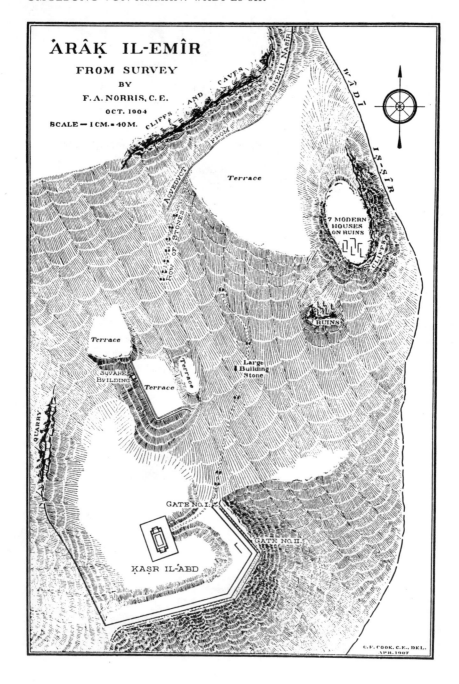

müßte in diesem Fall wohl eine größere Zahl von Grabinschriften in die Felsen graviert sein. Nach anderer Auffassung bringen die Namenszüge einfach einen offiziellen Akt der Besitzergreifung zum Ausdruck: Tobias soll dabei – so der amerikanische Archäologe P. W. Lapp – nur der jüdische Rufname des Hyrkanus sein. Ausgeführt sind beide Inschriften in einer Form des Aramäischen, die um das 3. vorchristliche Jahrhundert gebräuchlich war.

Vom südlichen Ende der laufstegartigen Passage vor den oberen Höhlen hat man einen Blick auf den **Qasr el-Abd**. Es wird deutlich, daß er erhöht inmitten einer kleinen, künstlich geschaffenen Senke errichtet wurde. Das nach Süden abfallende Gelände ist dabei zunächst umwallt und terrassiert, auf dieser Terrasse dann ein Teich angelegt worden. Der Qasr muß sich auf einer Plattform unmittelbar aus jenem Teich, von dem nur mehr das leicht eingetiefte Becken geblieben ist, erhoben haben, erreichbar über einen dammartigen Zugangsweg mit **monumentalem Tor**.

Was besagt dieses eigentümliche Arrangement nun für die Deutung der ›Sklavenburg‹? Spontan könnte man an eine Art Wasserburg denken. Dagegen spricht aber allein die geringe Stärke der Blöcke, mit denen das Mauerrechteck von etwa 37 × 18,5 m aufgeschichtet ist. Die meisten dieser Blöcke – oder eigentlich Platten – haben zwar kolossale Maße, sind bis zu 6 m lang und 3 m hoch, weisen aber eine Stärke von noch keinem halben Meter auf. Schutz konnte man hinter solchen ›dünnhäutigen‹ Wänden schwerlich finden. Außerdem bot das nahe Höhlensystem weitaus bessere Verteidigungsmöglichkeiten.

So lautet die Alternative offenbar: Tempel oder Palast – und in eben dieser Form wird sie seit der Wiederentdeckung der Stätte durch die englischen Offiziere C. L. Irby und J. Mangles (Juni 1818) diskutiert. Der Comte De Vogüé etwa nahm Josephus ganz wörtlich und deutete den Qasr 1864 als jüdisch-hellenistischen Palast; ihm folgte 1889 im wesentlichen Major Conder. Dagegen wollte F. De Saulcy, später dann auch H. C. Butler in der monumentalen Ruine einen Tempel ammonitischer (De Saulcy) oder hellenistischer Zeit (Butler) sehen, und 1950 machte Robert Amy geltend, daß einige Elemente des Baus, so das mutmaßliche Terrassendach, in zahlreichen Heiligtümern des syrischen Raums eine Ent-

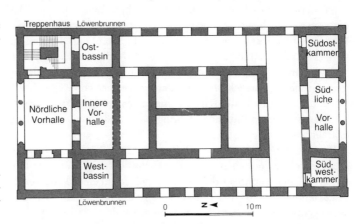

◁ *Der Plan der Princeton Expedition (H. C. Butler) von Araq el-Emir*

Grundriß des Qasr el-Abd (Plan: G. Rebensburg nach L'Archéologie Jordanienne)

121

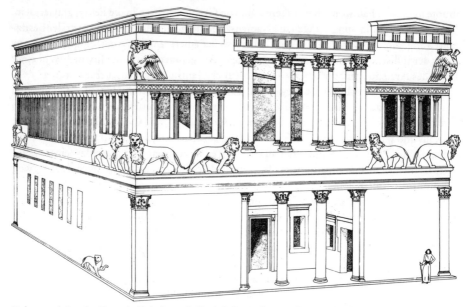

Rekonstruktion des Qasr el-Abd als späthellenistischer Palast (nach: L'Archéologie Jordanienne)

sprechung besitzen. Otto PLÖGER vertrat 1955 die These, der Qasr sei ein See- oder Teichheiligtum nach ptolemäischer Manier, vielleicht sogar eine Gemeinschaftsgründung des Exiltobiaden und ptolemäischer Militärkolonisten, »wobei man sich an ägyptische Vorbilder anlehnte und sich eines orientalisch-griechischen Mischstiles bediente«.

Auch die ersten Ausgrabungen im Qasr (Anfang der 60er Jahre unter Paul W. LAPP von den American Schools of Oriental Research) brachten noch keine Klarheit über die Funktion des ungewöhnlichen Bauwerks, nach den Untersuchungen und Restaurierungsarbeiten des Französischen Archäologischen Instituts (E. WILL) und der jordanischen Antikenverwaltung (F. ZAYADINE) hat sich indessen seit 1976 definitiv herausgestellt, daß es sich bei der ›Sklavenburg‹ um einen *Palast* handeln muß. Zu dieser Erkenntnis trug bei, daß der Parterre-Grundriß, der sich bis dahin unter abgestürzten ›Megalithen‹ einer genauen Rekonstruktion entzogen hatte, schwerlich mit den vergleichbaren Beispielen vorderasiatischer Sakralarchitektur in Einklang zu bringen ist. Zudem wurden bislang keinerlei Votiv- oder Sakralinschriften gefunden.

Um eine Zentralgruppe von drei rechteckigen Räumen ziehen sich allseits längsrechteckige Korridore, in die man durch zwei Vestibüle mit Säulenstellungen gelangte. Die drei inneren Räume empfingen durch ihre Eingänge nur einen Bruchteil des Lichts, das durch die insgesamt 14 (7 und 7) seitlichen Fensteröffnungen des Qasr in die Korridore fiel; um Wohngemächer kann es sich somit kaum handeln. FAWZI ZAYADINE sieht Speicher bzw.

Depots in ihnen, in denen die Vorräte des Palastherrn lagerten. Dessen eigentliche Residenz mit den Wohn- und Empfangsräumen vermutet das französisch-jordanische Archäologenteam im Obergeschoß des Palastes. Erreichbar war dieses Obergeschoß über einen Treppenaufgang auf der nördlichen, der eigentlichen Eingangsseite (zugänglich; aufschlußreicher Blick ins Innere).

Manches Detail der Palastrekonstruktion bleibt vorerst hypothetisch, vor allem im Bereich des oberen Stockwerks, auch mutet es seltsam an, daß die prachtvolle Vor- und die Rückhalle des Qasr lediglich schmucklose Lagersäle erschlossen haben sollen. Freilich mag sich gerade ein exilierter Kleinfürst wie HYRKAN darin gefallen haben, seine politische Misere demonstrativ zu überspielen und die Dienst- oder Versorgungstrakte seines Schlößchens inmitten von architektonischem und skulpturalem Prunk zu verbergen; im übrigen entspräche dies auch späthellenistischem Herrschaftsstil.

Zur Anziehungskraft des Qasr trägt nicht zuletzt der erwähnte skulpturale Aufwand bei, etwa ein Relieffries schreitender Löwen über dem Gesims des Erdgeschosses. Auf der Ostseite hat er sich, wiewohl stark beschädigt, *in situ* erhalten. Von der hohen Qualität der Bildhauerkunst kündet das eindrucksvolle Hochrelief einer Löwin mit säugendem Jungtier, das ursprünglich zu jenem Fries gehörte und unter den Bautrümmern weitgehend unbeschädigt blieb (Abb. 12). Ein weiteres, besonders schönes Werk, das Relief einer grazilen Löwin oder Leopardin, kam während der Ausgrabungskampagne des Jahres 1962 auf der Ostseite des Qasr zutage. Die Raubkatze ist aus einem rot-weiß gesprenkelten Dolomitstein von etwa 2 m Länge und 1,5 m Höhe herausgearbeitet und schreitet mit erhobener Pranke von links nach rechts. Ihren Kopf, der als Wasserspeier ausgeführt ist, hat man in eine Aussparung der nächsthöheren Blocklage eingefügt (Abb. 10). Wie die jüngsten Räumungsarbeiten ergaben, besitzt das Tier ein weithin identisches, jedoch stärker zerstörtes (und 1986 restauriertes) Gegenstück auf der Westseite der Palastruine. Beide Leopardenbrunnen wurden aus Wasserreservoiren im Innern des Qasr gespeist.

J. DENTZER-FEYDY, die den Bau unter dem Aspekt seines Architekturdekors 1992 nochmals analysierte, hebt als sein Spezifikum das Miteinander von lokalen Elementen syropalästinischen Typus und solchen des importierten Hellenismus hervor (wie etwa den korinthischen Kapitellen von alexandrinischem Schnitt). Kein Zweifel, Architekt(en) und Künstler des Qasr el-Abd als des nach heutigem Wissen frühesten hellenistischen Bauwerks in Transjordanien bewältigten in typisch synkretistischer Manier ihre Pionieraufgabe, gingen einen eigentümlichen Mittelweg zwischen Traditionsverbundenheit und Avantgardismus.

Weitere Stätten

Hosea-Grab In der Nähe von es-Salt erhebt sich etwas unterhalb der Durchgangsstraße Amman – Suweileh – Jordantal auf einem Friedhofshügel das sogenannte Hosea-Grab, ausgeschildert mit Nabi Yusha und erreichbar über eine asphaltierte Zufahrt. Er umfaßt eine kleine Moschee und das eigentliche Grab, dessen teppichgeschmückter Kenotaph 7 oder 8 m lang ist. Nach moslemischer, biblisch begründeter Tradition liegt hier der Prophet HOSEA begraben, der auch im Islam Verehrung genießt.

UMGEBUNG VON AMMAN/WESTEN: JORDANTAL

Jiza (Ziza) Etwa 30 km von Amman nahe der Zufahrt zum neuen Flughafen gelegen, ist Jiza – wie ein Reservoir römischer Zeit zeigt – ein antiker Platz. In der Spätantike übertrug sich der Name offenbar auf das römisch-byzantinische Kastell im benachbarten el-Qastal (Castellum Ziza; vgl. S. 253 f.). 1840 war Jiza Schauplatz erbitterter Kämpfe zwischen türkischen Truppen unter IBRAHIM PASHA und Beni Sakhr-Beduinen.

Naur Der Ort, etwa 15 km südwestlich von Amman gelegen, wird mit dem biblischen Abel-Keramim (Richter 11, 33) gleichgesetzt. Auf dem Hügel im Umkreis sind mehrere eisenzeitliche Rundtürme nachgewiesen (vgl. S. 111). 1878 siedelten sich in Naur Tscherkessen an, doch gibt es auch einen starken christlichen Bevölkerungsteil.

Sahab Nach der Entdeckung dreier Gräber aus der Zeit zwischen dem 13. und dem 8. Jh. v. Chr. zog die Kleinstadt etwa 13 km südöstlich von Amman archäologisches Interesse auf sich. Unter der Leitung von M. IBRAHIM hat das jordanische Department of Antiquities zwischen 1972 und 1980 in Sahab gegraben. Nachweislich war der Platz seit dem Chalkolithikum (5. Jt. v. Chr.) kontinuierlich besiedelt, seine Blütezeit erlebte er im 2. und 1. vorchristlichen Jahrtausend, im 6. Jh. v. Chr. wurde er aufgegeben. Zu den Funden in Sahab gehören bronze- und früheisenzeitliche Siegel und Siegelabdrücke, die sich in ihren Sujets von Ägypten beeinflußt zeigen.

Salt 29 km nordwestlich von Amman gelegen, ist es-Salt das Verwaltungszentrum des Belqa-Distrikts. Heute zählt die Stadt an die 40 000 Einwohner. Bei Kanalisationsarbeiten wurde vor etwa zehn Jahren bei es-Salt ein reliefgeschmücktes Familiengrab mit drei Sarkophagen und zahlreichen Beigaben entdeckt. Es dürfte aus dem 3. Jh. n. Chr. stammen und repräsentiert die römische Vergangenheit des Ortes, der damals Gadora hieß. Das byzantinische es-Salt war unter dem Namen Salos Hieraticon Bischofssitz. Auf einem Hügel der Stadt entstand in der Kreuzfahrerzeit eine moslemische Festung, die 1260 von den Mongolen zerstört, ein Jahr später unter dem Mamlukensultan BAIBARS aber wieder aufgebaut wurde. 1840 schleifte der Osmane IBRAHIM PASHA die Festungsmauern, dreißig Jahre später errichteten dann die türkischen Besatzer in es-Salt, das unter den Osmanen der wohl wichtigste Ort Transjordaniens war, ihre Kasernen.

Zarqa Mit ihrer Ölraffinerie und zahlreichen weiteren Industrieanlagen darf diese Stadt, 23 km nordöstlich von Amman, als eine der modernsten Jordaniens gelten. Sie hat inzwischen etwa 30 000 Einwohner. Einziges geschichtliches Denkmal ist die Qasr Shebib genannte schlichte arabische Feste, die sich wohl an der Stelle eines römischen Forts erhebt, und zwar fast auf der Höhe des Stadthügels, zwischen King Abdullah und King Faisal Street – auf dem Gelände einer Schule unmittelbar beim Shebib-Hospital. Der Name, den sie trägt, verweist auf einen Statthalter der Provinz Belqa: SHEBIB IBN JARIR EL-UQAILI, der hier um 950 als Vertreter der kurzlebigen ägyptisch-syrischen Ikhshididen-Dynastie (935–969) geherrscht hat. – Im Jahre 1924 war Zarqa Hauptquartier der arabischen Legion, heute beherbergt die Stadt das Hauptquartier der jordanischen Armee.

Der Westen: Jordangraben und Totes Meer

Das Jordantal

Vom syrischen Hermon-Gebirge, wo der Jordan mit drei Quellflüssen entspringt, sind es etwa 170 km Luftlinie bis zum Toten Meer, tatsächlich aber legt der Fluß – träge mäandrierend – annähernd die doppelte Strecke zurück.

Der Jordan selbst ist nicht schwer zu überwinden. Wenn man ihn dennoch seit alters als östlichen Grenzfluß der mediterranen Welt kennt und er in jüngster Zeit zur Demarkationslinie zwischen der israelisch besetzten West Bank und Jordanien wurde, so erklärt sich dies aus den topographischen Gegebenheiten der Jordan*senke*. Die Flußniederung befindet sich

Pilger beim Jordan-Bad (Stich von ca. 1870)

WESTEN: JORDANTAL

Der Jordan (Aquarell von R. Mainella; nach: C. von Gonzenbach)

in einer geologischen Einbruchs- oder Grabenzone, die sich von Nordsyrien über See Genezareth, Totes Meer, Wadi el-Araba und Golf von Aqaba bis zum Ausgang des Roten Meers erstreckt und im Great Rift Valley seine afrikanische Fortsetzung findet. Im Jordantal ist der Einbruch der Erdkruste besonders tief, um fast 400 m unterschreitet der Wasserspiegel des Toten Meers die Meereshöhe.

Ghor nennen die Araber den weiteren Jordangraben, Zor das etwa 1 km breite eigentliche Flußtal, das heute militärisches Sperrgebiet ist. In die Qattara-Hügel, niedrige Kuppen, die Zor und Ghor trennen, sind Verschanzungen, Bunker und Laufgräben eingetieft.

Schon lange vor dem Verlust der West Bank (1967) betrieb das haschemitische Jordanien den landwirtschaftlichen Ausbau des östlichen Ghor. Im Norden ist dieser Landstrich um 4 km, im Süden um 11 km breit, nach Osten hin begrenzen ihn Hügelhöhen zwischen 100 und 600 m. Von dem feucht-heißen Klima im Jordantal und den alluvialen Mergelböden durfte man sich ergiebige Obst- und Gemüseernten erwarten. Landwirtschaftliche Versuchsstationen bei Tell Deir Alla und Baqura experimentierten seit 1951 u. a. mit dem Anbau von Frühgetreide, Baumwolle und verschiedenen Gemüsesorten. Das Problem der Bewässerung fand durch ein technisches Großprojekt seine Lösung: Seit 1959 entstand parallel zum Jordan der knapp 100 km lange East Ghor Canal; sein Wasser wird im Norden vom Yarmuk abgezweigt, einem östlichen Zufluß des Jordan (Farbabb. 17), und versorgt inzwischen an die 30000 ha Land.

Vor allem Palästinenser, die von der West Bank und aus Israel kamen, nutzten die neuen landwirtschaftlichen Möglichkeiten; heute siedeln bereits über 100000 Menschen in den Dörfern, Weilern und Einzelgehöften der östlichen Talseite. Die Erträge der Obst- und Gemüsekulturen (etwa Bananen, Tomaten, Gurken) fallen seit den 70er Jahren so reich aus, daß in erheblichem Umfang exportiert werden kann, insbesondere in die Staaten der Arabischen Halbinsel.

Daß der Kanalbau bedeutsame historische Spuren verwischen würde, war nach den Feldforschungen Nelson GLUECKS zwischen 1939 und 1947 kaum zu bezweifeln und wurde durch die spektakulären Funde von Teleilat el-Ghassul und Jericho noch unterstrichen (vgl. S. 16f.; S. 14f.). Vor diesem Hintergrund ist die archäologische Bestandsaufnahme des Jordantals von 1953 zu sehen, die mit den Namen James MELLAART und Henri DE CONTENSON verbunden ist; zahlreiche Plätze vornehmlich prähistorischer Zeit wurden dabei untersucht, archäologische Prioritäten und Dringlichkeitsprogramme festgelegt. In der Folge brachten Ausgrabungen u. a. bei North Shunah, Abu Habil, Tell es-Saidiyeh (vgl. S. 133f.), Tell Deir Alla (vgl. S. 134) und Iktanu neue Erkenntnisse. Außerdem fand eine Reihe von Dolmenfeldern an den Hängen des Tals endlich die gebotene Aufmerksamkeit (vgl. S. 134ff.).

Zunehmende Besiedlungsdichte, die Einrichtung neuer militärischer Basen durch die jordanische Armee, ein intensivierter Feld- und Gartenbau, dazu die wachsende Zahl von Wegen und Bewässerungsanlagen – dies alles sprach für weitere Forschungen und erklärt den großen Survey des Jahres 1975/76, der unter M. IBRAHIM, J. A. SAUER und K. YASSINE gemeinschaftlich vom jordanischen Department of Antiquities, dem American Center of Oriental Research und dem Department of History and Archaeology der University of Jordan (Amman) durchgeführt wurde. Ziel war es, möglichst viele Stätten des östlichen Jordantals umfassend zu kartieren und zu klassifizieren. Zunächst konnte allerdings nur der Nordteil des Jordangrabens bis hinunter zum Wadi Rajib erfaßt werden: 52 Plätze wurden in diesem Bereich neu entdeckt, 54 bekannte Stätten noch einmal in Augenschein genommen. Nach Ausweis der Oberflächenfunde reicht die Besiedlungsspanne vom Neolithikum bis in mamlukische und osmanische Zeit. Auch im Süden des Ghor – in jenem Gebiet, das die Bibel »Steppe(n) von Moab« nennt (4. Mose [Numeri] 33, 48; 35,1) – sind mehrere Dutzend Orte meist prähistorischen Ursprungs bekannt geworden.

Dieser Vielzahl archäologisch relevanter Stätten stehen freilich nur wenige Plätze gegenüber, die auch für den Nicht-Fachmann einen Besuch lohnen. In erster Linie sind dies die Ruinen der Dekapolis-Stadt Pella, dann die beiden alten Siedlungshügel Tell es-Saidiyeh und Tell Deir Alla, einige Dolmenfelder der Region sowie natürlich das Tote Meer als Südabschluß des Jordantals.

Pella

Die Ruinen dieser Dekapolis-Stadt am Ostrand des Jordantals werden nicht häufig besucht – dies muß überraschen, denn die US-amerikanischen Grabungen seit 1967 (Leiter: R. H. SMITH), die australischen Grabungen seit 1978 (Leiter: B. HENNESSY) und die anschließenden Rekonstruktions- und Restaurierungsleistungen der jordanischen Antikenverwaltung setzen hier Jahr für Jahr neue, sehenswerte Akzente.

Hinzu kommen Pellas landschaftliche Vorzüge – Vorzüge, die zu einer mehr oder minder kontinuierlichen Besiedlung des Ortes über etwa 7000 Jahre beitrugen, beginnend mit dem Neolithikum. Diese Besiedlung konzentriert sich seit je auf das kleine Tal Wadi Jirm el-Moz. Es ist vor den eisigen Winden und Winterfrösten des transjordanischen Hügellandes geschützt, im Sommer wiederum nicht so drückend heiß wie das nahe Jordantal, denn über den Grabenbruch hinweg bringt meist eine leichte Brise Kühlung. Noch wichtiger aber war stets dies: Pella besitzt eine Quelle (Ain el-Jirm), die auch in den heißesten Sommermonaten Wasser spendet.

Im 4. Jt. v. Chr. existierte südöstlich des antiken Pella eine chalkolithische Hangsiedlung, teilweise mit Steinen aufgemauert, teilweise in Fels und Erde getieft. Die australisch-amerikanischen Wissenschaftler haben sie im Frühjahr 1981 und im Winter 1981/82 untersucht. Zu den Ergebnissen gehört, daß die kupfersteinzeitliche Keramik in Einzelfällen bereits auf der Töpferscheibe gearbeitet wurde. Minder gut dokumentiert ist das 3. Jt. v. Chr., doch weisen frühbronzezeitliche Scherben auf eine fortdauernde Besiedlung hin.

Ägyptische Texte des 19. Jh. v. Chr. sprechen von einem altsemitischen Platz namens Pihilum oder Pehel, ein Rollsiegel, gefunden in Pella, weist stilistisch in das 17. Jh. v. Chr. Die Kontinuität der Ortschaft bis in die späte Bronzezeit ergibt sich wiederum aus ägyptischen Dokumenten: Unter THUTMOSIS III. wurde eine kanaanitische Siedlung des Namens dem Pharaonenreich angeschlossen, und auch in den Amarna-Briefen (um 1400 v. Chr.) taucht Pihilum auf, regiert vom Fürsten MUT-BALU. Ein kanaanitisches Tunnel-Felsgrab mit mehr als hundert Beigaben (1967 entdeckt) und weitere zeitgleiche Gräber an den Hängen von Pella bestätigen solche historischen Nachrichten. Nach R. H. SMITH ist Pihilum/Pehel seinerzeit ein Handels- und Handwerkszentrum von etwa 5000 Einwohnern mit Verbindungen nach Ägypten, Syrien und Zypern gewesen. Wie aus dem sogenannten Anastasi-Papyrus (um 1250–1000 v. Chr.) hervorgeht, produzierte es zusammen mit dem benachbarten Rehob u. a. Radspeichen für die Streitwagen des pharaonischen Ägypten – die

Mittelbronzezeitliches Rollsiegel (Abrollung) aus Pella, wahrscheinlich Darstellung eines Initiationsritus (nach: H. Gese, ZDPV 81, 1965)

kahlen Hügel um Pella müssen Ende des zweiten vorchristlichen Jahrtausends also bewaldet gewesen sein.

Später fehlt der Name der Stadt in den historischen Texten, das Alte Testament schweigt sich über Pihilum/Pehel aus; dennoch muß die Ortschaft fortbestanden haben, eisenzeitliche Relikte – vor allem Gräber und Töpferware aus der Zeit zwischen 1200 und 600 v. Chr. – lassen daran keinen Zweifel. Im 5. und 4. vorchristlichen Jahrhundert war das Wadi Jirm (nach dem gegenwärtigen Kenntnisstand) allerdings weitgehend entvölkert.

Eine offene Frage bleibt, ob das hellenistische Pella seinen Namen vom makedonischen Geburtsort ALEXANDERS d. Gr. ableitete oder ob hier das altsemitische Pihilum/Pehel nachwirkte; die Vermutung, daß im 4. Jh. v. Chr. eine traditionelle Ortsbezeichnung an eine klangvoll-›moderne‹ angeglichen wurde, bietet sich an. Die Stadt, in der 310 v. Chr. makedonische Veteranen angesiedelt wurden, stand in hellenistischer Zeit nacheinander unter ptolemäischer, seleukidischer (ab 218 v. Chr.) und jüdisch-makkabäischer Kontrolle. Über das Ende des hellenistischen Pella berichtet FLAVIUS JOSEPHUS in seinen »Jüdischen Altertümern« (XIII, 15, 4): ALEXANDER IANNÄUS, Makkabäerkönig und jüdischer Hohepriester, eroberte danach Anfang des 1. Jh. v. Chr. (83/82) verschiedene ostjordanische Städte. Pella wurde von den israelitischen Sturmtruppen zerstört, »weil die Bewohner nicht versprechen wollten, die jüdischen Gebräuche anzunehmen«. Die Archäologie bestätigt JOSEPHUS: Brandschutt schichtet sich über das hellenistische Stratum.

Nach 63 v. Chr. betrieb Gnäus POMPEIUS Pellas Wiederaufbau. Gleich anderen Orten der künftigen Dekapolis erklärte er die geschichtsträchtige Stadt für selbständig (vgl. S. 39 f.). In einem kommerziellen Verbund, dem Roms Gunstbeweise beste Entwicklungsmöglichkeiten gaben, konnte Pella auch kulturell aufblühen. Daß die arrivierte Ortschaft unter römischer Oberhoheit – und das hieß später: eingegliedert in die Provincia Palaestina (noch später: Provincia Palaestina Secunda) – weder jüdische noch arabische Übergriffe fürchten mußte, bezeugt das Fehlen von Verteidigungsanlagen aus christlicher Zeit.

Auch mit der Geschichte des Urchristentums ist Pella verbunden. EUSEBIUS, der christliche Chronist des 4. Jh., kolportiert in seiner »Kirchengeschichte« (III, 5, 3), die judenchristliche Urgemeinde sei noch vor Ausbruch des Jüdischen Krieges – vielleicht also im Jahre 66 – von Jerusalem über den Jordan nach Pella geflohen. Gesichert ist diese Nachricht allerdings nicht: Textkritik und Archäologie melden gleichermaßen Bedenken an. Die spontane Mutmaßung einiger amerikanischer Archäologen, ein 1967 in der Westkirche von Pella (s. u.) aufgedeckter Sarkophag habe einem Mitglied der übersiedelten Urgemeinde gehört, mußte nach Radiokarbondatierungen zurückgenommen werden.

Ihre besten Tage erlebte die Stadt in byzantinischer Zeit. Im 4. Jh. war sie ein vielbesuchter Badeort. Das Pella des 5. Jh. zeigt sich schon geprägt von der neuen, der christlichen Weltreligion. Die Stadt besaß ihren eigenen Bischof und war auf dem Konzil von Ephesus (449) ebenso vertreten wie in Chalcedon (451). Noch heute ernennt die römisch-katholische Kirche einen Titularbischof von Pella.

Bemerkenswert erscheint, daß die Gräber der Stadt bis ins 6. nachchristliche Jahrhundert neben ›orthodoxen‹ religiösen Beigaben – Kreuzen etwa – auch pagane Objekte in Gestalt vor- bzw. nicht-christlicher Amulette enthielten; die Beharrungskraft des älteren nahöstlichen Kultus ist unverkennbar. Die archaische ›Lady von Pella‹ wirkt auf den ersten Blick wie eine syrisch-palästinische Fruchtbarkeitsgöttin, ist aber in byzantinischer Zeit (6. Jh.) entstanden und wurde in einem christlichen Grab gefunden.

Niemals vorher oder nachher war Pella so dicht bevölkert wie im 5. und 6. Jh. n. Chr.; die Wohnviertel zogen sich nun die steilen Hänge rings um das Quelltal hinauf. Unter den Sakralbauten ist vor allem die Kirche im Stadtzentrum (Talbasilika) hervorzuheben: Im 5. Jh. mit römischen Spolien unweit der Quelle Ain el-Jirm erbaut, wurde ihr im 7. Jh. eine repräsentative Treppenflucht im Westen angefügt (Farbabb. 25).

In Pella war es auch, wo sich eine für den ganzen Nahen Osten folgenschwere politisch-militärische Entscheidung anbahnte: Im Januar des Jahres 635 schlugen vor der Stadt moslemische Truppen ein starkes byzantinisches Heer. An die 80 000 Griechen sollen dabei – so der Baghdader Gelehrte YAKUT – den Tod gefunden haben. Als ›Tag von Fahl‹ ging diese Schlacht in die islamische Geschichtsschreibung ein; sie kündigte Byzanz die Yarmuk-Katastrophe des folgenden Jahres an (vgl. S. 64).

Für Pella begann mit jenem Ereignis zwar eine kulturelle Umwälzung, jedoch kein kultureller Abstieg – gemessen jedenfalls an der hohen Qualität der örtlichen omay-

Sogenannte Lady von Pella, byzantinische Grabbeigabe, ca. 20 cm hoch. Die großen Augen waren ursprünglich mit schwarzer Farbe hervorgehoben. Vom Typus her entspricht die Figurine eher vorchristlichem als byzantinischem Entwurf, doch mag die Kreuzform bewußt gewählt sein (Zeichnung: U. Clemeur)

yadischen Keramik. Überdies dürfte die eingesessene christliche Bevölkerung sich noch geraume Zeit behauptet haben; nach YAKUBI (9. Jh.) war die Einwohnerschaft von Pella oder Fahl, wie der islamisierte Ort nun genannt wurde, »halb griechisch, halb arabisch«. Daß das arabische Element dabei nomadisch geprägt war, auch wenn es die schwarzen Zelte mit Steinbauten tauschte, geht aus den archäologischen Befunden hervor: Tiere und Menschen hausten im Pella des späten 7. Jh. unter einem Dach. Kamelkarawanen verbanden die Neusiedler mit der arabischen Heimat. Vom Niedergang des Christentums in jenem Zeitabschnitt spricht der schlechte Zustand der Kirchenbauten: Reparaturen wurden nachlässig ausgeführt, Nebenräume der Gotteshäuser als Viehställe benutzt (s. u.).

Schon 658 und 717 war Pella von Erdbeben heimgesucht worden, ein weiteres Beben zerstörte im Jahre 747 nahezu alle öffentlichen Bauten und brachte offenbar vielen Einwohnern den Tod. In der Talbasilika fand man unter Sturzblöcken menschliche Gebeine, in angrenzenden Räumen zudem sieben Kamelskelette.

Daß Fahl auch nach diesen Naturkatastrophen in bescheidenem Umfang bewohnt war, belegt mamlukische Keramik des 13. und 14. Jh., vor allem aber eine kürzlich freigelegte **mamlukische Breitraummoschee**. Im 19. Jh. kamen arabische Bauern in das Tal. Tabaqat Fahl (d. h. Terrassen von Fahl) nannten sie ihr Dorf bei den Ruinen. Vor zwanzig Jahren wurden sie von der jordanischen Regierung teilweise umgesiedelt – zum Schutz der Denkmäler und im Interesse der anlaufenden Grabungen. Ein Grabungshaus und seit 1991 auch ein Rest House (keine Übernachtungsmöglichkeit) mit schönem Blick über Pella entsprechen dem wachsenden archäologischen Interesse und der touristischen Bedeutung der Stätte.

Von der Jordanstraße kommend, stößt der Besucher zuerst auf die Ruine der sogenannten **Westbasilika**. Ihr Mauerwerk aus großen, sorgsam behauenen Quadern ist heute weitgehend abgetragen – die Dorfbewohner von Tabaqat Fahl benutzten die Kirche bis Ende der 60er Jahre als Steinbruch –, aufrecht stehen noch drei Säulen mit attischen Basen und Kapitellen von frühbyzantinischem Typus. Erbaut wurde die Westbasilika im 5. oder 6. Jh. n. Chr., und zwar, so scheint es, als Teil eines klösterlichen Komplexes. Vor der mittleren Apsis des dreischiffigen Baus war ursprünglich ein Mosaik verlegt, in der linken Apside erkennt man ein Kreuz im Kreis, eingemeißelt in den Werkstein. Somit dürfte zumindest diese Seitennische weder mit Marmor verblendet noch verputzt oder stuckiert gewesen sein. Nach Westen hin liegt ein großes Atrium vor der Basilika; es erschloß zusätzlich zwei schmale **Räume südlich der Kirche** – einer davon weist eine apsidiale Endung auf. Säulenbasen und verstreute Säulentrommeln auf dem Vorplatz lassen wenig Zweifel, daß jenes Atrium als Peristylhof angelegt war. Nördlich der Basilika zeichnet sich noch ein weiterer großer Hof von unregelmäßiger Form ab. Ausgrabungen in seiner Südwestecke legten 1980 eine 270000 l fassende, einst wohl **überwölbte Zisterne** frei, die vordem nur als Bodenvertiefung wahrnehmbar war. Sollte die nahe Quelle im Wadi Jirm zeitweilig erschöpft gewesen sein? Ein moslemisches Grab auf dem Grund der Zisterne beweist jedenfalls, daß die Einwohner von Fahl das Reservoir im 7. und 8. Jh. bereits nicht mehr benutzten.

Östlich der Westbasilika, in der Nähe des Ausgräberhauses, hat man einen langen **Suchgraben** (›West Cut‹) in einen der Siedlungshänge gelegt – und dabei islamische, römisch-byzantinische, hellenistische und eisenzeitliche Schichten mit zahlreichen datierbaren Artefakten, vor allem aber die **Mauerzüge spätantiker Wohnhäuser**, darunter beachtliche Atriumbauten, aufgedeckt.

Beeindruckend ist der Blick vom ›West Cut‹ hinunter ins Wadi Jirm auf Pellas **Stadtzentrum** mit den wichtigsten öffentlichen Bauten (Farbabb. 25). Als Edward ROBINSON den Platz 1852 besuchte und als Gottlieb SCHUMACHER sich Ende des 19. Jh. an eine erste archäologische Bestandsaufnahme wagte, war dies offenbar noch anders: In der Trümmerlandschaft des Tals ließen sich damals nur mit Mühe architektonische Strukturen unterscheiden. So sah SCHUMACHER in den Resten der Talbasilika einen römischen Tempel, und John RICHMOND, der die Ergebnisse seiner Pella-Forschungen 1934 publizierte, hat das kleine Theater am Fluß (s. u.) nach eigenem Bekunden lange Zeit überhaupt nicht wahrgenommen.

Die Ausgrabungen dauern an, man darf aber schon jetzt davon ausgehen, daß die Dekapolis-Stadt ihr Talzentrum in römischer Zeit mit einem Odeum oder kleinen Theater, einer Säulenstraße und einem oder mehreren Tempeln ausstattete. Überdauert hat davon nur das in gelblichem Stein aufgeführte **Theater**; allerdings ist es eines Großteils seiner Bänke beraubt. Von konventionellem römischen Typus, entstand der Bau wohl gegen Ende des 1. nachchristlichen Jahrhunderts. Vielleicht hat man ihn einst für Naumachien, für Seekämpfe mit Gladiatorengefechten, benutzt – an Wasser, den Theatergrund zu fluten, wäre im Wadi Jirm kein Mangel gewesen. In frühbyzantinischer Zeit, wohl im 5. Jh. n. Chr., errichteten dann christliche Architekten aus dem Steinmaterial der römischen Bauten und mit den alten Säulen und Kapitellen eine große dreischiffige **Basilika im Tal** (Farbabb. 25). Substruktionen sorgten für standfeste Fundamente, Mosaiken mit geometrischen Mustern schmückten den Kirchenboden. Die Talbasilika ist ein echter Neubau, kein umgewidmeter, geosteter und apsidial abgeschlossener Tempel also. Das Atrium betrat man von Norden, während sich auf der westlichen, der sonst üblichen Eingangsseite kleine Kaufläden reihten. Erst im 7. oder 8. Jh. entstand im Westen ein neuer, großzügiger Aufgang zur Kirche – eine monumentale Treppe, welche die Steinsitze des Theaters/Odeums als Stufen benutzte.

In einem **nördlichen Anbau** der Kirche, der sich mit mächtigen Säulentrommeln bestückt zeigt, fanden die Ausgräber die schon erwähnten sieben Kamelskelette – das betreffende Gebäude wie auch einige südlich angrenzende Räume dienten der omayyadischen Bevölkerung offenbar als Stallungen.

Auf einem Hügel (Jebel Abu el-Khas) östlich des Stadtzentrums hat man inzwischen mehrere Säulen eines weiteren sehenswerten Baus wiederaufgerichtet. Bis 1980 galt er als Tempel, die Ausgrabungen des australischen Archäologenteams und jordanische Restaurierungsarbeiten erwiesen indessen, daß sich auf der Hügelhöhe – mit weitem Blick über Pella und ins Jordantal – eine dritte, wiederum dreischiffige **byzantinische Kirche** erhob. Gleich der Talbasilika ist diese Ostbasilika im 5. oder 6. Jh. entstanden. Ihre Säulen überragen ein gepflastertes Atrium. Der Narthex war ursprünglich mit roten und weißen Fliesen ausgelegt. Wie die Basilika im Tal ging auch die Hügelkirche nicht unmittelbar aus einem Tempel hervor, sondern entstand als selbständiger Folgebau aus oder mit römischem Werkstein, und wie die Westbasilika fungierte sie offenbar als Mittelpunkt eines klösterlichen Bezirks am Rande der byzantinischen Stadt.

Noch zwei weitere Anlagen des antiken Pella verdienen Erwähnung: Auf der Höhe des Jebel Sartaba, nur etwa 2 km Luftlinie vom Stadtzentrum entfernt, das Tal aber um annähernd 300 m überragend, hatte eine **hellenistische Festung** ihren Platz. Nach den historischen Nachrichten darf man in ihr einen Seleukidenbau sehen – ANTIOCHOS III. verlegte um 218 v. Chr. zur Abwehr arabisch-beduinischer Attacken mehrere Garnisonen ins Ostjordanland. Wo sie stationiert wurden, ist unbekannt, doch wäre die Hügelspitze von Sartaba ein strategisch günstiger Ort gewesen: Man überblickt von hier nicht nur die Stadt und das nördliche Jordantal – die Aussicht reicht bis zur Burg Qalaat er-Rabad (vgl. S. 194ff.) im Osten und bis zum Berg Karmel an der Mittelmeerküste. – Auch bei dem zweiten Bau, 1988 von den australischen Archäologen in Teilen freigelegt, handelt es sich um eine **Festung**. Sie erhob sich auf dem Tell el-Hosn, unmittelbar südlich über der Stadt, stammt aus byzantinischer Zeit und wurde offenbar nach der Yarmuk-Niederlage (635) aufgegeben.

Tell es-Saidiyeh und Tell Deir Alla

Der **Tell es-Saidiyeh** erhebt sich ca. 1 km westlich der Jordanstraße bei der Ortschaft Kureyma; in zwei Stufen steigt der Siedlungshügel zu einer Höhe von etwa 40 m über der Ebene auf. Einige Forscher (darunter Nelson GLUECK) halten den Platz für das biblische Zaretan (Zaredatha), von dem in 1. Könige 7, 46 die Rede ist: In der Nähe soll der Tyrener HIRAM Bronzegerätschaften für König SALOMO gegossen haben. A. NEGEV und Y. AHARONI identifizieren den Tell dagegen mit Zafon oder Zaphon (vgl. Josua 13, 27), einer Stadt des Stammes Gad, die auch in den Amarna-Briefen erwähnt wird.

In den Jahren 1964 und 1966 fanden Grabungen auf Saidiyeh statt. Die Archäologen der University of Pennsylvania (Leitung: J. B. PRITCHARD) ermittelten, daß der Tell seit der frühen Bronzezeit (als hier ein erstes, befestigtes Dorf entstand) bis etwa 700 v. Chr. und dann wieder ab etwa 400 v. Chr. bewohnt war. (Seit 1985 leitet J. N. TUBB vom British Museum neue Ausgrabungen; über die Ergebnisse sind bislang nur Vorberichte erschienen.)

Sehenswert auf es-Saidiyeh ist eine Treppe von etwa 125 Stufen, die am Nordhang des Tell zu einer Quelle hinunterführt. Ursprünglich muß sie in ganzer Länge eingedeckt gewesen sein, und zwar mit einem Holzdach, das wohl durch Erdbewurf und Bepflanzung getarnt war. Um ein Absacken dieses Dachs zu verhindern, errichteten die Siedler von Tell es-Saidiyeh in der Mitte zwischen den steinernen Seitenmauern einen Längswall, gefügt aus Lehm und Ziegeln. Damit war die Quelltreppe faktisch zweigeteilt – wie man vermuten darf: in einen aufwärts und einen abwärts zu begehenden Lauf; unklar bleibt, wie das Belichtungsproblem gelöst wurde. Zweifellos sicherte die Anlage die Wasserversorgung der Hügelsiedlung, wenn Belagerer aufzogen und die Stadttore geschlossen werden mußten.

Der eindrucksvolle Stufenbau gehört in die frühe Eisenzeit. Zerstört hat ihn vielleicht der Pharao SCHESCHONK I., der um 924 v. Chr. mit seinen Truppen durch Palästina zog und auch über den Jordan setzte. Eine Inschrift und eine Städteliste im Tempelbezirk des ägyptischen Karnak feiern seine Eroberungen. In Zentralpalästina fielen SCHESCHONK – oder SCHISCHAK, wie sein biblischer Name lautet – allein 40 Städte zu, und REHABEAM, der König von Juda, mußte dem Ägypter, der angeblich mit 1200 Wagen und 60000 Wagenkämpfern kam, sogar die Tempel- und Palastschätze herausgeben (vgl. 2. Chronik 12, 1–12).

WESTEN: TELL DEIR ALLA / DOLMEN UND MENHIRE

Archäologisch mindestens ebenso bedeutsam wie Tell es-Saidiyeh, jedoch weniger sehenswert ist **Tell Deir Alla**, ein kahler Siedlungshügel von etwa 30 m Höhe über der Ghor-Ebene (damit zugleich etwa 200 m unter dem Meeresspiegel). Knapp 9 km südlich von Kureyma erhebt er sich, schon von weitem sichtbar, unmittelbar an der Jordanstraße.

Die historische Geographie neigt dazu, den Tell mit dem biblischen Sukkot gleichzusetzen, wo JAKOB sich nach dem Kampf mit dem ›Engel‹ Hütten (hebr.: Sukkot) baute (vgl. 1. Mose [Genesis] 33, 17). Josua 13, 27 verzeichnet Sukkot als Stadt im Lande Gad. Allerdings hat Henk J. FRANKEN von der Universität Leiden, der Tell Deir Alla zwischen 1960 und 1967 in fünf Grabungskampagnen erforschte, Zweifel an dieser Identifizierung geäußert. Nach FRANKENs Erkenntnissen trug der Hügel niemals eine Stadt im eigentlichen Sinne, Befestigungsanlagen konnten nicht nachgewiesen werden. Alles deutet vielmehr darauf hin, daß Tell Deir Alla in der mittleren und späten Bronzezeit (ca. 1600–1200 v. Chr.) mit einem großen offenen Heiligtum bebaut war; Wohn- und Vorratshäuser umgaben diesen Tempel, der Anfang des 12. Jh. v. Chr. schließlich zerstört wurde, vielleicht durch ägyptische Truppen (man fand eine Kartusche vom Ende der 19. Dynastie).

Nachgrabungen in den Jahren 1976, 1978 und 1982, geleitet von H. J. FRANKEN, G. VAN DER KOOIJ und M. IBRAHIM, verfolgten u. a. das Ziel, früharamäische Textfragmente in Tintenschrift, die man 1967 auf Putz innerhalb des Heiligtums entdeckt hatte, in ihrer ursprünglichen Position zu rekonstruieren. Die Texte (heute im Archäologischen Museum Amman) geben u. a. eine Vision des auch aus dem Alten Testament bekannten Sehers BILEAM oder BALAAM wieder (vgl. S. 24), der – in ein Götterkonzil versetzt – von der Verstimmung der himmlischen Mächte über die irdischen Zustände erfährt. Eine Göttin namens Schagar (?) will offenbar das Land zerstören, wird aber von anderen Gottheiten noch zurückgehalten. BILEAM mahnt eindringlich, der Göttin die gebotene Schuldigkeit zu erweisen, um das Strafgericht abzuwenden.

Dolmen und Menhire in Jordanien
(Dolmenfeld an der Straße von Amman über Naur nach Jerusalem)

Das Wort Dolmen stammt aus dem Keltischen, bedeutet soviel wie Steintisch (Dol oder Tol = Tisch; Men = Stein) und bezeichnet einen prähistorischen Denkmaltypus: Vertikal gestellte Trägersteine werden dabei mit einem oder mehreren Decksteinen zu einer kleinen, auf einer Seite meist offenen Kammer zusammengefügt. Unter einem Menhir (ebenfalls ein keltisches Wort: Men = Stein; Hir = lang) versteht man einen hochkantig aufragenden Felsmonolithen. Beide Arten von Steinsetzungen gehören zu den sogenannten Megalith- oder Großsteinkulturen und sind vor allem im Westen und Nordwesten Europas, etwa in der Bretagne, verbreitet; dort finden sich auch Steinkreise

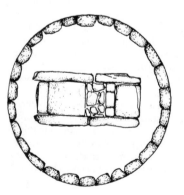

Grundriß eines jordanischen Dolmens (nach: R. W. Dajani, ADAJ XII/XIII, 1967/68)

Die meisten von ursprünglich vielen tausend jordanischen Dolmen sind der landwirtschaftlichen Erschließung und Besiedlung zum Opfer gefallen

und ganze Menhir-Alleen. Außerhalb Europas kennt man Megalithen u. a. aus Malta, Nordafrika, Süd- und Zentralindien, Indonesien, Japan und Polynesien. Umstritten ist, ob und – wenn ja – welche Zusammenhänge zwischen den einzelnen megalithischen Denkmalgruppen bestehen, vor allem, ob die Tradition solcher Steinsetzungen sich in unabhängiger Parallelentwicklung oder in einem großräumigen Diffusionsprozeß herausbildete, ausgehend von einem oder mehreren Zentren. Indirekt ist damit schon die problematische Datierung der Megalithen angesprochen. Eine stilistisch-typologisch angelegte Chronologie erscheint angesichts der elementaren Gestalt der Steinmale ohnehin illusorisch.

Was die jordanischen Dolmen und Menhire betrifft, so lassen die Datierungsvorschläge fast keinen Zeitabschnitt aus, angefangen mit dem Neolithikum (G. L. HARDING). W. F. ALBRIGHT datierte die Megalithen in die Zeit um 4500 v. Chr., G. LANDES zwischen 3500 und 3200 v. Chr., E. C. BROOME zwischen 3100 und 2900 v. Chr., R. DE VAUX zwischen 2300 und 2000 v. Chr. Gerechterweise muß man dazu sagen, daß es in Jordanien an systematischen Grabungen mangelt; zu bedenken ist aber auch, daß östlich des Jordan vielleicht über Jahrhunderte, ja Jahrtausende Dolmen und Menhire aufgerichtet wurden. So bleibt chronologisches Indiz, was der amerikanische Archäologe J. L. SWAUGER und sein jordanischer Kollege R. W. DAJANI in den 60er Jahren für die jordanischen Dolmenfelder von Damiya, el-Quttein und el-Matabi ermittelten: daß sich die dortigen Dolmen über eisenzeitlichen Bestattungen erheben, die nach Keramikspuren zwischen 1300 und 900 v. Chr. zu datieren sind (K. YASSINES Nachgrabung im Jahre 1985 erbrachte für Damiya freilich frühbronzezeitliche Scherben). Was für nord- und westeuropäische Dolmen ohnehin außer Zweifel steht, trifft damit jedenfalls auch für ihre jordanischen Verwandten zu – hier wie dort handelt es sich um Grabdenkmäler.

Um die 20 000 Dolmen und Menhire dürfte das Ostjordanland einmal besessen haben. In Major CONDERS Forschungsbericht von 1889 liest man, daß einige Hügel im Umkreis von Amman mit solchen Steinmalen geradezu übersät waren. Die jordanischen Megalithen konzentrierten sich auf den Raum zwischen Irbid im Norden und dem Berg Nebo im Süden; im Osten begrenzte in etwa die Linie Amman – Umm el-Jemal ihr Verbreitungsgebiet, im Westen war das (östliche) Jordantal besonders reich an Megalithen. Mit anderen Worten: Nicht die Wüsten-, sondern die Agrargebiete Transjordaniens brachten Steinsetzungen hervor.

Nur wenig hat sich von jenem Bestand erhalten, mehr als neun Zehntel der jordanischen Dolmen und Menhire dürften inzwischen zerstört sein. Eines der seltenen unversehrten Dolmenfelder Jordaniens ist unmittelbar rechts der Straße zu finden, die Amman mit Naur, dem Jordantal und Jerusalem verbindet. Da die Megalithen sich farblich nur geringfügig gegen ihren Grund, einen steinigen Hang, abheben, ist bei der Anfahrt erhöhte Aufmerksamkeit geboten. Merkpunkt kann ein Wegstein mit der Aufschrift Sea Level sein. Passiert man, von Amman kommend, diesen Stein, sind es noch etwa 2 km bis zu dem einsam gelegenen Dolmenfeld.

Zunächst sieht man nördlich (rechts) der Straße etwa ein Dutzend kleiner, meist gut erhaltener Steinmale mit Innenräumen von ca. 25 × 50 cm und Außenmaßen von ca. 150 × 200 cm, teilweise ausgestattet mit Bodenplatten, die vermutlich eine unterirdische Kammer abdecken. Auch auf der südlichen Straßenseite sind die Reste von mindestens drei Dolmen zu erkennen. Etwas weiter westlich, durch einen Höhenrücken von der ersten Gruppe getrennt, breitet sich der zweite Teil des Feldes aus, und zwar wiederum an einem Hang rechts der zum Jordantal absteigenden Straße. Hier sind die Dolmen größer und gelegentlich auf kreisförmige Steinfundamente gesetzt.

Ungeachtet ihrer unterschiedlichen Abmessungen zeigen die Megalithen des Feldes an der Naur–Jerusalem-Straße ein gleichartiges Bauprinzip: Auf drei oder vier Seitensteinen ruhen ein oder zwei Deckplatten. Bezogen auf ihre ›Türöffnung‹ sind die meisten Dolmen nord-südlich orientiert. Dies mag auf religiöse Vorstellungen oder Regeln hinweisen und ruft Stuart PIGGOTTs Charakterisierung der Megalithen als »Monumente eines verschollenen Glaubens« in Erinnerung...

Das Tote Meer

Nach Süden hin schließt den Jordangraben ein abflußloser Salzsee von heute knapp 16 km Breite und – schwankend je nach Wasserstand – zwischen 75 und 85 km Länge ab. Sein Pegel wird offiziell mit – 394 m angegeben, in Wirklichkeit dürfte der Wasserspiegel in den letzten Jahren aber durch starke Verdunstung und verminderten Zufluß (ein Teil des Yarmuk-Wassers speist ja den East Ghor Canal; vgl. S. 127) noch um einige Meter abgesunken sein.

Im Osten fassen den Salzsee die moabitischen Berge (bis 1285 m hoch) ein, darunter der Berg Nebo, im Westen Judäas Höhenzüge, die bis 1014 m aufragen. Während man im Nordteil des Toten Meeres Wassertiefen von über 400 m gemessen hat (der Seeboden liegt also um die 800 m unter dem Meeresspiegel), betragen sie im Südteil, beginnend mit der Lisan-Halbinsel, nur 5–10 m. In der Antike soll es möglich gewesen sein, von jener Halbinsel (Lisan = arab.: Zunge) über eine Furt zum hier etwa 5 km entfernten Westufer zu waten. Jedenfalls besteht der See praktisch aus einem Nord- und einem Südbecken.

2–4 AMMAN Straßenszenen in den Suks der Innenstadt

◁ 1 AMMAN Hussein-Moschee

5   AMMAN   King Abdullah-Moschee

6   AMMAN   Der Qasr auf dem Zitadellenhügel

8 AMMAN Römisches Theater, Blick vom Zitadellenhügel
◁ 7 AMMAN Säulen des römischen Forums
9 AMMAN Römisches Nymphäum, Außenwand

10   WADI ES-SIR   Löwenbrunnen an der Ostmauer des Qasr el-Abd

11   NUWEIJIS   Römisches Mausoleum mit fackelförmiger Bekrönung

12 WADI ES-SIR   Löwenrelief vom Obergeschoß des Qasr el-Abd

14 JERASH/GERASA   Blick aus dem Südtheater über die Ruinenstadt ▷

13 WADI ES-SIR   Blick auf den Qasr el-Abd

15 JERASH/GERASA   Triumphbogen im Süden der Stadt

16 JERASH/GERASA   Kirche am byzantinischen Brunnenhof (vgl. Farbabb. 28)

17 JERASH/GERASA Nymphäum

18 JERASH/GERASA Innenhof des Macellum

19 JERASH/GERASA Säulenstellungen der Hauptstraße vor dem Macellum

20 JERASH/GERASA Nordteil der Hauptstraße mit Diagonalpflasterung

21 JERASH/GERASA Ovales Forum (vgl. Historische Abb. IV)

22 JERASH/GERASA Mosaikboden in der Kirche der Hl. Kosmas und Damian

23 UMM QEIS/GADARA Säulenhof und Säulen einer byzantinischen Kirche

24 UMM QEIS/GADARA Westmausoleum

25 UMM QEIS/GADARA Grab der Germani

26 UMM QEIS/GADARA Blick in das Westtheater (vgl. Farbabb. 26)

27 UMM QEIS/GADARA Grabpodeste und Sarkophage nahe dem Chaireas-Mausoleum

28 ABILA Säulenstellungen der Basilika

29 QALAAT ER-RABAD Araberburg (vgl. Farbabb. 39)

Trübe von Mergel und Ton, die der Jordan ablagert, ist das Tote Meer kein einladender Badeplatz. Das Wasser fühlt sich ölig an, schmeckt unangenehm bitter und brennt in den Augen. Dennoch hat die jordanische Regierung bei Suweima am Nordende des Sees ein Rest House mit Restaurant und Süßwasserduschen errichten lassen. Insbesondere an Sommerabenden zieht jene Eigenschaft des Binnenmeeres, die schon im Altertum berühmt war, viele Besucher aus Amman hierher: Der Salz- bzw. Mineralgehalt des Wassers (u. a. Magnesium-, Kalium-, Natrium-, Kalzium- und Bromverbindungen), der mit 31 % und darüber fast zehnmal so hoch ist wie im Mittelmeer, bewirkt einen starken Auftrieb, der das Schwimmen schwierig macht, die Gefahr des Ertrinkens aber praktisch ausschließt. Auf drastische Weise ließ der römische Feldherr und spätere Kaiser VESPASIAN dies im Jahre 68 n. Chr. überprüfen: Auf sein Geheiß stürzte man Nichtschwimmer, denen zusätzlich noch die Hände gebunden waren, in die Fluten; nach FLAVIUS JOSEPHUS, in dessen »Jüdischem Krieg« (IV, 8,4) sich die Episode findet, überlebten sie.

Daß Fische, die in den Salzsee geraten, nach kurzer Zeit verenden, daß überhaupt organisches Leben im Toten Meer nur ausnahmsweise überdauert – im Altertum reagierte man mit Legendenbildung auf solche Phänomene. Kein Vogel, hieß es, würde je über die ›bitteren Wasser‹ des Sees fliegen; und unerklärlich sei der dreifache Farbwechsel, den man auf der Wasserfläche tagtäglich beobachte.

Im Alten Testament erscheint das Tote Meer als »Salzmeer« (u. a. 1. Mose [Genesis] 14,3) oder einfach als »östliches Meer« (Ezechiel 47,18). Totes Meer (Mare Mortuum) hat den Salzsee erstmals wohl der Kirchenvater HIERONYMUS im 4. Jh. genannt. Interessanter ist die Bezeichnung »Asphaltsee«: Der Historiker FLAVIUS JOSEPHUS berichtet im 1. Jh. n. Chr. von schwarzen Bitumenbrocken, die der See »nach oben kommen läßt«, verwendbar »nicht nur zum Abdichten von Wasserfahrzeugen, sondern auch gegen körperliche Leiden«. »Bitumen Iudaicum« (PLINIUS d. Ä.) oder »Judenpech« nannte man die begehrte teerartige Masse. Die Nabatäer bargen den Naturasphalt und boten ihn zu hohen Preisen im Mittelmeerraum und vor allem in Ägypten an, wo er zum Einbalsamieren von Leichen benötigt wurde. Wie rar die Ware gewesen sein dürfte, macht Ulrich Jasper SEETZEN deutlich, der Anfang des 19. Jh. am Toten Meer entlangzog. »Die Erscheinung des Asphalts auf dem toten See«, schreibt SEETZEN, »ist gar nicht so gewöhnlich, wie man zu glauben scheint, sondern gehört zu den Seltenheiten, und alte Leute wußten sich nur zu erinnern, daß dies zwei- oder dreimal in ihrem Leben der Fall gewesen sei.« Entsprechend mangelt es an Bildzeugnissen, doch zeigt ein 1939 von BLAKE und IONIDES veröffentlichtes Photo einen im Toten Meer schwimmenden Asphaltblock von 150 m^3.

Trotz der Beachtung, die das Tote Meer schon früh fand – erst 1848 erkannte man in ihm den tiefsten kontinentalen Punkt überhaupt. Eine US-amerikanische Expedition unter W. F. LYNCH befuhr damals mit Metallbooten Jordan und Totes Meer und gelangte zu weithin exakten Vermessungsdaten. Der Ire COSTIGAN (1835) und der englische Leutnant MOLYNEUX (1847) waren zuvor – jeweils in der größten Sommerhitze – unter tragischen Umständen gescheitert, und G. H. VON SCHUBERTS Messungen aus dem Jahre 1836/37 hatten die

WESTEN: TOTES MEER / KALLIRHOË

Am Toten Meer (Stich von ca. 1860)

Depression mit »598 Fuß« noch etwa um die Hälfte zu niedrig bestimmt. Die weitere Erforschung der Ufer kam vor allem im Osten, wo der Sandstein der moabitischen Berge häufig schroff aus dem Wasser des Salzsees aufsteigt, nur langsam voran; Verdienste erwarben sich u. a. der Duc DE LUYNES, H. B. TRISTRAM, F.-M. ABEL und in jüngerer Zeit A. STROBEL.

Die Ruinen von Kallirhoë

Obwohl SEETZEN bereits 1807 bei **Ain ez-Zara,** einer kleinen Küstenebene am Toten Meer mit heißen und kalten Quellen, die Ruinen des antiken Kurorts **Kallirhoë** (d. h. Schönbad) vermutete, brachte erst das Jahr 1961 Gewißheit über diese Identifizierung: Eine Expedition des Deutschen Evangelischen Instituts für Altertumswissenschaft des Heiligen Landes erreichte damals mit einem Boot der jordanischen Armee den einsamen Platz, der etwa 30 km südlich der Jordanmündung liegt. Zuvor waren

Versuche der Gruppe fehlgeschlagen, über die moabitischen Berge ans Ostufer zu gelangen. Dennoch war Kallirhoë von Osten her durch antike Straßen erschlossen – im Wadi Attun und am Unterlauf des Wadi Zarqa Main hatten schon CROPPER/BACON (1906) und MUSIL (1907) ihre Reste wahrgenommen. Inzwischen konnte August STROBEL den ca. 8 km langen alten Verbindungsweg von ez-Zara nach Machärus (vgl. S. 306ff.) sowie ein ganzes Netz von antiken Straßen und Pfaden im Hinterland von Kallirhoë bestimmen; Wachtürme und Stationen, heute in Ruinen liegend, gehörten zu diesem Verkehrsnetz.

Zu Rang und Namen kam Kallirhoë/Ain ez-Zara als Sanatorium des HERODES. Mit Leiden aller Art geschlagen, suchte der König kurz vor seinem Tode (im Jahre 4 v. Chr.) Genesung an »den heißen Quellen in Kallirhoë jenseits des Jordan; sie ergießen sich in das Tote Meer, sind aber süß und genießbar« (FLAVIUS JOSEPHUS, »Jüdischer Krieg«, I, 33,5).

Wie Kallirhoë im Altertum ausgesehen haben mag, deutet die Mosaikkarte von Madaba aus der zweiten Hälfte des 6. Jh. n. Chr. an: Mit ΘΕΡΜΑΚΑΛΛΙΡΟΗΣ und fünf Vignetten ist dort an der Ostseite des Binnenmeeres das Herodes-Bad verzeichnet. Die fünf Mosaikbilder zeigen: eine kreisförmig ummauerte Quelle, einen Wasserbau mit Apsis (vermutlich ein Nymphäum), einen Flußlauf mit Wasserbecken oder Teich (vermutlich eine Badeanlage) sowie zwei Palmen.

WESTEN/JERASH UND DER NORDEN

Kallirhoë auf der Madaba-Karte (Zeichnung: U. Clemeur)

Die Ruinen am Ort konnten den spätantiken Darstellungen bisher nicht zweifelsfrei zugeordnet werden. Eine kleine Befestigungsanlage (ca. 19 × 10,5 m), von Ain ez-Zaras heutigen Bewohnern als Qaṣr el-Baḥr (d. h. Meeresburg) bezeichnet, findet sich im Süden der Küstenoase. Andere Mauerzüge sind als Reste eines Hafens oder alternativ als Nymphäum gedeutet worden. In den el-Medes genannten Bauresten im Norden vermutete H. Donner ein altes rechteckiges Badebecken. Weiter landeinwärts entdeckte A. Strobel eine Terrasse mit zahlreichen Säulentrommeln und den Grundmauern eines Gebäudegeviers antiker oder spätantiker Zeit. Manches ist hier noch zu entdecken, teils unter dem Spiegel des Toten Meers, teil in den östlich, nach Hammamet Main (vgl. S. 306) aufsteigenden Bergen.

Weitere Stätten im Westen

Damiya Rechts des Wegs zur Jordanbrücke von Damiya breitet sich über eine Fläche von mehreren Quadratkilometern ein Dolmenfeld aus. Ausgrabungen ergaben, daß einige der Steinmale in der Eisenzeit als Bestattungsplätze dienten. Die meisten Dolmen sind nord-südlich orientiert (vgl. S. 134 ff.).

Shaghur und Umgebung Diese kleine hellenistisch-römische Siedlung am Südende der Jordanstraße identifiziert man mit Beth-Ramtha in den »Steppen von Moab«. Tell er-Rama, ein Hügel in der Nähe des modernen Shaghur, bewahrt den alten Namen. Herodes soll sich in Beth-Ramtha einen Palast errichtet haben, der 4 v. Chr. in Flammen aufging, von Herodes Antipas aber wiederaufgebaut wurde. – Drei Kilometer südöstlich des Tell er-Rama trägt der Tell Iktanu Reste alter Befestigungsanlagen, während Mazar, 1 km von Tell er-Rama entfernt, eine byzantinische Kirche besaß (man sieht Säulentrommeln und Kapitelle).

Jerash und der Norden

Gerasa, das heutige Jerash, genießt nicht den Ruf von Palmyra oder Petra. Keine spektakuläre Wüstenlandschaft und keine Felswildnis breiten sich vor der Stadt aus, auch kann sie nicht den schillernden kunst- und religionsgeschichtlichen Synkretismus der beiden antiken Nachbarmetropolen aufbieten. Mit prachtvollen Säulenstraßen, zwei gut erhaltenen Tempeln, drei Theatern und zahlreichen frühbyzantinischen Kirchen ist Gerasa indessen eine Sehenswürdigkeit ersten Ranges – das beste und besterhaltene Beispiel einer spätantiken Provinzstadt im Nahen Osten. Und auch die grüne, abwechslungsreiche Hügellandschaft um die römisch-byzantinische Stätte, durchzogen von einem Flüßchen, dem Wadi Jerash, besitzt eigenen, wenngleich verhaltenen Reiz.

Geschichtlicher Überblick

Die frühesten Siedlungsspuren, die man im Flußtal von Jerash fand, stammen aus neolithischer Zeit, aus dem 6. vorchristlichen Jahrtausend. Auch in der frühen Bronzezeit müssen hier Hirten und Ackerbauern gelebt haben; geschichtliche Ausstrahlung besaßen diese Siedlungsansätze jedoch nicht, und es ist eine offene Frage, ob sie in der mittleren und späten Bronzezeit fortbestanden. Das eisenzeitliche Gerasa dürfte zum ammonitischen Reich gehört haben, wird aber historisch weder in den ammonitischen Quellen selbst noch im Alten Testament faßbar. Was den Ortsnamen betrifft, so ist er mit Sicherheit eine vorgriechische Prägung; er hielt sich auch noch, als Gerasa unter dem neuen Titel Antiochia am Chrysorhoas (Antiochia am Goldfluß) zu einer Gemeinde der hellenistischen Welt aufstieg: Verschiedene Inschriften sprechen von »der Stadt der Antiochener, die früher Gerasener hießen«. In späthellenistisch-frührömischer Zeit setzte sich der ältere, unvergessene Stadtname dann aufs neue durch, und Antiochia sank seinerseits zum Beinamen ab.

Was oder wer bewirkte nun, daß aus der Unansehnlichkeit und ›Geschichtslosigkeit‹ eines Lehmhüttendorfes das hellenistische Antiochia entstand? War es die Initiative ALEXANDERS des Großen, der hier Kriegsveteranen ansiedelte (wie eine byzantinische Quelle behauptet)? Oder hat ALEXANDERS Feldmarschall PERDIKKAS die Stadt gestiftet (worauf eine ihm gewidmete Statue aus dem Gerasa des 3. Jh. n. Chr. hindeutet)? Nach der politischen Lage des 3. Jh. v. Chr. wiederum könnte PTOLEMAIOS II. PHILADELPHOS (reg. 285–246 v. Chr.)

JERASH: GESCHICHTE

Gerasa gegründet, jedenfalls aber – ähnlich wie das benachbarte Amman – zum ptolemäischen Regionalstützpunkt ausgebaut haben. Hält man sich indessen an den neuen Namen der Stadt, so müßte ein Seleukide ihr Stifter sein, entweder der dritte ANTIOCHOS (reg. 223–187 v. Chr.) oder ANTIOCHOS IV. (reg. 175–164 v. Chr.), der sich entschiedener als sein Vater für die Urbanisierung und Hellenisierung des Nahen Ostens einsetzte. Der Zeus-Tempel im Süden von Gerasa, in seinem heutigen Baubestand ein Werk des 2. nachchristlichen Jahrhunderts, entzieht sich dem regelhaften römischen Stadtplan und könnte auf einen hellenistischen Tempel des Zeus Olympios zurückgehen, dessen Kult ANTIOCHOS IV. im Jahre 168 v. Chr. zwangsweise in Jerusalem einführte (vgl. S. 36).

Wir bewegen uns hier freilich auf dem Feld der Mutmaßung, und auch in urbanistisch-architektonischer Hinsicht stellt Antiochia am Goldfluß nach wie vor eine Unbekannte dar. Das Zentrum der hellenistischen Stadt dürfte jedenfalls weiter südlich gelegen haben – im Umkreis des sogenannten Camp Hill, wo heute das Kleine Museum steht.

In der seleukidischen Niedergangsphase Ende des 2. vorchristlichen Jahrhunderts deponierte THEODORUS, ein Tyrann aus Philadelphia/Amman, seine Schätze in Gerasa, um sie dem Zugriff des ALEXANDER IANNÄUS zu entziehen – ohne Erfolg allerdings. Wie FLAVIUS JOSEPHUS berichtet (»Jüdischer Krieg« I, 4, 8), gehörte die Stadt im 1. Jh. v. Chr. zur territorialen Beute des Hasmonäers. Unter dem Priesterkönig wird sich Gerasas Judenkolonie herausgebildet haben, deren Geschick FLAVIUS JOSEPHUS gleichfalls anspricht (II, 18, 5). Wichtiger erscheint freilich, daß unter ALEXANDER IANNÄUS jene wirtschaftliche Interessengemeinschaft zustande kam, in der sich die spätere Dekapolis ankündigt.

Wenn sich in der späthellenistisch-römischen Stadt neben jüdischem unverkennbar auch nabatäischer Einfluß geltend macht, so entspricht dies nur den historischen Gegebenheiten: Daß Nabatäas politische Macht zwischen 84 und 72 v. Chr. bis nach Damaskus, also noch weit über Gerasa hinaus reichte, ist dabei weniger entscheidend als das arabische Interesse an einem zuverlässigen Handelsemporium auf dem Karawanenweg in den Norden. Die inschriftliche Erwähnung eines »arabischen Gottes« (wohl Dhushara; vgl. S. 179) und typische Bauornamentik sprechen dafür, daß Gerasa – von den Arabern Garshu genannt – ein nabatäisches Heiligtum besaß; die Reste dieses Tempels vermutete J. W. CROWFOOT unter der byzantinischen Kathedrale (vgl. S. 179ff.).

Bis in die Mitte des 1. Jh. n. Chr. bleiben die historischen Mitteilungen über Gerasa spärlich, kein Zweifel aber – die Stadt wurde reich. Im Verbund der Dekapolis und als Station nabatäischer Kaufleute vermochte sie in besonderem Maße vom ›römischen Frieden‹ und seiner Handelssicherheit zu profitieren. Daran änderte auch – entgegen den Nachrichten bei JOSEPHUS (»Jüdischer Krieg« II, 18, 1; IV, 9, 1) – der jüdische Aufstand nichts, eher dürfte sich der Handelsverkehr auf der östlichen, weniger gefährdeten Fernstraße noch verstärkt haben. Ein gut entwickelter Ackerbau und die Erzgewinnung in den nahen Ajlun-Bergen (vgl. S. 195) trugen das Ihre zur wirtschaftlichen Blüte Gerasas bei.

Seit der Mitte des 1. Jh. n. Chr. fand dieser Aufschwung kulturellen Ausdruck in einem ambitiösen Bauprogramm: Eine neue Stadt entstand. Die für den romanisierten Osten – man denke an Palmyra, Philippopolis, Gadara, Philadelphia, Petra – charakteristische Variante des hippodamischen Stadtplans mit dominanter, von Kolonnaden gesäumter Achsenstraße und kreuzenden Nebenstraßen legte inmitten eines neuen Stadtmauerzugs eine urbane Grundstruktur fest, deren Durchsetzungskraft offenbar nur der Zeus-Tempel entging (er wurde über das Ovale Forum in die neue Stadt integriert; vgl. S. 171 ff.). Hellenistische ›Ganzheitskomposition‹ und römische Rationalität, repräsentative Absicht und städtebauliche Zweckmäßigkeit gerannen in Gerasa zu einer selten harmonischen Verbindung: »Den Gerasenern gelang einer der eindrucksvollsten architektonischen Entwürfe, die der antike Nahe Osten jemals sah« (I. BROWNING). Großzügige Stiftungen reicher Bürger halfen, profane und sakrale Großbauten zu finanzieren. Der Höhepunkt der wirtschaftlichen und städtebaulichen Aufwärtsentwicklung war indessen noch nicht erreicht: Das ›Goldene Zeitalter‹ Gerasas brach im 2. Jh. n. Chr. mit der trajanischen Expansionspolitik an, die zur Annexion Nabatäas führte. Gerasa war nun nicht länger Grenzstadt des römischen Reiches, sondern lag im Herzen der neuen Provincia Arabia, geschützt durch einen Limes und Vorteil ziehend aus den römischen Wegebauleistungen: Gute Straßen führten u. a. nach Philadelphia, Pella, Dion und zur Provinzhauptstadt Bos(t)ra an der Via Nova Traiana; entsprechend nennt eine Inschrift am neuen Nordtor, das die Stadt im Jahre 115 erhielt, Kaiser TRAJAN einen »Erlöser und Stifter«. Als Kaiser HADRIAN Gerasa im Winter 129/130 einen Besuch abstattete, war dies für die Stadt Signal zu weiterer, forcierter Bautätigkeit. Zunächst

Blick über den Südteil des Cardo von Gerasa. Rechts der Eingang zum Macellum, im Hintergrund das Bogentor vor dem Ovalen Forum, der Zeus-Tempel und die Bühnenwand des Südtheaters (Rekonstruktion: I. Browning)

entstand als Ehrenmal der kaiserlichen Anwesenheit der Triumphbogen im Süden, in der Folgezeit – vor allem unter den antoninischen Kaisern – errichtete man weitere Sakralbauten (zu Ehren der Nemesis und des Zeus Epicarpius etwa), ersetzte die älteren Heiligtümer des Zeus und der Artemis durch aufwendigere Tempel mit monumentalen Propyläen, vergrößerte das Angebot öffentlicher Luxusarchitektur (Beispiel: Nymphäum), verbreiterte die Hauptstraße zwischen Ovalem Forum und Nordkreuzung, markierte beide Straßenkreuze (wohl im Zeichen gewachsener *römischer* Urbanität) mit Tetrapylonen und tauschte die älteren ionischen Kolonnaden teilweise durch solche korinthischer Ordnung aus.

Im 3. Jh. jedoch kamen die zivilen Bauprogramme allmählich zum Erliegen, beschied man sich in Gerasa, sofern überhaupt noch gebaut wurde, mit der Errichtung von Postamenten, Statuen und Altären. Wiederverwendeter Werkstein, vernutzte Inschriftenblöcke und unvollendete Steinmetzarbeiten bezeichnen gegen Ende des 3. Jh. die nächste Stufe eines städtischen Abstiegs, den augenscheinlich auch DIOKLETIANS Provinzreform nicht entscheidend aufhalten konnte. Der historische Hintergrund: Unter dem Druck der Sassaniden einerseits, arabischer Stämme im Osten und Süden der Provincia Arabia andererseits nahm die Grenzsicherheit ab, SCHAHPURS Eroberung von Dura-Europos (257) und AURELIANS Zerstörung Palmyras (273) schränkten den Orienthandel weiter ein, schließlich erstickte die allgemeine Bürokratisierung und Militarisierung des spätrömischen Reiches (vgl. S. 42) jene städtische Selbständigkeit, die sich gerade die Dekapolis-Zentren – auch nach ihrer Einbindung in die römische Provinz – noch erhalten hatten.

Bis in die Mitte des 5. Jh. war in Gerasa an neues, gar luxuriöses Bauen nicht zu denken; überzeugendes Indiz hierfür ist das fast vollständige Fehlen inschriftlicher Zeugnisse aus der Zeit zwischen 307 und 440. Das wichtigste – indirekt erschließbare – Ereignis jener fast eineinhalb Jahrhunderte ist der Aufstieg des Christentums: Schon in der ersten Hälfte des 3. Jh. fanden im nahem Bos(t)ra christliche Synoden mit Würdenträgern arabischer Diözesen statt – auch Bischöfe aus Gerasa dürften daran teilgenommen haben. Namentlich bekannt ist ein Bischof EXERESIUS von Gerasa; im Jahre 359 vertrat er die Christen der Stadt auf dem Kirchentreffen in Seleukia. Nach einem Bericht in EPIPHANIUS' »Arzneikasten gegen alle Irrlehren« gab es im Gerasa des 4. Jh. einen Brunnen, dessen Wasser sich an jedem Jahrestag der biblischen Hochzeit zu Kana in Wein verwandelte. Wahrscheinlich ist damit der Brunnen auf dem Hof zwischen St. Theodor und der Kathedrale (Farbabb. 28; Abb. 16) angesprochen: Bereits im 4. Jh. dürfte sich hier ein christliches »Martyrion« (EPIPHANIUS) erhoben haben, wahrscheinlich die Kathedrale, die allgemein – allerdings nicht mit letzter Sicherheit – in das dritte Viertel des 4. Jh. datiert wird (vgl. S. 180f.).

Nachdem Gerasa zwischen 390 und der Mitte des 4. Jh. seine Stadtmauern instandgesetzt hatte, ließen sich offenbar weitere Kirchenbauten verantworten: Im Jahre 442 entstand die Kirche des Elias, der Maria und des Soreg (zerstört, Mosaikpartien im ›Theatermuseum‹ von Amman), 464/465 die sogenannte Kirche der Propheten, Apostel und Märtyrer (zerstört, baugeschichtlich interessanter kreuzförmiger Grundriß), zwischen 494 und 496 St. Theodor, 526/527 die Procopius-Kirche. Am Konzil von Chalcedon (451) nahm ein Bischof PLANCUS (PLACCUS?) aus Gerasa teil.

Blick auf das Bema von St. Peter und Paul (Rekonstruktion: E. Crowfoot)

JUSTINIANS kluge Lösung des Grenzproblems (vgl. S. 44) gab Gerasa neue Impulse, neben verschiedenen öffentlichen Bauten erhielt die Stadt nun auch weitere Gotteshäuser: Die Georgskirche wurde 529 vollendet, die Johanneskirche im Jahre 531, die Kirche der Soldatenheiligen Kosmas und Damian im Jahre 533 – damit fand der Drei-Kirchen-Komplex seinen Abschluß. Die Synagogenkirche stammt aus dem Jahre 530/531, die Peter-und-Paul-Kirche aus der Zeit um 540, die Propyläenkirche wahrscheinlich aus dem Jahre 565; zuletzt, im Jahre 611, entstand die Kirche des Bischofs GENESIUS.

Dem demonstrativen Luxus all dieser Sakralbauten haftete freilich etwas Unechtes an: »Es kam (...) nur auf den Schein an, und die Schönheit war nur eine dünne Haut. Strahlender Marmor und buntfarbige Glasmosaiken an den Wänden der Kirchen verbrämten eine Bauweise, die man sich nicht schlecht genug vorstellen kann« (G. L. HARDING). Sicherlich wird dieses unfreundliche Urteil der gerasenischen Kirchenarchitektur, die auf jordanischem Boden unübertroffen ist, nicht vollständig gerecht; unbestreitbar ist allerdings, daß die Stattlichkeit jener frühbyzantinischen Kirchen »auf Kosten älterer Bauwerke, vor allem der Tempel« ging und daß für die neuen Gotteshäuser »nicht ein frischer Stein gebrochen wurde« (G. L. HARDING).

Nach 611 wurden keine neuen Kirchen mehr gebaut, es ging nur noch darum, die gerasenische Sakralarchitektur durch die anbrechenden schweren Zeiten zu bringen. Man weiß: Manchenorts haben die Sassaniden, die Großsyrien und Palästina im Jahre 614 eroberten, die byzantinischen Kirchen sehr viel weniger schonend behandelt als in Gerasa, wo sich die

Besatzer eher heimatlichen Vergnügungen widmeten – das Hippodrom im Süden der Stadt richteten sie anscheinend für die im zentralasiatisch-iranischen Raum so beliebten Reiterspiele her. Weniger überraschend kommt dagegen, daß die moslemischen Truppen, die unter General SHURHABIL im Jahre 636 die Stadt gewannen, die alten Kirchenbauten zunächst unangetastet ließen. Erst das ikonoklastische Edikt des Kalifen YAZID (720/721 oder 723/724) bewirkte die Zerstörung der figürlich geschmückten Mosaiken, so etwa in der Johanneskirche. Da der benachbarte Mosaikboden von St. Kosmas und Damian (Abb. 22) unbeschädigt blieb, muß er seinerzeit bereits verschüttet gewesen sein. Indirekt ist daraus der Niedergang des städtischen Christentums zu erschließen. Die Stadt selbst aber hat auch in frühislamischer Zeit und unter den Omayyaden als Handelsplatz fortbestanden, denn die Kaufmannsläden um das südliche Tetrapylon waren noch im 8. Jh. in Benutzung, und ein kürzlich freigelegter Baukomplex am südwestlichen Decumanus stammt aus omayyadischer Zeit.

Nach dem schweren Erdbeben des Jahres 747 – das u. a. der Besiedlung von Pella und Umm el-Jemal ein Ende machte – hat sich vielleicht auch Gerasa entvölkert. Als verödete Stätte erscheint es in mittelalterlichen Quellen: WILHELM VON TYRUS berichtet in seiner Chronik Outremers, daß König BALDUIN II. im Sommer 1121 Damaszener Soldaten aus dem Artemis-Tempel vertrieb, wo sie sich verbarrikadiert hatten, und der moslemische Geograph YAKUT bezeichnet das Jerash des 13. Jh. als »eine einstmals mächtige Stadt, die aber jetzt ganz und gar verwüstet ist«.

1878 siedelte der Osmanensultan ABDUL HAMID II. Tscherkessen, moslemische Flüchtlinge aus dem Zarenreich, in Jerash an. Ihren »Vandalismus« beklagte 1902 Gottlieb SCHUMACHER – offenbar sprengten die Zuwanderer Teile der Kolonnaden, um geeignete Säulentrommeln für den Häuserbau zu gewinnen. Doch konzentrierten sich die Zerstörungen auf den Ostteil der antiken Stadt, wo jenseits des Flüßchens auch die neue Siedlung lag; weitgehend erhalten blieb der Westteil von Gerasa.

Reisende und Archäologen

Gerasas Wiederentdeckung fällt in das Jahr 1806. Der Oldenburger Ulrich Jasper SEETZEN, einer der großen Orientpioniere, passierte damals die verlassene Stätte und fand viel »Vergnügen« an den »herrlichen Ruinen«; ein Ausschnitt aus seinem Bericht ist auf S. 163 wiedergegeben. Im Frühjahr 1812 wurde die antike ›Stadtlandschaft‹ dann von J. L. BURCKHARDT (vgl. S. 359) besucht und beschrieben. BURCKHARDT lieferte auch eine erste Planskizze Gerasas, die der Engländer J. S. BUCKINGHAM nach seinen Beobachtungen (1816) vervollständigte. Alle bedeutenden Nahostreisenden – von C. L. IRBY / J. MANGLES über G. ROBINSON bis Léon DE LABORDE – haben Jerash in den folgenden Jahrzehnten besichtigt und in ihren Berichten gewürdigt.

Die wissenschaftliche Untersuchung Gerasas leiteten in der zweiten Hälfte des 19. Jh. die Arbeiten der Engländer C. WARREN und A. E. NORTHEY ein; ihren ersten Höhepunkt fand sie in den Vermessungen und Bauaufnahmen des Ingenieurs Gottlieb SCHUMACHER zwi-

Seetzen über Gerasa

»Es ist mir unbegreiflich, wie diese im Altertume so blühende Stadt bisher den Liebhabern der Altertümer so gänzlich unbekannt bleiben konnte. Sie liegt in einer ziemlich offnen fruchtbaren Gegend, die vormals sehr reizend gewesen sein muß. Mitten durch die Stadt fließt ein schöner Bach. Schon außerhalb derselben fand ich viele Sarkophage mit niedlichen Basreliefs und unter denselben einen mit einer griechischen Inschrift am Wege. Die Stadtmauer ist gänzlich eingestürzt, aber man sieht ihren ganzen weiten Umfang, der dreiviertel bis eine ganze Stunde betragen dürfte und ganz aus Marmorquadern bestand. Der eingeschlossene Raum ist hüglig und neigt sich nach dem Bache zu. Von Privathäusern fand ich keines erhalten, aber von öffentlichen Gebäuden mehrere, die sich durch eine köstliche Architektur auszeichnen. Ich fand hier zwei prächtige Amphitheater von einem schönen festen Marmor, mit Säulen, Nischen usw. aufs beste erhalten; etliche Paläste, drei Tempel, einer hatte ein Peristyl von zwölf mächtigen Säulen korinthischer Ordnung, wovon noch 11 stehen; in einem andern fand ich eine umgestürzte Säule vom schönsten ägyptischen Granit mit polierter Oberfläche; ein herrliches und gut erhaltenes Stadttor, aus drei Bogen bestehend und durch Pilaster geziert. Das schönste von allen war eine lange Kreuzstraße, auf beiden Seiten mit einer Reihe Marmorsäulen korinthischer Ordnung eingefaßt; das eine Ende derselben endete sich in einem halbzirkelförmigen Platz, von sechzig Säulen ionischer Ordnung eingefaßt. Da, wo die Kreuzstraße sich durchschnitt, ist in jedem der vier Winkel ein großes Piedestal von großen Quadern, worauf vermutlich im Altertume Statuen standen. Man sieht noch einen Teil des Straßenpflasters, welches aus Quadern bestand. Ich zählte im ganzen über 200 Säulen, die zum Teil noch ihre Gebälke tragen; aber die Zahl der umgestürzten ist unendlich größer. (...) Dscherrásch kann wohl kein anderer Ort sein als das alte Gerasa, eine Stadt in Decapolis.«

schen 1891 und 1902. Die ›Baalbek-Expedition‹ unter der Leitung von O. PUCHSTEIN und B. SCHULZ brachte 1902 einen Monat in Jerash zu (Histor. Abb. IV, V), doch sind ihre Forschungsergebnisse, darunter zahlreiche Maßzeichnungen, nie vollständig publiziert worden. Im Jahre 1907 kam unter dem Haus des Bürgermeisters von Jerash ein qualitätvolles Mosaik mit mythologischen Motiven zutage, das auf Initiative C. WATZINGERS nach Berlin überführt wurde, dort aber jahrzehntelang im Depot verblieb; über Jahre war die prachtvolle Arbeit, das wohl bedeutendste Mosaik aus Jordanien, im Berliner Pergamon-Museum (unmittelbar neben dem Altar) zu sehen.

Im April 1925, während der Mandatszeit also, begann unter maßgeblicher Beteiligung von John GARSTANG, damals Direktor der British School of Archaeology in Jerusalem, und seines Schülers George HORSFIELD die Konservierung und Restaurierung der Ruinen von Jerash; HORSFIELD, der die technische Aufsicht hatte, wurde später von P. A. RICCI, dieser 1930 wiederum von A. G. BUCHANAN abgelöst. Räumungsarbeiten fanden vornehmlich im Bereich des Südtetrapylons, im Süd- und Nordtheater, im Zeus-Tempel, am Nymphäum und an den Propyläen des Artemis-Tempels statt.

1928 war das Jahr der ersten Ausgrabungen in Gerasa. Die US-amerikanische Yale University und die British School of Archaeology in Jerusalem, repräsentiert durch B. W.

BACON bzw. J. W. CROWFOOT, gingen dabei gemeinsam vor. Das Interesse galt vor allem den – zuvor nur in Mauerspuren sichtbaren – Kirchenbauten von Gerasa. Insgesamt elf frühbyzantinische Kirchen wurden freigelegt. Nach zwei britisch-amerikanischen Kampagnen lösten 1930 die American Schools of Oriental Research die britischen Archäologen aus Jerusalem ab, und in den folgenden Jahren bis 1934/35 grub ein ›all-American-team‹ in Gerasa, zu dem zeitweilig auch der Altertumswissenschaftler M. ROSTOVTZEFF und Nelson GLUECK gehörten. Der Schwerpunkt der archäologischen Forschung verlagerte sich nach dem Ausscheiden der Engländer auf die römischen Denkmäler Gerasas. Insgesamt wurden zwischen 1928 und 1934 an die 20 verschiedene Denkmäler untersucht und vermessen, weite Teile der antiken Stätte kartiert, zahlreiche neue Inschriften aufgenommen und Tausende von Münzen, Gebrauchs- und Kunstgegenständen gesammelt. Bis heute bildet die Arbeit jener Jahre, 1938 in einem Abschlußbericht (Herausgeber: C. H. KRAELING) zusammengefaßt, die Grundlage der Gerasa-Forschung. In den folgenden Jahrzehnten mußte man sich allerdings auf bescheidenere Projekte beschränken. Erwähnung verdienen die Arbeiten des jordanischen Department of Antiquities seit 1948, die weitere Räumung und Restaurierung des Südtheaters (1953–56), die Neuverlegung der Mosaiken in der Kirche der Hl. Kosmas und Damian sowie die Freilegung der Kolonnadenstraße zwischen Ovalem Forum und Südtetrapylon.

Neue, intensivierte Forschungs- und Restaurierungsarbeiten begannen Ende der 70er Jahre (H. KALAYAN u. a.), seit 1981 werden sie im Rahmen eines zunächst auf fünf Jahre

Der Triumphbogen (Rekonstruktion: I. Browning)

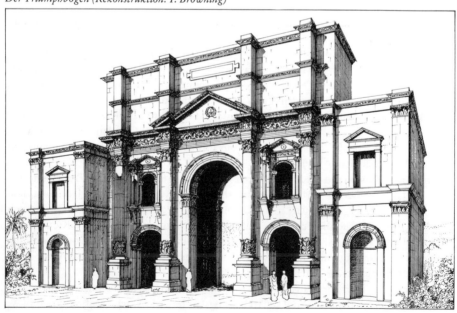

angelegten inzwischen stillschweigend verlängerten Tourism Development Programme unter Beteiligung zahlreicher ausländischer Ausgrabungsteams fortgeführt. Teile der antiken Stadt haben sich in eine ›archäologische Baustelle‹ verwandelt. Im Frühjahr 1992 arbeitete man im Hippodrom, an den Propyläen und auf dem Temenos des Artemis-Tempels, im Nordtheater und auf seinem Vorplatz, schließlich neben dem Nymphäum. Hinzu kommen Entdeckungen und Ausgrabungsergebnisse von überdurchschnittlicher Bedeutung: Am südlichen Cardo haben spanische Archäologen das Macellum von Gerasa freigelegt und seinen sehenswerten Baubestand restauriert (Abb. 18). Am Weg zum Birketein-Theater erheben sich seit 1986 die Säulen einer zuvor unbekannten byzantinischen Kirche; westlich des Nordtheaters kam eine neue Basilika zutage (vgl. S. 190), und am südwestlichen Decumanus wurde ein omayyadischer Gebäudekomplex ausgegraben (vgl. S. 176f.). Die Ergebnisse der weitgespannten archäologischen Bemühungen liegen teilweise erst in Kurzberichten vor, entsprechend knapp muß im folgenden die Charakterisierung der neu entdeckten Bauwerke ausfallen.

Sehenswürdigkeiten in Gerasa

Der Triumphbogen (Hadriansbogen)

Mitbedingt dadurch, daß Visitors' Centre und neues Restaurant unmittelbar vor dem Südtor Gerasas liegen, finden Triumphbogen und Hippodrom im südlichen Vorfeld der Stadt meist nur geringe Beachtung; auch ihr städtebaulicher Zusammenhang mit dem römischen Gerasa bleibt im dunkeln.

Der Triumphbogen (Abb. 15) wurde zwischen 1931 und 1934 von den amerikanischen Archäologen vermessen und Anfang der 80er Jahre vom jordanischen Department of Antiquities in einigen Partien (helleres Mauerwerk) ausgebessert oder erneuert. Da praktisch alle Teile des heute zerstörten Oberbaus in den Trümmern identifiziert werden konnten, wäre es nach dem Urteil der amerikanischen Expedition möglich, den Bogen in voller Höhe wiederaufzurichten (1993 oder 1994 will das Department of Antiquities diese Aufgabe angehen).

Bei einer Gesamtbreite von über 25 m ragte das dreiteilige Tor ursprünglich 21,5 m empor, 12 m beträgt die heutige Höhe. Mit einem Hauptdurchgang (Bogenhöhe: knapp 11 m, Breite: knapp 6 m) und zwei seitlichen Türen (Bogenhöhe: jeweils etwas über 5 m, Breite: jeweils etwas über 2,5 m) entsprach er im übrigen dem römischen Architekturkanon. Nord- und Südseite des eindrucksvollen Baus sind im wesentlichen identisch: Vier hoch gesockelte, an das Mauerwerk gebundene Halbsäulen korinthischer Ordnung rahmen die drei Durchgänge, darüber erhob sich ursprünglich eine Attika mit Inschriftenfeld. Während die äußere (südliche) Tabula ansata unbeschriftet war, trug das Feld auf der inneren (nördlichen) Seite

JERASH: TRIUMPHBOGEN / BESICHTIGUNGSVORSCHLAG

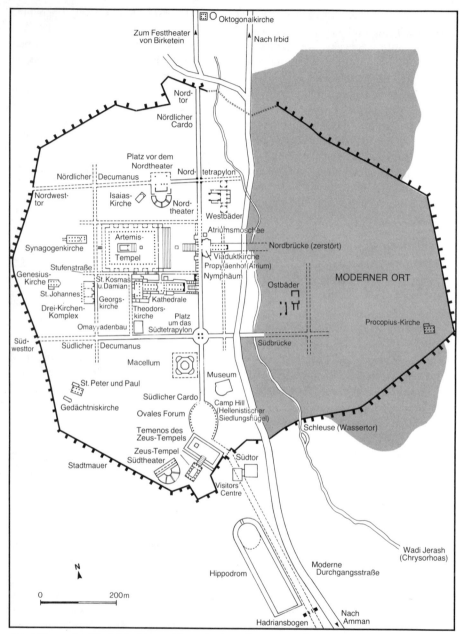

Jerash/Gerasa im Überblick. Eingezeichnete Säulenstellungen nur als Hinweis (Karte: G. Rebensburg)

> **Besichtigungsvorschlag**
>
> Die Folge, in der die Sehenswürdigkeiten von Gerasa hier beschrieben werden (die eindrucksvollsten Denkmäler sind hervorgehoben), ergibt eine empfehlenswerte Route durch die antike Stadt. Sie führt vom **Hadriansbogen** entlang des Hippodroms zur Stadtmauer und zum Südtor (offizieller Eingang, Eintrittsgebühr), danach über das **Ovale Forum** hinauf zum **Zeus-Tempel** und zum **Südtheater.** Zurück auf dem Ovalen Forum, schlägt man den Weg zum Südtetrapylon ein (linker Hand das **Macellum** von Gerasa, rechter Hand Camp Hill mit dem Kleinen Museum), biegt dann auf den südwestlichen Decumanus ab, passiert einen Omayyadenbau und geht schließlich querfeldein zu St. Peter und Paul sowie zur angrenzenden Gedächtniskirche. Auch zur Genesius-Kirche ganz im Westen von Gerasa führt kein gebahnter Weg. Vom **Drei-Kirchen-Komplex** gelangt man durch die **Theodorskirche,** über den **Brunnenhof** und vorbei an der **Kathedrale** zurück auf den Cardo, an dem sich – nur wenige Meter weiter nördlich – das **Nymphäum** erhebt. Auf der Ostseite des Cardo schließen sich die Viaduktkirche und eine omayyadische Moschee an, westlich steigen monumentale Aufgänge zum **Artemis-Tempel** empor. Jenseits dieses antiken Heiligtums kann man noch die Synagogenkirche besuchen. Über die Isaias-Kirche gelangt man vom Temenos des Artemis-Tempels ins **Nordtheater** und weiter zum nördlichen Tetrapylon wie auch zu den Westbädern, schließlich zum Nordtor. Da nur das Südtor geöffnet ist, muß man hier umkehren und über den **Cardo** zurückgehen. Jenseits des Wadi Jerash sind die Ostbäder und die Procopius-Kirche zu sehen. Lohnender ist der Ausflug zum Wasserreservoir und zum Festtheater von **Birketein;** er führt vorbei an einer vor kurzem freigelegten Oktogonalkirche.

Widmungszeilen an Kaiser HADRIAN; danach wurde der dreiteilige Bogen zum Gedenken an HADRIANS Gerasa-Besuch im Winter 129/130 errichtet.

Vieles deutet indessen darauf hin, daß er nicht als ein freistehendes Schaumonument in der Art etwa des Titusbogens, sondern als Torbau, als prachtvoller Stadteingang konzipiert war: vor allem die unbearbeiteten seitlichen Maueransätze, die vorerst hinter Eckpavillons (mit Treppenaufgängen!) verborgen wurden; die Einlassungen in den tonnengewölbten Bogengängen, in die Torflügel eingehängt werden konnten; die Orientierung des Hadriansbogens auf die südliche Römerstraße nach Philadelphia; schließlich auch die erwähnte Plazierung der Ehreninschrift auf der nördlichen, der ›inneren‹ Seite des Denkmals. A. H. DETWEILER und C. H. KRAELING haben die Hypothese aufgestellt, auf dem ca. 500 m entfernten Südtor, ebenfalls ein Bau hadrianischer Zeit, sei eine zweite Inschrift, diesmal nach Süden, nach ›außen‹ gekehrt, zu lesen gewesen; auch sie habe den Kaiser geehrt, und zwar als Stifter, der Gerasa ein ganzes neues Stadtviertel schenkte. Dieses Stadtviertel zwischen innerem und äußerem Tor hätte Gerasas städtisches Areal um ein Drittel erweitert. Was HADRIAN betrifft, so sind solche Stiftungsabsichten sehr wohl denkbar; auch Athen erhielt auf seine Initiative hin ein neues Wohnviertel mit einem Schmucktor, das als Ehrenbogen gestaltet war. In Gerasa konnte er den hochgegriffenen Entwurf – wenn es denn tatsächlich um solche Zielvorstellungen ging – in der Folgezeit freilich nicht realisieren. Das geplante Hadrians*tor* blieb Hadrians*bogen.*

JERASH: HIPPODROM / SÜDTOR UND STADTMAUER

Das Hippodrom

Lange Zeit galt das Hippodrom von Gerasa als Naumachie, als eine antike Anlage für Bootskämpfe. Die These ging auf eine Einschätzung des englischen Reisenden J. S. BUCKINGHAM (1821) zurück und wurde noch im Baedeker von 1908 mit den Details wiederholt, die Naumachie habe vier Schleusentore besessen und sei über einen Aquädukt bewässert worden. Wie die amerikanischen Untersuchungen von 1931 und 1933 erwiesen, haben wir es indessen mit einer durchaus konventionell gebauten Arena für Pferderennen zu tun; im übrigen feiert auch eine Inschrift von den Propyläen des Artemis-Tempels »Athleten und Pferdezüchter, die siegreich aus verschiedenen Wettkämpfen hervorgingen«. Gegenwärtig (Frühjahr 1992) werden die östliche Langseite des Bauwerks und die südliche ›Startseite‹ restauriert. Entlang der Ostseite verlief einst die aus Philadelphia kommende Straße zum Südtor. Da man sich bei der Ausrichtung des Hadriansbogens an der Achse des Hippodroms, nicht aber an der des Südtores orientierte, hält G. HORSFIELD die Pferderennbahn für den älteren Bau, entstanden im späten 1. Jh. n. Chr.

Geschickt nutzten die römischen Baumeister des Hippodroms die topographischen Gegebenheiten einer flachen, nach Süden hin abfallenden Geländesenke, legten die U-förmig gerundete Schmalseite (Sphendone) nach Norden und die Carceres, die überwölbten Startstände für die Pferdewagen, nach Süden. Architektonische Probleme gab die westliche Langseite auf, wo die Sitzreihen über Substruktionen aufgeführt werden mußten; diese Stützgewölbe dürften schon vor langer Zeit, vielleicht im 4. oder 5. Jh. n. Chr., eingestürzt sein, die Konturen der westlichen Arenaflanke sind gegenwärtig nur noch mit Mühe erkennbar.

Mit einer inneren Länge von 244 und einer inneren Weite von etwa 50 m erreicht das Hippodrom von Gerasa nicht die Maße der imperialen Kampfbahnen von Rom und Konstantinopel, auch hinter den Nachbaranlagen in Caesarea und Antiochia am Orontes bleibt es zurück, doch bot die Arena mit ihren 16 oder 17 Sitzreihen immerhin 15000 Zuschauern Platz. Sieben Eingänge – drei auf jeder Langseite, der überwölbte Hauptzugang im Halbrund der südlichen Schmalseite – erschlossen die Cavea. Die Südseite mit den insgesamt zehn Startständen wurde wahrscheinlich von zwei Türmen flankiert, wie man sie auch von anderen römischen Hippodromen (etwa dem Circus des Maxentius vor den Toren der Stadt Rom) kennt.

Zwei sassanidische Siegel, die G. HORSFIELD in der antiken Stadt entdeckte, machen wahrscheinlich, daß nach 614 persische Besatzungstruppen in Gerasa Quartier nahmen. Vor diesem Hintergrund wiederum erscheint die Hypothese des amerikanischen Archäologen E. B. MÜLLER akzeptabel, der Nordteil des Hippodroms sei von sassanidischen Soldaten abgeteilt und als Poloplatz benutzt worden. Zwei Steinblöcke mit Pfostenlöchern, in 3 m Abstand voneinander plaziert, bezeichnete MÜLLER als ›Torseiten‹. Eindeutig ist jedenfalls, daß nach dem Verfall des Hippodroms (wie schon angedeutet: wohl im 4. oder 5. Jh.) ein kleinerer Teil der Arena vor der nördlichen Kehre der Rennbahn neu nivelliert und eingefaßt wurde.

Südtor und Stadtmauer

Wie einst betritt der Besucher aus Amman (Philadelphia) die antike Stadt heute durch das Südtor. Vor dem Tor – wo ursprünglich vielleicht ein kleiner Platz lag – hat man Ende der 70er/Anfang der 80er Jahre ein Visitors' Centre und ein Rest House eingerichtet.

1931 und 1933 wurde das Südtor, das offenbar einen älteren Stadtzugang ablöste, von dem amerikanischen Archäologen C. S. FISHER freigelegt, 1978 stellte H. KALAYAN einen Rekonstruktionsentwurf vor, nach dessen Maßgabe der antike Bau ab 1988 restauriert wurde. Dieser Entwurf unterstreicht ein weiteres Mal die schon von den Archäologen der 30er Jahre gesehene Ähnlichkeit des Südtors mit dem großzügiger angelegten Triumphbogen: Hier wie dort werden die Eingänge von korinthischen Halbsäulen auf hohen Sockeln flankiert, sind über beiden Seitentoren Nischen eingezogen, sitzen die Bogenrahmen der tonnengewölbten Durchgänge auf korinthischen Pilastern auf, schließen sich links und rechts an den eigentlichen Torbau Pavillons an, die am Südtor übrigens Treppenaufgänge zur Höhe der Stadtmauer enthalten. Die Ähnlichkeit geht bis ins Detail: Am Südtor wie am Triumphbogen sind die Halbsäulen oberhalb der Basen mit Ringen von Akanthusblättern geschmückt – eine Besonderheit, die der hellenistischen Baukunst entstammt und u. a. im syrischen Apamea, aber auch im ptolemäischen Ägypten nachweisbar ist. Bemerkenswerter noch erscheint, daß der seltene Dekortypus auch für die ägyptische Hadriansgründung Antinoupolis bezeugt ist. Dies unterstreicht die Hypothese, zwischen Südtor und Hadriansbogen habe ein neues, ein hadrianisches Stadtviertel entstehen sollen (vgl. S. 167). Vielleicht ist das Südtor als die monumentale Antwort des Kaisers auf den Ehrenbogen zu interpretieren, den ihm die Stadt weiter südlich errichtet hatte.

Soweit bekannt, besaß die Stadtmauer von Gerasa vier Straßentore und ein ›Wassertor‹ mit künstlichem Kanal für den ›Goldfluß‹. Von besonderer urbanistischer Bedeutung war neben

Schnitt durch das Tal von Jerash/Gerasa (Karte: G. Rebensburg nach G. Schumacher, ZDPV XXV, 1902)

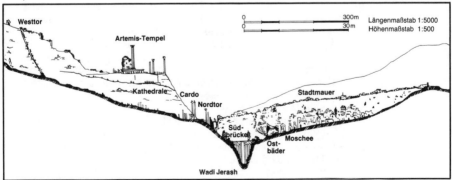

Stadtstruktur und Straßensystem

Gerasas Stadtstruktur wurde bestimmt vom Lauf des Chrysorhoas und der unterschiedlichen Neigung der Flußhänge – auf der Ostseite steigen sie sanft und zu geringeren Höhen an, im Westen sind sie steiler und durch Geländestufen gegliedert. Auf diesen Stufen, die man zu künstlichen Terrassen ausweitete, erhoben sich nahezu alle großen öffentlichen Bauten der römischen und byzantinischen Stadt, während sich im Osten des Flusses – heute zerstörte oder verschüttete – Wohn- und Villenviertel ausbreiteten. Zwei Brücken verbanden ›City‹ und Wohnbezirke und wahrten die funktionale Einheit der Stadt.

Die städtebauliche Entwicklung des westlichen Prunk- und Handelszentrums, vermutlich aber auch die der Ostviertel erfolgte nach Maßgabe eines Straßensystems, das Mitte des 1. nachchristlichen Jahrhunderts entworfen wurde. Ein Blick auf den Stadtplan zeigt, daß der Cardo maximus, die etwa 700 m lange, von Süden nach Norden verlaufende Achsenstraße des antiken Gerasa, zweimal von west-östlich orientierten Querstraßen (Decumani) geschnitten wurde. Weitere *nicht*-kreuzende Nebenstraßen sind anzunehmen und an einer Stelle – zwischen Nymphäum und Artemis-Propyläen – auch nachweisbar (sogenannte Stufenstraße). Jene Neben- bzw. Kreuzungsstraßen besaßen wieder ihre eigenen Seitenwege, und so gliederte und erschloß ein dichtes hippodamisches Straßenraster die römische (und byzantinische) Stadt – ein Raster, das seine orthogonale Prägekraft erst in den Außenvierteln Gerasas verlor. Die Procopius-Kirche ganz im Osten, die Kirche der Propheten, Apostel und Märtyrer ganz im Norden (heute zerstört) und auch die im Südwestwinkel Gerasas gelegene Kirche der Hl. Peter und Paul mitsamt der benachbarten Gedächtniskirche entzogen sich – mehr oder minder markant – der städtischen Rechtwinkligkeit. Ohnehin gilt dies für den älteren, vom hellenistischen Antiochia unterlagerten Bezirk im Süden Gerasas um Zeus-Tempel, Ovales Forum und Camp Hill (vgl. S. 159; S. 171 ff.).

Das römische Straßennetz von Gerasa behielt über ein halbes Jahrtausend Gültigkeit und strukturelle Kraft, einzelne Säulen dürften dabei immer wieder renoviert worden sein, zuletzt wohl nach einer Reihe von Erdbeben Mitte des 6. Jh., die – so scheint es – auch zum Einsturz der Nordbrücke führten. Am Cardo maximus lassen sich darüber hinaus mehrere bauliche Veränderungen nachweisen: So wurde die Hauptstraße im Laufe des 2. Jh. verbreitert, neu gepflastert, mit einem höheren Gehsteig versehen und mit Säulen korinthischer Ordnung ausgestattet – allerdings nicht in ihrer ganzen Länge. Zwischen nördlichem Decumanus und Nordtor zeigt der Cardo ionische Säulenstellungen, und die Vermutung liegt nahe, daß die Hauptstraße in der ursprünglichen Gestalt des 1. Jh. n. Chr. durchweg von Kolonnaden jener älteren Ordnung gesäumt war. Was man bei der Erneuerung des Straßenpflasters (unter Verwendung größerer, stärkerer Blöcke) übrigens nicht aufgab, war die diagonale Bettung der Steine (Abb. 20). So wurde verhindert, daß die Räder der auf dem Cardo verkehrenden Fuhrwerke – man erkennt ihre Radfurchen auf verschiedenen Straßenstücken – allzu hart anstießen. Gleichzeitig mit der Einführung der korinthischen Ordnung zwischen Ovalem Forum und nördlichem Decumanus setzte sich noch eine weitere Neuerung durch, die der nördliche, die ältere Cardo nicht kannte: Durch erhöhte, aus dem Zug der Kolonnaden herausgehobene Säulenstellungen wurden nun die Eingänge oder die Position bedeutsamer öffentlicher Gebäude wie das Macellum markiert.

Die Abwässerkanäle von Gerasa waren nach römischer Manier unter dem Straßenpflaster verlegt. Knapp 1 m unter dem Cardo verlief die Cloaca maxima, die wichtigste Abwässerrinne von Gerasa, beim Südtetrapylon wurde sie von einem Nebenkanal geschnitten, der die Abwässer hinunter zum Chrysorhoas beförderte.

dem Südtor das einbogige Nordtor, das den Cardo maximus beschloß. Die Stadtmauer selbst – nach M. MARTIN-BUENOS Auffassung zunächst mehr ein traditionelles Statussymbol denn eine funktionale Verteidigungslinie – entstand in der zweiten Hälfte des 1. nachchristlichen Jahrhunderts (zwischen 50 und 75 n. Chr.), war insgesamt ca. 3500 m lang, im Durchschnitt etwas über 2,5 m breit und in ihrem unregelmäßigen Zug in Abständen von 17 bis 22 m mit quadratischen Türmen verstärkt. Schon in der Antike verfiel der römische Wall; am besten noch erhielten sich Teile seiner Südseite (oberhalb des Visitors' Centre).

Das Ovale Forum

Gerasas Ovales Forum (Abb. 21; Histor. Abb. IV) ist eine der eindrucksvollsten Platzanlagen der antiken Welt; zugleich stellt sie die Forschung vor erhebliche Probleme. Fragen wirft schon die übliche Kennzeichnung des Platzes als Forum auf – sie geht auf J. L. BURCKHARDT (1812) zurück –, denn bis heute ist ungewiß, ob er tatsächlich dem Handelsverkehr der antiken Stadt diente. Vor einigen Jahren hat H. KALAYAN die These aufgestellt, das Forum sei als Opferplatz oder Sakralgrund im Vorfeld des Zeus-Tempels anzusehen. Nach Auffassung des jordanischen Archäologen handelt es sich bei dem Podium im Zentrum der Anlage um einen Altar, und hinter den Westkolonnaden vermutet er einen – einst durch Vorhänge abgeteilten – Raum, in dem vielleicht das Opfer vorbereitet wurde. Indessen hat man den ›Altar‹ jüngst als Sockel einer einzelnen Säule restauriert (Abb. 21).

Nicht umstritten ist demgegenüber die städtebauliche Bedeutung des Forums. Die antiken Stadtplaner standen vor der Aufgabe, zwei Achsen, die in schiefem Winkel aufeinander trafen, harmonisch zu verbinden – die ältere, wohl hellenistische Achse des Zeus-Tempels und die Achse des Cardo, der neuen römischen Hauptstraße. Das Ovale (eigentlich: elliptoide) Forum stellt die ebenso ungewöhnliche wie gelungene Lösung dieses städtebaulichen Problems dar. In sorgfältig berechnetem Schwung geleitete die Ostkolonnade von der Mündung des Cardo mit (heute zerstörtem) dreibogigem Tor vor den Treppenaufgang zum Temenos des Zeus-Tempels. Die westliche Ausbuchtung des Platzes wiederum machte den Blick frei auf die ganze Frontlänge der Temenos-Terrassen. Die mitschwingenden Gehsteige, die radiale Pflasterung, zudem auch der Schattenwurf der Kolonnaden – dies alles stärkte noch den erwünschten Richtungswechsel und nahm ihm jedwede Künstlichkeit und Gezwungenheit.

Welche Mühe auf die Platzanlage verwendet wurde, zeigen nicht zuletzt ihre mächtigen Fundamente. Wie Grabungen des Jahres 1931 (C. S. FISHER) ergaben, ruht der Platz auf einem 6–8 m hohen Unterbau, der, aus großen Blöcken sorgsam aufgemauert, eine Geländesenke ausgleicht. Für eine Verkleinerung oder Vergrößerung des über 80 m breiten Platzes fanden sich keine Anzeichen, der jetzige Baubestand dürfte aus dem 1. Jh. n. Chr. stammen und Teil der ersten römischen Stadtanlage sein. Dafür spricht auch die ionische Ordnung der Kolonnaden, an der die Stadt auch dann noch festhielt, als der Cardo maximus verbreitert und mit korinthischen Säulen gesäumt wurde (vgl. S. 170).

JERASH: ZEUS-TEMPEL / SÜDTHEATER

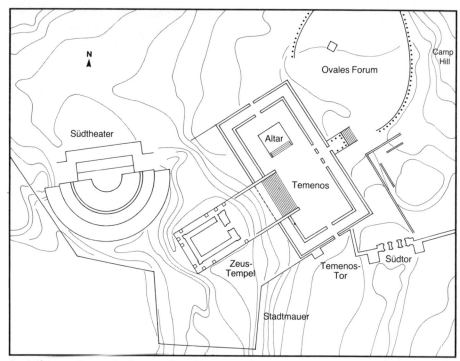

Im Süden von Gerasa: Stadtmauer, Zeus-Temenos und Zeus-Tempel, Südtheater und Ovales Forum. Diese Bauten und Anlagen entziehen sich der regelhaften römischen Stadtanlage (Karte: G. Rebensburg nach L'Archéologie Jordanienne)

Der Zeus-Tempel

Vielleicht erhob sich über dem Hang westlich des Südtors bereits in hellenistischer Zeit ein Tempel. Die Maßgabe eines solchen älteren Heiligtums würde erklären, warum sich noch der Zeus-Tempel des 2. Jh. n. Chr., dessen Ruine man auf jenem Hügel sieht, dem neuen, dem römischen Stadtplan entziehen konnte. C. H. KRAELING, auf den diese Hypothese zurückgeht, argumentierte 1938 folgendermaßen: Inschriften bezeugen, daß der römische Tempel des 2. Jh. einen römischen Tempel des 1. Jh. ersetzte und daß dieses über hundert Jahre frühere Heiligtum ›Asylrecht‹ besaß, sakrosankt war. Nun berichtet FLAVIUS JOSEPHUS (»Jüdischer Krieg«), daß THEODORUS, späthellenistischer »Tyrann« von Philadelphia/Amman, seine Reichtümer in Gerasa, nicht aber, wie zu erwarten, in der eigenen Residenz deponierte. Eine Erklärung läge darin, daß es in Antiochia am Chrysorhoas bereits zu jener Zeit, im frühen 1. Jh. v. Chr., einen geheiligten, unantastbaren Tempel gab, der dem bedrängten Kleinherrscher als Schatzkammer, als sicherer Hort dienen konnte. Damit ist ein dritter, ein vorrömischer Tempel in die Diskussion gebracht, dessen Sonderrechte, wie C. H. KRAELING weiter vermutete, auf ANTIOCHOS IV., einen Verehrer des olympischen Zeus, zurückgehen könnten (vgl. S. 36).

Inschriftlich gesichert sind allerdings nur die römischen Bauphasen und Denkmäler: der schon erwähnte Tempel des 1. nachchristlichen Jahrhunderts, für den Bürger wie ZABDION und ARISTONAS hohe Summen gaben; der eindrucksvolle Temenos, der im Jahre 114 der Pompeianischen Ära – 50/51 n. Chr. – über Gewölben angelegt wurde; schließlich der ›heutige‹ Tempel, der in den Jahren 162/163 n. Chr. vollendet wurde.

Das Eindrucksvollste an den Propyläen des Zeus-Tempels sind vielleicht ihre aufwendigen Substruktionen – gewaltige Tonnengewölbe, welche die Treppenaufgänge und den Temenos abstützten. Schon die Eingangsstufen der Zeus-Propyläen, die den Schwung des Ovalen Forums – genau gesagt: seiner Ostkolonnade – aufnahmen, stiegen über einem solchen Gewölbe empor, die ganze Ostseite des Temenos ist über einem monumentalen, 89 m langen Tonnengang errichtet – er ist zur Besichtigung freigegeben –, und auch die letzten Treppenabschnitte vor dem Tempel mußten tragfest unterwölbt werden.

Der Temenos selbst, der Sakralgrund unterhalb des Tempels, war in seiner ganzen Fläche (80 × 35 m) gepflastert, von Korridoren umzogen und durch Mauern abgegrenzt, deren Innenseiten mit Halbsäulen und einem bemerkenswerten Fries belebt waren. Nach Nordwesten versetzt, stand auf dem Hof ein Altar – Fawzi ZAYADINE bezeichnet ihn als »wichtigen kultischen ›high-place‹ in der orientalischen Tradition der frühen römischen Zeit« und weist darauf hin, daß »ähnliche Altäre in der nabatäischen Sakralarchitektur wohlbekannt waren«. Der Altar entstand zwischen 40 und 50 n. Chr.

Der Tempelbau des 2. Jh. n. Chr. erhob sich inmitten eines Ringkranzes korinthischer Säulen auf einem Podium von 41 m Länge und 28 m Breite. Von den ursprünglich 38 Säulen stehen heute nur noch drei aufrecht, die auffällig starken, außen durch Bogennischen, innen durch Pilaster gegliederten Tempelmauern ragen aber noch etwa 10 m hoch. Syro-nabatäischer Tradition entspricht, daß links (südöstlich) des tiefen Eingangs eine Treppe zum Tempeldach führte (vgl. S. 58). Die Cella, die 1988 von Sturzblöcken geräumt wurde, besaß im Westen offenbar eine Plattform, auf der sich das Kultbild des Zeus erhob.

Das Südtheater

Nach oder neben dem Artemis-Tempel gilt das Südtheater als das anziehendste Bauwerk Gerasas. Dazu haben maßgeblich die Räumungs- und Restaurierungsarbeiten von George HORSFIELD (ab 1925), Diana KIRKBRIDE und Theo CANAAN (1953–1956) sowie der jahrelange Einsatz des Department of Antiquities beigetragen (auch wenn zuletzt einige Details der Szenenwand unsachgemäß rekonstruiert wurden). Berühmt ist die Aussicht von der Höhe des oberen Ranges, sie reicht weit über die Ruinenstätte – vom Artemis-Tempel bis zum Ovalen Forum (Abb. 14).

JERASH: SÜDTHEATER/MACELLUM/SÜDTETRAPYLON

Das Theater ist westlich des Zeus-Tempels an einen Hang gelegt, jedoch durch eine hohe Umfassungsmauer gegen das Gelände abgesetzt und in seinem oberen Rang über steigenden, gestaffelten Tonnengewölben errichtet – dies alles entspricht ebenso römischer Manier wie die Halbkreisform des Baus, in dem übrigens vier verschiedene Arten von Kalkstein eingesetzt wurden. Die Ausrichtung des Theaters nach Norden (mit leichter Westabweichung) schützte die Zuschauer vor blendendem Sonneneinfall.

Ungefähr 4000–5000 Besucher fanden auf den 32 Bänken des Auditoriums Platz, das durch einen Gürtelring (Diazoma) in zwei Ränge geteilt und durch Treppenaufgänge in vier (unterer Rang) bzw. acht Sitzkeile (oberer Rang) gegliedert ist. Um zu ihren – teilweise numerierten – Sitzen zu gelangen, benutzten die Zuschauer des unteren Ranges in der Regel die tonnengewölbten Seiteneingänge zur Orchestra; wer im oberen Rang seinen Platz hatte, wird dagegen einen der vier Gewölbegänge bevorzugt haben, die von der Rückseite des Theaters zum Ringgürtel führten.

Eine reich profilierte Barriere mit zwölf kreisförmigen Vertiefungen – sie faßten ursprünglich Schmuckplatten – teilt den Zuschauerraum von der Orchestra ab. Der Bühnensockel, der die Orchestra auf der Nordseite beschließt, kündigt durch schmückende Giebel- und Bogennischen die Bewegtheit der ursprünglich zweigeschossigen Scenae frons mit ihren Vor- und Rücksprüngen, giegiebelten Portalen und korinthischen Säulenstellungen an. Statuen standen in den Nischen zwischen den vier gesockelten Säulenensembles, entzogen sich dort aber – dies eine Schwäche der Gesamtkomposition – dem Blick derjenigen Zuschauer, die an den Seiten des Auditoriums saßen. Das Bühnenhaus hinter der Schaufassade wurde 1953/54 geräumt – bis dahin war es 6 m hoch verschüttet.

Wann ist das Südtheater entstanden? Zwei Inschriften aus der Zeit Kaiser DOMITIANS (reg. 81–96 n. Chr.) berichten von Schenkungen reicher Bürger für das Theater; Ende des 1. Jh. n. Chr. müssen die Bauarbeiten also noch im Gang gewesen sein. Neue epigraphische Funde, die J. POUILLOUX 1977 und 1979 veröffentlichte, machen als Bauzeit die Jahre 90–92 n. Chr. wahrscheinlich. Später fanden, wie aus einer weiteren Inschrift hervorgeht, auch bedeutende Festspiele im Südtheater statt. Wie lange der Bau im christianisierten Gerasa noch in Benutzung blieb, ist ungewiß. Im Korridor des Bühnengebäudes fanden KIRKBRIDE und CANAAN Spuren omayyadischer Besiedlung. Schließlich ruinierte ein Erdbeben das Südtheater; dies könnte 747 n. Chr. gewesen sein (vgl. S. 162).

Das Macellum

Zu Beginn ihrer Ausgrabungen (1984) glaubten die spanischen Archäologen um M. MARTIN BUENO, westlich des Cardo die Staatsagora von Gerasa entdeckt zu haben – verstanden als politisches Gegenstück zum Ovalen Forum, dem religiöse Funktionen zugeschrieben werden (vgl. S. 171). Als Endergebnis formuliert MARTIN-BUENO 1992 jedoch: »Das von uns ausgegrabene Bauwerk ist ein Macellum, ein römischer Lebensmittelmarkt, klassisch in Typus und Konzept, dabei von so ausgewogenen Proportionen wie die gelungensten Beispiele im römischen Reich«.

Bereits ARISTOTELES hatte in seiner »Politika« die Trennung der politischen von der Versorgungsfunktion der griechischen Agora gefordert; nachweisbar ist ein eigener Lebensmittelmarkt jedoch erst 179 v. Chr. in Rom.

In der Folge entwickelte sich für das Macellum eine charakteristische Hofform mit einer Rotunde oder (wie in Gerasa) einem Oktogon im Zentrum, das in Pompeji als Fischbecken genutzt wurde. Rings um den Hof hatten in apsidialen Exedren und Kammern Kaufleute und Geldwechsler ihre Stände. So auch in Gerasa, wo sich einige löwenfigurige Stützen für die Steintische der Händler erhalten haben.

Das gerasenische Macellum entstand im ersten Viertel des 2. Jh. n. Chr., vielleicht im Zusammenhang mit den Bauaktivitäten des römischen Statthalters TIBERIUS JULIANUS ALEXANDER, und ist von fast exakt quadratischer Gestalt: Hinter der 50 m langen Fassade am Cardo, hervorgehoben durch markant erhöhte Säulenstellungen und ein dreiteiliges Monumentaltor von 4,85 m Höhe (vgl. Abb. S. 159) erstreckte sich nach einer vorgeschalteten Zeile von Tabernä (Ladengeschäften) der Hofbau 50 m in die Tiefe. Das Macellum war zweigeschossig.

Löwenköpfige Stütze eines Tischs im Macellum

Datierbare Mosaike (heute wieder abgedeckt) im Bereich des Lebensmittelmarkts legen nahe, daß der Hort bis ins 6. oder 7. Jh. hinein in Benutzung war.

Das Südtetrapylon

Seit der Mitte des 2. Jh. n. Chr. markierte das Südtetrapylon – zunächst inmitten eines rechtwinkligen Platzgevierts – die Kreuzung des Cardo und des südlichen Decumanus, also den augenscheinlich wichtigsten Verkehrsknotenpunkt der antiken Stadt. Unter dem Pflaster liefen hier auch die Hauptabwasserkanäle zusammen. Der ohnehin ›kommerzialisierte‹ Cardo von Gerasa erhielt dadurch ein zusätzliches Zentrum für den städtischen Handel und Wandel, ein Miniaturforum, dem man Ende des 3. Jh. auch eine attraktivere Gestalt gab: jene gerundete Form, die sich noch heute in Grundmauern abzeichnet.

Auch aus Palmyra und Shahba/Philippopolis sind Kreuzungspylonen bekannt. Vielleicht sollten sie in den Ostprovinzen innerhalb der städtischen Struktur das römische Ordnungs-

JERASH: SÜDTETRAPYLON / OMAYYADENBAU / KIRCHEN

Das südliche Tetrapylon am Schnitt des Cardo mit dem südlichen Decumanus. Zuletzt erhoben sich die vier Kreuzungstürme inmitten eines kreisförmigen Platzes (Rekonstruktion: I. Browning)

moment betonen. Ihr Aufbau – vor allem der Oberbau – läßt sich nicht mit letzter Sicherheit rekonstruieren, doch ist eine gestufte, von einer Statue bekrönte Steinpyramide, wie G. L. HARDING sie über dem Südtetrapylon von Gerasa vermutete, baugeschichtlich wenig wahrscheinlich und auch archäologisch nicht belegt. Man wird eher davon ausgehen, daß die vier Kreuzungsmarken als unverbundene Türme emporstiegen: Auf den gemauerten und mit Nischen aufgelockerten Podien – sie allein blieben in Gerasa erhalten – standen jeweils vier Säulen korinthischer Ordnung mit einem voll ausgebildeten, reich dekorierten Gebälk.

Bei Ausgrabungen in den 20er und 30er Jahren (u. a. G. HORSFIELD, C. S. FISCHER) konnte auch die weitere Siedlungsgeschichte des Kreuzungsplatzes geklärt werden: Bis ins 7. Jh. hinein war er ein merkantiler Mittelpunkt der byzantinischen Stadt, danach entwickelte sich auf dem Platz und in seinem Umkreis ein kleines omayyadisch-arabisches Dorf.

Der Omayyadenbau am südwestlichen Decumanus

Die Ausgrabungen in dem vielräumigen, verschachtelten Baukomplex am Hang des südwestlichen Decumanus, in den Jahren 1982 und 1983 von einem polnischen Archäologenteam unter Leitung von M. GAWLIKOWSKI durchgeführt, erbrachte ein Ergebnis, das sich schon in den Ausgrabungen auf dem Platz um das Südtetrapylon (s. o.) angedeutet hatte:

Gerasa blieb auch im 7. und 8. Jh., d. h. im Zeichen des Islam, ein wohlsituiertes städtisches Zentrum, man lebte hier durchaus komfortabel und – bemerkenswerterweise – in toleranter Gemeinschaft mit der alteingesessenen, jedoch an Kraft verlierenden Christengemeinde der Stadt. Die Anlage jenes omayyadischen Komplexes ist durch ältere Bauten römischer und vor allem byzantinischer Zeit unterformt, die Bautechnik schließt nahtlos an die frühchristliche Tradition an. Nach dem archäologischen Befund wird man sich die Umwandlung des christlichen in ein islamisches Jerash – jedenfalls für den Bereich der materiellen Kultur – nicht als harten Abbruch und entschiedene Neuformung vorstellen, sondern als einen langsamen, kontinuierlichen Prozeß von vielen Jahrzehnten Dauer, der sich noch in die abbasidische Ära fortsetzte, wobei freilich das Erdbeben vom 17. Januar 746 einen Einschnitt bedeutete.

St. Peter und Paul und die Gedächtniskirche

Diese beiden Kirchen liegen im Südwesten der Stadt, unterhalb der Stadtmauern. Untersucht und vermessen wurden sie im Frühjahr 1929 von R. W. Hamilton.

Die **Säulenbasilika der Heiligen Peter und Paul** dürfte um 540 n. Chr. entstanden sein, Mosaikinschriften weisen einen gewissen Anastasius, vielleicht der Nachfolger des Bischofs Paulus (vgl. S. 178), als ihren Stifter aus. Die Kirche war knapp 32 m lang, besaß einen Narthex und – im Nordwesten – eine Seitenkapelle. Gerade hinterfangene Apsiden beschlossen die drei Schiffe, in der Hauptapsis ist ein gut ausgebildetes Synthronon erkennbar. Baugeschichtlich bemerkenswert erscheint, daß die Altarschranke sich in die Seitenschiffe fortsetzte (vgl. die Rekonstruktion auf S. 161). Spezifisch jordanischer Tradition (vgl. S. 278) wiederum entspricht, daß die Mosaikböden der Kirche neben Jahreszeitenpersonifikationen auch Städtebilder (Alexandria, Memphis) umfaßten.

Die langgestreckte **Gedächtniskirche**, etwa 15 m südwestlich von St. Peter und Paul, gehört zu einem Bautypus, der in Gerasa ansonsten nicht vertreten ist: dem der Hallenkirche. Nach einer Mosaikinschrift hat ein – ungenannter – Stifter sie zum Andenken an seine Eltern errichten lassen, möglicherweise in der zweiten Hälfte des 6. Jh. An G. L. Harding, den 1979 verstorbenen Nestor der jordanischen Archäologie, erinnert ein Gedenkstein, den das Department of Antiquities in der Kirche aufstellen ließ.

Die Genesius-Kirche

Die Genesius-Kirche ist nur mehr in ihren Grundmauern erhalten. Sie liegt etwa 250 m nördlich von St. Peter und Paul, nahe der Stadtmauer. Bei seinen Räumungsarbeiten und Stichproben im Frühsommer 1929 hat J. W. Crowfoot hier eine Mosaikinschrift entdeckt, die den Bau in das Jahr 611 n. Chr. weist, in das Episkopat eines Bischofs namens Genesius. Somit ist die Genesius-Kirche die zeitlich letzte im Kranz der byzantinischen Gotteshäuser von Gerasa, nur drei Jahre vor dem Persereinfall entstanden.

JERASH: DREI-KIRCHEN-KOMPLEX/BRUNNENHOF-KOMPLEX

Die Kirche war dreischiffig-basilikal angelegt, wurde von zweimal sieben Säulen gestützt, besaß ein Atrium und – im Südwesten – eine Seitenkapelle. Beachtenswert erscheint die Gestaltung der Ostteile: Wie bereits in St. Peter und Paul (vgl. S. 177) setzte sich im Genesius-Bau die Altarschranke in die Seitenschiffe fort, durch Pfeiler und Bögen wurde das Bema gleich einem eigenen Raumteil abgeschieden – ein Vorgriff auf das Prinzip der ostkirchlichen Ikonostase. Der Altar ist vor die externe, nicht ummantelte Apsis gerückt, in der man Spuren eines Synthronons erkennt. Mit Mosaiken waren die Böden des Kirchenraums wie auch der Südwestkapelle ausgelegt, die von CROWFOOT freigelegten Partien im Apsisbereich zeigten rot-schwarze Rautenmuster.

Der Drei-Kirchen-Komplex: St. Johannes, St. Kosmas und Damian, St. Georg

Ein **Narthex,** *ein* **Atrium** und gemeinsame Seitenmauern schließen diese drei Kirchen im Westen von Gerasa zu einer Einheit zusammen, und Inschriften bezeugen, daß sie auch gemeinsam, in den Jahren 529–533 n. Chr., entstanden – unter der Patronage jenes Bischofs PAULUS, der sich auch für den Bau mehrerer anderer Gotteshäuser in Gerasa einsetzte (vgl. S. 189; S. 192).

Im Zentrum des Komplexes liegt die **Johanneskirche,** ein Rundbau mit vier Exedren, einer fünfseitig ummantelten Apsis und einer korinthischen Säulenvierung, die vielleicht mit einem Zeltdach abschloß. Die Rundung um das Mittelgeviert wiederum könnte unter einem Holzdach gelegen haben. Für einen architektonischen Vergleich mit der Johanneskirche bieten sich die Kathedrale von Bos(t)ra oder auch die Georgskirche in Ezra an – allerdings ist der gerasenische Rundbau mit seinen etwa 30 m × 24 m bescheidener bemessen. Transjordanischer Tradition entspricht die Mosaikausstattung der Kirche mit Städtedarstellungen (u. a.

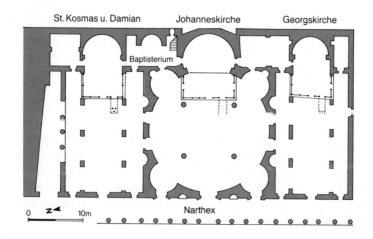

Der Drei-Kirchen-Komplex (Grundriß: G. Rebensburg nach J. W. Crowfoot und I. Browning)

Alexandria, Memphis) und Jahreszeitenpersonifikationen. Teile der erhaltenen Bodenpartien sind abgedeckt, die interessantesten Motive ins Museum überführt.

Im Osten war die Johanneskirche – sie ist dem Täufer Johannes geweiht – über ein **Baptisterium** mit der Kirche der Hl. Kosmas und Damian verbunden. Erhalten ist das Taufbecken.

Um **St. Kosmas und Damian** in den Drei-Kirchen-Komplex einzufügen, mußte ein Teil des nördlich angrenzenden Hangs abgetragen werden. Die Kirche ist die Stiftung u. a. eines christlichen Paares namens THEODOR und GEORGIA, das auch die Johanneskirche mitfinanzierte, und besticht bis heute durch ihren Mosaikboden (Abb. 22), auf dem neben verschiedenen Tieren (u. a. Schaf, Hase, Gazelle, Pfau) auch das Stifterpaar selbst zu sehen ist (vgl. S. 61). Daneben verdienen noch zwei Besonderheiten der Kirche Beachtung: der langgestreckte, keilförmige Nebentrakt im Norden, ursprünglich durch einen dreifachen Torbogen mit der Basilika verbunden, und die Pfeileransätze, die sich aus dem Mosaikboden erheben – üblicherweise ruhte das Dach der byzantinischen Kirchenbauten von Gerasa auf Säulen, wie sie die antike Stadt reichlich anbot.

Pfeiler trugen indessen auch das Dach der **Georgskirche** im Süden, einer Basilika mit bemerkenswert schmalen Seitenschiffen und gerade ummantelter Apsis. Die Südwand zur Johanneskirche hin war mit Nischen geschmückt, den Boden bedeckten Mosaiken, die aber bis auf wenige Reste zerstört sind.

St. Georg ist inschriftlich auf 529 n. Chr. datiert, St. Kosmas und Damian entstand im Jahre 533; der Kirchenkomplex wurde also von Süden nach Norden gebaut. In umgekehrter Folge hat man die Kirchen irgendwann im 8. Jh. aufgegeben – so jedenfalls ist nach dem Zustand der Mosaikböden zu urteilen: Da sie in St. Kosmas und Damian weithin erhalten sind, muß diese Kirche zur Zeit des moslemischen Bildersturms bereits verschüttet gewesen sein – im Unterschied zur Georgskirche, in der offenbar auch in omayyadischer Zeit noch die Messe gefeiert wurde und deren Mosaiken nun schweren Schaden nahmen.

Die Kirchenbauten um den Brunnenhof: Kathedrale und Theodorskirche

Mehrere Inschriften, die man bei den Ausgrabungen der 20er/30er Jahre im Bereich der Kathedrale und des Brunnenhofs entdeckte, nehmen Bezug auf einen »arabischen Gott« – wohl auf Dhushara, den Hauptgott der Nabatäer (vgl. S. 350). Der Einfluß des ›Karawanenstaats‹ auf das antike Gerasa ist historisch naheliegend und auch archäologisch bezeugt (Funde nabatäischer Bauornamentik), der Schluß, daß die Araber ihrem Gott in Gerasa ein Heiligtum errichtet haben, bietet sich an. Nun weiß man, daß Dhushara in späterer Zeit häufig mit Dionysos, dem Gott des Weines und der Fruchtbarkeit, identifiziert wurde, und unter diesem Aspekt erscheint das Brunnenhof-Wunder, von dem der zypriotische Bischof EPIPHANIUS berichtet (vgl. S. 160), wie ein Nachhall dionysischer Riten, als ein sprechendes Beispiel dafür, in welcher Weise spätantike, pagane Zeremonien vom Christentum aufgenommen und in neue religiöse Zusammenhänge gerückt wurden (vgl. auch S. 276ff.).

JERASH: BRUNNENHOF-KOMPLEX

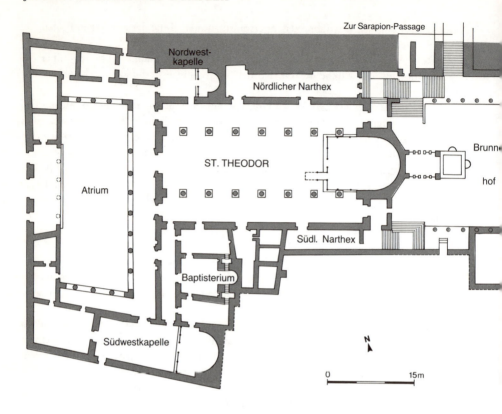

Zum Dhushara-Dionysos-Tempel, der sich – gleichgerichtet mit dem Artemis-Tempel – auf einer Hangterrasse erhob, führten **Propyläen** empor. Das Tor, mit dem sie vom Cardo her eingeleitet wurden, ist erhalten, die anschließenden Treppen, die J. W. CROWFOOT 1929 freigelegt hat, gehören aber schon zum byzantinischen Baubestand, stammen aus jener Zeit, in der Gerasas Christen den Baukomplex des 1./2. Jh. einer neuen religiösen Funktion zuführten: Über dem Dionysos-Tempel entstand die sogenannte **Kathedrale** (die Benennung ist gebräuchlich, aber durch nichts belegt), eine dreischiffige Säulenbasilika. Die Gewaltsamkeit, mit der sie in ein älteres Bauschema eingefügt wurde, wird allein schon in der Gegenläufigkeit von Aufstiegsrichtung und Kirchenostung ersichtlich, dann auch daraus, daß man die Kirche erst seitlich passieren mußte, ehe man sie betreten konnte. Die gegen die Treppen vorspringende kahle Apsiswand hat man in späterer Zeit durch einen kleinen Schrein zu Ehren der Jungfrau Maria und der Erzengel Gabriel und Michael bereichert.

Zwar ist die übliche Datierung der Kathedrale in das dritte Viertel des 4. Jh. durch Inschriften nicht gesichert, doch weisen das enge Interkolumnium der Basilika, die schmale, eingezogene Apsis, das im Verhältnis zu den Seitenschiffen sehr breite Mittelschiff, wie M.

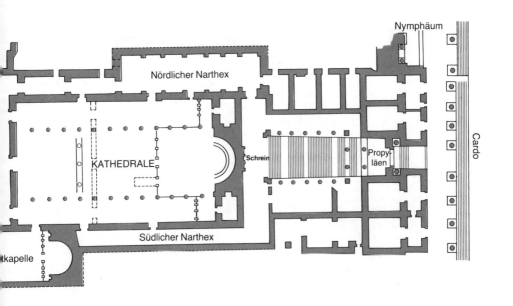

Der Brunnenhof-Komplex: Die ins dritte Viertel des 4. Jh. datierte Kathedrale dürfte einen Dhushara/ Dionysos-Tempel abgelöst haben. Zu seinem Baubestand gehört das Portal, das den sakralen Bereich vom Cardo her erschließt. Der Brunnenhof, Ort des ›Weinwunders‹, ist in seiner erhaltenen Form eine Anlage des 4. und 5. Jh., die Theodorskirche mitsamt ihren Annexbauten entstand Ende des 5. Jh. (Grundriß: G. Rebensburg nach J. W. Crowfoot und I. Browning)

RESTLE argumentiert, auf einen Bau des späten 4. Jh. hin – nicht zuletzt natürlich auch die Erzählung des EPIPHANIUS über ein »Martyrion« nahe dem wundersamen Brunnen. Wahrscheinlich ist hier nicht ein Vorläuferbau, sondern die Kathedrale selbst angesprochen, die demnach bereits im Jahre 375 n. Chr. bestanden haben müßte.

Der berühmte **Brunnen,** ein viereckiges, auf einer Seite mit Mustern verziertes Becken, ist inmitten des gepflasterten Atriums der Kathedrale gelegen (Farbabb. 28, Abb. 16). Ursprünglich war dieser Vorhof auf drei Seiten von ionischen, nach der Kathedrale hin von stärkeren korinthischen Säulenstellungen umgeben. Als Ende des 5. Jh. die Theodorskirche entstand, wurden die westlichen Säulen dem Neubau geopfert, zugleich fügte man dem Hof im Südwesten und Nordwesten neue Treppenaufgänge an. Dagegen ist die Treppe im Norden vielleicht Teil der ursprünglichen Hofanlage – sie führte zur sogenannten Sarapion-Passage und weiter zur Stufenstraße, an der auch die im Jahre 434/455 entstandenen Placcus-Bäder lagen.

Mit seinen hochragenden korinthischen Säulen und seinem großen, unregelmäßig geformten Atrium ist die **Theodorskirche** bis heute ein besonders stattlicher Bau. Nach

JERASH: BRUNNENHOF-KOMPLEX/NYMPHÄUM

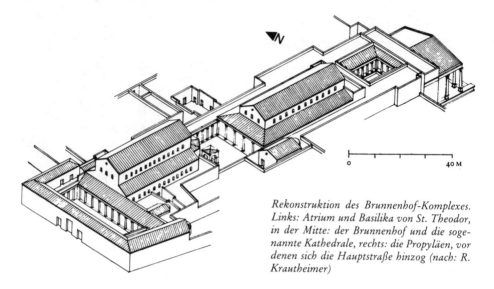

Rekonstruktion des Brunnenhof-Komplexes. Links: Atrium und Basilika von St. Theodor, in der Mitte: der Brunnenhof und die sogenannte Kathedrale, rechts: die Propyläen, vor denen sich die Hauptstraße hinzog (nach: R. Krautheimer)

Ausweis von Inschriften entstand die Basilika zwischen 494 und 496 n. Chr., Bauherr war ein Bischof namens AENEAS. In ihrem Grundriß der Kathedrale vergleichbar, zeigt die Theodorskirche jedoch eine völlig neue räumliche Disposition: Die Relation von Mittelschiff und Seitenschiffen hat sich verändert, der Säulenstand ist weiter geworden, die Apsis öffnet sich in voller Breite des Mittelschiffs und springt – fünfseitig ummantelt – gegen den Brunnenhof vor. Mit dem Brunnen selbst, der um diese Zeit offenbar überdacht wurde, war die Apsis übrigens durch Bögen verbunden.

Solche Unterschiede in Raumgefühl und Anlage sprechen – entgegen einer Vermutung von J. W. CROWFOOT – nicht dafür, daß die Kirchen um den Brunnenhof nach einer Gesamtplanung, gar in Analogie zum Komplex der Grabeskirche von Jerusalem, errichtet wurden. Auch die zahlreichen Annexbauten – vor allen an den Seiten von St. Theodor – zeugen eher von architektonischem ›Wildwuchs‹, der allerdings durch vorgegebene Terrassen und älteren Baubestand, nicht zuletzt auch durch das rechtwinklige Straßennetz strukturiert wurde.

Das Nymphäum

Einer Inschrift zufolge wurde das Nymphäum von Gerasa im Jahre 191 n. Chr. vollendet. Zwischen dem Aufgang zur Kathedrale und den Artemis-Propyläen auf der Westseite des Cardo gelegen (Abb. 17), zählte es zu den am reichsten und feinsten ausgestatteten Bauten der römischen Stadt, verschönt mit bemaltem Stuck und Marmorblenden.

Mit Fischen verzierte Ausgußschale in der Wasserrinne vor dem Nymphäum (Zeichnung: U. Clemeur)

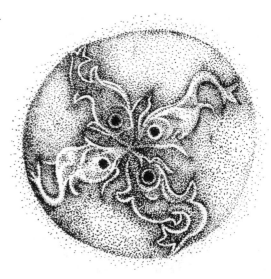

Das Nymphäum öffnete sich wahrscheinlich mit einem gesprengten Giebel zum Cardo hin (Rekonstruktion: I. Browning)

JERASH: NYMPHÄUM / VIADUKTKIRCHE / ATRIUMSMOSCHEE

Die etwa 22 m breite zweigeschossige Fassade des Prachtbrunnens sprang in ihrem Zentralstück halbkreisförmig über einem großen Wasserbecken zurück und wurde von einer Halbkuppel beschlossen. Ungewiß ist, ob diese Halbkuppel auf seitlichen Säulenstellungen bis zu einer Giebelfront an der Hauptstraße vorgezogen wurde oder ob sie nur das Halbrund der Brunnenwand (Durchmesser: 11 m) überwölbte, anders gesagt, ob man das Nymphäum als Brunnen*halle* oder als Brunnen*fassade* mit seitlichen Säulengängen zu begreifen hat. Die beiden Geschosse der Schauseite waren jeweils von einem verkröpften Ziergebälk bekrönt und durch sieben bzw. neun Nischen gegliedert, die wiederum von korinthischen Säulen flankiert wurden. In den Nischen selbst standen Statuen, im Untergeschoß, wo Leitungsöffnungen in der Rückwand sichtbar sind, dürften sie Schalen oder Krüge gehalten haben, aus denen sich das Brunnenwasser in das Bassin am Fuße des Nymphäums ergoß. Der Wasserüberschuß des Beckens gelangte über sieben Speier, ausgeführt als Löwenköpfe, in eine Ablaufrinne und von dort in die Cloaca maxima, den Hauptabwässerkanal unter dem Pflaster des Cardo. Ob das gerundete Steinbecken vor dem eigentlichen Brunnenbassin zum ursprünglichen Bau gehörte, erscheint zweifelhaft. Das Leitungssystem des Brunnens ist im einzelnen noch nicht untersucht, wahrscheinlich stammte das Wasser aber aus dem Doppelreservoir Birketein nördlich der Stadt (vgl. S. 193f.).

Die Viaduktkirche (Propyläenkirche)

Unmittelbar gegenüber den Propyläen des Artemis-Tempels (vgl. 186ff.) gelangt man vom Cardo in einen etwas tiefer gelegenen Hof von trapezoider Form. Dieser Propyläenhof, wie

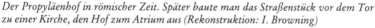

Der Propyläenhof in römischer Zeit. Später baute man das Straßenstück vor dem Tor zu einer Kirche, den Hof zum Atrium aus (Rekonstruktion: I. Browning)

man ihn nennt, schloß ursprünglich eine breite, gepflasterte Prozessionsstraße ab, die aus den Wohnvierteln jenseits des Chrysorhoas über eine Brücke (Nordbrücke) und durch ein Bogentor an den Aufgang zum Artemis-Tempel heranführte. Entstanden ist jene Via sacra Mitte des 1. Jh. n. Chr., im Zusammenhang mit der städtischen Neugliederung des römischen Gerasa; als in der zweiten Hälfte des 2. Jh. der ältere Artemis-Tempel durch ein prunkvolleres Heiligtum ersetzt wurde, gab man auch dem Prozessionsweg über das Viadukt eine repräsentative Gestalt. Etwa 300 Jahre hatte diese erneuerte Straße Bestand, obwohl sie nach der Christianisierung der Stadt naturgemäß ihre sakrale Funktion verlor. Mitte des 6. Jh. änderten dann eine Reihe von Erdbeben das Bild: Die Nordbrücke stürzte ein, byzantinische Architekten überbauten das Straßenstück östlich des Cardo mit einer Basilika und verwandelten den Propyläenhof in das Atrium der neuen Kirche.

So jedenfalls stellte sich den englischen und amerikanischen Archäologen nach ihren Räumungsarbeiten von 1929 (J. W. CROWFOOT) und 1934 (W. F. STINESPRING) die komplexe Baugeschichte dar. Bleibt sie grundsätzlich auch unbestritten, so hat Marcell RESTLE doch gegen die Datierung der Propyläenkirche ins 6. Jh. aufgrund bestimmter architektonischer Details des christlichen Neubaus Einwände erhoben. Seiner Auffassung nach könnte die Basilika schon ein oder zwei Jahrhunderte früher entstanden sein, als mit der Preisgabe des Artemis-Heiligtums auch ein monumentaler Prozessionsweg überflüssig wurde.

Zumindest jedoch der Propyläenhof wurde erst Mitte des 6. Jh. zum kirchlichen Atrium umgestaltet und dabei mit 18 korinthischen Säulen in Form eines offenen Rechtecks besetzt. Dies ist durch eine Inschrift gesichert, die G. HORSFIELD 1925 in der Exedra der nördlichen Hofwand entdeckte und in der als Baudatum eines Diakonikons der Mai des Jahres 565 genannt wird. Bei dem erwähnten Diakonikon dürfte es sich um die Exedra selbst handeln, die in byzantinischer Zeit zu einer Rotunde ausgebaut wurde. Welche Bedeutung die Bauinschrift für die Kirche selbst hat, bleibt letztlich offen.

Diese Kirche wurde als Basilika von 38 m Länge ausgeführt und über Gewölben und Stützmauern errichtet, da der Grund nach Osten hin abschüssig ist. Eine einfach ummantelte Apsis schloß den Bau dort ab, wo sich ursprünglich das dreifache römische Tor erhob. Daß die Basilika in einen Straßenzug hineingebaut wurde, zeigt sich allein schon an der Überlängung der Schiffe, der bürgersteigartigen Enge der Seitenschiffe und der im Verhältnis dazu auffälligen Weite des Mittelschiffs, vielleicht auch am geringen Abstand der korinthischen Säulen. Ungewöhnlich sind ferner die weit ins Mittelschiff vorspringende Schrankenanlage und die sogenannte Thalassa in der Mitte des Bema – ein Becken, in dem das bei liturgischen Handlungen verwendete Wasser aufgefangen wurde.

Die Atriumsmoschee

Die Ausgrabungen der 20er und 30er Jahre hatten ergeben, daß der gerundete Platz um das südliche Tetrapylon in omayyadischer Zeit eine kleine Siedlung trug (vgl. S. 176). Im Jahre 1981 wurde nun auch eine omayyadische Moschee entdeckt (A. NAGHAWI). Sie war nördlich des Propyläenhofes in das Atrium eines römischen Baus (unbekannter Funktion) eingebettet, den Mihrab bildete eine Konchennische aus der Zeit der Antoninen. Mit I. BROWNING zu folgern, das spätantike Gerasa habe so viele Moscheen wie Kirchen besessen, erscheint allerdings voreilig, zumal keines der byzantinischen Gotteshäuser selbst – wie es sonst häufig omayyadische Praxis war (vgl. etwa S. 265) – zur Moschee umgewidmet wurde.

Artemis-Propyläen und Artemis-Tempel

Der Weg zum Artemis-Tempel begann im Osten der antiken Stadt. »Nach dem Bade (...) in den Thermen«, so G. SCHUMACHER 1902, beschritt der Gläubige eine langgezogene Prozessionsstraße, die allein schon kompositorisch – durch axiale Steigerung – auf den Besuch des gerasenischen Hauptheiligtums einstimmte. Über die Nordbrücke und eine kurze Kolonnadenstraße erreichte er zunächst den Propyläenhof, einen Platz der Sammlung und letzten Vorbereitung auf den Kultus (vgl. S. 184 f.). In den beiden Exedren des trapezförmigen Hofes stand (nach einer Vermutung von Roberto PARAPETTI) noch einmal Wasser für Waschungen zur Verfügung – eine Annehmlichkeit besonders für jene Bürger, die nicht aus dem Osten der Stadt, sondern über den Cardo kamen und sich im Propyläenhof auf den Gang in den Tempel vorbereiteten.

Zwischen dem Sammlungsplatz und den eigentlichen Propyläen im Westen zerschnitt freilich der Cardo – mit seinen rollenden Fuhrwerken und geschäftigen Passanten – die Einheit der Via sacra, doch taten die antiken Stadtbaumeister alles, um diesen profanierenden Bruch zu überspielen: Durch vorspringende Mauerwangen und zwei Säulenstellungen verengten sie den Ausgang des trapezförmigen Hofes auf die Breite der gegenüberliegenden Propyläen, konzentrierten sie das Blickfeld auf die reich dekorierte Giebelhalle von fast 15 m Tiefe und 19,5 m Breite, die den Aufgang zum Artemis-Tempel ankündigt.

Jene Vorhalle, mit vier mächtigen Säulen aus dem Zug der zweigeschossig angelegten Kaufmannsläden hervorgehoben, trug im Tympanon über dem Mittelportal eine Widmungsinschrift; der fragmentarisch erhaltene Text weist die Propyläen in das Jahr 150 n. Chr. Wahrscheinlich gab es aber einen Vorläuferbau aus der Mitte des 1. Jh. n. Chr. – so wie auch der Artemis-Tempel selbst auf ein älteres, weniger aufwendiges Heiligtum zurückgehen dürfte.

Vor die Rückwand der Eingangshalle waren noch einmal vier Säulen gestellt; dazwischen öffneten sich unter verkröpftem Ziergebälk drei Tore. Das schon erwähnte Mittelportal entsprach mit einer Höhe von 9 m und einer Breite von 5 m dem repräsentativen Anliegen der Via sacra.

Sieben Treppenfluchten zu jeweils sieben Stufen, an einen natürlichen Hang gelegt, geleiteten (und geleiten) den Besucher auf die nächsthöhere Ebene der Propyläen. Genaugenommen ist es allerdings George HORSFIELDS Treppe, über die man heute emporsteigt, denn die originalen Stufen und Seitenmauern, die in den 20er Jahren von meterhoher Verschüttung befreit wurden, hat der britische Archäologe aus Sicherheitsgründen weitgehend erneuern müssen. Die Treppenflucht – sie ist über 19 m breit – läuft auf eine weite Altarterrasse hinaus. Die Wirkung des Aufstiegs aus dem Schatten der Vorhalle und der räumlichen Geschlossenheit der unteren Treppen in die Lichtflut und Weite dieser Terrasse, deren Seiten wahrscheinlich Säulengänge flankierten, ist auch für den heutigen Besucher noch nachzuvollziehen. Zwar sind von dem Altar als dem wichtigsten Bauwerk dieser U-förmigen Ebene nur mehr die Fundamente erhalten, doch spricht die Geräumigkeit der Terrasse auch von der kultischen Bedeutung der Stätte: Hunderte von Gläubigen konnten hier dem Opfer beiwohnen; die Votivaltäre, die man noch sieht, sind Stiftungen wohlhabender Bürger.

Im weiteren Aufstieg zum Tempel werden die Proportionen, wird die architektonische Wirkung noch einmal gesteigert, begleitet von einer Weitung des Sichtfeldes. Die drei Treppenabschnitte, die von der Altarebene zum eigentlichen Tempelgrund hinaufführen, sind volle 120 m breit. Damit eröffnete sich einst auch der Blick auf die ganze Ausdehnung der östlichen Temenos-Mauer, die durch einen vorgelagerten Säulengang Räumlichkeit gewann – ein Effekt, der vielleicht noch durch Ecktürme verstärkt wurde. Leider sind von diesem abschließenden Teil der Propyläen nur einige Säulenstümpfe erhalten. So ist noch nicht gewiß, ob nur ein oder drei Portale in die östliche Temenos-Mauer eingelassen waren.

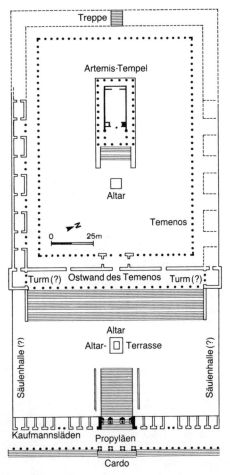

Der Artemis-Tempel (Plan: G. Rebensburg)

Der Temenos selbst, heute ein offener Platz ohne klare räumliche Fassung, muß in seiner ursprünglichen Gestalt einen ganz anderen Eindruck gemacht haben: Auf allen Seiten umgaben ihn Säulengänge, denen im Norden und Süden noch geöffnete Kammern bzw. Alkoven eingegliedert waren. Unter freiem Himmel lagen einstmals nur 124 × 88 m der insgesamt 160 × 120 m, über die der Temenos sich ausbreitet. Diese enorme Fläche ist nicht allein durch Erdbewegung geschaffen worden. Der Nord- und der Südteil des Tempelgrundes liegen über Substruktionen, als deren Architekt durch einen Inschriftenfund ein gewisser DIODOROS, Sohn des ZEBEDAS aus Gerasa, bekannt ist (27/28 n. Chr.). Das Polstermauerwerk dieser Gewölbebauten ist an der Südecke, an der sogenannten Stufenstraße, besonders gut erhalten. Zugleich sind dort zahlreiche Inschriftensteine und Skulpturfragmente aus Gerasa deponiert.

Über Gewölben ist auch der Artemis-Tempel errichtet (Farbabb. 27, 29; Histor. Abb. V). Artemis – Jagdgöttin, Herrin der Tiere und der Natur, Fruchtbarkeitsgöttin und im kleinasiatisch-syrischen Raum Große Mutter – war Gerasas Schutzgöttin, und wie fast alle Tempel der Großen Mutter im Vorderen Orient weist auch ihr Heiligtum in Gerasa, das schönste und aufwendigste Bauwerk der antiken Stadt, nach Westen. Es stand, durch eine Treppe erschlossen, auf einem mehr als 4 m hohen Podium von fast 23 m Breite und annähernd 40 m Länge und war als Peripteros mit sechssäuliger Vorhalle angelegt; elf der ursprünglich 32 Säulen sind erhalten – und zum Wahrzeichen Gerasas geworden. Mit ihren jeweils aus zwei Blöcken geschnittenen korinthischen Kapitellen ragen sie mehr als 13 m hoch.

Die Cella des Artemis-Tempels ist ca. 24 m lang und etwa 13,5 m breit, besitzt besonders starke, ebenmäßig aufgeführte Mauern und war im Innern, wie Befestigungsmarken zeigen, mit Marmor ausgekleidet. Am Westende stand auf einer erhöhten Plattform unter einem flachen Bogen das Kultbild der Artemis, wahrscheinlich mehrere Meter hoch und bunt bemalt. In welcher Weise die Göttin dargestellt war, ob sie etwa der ›vielbrüstigen‹ Artemis Ephesia ähnelte oder sich an die griechischen Bilder der bogenbewehrten Jägerin anschloß, ist ebensowenig bekannt wie die spezifische Form des gerasenischen Gottesdienstes, doch dürfte die Cella, das innere Heiligtum, nur Priestern zugänglich gewesen sein. Ihnen wäre

Eine der frühesten Darstellungen des Artemis-Tempels (Stahlstich von 1838)

dann auch vorbehalten gewesen, jene beiden Treppen zu benutzen, die links und rechts des Cella-Portals einmal zum Dach des Tempels (vgl. S. 58), einmal in die Tonnengewölbe unter dem Podium führten. Die Gläubigen hielten sich auf dem Hof vor den Tempeltreppen auf, wo ein weiterer Altar stand.

Im 5. Jh. fand der Kult der Artemis ein Ende. Der Tempel wurde seines Dekors und seiner Marmorverblendungen entkleidet, verlor große Teile seines Säulenkranzes und seinen Treppenaufgang – die Bauelemente gelangten entweder in die neuentstehenden Kirchen von Gerasa oder in Kalkbrennöfen, von denen unmittelbar vor dem Tempel Spuren gefunden wurden. In der Kreuzfahrerzeit hatte die Tempelruine kurzfristig noch einmal Bedeutung militärischer Art: Im Jahre 1121 stationierte der Atabeg von Damaskus vierzig Soldaten in Gerasa, die sich hinter den starken Mauern des Heiligtums verschanzten und auf der besonders gefährdeten Eingangsseite zwischen den Säulen eine neue Mauer zogen, doch hatte die improvisierte Festung nur kurze Zeit Bestand: BALDUIN II. vertrieb die Moslems noch im selben Jahr.

Die Synagogenkirche

Auf ein Bauwerk mit besonders wechselvoller Vergangenheit stieß R. W. HAMILTON 1929 bei seinen Bodenforschungen westlich des Artemis-Tempels. Schon im 3. oder 4. Jh. erhob sich hier, hoch über der antiken Stadt, ein Gebäude mit einem Atrium im Osten. Aus diesem Bauwerk unbekannter Funktion wurde im 4. oder 5. Jh. eine Synagoge – soweit bekannt: das einzige Kulthaus der jüdischen Minderheit von Gerasa. Die Ausrichtung des Baus nach Westen, die Menora, die man auf einem Mosaikfragment abgebildet fand, und eine aramäische Inschrift machen Sinn und Zweck des Baus deutlich genug. Im Jahre 530/531 – dieses Datum wird in einer Mosaikinschrift vor dem Bema genannt – ließ Bischof PAULUS, der damals an der Spitze der Christen von Gerasa stand (vgl. S. 178), über der Synagoge eine Kirche errichten. Dies führte zu architektonischen Komplikationen: War die Synagoge nach Jerusalem ausgerichtet gewesen, mußte die Kirche ostwärts weisen. In der Folge bildete sich eine eigentümliche Mischarchitektur aus Elementen beider Kultbauten heraus – eine Basilika mit zwei Eingängen neben der Apsis. Dem moslemischen Bildersturm des frühen 8. Jh. fielen, wie J. W. CROWFOOT annimmt, Teile der neuen, der byzantinischen Mosaiken zum Opfer. Flüchtig durchgeführte Reparaturen und einige einfache, offenbar nachträglich verlegte Mosaikpartien lassen den Schluß zu, daß die Christengemeinde von Gerasa die Synagogenkirche auch nach dem moslemischen Zerstörungsakt noch eine Zeitlang benutzte.

Das Nordtheater

Das zweite, kleinere Theater innerhalb der Stadtmauern von Gerasa hat lange Zeit nur wenig Beachtung gefunden. Um so bedeutsamer erscheinen die seit 1982 im Nordtheater von einer britisch-amerikanischen Gruppe aufgenommenen Grabungen und Rekonstruktionsarbeiten (unter H. Kalayan vom jordanischen Department of Antiquities). Ein Inschriftenfund legt nahe, daß die Anlage – im Frühjahr 1992 erschien sie dem Besucher als eine einzige große ›archäologische Baustelle‹ – im Jahre 164 oder 165 n. Chr. entstand, und zwar als Bouleuterion, als Versammlungsort für die stimmberechtigten Vertreter der lokalen Stämme im Stadtrat. Im ersten Viertel des 3. Jh. n. Chr. wurde der Bau dann zu einem Odeum umgewidmet. Dazu erweiterte man den Zuschauerraum, der ursprünglich auf 14 Sitzreihen etwa 800 Menschen Platz bot, um einen zweiten Rang mit acht Sitzreihen für noch einmal 800 Zuschauer – eine komplexe ingenieurtechnische Aufgabe, aus der sich einige Besonderheiten des Nordtheaters erklären, so etwa die prononcierte Trennung der beiden Ränge durch eine Brüstung mit eingelegten Konchennischen oder auch die Existenz eines umlaufenden tonnengewölbten Korridors, auf den sich der obere Rang stützt.

In seiner Halbkreisform und seiner Abschachtung gegenüber dem Hang, nicht aber in seiner nordöstlichen Ausrichtung ist das Osttheater ein römischer Bau. Die spezifische Orientierung erklärt sich aus der Vorgabe des städtischen Binnengefüges, konkret: aus der Streichrichtung des nordwestlichen Decumanus, der sich vor der Theaterfront zu einem repräsentativen Platz mit hohem korinthischen Säulenkranz und Treppenaufgang weitete.

Im 5. oder 6. Jh., so ergaben die archäologischen Arbeiten, verfiel das Nordtheater.

Die Isaias-Kirche

Westlich des Theaters haben amerikanische und jordanische Archäologen (V. A. Clark, E. Oweis) 1983 die Kirche des Bischofs Isaias (Isiah) freigelegt, eine kleine dreischiffige Basilika (28 m × 18 m) mit gerade ummantelter Apsis. Ionische Säulen trugen das Dach. Die gegenwärtig abgedeckten Böden sind mit geometrischen Mosaiken geschmückt, die namentliche Zueignung der Kirche geht aus einer der 15 Mosaik- oder Steininschriften hervor.

Das Nordtetrapylon

Zwischen 150 und 180 n. Chr. hatten Gerasas Stadtbaumeister das Zentralstück des Cardo erweitert und ihm neue Kolonnaden von korinthischer Ordnung gegeben. Dabei blieb der Nordteil der Hauptstraße in ursprünglicher Breite samt seinen ionischen Säulenstellungen erhalten (vgl. S. 170). Um diese strukturelle Zweiteilung des städtischen Achsenwegs und den leicht schiefwinkligen Ansatz des nördlichen Decumanus zu kaschieren, entstand das Nordtetrapylon – vielleicht in der Zeit des Kaisers Septimus Severus (reg. 193–211 n. Chr.), dessen zweiter Frau, der Syrerin Julia Domna, es inschriftlich zugeeignet ist.

Entsprechend der geringeren Bedeutung des nördlichen Straßenkreuzes zeigt die quadratische Konstruktion eine etwas bescheidenere Bauart als ihr südliches Gegenstück: Auf vier

Pfeilern saßen Bogen auf, sie bildeten etwa 5,5 m breite und 8,5 m hohe Durchgänge; das Zentrum des Bauwerks war überkuppelt, möglicherweise bereits mit Hilfe von Pendentifs. Nischen, Pilaster und – auf den ›Schauseiten‹ im Osten und Westen – schmückende Säulen gliederten die massiven Pfeiler und nahmen ihnen die Schwerfälligkeit. Unklar ist noch, ob – und wenn ja, auf welche Weise – das Tetrapylon mit den Kolonnaden des Cardo und des Decumanus verbunden war.

Die Westbäder

Einige Dutzend Meter vom Nordtetrapylon entfernt liegen die Westbäder auf einer Terrasse etwas unterhalb des Cardo und annähernd 12 m über dem Flußbett des Chrysorhoas. Präzise fügt sich der monumentale Bau in die Struktur der antiken Stadt ein: Seine Längsachse verläuft parallel zum Cardo und steht rechtwinklig zum nördlichen Decumanus. Solcher städtebaulichen Eingliederung zum Trotz ist bis heute nicht vollends geklärt, wie die Thermen aus dem Straßenraster erschlossen wurden. In der britischen Mandatszeit hat man sie zwar einmal vermessen, von den amerikanischen Archäologen wurden sie aber nur beiläufig berücksichtigt. Immerhin lassen sich den meisten Räumen bestimmte Aufgaben innerhalb des Badebetriebs zuordnen: Die dreigeteilte Halle im Zentrum der Anlage lag wahrscheinlich unter Tonnengewölben und wird das Kaltbad oder Frigidarium, ausgestattet mit einem großen Wasserbecken, beherbergt haben. Ein Warmbad, ein Heißbad und Umkleideräume umschlossen diesen Zentralraum. Vom Peristylhof ist nur noch eine Säulenstellung mitsamt Architrav erhalten. Die architekturgeschichtliche Bedeutung der östlichen und westlichen Flügelräume erklärt sich aus dem Einsatz von Pendentifs, von sphärischen Stützzwickeln unter dem Fußkreis einer Kuppel – die gerasenischen Beispiele gehören zu den ersten ihrer Art überhaupt, jedenfalls wenn man sie – mit G. L. HARDING oder M. RESTLE – ins 2. Jh. n. Chr. datiert (sichernde Inschriften fehlen). Ihr Wasser erhielten die Westbäder aus der kaum 100 m entfernten Quelle Ain Kervan, zusätzlich vielleicht auch aus dem Birketein-Reservoir (vgl. S. 193f.).

Das Nordtor

CLAUDIUS SEVERUS, TRAJANS erster Vertreter in der Provincia Arabia, beaufsichtigte nicht nur den Bau der Via Nova, er sorgte auch für ein zeitgemäßes provinzielles Straßennetz: Gerasa erhielt u. a. neue Wegverbindungen nach Pella und zu den nördlichen Dekapolis-Städten. Den Anforderungen dieses römischen Wegenetzes konnte das alte Nordtor offenbar nicht genügen. Zwar bleibt auch der Neubau, entstanden 115 n. Chr., in Anspruch und Aufwand hinter dem hadrianischen Südtor zurück (vgl. S. 169), doch beeindruckt das architektonische Geschick, mit dem die nördliche, schiefwinklig ansetzende Ausfallstraße mit dem Cardo verbunden wurde. Bei gegebener Weite der Toröffnung (5,4 m) war dies nur über unterschiedlich breite Torflanken zu bewerkstelligen – die Südfassade mißt etwas über 20 m, die Nordfassade fast 22 m. Nischen und Halbsäulen, auf Nord- und Südseite gleichermaßen zur Gliederung eingesetzt, stärkten noch die optische Einheit des Portals.

In den Steinschwellen des Tors erkennt man Radspuren – allerdings nur auf der westlichen Seite, die wahrscheinlich Fuhrwerken vorbehalten war, während Fußgänger die Ostseite benutzten. Einschnitte im Pflaster vor dem Tor lassen sich als Standhilfen für die Zugtiere deuten.

Die Ostbäder

Über die mächtigen Ruinen der Ostthermen, die sich jenseits des Wadi Jerash inmitten der modernen Stadt erheben, ist wenig bekannt. Die Anlage war offenbar einstöckig, der Zug ihrer Mauern bis zu 5 m stark. Daß es sich tatsächlich um einen großen Thermenkomplex handelt, wohl um das Hauptbad der antiken Stadt, bezeugen die Spuren zahlreicher Wasserleitungen, doch lassen sich den verbliebenen Räumlichkeiten bestimmte Funktionen nicht mehr zuweisen. Da Inschriften fehlen, bleibt auch die zeitliche Einordnung des Baus unbestimmt; nach G. L. HARDINGS Mutmaßung ist er »nicht später als im 2. Jh. n. Chr.« entstanden, I. BROWNING datiert die Ostbäder dagegen ins frühe 3. Jh. und sieht ihren Bau als Teil eines ›Beschäftigungsprogramms‹ für die damals verarmende Stadt. Jedenfalls waren die Thermen in die regelhafte Stadtanlage einbezogen: Ihre Mauern verlaufen annähernd parallel oder rechtwinklig zu Cardo und Decumanus; über Nord- und Südbrücke waren die Bäder mit dem westlichen Stadtzentrum (Artemis-Tempel) verbunden.

In moslemischer Zeit diente der Komplex als Khan, als Karawanserei, und bis in die 50er Jahre dieses Jahrhunderts als Viehstall und Steinbruch der neuen Tscherkessensiedlung. Gleichzeitig verhinderten die Tscherkessen aber, wie G. SCHUMACHER 1902 beklagte, eine Bauaufnahme, weil die Bäder auf dem Gelände ihrer Moschee lagen.

Die Procopius-Kirche

Von dieser Kirche im Südosten der antiken Stadt (unterhalb des modernen rot-weißen Sendeturms gelegen) sind nur drei Säulen und Spuren des Grundmauerzugs erhalten. Einer Mosaikinschrift zufolge entstand der basilikal angelegte Bau im Jahre 526/527, Auftraggeber war der gerasenische Bischof PAULUS, der auch die Johanneskirche (vgl. S. 178) und die Synagogenkirche (vgl. S. 189) stiftete, als Aufseher fungierte ein Offizier namens PROCOPIUS. Mit ihren drei Apsiden, einer Seitenkapelle, einem Vorhof und der ausladenden Altarschranke erinnert die Procopius-Kirche im übrigen an St. Peter und Paul (vgl. S. 177), einen Bau, von dem sie zeitlich nur wenige Jahre trennen. – Die etwa 200 m nördlich von St. Prokop gelegene Kirche des Elias, der Maria und des Soreg (442) ist heute zerstört, ebenso die Kirche der Apostel, Propheten und Märtyrer (464/465) 150 m südöstlich des Nordtors.

Birketein: Doppelbecken und Festtheater

Wie Antiochia am Orontes seine Villenvorstadt Daphne, so besaß auch Gerasa, das Antiochia am Chrysorhoas, einen Luxusvorort, ca. 1,2 km nördlich der Stadt in einem fruchtbaren Gartental mit mehreren Quellen gelegen und durch einen Prozessionsweg mit der ›City‹ verbunden. J. L. BURCKHARDT, der das Tal im Mai 1812 als wohl erster Europäer der Neuzeit besuchte, spricht von einem »höchst romantischen Flecken« mit »Resten eines großen Reservoirs«.

Den alten Namen der Vorstadt kennt man nicht, von den jetzigen Anwohnern wird er Birketein (d. h. Doppelbecken) genannt. Jenes rechteckige, zweigeteilte Becken, bis heute in Benutzung, dürfte schon der Versorgung des antiken Gerasa (Westbäder, Nymphäum) gedient haben, spielte daneben aber auch eine bemerkenswerte kultische Rolle. Über den erwähnten Prozessionsweg zogen die Gerasener mindestens einmal jährlich, vorbei an Mausoleen, Hypogäen und Totentempeln, deren Spuren bis zur Mitte dieses Jahrhunderts sichtbar waren, nach Birketein, um dort das Fest des Maiuma (auch: Maiumas) zu feiern, eines wahrscheinlich phönikischen Gottes, dessen Kult u. a. in Roms Hafenstadt Ostia nachweisbar ist. Mit Wasserspielen und dem »rituellen Untertauchen nackter Frauen« (I. BROWNING) ehrte man den orientalischen Gott freilich in einer Weise, die spätestens im 4. Jh. christlichen Protest herausforderte und von verschiedenen byzantinischen Autoren, ja selbst von den Kaisern HONORIUS und ARCADIUS als ›schamlos‹ verurteilt wurde. Wie eine Inschrift bezeugt, ließ man sich indessen auch Anfang des 6. Jh. in Gerasa noch nicht davon abhalten, Maiuma zu feiern, nun aber wohl in einer ›gemäßigten‹, vielleicht sogar christianisierten Zeremonie. Dafür spricht indirekt auch, daß um jene Zeit am alten ›heidnischen‹ Prozessionsweg eine **Kirche** entstand. Die Ausgrabungen begannen erst Ende 1984 und wurden 1986 abgeschlossen. Nach dem Grabungsbefund handelt es sich erkennbar um einen Oktogonalbau mit geräumigem Atrium, ähnlich der byzantinischen Kirche von Gadara (vgl. S. 226).

Die Via sacra endete bei einem Tor am Südwesteck des Doppelbeckens, auf dessen

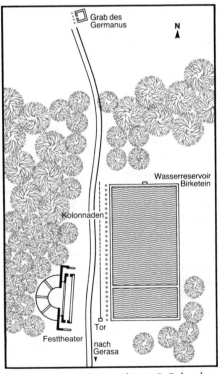

Gerasas Vorort Birketein (Skizze: G. Rebensburg nach I. Browning)

Westseite sich – in Verlängerung des Prozessionswegs – Kolonnaden entlangzogen. An den anschließenden Hang lehnte sich ein kleines Theater mit 14 Sitzreihen für nicht mehr als 1000 Zuschauer. Im Jahre 1931 unter Leitung des amerikanischen Archäologen C. C. McCown freigelegt, gilt es allgemein als Festtheater des antiken Gerasa, doch bleibt unklar, in welcher Weise es in die Maiuma-Feiern einbezogen war. Schon im Jahre 1910 wies Gustaf Dalman darauf hin, daß sich nur für die Zuschauer in den obersten Reihen des Theaterhalbrunds ein Blick auf das Becken und das dortige mehr oder minder orgiastische Treiben geboten hätte. Vielleicht kam dem Bau also eine von den Wasser-Feierlichkeiten unabhängige Funktion zu. Entstanden ist das Theater jedenfalls im 3. Jh. n. Chr., nur wenig später als das Reservoir.

Knapp 200 m nördlich von Birketein erheben sich über Sturzblöcken und einem geöffneten Sarkophag drei Säulenstellungen mit aufliegendem Gebälk – alles, was vom **Grab des römischen Zenturionen Germanus** (2. Jh. n. Chr.) erhalten ist. Den Tempel des Zeus Epicarpius, den Inschriften im Umfeld von Birketein lokalisieren, hat man noch nicht gefunden.

Ein Ausflugsziel bei Jerash

Qalaat er-Rabad (Ajlun)

Als ›Fremde in einem fremden Land‹ wurden die fränkischen Eroberer zwangsläufig zu Burgenbauern, Festungsschutz benötigten sie in Offensive wie Defensive (vgl. S. 79 ff.). Hingegen folgte moslemisch arabischer Widerstand schon deshalb einer anderen Taktik, weil seine Aktionen sich auf eine breite Zustimmung der einheimischen Bevölkerung stützen konnten. Nicht selten zwar wurden fränkische Herrensitze von moslemischen Truppen übernommen (vgl. S. 84; 333), rar sind indessen ›reine‹, eigenständige Araberburgen: Zu den wenigen nennenswerten Beispielen gehört neben Marqab, Aintab und Sheizar (in Syrien bzw. der Südosttürkei) die im nordwestlichen Hügelland von Ajlun gelegene Qalaat er-Rabad (Farbabb. 39; Abb. 29).

Ihr Bauherr, der Emir Izz Ed-Din Usama, war ein Verwandter Saladins. Um die Westflanke des ayyubidischen Herrschaftsbereichs zu sichern und Rainald von Chatillons Einfluß im nördlichen Oultrejourdain zu brechen, ließ er die Feste in den Jahren 1184/85 errichten – vielleicht auf den Ruinen eines christlichen Klosters. Schon bald verlor sie freilich ihre militärische Funktion. Nach der Schlacht von Hattin (1187), die Outremers Untergang besiegelte, wurde die Burg mehr und mehr zum Verwaltungssitz. In politische Konflikte wurde sie noch einmal nach Saladins Tod verwickelt, als Usama im Zuge von Thronkämpfen an Macht verlor. Der auch als Bauherr in Azraq bezeugte Aybak, Majordomus des Sultanssohns Al-Muazzam (vgl. S. 241), übernahm die Festung um 1212 und baute sie in den Jahren 1214/15 aus.

Qalaat er-Rabad heißt soviel wie Burg mit den Vororten. Die Ruinen jener ›Vororte‹ kann man stellenweise an den Hängen und im Umfeld des Burghügels erkennen. Sie entstanden,

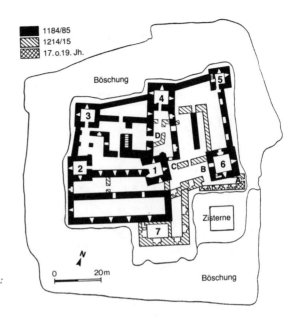

Qalaat er-Rabad im Grundriß (Karte: G. Rebensburg nach C. N. Johns, QDAP I, 1932)

als man im nahen Zarqa-Tal mit der Ausbeutung von Erzvorkommen begann. Zum Zentrum der neuen ›Industrieregion‹ wurde – etwa 4 km entfernt – das mittelalterliche Ajlun, das IBN BATTUTA im Jahre 1355 als »eine schöne Stadt mit guten Märkten und einer starken Burg« beschrieb. Die Burg selbst war in mamlukischer Zeit Glied einer mit Hilfe von Feuerzeichen und Brieftauben hergestellten Signalkette, die den Sultan in Kairo binnen eines Tages von den Vorgängen an der nordsyrischen Reichsgrenze zu unterrichten vermochte. Trotz dergestalt entwickelter ›Nachrichtentechnik‹ – dem Mongolensturm entging Ajlun nicht, im Frühsommer des Jahres 1260 wurde es erobert und geplündert. Doch scheinen KITBOGHAS Krieger die Festungsmauern nicht geschleift zu haben, Reisende des 14. Jh., so auch der bereits zitierte IBN BATTUTA, zeigten sich von der Burg nach wie vor beeindruckt. Erhebliche Schäden verursachte allerdings das Erdbeben des Jahres 1837, das Teile der tragenden Wände und Gewölbe einstürzen ließ und die Bewohner der Feste – bei J. L. BURCKHARDTs Besuch im Jahre 1812 waren es »etwa vierzig Personen der großen Barekat-Sippe« – zum Auszug aus dem mittelalterlichen Gemäuer veranlaßte.

Eine Bauaufnahme, Räumungs- und Restaurierungsarbeiten fanden zwischen 1927 und 1929, also in der Emiratszeit statt, geleitet zunächst von P. A. RICCI, dann von C. N. JOHNS.

Die hervorragende Fernsicht vom Burghügel – der strategische Vorteil von Qalaat er-Rabad – mußte einen topographischen Nachteil ausgleichen: Anders als die Mehrzahl der Kreuzfahrerburgen war die Feste über nur leicht abschüssige Hänge von allen Seiten ohne größere Schwierigkeiten erreichbar (Farbabb. 39). Entsprechend hat USAMA sie ringsum mit einem in den Fels geschlagenen Trockengraben sichern lassen (Abb. 29).

NORDEN: QALAAT ER-RABAD/DREI DEKAPOLIS-STÄDTE

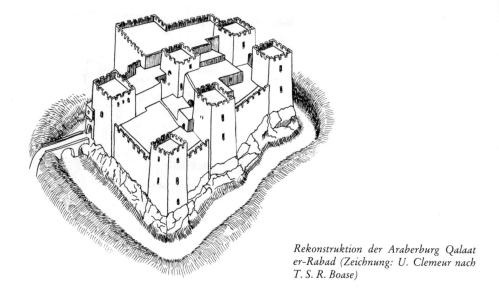

Rekonstruktion der Araberburg Qalaat er-Rabad (Zeichnung: U. Clemeur nach T. S. R. Boase)

Der jetzige Eingang (auf dem Plan S. 195: A) im Osten gehört zu einer sehr viel späteren Bau- bzw. Restaurierungsphase, also nicht zum Ursprungsbau und auch nicht zu den Erweiterungen von 1214/15. Man erreicht ihn über eine moderne eiserne Treppe. Links (südlich) des Eingangs erkennt man im Burggraben die Umrisse einer quadratischen Zisterne. Weitere fünf Zisternen befanden sich innerhalb der Burgmauern.

Hat man das Eingangstor passiert, gelangt man in einen Gang, der rechts durch die Mauer des Südostturms (6) von 1184/85 gebildet wird und an einem zweiten Tor (B) mit zwei Vogelreliefs am Portalbogen endet. Bis auf diese schematisierten Darstellungen ist der Festungsbau schmucklos. Ein drittes Tor (C) führt zu den westlich gelegenen alten Burgtrakten mit ihren Langhallen, Türmen, Gängen und Treppen. Der Grundriß macht deutlich, daß der Burgkern, soweit das Gelände es erlaubte, quadratisch angelegt und in der Art eines römischen Quadriburgus (vgl. S. 430) durch vier Ecktürme (1–4) geschützt war, wobei die vorspringenden Türme 1 und 4 das Tor D, den einzigen Zugang zum inneren Burgkomplex, sicherten.

Für eine Unterscheidung der beiden Bauphasen der Burg gibt es zwei Anhaltspunkte: Einmal ist das Mauerwerk der USAMA-Gründung schwerer, grober (und mit Randschlag) aufgeführt als das der Erweiterungsbauten unter AYBAK, und zweitens sind die Fensterschlitze in den Baupartien von 1214/15 stets von einer Bogennische gerahmt. Ein spezifisch arabisches Element, das Qalaat er-Rabad aus dem zeitgenössischen fränkischen Wehrbau heraushöbe, ist in beiden Bauphasen nicht zu erkennen, selbst die in einer islamischen Anlage eigentlich obligatorische Moschee fehlt.

Drei Dekapolis-Städte: Capitolias, Abila, Gadara

Beit Ras/Capitolias

In der Dekapolis-Liste PLINIUS' d. Ä. ist Capitolias nicht als Mitgliedstadt aufgeführt, wohl aber bei CLAUDIUS PTOLEMÄUS, der in der Zeit des römischen Kaisers ANTONINUS PIUS schrieb. Offenbar hängen der Aufschwung der Stadt und ihre Eingliederung in die Dekapolis mit der Neuordnung der römischen Orientpolitik unter TRAJAN und dem begleitenden Ausbau der Verkehrswege zusammen. Wie die »Peutingertafel« zeigt, lag Capitolias an jener römischen Straße, die von Gadara (das heutige Umm Qeis; s. u.) nach Adraha (das heutige syrische Deraa) führte. Diese Straße muß – nach den Meilenangaben der »Tabula Peutingeriana« und des ANTONINUS-Itinerars aus dem 6. Jh. n. Chr. – das Yarmuk-Tal südöstlich umgangen haben. In byzantinischer Zeit war die Stadt Bischofssitz der Provincia Palaestina Secunda, ihre Würdenträger sind auf den großen Konzilien zwischen 325 (Nicäa) und 553 (Konstantinopel) nachweisbar. Der hl. PETRUS von Capitolias soll im 8. Jh. aufgrund seiner ›Brandreden‹ gegen den Islam in Anwesenheit aller Christen der sogenannten Trichora – der drei Städte Capitolias, Abila und Gadara – hingerichtet worden sein; die Ostkirche begeht die Gedenkfeier des Märtyrers am 23. November. Schon im Talmud taucht die Ortsbezeichnung Beth Reša auf, sie kündigt den zeitgenössischen Namen von Capitolias an: Beit Ras, d. h. Haus auf dem Gipfel. YAKUT nennt Beit Ras noch im 13. Jh. ein Zentrum des Weinanbaus, doch verlor die Ortschaft in islamischer Zeit offenbar ihre vormalige Bedeutung.

Das heutige Beit Ras, ein Dorf von einigen hundert Einwohnern, liegt 5 km nördlich von Irbid, westlich der Straße nach Umm Qeis (ausgeschildert). Hochragende Ruinen besitzt die Ortschaft längst nicht mehr, schon Ulrich Jasper SEETZEN, der sie 1806 als erster neuzeitlicher Reisender betrat, vermochte in »einigen alten Resten von Gebäuden« die von ihm gesuchte Stadt Capitolias nicht zu erkennen.

Gleichwohl sieht man überall im Ort Kapitelle, antike Werksteine und ornamentierte Blöcke, und nach wie vor gilt G. L. HARDINGs Urteil aus dem Jahre 1959: »Aus den Felsen gehauene Gräber mit gewaltigen, geglätteten und mit Inschriften versehenen Basalttüren dienen heute als Vorratsräume für Getreide und Stroh, und das Vieh säuft und frißt aus antiken Sarkophagen.« Auf der Südseite des Siedlungshügels, mit schönem Blick auf die Ebene von Irbid, ist unter Ausnutzung natürlicher Höhlungen eine etwa 100 m lange Folge mächtiger **Zisternen** in den örtlichen Kalkstein gearbeitet. Am Hang erkennt man die Bögen eines kleinen **mittelalterlichen Baus,** vielleicht einer ayyubidischen oder mamlukischen Moschee. Bei Ausgrabungen des Instituts für Archäologie und Anthropologie der Yarmouk University (Irbid) wurden 1985 eine **Folge tonnengewölbter Lagerräume** spätantiker Zeit freigelegt. In der Nähe wird man in einem kleinen Tal auf eine aus schlechtem, stark gemörteltem Steinmaterial errichtete **Zisterne** (ca. 40 × 25 m) aufmerksam, die nach den Forschungen von C. J. LENZEN, A. KNAUF und Z. ZAID in römischer Zeit entstand und bis in mamlukische Zeit in mannigfachen Umbauten instand gehalten wurde. Bei der Dorfschule

NORDEN: ABILA/GADARA

von Beit Ras sind zwei weitere Denkmäler zu entdecken: eine unterirdische **Ölmühle** spätantiker oder mittelalterlicher Zeit (?) und ein spätrömisches oder frühbyzantinisches **Hypogäum**, ausgeführt als Arkosolgrab und geschmückt mit Fresken, deren Hauptstück den Kampf zwischen den trojanischen Helden Achill und Hektor zeigt. Wahrscheinlich gehört die Gruft zur Ostnekropole von Capitolias, die sich in Richtung auf das heutige Dorf Maru erstreckte (wo 1935 ein weiteres ›Freskengrab‹ freigelegt wurde). Wer das Mausoleum von Beit Ras besichtigen will – es liegt unter dem Hof der modernen Schule – muß vorher im Archäologischen Museum von Irbid (vgl. S. 229) vorsprechen, wo der Schlüssel verwahrt wird.

Queilbeh/Abila

Auch der Besuch dreier **freskengeschmückter Gräber** in der Nekropole von Abila am Osthang des Wadi el-Queilbeh muß mit der Museumsleitung in Irbid abgestimmt werden. Arkosolien und Loculi gliedern die Wände der sehenswerten Grabkammern, Porträts (der Verstorbenen?) beherrschen die Wand- und Deckenmalereien. Von der **antiken Stadt** selbst waren bis 1982 ansonsten auf den beiden Hügeln Tell Abil und Tell Umm el-Amad westlich des Wadi nur geringe Spuren zu erkennen: Säulentrommeln und Kapitele, Reste von Mauerzügen, dazu das verschüttete Halbrund eines **römischen Theaters**. Seither konnten Ausgrabungen auf dem einsam-idyllischen Hügelgelände, über das Schafhirten ziehen und auf dem Nomaden ihre Zelte aufschlagen, das Bild aber wesentlich verändern.

Auf Tell Abil (im Norden) haben US-amerikanische Archäologen unter Leitung von W. H. MARE die Grundmauern einer **dreischiffigen byzantinischen Basilika** aus dem 7. Jh. mit – inzwischen wieder abgedeckten – Bodenmosaiken freigelegt und die ehedem 5 m hohen **Stadtmauern** dieses Teils untersucht. Auf der Feldflur über dem schon erwähnten römischen Theater am Hang des Tell Umm el-Hamad (im Süden), in dessen Orchestrabereich übrigens, wie die Ausgrabungen ergaben, in omayyadischer Zeit **Wohnbauten** gelegt wurden, haben die Ausgräber die Säulen einer zweiten **dreischiffigen Basilika** aus dem 6. Jh. wieder aufgerichtet. Den Typus ihrer Kapitelle kann man ›korinthisierend‹ nennen – womit gesagt sein soll, daß der bekannte korinthische Kapitellduktus hier ins Flächige, Untiefe abgeschwächt wird, dies schon ganz im Sinne der frühislamisch-omayyadischen Umbildung antiken Dekors. Vor dem Theater wurde zudem eine antike Straßenpartie, wohlgefügt aus schwarzen Basaltsteinen, freigelegt.

Abilas Beiname Seleukia, auf Münzen bezeugt, weist die antike Stadt als eine Seleukidengründung aus. Ein Jahrhundert lang stand sie später unter makkabäisch-hasmonäischer Kontrolle, ehe POMPEIUS sie 63 v. Chr. in die kommunale Selbständigkeit einer Dekapolis-Stadt entließ. Auf diese ›Befreiung‹ reagierte Abila wie die meisten Dekapolis-Zentren mit der Einführung der Pompeianischen Ära – einer neuen, 63 v. Chr. einsetzenden Zeitrechnung. Die Mitgliedschaft Abilas in der ›Zehn-Städte‹-Konföderation belegt neben der Liste des Geographen CLAUDIUS PTOLEMÄUS auch das »Onomastikon« des Bischofs EUSEBIUS; zudem erwähnt eine bei Palmyra gefundene Inschrift des Jahres 133 n. Chr. einen gewissen

»Agathangelos aus Abila der Dekapolis«. In byzantinischer Zeit war Abila Bischofssitz der Provincia Palaestina Secunda, und G. SCHUMACHER, der die Stätte 1889 in einer Monographie vorstellte, sah am Osthang von Tell Umm el-Amad bereits die Ruine jener geräumigen, nunmehr freigelegten Basilika. Nach der Yarmuk-Schlacht, die am 20. August 636 nördlich der Stadt mit der vernichtenden Niederlage eines Griechenheeres endete, verliert sich Abilas geschichtliche Spur, doch belegen die Ausgrabungen der letzten Jahre (s. o.), daß der Platz auch in omayyadischer Zeit besiedelt war. Die Sieger zogen in die Stadt der Besiegten ein.

Die Anfahrt nach Abila erfolgt von Irbid über die Umm Qeis-Straße, die man etwa 2 km nach der Passage von Beit Ras nach rechts (nördlich) verläßt. Nach weiteren 7 oder 8 km durchfährt man das Wadi el-Queilbeh. Danach gabelt sich die Straße. Man hält sich rechts und biegt etwa 200 m nach der Gabelung wiederum rechts auf einen Feldweg ab, der nach wenigen hundert Metern zur weithin sichtbaren Basilika auf Tell Umm el-Hammad führt.

Umm Qeis/Gadara

Umm Qeis, das alte Gadara, liegt 28 km nordwestlich von Irbid auf einem nach Norden, Süden und Westen steil abfallenden Plateau hoch über dem Yarmuk (Farbabb. 17) und dem 12 km entfernten See Genezareth (Farbabb. 23). Die Aussicht ist an klaren Tagen höchst eindrucksvoll und reicht bis zum Berg Hermon. Daß sie allerdings »das Beste an Umm Qeis« wäre, wie G. L. HARDING 1959 bemerkte, läßt sich nach den Forschungen des Deutschen Evangelischen Instituts für Altertumswissenschaft des Heiligen Landes (s. u.) nicht mehr behaupten.

Gadara ist keine hellenisch/hellenistische Namensform, der strategisch bedeutsame Bergsattel mit seinem fruchtbaren dunkelroten Boden wird schon vor dem 4. Jh. v. Chr. Siedler angezogen haben. In hellenistischer Zeit stieg Gadara zu *dem* Zentrum griechischer Kultur östlich des Jordan auf. Es brachte einen Satiriker wie MENIPPOS hervor, dessen kynische Prosa und Verse, verfaßt in der 1. Hälfte des 3. Jh. v. Chr., u. a. LUKIAN, VARRO und SENECA inspirierten. Satiren nach Art des MENIPPOS schrieb auch der Gadarener MELEAGROS (MELEAGER). Ruhm trugen ihm aber vor allem seine eleganten Epigramme ein: »Tyrus war meine Amme, Gadara, das attische, das gleichwohl in Syrien liegt, hat mich geboren«, heißt es – aus ›weltbürgerlichem‹ Selbstbewußtsein formuliert – in einem jener Sinnsprüche. Schließlich stammt auch der von CICERO geschätzte epikureische Philosoph und Spruchdichter PHILODEMOS (ca. 111–40/35 v. Chr.) aus Gadara – die etwa 800 Papyrusrollen, die in den Jahren 1753/54 in Herculaneum zutage kamen, dürfen als seine Bibliothek gelten (seit den 70er Jahren des 1. Jh. v. Chr. gehörte PHILODEMOS zum neapolitanischen Epikureerkreis). Weniger bekannt ist ein vierter Gadarener: der Philosoph OINOMAOS, ein kynischer Polemiker, der sich im 2. Jh. n. Chr. spöttisch-aggressiv gegen den Stoizismus und sein Orakelwesen wandte (»Überführung der Gaukler«).

Die frühe politische Geschichte Gadaras liegt im dunkeln, doch ging die Stadt im Gefolge der Schlacht von Panias offenbar aus ptolemäischen in seleukidischen Besitz über (198 v. Chr.); nach STEPHANOS von Byzanz trug sie anschließend den Beinamen Seleukia bzw.

NORDEN: GADARA

Antiochia. Genau einhundert Jahre später eroberte dann der hasmonäische Priesterkönig ALEXANDER IANNÄUS Gadara. Von POMPEIUS wurde die Stadt 63 v. Chr. nicht nur ›befreit‹, sondern – auf Drängen des POMPEIUS-Freigelassenen DEMETRIUS, der aus Gadara stammte – auch neu ausgebaut. Gadara legte seiner Zeitrechnung danach die Pompeianische Ära zugrunde (vgl. S. 198), und auf Münzen nannten sich die Einwohner gelegentlich sogar »pompeianische Gadarener«. Bereits in der Liste des älteren PLINIUS (»Naturgeschichte« V, 16, 74) wird Gadara als Dekapolis-Stadt aufgeführt, desgleichen bei CLAUDIUS PTOLEMÄUS. Dennoch gelangte die Gemeinde – als Schenkung des AUGUSTUS an den ›Römerfreund‹ HERODES – noch einmal in jüdische Hand. Vergeblich opponierten die Gadarener gegen den ungeliebten König; als ihr Versuch, HERODES vor dem Kaiser in Mißkredit zu bringen, scheiterte, »töteten sie sich aus Furcht vor Folterqualen in der folgenden Nacht teils mit eigener Hand, teils stürzten sie sich in einen Abgrund oder ertränkten sich im Flusse« (FLAVIUS JOSEPHUS, »Jüdische Altertümer« XV, 10, 3). Nach dem Tode des HERODES (4 v. Chr.) und der Aufteilung seines Reiches fiel Gadara, wiederum nach JOSEPHUS (»Jüdischer Krieg« II, 6, 3), an die Provinz Syrien zurück; im jüdischen Aufstand (66–70 n. Chr.) wurde die Stadt (vielleicht auch nur das Umland) verwüstet – mit der Konsequenz, daß die gadarenischen Juden getötet, zumindest aber »in Gewahrsam genommen wurden« (»Jüdischer Krieg« II, 18, 5). Weniger gut ist die römische Spät- und byzantinische Frühzeit bezeugt, nach einer Inschrift des 3. Jh. verlieh Rom der verdienten Stadt aber den Ehrentitel einer Colonia (Colonia Valentina Gadara). Aus dem »Onomastikon« des Bischofs EUSEBIUS ergibt sich, daß Gadaras Stadtgebiet in spätrömischer Zeit auch die vielbesuchten heißen Quellen am Hieromax, dem heutigen Yarmuk, einschloß. Bischofssitz war Gadara zwischen dem 4. und 7. Jh., nach der Schlacht am Yarmuk (636), die das byzantinische Reich den Vorderen Orient kostete, verödete die griechischste aller jordanischen Städte. Bei den arabischen Geographen ist nur noch beiläufig von einem Jadar die Rede.

Die frühen Forschungsreisenden – SEETZEN 1806, BURCKHARDT 1812, BUCKINGHAM 1816, IRBY und MANGLES 1818, ROBINSON 1830 – fanden eine Stätte vor, die nur von wenigen Nomadenfamilien bewohnt wurde; die Mausoleen von Gadara (s. u.) dienten vielfach als Ziegenställe. Die erste wissenschaftliche Bestandsaufnahme ist Gottlieb SCHUMACHER (1886) zu verdanken. Da die alte Akropolis im Osten Gadaras seither neu besiedelt wurde, sind SCHUMACHERS Beobachtungen gerade in diesem Bereich von großer Bedeutung. Im Jahre 1975 begann das Deutsche Evangelische Institut für Altertumswissenschaft des Heiligen Landes mit neuen Vermessungsarbeiten, es entstand ein Stadtplan. Ausgrabungen (bisher fünf Kampagnen), geleitet von Ute WAGNER-LUX, danach von Thomas WEBER, schlossen sich zwischen 1976 und 1991 an. Auch eine dänische Archäologengruppe um S. HOLM-NIELSEN arbeitete zeitweise in Gadara; desgleichen eine Gruppe des Deutschen Archäologischen Instituts Berlin (A. HOFFMANN) und des Liebighauses Frankfurt (P. CORNELIUS BOL).

Um Gadara zu besuchen, muß man, von Irbid kommend, links (westlich) abbiegen, wo die Asphaltstraße den ersten Teil des Dorfes Umm Qeis passiert hat und zum Yarmuk-Tal bzw. zum Badeort Hammeh (vgl. S. 229) abfällt. Der abzweigende, 1992 nicht asphaltierte

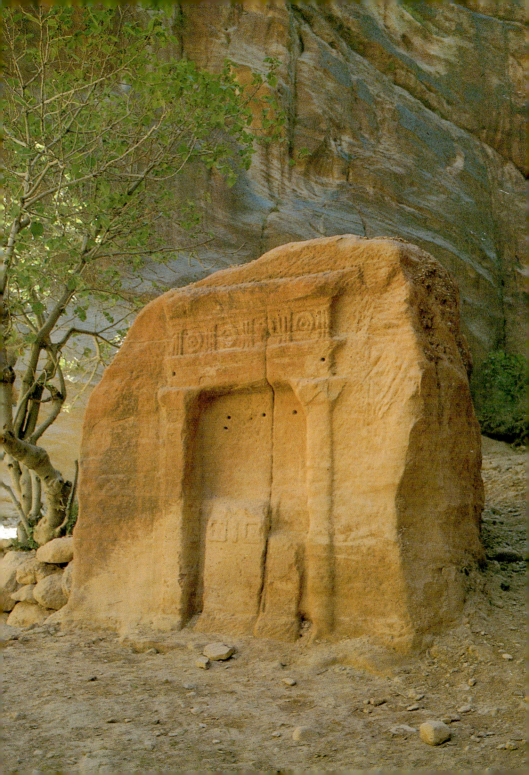

2 PETRA Korinthisches Grab
◁ 1 PETRA Kultnische mit Doppelbetyl im Sik

3 PETRA   Gräberwand des Äußeren Sik

                              5 PETRA   Blick aus dem Theater über den Talkessel der antiken Stadt ▷

4 PETRA   Felslandschaft vor dem Urnengrab

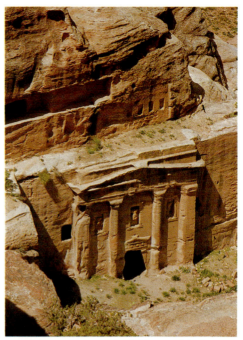

6 PETRA Obeliskengrab und Barocktriklinium

7 PETRA Statuen- oder Soldatengrab in der Farasa-Schlucht

8 PETRA Die gewaltige Felsfassade von ed-Deir

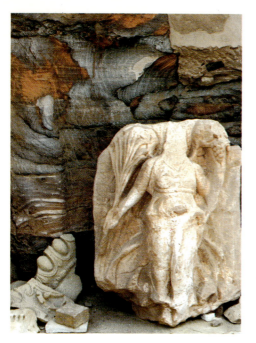 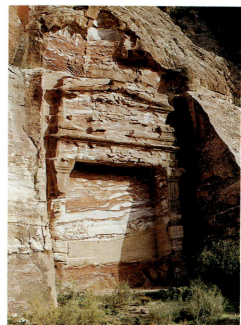

9–14 PETRA Bunte, gebänderte Steinpartien; oben links die Außenwand des Museums mit spätnabatäischer Statue

15 HAMMAMET MAIN Wasserfall über Sinterablagerungen
              16 RAS EN-NAQB Blick in die südöstliche Wüste ▷

17 Der Yarmuk bei UMM QEIS, im Hintergrund der See Genezareth

18 Landschaft zwischen JERASH und AMMAN

19 An der Königsstraße: Bereich des WADI EL-MUJIB

20 An der Königsstraße: Bereich des WADI EL-HESA

21 Beduinenzelte im WADI RUM ▷

23 Bei UMM QEIS, im Hintergrund der See Genezareth
◁ 22 Ostjordanischer Beduine
24 Ernteszene

25 PELLA   Blick auf die Talbasilika

26 UMM QEIS/GADARA   Theater

27 JERASH/GERASA Artemis-Tempel
          29 JERASH/GERASA Blick über ›Kolonnaden-Landschaft‹ und Artemis-Tempel ▷
28 JERASH/GERASA Die Kirchen um den Brunnenhof

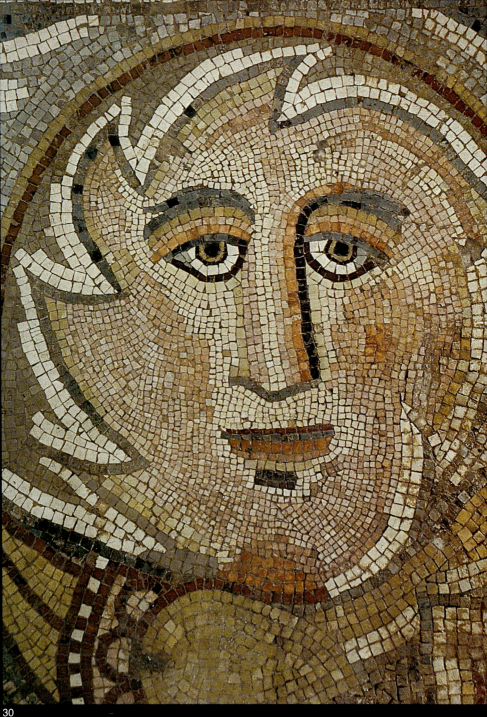

31–33 MADABA/NEBO   Mosaiken der ›Madaba-Schule‹; unten die Jerusalem-Darstellung der Palästina-Karte

30 MADABA   Jahreszeitenhaupt in der Apostelkirche

34 QASR EL-HALLABAT Omayyadenmoschee

35 QASR EL-KHARANEH

36 QASR EL-MSHATTA

37 QUSAIR AMRA

38 QUSAIR AMRA Gewölbemalerei

39 QALAAT ER-RABAD   Araberburg der Kreuzfahrerzeit

41 Versammlung in einem Beduinenzelt ▷

40 KERAK   Kreuzritterburg

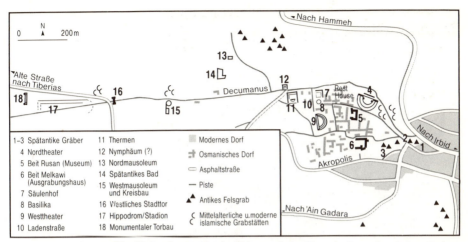

Umm Qeis/Gadara im Überblick (Plan: E. Hardenbicker nach der Karte des Deutschen Evangelischen Instituts für Altertumswissenschaft des Heiligen Landes, 1986–1988)

und auch nicht ausgeschilderte Weg läuft unmittelbar auf die ost-westliche **Achsenstraße** des antiken Gadara hinaus; selbst heute, wo nur mehr Teile der alten Pflasterung und der Kolonnaden sichtbar und die Insulae der griechisch-römisch-byzantinischen Stadt bis auf wenige Spuren verschwunden sind, läßt sich die urbane Dominanz dieser Straße erahnen. Sie war fast 14 m breit und erschloß die Stadt in ganzer Länge bis hin zum Hippodrom im Westen (s. u.).

Gadaras Hügelflanken trugen Nekropolen mit Felsgräbern und Sarkophagen. Linker Hand, unterhalb der in spätosmanischer Zeit neu besiedelten Akropolis, sind zwei solche **Hypogäen,** von modernen Blendmauern verdeckt, in den anstehenden weichen Kalkstein geschlagen. Sehenswert an den Grüften erscheinen vor allem die schweren Basalttüren – sie imitieren metallbeschlagene Holzportale. Zuweilen waren solche Grabtüren offenbar auch mit Türklopfern in Gestalt von Löwenhäuptern und Händen versehen. Nahebei haben neue Ausgrabungen am Hang über der Achsenstraße Zugang zu einem weiteren unterirdischen Grab geschaffen, das wiederum die charakteristische gadarenische Steintür besitzt. Fünf Säulen mit nur andeutungsweise ausgeführten ionischen Kapitellen haben, da das geräumige Hypogäum aus dem gewachsenen Fels geschlagen ist, keine stützende, sondern lediglich repräsentative Funktion. Im Umfeld des Grabs sieht man freigelegte Sarkophage und Arkosolien (Abb. 27).

Einige Dutzend Meter westlich sind die Konturen des **Osttheaters** von Gadara wahrzunehmen – es war das größere der beiden städtischen Theater, griechisch in seiner Hanglage, römisch in seiner Beschränkung auf das Halbrund. Wahrscheinlich wurde es seiner Bänke beraubt, als um die letzte Jahrhundertwende der Hügel über dem Theater – der Platz der antiken Oberstadt – neue Siedler anzog.

NORDEN: GADARA

Stirn eines byzantinischen Sarkophags aus Gadara. Der naivunproportionierte Darstellungstyp erinnert an die Mosaiken in der Synagoge von Bet Alfa (Zeichnung: U. Clemeur)

Beiderseits der Achsenstraße hatten die Gadarener, um ebenen Baugrund zu schaffen, **Terrassen** angelegt. Auf einer von ihnen erhob sich jene **byzantinische Kirche**, die nach den Grabungen und Restaurierungen der deutschen Archäologen als eine Hauptsehenswürdigkeit Gadaras gelten darf (Abb. 23). Der Bau gliedert sich in einen rechteckigen, ursprünglich durch drei Portale erschlossenen Peristylhof (Atrium) und den eigentlichen, oktogonal ausgeführten Kirchenraum. Der Boden des Kirchenachtecks war mit farbigen Fliesen in geometrischen Mustern ausgelegt, die qualitätvoll gearbeiteten Säulen bestanden aus Basalt (die des Atriums dagegen aus Kalkstein). Vergleichbare Zentralbauten kennt man im syrisch-jordanischen Raum aus Bos(t)ra (Kathedrale, 512 n. Chr.) und Jerash (Johanneskirche zwischen 529 und 533 n. Chr.), und auch die Oktogonalkirche von Gadara dürfte dem frühen 6. Jh. entstammen. Ein Erdbeben zerstörte den Bau im 8. Jh., möglicherweise im Jahre 747, als zahlreiche andere Städte der Region gleichfalls untergingen (vgl. etwa S. 131).

Knapp 50 m südlich des Oktogons öffnet sich ein Gewölbegang in die Cavea des **Westtheaters** (Farbabb. 26), das wesentlich besser erhalten ist als sein östliches Gegenstück. Ganz in Basalt ausgeführt, bot es etwa 3000 Zuschauern Platz. Die sorgfältig bearbeiteten Vomitoria und Gewölbe des in zwei Rängen aufsteigenden Bauwerks sprechen von römischer Ingenieurkunst, doch hielt sich das Theater weder in seiner Ausrichtung nach Westen noch in der Form des Auditoriums an den römischen Idealtypus, wie ihn VITRUV charakterisiert hat. Zwischen den Ehrenbänken der ersten Reihe wohnte die Göttin Tyche, aus weißem Marmor skulptiert, den Theateraufführungen bei – nicht in ihrer Eigenschaft als Stadtgöttin (wie man sie aus Philadelphia kennt; vgl. S. 110), sondern als Göttin des Schauspiels, die in den Bühnenschicksalen und im Auf und Ab der Handlung waltet. Während sie als

Stadtgöttin ein Steuerruder bei sich führt, wird sie als Göttin des glücklichen Zufalls häufig – und so auch in Gadara – durch ein Füllhorn charakterisiert, aus dem Trauben des Überflusses quellen (heute befindet sich die Skulptur im Museum von Gadara).

Für den Rückweg vom Westtheater sollte man eine weitgehend freigelegte **Nebenstraße** benutzen, die westlich vor der Terrasse der Oktogonalkirche verlief. In die Substruktionen der Terrasse legten die antiken Baumeister **Verkaufsräume** von jeweils etwa 5 m Tiefe – auf diese Weise entstand unterhalb der Kirche eine regelrechte Geschäftsstraße.

Westlich dieser Geschäftsstraße sieht man die Ruine eines **Bades,** ausgestattet mit Hypokausten, und jenseits (nördlich) der antiken Kolonnadenstraße die neuerdings freigelegten Grundmauern eines ursprünglich reich dekorierten **Nymphäums,** dessen Wasser von der Quelle Ain et-Trab, 12 km östlich, durch einen Felskanal herangeführt wurde.

Um die beiden nächsten Sehenswürdigkeiten, ein spätantikes Bad und das sogenannte **Nordmausoleum,** zu erreichen, muß der Besucher nun rechts von der Hauptstraße auf einen Feldweg abbiegen. Das – stark zerstörte – **Nordmausoleum** wurde schon 1969 vom Department of Antiquities freigelegt. Aus Basaltblöcken war es auf einer quadratischen Plattform am Rande des steilen Nordhangs errichtet. Eine Inschriftenplatte, die unmittelbar neben der Grabruine zutage kam und jetzt auf dem Hof vor der Oktogonalkirche deponiert ist, weist den Bau ins Jahr 355/356 n. Chr.

Die Mosaikböden des **spätantiken Bades** – von den Badegebäuden selbst ist bis auf einige in Marmor gefaßte Becken nichts erhalten – wurden Ende der 50er Jahre auf einem Privatgrundstück entdeckt und 1966 von Ute Lux und Siegfried Mittmann in einer Studie vorge-

Gewölbegang des Westtheaters, Teil der Cavea-Substruktionen (nach: G. Schumacher)

NORDEN: GADARA/WEITERE STÄTTEN

stellt. Zwei griechische Inschriften nennen als Erbauer der Thermen einen gewissen HERAKLEIDES und wünschen den Badenden Gesundheit. Die fein gearbeiteten, allerdings versinterten Mosaiken zeigen vielgestaltige geometrische Muster und werden von Ute LUX unter stilistischem Aspekt in die Zeit zwischen dem 4. und 6. nachchristlichen Jahrhundert gewiesen. Gegenwärtig sind die Böden mit Plastikplanen und Erde schützend abgedeckt und zusätzlich durch eine Umfassungsmauer gesichert; möglicherweise werden sie ausgestellt, sobald die Dorfbewohner von Umm Qeis, wie es von der jordanischen Regierung geplant ist, eine moderne Siedlung tiefer im Yarmuk-Tal beziehen.

Man kann nun zur Achsenstraße zurückkehren, die hier teilweise freigelegt und von Säulenstümpfen gesäumt ist, oder im Norden Gadaras auf Pfaden und Feldwegen weiter westwärts gehen, wo ein **Hippodrom** sowie ein **monumentales Tor** die antike Stadt beschlossen. Überwachsen und verschüttet, sind die Konturen der Rennbahn freilich nur bei genauem Hinsehen erkennbar – am deutlichsten noch auf der Nordseite, wo die Substruktionen des Zuschauerraums erhalten blieben. Die Situierung des Baus *extra muros* verbindet ihn mit den entsprechenden Anlagen in Gerasa (vgl. S. 168), Bos(t)ra und Damaskus. – Das freistehende Tor, etwa 40 m westlich des Stadions, war – wie A. HOFFMANNS Untersuchungen 1987 ergaben – 45 m breit und 14,5 m hoch, flankiert von zwei Türmen, wie man sie vom Dominianstor im kleinasiatischen Hierapolis kennt, und ist wohl Anfang des 3. Jh. n. Chr. entstanden, möglicherweise, um wie der Hadriansbogen von Gerasa (vgl. S. 165f.) den Bau eines neuen Stadtviertels anzukündigen.

Auf dem Rückweg sollte man nicht versäumen, das **Westmausoleum** von Gadara zu besichtigen, eine unterirdische Anlage von offenbar außerordentlicher Stabilität – im Jahre 1981 ›parkten‹ mehrere Panzer der jordanischen Armee auf dem Grab, das übrigens auch einer militärischen Aktion, dem israelischen Bombardement des Jahres 1967, seine Entdeckung verdankt. Die deutschen Archäologen beschreiben den Bau folgendermaßen: »Von der Nordseite führen siebzehn Stufen, unterbrochen durch schmale Podeste, in die ca. 3,95 m unter dem heutigen Niveau liegende Vorhalle der Grabanlage hinab. Ihre Dachkonstruktion wurde ehedem von vier Säulen getragen. Unmittelbar vor dem Eingang zur eigentlichen Begräbnisstätte befindet sich eine weitere, von drei Bogen getragene Halle mit schmalen, horizontal aneinandergereihten Steinplatten als Überdachung, von der eine Steintür über drei Stufen in einen Vorraum des Begräbnisplatzes führt. Von hier aus bietet eine weitere Steintür Zugang zum eigentlichen Grabkuppelbau, dessen Fußboden fünf Stufen tiefer liegt. In diesem Kuppelbau fanden achtzehn Steinsarkophage auf drei Seiten zu je sechs in übereinanderliegenden Schiebestollen Platz. Um den Kuppelbau herum verläuft ein 2,42 m breiter Umgang, der ebenfalls durch eine Tür von der zweiten Vorhalle aus zugänglich ist.« Das Grab ist durchweg aus Basaltsteinen errichtet – dies sicherlich *ein* Grund für die Tragkraft der Kuppel. Ein **Rundbau** von etwa 7 m innerem Durchmesser, unmittelbar nördlich des Westmausoleums an der Kolonnadenstraße gelegen, ist ebenfalls aus Basalt erbaut, steht aber zum Mausoleum in keinem baugeschichtlichen oder funktionalen Zusammenhang. Nach neuesten Forschungen (S. KERNER) handelt es sich vielmehr um die Turmruine eines Torbaus als Abschluß des Decumanus.

Mosaikfelder aus dem spätantiken Bad von Gadara, Rekonstruktion von U. Lux (nach: ZDPV 82, 1966)

Seit 1990 besitzt Umm Qeis ein **Archäologisches Museum,** dessen Besuch man abschließend nicht versäumen sollte (geöffnet täglich, ausgenommen dienstags, von 8–17 Uhr, in den Wintermonaten von 8–16 Uhr), und zwar nicht nur wegen der dort zusammengetragenen Funde aus Gadara, darunter die Tyche aus dem Westtheater. Interesse verdient auch der zweistöckige Museumsbau selbst, ein verschachteltes osmanisches Hofhaus, nach der Kaufmannsfamilie, die es im späten 19. Jh. erbauen ließ, Beit Rusan genannt.

Weitere Stätten im Norden

Hammeh (Hamma) Um die Mineralquellen, die etwa 10 km nordöstlich von Umm Qeis/Gadara im Tal des Yarmuk (des antiken Hieromax) entspringen (121 m unter dem Meeresspiegel), entwickelte sich schon in der Antike ein Badeort (mit Theater), und Badeplatz wie Ausflugsziel ist Hammeh bis heute geblieben. Vor allem an Wochenenden kommen zahlreiche Einwohner aus Irbid hierher. Eine Straße führt deshalb von Hammeh durch die Yarmuk-Schlucht (Farbabb. 17) ins Jordantal.

Irbid Frühbronzezeitliche Artefakte und eisenzeitliche Gräber belegen das Alter der Stadt, die gelegentlich mit dem biblischen Beth-Arbel (Bet-Arbeel; Hosea 10, 14) bzw. Arbela (1. Makkabäer 9,2) identifiziert wird und auch in römisch-byzantinischer Zeit besiedelt war. Nach islamischer Tradition liegen in oder bei Irbid die Mutter Mosis und vier Söhne des biblischen ›Erzvaters‹ JAKOB begraben. Im Jahre 1884 noch ein Dorf von etwa 700 Einwohnern, stieg Irbid im 20. Jh. zum Verwaltungszentrum des transjordanischen Nordwestens auf. Bis 1948 war der Ort Station an der wichtigen Handelsstraße zum Mittelmeerhafen von Haifa und zog Zuwanderer u. a. aus Damaskus und Nablus an. Seit 1972 besitzt Irbid, heute eine moderne Stadt von annähernd 170 000 Einwohnern – nach Amman und Zarqa die drittgrößte des Landes –, auch eine Universität (Yarmouk University). Im November 1988 eröffnete das rührige Institut für Archäologie und Anthropologie dieser Universität ein ›Museum of Jordanien Heritage‹ (geöffnet täglich, außer dienstags, von 10–17 Uhr). Am Stadtrand hat zudem das Department of Antiquities ein kleines archäologisches Museum mit Funden u. a. aus Pella und Gadara eingerichtet.

Der Osten: Wüstenschlösser und Hauran-Städte

Die omayyadischen Wüstenschlösser

Etwa zwei Dutzend einsam gelegene Bauten im Libanon und in Syrien, in Israel und – nicht zuletzt – in Jordanien sind als Wüstenschlösser bekannt. Die Bezeichnung beruht auf einem älteren Forschungsstand, hat sich aber auch für jene später entdeckten Anlagen eingebürgert, die wie Khirbet el-Minya am See Genezareth, Khirbet el-Mafjar bei Jericho oder Anjar im Libanon inmitten landwirtschaftlich genutzter Gebiete, teilweise sogar in ausgesprochen fruchtbaren Landstrichen liegen. Bei den jordanischen Baubeispielen handelt es sich freilich durchweg um ›echte‹ Wüstenschlösser.

Lange Zeit war wissenschaftlich umstritten, ob diese Anwesen tatsächlich der frühislamischen Epoche, dem omayyadischen Jahrhundert (661–750 n. Chr.), zuzuordnen seien – nicht zuletzt deshalb, weil verschiedene Wüstenschlösser an älteren Baubestand anschließen: das syrische Qasr el-Heir (West) etwa an ein ghassanidisches Kloster, das seinerseits auf ein römerzeitliches Bauwerk zurückgeht, el-Qastal an ein Kastell des Limes Arabicus, Qasr el-Kharaneh und Qusair Amra, wie man vermutet, an ältere Karawansereien. Dazu kommen unmittelbare Übernahmen antiker oder spätantiker Festungsanlagen durch omayyadische Fürsten – Beispiele sind Qasr el-Hallabat und Qasr el-Azraq. Ausschlaggebend für die Zuweisungsproblematik aber war der Eklektizismus der Wüstenschlösser, waren ihre Anleihen bei den Bauformen des römisch-byzantinischen Kastells, des syrisch-byzantinischen Bades und der parthisch-sassanidischen Vier-Iwan-Halle.

Im Mittelpunkt der Debatten stand über Jahrzehnte hinweg das Wüstenschloß Mshatta. Man suchte seine Bauherren im byzantinischen wie im sassanidischen Reich (C. DIEHL bzw. C. DIEULAFOY), bei den Lakhmiden wie bei den Ghassaniden (M. VAN BERCHEM bzw. R. BRÜNNOW), und entsprechend schwankten die Datierungen zwischen 293 n. Chr. (F. ALTHEIM), dem 4.–6. Jh. (J. STRZYGOWSKI) und schließlich dem omayyadischen 8. Jh. (u. a. C. H. BECKER, E. HERZFELD, H. LAMMENS).

Das Plädoyer für eine vorislamische Datierung verlor indessen an Überzeugungskraft, seit sich aus der eklektischen Vielfalt der fraglichen Bauformen – in Mshatta wie andernorts – eine omayyadische Typologie herauskristallisieren ließ, zu der ein befestigtes, halbturmbewehrtes Palastäußeres ebenso gehört wie die Betonung des Eingangsportals, ein Zentralhof, in sich geschlossene Wohneinheiten von fünf oder mehr Räumen (Beit-System), eine zuweilen apsidial ausgeführte Audienz- oder Thronhalle, ein luxuriöses Bad, eine Moschee, schließlich auch bestimmte Dekorformen und eine axiale Beziehung zwischen Portal und

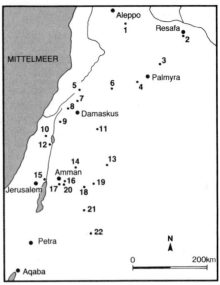

Die Omayyadenresidenzen im Vorderen Orient:
1 Khanasir 2 Resafa 3 Qasr el-Heir (Ost)
4 Qasr el-Heir (West) 5 Baalbek 6 Qariatein
7 Anjar 8 Deir Mutran 9 Jabiye 10 Sinnabra
11 Jebel Seis 12 Khirbet el-Minya 13 Qasr Burqu
14 Hammam es-Sarakh und Qasr el-Hallabat
15 Khirbet el-Mafjar 16 Muwaqqar 17 Qastal
18 Qasr el-Kharaneh 19 Qusair Amra und
Qasr el-Azraq 20 Qasr Mshatta 21 Qasr
et-Tuba 22 Qasr Bayir (Skizze: G. Rebensburg
nach H. Gaube, ZDPV 95, 1979)

Thronraum als Mittel zeremonieller Steigerung. Kommen verschiedene dieser Komponenten zusammen, wird man, zumindest nach dem gegenwärtigen Forschungsstand, von einem Omayyadenbau, einem omayyadischen Wüstenschloß sprechen.

Die Funktion der Landsitze – fünf Theorien

Mit der Zuweisungs- und Datierungsproblematik verband sich seit je die Frage nach Sinn und Zweck der Wüstenschlösser. Was veranlaßte eine ganze Gruppe frühislamischer Aristokraten, sich eine Residenz in der Wüste oder doch jedenfalls in ländlicher Zurückgezogenheit zu wählen?

Der arabische Begriff Badiya – er meint soviel wie Frühlingsweide oder Beduinenland, im übertragenen Sinne dann eine Wohnstatt in der Wüste – stand im Mittelpunkt eines ersten Deutungsversuchs, der auf Alois MUSIL, den Entdecker von Qusair Amra, zurückgeht und in Henri LAMMENS einen besonders beredten Vertreter fand: Danach bestimmten beduinische Gewohnheiten, die traditionelle arabische Bindung an das offene, freie Land außerhalb der Städte den Rückzug der Omayyadenfürsten in abseits gelegene Schlösser. Zugleich habe man sich der Seuchengefahr in großen Städten wie Damaskus entziehen wollen (tatsächlich wurde Syrien im 7. und 8. Jh. von Pestepidemien heimgesucht).

Ein zweiter Erklärungsansatz, eng mit der Badiya-These verbunden, aber von eigenem Profil, möchte die Abgeschiedenheit der Omayyadenfürsten aus ihrer Libertinage erklären: In Sachen Wein, Weib und Gesang sei eine Freizügigkeit an den Tag gelegt worden, die sich mit dem fromm-orthodoxen Reglement der islamischen Eroberer in den Städten unmöglich habe vereinbaren lassen.

Gegen diese vorwiegend kulturpsychologischen Deutungen wandte sich 1939 der französische Islamwissenschaftler Jean SAUVAGET mit einer ökonomischen Interpretation. Er war aufgrund von Feldforschung zu dem Urteil gelangt, die Wüstenresidenzen seien in ihrer Mehrzahl – nach der Tradition der spätantiken Domäne – agrarische Gutshäuser oder Landvillen gewesen, Zentren der Erschließung und Bewirtschaftung ausgedehnter Liegenschaften. Zu Kronzeugen seiner These wurden SAUVAGET die Bewässerungsanlagen – Kanäle, Leitungssysteme, Aquädukte, Zisternen – in der Umgebung vieler Wüstenschlösser.

Aus Oleg GRABARs Äußerungen zum Charakter der arabischen Eroberungen und über nicht-moslemische Beharrungskräfte im syrisch-palästinisch-jordanischen Raum läßt sich eine vierte Hypothese ableiten: »Die Lösung des Problems, weshalb die frühen Mohammedaner landwirtschaftliche Anwesen mit Annehmlichkeiten des städtischen Lebens (...) ausstatteten, liegt, wie mir scheint, im Wesen der mohammedanischen Eroberung Syriens und Palästinas selbst. Diese Eroberung vollzog sich hauptsächlich auf der Grundlage formeller Verträge, die eine Beschlagnahme von Land durch die Mohammedaner untersagten und dadurch eine stärkere mohammedanische Besiedlung der Städte verhinderten, während zugleich die extensive Urbanisierung des vorislamischen Syrien die Gründung neuer Städte erschwerte. Verträge machten es ebenso schwierig, das Land außerhalb der Städte in Besitz zu nehmen – mit einer Ausnahme: Alle verlassenen Besitztümer und alle Staatsländereien galten automatisch als frei und wurden vom mohammedanischen Staat übernommen« (O. GRABAR). Diese Güter gelangten, wie GRABAR vermutet, in den Besitz moslemischer Aristokraten und wurden zu herrschaftlichen Landsitzen ausgestaltet.

Zuletzt hat Heinz GAUBE einen politischen Erklärungsansatz zur Diskussion gestellt, in dem die omayyadischen Wüstenschlösser als »Instrument der Nomadenkontrolle«, als Orte einer »rotierende(n) Hofhaltung« gedeutet werden, zumindest in ihrer ersten Phase: Durch zeitweilige Residenz in den Stammesgebieten hätten führende Omayyaden die assoziierten Beduinen politisch dauerhaft an sich binden wollen. Nach 715 sei diese Funktion dann gegenüber einer schieren Luxus- und Repräsentationskultur zurückgetreten, die sich am Vorbild der sassanidischen Großkönige und byzantinischen Kaiser, nicht mehr aber an klientelpolitischen Erwägungen orientierte.

Eine Synthese der verschiedenen Entwürfe kann von Heinz GAUBES Vorschlag ausgehen. Daß sich die neuen Herren machtpolitisch zunächst auf das Nomadentum stützen mußten, anknüpfend an den alten Stammesföderalismus der ghassanidischen Zeit, stimmt zusammen mit der von GRABAR vermuteten christlichen Hegemonie in den Städten. Zugleich wäre damit der Lobgesang auf Wüste und traditionelle Lebensart als eine poetische Figur mit kulturpolitischem Hintergrund erklärt. Die un-islamische Leichtlebigkeit und Zügellosigkeit, die den omayyadischen Residenten in späteren, abbasidisch gestimmten Quellen nachgesagt wird, mag sich *auch* aus der Notwendigkeit ostentativen Gepränges ergeben, mit dem nomadische Verbündete, später dann Angehörige der neuen Führungsschicht beeindruckt werden sollten – Dolce vita als Hofpolitik. Wenn aber staats- oder bündnispolitische Repräsentation den Schlüssel darstellt zum Verständnis der omayyadischen Landpaläste, dann sind die agrarwirtschaftlichen Versuche wohl viel weniger, als SAUVAGET annimmt, aus der Tradition der spätantiken Staatsdomäne zu verstehen. Leitender Gedanke dürfte vielmehr gewesen sein, durch die Anlage üppiger Gärten, Haine und Parks ein fürstliches Ambiente abzurunden, im Einzelfall gar in der Wüste eine künstliche Oase zu schaffen – als bildhaften Hinweis auf die Macht des hier residierenden Omayyaden. Die späteren, in byzantinischen Quellen bezeugten Repräsentationsbemühungen der Abbasiden von Samarra weisen in eine vergleichbare Richtung.

Omayyadisches Hofleben

In AL-ISFAHANIS »Buch der Lieder«, entstanden um 960 n. Chr., also in der Abbasidenzeit, leben Vergnügungen und höfischer Prunk der Omayyaden auf. Angesichts der abbasidischen Ressentiments gegen ihre dynastischen Vorgänger sind böswillige Verzerrungen und Übertreibungen in ISFAHANIS Textauswahl und seinen Kommentaren nicht auszuschließen, das Bildrepertoire auf den Wänden des Badeschlößchens von Amra bestätigt jedoch den prinzipiellen Wahrheitsgehalt der von Oleg GRABAR und Robert HILLENBRAND ausgewerteten literarischen Zeugnisse.

Danach liebte man in den Omayyadenschlössern den Wein; offensichtlich zählte Trinkfestigkeit zu den Tugenden eines Kalifen. Selbst eine so pflichtbewußt-fromme Herrschergestalt wie HISHAM soll sich allwöchentlich, im Anschluß an das Freitagsgebet, betrunken haben, und ABD AL-MALIK nahm unbedenklich mit einem Weinbecher in der Hand, zwei Frauen an der Seite, auf dem Thron Platz. Vor allem aber YAZID I., AL-WALID I. und AL-WALID II. veranstalteten regelmäßig Bacchanale. Im Falle des exzentrischen zweiten WALID entbehrten sie nicht einer bizarren Note: Im »Buch der Lieder« ist von einem mit Wein gefüllten Becken die Rede, in das der Fürst splitternackt sprang, um in vollen Zügen, bis zur Bewußtlosigkeit zu trinken.

Einsame Trinker waren die omayyadischen Fürsten indessen nicht, eher betrachteten sie den Rausch als eine offizielle Aufgabe, als eine aristokratische Verpflichtung. Der kulturelle Hintergrund: Schon am Sassanidenhof und bei den Lakhmiden von Hira hatte der Alkoholkonsum einen festen Platz im Programm herrschaftlicher Selbstdarstellung; die soziale Bedeutung des Gelages in der antiken Mittelmeerwelt ist ohnehin bekannt. Indem die omayyadischen Aristokraten gegen das Gebot des Koran mehr oder minder öffentlich tranken, indem sie ihre Vergnügungen zu einer höfischen Inszenierung ausweiteten, stellten sie sich also in eine fürstliche Tradition, verkündeten sie die Rechtmäßigkeit ihres Herrschaftsanspruchs.

Unter solchem politischen Aspekt sind auch architektonischer Luxus und prachtvolle Ausstattung der Landpaläste mit Fresken und Mosaiken zu sehen. Wenn ein Wüstenscheich in ein Becken, gefüllt mit parfümiertem Wasser, steigen durfte, so mag ihn das mehr für

Die Omayyadenkalifen

661–680	Muawiya
680–683	Yazid I.
683–684	Muawiya II.
684–685	Marwan I.
685–705	Abd Al-Malik (erbaute vielleicht Qasr el-Kharaneh und Qastal)
705–715	Al-Walid I. (gestaltete Qasr Burqu aus und erbaute Jebel Seis)
715–717	SULEIMAN
717–720	OMAR II.
720–724	YAZID II.
724–743	HISHAM (erbaute die beiden Qasr el-Heir, machte Resafa zu seiner Residenz und residierte vielleicht in Qasr el-Hallabat/Hammam es-Sarakh)
743–744	AL-WALID II. (bevorzugte Azraq und residierte vielleicht in Qusair Amra, erbaute Qasr et-Tuba und/oder Mshatta)
744	YAZID III. (residierte vielleicht in Qusair Amra)
744	IBRAHIM
744–750	MARWAN II.

seinen Fürsten eingenommen haben als bloße Worte, und es ist sicher kein Zufall, daß Unterredungen häufig im Bad stattfanden – in Khirbet el-Mafjar ist die Badehalle der Prunkbau des Palastes. Freilich wird auch der Gesprächsgegenstand und der Grad der Intimität darüber entschieden haben, wo man tagte. Im Audienzsaal hob bereits die repräsentative Gestaltung des Thronplatzes den Fürsten als eine singuläre Gestalt hervor, in der Moschee, wo man sich nicht selten zur Aussprache traf, erschien der Dynast dagegen weißgekleidet, als primus inter pares. Aufschlußreich ist auch das Zeremoniell des Vorhangs: Im Bad und bei Audienzen pflegten manche der Palastherren sich hinter ein ausgespanntes Tuch zurückzuziehen; während Bittsteller oder Besucher ihre Anliegen vortrugen, blieben sie selbst unsichtbar – trotz räumlicher Nähe in respektgebietender Distanz.

Die Frauen, die den Residenten umgaben, entsprachen offensichtlich jenem Schönheitsideal, das in der altarabischen Liebeslyrik gefeiert wird. »In jenen Gedichten liest man, daß die arabische Frau so dick sein soll, daß sie wegen ihrer Fülle fast einschläft oder daß sie nur schwerfällig aufstehen kann und atemlos wird, wenn sie sich rasch bewegt; ihre Brüste sollen voll und rund sein, ihre Taille schmal und anmutig, ihr Unterleib flach, ihre Hüften ausladend und ihre Hinterbacken so fleischig, daß diese sie hindern, durch eine Tür zu gehen. Ihre Schenkel sollen wie Säulen aus Alabaster oder Marmor sein, ihr Nacken gazellenähnlich, ihre Arme wohlgerundet, mit feinen weichen Ellenbogen, vollem Handgelenk und langen Fingern. Ihr Gesicht mit weißen Wangen darf nicht hager sein, ihre Augen müssen denen der Gazelle gleichen, und das Helle des Augapfels muß sich deutlich vom Dunklen abheben« (R. ETTINGHAUSEN). Die drallen, ›vollplastischen‹ Schönheiten von Khirbet el-Mafjar oder die Große Badende von Qusair Amra (vgl. S. 243) zeigen diesen Idealtyp.

Frauenstatuen aus dem Omayyadenpalast von Khirbet el-Mafjar bei Jericho (Zeichnung: U. Clemeur)

Die Institution des Harems ist eine omayyadische Erfindung. AL-WALID II., »der größte Playboy seiner Zeit« (R. HILLENBRAND), besaß neben mehreren Hauptfrauen noch zahlreiche Konkubinen, darunter auch nicht-arabische Frauen, und eine Anekdote weiß von einem Brief des Kalifen ABD AL-MALIK an seinen irakischen Statthalter, in dem dreißig Frauen für den Palast geordert werden: »zehn Frauen vom Najib-Typ, zehn vom Qud al-Nikah-Typ und zehn vom Dawat al-Ahlam-Typ.« Die ›Fachausdrücke‹ gaben schon den frommen Zeitgenossen Rätsel auf.

Zum zeremoniellen wie zum ›süßen‹ Hofleben gehörten ferner Musik, Gesang, Tanz und Poesie. Dem »Buch der Lieder« zufolge ist es YAZID I. gewesen, der die Musik ins omayyadische Hofleben einführte, YAZID II. umgab sich mit Sängern und Musikanten (die im übrigen hoch dotiert wurden), und AL-WALID II. trat selbst als Komponist und Instrumentalist (Zimbel, Laute) hervor; in Mekka nahm er überdies Gesangsunterricht.

In weniger hohem Ansehen stand der Tanz. Jenseits der erotischen Note gaben die omayyadischen Aristokraten ihm gern groteske Züge: Ein gewisser ASHAB soll vor AL-WALID II. in einem Anzug aus Affenfell getanzt haben. Vielleicht handelt es sich auch bei dem tanzenden Affen in den Amra-Malereien (vgl. S. 245) um einen kostümierten Schausteller oder Clown.

Hohe und höchste Prämien zahlten die Kalifen für gelungene Verse, denn die Poesie galt ihnen als die erlesenste unter den Hofkünsten; sie war auch ausnahmsweise kein Genre, in dem Arabien seine kulturelle Identität durch die Leistungen der mediterran-nahöstlichen Welt gefährdet sehen mußte. Nahezu alle Omayyadenfürsten griffen selbst zur Feder, wobei AL-WALID II., von dem zahlreiche Verse überliefert sind, bemerkenswerte Töne zwischen

Lebensgroße Statue eines Omayyadenfürsten – wahrscheinlich al-Walid II. –, ursprünglich über dem Eingang des Palastbades von Khirbet el-Mafjar bei Jericho. Altorientalischer Gottesdarstellung entspricht, daß der Fürst über zwei drohenden Löwen steht (Zeichnung: U. Clemeur)

Spott und Melancholie fand. Auch die Werke Yazids I. erhielten in ihrer Zeit viel Beifall. Zu der allgemeinen Hochschätzung der Wortkunst gehörte, daß mehrere Mitglieder der Omayyadenfamilie ›aufs Land‹ geschickt wurden, um bei den Beduinen, an den Quellen der Sprache, ihr mangelhaftes Arabisch zu verbessern.

Außerhalb der Wüstenschlösser vergnügten sich die omayyadischen Aristokraten bei der Jagd und mit Reiterspielen. Von Al-Walid II. wird berichtet, er habe das beste Pferd seiner Zeit besessen und das Kunststück beherrscht, in vollem Galopp das Reittier zu wechseln. – Gejagt wurde mit dem Speer sowie mit Pfeil und Bogen, mit Falken und mit Meuten von Salukis – vorderasiatischen Windhunden; in den Malereien von Qusair Amra sieht man sie bei der Hatz. Füchse und Hasen, Antilopen und Gazellen, daneben Onager (Halbesel) waren das bevorzugte Wild. Wie wiederum Bilder in Qusair Amra belegen, kannte man auch die Treibjagd, das in die Enge getriebene Wild wurde mit dem Speer erlegt.

Einige Omayyaden widmeten sich zusätzlich dem Tierfang, und Yazid I. besaß große Wildgehege – eine Mode, die auch in den späteren Abbasidenpalästen nachzuweisen ist.

Eine Zusammenfassung fürstlich-omayyadischer Lebensphilosophie und Lebensart, die keines weiteren Kommentars bedarf, gibt Al-Walid II. in dem Grabspruch, den er für sich selbst verfaßte:

»Weiße Haare – was tut's?
Feinde – wer schert sich drum?
Ich lebte in meinen Tagen:
Schöne Frauen gleich Statuen,
Wein, Sklaven, Rosse,
Um das Wild zu jagen.«

Qasr Burqu

Burqu, das östlichste omayyadische Wüstenschloß überhaupt und zugleich das nördlichste jordanische Beispiel, ist am Rande der Harra, der Basaltwüste, an einem kleinen gelblich-trüben Stausee gelegen (Abb. 32), etwa 25 km nordwestlich von Ruwayshid (Amman–Baghdad–Straße). Ohne einen Führer und einen geländegängigen Wagen sollte die Fahrt zu dem einsamen Palast nicht unternommen werden.

Qasr Burqu wurde im Jahre 1928 von der US-amerikanischen Arabien-Expedition des Field Museum entdeckt und 1974 von Heinz GAUBE ein weiteres Mal untersucht. Nach GAUBE lassen sich mehrere Baustufen unterscheiden: Der rechteckige Turm, der sich in einer Mauerhöhe zwischen 9 und 12 m auf dem Schloßhof erhebt, ist als Beobachtungsposten des römisch-byzantinischen Limes der älteste Teil der Anlage. Ihm zeitgleich dürfte nur noch der Damm sein, der ca. 2 km nordwestlich im Wadi Miqat das lebensnotwendige Wasser aufstaut. Im 5. oder 6. Jh. legten christliche Mönche eine Klostersiedlung um den alten Wachtturm. Der Kreisraum auf der Hofsüdseite mit einem Kreuz und einer griechischen Inschrift auf dem Türsturz könnte aus dieser Zeit stammen, vielleicht auch der apsidiale Doppelraum im Osten des Hofes, der in diesem Fall als eine kleine Kirche anzusehen wäre. Eher handelt es sich aber wohl um einen zweiteiligen Thronraum, der in der dritten, der omayyadischen Bauphase entstand, als der spätere Kalif AL-WALID I. Burqu zu einem Jagdschlößchen ausbaute. Daß AL-WALID während seiner Kronprinzenzeit (unter dem regierenden Kalifen ABD AL-MALIK) in Burqu residierte, geht aus einer Inschrift in kantigem Kufi hervor, die sich heute über dem

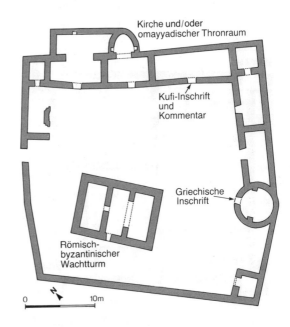

Qasr el-Burqu (Karte: G. Rebensburg nach H. Gaube, ADAJ XIX, 1974)

OSTEN: QASR EL-HALLABAT/HAMMAM ES-SARAKH

Eingang des oblongen Raumes auf der Ostseite findet: AL-WALID feiert sich darin als Bauherrn und nennt das 81. Jahr der Hejra – dies entspricht dem Jahr 700 n. Chr. – als Gründungsdatum. In einer weiteren Inschrift – unmittelbar über der des AL-WALID – hat sich im Jahre 1409/10 ein gewisser HARUN IBN SHAMMAA AZ-ZUBAIDI mit der Bemerkung verewigt, er habe die Kufi-Inschrift entziffert, sie sei 732 (islamische) Jahre alt. Möglicherweise wurde das omayyadische Wüstenschloß in ZUBAIDIS Zeit, also unter den Mamluken, als Karawanserei benutzt.

Qasr el-Hallabat

Etwa 50 km sind es von Amman bis zum römischen Kastell und späteren Omayyadenschloß Qasr el-Hallabat. Man fährt Richtung Zarqa, biegt kurz nach der Ortseinfahrt rechts auf die Fernstraße 30 ab, verläßt diese aber bald wieder nach links (nordwärts, Ausschilderung: ›Irakische Grenze, Mafraq‹), um dann nach rechts (östlich) in eine schmale Asphaltstraße abzubiegen, die nach 7 km Hallabat passiert. Die wuchtige Kastellruine von ca. 42 × 43 m Grundfläche besetzt eine Anhöhe rechts der Straße und ist schon von weitem sichtbar; bei dem kleinen Bau unmittelbar östlich des Forts handelt es sich um eine omayyadische Moschee (Farbabb. 34).

Charakteristische Scherben und Steinblöcke mit floralen Motiven, die H. C. BUTLER bei seiner ersten Bauaufnahme Anfang dieses Jahrhunderts entdeckte, deuten auf einen älteren nabatäischen Posten in Hallabat hin. Das römische Kastell selbst entstand vielleicht unter TRAJAN oder HADRIAN; die Kontrolle der nordöstlichen Wüstengrenze und der Schutz gegen Partherinfälle gehörten zu seinen Aufgaben. Zur Zeit CARACALLAS ließ der römische Legat in Syrien, PHIRNIUS JULIANUS, Hallabat zu einer regulären Festung ausbauen,

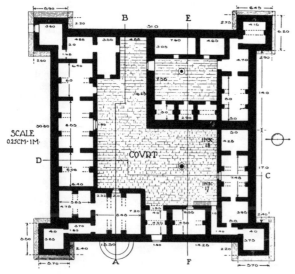

H. C. Butlers Grundriß von Qasr el-Hallabat, in dem die verschiedenen Baustufen des römischen Kastells und späteren Omayyadenschlosses deutlich werden

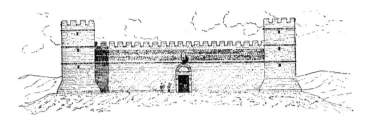

Rekonstruktion des Aufrisses von Qasr el-Hallabat (nach: H. C. Butler)

zugleich entstanden in den Wadis nördlich und westlich große Zisternen. Unter JUSTINIAN wurde die Basaltburg im Jahre 529 abermals erneuert – sie könnte um diese Zeit bereits mit Ghassanidenkriegern bemannt gewesen sein. Die Omayyaden übernahmen Anfang des 8. Jhdts. Hallabat, das kurzzeitig christlichen Mönchen als Kloster diente, seit der Perserinvasion aber verlassen lag. Spuren von Mosaiken, Fresken und geschnittenem Stuck bezeugen die repräsentative Ausstattung des neuen Landsitzes; nach den Untersuchungen von G. BISHEH versorgte eine hochentwickelte hydraulische Technik mit Dämmen, Schleusentoren und Aquädukten die moslemische Hofhaltung aus einer nahen Quelle mit Wasser.

Die angrenzende **Moschee** (Farbabb. 34) ist in ihrem Mauerwerk zu qualitätvoll, als daß sie – wie G. L. HARDING vorschlug – zu den Hauran-Moscheen des 12. und 13. Jh. gezählt werden könnte. Die annähernd quadratische Anlage (ca. 10,7 × 11,8 m) hat ihren Haupteingang auf der Westseite und war mit drei parallelen Tonnen überwölbt. Ein Portikus mit Pultdach zog sich rings um den kleinen Omayyadenbau, hoch an den Seitenwänden sieht man die Einlassungen für die Enden der Dachbalken.

Hammam es-Sarakh

Nur etwa 2 km trennen Qasr el-Hallabat von dem südöstlich gelegenen omayyadischen Badeschlößchen Hammam es-Sarakh (auch: Hammam esh-Sharqa), das in seiner Komposition an das berühmtere Qusair Amra erinnert. In beiden Fällen ist eine Badeanlage von antikem Typus mit einem Audienzsaal verbunden, und möglicherweise war auch es-Sarakh, gleich Amra, einmal bildnerisch ausgeschmückt. Alois MUSIL jedenfalls sah »auf allen unbeschädigten Wänden (...) Reste von Malereien«. Andererseits fand H. C. BUTLER, als er den Bau 1905 mit seiner amerikanischen Expedition untersuchte, lediglich ein Porträtmedaillon in den Farben Rot, Gelb und Weiß vor, und zwar im Südwestalkoven des Tepidariums. Inzwischen ist auch diese Malerei verschwunden, dafür zeigt sich die Architektur des Bades nach Restaurierungsarbeiten wieder in altem Zustand (Abb. 33). Vom Audienzsaal sind allerdings nur die Grundmauern erhalten.

Vor dem östlichen Eingang zum Bad erkennt man einen kleinen Vorhof. Ein tonnengewölbter Gang erschließt von hier das Caldarium oder Heißbad, das mit einer Rippenkuppel auf Pendentifs überwölbt ist. Ein Kreuzgewölbe deckt das anschließende Tepidarium oder Lauwarmbad mit dem schon erwähnten Alkoven in der Südwestwand. Ihm gegenüber geht es zum Apodyterium oder Auskleideraum, der wiederum tonnengewölbt ist. Ein Frigidarium, ein Kaltbad also, fehlt in Hammam es-Sarakh. Das Wasser für den Badebetrieb lieferte ein tiefer Brunnen mit angrenzendem Wasserspeicher, dazu möglicherweise ein kleiner Aquädukt.

Die Audienzhalle, eine dreischiffige Anlage, war mit Gewölbetonnen überspannt, der Thronplatz selbst besaß keine Apsis, wurde aber durch seine axiale Position, flankiert von zwei Seitengemächern, angemessen hervorgehoben. Mosaiken bedeckten die Böden.

Welcher Omayyade in Sarakh residierte, weiß man nicht mit Sicherheit. Sollte K. A. C. CRESWELLS stilkundlich begründete Datierung des Bauwerks auf etwa 725–730 n. Chr. zutreffen, könnten HISHAM oder AL-WALID II. das Badeschlößchen als Stützpunkt für Jagdausflüge und Zusammenkünfte mit Beduinenscheichs benutzt haben.

Qasr el-Azraq

Etwa 3 km südöstlich von Hammam es-Sarakh erreicht man die Durchgangsstraße zum mehr als 50 km entfernten Azraq, das sich in einen südlichen Ortsteil (Azraq esh-Shishan) und das von Drusen bewohnte Nord-Azraq (Azraq ed-Duruz) mit dem Qasr gliedert.

Ca. 5 km südwestlich von Azraq esh-Shishan hat man bei der Löwenquelle (Ain el-Assad) 1958 sowie in systematischen Grabungen 1980 und 1981 (G. O. ROLLEFSON) neolithische und paläolithische Artefakte geborgen. Durch das fruchtbare Sumpfland von Azraq zogen also bereits vor Zehntausenden von Jahren Jäger.

In jüngster Zeit versucht die jordanische Royal Society for the Conservation of Nature Jordan mit Hilfe des World Wildlife Fund den gefährdeten Tierbestand der Oase durch Einzäunungen und Jagdbeschränkungen zu schützen; überdies wurden Oryx-Antilopen, Gazellen und Onager in dem Wildschutzgebiet Shaumari, ca. 15 km südwestlich von Azraq, ausgesetzt, auch Strauße sollen hier wieder heimisch gemacht werden (vgl. S. 453f.).

Der Qasr von Azraq (Abb. 31), nördlich des Sumpfgebiets unmittelbar an der Straße gelegen, ist römischen Ursprungs. Zusammen mit den Forts Qasr el-Uweinid (ca. 14 km südwestlich) und Qasr el-Useikhin (ca. 16 km nordöstlich), zu denen man auf schwierigen Wüstenpisten gelangt, wachte Azraq über das Nordende des Wadi Sirhan, durch das von Arabien her immer neue Beduinengruppen gegen die römisch-byzantinische Provincia Arabia drängten.

Lange Zeit war man der Auffassung, Azraq habe erst in der Zeit der Tetrarchie, um die Wende vom 3. zum 4. Jh. n. Chr., ein Kastell erhalten. Reste eines Steinaltars, Anfang dieses Jahrhunderts von René DUSSAUD in Azraq gefunden, trugen nämlich eine griechisch-lateinische Inschrift, die sich auf die Augusti DIOKLETIAN und MAXIMIAN bezog. Neue epigraphische Funde in el-Uweinid, el-Useikhin und auch in Azraq selbst (Fragmente dreier Meilensteine) haben unterdessen jedoch deutlich gemacht, daß das Nordende des Wadi Sirhan schon unter SEPTIMIUS SEVERUS, ein Jahrhundert früher als bisher angenommen, befestigt war. Luftphotographien, auf denen man um das jetzige Kastell die Umrisse einer älteren Anlage erkennt, bestätigen diesen Befund.

Zu unterscheiden sind also *zwei* römische Baustufen: eine erste Fortifikation um etwa 200 und eine zweite um etwa 300 n. Chr. In seinem Grundaufbau dürfte der heutige Qasr – wie die eckige Turmform zeigt – mit dem diokletianischen Kastell identisch sein, doch hat das Festungsgeviert im einzelnen mehrere Umwandlungen erfahren.

Im 8. Jh. kam AL-WALID II. nach Azraq, das Kastell wurde zum Omayyadenschloß: Der aristokratische Jäger konnte in der Oase reiche Beute machen – Löwen und Luchse, Gazellen und Antilopen, Wildesel und Wildpferde haben die Sumpfseen damals als Tränke genutzt. Es verwundert nicht, daß Azraq zur Lieblingsresidenz des Omayyadenprinzen avancierte. Stallungen und eine Brunnenanlage gehen auf ihn zurück.

Möglicherweise ließ AL-WALID zusätzlich den etwa 2 km östlich gelegenen römisch-byzantinischen Wachtposten Ain es-Sol mit einem Bad ausstatten. Auch die dreischiffige, nach Mekka ausgerichtete Moschee auf dem Hof des Qasr mag auf den Omayyadenfürsten zurückgehen, für ihre jetzige Gestalt dürften freilich eher ayyubidische Bauherren verantwortlich sein.

Aus ayyubidischer Zeit stammt auch die mehrzeilige Inschrift über dem Eingangstor im Süden. Sie lautet: »Bismillah. Den Bau dieser gesegneten Festung befahl der zu Gott strebende Izz ad-Din Aybak, Statthalter des al-Malik al-Muazzam (...) im Jahre 634.« Das Hejra-Datum entspricht dem Jahr 1237 n. Chr., der namentlich genannte Statthalter war zwischen 1213 und 1238 u. a. für die östliche Grenzsicherung zuständig, und sein Herr AL-MUAZZAM ist als Fürst eines Kleinreiches mit der Hauptstadt Damaskus bekannt (vgl. S. 194). An der Seite des Sultans AL-ADIL bekämpfte AL-MUAZZAM das fränkische Outremer.

Auch nach den Ayyubiden blieb Azraq ein moslemischer Militärstützpunkt: Im 16. Jh. waren hier osmanische Truppen garnisoniert, dann zogen die Türken ihre Soldaten auf die Linie der Pilgerforts entlang der Mekka-Route (vgl. S. 432ff.) zurück.

Noch ein letzter militärischer Gast Azraqs verdient Erwähnung: T. E. LAWRENCE (vgl. S. 437; Histor. Abb. XII, XIII) überwinterte 1917/18, vor dem Sturm auf Damaskus, in dem verlassenen Gemäuer und quartierte sich dabei über dem Haupttor im Süden ein. Auf den Türmen installierten die arabischen Aufständischen Maschinengewehre, die Moschee auf dem Hof wurde wieder instandgesetzt, und jeden Abend schloß – nach LAWRENCES Erinnerungen – eine Schildwache »das hintere Tor«, bestehend »aus einer behauenen Basaltplatte, einen Fuß dick, die sich in den (...) Angeln drehte«. Vom tadellosen Funktionieren dieser spätantiken Steintür kann sich auch der heutige Besucher überzeugen (Abb. 30).

Qusair Amra

Die Anfahrt zu diesem eindrucksvollsten aller Wüstenschlösser erfolgt heute über eine Asphaltstraße, die Azraq in einem südlichen Bogen mit Amman verbindet. Von Amman nach Qusair Amra sind es annähernd 80 km.

Entdeckt hat den Omayyadenbau der Arabist und Beduinenforscher Alois MUSIL im Jahre 1898. Schon zwei Jahre zuvor war ihm bei seinen Reisen durch Moab zu Ohren

OSTEN: QUSAIR AMRA

gekommen, östlich der Pilgerstraße seien alte Paläste zu finden, von Gespenstern heimgesucht, jedoch »mit wunderschönen Säulen, Gemälden und Inschriften geziert«.

Unter den Wissenschaftlern, die Amra in den folgenden Jahrzehnten besuchten, sind – aufgrund ihrer Vermessungsarbeiten – die französischen Patres Jaussen und Savignac sowie K. A. C. Creswell, der bedeutende Historiker der frühislamischen Architektur, hervorzuheben. Anfang der 70er Jahre restaurierte eine spanische Expedition unter Martin Almagro in mehrjähriger Arbeit die verfallenen Fresken. Untersuchungen und Ausgrabungen jordanischer Archäologen brachten in jüngster Zeit den Nachweis, daß Qusair Amra Teil eines größeren Bauensembles war, zu dem auch eine Hügelfeste (im Nordwesten) und Wohnanlagen gehörten. Man vermutet in dem Komplex jetzt eine alte Karawanserei am Weg ins Wadi Sirhan, die in omayyadischer Zeit zur Wüstenresidenz aufstieg.

Das Schlößchen selbst (Farbabb. 37) gliedert sich – wie Hammam es-Sarakh (s. o.) – in eine Audienzhalle und ein Bad. Wir betrachten zunächst die Architektur.

Die dreischiffige **Audienzhalle,** die man von Norden her betritt, ist mit Paralleltonnen eingedeckt; das Mittelschiff endet in einer Thronnische. Rechts und links sind diesem Fürstensitz dunkle, apsidiale Alkoven angefügt, möglicherweise die Schlafräume des Palastherrn.

Verläßt man die Audienzhalle durch die Tür in der Ostwand, gelangt man in das kleine, ebenfalls tonnengewölbte Apodyterium (Auskleidezimmer) des **Bades.** Nördlich schließt sich unter einem Kreuzgewölbe das quadratische Tepidarium oder Lauwarmbad an. Es besaß eine Fußbodenheizung (Hypokausten-System). In einen quadratischen Alkoven an der Nordseite des Tepidariums war einst ein Badebecken eingelassen, Wasserleitungen verbanden das Bassin mit dem östlich angrenzenden Kuppelraum des Caldariums oder Schwitzbades.

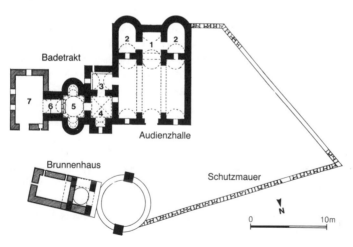

*Qusair Amra:
1 Thronnische 2 Alkoven (Fürstenschlafzimmer?) 3 Apodyterium 4 Tepidarium 5 Caldarium 6 Heizraum 7 Offener Vorratsraum (Grundriß: G. Rebensburg nach A. Jaussen und R. Savignac)*

Natürlich besaß auch das Caldarium selbst eine Hypokausten-Heizung, die gerundeten Seitennischen enthielten Badewannen. Erhitzt wurde das Wasser in dem tonnengewölbten östlichen Vorraum, Rohrleitungen führten von hier zum Heißbad. In dem offenen rechteckigen Raum, mit dem der Badetrakt im Osten abschließt, wurden wahrscheinlich Vorräte und Heizmaterial gelagert.

Unmittelbar nördlich des Bades erhebt sich das Wasserhaus von Amra mit einem tiefen Brunnen und einem Speicher von 14 m^3 Fassungsvermögen. Mindestens zwei Leitungen verliefen von hier aus zum Bad.

Eine spitzwinklig abknickende Mauer im Westen hatte die Aufgabe, die von dieser Seite her wehenden Wüstenwinde zu brechen und die Anlage vor Flugsand zu schützen; aus demselben Grund besitzt die Westwand der Audienzhalle kein größeres Fenster.

Wir beginnen auch unseren zweiten Rundgang in der **Audienzhalle.** Über den unteren, einst marmorverkleideten Wandpartien steigen die berühmten Fresken von Amra in die Gewölbe empor, ausgeführt in blauen, braunen und ockergelben Farbtönen und aufgetragen auf eine etwa 3 cm starke Putzschicht.

Die Westwand wird beherrscht von der Darstellung der Großen Badenden. Geschmückt mit einem Diadem, einer Halskette, einem Medaillon und Armreifen, posiert sie vor dem Hintergrund einer Säulen-Arkaden-Architektur in einem Bassin, beobachtet von Hofdamen und Höflingen auf einem Balkon. Rechts steht ihr ein Diener oder eine Dienerin zur Seite, dahinter erinnert ein Vorhang – vielleicht – an das omayyadische Hofzeremoniell (vgl. S. 234).

Links schließt sich an die Badeszene das berühmte Fresko der sechs Herrscher an (stark zerstört), von denen vier durch Inschriften in Griechisch und Arabisch identifizierbar waren: CAESAR – der byzantinische Kaiser, RODERICH – der letzte Westgotenkönig in Spanien vor der moslemischen Eroberung, KISRA (CHOSRAU) – der letzte Sassanidenherrscher, und schließlich der NEGUS – der König von Äthiopien. Alois MUSIL sah in diesen Gestalten die überwundenen Gegner des Islam, Oleg GRABAR hat indessen eine andere Deutung vorgeschlagen, die vielleicht besser zum repräsentationsbeflissenen Gesamtcharakter der omayyadischen Hofkunst paßt. Gestützt auf einen Vers des Kalifen YAZID III., in dem dieser eine Ahnenreihe für sich reklamiert, die den byzantinischen ebenso wie den sassanidischen Kaiser, den Türkenkhan ebenso wie einen Omayyadendynasten umfaßt, vermutet GRABAR, auf dem Bild von Amra gruppiere sich eine »Familie der Könige«, als deren legitimes Mitglied der hier residierende Omayyadenfürst sich habe ausweisen wollen: Das Fresko »illustriert das Bewußtsein und das Empfinden der neuen Kultur, zur Familie der traditionellen Herrscher der Erde zu gehören. Doch wird der mohammedanische Fürst nicht inmitten seiner ›Familie‹ oder als ebenbürtiger Herrscher dargestellt, vielmehr anerkennen und ehren die älteren Fürsten ihn (...)«.

Auch die Szene rechts von der Großen Badenden – man sieht junge Männer bei verschiedenen gymnastischen Übungen – läßt sich mit dieser Interpretation vereinbaren. F. ZAYADINE erinnert daran, daß die Bäder der Antike häufig mit Palästren, Plätzen für die Leibesertüchtigung, ausgestattet waren: »Indem sie diese antike Tradition nachahmten, erhoben die Omayyaden den Anspruch, den gleichen zivilisatorischen Standard wie die Griechen und Römer in Syrien zu besitzen (...)«.

So übermitteln also die Fresken an der Westwand der Audienzhalle eine Botschaft: Der Palastherr läßt sich in drei aufeinander abgestimmten Bildmetaphern als ebenso traditionsverwurzelter wie luxusbewußter, sprich: legitimer und standesgemäßer Fürst der neuen Zeit feiern.

Traditionalismus und Gepränge – damit ist der Schlüssel auch für viele andere Motive des Audienzsaals gegeben: für die Jagdszenen auf der oberen Westwand, der Ostwand und den östlichen Tonnenstirnen etwa (seit den assyrischen Basreliefs signalisiert das Motiv der Großwildjagd fürstliche Lebensart), für die halbnackten Tänzerinnen, Palastschönen und Musikanten in den Bogenlaibungen (Abb. 37), für die Liebespaare und Honoratioren in den Nischen und Giebelrahmen der Zentraltonne, für die Anspielungen auf griechische Göttinnen und Musen.

Auch die ›plebejischen‹ Szenen im östlichen Gewölbe mit ihren Steinmetzen, Maurern, Schmieden und Zimmerleuten, die Lastkamele (Farbabb. 38) nicht zu vergessen, heben sich vielleicht nur vordergründig von den Jagd- und Dolce vita-Motiven auf den übrigen Wand- und Wölbflächen ab, denn es ist sehr wohl denkbar, daß sie nach alter byzantinischer

Mosaikboden in einem der beiden Alkoven (Fürstenschlafzimmer?) von Qusair Amra. Unverkennbar ist das Fortwirken byzantinischer Mosaiktraditionen (nach: K. A. C. Creswell)

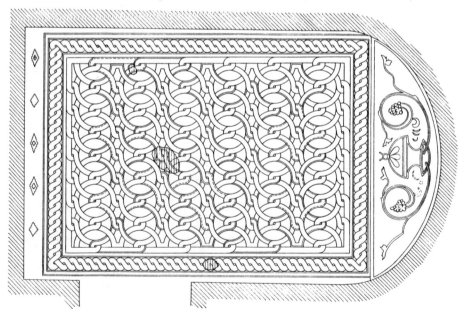

Tradition ebenfalls die Glorie des Fürsten unterstreichen: In manchen byzantinischen Handschriften und Mosaiken werden Palast- und Kirchenbau zur feierlich-demonstrativen Handlung stilisiert, so etwa auch auf einem jordanischen Mosaik, dem frühbyzantinischen Boden von Swafiyeh (vgl. S. 114 ff.), auf dem ein Kamel zu sehen ist, wie es Steine für einen geplanten Bau heranträgt.

Zwischen zwei fächelnden Hofdamen thront auf der Südstirn des Mittelschiffs unter einem Bogen oder Baldachin und von Säulen flankiert der Herr von Amra. Links und rechts auf den Seitenwänden des Thronalkovens erkennt man Hofdamen und Porträtmedaillons, während in den angrenzenden Schlafzimmern (?) Weintrauben und -ranken nach Art der byzantinischen Madaba-Mosaiken die Wände und Böden schmücken.

Zwei Inschriften geben Hinweise auf den Residenten von Qusair Amra und damit indirekt auf die Datierung des Badeschlosses: Auf dem Bogen- oder Baldachinrand über dem Thron las Jean SAUVAGET Mitte der 30er Jahre den Segenswunsch für einen Emir, und über den schon erwähnten Musendarstellungen verkündet eine arabische Inschrift: »Oh Gott, segne den Prinzen, so wie Du David und Abraham gesegnet hast«.

Emir und *Prinz* – das deutet nicht darauf hin, daß Qusair Amra ein *Kalifen*schlößchen war; ein hoher omayyadischer Aristokrat oder ein Kronprinz werden hier ihren Vergnügungen nachgegangen sein. Oleg GRABAR denkt dabei an YAZID III., der 744 kurzfristig als Kalif herrschte, zuvor aber als Prinz viele Jahre in der Wüste lebte. Genausogut kann es indessen der Außenseiter AL-WALID II. gewesen sein, der in Qusair Amra Hof hielt (so wie er es im nahen Azraq tat), darauf wartend, daß der Tod seines Onkels HISHAM ihm endlich den omayyadischen Thron freigeben werde.

Daß der Meister der Audienzhalle und der des **Bades** nicht ein und dieselbe Person sind, belegen gewisse stilistische Unterschiede; der Verantwortliche für die Ausmalung der Baderäume muß überdies größere Kenntnisse der antiken Mythologie besessen haben, es ist durchaus denkbar, daß es sich um einen späten Vertreter der byzantinischen ›Madaba-Schule‹ handelte (vgl. S. 276 ff.).

Nach F. ZAYADINE ist es Dionysos, der sich im Bogenfeld des Auskleideraums, das Kinn in die Hand gestützt, über die schlafende Ariadne beugt; an seiner Seite ein geflügelter Cupido (Abb. 35). Vielleicht haben wir hier aber auch einfach eine erotisch gestimmte Szene ohne jeden Gedanken an die Insel Naxos und eine verlassene Ariadne vor uns.

In den Rauten der Apodyteriumstonne sind u. a. ein Flötenspieler, eine Tänzerin nach spätantikem Modell (Abb. 36; vgl. S. 277), Gazellen und verschiedene andere Tiere zu erkennen, dazu ein lautespielender Bär und ein Affe (vgl. S. 235). Frappierend wirkt ein christusähnliches Gesicht im Tonnenscheitel.

Bemerkenswert auch die thematisch offenbar zusammengehörigen Wandmalereien auf den Bogenfeldern des Tepidariums: Drei nackte Frauen zeigt die Südwand, davon trägt die mittlere einen Knaben auf dem Arm. Fawzi ZAYADINE identifiziert dieses männliche Kind – in Übereinstimmung mit seiner Deutung der Apodyteriumsszene – als Dionysos und die Frauen als jene Nymphen, die den Zeus-Sohn nach einer antiken Sage aufgezogen haben.

OSTEN: QUSAIR AMRA / QASR EL-KHARANEH

Aus antiker Tradition schöpft auch die astronomische Kuppelmalerei des Caldariums. Etwa sechs Jahrhunderte nach dem nabatäischen Tierkreis von Khirbet et-Tannur (vgl. 326ff.) ist hier der Nachthimmel mit einem Kranz figürlich aufgefaßter Gestirne – mit Großem und Kleinem Bären, Andromeda, Kassiopeia und Orion – ins Bild gesetzt, jedoch nicht so, wie diese Sternbilder um das Jahr 700 in der jordanischen Wüste tatsächlich zu sehen waren, sondern offenbar nach dem Vorbild eines antiken oder spätantiken Manuskripts, in dem sie von einer weiter nördlichen Position aus dargestellt wurden. Zugleich hat der Maler von Amra die Seiten verkehrt: Nach einer Studie von Fritz SAXL zeigt er die Sternzeichen so, »wie sie auf der Außenfläche eines Himmelsglobus oder einer Buchseite wiedergegeben werden, nicht wie sie dem Beobachter erscheinen, der innerhalb der Himmelssphäre steht«. Damit verdeutlicht die Sternenkuppel von Qusair Amra einmal mehr die Neigung der Omayyadenkunst, ältere Traditionen auch dort fortzuführen, wo das Verständnis für ihre Inhalte oder Aussagen bereits geschwunden ist und das dekorative Moment überwiegt.

Qasr el-Kharaneh

Kharaneh, ca. 16 km südwestlich von Qusair Amra an der südlichen Azraq–Amman–Straße gelegen (knapp 65 km entfernt von Amman), ist von allen jordanischen Wüstenbauten am besten erhalten – ein zweigeschossiger, nahezu quadratischer Block von 36,5 bzw. 35,5 m Seitenlänge mit gerundeten Ecktürmen und seitlichen Halbturmverstärkungen im Norden, Osten und Westen (Farbabb. 35; Histor. Abb. X).

»Die Mauern sind aus unregelmäßig großen, in der Regel dünnen Bruchsteinen errichtet. Unterschiedliche Steinhöhen wurden durch kleine Füllsteine und Mörtel so ausgeglichen,

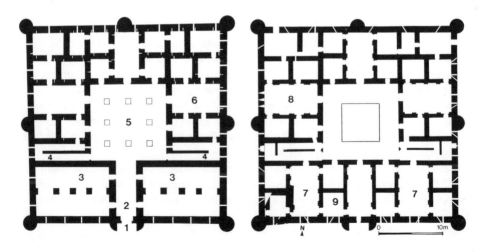

daß regelmäßige Abfolgen horizontaler Schichten zu erkennen sind« (Heinz GAUBE). Über dieses Mauerwerk haben die Baumeister von Qasr el-Kharaneh eine Putzschicht gelegt, die – ausgenommen an der westlichen Wetterseite – innen wie außen großenteils überdauert hat.

An Zierat fällt an den festungshaft abweisenden Außenwänden des Qasr lediglich ein umlaufendes Zickzackband auf, gebildet aus ziegelartig geformtem Mörtel. An den Halb- und Ecktürmen verdoppelt sich dieser Schmuckstreifen.

Die schießschartenartigen Maueröffnungen, die Pfeilen gleich aufwärts weisen, dienten nicht, wie man vermuten möchte, der Verteidigung des Qasr – dazu sind sie zu schmal und vom Gebäudeinnern aus zu schwer erreichbar –, sondern der Belüftung der Innenräume.

Man betritt Kharaneh von Süden her. Der einzige Zugang liegt in einer hohen Nische zwischen zwei Viertel-Rundtürmen (Histor. Abb. X). Über dem Tor ist ausnahmsweise ein Fenster in die Mauer eingelassen, darüber ein Mörtelfries mit fünf Akanthusstauden.

Aus dem ca. 10 m tiefen Torraum öffnen sich rechts und links zwei Türen in große, pfeilergestützte Säle, die zumeist als Stallungen gedeutet werden, aber auch Lagerhallen gewesen sein können, zumal die Zugänge für die Passage von Kamelen allzu schmal scheinen.

An den quadratischen Innenhof (ca. 13 × 13 m) schließen sich auf der westlichen, östlichen und nördlichen Seite Raumgruppen des Beit-Typus an: In Kharaneh sind es jeweils fünf bzw. sechs Gemächer, die sich um einen Hauptraum gruppieren. Auf der West- und Ostseite führen zudem zwei Treppen ins zweite Stockwerk und weiter auf das Dach. Sie steigen übrigens so flach an, daß auch Lasttiere sie hätten bewältigen können.

Der Hof selbst sollte auf allen vier Seiten mit Pfeilerarkaden versehen werden, aufgerichtet wurden offenbar nur die Pfeiler der Westseite. Im Zentrum des Hofes kam bei den Ausgrabungen des Jahres 1979 (S. URICE, American Schools of Oriental Research) eine Zisterne

Schmuckmedaillon mit Lebensbaummotiv in Qasr el-Kharaneh (nach: A. Jaussen und R. Savignac)

◁ *Grund- und Obergeschoß von Qasr el-Kharaneh: 1 Eingang 2 Vorraum 3 Stallungen (?) 4 Treppenaufgänge 5 Hof 6 Zentralraum eines typischen Beit-Traktes 7 Besonders reich ausgestattete Haupträume 8 Westlicher Hauptsaal mit omayyadischen Inschriften 9 Raum mit Kreuzgurtbögen und Deckenkassetten (Grundrisse: G. Rebensburg nach A. Jaussen und R. Savignac)*

zutage, die ihr Wasser vielleicht aus Brunnen im nahen Wadi el-Kharaneh erhielt. Auch ein Abwasserkanal wurde freigelegt.

Das obere Geschoß ist auf der Nordseite unvollendet geblieben, folgt im übrigen aber dem Parterre-Grundriß; allerdings sind die Beits durch zusätzliche Türen auf freiere Kommunikation hin angelegt. Bei Räumen, die nicht dem Durchgang dienten, dürfte es sich um Schlafzimmer handeln. Über den Stallungen des Erdgeschosses finden sich im zweiten Stockwerk ebenfalls Beit-Gruppen; dabei zeigen die beiden Haupträume auf der Südseite eine besonders dekorative Ausstattung.

Überhaupt ist das Obergeschoß großzügiger und einfallsreicher konzipiert als die Räumlichkeiten zu ebener Erde: Man sieht Gewölbezwickel und ›Tripelsäulchen‹ (Abb. 34), Profilleisten, Blendnischen und Schmuckmedaillons. Auch in der Wölbtechnik (Halbkuppeln, Kreuzgurtgewölbe mit Kassetteneinlagen) weichen einige Gemächer der zweiten Etage von der sonst üblichen Tonneneindeckung ab.

Gray HILL, der Kharaneh 1896 zum ersten Mal beschrieb, hielt den Bau für eine Kreuzritterburg. Seit den Untersuchungen der 20er Jahre aber lautete die Frage so: Sassanidenfort oder Omayyadenschloß?

Für eine Zuweisung an die Perser, die 614 Jersualem einnahmen (vgl. S. 45), sprechen gewisse architektonische Indizien – das mesopotamische Mauerwerk und die iranisch-irakische Wölbtechnik –, dazu die dekorativen Lebensbaum-Medaillons des oberen Stockwerks. John WARREN, der Kharaneh unlängst noch einmal den Sassaniden zuwies, betont darüber hinaus die »unabweisbare geographische Logik in der Errichtung einer sassanidischen Basis in dieser Region«. Gründe des Nachschub- und Nachrichtenwesens hätten die Perser gezwungen, den altbewährten Weg über den Bogen des Fruchtbaren Halbmonds durch eine direkte Wüstenroute abzukürzen, die nach WARRENS Hypothese von Jerusalem über Amman, Kharaneh, Azraq, das westirakische Wüstenfort Rutba und Qasr Khubbaz nach Ktesiphon verlief, markiert durch festungsartige Karawansereien.

Die omayyadische Urheberschaft hat zuletzt Heinz GAUBE verteidigt. Er betont dabei den rein destruktiven Charakter des persischen Beutekriegs: Eine ständige Annexion des syrisch-jordanischen Raumes sei nie geplant gewesen, sassanidische Bautätigkeit dementsprechend unwahrscheinlich. Die persischen Charakteristika von Kharaneh lassen sich nach GAUBE auch aus dem omayyadischen Griff nach fremder Kultur erklären. Im übrigen weist er auf eine Tradition kastellartiger Wohnanlagen im syrisch-jordanischen Raum hin, die bereits im 5./6. Jh. beginnt und sich in der Omayyadenzeit voll ausbildet.

Es fehlen literarische Zeugnisse oder datierende Bauinschriften, die in der Streitfrage schlichten könnten. Die einzig bekannten Inschriften sind zwei Kufi-Graffiti eines Besuchers namens ABD AL-MALIK IBN OMAR, der sich nach der Lesung von N. ABBOTT am 24. November des Jahres 710 im westlichen Zentralraum des Obergeschosses verewigte. Zu dieser Zeit muß sich Kharaneh also bereits in seinen zwei Stockwerken erhoben haben. Bei den Ausgrabungen von 1979 kamen in einem Fußboden des Obergeschosses zudem omayyadische Tonscherben zutage.

Qasr et-Tuba und Bayir

Bei Kharaneh scheiden sich die Wege: Während die Asphaltstraße in westlicher Richtung nach Amman (ca. 65 km), in nordöstlicher Richtung nach Azraq führt (ca. 33 km), sind nach Süden hin über eine schwierige Wüstenpiste, auf die man sich nur mit einem Führer und einem Geländewagen begeben sollte, Qasr et-Tuba (ca. 50 km) und Qasr Bayir (ca. 120 km) zu erreichen. Den letzten Platz fährt man besser von Maan über die Zwischenstation el-Jafr an.

Qasr et-Tuba ist mit einer Grundfläche von etwa 140 × 73 m eines der größten omayyadischen Wüstenschlösser, überboten nur von Mshatta, und Alois MUSIL, der Entdecker von Tuba (1898), urteilte: »Es macht einen großartigen Eindruck, in der flachen Wüste einem so umfangreichen Baue zu begegnen«. Allerdings sind nach der Entfernung einiger schön ornamentierter Türstürze (einer davon ist im Archäologischen Museum von Amman ausgestellt) in dem abgelegenen Qasr jetzt nur noch einfache, tonnengewölbte Ziegelgemäuer, errichtet auf einem Kalksteinsockel, zu sehen.

Streng genommen haben wir es bei et-Tuba mit zwei fast genau quadratischen, weitgehend identischen Wüstenschlössern zu tun, die zu einem einzigen Bau verschmolzen und mittels eines Doppelkorridors von Zentralhof zu Zentralhof verbunden werden sollten. Die Raumgliederung folgt dem omayyadischen Beit-System, und omayyadisch ist auch die Hervorhebung der beiden nördlichen Zugänge durch vorspringende Seitenräume.

Allgemein gilt AL-WALID II. als Bauherr von Qasr et-Tuba, nicht zuletzt deshalb, weil das Schloß unvollendet blieb und jener Kalif – nach einer Passage bei SEVERUS IBN AL-MUQAFFA – vor der Fertigstellung eines großen Wüstenpalastes 744 getötet wurde. Doch kann es sich bei dem erwähnten unvollendeten Palast ebensogut um Mshatta handeln (vgl. S. 253). In jedem Fall muß der Auftraggeber von Qasr et-Tuba über bedeutende finanzielle Mittel und machtpolitische Kompetenzen verfügt haben.

Das Omayyadenschloß am Wadi **Bayir,** von dem Reisende wie Gertrude BELL 1914 noch beträchtliche Reste sahen, ist heute bis auf einige Steinlagen der östlichen Umfassungsmauer abgetragen. Etwa 4 km

Qasr et-Tuba, eines der abgelegensten unter den omayyadischen Wüstenschlössern

OSTEN: QASR EL-MSHATTA

südlich finden sich eine große Zisterne und mehrere Brunnen, die bis zu 20 m tief in das Kieselbett des Wadi gesenkt sind – wichtige Wasserstellen der Beduinen, die auch in T. E. LAWRENCES militärischen Operationen eine Rolle spielten.

Qasr el-Mshatta

Das Wüstenschloß Mshatta (Farbabb. 36) liegt heute auf dem Terrain des Queen Alia International Airport, ca. 35 km südlich der Hauptstadt; von der Flughafen-Zufahrt aus ist es über eine Umgehungsstraße zu erreichen (ausgeschildert, unmittelbar hinter dem Alia Gateway Hotel rechts abbiegen; Paßkontrolle). Eingezäunt, mit Scheinwerfern gerahmt und von Militär bewacht, hat der Omayyadenbau leider viel von seinem alten Reiz verloren.

Entdeckt wurde Mshatta (d. h. Winterlager) gleich zweimal: 1840 von dem Mesopotamien-Pionier Austen Henry LAYARD, dessen Bericht darüber aber erst 1887 erschien, und im Februar 1872 von H. B. TRISTRAM. Die wissenschaftliche Diskussion (vgl. S. 230ff.) über die in ihrer Art einmalige Südfassade des Omayyadenschlosses erhielt insbesondere im deutschsprachigen Raum Auftrieb, nachdem die wichtigsten Frontpartien als Staatsgeschenk des Osmanensultans ABDUL HAMID 1903 in Berlin eintrafen; sie sind heute in der Islamabteilung des Ostberliner Vorderasiatischen Museums zu sehen.

Kein anderes Wüstenschloß ist mit solchen Ambitionen konzipiert worden wie Mshatta: In eine quadratische, durch 25 Turmansätze verstärkte Umfassungsmauer von 144 m innerer

Ausschnitt der berühmten Südfassade von Mshatta (nach: H. B. Tristram)

Der Bogeneingang in die dreischiffige Halle des Throntraktes von Mshatta (Rekonstruktion: B. Schulz)

Der trikonche Thronsaal von Mshatta (Rekonstruktion: R. Brünnow und A. von Domaszewski)

OSTEN: QASR EL-MSHATTA / EL-QASTAL

Zwei Pfeilerkapitelle vom Bogeneingang der dreischiffigen Halle vor dem Thronsaal Mshattas. Vor allem das links abgebildete Kapitell verdeutlicht das Fortwirken byzantinischer Steinmetz-Tradition (›Tiefendunkel‹-Effekt) (nach: R. Brünnow und A. von Domaszewski)

Seitenlänge sollten – in nord-südlicher Gliederung – drei Baukomplexe gelegt werden, von denen aber nur der mittlere mit einem Eingangs- und Empfangstrakt, einem großen Zentralhof von 57 × 57 m und dem Thronensemble zur Ausführung gelangte. Wahrscheinlich wären die beiden geplanten Seitenzonen mit Beit-Einheiten ausgestattet worden.

Von der berühmten Südfassade sind in Mshatta selbst nur einige Sockelpartien verblieben; immerhin vermitteln sie einen Eindruck von der hohen Qualität der Steinmetzarbeiten. Aus einem locker hinterschnittenen Rankengespinst treten Weintrauben, Blätter und einzelne Rosetten hervor. In den Berliner Hauptstücken des Fassadendekors erkennt man überdies, eingearbeitet in ein Zickzack von ›stehenden‹ und ›fallenden‹ Ornamentdreiecken, zahlreiche figürliche Motive, darunter Löwen und Greifen, Pfauen und Rebhühner; hinzu kommt eine einzelne Menschendarstellung. Diese zoomorph-anthropomorphen Motive sind nun nicht gleichmäßig über die Fassade verteilt, sondern – mit zwei Ausnahmen – auf die westlichen Fassadenabschnitte konzentriert: angeblich, weil die Position der Palastmoschee hinter der östlichen Seite der Südfront aus religiösen Gründen eine Beschränkung auf Blumen und Früchte erzwungen habe. Dagegen trug C. CLERMONT-GANNEAU schon 1907 vor, daß die Südfassade von rechts nach links in spätantiker, dionysischer Tradition den Wein in seinen Reifestufen zeige, wobei sich erst in der Hochblüte Tier und Mensch in das Pflanzenparadies mischen. Vielleicht bringt die Mshatta-Fassade indessen auch nur die verschiedenen Kunsttraditionen der frühislamischen Provinzen zur Geltung, denn auf der linken Seite sollen – nach Ernst HERZFELD – syrische und ägyptische, auf der rechten Seite Kunsthandwerker aus Amida (Diyarbakir) und dem irakischen Raum tätig gewesen sein.

Durchweg bedient sich der Dekor jener frühbyzantinischen Steinmetztechniken, deren Effekt als ›Tiefendunkel‹ (J. STRZYGOWSKI) bekannt ist: Die Ornamentik verbirgt und verschattet dabei durch ihre Dichte und den ›unendlichen Rapport‹ ihrer Glieder den Steingrund, über dem sie sich erhebt. Dadurch entsteht der Eindruck textiler oder teppichartiger Flächigkeit: »Das geschlossene Mauerwerk ist aufgelöst, seiner tragenden und abschließenden Festigkeit beraubt« (H. G. FRANZ). Zugleich repräsentiert Mshatta wesentliche Eigenschaften des frühislamischen Ornaments: die (potentielle) Grenzenlosigkeit der Flächendeckung, die relative Autonomie der Dekoration gegenüber der sie tragenden Architektur und die Tendenz zu einer geometrischen Rhythmisierung.

Während der Eingangskomplex von Mshatta nur in den Konturen der vorgesehenen Mauerzüge zu verfolgen ist, steigen die Ziegelwände des Throntraktes auf Kalksteinsockeln bis zur Gewölbehöhe empor. Man betritt diesen herrschaftlichen Bereich durch einen monumentalen dreiteiligen Eingang (erhalten sind Pfeiler und Seitenstützen). Das einst mit großen Steinrosetten geschmückte Bogentor eröffnete eine dreischiffige Halle, deren zwei Seiten mit den Beit-Komplexen der fürstlichen Hofhaltung verbunden waren; das Mittelschiff lief auf den trikonchen Thronsaal zu, der vielleicht unter einer Dachpyramide (so K. A. C. CRESWELL) oder einer Kuppel (so B. SCHULZ, R. BRÜNNOW) lag.

Vieles spricht dafür, das AL-WALID II. Qasr el-Mshatta während seines kurzen Kalifats (743/744) in Auftrag gab (vgl. S. 249). Eine bereits 1964 aufgefundene, aber erst 1987 publizierte Kufi-Inschrift erweist – in Verbindung mit zwei omayyadischen Fundmünzen – jedenfalls, daß der Bau nicht vor dem Jahre 720 entstanden sein kann. Nach SEVERUS IBN AL-MUQAFFA begann der zweite WALID etwa 25 km entfernt von der nächsten Wasserstelle mit dem Bau »einer Stadt«, die seinen Namen tragen sollte. Aufgrund des Wassermangels habe es aber viele Tote unter den Zwangsarbeitern gegeben, und schließlich sei der Kalif bei einer Revolte umgebracht worden. AL-WALIDS Nachfolger, YAZID III., mußte bei seiner Thronbesteigung geloben, keine weiteren Schlösser zu bauen.

Qastal

Diese Ruinenstätte liegt etwa 50 m westlich der Wüstenstraße, etwa 1,5 km nördlich des Flughafen-Abzweigs; ein Wegschild verweist auf das gleichnamige Dorf bei den Ruinen. Von Amman ist el-Qastal etwa 30 km entfernt.

Wie der Qasr auf dem Jebel el-Qala (vgl. S. 106 ff.), wie Kharaneh (vgl. S. 246 ff.) und Mshatta (vgl. S. 250 ff.) stellte el-Qastal lange Zeit einen kunstgeschichtlichen Problemfall dar. Handelte es sich hier um ein römisch-byzantinisches Kastell (R. BRÜNNOW/A. VON DOMASZEWSKI), einen Ghassanidenbau (K. A. C. CRESWELL) oder aber um eine Omayyadenresidenz (J. SAUVAGET, zuletzt H. GAUBE)?

S. Thomas PARKERS Untersuchungen am Limes Arabicus, der römischen Festungskette am Rande der Wüste (vgl. S. 426 ff.), lassen wenig Zweifel, daß el-Qastal einst ein römisches Kastell besaß. Den Fortbestand dieses Stützpunkts auch in byzantinischer Zeit machen Keramikfunde wahrscheinlich; das Fort war damals offenbar als Castellum Ziza bekannt.

OSTEN: EL-QASTAL/SÜDLICHER HAURAN

CRESWELLS Deutung wiederum stützt sich auf den arabischen Schriftsteller des 10. Jh. AL-ISFAHANI; dieser bezeichnet el-Qastal als Bauleistung des Ghassanidenfürsten HARITH IBN JABALAH, der im Jahre 529 von Kaiser JUSTINIAN als arabischer Phylarch bestätigt wurde.

Nach Heinz GAUBES Untersuchungen und den Ausgrabungen französischer Archäologen seit 1983 darf indessen als gesichert gelten: Was der Besucher heute in el-Qastal vorfindet, sind Ruinen aus omayyadischer Zeit, nicht aber, wie BRÜNNOW und DOMASZEWSKI urteilten, Reste einer römischen Limesanlage; den von den deutschen Forschern als Prätorium bezeichneten Bau konnte Heinz GAUBE als Moschee identifizieren, und bei dem vermeintlichen Mannschaftskastell handelt es sich in Wirklichkeit um einen frühislamischen Palast. Damit ist schon gesagt, daß der Komplex von el-Qastal zweigeteilt ist: in den Palast selbst, einen quadratischen und – wie Reste von Treppen zeigen – ursprünglich zweigeschossigen Bau von etwa 59 × 59 m mit großem Innenhof (ca. 28 × 28 m), und in eine Hof-Hallen-Moschee mit angebautem Rundminarett von fast 6 m Durchmesser. Die Existenz dieser Moschee, deren originale Partien ihrem Bautypus nach jenen der direkt angrenzenden Palastanlage vollständig entsprechen und zeitgleich sein müssen, stellt das entscheidende Argument für eine frühislamische Datierung dar. Zudem zeigt der Palast in seinem inneren Aufbau die für Omayyadenresidenzen charakteristische Beit-Gliederung, bei der sich jeweils mehrere Nebenräume um eine Mittelhalle oder einen Mittelhof zu einer residentialen Einheit fügen. Als Indizien für eine frühislamische Entstehungszeit dürfen des weiteren die Betonung des Palastportals – es weist gegen Osten und ist an die 16 m tief – sowie die Eck- und Zwischentürme der Außenmauern gelten.

Die französischen Ausgräber P. CARLIER und F. MORIN sind davon überzeugt, daß Qastal in der Regierungszeit von ABD AL-MALIK (685–705) entstand, und zwar als Herrensitz eines landwirtschaftlichen Anwesens.

Die Moschee von Qastal ist (nach GAUBE) später noch zweimal umgebaut worden: im 12./13. Jh. und in spätosmanischer Zeit unter dem zweiten ABDUL HAMID. PARKERS Keramikfunde an der Stätte bestätigen eine ayyubidisch-mamlukische Siedlungsphase. Die vermutete türkische Nutzung läßt sich stilkundlich aus der Form der zuletzt eingezogenen Türen und Fenster erschließen und wird zusätzlich durch die Existenz eines spätosmanischen Scheich-Friedhofs bei der Stätte wahrscheinlich, der übrigens wiederum an einen omayyadischen Bestattungsplatz anschließt.

Umm el-Jemal und die Stätten des südlichen Hauran

Zentrum des Hauran ist der gleichnamige Jebel im heutigen Südsyrien, bekannt auch als Jebel ed-Druze und Jebel el-Arab. Bis zu 1735 m steigen seine Höhen auf. Umgeben ist dieser Gebirgskern u. a. von der Basaltwüste el-Lejja im Nordwesten (antiker Name: Trachonitis, Heimat des römischen Kaisers PHILIPPUS ARABS), dem fruchtbaren Tafelland um

Bos(t)ra und Salkhad im Süden (antiker Name: Auranitis) und der Region nördlich von Deraa (antiker Name: Batanäa). Der Südbereich des Hauran – vom Landschaftscharakter her Wüstensteppe – gehört heute zum Territorium Jordaniens.

In Auranitis und Batanäa wurde früh gesiedelt. Das biblische Land Baschan, das mit diesen Landstrichen gleichzusetzen ist, war für seine Rinderherden berühmt (vgl. Amos 4,1), die Baschan-Region Argob für ihre vielen Städte, befestigt »durch hohe Mauern, Torflügel und Torbalken« (5. Mose [Deuteronomium] 3,4). Unter RAMSES II. gehörte die Region zu Ägypten, unter TIGLATPILESAR III. wurde sie zur assyrischen Provinz. Diesen Provinzstatus behielt der westliche Hauran auch im neubabylonischen Reich und unter den Achämeniden, die das Gebiet mit den Golan-Höhen zu einer großen Verwaltungseinheit zusammenfaßten. Später waren Auranitis und Batanäa lange Zeit zwischen Ptolemäern und Seleukiden umstritten.

Im Südhauran scheinen die altorientalischen wie die hellenistischen Großmächte sich dagegen nicht weiter ›engagiert‹ zu haben. Das wasserarme Land bot auch keinen Anreiz. Dies änderte sich erst in römischer Zeit, vorbereitet durch das Wirken der Nabatäer.

Zwei Abschnitte in der ZENON-Korrespondenz deuten darauf hin, daß sich schon Mitte des 3. Jh. v. Chr. Nabatäer im Hauran aufhielten. In 1. Makkabäer 5, 25–27, zeigen sich die Araber über die politischen Verhältnisse in der Auranitis und im Batanäa des Jahres 163 v. Chr. bestens unterrichtet, und spätestens Anfang des 1. Jh. v. Chr. ist der konsolidierte ›Karawanenstaat‹ in diesem Raum zu einem erstrangigen Machtfaktor geworden. Wahrscheinlich schon Jahrzehnte früher, in jedem Fall aber zwischen ca. 84 und 72 v. Chr., als ARETAS III. Herrscher von Damaskus war, kontrollierten die Nabatäer den Hauran. Über annähernd zweihundert Jahre dürfte das Gebiet Kornkammer und Weinberg des Araberreiches gewesen sein.

Daß ein nabatäisches *Herrschafts*gebiet Hauran nicht von vornherein mit einem nabatäischen *Siedlungs*gebiet gleichzusetzen ist, hat als erster Nelson GLUECK hervorgehoben. Aus den nur geringen Spuren nabatäischer Keramik am Fuße des Jebel schloß er, die Araber seien in dieser ihrer nördlichen ›Kolonie‹ zwar die Herren, nicht aber auch die Beherrschten gewesen. Man muß jedoch betonen, daß sie primär nicht als politische Besatzungsmacht auftraten, sondern Händler waren, die ihren kommerziellen Interessen erst in der Folge auch politische Dimensionen und den erforderlichen Schutz gaben (vgl. S. 337 ff.). Umgekehrt wird so verständlich, warum sich die Nabatäer unter den für sie ungünstigen Verhältnissen der HERODES-Herrschaft im Hauran (vgl. S. 40 f.) als merkantile Macht behaupten konnten.

Innerhalb dieses historischen Umrisses gewinnt der südliche Hauran als Durchzugsgebiet von Karawanen aus dem Wadi Sirhan eine gewisse Bedeutung. Ein Platz wie Umm el-Jemal wird als Station beduinisch-nabatäischer Händler begonnen haben, die – seien es gerrhäische, seien es südarabische – Waren über die Oase Dumat el-Jandal (Jauf) in den nördlichen Mittelmeerraum transportierten. Dies mag schon im 3. Jh. v. Chr. gewesen sein, auch wenn eine solche Datierung archäologisch nicht zu belegen ist. Die ersten nachweislichen Spuren – Scherben ihrer charakteristischen Keramik – haben die Nabatäer des 1. Jh. v. Chr. in Umm el-Jemal hinterlassen.

> **Empfohlene Reiseroute**
> (Von Amman mit Leihwagen an einem Tag)
>
> Amman → Mafraq → Sama es-Sarhan → Umm es-Surab (→ Baij) → Umm el-Jemal → Sabha/Subheya → Umm el-Quttein → Deir el-Kahf → Deir el-Kinn (→ Jawa; nur mit geländegängigem Fahrzeug) → Mafraq → Amman

Die südhauranischen Siedlungsansätze und festen Wegstationen der nabatäischen Frühzeit entwickelten sich aber erst nach der Zeitenwende, ja in der Regel erst nach der römischen Annexion Nabatäas zu Kleinstädten und Wehrsiedlungen, denen sich seit dem 4. Jh. auch Klosterkomplexe eingliederten. In Ortschaften wie Umm el-Jemal, Umm el-Quttein, Umm es-Surab, Sama und Deir el-Kahf, um sie bei ihren heutigen Namen zu nennen, lebten über mehr als ein halbes Jahrtausend hellenisierte/romanisierte Araber, lagen römische und oströmische Legionäre in Garnison, wurden Griechisch und Nabatäisch, schließlich Arabisch gesprochen, verehrte man Dhushara und Allat ebenso wie die Häupter anderer orientalischer Kulte, danach über Jahrhunderte den Gott des Neuen Testaments.

Umm el-Jemal

Umm el-Jemal (arab.: Mutter der Kamele) ist eine Ruinenstätte ganz eigener Art. Bei der Anfahrt glaubt man, eine ausgebombte oder ausgebrannte Stadt des 20. Jh. vor sich zu haben; erst aus der Nähe geben die zwei, ja drei Geschosse hochragenden dunklen Basaltbauten ihr wahres Alter zu erkennen. Wir haben, so erweist sich, eine spätantike Stadt vor uns – kein prunkvolles Zentrum wie Jerash freilich, sondern einen Ort, dessen Zivilarchitektur und weithin erhaltene Stadtstruktur das Alltagsleben von Karawanenhändlern, Viehhirten und Bauern widerspiegeln. Gerade darin liegt die besondere Bedeutung der Stätte.

Man erreicht Umm el-Jemal über Mafraq. Von dort sind noch 19 km zurückzulegen, die ersten 16 km über die Baghdad-Straße, die letzten 3 km über einen nördlich abzweigenden asphaltierten Seitenweg.

Ein Engländer, Cyril GRAHAM, war 1857 der erste neuzeitliche Besucher von Umm el-Jemal. Die wissenschaftliche Erschließung der Ruinenstadt – wie des gesamten Hauran – ist das Verdienst der Princeton University, die 1904/05 und 1909 unter Leitung von H. C. BUTLER zwei archäologische Expeditionen in den syrisch-jordanischen Raum schickte. Es entstand ein erster Stadtplan von Umm el-Jemal, begleitet von zahlreichen, bis heute maßgeblichen Baugrundrissen und Rekonstruktionszeichnungen. Obwohl die Princeton-Archäologen keine Spatenforschung treiben konnten, scheint ihre Gründlichkeit die folgenden Forschergenerationen entmutigt zu haben – über die nächsten sechzig Jahre hinweg haben sich nur noch Nelson GLUECK, George HORSFIELD und G. U. S. CORBETT jeweils kurz mit der bedeutenden Ruinenstadt beschäftigt. Seit 1972 bemüht sich aber eine amerikanische Gruppe unter Bert DE VRIES um eine neue Aufnahme des Baubestands, die 1974, 1977 und 1981 durch erste Ausgrabungen ergänzt wurde. Die stratigraphischen Ergebnisse liegen erst in Kurzberichten vor, relativieren aber schon in dieser vorläufigen Form einige der Datierungen und historischen Einschätzungen H. C. BUTLERS.

So etwa seine Annahme, die Stadt habe in ihrer Blütezeit zwischen 7000 und 10000 Einwohner besessen – nach DE VRIES' Berechnungen sind es nur etwa 5000 gewesen –, oder auch die vorschnelle Identifikation einzelner Bauten (›Nabatäischer Tempel‹, ›Prätorium‹). Vor allem aber verdeutlichen die Ausgrabungen, daß der nabatäische Charakter Umm el-Jemals von BUTLER überschätzt wurde – die heute sichtbaren Ruinen jedenfalls sind nicht vor dem 2. Jh. n. Chr. entstanden und müssen im Zusammenhang der römisch-byzantinischen Ost- und Grenzpolitik gesehen werden (vgl. S. 426ff.).

Vor den nord-südlichen Hauptstrang des Limes Arabicus legte man in spätrömischer Zeit neue Befestigungsanlagen: Über den Nordausgang des Wadi Sirhan wachten nun die drei Kastelle Qasr el-Azraq (vgl. S. 240f.), Qasr el-Useikhin und Qasr el-Uweinid, über den östlichen und südlichen Einzugsbereich des Hauran vorgeschobene Wachtposten wie Namara und Qasr el-Burqu (vgl. S. 237f.), ferner Kastelle wie Buthayna, Rudayma, Deir el-Kahf (vgl. S. 263f.) und Hallabat (vgl. S. 238f.). Die meisten dieser Befestigungsanlagen entstanden um die Wende vom 2. zum 3. Jh. n. Chr., ein Jahrhundert später kamen neue Forts hinzu, und wie die Kaserne von Umm el-Jemal zeigt (s. u.), dauerte die militärische Bautätigkeit auch im 5. Jh. noch an.

Zwischen der vorderen Verteidigungslinie und den eigentlichen Schutzgebieten gelegen, hatte eine Siedlung wie Umm el-Jemal in diesem historischen Zusammenhang lange Zeit die Funktion einer Handels- und Karawanenstation, einer bewehrten Grenzstadt der ›bewohnten Welt‹, in die arabische Beduinen kamen, wenn sie Kamele und Pferde, Schafe und Ziegen verkaufen oder eintauschen wollten; über die alte Römerstraße dürfte ein Teil der Tiere dann nach Bos(t)ra und nach Amman (Philadelphia) gelangt sein. Möglicherweise kennen wir auch den antiken Namen Umm el-Jemals: Auf der »Tabula Peutingeriana« ist im Südhauran ein Ort namens Thantia eingetragen, und die »Notitia Dignitatum« aus dem 5. Jh. führen für die Gegend eine Stadt Thainatha auf.

Zu den Überraschungen der Ausgrabungen von 1977 gehörte der Befund, daß Umm el-Jemal noch in omayyadischer Zeit fortbestand und florierte, »vielleicht wegen seiner Nachbarschaft zu den Wüstenschlössern und der Pilgerstraße« (B. DE VRIES), vielleicht aber auch als Station an der Arabien-Route durch das Wadi Sirhan, die im 7. und 8. Jh. die neue Hauptstadt Damaskus mit den konfessionellen Zentren Mekka und Medina verband.

Um die Mitte des 8. Jh., am Ende der Omayyadenära also, zerstörte ein schweres Erdbeben Umm el-Jemal. Die Stadt wurde danach nicht wieder aufgebaut. Mit der Verlagerung des Machtzentrums nach Baghdad verlor sie ihre Funktion.

Erst im 20. Jh., zwischen 1905 und 1909, kamen neue Siedler nach Umm el-Jemal – Drusen aus dem nördlichen Berggebiet. Viele Bauten der Ruinenstadt zeigen die Spuren ihrer Restaurierungsversuche: Alte Häuserwände wurden aufgemauert, Gebäude mit Sturzblöcken neu eingedeckt. In der Regel heben sich solche Ausbesserungen erkennbar vom spätantiken Baubestand ab, sei es durch andersartige Mauerkronen, sei es durch verschiedengestaltige Deck- und Kragsteine oder auch allein durch frische Schlag- und Bruchmarken.

Die **Ruinen der Basaltstadt** dehnen sich über eine unregelmäßige Fläche aus – 800 m in nord-südlicher und zwischen 300 und 500 m in ost-westlicher Richtung. Der Schutzwall, der sie umzieht, ist auf der Nordseite noch am besten erhalten. Es lassen sich mehrere Baustufen unterscheiden: Die erste Fassung der Stadtmauer kann – nach den vorläufigen Ausgrabungsergebnissen – nicht vor der Mitte des 2. nachchristlichen Jahrhunderts entstanden sein. Dem entspricht eine Inschrift, die BUTLER über dem sogenannten Commodus-Tor im Nordwesten des Walls fand: Sie bezieht sich auf die gemeinschaftliche Kaiserzeit von MARC AUREL und COMMODUS und erlaubt eine Datierung des heute zerstörten Tores in die Jahre vor 180 n. Chr.

Die **Stadtmauern** selbst sind in ihren ältesten Partien ca. 1,8 m breit und zeigen bossierte, gleichmäßig geschichtete Blöcke; die byzantinischen Wälle oder Wallabschnitte weisen eine etwas geringere Stärke auf (ca. 1,5 m) und sind weniger sorgsam aufgeführt. Vor allem im Südwesten lehnen sich Zivilbauten an ihre Innenseiten.

Berühmt ist Umm el-Jemal für seine Haus- und Kirchenarchitektur. Obwohl der Jebel Hauran in der Antike Eichenwälder getragen haben soll, bauten die Einwohner des Städtchens vorwiegend in Basalt. Ähnlich wie den großen nördlichen Hauran-Zentren Bos(t)ra und Kanatha (Qanawat) gibt das schwarzgraue Gestein Umm el-Jemal ein düsteres Aussehen, andererseits haben seine Bauten, gerade auch die dem Verfall sonst in hohem Maße preisgegebenen Wohnhäuser, dank der Widerstandsfähigkeit des Basalts häufig in ursprünglicher Höhe überdauert (Abb. 39).

Das Erdgeschoß der in unregelmäßigen Insulae gruppierten **Wohnhäuser** nahmen in den meisten Fällen Stallungen ein. »Es ist tatsächlich schwierig, Wohnkomplexe zu finden, die nicht wenigstens einen Stall mit einer Reihe von fünf bis zehn steinernen Krippen besitzen« (B. DE VRIES). In der Regel ist dies ein schmaler, langgestreckter Raum mit niedriger Decke, der sich auf einen Innenhof öffnet und – in L-förmiger Anordnung, also über Eck – mit einem zweiten, höheren Raum verbunden ist: entweder ebenfalls ein Stall oder eine Scheune. In den offenen, nicht bebauten Bezirken der Stadt konnte DE VRIES zudem steinerne Einfriedungen nachweisen, die vielleicht als Pferche für den Viehmarkt anzusprechen sind.

In den Obergeschossen über den Ställen befanden sich die Wohnungen, meist wurden sie über Freitreppen an den Seiten der Innenhöfe erschlossen. Diese geländerlosen Stiegen sind bis heute vielfach erhalten und teilweise noch begehbar. Ihre dauerhafte Konstruktion verdanken sie der **Kragsteintechnik,** die auch für die Eindeckung der Häuser und für die Zwischenböden von Umm el-Jemal benutzt wurde.

Bis zu 3 m lange, abgeflachte Blöcke, aus dem Hauran-Basalt gebrochen, wurden dabei weit vorspringend im Mauerwerk verankert, als belastbare Stufen oder auch als Konsolen,

Der von Bert de Vries erstellte Stadtplan von Umm el-Jemal: *1* Kaserne   *2* Sogenanntes Prätorium   *3* Commodus-Tor   *4* Westtor   *5* Südwesttor   *6* Osttor   *7* Nordosttor   *8* Sogenannter Nabatäischer Tempel   *9* Zentrales Wasserreservoir   *10* Wasserleitung   *11* Südwestkirche   *12* Kasernenkirche   *13* Numerianos-Kirche   *14* Kathedrale   *15* Doppelkirche   *16* Masechos-Kirche   *17* Südostkirche   *18* Westkirche   *19* Klaudianos-Kirche   *20* Julianos-Kirche   *21* Nordkirche   *22* Nordostkirche   *23* Ostkirche   *24* Kirche extra muros   *25–132* Hauskomplexe   *133, 134* Stark zerstörte Häuserblöcke   *I–XX* In H. C. Butlers Plan erfaßte Häuser *(nach:* BASOR *244, 1981)*

Kragsteintechnik von Umm el-Jemal (nach: B. de Vries, BASOR 244, 1981)

über die dann Decksteine hinüber zur anderen Mauerseite gelegt werden konnten. Die Befestigung der Kragsteine erfolgte in denkbar einfacher Weise: Das schiere Gewicht der über ihnen aufgeschichteten Mauern hielt sie in der Waagerechten, manchmal – wie es die Schemazeichnung zeigt – auch der Gegendruck eines Kragsteins, der nach der anderen Seite der Mauer vorsprang. Indem man zwei Kragsteine übereinander staffelte – der untere tief, der obere nur ansatzweise in der Wand verankert, zusätzlich jedoch durch den unteren Stein gestützt – gelang es, auch größere Raumspannen zu überbrücken. War der abzudeckende Zwischenraum für dieses Verfahren definitiv zu weit, wurden über die ganze Höhe des Geschosses Bögen aufgemauert, die als Zwischenträger für die Auflagesteine dienten. Auf diese Weise konnte man ohne Schwierigkeiten mehrere Etagen hoch bauen. Die Hausdächer bestanden nach CORBETTS Vermutung aus Holz.

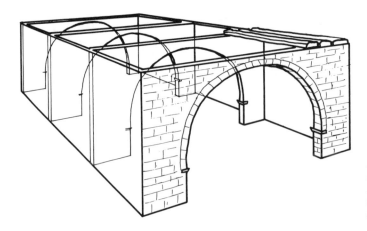

Eindeckung eines ›Hauran-Hauses‹ mit Bögen und Decksteinen (nach B. de Vries, ebd.)

Ein zentrales Problem muß für die Einwohner von Umm el-Jemal die **Wasserversorgung** gewesen sein. Mangels einer Quelle oder auch nur ergiebiger Brunnen war man auf Zisternen und Reservoire angewiesen, die während des Winters mit Regenwasser gefüllt wurden. Ein kilometerlanges Leitungssystem mit Kanälen und Aqädukt schloß das Hauptreservoir in der Stadtmitte an ein nördliches, saisonal wasserführendes Wadi an. Zwei Dutzend weitere Zisternen finden sich über das Stadtgebiet verstreut, einige waren einst mit Kragsteinen und Platten über Stützbögen abgedeckt. Möglicherweise besaß jeder größere Wohnkomplex zusätzlich noch ein privates Wasserreservoir.

Von den 14 oder 15 **Kirchen**, die Umm el-Jemal einmal besaß, war etwa die Hälfte in größere Gebäudekomplexe einbezogen, die Julianos-Kirche etwa oder auch die Doppel- und die Südwestkirche. Frei standen u. a. die Nordkirche, die Nordostkirche und die Kirche extra muros; die Numerianos-Kirche und die Westkirche könnten mit Klosteranlagen verbunden gewesen sein.

Die große Zahl der Gotteshäuser gibt Rätsel auf. Nach einem bekannten, gleichwohl hypothetischen Erklärungsansatz durfte in jeder Kirche nur einmal am Tag die Messe gefeiert werden. Vielleicht gehörten die einzelnen Kirchen aber auch verschiedenen christianisierten Beduinenstämmen oder städtischen Sippen, vielleicht waren sie der Verehrung ganz bestimmter Heiliger vorbehalten, vielleicht als Kloster- oder Privatkapellen nur beschränkt zugänglich.

Typologisch lassen sich einschiffige Hallenkirchen, eingedeckt mit Hilfe von Querbögen, und mehrschiffige Basiliken unterscheiden. Grundriß und Aufriß der einzelnen Kirchen variieren innerhalb dieses Grundmusters beträchtlich. Die Klasse der Hallenkirchen umfaßt beispielsweise stark überlängte Bauten (u. a. Julianos-, Masechos-Kirche) ebenso wie gedrungene Entwürfe, die nur einen einzigen tragenden Querbogen aufweisen (Südostkirche). Eine womöglich noch stärkere Differenzierung lassen die Basiliken von Umm el-Jemal (u. a. West-, Nordost- und Kasernenkirche) erkennen, denen nicht selten ein schmaler Narthex oder ein ›Bogen-Pfeiler-Bau‹ (u. a. Numerianos-, Klaudianos-Kirche und Kathedrale) vorgelegt war. In der Gestaltung der Raumhäupter kann man (nach G. Descoeudres) grundsätzlich den nordsyrischen Typus mit gerade ummantelter Apsis oder rechteckiger Kirchenstirn, flankiert von zwei Seitenräumen (Klaudianos-, West- und Kasernenkirche), von einem zweiten Typus unterscheiden, der keine Seitenräume besitzt und eine vorspringende, vorgewölbte Apsis aufweist (u. a. Südwest-, Nord- und Nordostkirche).

Inschriftlich datiert, und zwar auf das Jahr 557 n. Chr., ist nur einer der Kirchenbauten: die Kathedrale im Westen der Stadt. Dagegen kann die Julianos-Kirche, die über Jahrzehnte als älteste datierte Kirche überhaupt galt, nach Corbetts Untersuchungen nicht länger in das Jahr 345 n. Chr. gewiesen werden – bei dem Inschriftenblock, auf dem Butlers zeitliche Einordnung beruhte, handelte es sich um einen wiederverwendeten Grabstein. Dennoch dürfte die Julianos-Kirche mit ihrem doppelten Triumphbogen vor der Apsis zu den ältesten Sakralbauten Umm el-Jemals gehören, hervorgegangen vielleicht aus einem vorchristlichen Gebäude.

OSTEN: UMM EL-JEMAL UND UMGEBUNG

Das byzantinische Kastell (später Kloster) von Umm el-Jemal

Grob gesprochen, lassen sich die Kirchen von Umm el-Jemal in die Zeitspanne zwischen dem ausgehenden 4. und der Mitte des 7. Jh. weisen (636 gelangte die Region unter moslemische Kontrolle). Eine relative Chronologie, derzufolge die Hallenkirchen mit ihren Transversalbögen früher anzusetzen wären als die Basiliken, ist angesichts zahlreicher syrischer Gegenbeispiele kaum aufrechtzuerhalten und bereits von BUTLER abgelehnt worden.

Zwei Bauten von Umm el-Jemal, die nach dem gegenwärtigen Forschungsstand weder zur Haus- noch zur Kirchenarchitektur gehören, verdienen schon aufgrund ihres guten Erhaltungszustands besondere Beachtung: das sogenannte Prätorium und die Kaserne.

Das **Prätorium** liegt im Westen der Stadt. Vor seiner Südfassade (Abb. 38) mit drei Türen, vier Fenstern und einer Freitreppe – so der heutige Zustand – breitete sich ursprünglich ein größerer umfriedeter Hof aus. Seinem Grundriß nach ist das Bauwerk im syrisch-jordanischen Raum beispiellos, aufgrund gewisser Ähnlichkeiten in der Gewölbestruktur hat BUTLER es aber dem Prätorium von Musmiyeh (Phaena) im Norden der Trachonitis zur Seite gestellt. Dieser Hypothese schloß er eine zweite an: daß ein Türsturz über dem rechten Vordereingang der Kathedrale, der einer lateinischen Inschrift zufolge in das Jahr 371 n. Chr. datiert, ursprünglich zum Prätorium gehörte. In der Tat muß es sich bei dem Türsturz um eine Spolie handeln, denn jene Inschrift bezieht sich auf die Errichtung eines Burgus, eines militärisch-administrativen Gebäudes der späten Römerzeit also. Ob dieser Burgus aber tatsächlich mit dem BUTLERschen Prätorium identisch ist, bleibt vorerst offen, die Ausgrabungen von 1977 erwiesen lediglich eine byzantinische und omayyadische Nutzung. Im Mai 1992 begann das Department of Antiquities (ABD EL-GADER) mit der Restaurierung des Prätoriums.

Die **Kaserne** von Umm el-Jemal ist das besterhaltene Gebäude der Ruinenstadt überhaupt – obwohl 1970 Zwischenböden des Turms und 1973 das Dach eines zugehörigen Raumes einstürzten. Im Jahre 1977 leitete das Department of Antiquities in Zusammenarbeit mit dem Ausgrabungsteam unter DE VRIES die Sicherung des Baubestands ein.

Mit einem Grundriß von ca. 34 × 55 m erhebt sich der zweigeschossige, zuerst militärisch, später als Kloster benutzte Gebäudekomplex um einen rechteckigen Zentralhof. Blickfang der heutigen Ruine ist ein hoher Turm an der Südostecke, der aber nicht zum Erstbau gehört.

Dieser Erstbau gilt aus zwei Gründen als byzantinischer Militärstützpunkt: erstens wegen seiner Ähnlichkeit zum Fort von Deir el-Kahf (s. u.) und zweitens wegen einer in der Nähe gefundenen Inschrift, die sich auf den Bau eines Castellum in Umm el-Jemal bezieht. Sie nennt als Bauherrn einen gewissen PELAGIOS ANTIPATROS, der als Dux Arabiae für das Jahr 411/412 im Südhauran bezeugt ist. Um diese Zeit, so vermutet man seit BUTLER, dürfte auch die Kaserne von Umm el-Jemal entstanden sein. Die Ausgrabungen von 1977 unter der Nord- und Südmauer der Kaserne brachten die Bestätigung, daß der Bau im 4. oder 5. Jh. n. Chr. begründet wurde.

Ein oder zwei Jahrhunderte später verlor er offenbar seine militärische Funktion, die Kaserne wurde zum Kloster. Etwa gleichzeitig entstand der Südostturm. Dies erklärt auch den religiösen Charakter der Inschriften auf seinen Mauern, die von einem kampfbereiten Christentum künden. Auf balkonartigen Vorbauten vor vier Maueröffnungen hoch oben an den Turmseiten waren ursprünglich noch die Namen der vier Erzengel Michael, Gabriel, Raphael und Uriel zusammen mit Kreuzzeichen in den Stein graviert. Auch der östlich an die Kaserne anschließende basilikale Kirchenbau mit gerader Raumstirn dürfte dem letzten christlichen Jahrhundert von Umm el-Jemal angehören.

Ruinenstätten nordöstlich und nordwestlich von Umm el-Jemal

Zwischen Baghdad-Straße und syrisch-jordanischer Grenze sind in der Trockensteppe noch weitere Ruinenstätten zu entdecken. Wie das bedeutsamere Umm el-Jemal bieten sie dem Besucher stattliche Basaltbauten in ›Kragstein-und-Bogen-Technik‹. Kirchenruinen weisen in frühbyzantinische Zeit; daß diese Stätten des Südhauran auch später, unter den Omayyaden, noch fortbestanden, ja daß möglicherweise die ganze Region als wichtige Übergangszone zwischen dem beduinischen Wüstenarabien und den omayyadischen Reichszentren in Syrien und Palästina anzusehen ist, legen neueste Untersuchungen (G. R. D. KING) nahe.

Umm el-Jemal ist Ausgangspunkt einer ostwärts führenden Asphaltstraße, auf der man nach ca. 12 km **Subheya** erreicht, eine Siedlung mit einem komplexen System von Zisternen und etwa einem Dutzend Häusern, die man in ihrer Substanz zum spätantiken Baubestand rechnen darf. Nur etwa 2 km weiter liegt das Dorf **Sabha** mit frühbyzantinischem Ortskern. Die alten Bauten, mit ›Hauran-Bogen‹, Krag- und Decksteinen aufgeführt, werden heute vielfach als Schuppen und Ställe genutzt. Über **Dafyaneh** gelangt man schließlich nach **Umm el-Quttein** (arab.: Mutter der Feigen), ca. 27 km von Umm el-Jemal entfernt. Neubesiedlung und Steinraub haben das Gesicht dieses spätantiken Dorfes seit BUTLERS Bestandsaufnahme Anfang dieses Jahrhunderts stark verändert, das von ihm beschriebene große Kloster mit wuchtigem Turm wurde offenbar abgetragen, doch findet sich im Norden des Ortes eine Hallenkirche von ca. 20 m Länge.

Die nächste Ruinenstätte im Osten heißt **Deir el-Kahf.** Sie bietet die Reste eines spätrömischen/frühbyzantinischen Kastells, das in der heute sichtbaren turmverstärkten Mauerführung von ca. 60 m Seitenlänge – die Wälle stehen noch bis 5 m hoch – dem 4. Jh. n. Chr. angehört, jedoch auf einen älteren Bau aus der Zeit des SEPTIMIUS SEVERUS (reg. 193–211) zurückgeht. Schon dieser erste Bau war mit den drei Wadi Sirhan-Forts Qasr el-Useikhin, Qasr el-Azraq und Qasr el-Uweinid (vgl. S. 240) durch eine Straße (später ein Teilstück der Strata Diocletiana) verbunden. Im Jahre 306 wurde das ursprüngliche Kastell – einer Bauinschrift zufolge – durch eine größere Anlage abgelöst, die im Zuge weiterer Umbauten zwischen 367 und 375 (oder kurze Zeit davor) auch eine Festungskapelle, eine kleine Hallenkirche

OSTEN: UMGEBUNG VON UMM EL-JEMAL/JAWA

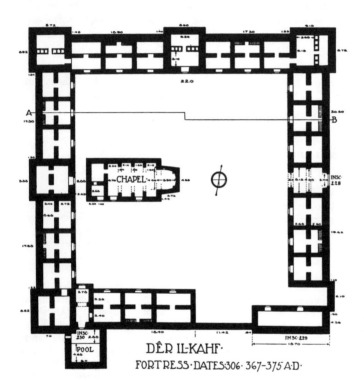

H. C. Butlers Grund- und Aufriß des römisch-byzantinischen Kastells von Deir el-Kahf. Die Hallenkirche (›Chapel‹) ersetzte wahrscheinlich einen Tempel des Kaiserkults

erhielt – nach BUTLERS Vermutung könnte sie einen älteren Tempel für den Kaiserkult ersetzt haben (der sich in Rom seit der Zeit CÄSARS immer mehr durchsetzte).

Auf neuer, guter Asphaltstraße gelangt man von Deir el-Kahf nach **Deir el-Kinn,** etwa 15 km weiter östlich. Die heute verlassene Siedlung besaß vielleicht ebenfalls eine spätantike Festungsanlage; erhalten ist eine große römisch-byzantinische Zisterne. Noch einmal 6 km trennen Deir el-Kinn von der chalkolithischen Wüstenstadt Jawa (vgl. S. 265 f.).

Ebenso eindrucksvoll wie die beschriebenen Stätten im Osten sind zwei alte Siedlungen nordwestlich von Umm el-Jemal: das ca. 12 km entfernte Umm es-Surab und – 8 km weiter – das Dorf Sama mit dem

Georgskloster. Auf dem Weg kann man in dem Dorf **Baij** – BUTLERS Kasr il-Baik – Station machen, dem Platz eines Römerkastells aus dem Jahre 412, von dem aber nur spärliche Reste in neuen Bauzusammenhängen geblieben sind. Eine schön skulptierte Steintür vom Gadara-Typus (vgl. S. 225) findet sich in einem Stall auf dem alten Festungshügel.

Das Ruinenfeld von **Umm es-Surab** (sprich: Musrab) wird von der Sergius- und Bacchus-Kirche mit großem angeschlossenen Kloster beherrscht (Abb. 40). Der dreischiffige Sakralbau entstand 489, datierbar aufgrund einer Inschrift, die zwischen zwei Kreuzen in den Türsturz des westlichen Hauptportals geritzt ist. Sie lautet: »Der Herr stehe uns bei. Ameras und Cyrus, Söhne des Ulpianus (vollendeten mit der Hilfe) Gottes diesen Gedenkbau an den hl. Sergius und den hl. Bacchus (...) im Jahre 384«. Dieses Jahr 384 der Provincia Arabia entspricht dem Jahr 489 n. Chr. Auch im nahen Bos(t)ra existierte übrigens eine frühbyzantinische Sergius- und Bacchus-Kirche; die beiden Heiligen, Soldaten des kaiserlichen Heers, sollen während der Christenverfolgungen unter MAXIMIAN (reg. 286–305) als Märtyrer gestorben sein.

Obwohl er den Triumphbogen vor der Kirchenapsis vermauert fand, ging H. C. BUTLER davon aus, daß der Turm von Umm es-Surab (ursprünglich ca. 13 m, heute ca. 11 m hoch) zur Kirche gehörte; zuletzt ergaben aber die Untersuchungen von Geoffrey R. D. KING, daß wir ein eigenständiges Bauwerk moslemischer Zeit, wahrscheinlich das Minarett einer omayyadischen Moschee, vor uns haben (Abb. 40). Durch die erwähnte Mauer im Triumphbogen schufen die Moslems des 8. Jh. sich einen breitgelagerten Betraum. Ungewöhnlich erscheint ein solches Vorgehen nicht, der islamische Geschichtsschreiber BALADHURI überliefert in seinem »Buch der Eroberungen« (um 869) mehrere Präzedenzfälle.

Auch bei dem Turm des Georgsklosters von **Sama es-Sarhan** (das in jüngster Zeit durch Straßenbau in Mitleidenschaft gezogen wurde) handelt es sich nach KING um ein islamisches Minarett, wohl aus dem omayyadischen Jahrhundert. Die Klosterkirche dürfte um jene Zeit – wiederum durch Apsisvermauerung – zur Breitraummoschee umgewidmet worden sein, den Mihrab dieser Moschee darf man in einer heute zerstörten Partie der Südwand vermuten. Dies entspräche der von Ulya VOGT-GÖKNIL formulierten Regel: »Beim Umbau der längsgerichteten Kirchen wurde der Eingang an die nördliche Seitenwand verlegt und die südliche Seitenwand mit einem Mihrab versehen und zur Qiblawand erklärt«.

Das Georgskloster selbst datiert einer Inschrift zufolge in das Jahr 519 ›der Provinz‹, ist nach unserer Zeitrechnung also 624/625 entstanden, kurz nach MOHAMMEDs Hejra und nur etwa zehn Jahre vor der moslemischen Eroberung des Hauran.

Jawa

Jawa liegt etwa 15 km nordöstlich der Station H 5 (Straße Mafraq – Baghdad) im Saumfeld der Basaltwüste. Man kann den Platz von jener Station oder auch auf dem Weg über Deir el-Kahf und Deir el-Kinn anfahren (vgl. S. 264). Auf beide Pisten sollte man sich nur mit einem ortskundigen Führer begeben, zumal die jordanisch-syrische Grenze nahe ist. Einige hundert Meter südlich von Jawa wacht in einem einsamen Zelt ein Posten der jordanischen Armee über den Wüstenabschnitt.

Zweifellos ist Jawa, 1931 von dem französischen Luftbildpionier A. POIDEBARD entdeckt, eine der bemerkenswertesten archäologischen Stätten Jordaniens. Als die »älteste und höchstentwickelte Stadt« des Landes, ja als die »besterhaltene Stadt des 4. Jahrtausends v. Chr. überhaupt« bezeichnet der Archäologe Svend W. HELMS Jawa. HELMS erforschte den abgelegenen Ort in den 70er Jahren.

Jawas Stadthügel erhebt sich zwischen den beiden Armen eines Wüstenwadis (Wadi Rajil), die basaltschwarzen Trümmermassen staffeln sich in eine Unter- und eine Oberstadt. Beide Siedlungsteile entstanden nach HELMS gleichzeitig, etwa zwischen 3750 und 3350 v. Chr., also im Chalkolithikum. Die zwei gut erkennbaren Mauerzüge mit ihren geschickt plazierten Torbauten wurden erst gegen Ende der chalkolithischen Phase schützend um die Hügelsiedlung gelegt. Offenbar standen die Jawaiten in

OSTEN: JAWA/SAFAITISCHE RITZUNGEN

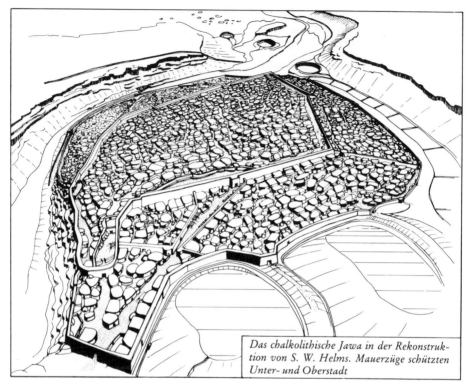

Das chalkolithische Jawa in der Rekonstruktion von S. W. Helms. Mauerzüge schützten Unter- und Oberstadt

dieser Zeit unter nomadisch-beduinischem Druck. Dennoch fiel die Blütezeit der ›schwarzen Stadt‹ in die Jahrhunderte ihrer Bedrängnis, in die Zeit zwischen ca. 3350 und 3050 v. Chr.; damals lebten zwischen 3000 und 5000 Menschen in Jawa, verdichtete sich der Architekturbestand und wurden schließlich sogar Teile der Befestigungsanlagen überbaut.

Wer waren diese Siedler, die sich mitten in der Wüste einzurichten und zu behaupten wußten? Das hohe zivilisatorische Niveau spricht nach HELMS dafür, daß die Jawaiten aus Mesopotamien kamen – vielleicht als versprengte Gruppierung jener großen Wanderungsbewegung, die in chalkolithischer Zeit Palästina erreichte und dort in der ghassulischen Kultur faßbar wird (vgl. S. 16ff.). Ein Rätsel bleibt jedoch, warum sie die gravierenden ökologischen Nachteile der Basaltwüste in Kauf nahmen – nur 50 km südöstlich bot sich das wasserreiche Azraq als Siedlungsplatz an. Am Wadi Rajil konnte man dagegen nur mit Hilfe einer hochentwickelten Wassertechnologie bestehen: Der winterliche Niederschlag wurde am Oberlauf des Wadis und im Bereich seiner Zuflüsse durch Dämme gestaut, das gesammelte Wasser in Basalthöhlen und großen Reservoiren gespeichert.

Mysteriös wie ihr Erscheinen ist auch die Abwanderung der Jawaiten. Um 3000 v. Chr. verließen sie ihre Wüstenstadt, wahrscheinlich in Richtung Westen, Richtung Palästina. Als selbständige Kultureinheit sind sie dort allerdings in der Folgezeit nicht nachzuweisen.

Was Jawa betrifft, so wurde es erst mehr in als ein Jahrtausend später, in der Mittelbronzezeit, nochmals besiedelt: Auf der Höhe des alten Stadthügels entstand nun die ›Zitadelle‹, ein zweigeschossiger Bau, in dem HELMS eine Karawanenstation des 2. Jt. v. Chr. sieht. Die in und bei Jawa in großer Zahl gefundenen Inschriften und Bildritzungen gehen meist auf safaitisch schreibende Beduinen zurück.

Safaitische Ritzungen

In den südostsyrischen, ostjordanischen und nordarabischen Wüsten- bzw. Trockensteppengebieten finden sich auf natürlichen Felsvorsprüngen, Steinflächen und vor allem auf Einzelsteinen, die über alten Bestattungsplätzen aufgeschichtet sind, rohe Graffiti – Tiere, Strichmenschen – und Inschriften in einer als Safaitisch bekannten altarabischen Schrift, benannt nach der Landschaft es-Safa südöstlich von Damaskus. Die Linie Palmyra – Dura Europos bildet in etwa die nördliche Verbreitungsgrenze dieser Ritzungen; im Westen galt lange Zeit Umm el-Jemal als Grenzmarke, doch sind inzwischen auch aus dem Libanon einzelne safaitische Schriftbeispiele bekannt geworden. Das Gros der bisher erfaßten etwa 15000 Inschriften stammt jedenfalls aus dem Osten Jordaniens (vgl. die Abbildung auf S. 62).

Da historische Bezüge in den meist knapp gehaltenen Ritzungen die Ausnahme darstellen, bereitet ihre Datierung erhebliche Schwierigkeiten. Immerhin ist eine stilistische Entwicklung von einer eckigen Schriftform, die unter dem Einfluß altsüdarabischer, vor allem thamudischer Schrift steht, hin zu einem runderen, flüssigeren Schriftbild erkennbar. Die Epigraphe können linksläufig, rechtsläufig, bustrophedon (= abwechselnd links- und rechtsläufig) oder vertikal angelegt sein. In der kantigen Frühform, die nur durch wenige Beispiele bezeugt ist, finden sich gewisse historische Anspielungen, aus denen hervorgeht, daß spätestens seit dem 1. Jh. n. Chr. Safaitisch geschrieben wurde. Erloschen ist der Gebrauch der Schrift erst kurz vor der moslemischen Eroberung Syro-Arabiens, also im 6. oder 7. Jh. n. Chr.

Die meisten Inschriften geben lediglich den Namen des Schreibers wieder (»Von Immit«), manchmal ergänzt um den des Vaters und Großvaters (»Von Malikat, Sohn des Jadhil«). Darüber hinaus können auch die Familie oder der Stamm des Schreibers angeführt sein, so daß eine systematische Auswertung safaitischer Inschriften einmal zur Bestimmung von Lebensräumen und Wanderbewegungen führen könnte.

Besondere Aufmerksamkeit haben in der Forschung Inschriften religiösen Inhalts gefunden, in denen die Verfasser Schutz oder Glück von ihren Göttern erflehen, darunter mit Allat (Lat) und Ruda typische Gottheiten des (süd)arabischen Pantheons, mit Dhushara und Baalschamin aber auch solche des nabatäischen oder palmyrenischen Kultkreises: »Von Muqim, Sohn des (?) aus dem Stamm Jahir. Und er sehnte sich nach seiner Schwester. Oh Lat, gib Sicherheit und Wohlwollen«. – Dieses Inschriftenbeispiel repräsentiert zugleich eine dritte, besonders umfangreiche Motivgruppe: Klagen über den Tod eines Angehörigen oder Liebes- und Sehnsuchtsäußerungen.

Schließlich beziehen sich viele Inschriften einfach auf den Alltag des Schreibers: »Das weibliche Kameljunge ist für Laqab, den Sohn des Muallal« oder »Von Makk; und er hütete seine Ziegen«.

Die Fundorte der Inschriften entlang von Wüstenrouten, die Betonung von Filiationsreihen und Äußerungen wie die angeführten lassen wenig Zweifel daran, daß es sich bei den safaitischschreibenden Stämmen um nomadisierende Kamel-, Schaf- und Ziegenhirten handelte. Auch daß sich ausschließlich Notizen männlicher Schreiber finden, paßt in das Bild beduinischer, patriarchalisch strukturierter Gemeinschaften.

Abschließend Besichtigungs- oder besser: Suchhinweise. Safaitische Inschriften und Bildritzungen sind noch am leichtesten im Umfeld der Baghdad-Straße zu entdecken. Besonderes Augenmerk sollte man den sogenannten Cairns, den Grabhügeln aus Basaltsteinen, schenken. Bei Jawa (vgl. 265f.) und Qasr Burqu (vgl. S. 237f.) wurden jeweils größere Inschriftengruppen gefunden. Im übrigen lagern auch in den Museen von Amman und Irbid safaitische Schriftsteine.

Zwischen Mafraq und Zarqa:
Zwei spätantik-christliche Wehrdörfer

Khirbet es-Samra und Rihab

Das Dorf Khirbet es-Samra liegt etwa 16 km nördlich von Zarqa und etwa 23 km südöstlich von Rihab, Rihab selbst annähernd 27 km östlich von Jerash und 13 km westlich von Mafraq. Die Anfahrt auf asphaltierten Straßen bereitet in beiden Fällen keine Schwierigkeiten, jedoch ist der Abzweig (von der Zarqa – Rihab – Straße) nach Khirbet es-Samra nur in arabischer Schrift ausgeschildert.

Mit Umm el-Jemal und den spätantiken Siedlungen des südlichen Hauran (vgl. S. 254 ff.) verbindet beide Ortschaften die Grenzlage zwischen Agrarland und östlich anschließender Wüstensteppe. Damit ist auch ihre Funktion umrissen, es handelt sich um spätantike Wehrdörfer und Handelsstationen.

Für **Khirbet es-Samra** läßt sich nach mehreren Ausgrabungskampagnen der französischen École Biblique et Archéologique, Jerusalem, in Verbindung mit dem jordanischen Department of Antiquities sogar ein knapper Geschichtsabriß geben: Ursprünglich ein nabatäischer Stützpunkt an der Karawanenroute in den Hauran, erhielt Samra in spätrömischer Zeit ein großes quadratisches Kastell von etwa 70 m Seitenlänge, der alte Lagerplatz an der Via Nova Traiana sollte fortan den arabischen Limes (vgl. S. 426 ff.) verstärken. Als Hatita verzeichnet die »Peutingertafel« den Platz, ein 2 km südlich des Ortes aufgefundener Inschriftenstein nennt den verwandten Namen Adeitha. Ferner wissen wir, daß die ›Cohors Prima Militaria Thracum‹ in Adeitha stationiert war. Das monumentale, von zwei Türmen flankierte Haupttor dieses spätrömisch-frühbyzantinischen Kastells haben die französischen Archäologen inzwischen aufgedeckt, Überbauung des Zugangs läßt vermuten, daß die Festung nur kurze Zeit mit Mannschaften belegt war. Nach JUSTINIANS Strategiewechsel von einem stationären Verteidigungssystem zum Bewegungsheer, gebildet aus ghassanidischen Kriegern, blühte Khirbet es-Samra als christliche Zivilsiedlung auf, in vier oder fünf Kirchen wurde nun die Messe gefeiert. Einer dieser Kirchenbauten besaß – freigelegt von den französischen Archäologen, heute aber wieder abgedeckt – einen Mosaikboden, der inschriftlich in das 6. Jh. datiert ist. Nach jordanischer Mosaiktradition (vgl. S. 278) gibt er u. a. die Ansichten zweier Städte wieder, vielleicht Bethlehem und Jerusalem. Andere Bodenpartien, anscheinend mit Tierszenen in üppiger Vegetation, sind zu einem späteren Zeitpunkt Bilderstürmern zum Opfer gefallen, vielleicht Moslems, die im 8. Jh. das ikonoklastische Edikt des Omayyadenkalifen YAZID II. vollstreckten. Bald darauf, noch vor dem Ende des 8. Jh., wurde Khirbet es-Samra von seinen Bewohnern verlassen. Als Sultan SALADIN auf einem seiner Züge gegen das fränkische Oultrejoudain den Platz passierte, mißfielen ihm die »düsteren Ruinen« (Khirbet es-Sawda). Die heutige Bevölkerung von Samra, etwa zwanzig Familien des Beni Hassan-Stammes, hat den alten Siedlungshügel erst

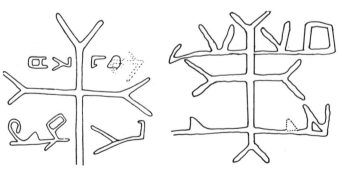

Paläochristliche Kreuzzeichen auf Grabsteinen eines spätantiken Friedhofs östlich Khirbet es-Samra (nach: A. Desreumaux und J.-B. Humbert, ADAJ XXV, 1984)

Sechs Muster des Mosaikbodens der Menas-Kirche in Rihab (nach: U. Lux, ZDPV 83, 1966)

Anfang dieses Jahrhunderts bezogen, als die Hejaz-Bahn dem bis dahin vernachlässigten, wasserarmen Gebiet neue Entwicklungsmöglichkeiten verhieß.

Weniger gut als über Samra sind wir über **Rihab** (andere Schreibweise: Rehob; sprich: Chrab) unterrichtet. Einige Forscher vermuten in dem Dörfchen – schon aufgrund der Namensähnlichkeit – das altaramäische, biblisch bezeugte (2. Samuel 10, 6 und 8) Beth Rehob bzw. Bet Rehob. Denkbar ist ferner, daß der Platz, wie Khirbet es-Samra, kurzfristig eine Funktion in den Verteidigungslinien des Limes Arabicus wahrnahm. Archäologisch faßbar (Forschungen u. a. von G. Schumacher, M. Avi-Yonah, U. Lux, S. Mittmann, M. Piccirillo) wurde bisher aber nur das frühbyzantinische Rihab, es lag an einer antiken Verbindungsstraße zwischen Gerasa und Bos(t)ra und besaß im 6. und 7. Jh. mindestens acht Kirchen. Von historischem Interesse sind vor allem die Stephanus-Kirche von 620 und St. Peter von 624, da sie in die Zeit der sassanidischen Okkupation datieren.

Enttäuschend ist für den heutigen Besucher, daß Rihabs byzantinische Mosaiken meist unter verfallenen oder verlassenen Bauernhäusern liegen, abgedeckt mit Planen und Erde. Lediglich die Basilika des hl. Menas, Mitte der 60er Jahre von U. Lux und S. Mittmann untersucht, besitzt einen modernen Schutzraum. Der Mosaikboden ist inschriftlich auf das Jahr 635 n. Chr. datiert, entstand also am Vorabend des Moslemeinfalls. Im Halbrund der Apsis sind einander schneidende Kreise zu sehen, im Altarbereich Quadrate mit Mäanderfüllung als Zentrum einer hexagonalen Komposition, im großen, durch Mäanderläufe bordierten Mittelfeld Kettenornamente und floraler Schmuck, in den Seitenschiffen Rauten- oder Blütennetze. Die Vielfalt der Dessins beeindruckt, sie ergibt sich aber, da Tiefe und Perspektive fehlen, nur noch einen teppichartigen Effekt. An der Nordseite des Mittelschiffs füllt eine Mosaikinschrift in sechs Zeilen ein rechteckiges Abteil von über 2,5 m Länge und etwa 70 cm Höhe. Außer dem Baujahr der Kirche nennt sie die Namen einer Stifterin (Kometissa, Witwe des Prokop), des Metropoliten (Theodor) und des Kirchenheiligen. Der hl. Menas, dem die Kirche gewidmet ist, genoß vor allem unter den Christen Ägyptens zwischen dem 5. und 8. Jh. hohe Verehrung (Menas-Stadt bei Alexandria), gab aber auch im Jerusalem des 5. Jh. einem Gotteshaus den Namen.

Entlang der Königsstraße

Die beiden großen Fernstraßen Jordaniens, Königsstraße und Wüstenstraße, folgen Routen, die sich vor etwa 4000 Jahren herausbildeten. Zusammen mit der palästinischen Küstenstraße, der späteren Via Maris, verbanden sie Nordsyrien und den Fruchtbaren Halbmond mit Rotem Meer und Pharaonenreich.

Kürzeste und schnellste Route durch Transjordanien war von jeher die Wüstenstraße, denn sie umging die tiefeingeschnittenen Wadis des westlichen Berg- und Tafellandes. Im Blickfeld und Einzugsbereich nomadischer Stämme bot sie allerdings wenig Sicherheit und Bequemlichkeit: Nicht eine einzige größere Siedlung und nur wenige Wasserstellen und befestigte Herbergen begleiteten ihren Lauf.

Auch die Königsstraße weiter westlich blieb in ihrer langen Geschichte von Nomadenvorstößen nicht verschont, war aber allein schon aufgrund ihrer Höhenlage leichter zu verteidigen und darüber hinaus in den Ackerbau- und Weidegebieten, die sie durchquerte, mit zahlreichen starken Dörfern und Städten besetzt, die Reisenden Schutz bieten konnten. Hisban und Madaba, Dhiban und Rabba, Kerak und Buseira – alle diese Orte blicken auf eine mehrtausendjährige Siedlungsgeschichte zurück, nicht zuletzt auch Amman, das seiner Bedeutung am Schnittpunkt von Wüsten- und Königsweg stets gewiß sein konnte.

Als Königsstraße wird die westliche Transjordanien-Route zuerst in 4. Mose (Numeri) 20, 17 und 21, 22 bezeichnet; zugleich erfährt man dort, daß an der Fernstraße Brunnen, Felder und Weinberge lagen. Wenig verwunderlich somit, daß die Edomiter den Israeliten des Exodus den Durchzug verwehrten und sie in die Wüste abdrängten (vgl. S. 22). Politischer Zankapfel blieb die Verkehrsader auch später: Unter DAVID und SALOMO gelangte sie zeitweise unter israelitische Kontrolle, dann griffen das aramäische Damaskus und der Moabiterkönig MESCHA nach dem bedeutenden Handelsweg.

Die stolze Bezeichnung Königsstraße darf im übrigen nicht über den prinzipiell bescheidenen Wegzustand hinwegtäuschen: »In biblischer Zeit war das Anlegen von Straßen darauf beschränkt, daß man größere Felsbrocken wegräumte, die Oberfläche ebnete, und nur in sehr schwierigem Gelände baute man eine zusätzliche Befestigung« (Y. AHARONI). Schwierig gestaltete sich die Wegführung vor allem in den beiden großen Schluchten südlich von Amman, dem Wadi el-Mujib (biblischer Name: Arnon) und dem Wadi el-Hesa (biblischer Name: Zered oder Sered). Entsprechend rühmt sich Moabs König MESCHA (vgl. S. 27) seiner Straßenbauleistungen am Arnon, wo er die gefährdete oder beschädigte Trasse mit Stütz- und Schutzmauern wetterfest gemacht haben dürfte. Auch in einem der Amarna-

Briefe geht es um die Königsstraße: Ein hauranischer Kleinfürst versichert in jenem Dokument dem ägyptischen Pharao, er habe einen Abschnitt der Königsstraße in der Nähe von Bos(t)ra für den Verkehr hergerichtet.

Erst in der römischen Ära entwickelte sich die jordanische Traditionsroute zu einer Straße im modernen Sinne, streckenweise gepflastert und mit Meilensteinen markiert (Abb. 51). Zwischen 106 und 111 n. Chr., unmittelbar anschließend an die Gründung einer Provincia Arabia, arbeiteten römische Legionäre unter dem Statthalter C. CLAUDIUS SEVERUS am repräsentativen Ausbau der Fernstraße. Via Nova Traiana nannte man sie nun. TRAJANS neue Straße verband Damaskus mit der Provinzhauptstadt Bos(t)ra, berührte Philadelphia/Amman, passierte die alte Nabatäermetropole Petra und zog sich dann über Auara/Humayma (vgl. S. 448) hinunter zum Golf von Aqaba.

Zwischen Amman und dem Wadi el-Mujib

Hisban

Als im Jahre 1968 ein archäologisches Team der Andrews University (Michigan/USA), geleitet von Siegfried H. HORN, am Tell Hisban zu graben begann, galt es als sicher, daß auf dem Hügel an der Straße Naur – Madaba, von Naur ca. 9 km, von Madaba ca. 10 km entfernt, die spätbronzezeitlichen Überreste des biblischen Heschbon, der Hauptstadt des Amoriterkönigs SICHON (vgl. 4. Mose [Numeri] 21, 26–30), zu finden seien. Jener SICHON hatte Heschbon und das umliegende fruchtbare Land zuvor den Moabitern entrissen, verlor es seinerseits aber wieder an die von Ägypten heranziehenden Israeliten (vgl. S. 29f.). Bei den Kampfhandlungen mag Heschbon zerstört worden sein, denn in 4. Mose (Numeri) 32, 37 heißt es: »Die Rubeniter erbauten Heschbon...« – dies kann einen Wiederaufbau, aber auch die Neugründung der Stadt an anderer Stelle meinen (s. u.). Später gelangte Heschbon, wie aus Josua 21, 38 und 39 hervorgeht, in den Besitz des Stammes Gad, danach wahrscheinlich an den Moabiterkönig MESCHA. Damit sind wir bereits im 9. Jh. v. Chr. – und überraschenderweise ließen sich erst für diese Zeit Spuren einer intensiven Besiedlung auf dem Tell Hisban und in der näheren Umgebung des Hügels nachweisen. Spätbronzezeitliche Artefakte aus der Zeit SICHONS kamen dagegen nicht zutage, auch sind die Funde aus der frühen Eisenzeit spärlich geblieben. Nach Lawrence T. GERATY könnte der Siedlungsname nach einer Zerstörung des alten Heschbon auf einen anderen Platz, eine neue Ortschaft übergegangen sein. Demnach hat sich SICHONS Hauptstadt vielleicht gar nicht auf dem Tell Hisban erhoben. Bemerkenswert erscheint in diesem Zusammenhang, daß auf Tell Jalul, 10 km südöstlich von Hisban, spätbronzezeitliche Scherben aufgelesen wurden. Sollte das biblische Heschbon dort zu suchen sein?

KÖNIGSSTRASSE: HISBAN

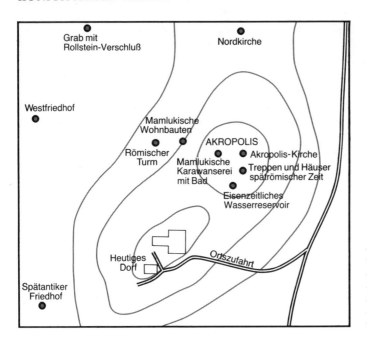

Hisban nach den amerikanischen Ausgrabungen zwischen 1968 und 1976 (Skizze: G. Rebensburg nach R. S. Boraas und L. T. Geraty)

Wenn schon nicht über das biblische Heschbon, so erbrachten die fünf amerikanischen Grabungskampagnen zwischen 1968 und 1976, ergänzt noch um eine Nachgrabung in der Nordkirche (Sommer 1978, J. LAWLOR), jedenfalls wichtige Erkenntnisse über die alte Ortschaft auf dem Tell Hisban: In der späten Eisenzeit besiedelt, erlebte Hisban seine besten Tage unter römischer und byzantinischer Oberhoheit; aber auch in omayyadischer, ayyubidischer und mamlukischer Zeit war der Hügel bewohnt. Seit dem Machtantritt Roms lassen sich auch die Schriftquellen, die nun eine Stadt namens Esbus nennen, wieder mit einiger Sicherheit auf den Tell Hisban beziehen.

Zu den interessantesten Entdeckungen der amerikanischen Archäologen gehörte eine quadratische **Zisterne** von 17,5 m Seitenlänge und 7 m Tiefe, mit einem Fassungsvermögen von knapp 220 000 l – das größte bislang freigelegte eisenzeitliche Reservoir jenseits des Jordan. Hisban benötigte einen solchen Speicher, weil es weder eine Quelle noch einen Bach besaß und seinen Wasserbedarf allein aus den winterlichen Regenfällen decken mußte.

In späthellenistischer Zeit – im 2. oder Anfang des 1. Jh. v. Chr. – entstand rings um die Höhe der Akropolis ein ca. 1,5 m starker **Schutzwall**. Er löste eine späteisenzeitliche Verteidigungsanlage ab, eine im Zickzack verlaufende Bruchsteinmauer auf der Westseite des Hügels, und erwies sich als so stabil, daß die Bevölkerung von Esbus/Hisban auch in römisch-byzantinischer und islamischer Zeit diesem Schutz vertraute.

Ein **Wachtturm** im Westen der Akropolis, um die Mitte des 1. vorchristlichen Jahrhunderts entstanden, hatte nach Meinung der Ausgräber L. T. GERATY und R. S. BORAAS die

Aufgabe, den Zugang zur Stadt zu kontrollieren und zu schützen. Vielleicht ist der Turm eine Bauleistung HERODES des Großen, der Esbus gegen die nabatäischen Rivalen im Süden zu einer Festungsstadt ausgestaltete.

FLAVIUS JOSEPHUS' Bericht (»Jüdischer Krieg« II, 18, 1) über eine Zerstörung von »Esebon« (= Esbus) durch jüdische Kräfte, die – aufgereizt durch die Judenmassaker im Caesarea des Jahres 66 n. Chr. – ihrerseits in transjordanische Städte einfielen, war archäologisch nicht zu bestätigen. Die Wälle von Esbus wurden nicht geschleift, die Stadt blühte und gedieh in römischer Zeit. Am Südhang der Akropolis schufen ihre Bürger Platz für ein kleines Forum, das durch einen Treppenweg mit der ummauerten Hügelhöhe verbunden war. An diesem wie an den anderen Hängen erhoben sich römische bzw. frühbyzantinische **Wohnhäuser.** Auch Höhlen dienten als Wohnungen, daneben als Ställe oder Wasserreservoire. Unter den römischen **Grüften** im westlichen Vorfeld des Siedlungshügels befinden sich zwei, die durch einen massiven ›Rollstein‹ verschlossen waren – eine im Ostjordanland sonst ungebräuchliche Lösung. Für die Bedeutung des Städtchens in spätrömischer Zeit spricht, daß Kaiser ELAGABAL (reg. 218–222 n. Chr.) Esbus das Recht zuerkannte, seine eigenen Münzen zu schlagen.

Dreifach ist das frühbyzantinische Esbus, das kirchenpolitisch zum Patriarchat von Antiochia gehörte, in den Quellen bezeugt: Am Konzil von Nicäa (325) nahm ein Bischof GENNADIUS, am Konzil von Ephesus (431) ein Bischof ZOSUS teil, und schließlich ist ein Briefwechsel aus der Mitte des 7. Jh. zwischen Papst MARTIN I. und einem gewissen THEODOR von Esbus bekannt, dem unorthodoxe oder abweichende Lehrmeinungen angelastet wurden.

Heraldisch aufgebautes Mosaikfeld aus der Nordkirche von Hisban (Zeichnung: J. Lawlor, ADAJ XXIV, 1980)

Archäologisch wird die christliche Stadt u. a. durch zwei Kirchen basilikalen Typs faßbar, die eine am Ostrand der Akropolis, die andere nördlich des Hügels gelegen und beide mit Bodenmosaiken geschmückt.

Die Apsismosaiken der **Akropolis-Kirche** stammen vermutlich aus dem 6. Jh. und zeigen innerhalb einer geometrisch durchgegliederten Bordüre vegetabile und zoomorphe Motive; auf den besser erhaltenen Arbeiten aus dem Altarraum der **Nordkirche** erkennt man u. a. heraldisch gruppierte ungehörnte Gazellen. Zudem kamen in der Nordkirche drei griechische Mosaikinschriften zutage. Die Kirche wurde danach »zum Heile« eines Bürgers namens PHILADELPHOS erbaut sowie restauriert oder vollendet von einem Diakon namens JOHANNES. Eine Jahreszahl oder einen chronologischen Hinweis enthalten die Inschriften nicht, die Mosaiken erinnern jedoch stilistisch an die späten Böden der Syagha-Basilika von Nebo (zweite Hälfte des 6. Jh.).

Unter den Omayyaden dürfte die Nordkirche entweder als Wohnhaus oder als Moschee benutzt worden sein. Damit bestätigt auch Esbus/Hisban – wie die Stätten des Südhauran (vgl. S. 254ff.) oder die Wüstenschlösser im Osten (vgl. S. 230ff.) – das Erscheinungsbild Nordjordaniens als eines bedeutenden omayyadischen Siedlungs- und Verkehrsgebietes.

ED-DIN, ein Biograph SALADINs, nennt Hisban für das Jahr 1183/84 als Rastplatz des Sultans auf seinem Marsch gegen das fränkische Kerak. Anfang des 14. Jh., unter den Mamluken, soll Hisban dann »die Hauptstadt der Belqa« gewesen sein – so der Geograph ABU AL-FIDA. ›Hauptstadt‹ ist freilich ein großes Wort für jene mittelalterliche Siedlung, die sich nach den Ausgrabungen eher als eine befestigte Station auf dem langen Weg zwischen Ägypten – dem mamlukischen Reichszentrum – und seinen syrischen Territorien darstellt: Die **mamlukischen Wohnhäuser** auf der Westseite der Akropolis standen im Schatten einer **Karawanserei** auf der Höhe des Hügels, deren Stallungen, Lagerräume und Unterkünfte an die Innenseiten des alten Befestigungsringes gelegt waren. Ein gepflasterter Hof bildete das Zentrum der Karawanserei, ein Bad nach klassischem Muster mit einer Art von Hypokaustenheizung bot zusätzlichen Komfort.

Fast 500 Jahre blieb Hisban danach unbewohnt, die großen Pilgerkarawanen zogen in der Regel über die Wüstenstraße weiter östlich (vgl. S. 432ff.). Erst Ende des 19. Jh. ließ sich ein Gutsbesitzer aus Palästina am Fuße des verlassenen Hügels nieder. Die heutigen Dorfbewohner entstammen Beduinenfamilien und sind um die Mitte dieses Jahrhunderts in Hisban seßhaft geworden.

Madaba

Madaba (andere Namensformen: Madeba, Medeba) ist heute eine Stadt von etwa 30000 Einwohnern. Etwa 35 km südwestlich von Amman erhebt sie sich auf einem Siedlungshügel an der Königsstraße, der die Überreste zahlreicher älterer ›Madabas‹ in sich bergen muß. Leider konnte der Ort nie systematisch untersucht werden: Die wenigen Ausgrabungen konzentrierten sich auf die byzantinischen Kirchen der Stadt, und es blieb die Ausnahme, wenn – wie 1967 bei Planierungsarbeiten für ein palästinensisches Flüchtlingslager – ein früheisenzeitliches Grab und zugehörige Artefakte freigelegt wurden. Immerhin geben uns biblische Berichte und der antike Historiker FLAVIUS JOSEPHUS Einblicke in Madabas lange Geschichte.

In 4. Mose (Numeri) 21, 30 wird die Ortschaft erstmals erwähnt: als eine moabitische Stadt, die gleich Heschbon und Dibon dem Amoriterkönig SICHON zufiel. Nach SICHONS Niederlage gegen die Exodus-Israeliten gelangte Madaba (und »die ganze Ebene« im Umkreis) dann an den Stamm der Rubeniter – so Josua 13, 16. In den ammonitisch-israelitischen Kriegen sammelten sich die Heere der Ammoniter und ihrer syrischen Verbündeten vor der Stadt; dem davidischen Feldherrn JOAB und seinem Bruder ABISCHAI gelang es jedoch, die Alliierten in die Flucht zu schlagen (vgl. 1. Chronik 19, 6–15). Aus dem Text des Moab- oder Mescha-Steins (vgl. S. 27) geht hervor, daß Madaba später einer moabitischen Lokaldynastie unterstand, im 9. Jh. v. Chr. aber von OMRI, einem König Israels, besetzt wurde. Der israelitischen Fremdherrschaft ein Ende gemacht zu haben, rühmt sich der Moabiterkönig MESCHA – wiederum auf dem Moab-Stein –, und es scheint, daß die Moabiter die Stadt nun ein ganzes Jahrhundert, bis in die Zeit des JESAJA (Mitte des 8. Jh. v. Chr.), in ihrem Besitz halten konnten (vgl. Jesaja 15, 2).

Geschichtlich greifbar wird Madaba danach erst wieder im 2. Jh. v. Chr., im Zusammenhang mit den makkabäischen Unabhängigkeitsbestrebungen. Eine Episode in 1. Makkabäer 9, 32–49 bezieht sich auf »die Söhne Jambris« aus Madaba; sie überfielen JOHANAN, einen der Makkabäerbrüder, auf seinem Weg zu den Nabatäern – und wurden grausam dafür bestraft: Ein makkabäischer Trupp griff einen jambritischen Hochzeitszug zwischen Nadabat (Nebo?) und Madaba an (vgl. auch FLAVIUS JOSEPHUS, »Jüdische Altertümer« XIII, 1, 2–4). J. T. MILIKS Untersuchungen haben gezeigt, daß es sich bei den ›Söhnen Jambris‹ um einen safaitischsprachigen Araberstamm hellenistisch-römischer Zeit handelt – um die Beni Amrat, die seinerzeit die westlichen Siedlungsgebiete Transjordaniens durchstreiften.

Mit dem ersten Makkabäerbuch enden die alttestamentlichen Nachrichten über Madaba. FLAVIUS JOSEPHUS setzt die Geschichtsschreibung der Stadt für die Hasmonäerzeit fort. Wir erfahren von ihm (u. a. »Jüdischer Krieg«, I, 2, 6), daß HYRKANUS I. – die Schwäche der Seleukiden nutzend – Madaba für sein jüdisches Reich gewann, allerdings erst nach einer aufreibenden, sechs Monate währenden Belagerung. In der Folgezeit war die Stadt gleichermaßen jüdischen wie nabatäischen Besitzansprüchen ausgesetzt: Lange Zeit konnte ALEXANDER IANNÄUS Madaba halten; HYRKANUS II. bot den Nabatäern die Stadt zusammen mit elf anderen Ortschaften als Gegenleistung für die erwünschte Unterstützung in seinem Thronstreit mit ARISTOBUL an; HERODES besetzte sie im Jahre 30 v. Chr., doch wurde Madaba offenbar nicht in die jüdische Peräa eingemeindet, denn unter ARETAS IV. residierte hier ein nabatäischer Statthalter.

Roms Machtantritt in Syrien und Arabien beendete die kleinstaatlichen Zwistigkeiten. Madaba stieg zu einer römischen Verwaltungsstadt an der Via Nova Traiana auf, zugleich blieb der Ort nabatäische Handelsstation. Die jüdische Gemeinde im Madaba nach der Zeitenwende, erwähnt in der Mischna (13, 9, 16), dürfte sich in der Hasmonäerzeit herausgebildet haben.

KÖNIGSSTRASSE: MADABA

Die frühen Forschungsreisenden, u. a. J. GERMER-DURAND, P.-M. SÉJOURNÉ und A. MUSIL, fanden um die letzte Jahrhundertwende in Madaba noch die Repräsentationsarchitektur der römischen Stadt vor. Mit ihren Säulenstraßen (eine Passage ist erhalten) und Tempeln, umschlossen von einer Stadtmauer, wies sie offenbar eine gewisse Ähnlichkeit zu Gerasa auf. Doch war der Untergang der römischen Denkmäler bereits vorgezeichnet: Im Jahre 1880 hatten etwa 2000 Christen aus Kerak (vgl. S. 321 f.) den damals verlassenen Tell Madaba neu bezogen; verschont wurden von den Ankömmlingen lediglich einige Mosaikböden der byzantinischen Stadt, über denen sie Privathäuser oder moderne Kirchen errichteten.

Vierzehn Madaba-Kirchen byzantinischer Zeit sind gegenwärtig bekannt. Großzügig bemessen und wohlversehen mit Mosaiken, bezeugen sie den Reichtum der städtischen Christengemeinde zwischen dem 5. und 7. Jh. n. Chr. Im Jahre 451 vertrat ein Bischof GAIANUS Madaba auf dem Konzil von Chalcedon, Mosaikinschriften nennen darüber hinaus die Bischöfe ELIAS (531/532), JOHANNES (562), SERGIUS (576–596), JOHANNES (um 578/79), LEONTIUS (604–608) und THEOPHAN (7. Jh.). Manches spricht dafür, daß die christliche Stadt, deren religiös-kulturelle Ausstrahlung bis nach Philadelphia/Amman reichte und nahegelegene byzantinische Kleinstädte wie Hisban/Esbus, Quweisme oder Main/Belemunim prägte, auch unter dem Islam noch eine Zeitlang Tradition und Identität wahren und der omayyadischen Kunst Impulse geben konnte.

Die heutigen kunsthistorischen Sehenswürdigkeiten von Madaba entstammen, wie schon angedeutet, sämtlich der byzantinischen Zeit: die berühmte Mosaikkarte (Farbabb. 33), das Thalassa-Mosaik in der Ruine der Apostelkirche (Abb. 47, 48, 50) und die Mosaiken im Museum von Madaba. Da eine Reihe weiterer byzantinischer Mosaiken – so die Böden in der Kirche der Jungfrau Maria oder in der sogenannten Altchristlichen Kirche – zum Schutz der Kunstwerke vorerst wieder abgedeckt wurden, bereitet es dennoch Schwierigkeiten, einen repräsentativen Überblick über das Themenrepertoire und die stilistischen Eigentümlichkeiten der Arbeiten von Madaba zu gewinnen, zumal die Mosaiken nie in ihrer Gesamtheit publiziert wurden und in Einzelfällen nur unzureichendes Illustrationsmaterial der Jahrhundertwende oder der 30er Jahre zur Verfügung steht. Lediglich die berühmte Mosaikkarte und das Mosaik der Apostelkirche haben bislang die gebotene wissenschaftliche Beachtung erfahren (s. u.).

Nimmt man die leichter zugänglichen und in der Regel besser bearbeiteten Nebo-Mosaiken hinzu (vgl. S. 283 ff.), zeichnet sich jedoch eine ›Madaba-Schule‹ ab, deren Arbeiten – gerade auch im Vergleich mit den strengeren, stärker christianisierten Werken der ›Gerasa-Schule‹ – durch erzählerische Ambitionen und einen vollen, noch unbefangen aus der antiken Bildsprache schöpfenden Realismus ausgezeichnet sind. Man denke an die Jagdszenen und Tiermotive von Nebo (vgl. S. 287) oder auch an die dionysischen Anklänge im ›Wein-Mosaik‹ von el-Mekhayat (vgl. S. 284; Abb. 48), an die Meeresgöttin Thalassa im Zentrum des Apostelkirche-Mosaiks (Abb. 47) oder an das Tanzpaar ›Banche‹ und Satyros im Mosaikenmuseum. In einer solchen Motivwahl geben sich die Wurzeln der Mosaikkunst von

Das Tanzpaar ›Banche‹ und Satyros im Mosaikenmuseum von Madaba (nach: F. Zayadine)

Madaba zu erkennen, allerdings sind im 5., 6. und 7. nachchristlichen Jahrhundert, denen diese Werke durchweg angehören, das antike Bemühen um Dreidimensionalität und perspektivische Auffassung, die Plastizität der Tier- und Menschendarstellungen bereits abgeschwächt oder aufgegeben; die Sujets vermitteln den Eindruck, hier werde vieles nur noch unbegriffen tradiert, rücke die lebensvolle antike Bildsprache in den Bereich repräsentativer Ornamentik.

Wenn man im Falle der omayyadischen Malereien von Qusair Amra (vgl. S. 243 ff.) orthographische Fehler in den griechischen Beischriften als Symptom für den Verlust oder doch für ein Absinken der antiken Tradition ansieht, so ist hier Madaba allemal das ältere Beispiel: Die inschriftlich als Banche bezeichnete Tänzerin – ihr omayyadisches Pendant ist übrigens an der Decke des Apodyteriums von Qusair Amra zu sehen (Abb. 36) – sollte man vielleicht zur ›Bacche‹, zum ›weiblichen Bacchus‹ korrigieren, so wie eine ursprünglich links von ihr tanzende, zwischen 1899 und 1906 zerstörte zweite Frauengestalt irrtümlich als

KÖNIGSSTRASSE: MADABA

Artadne statt als Ariadne tituliert war. Das zunehmende Unverständnis für die überkommenen antiken Motive machte allerdings erst den Weg frei für jene ikonographischen Umdeutungen und Neubewertungen im Sinne des christlichen Glaubens, die als Charakteristikum frühbyzantinischer Kunst erscheinen (vgl. S. 60f.). Auf dem gewiß provinziellen, gerade in seiner kleinmeisterlichen Naivität aber reizvollen Niveau der Madaba/Nebo-Mosaiken wird dieser kulturgeschichtliche Prozeß nicht weniger sinnfällig als in der ›großen Kunst‹ der italienischen und kleinasiatischen Metropolen.

Es bleibt noch eine Besonderheit der jordanischen Mosaiktradition hervorzuheben: ihre Vorliebe für topographische Darstellungen. Vorzugsbeispiel ist das Palästina-Mosaik in Madaba, aber auch ein Mosaik aus Main (vgl. S. 305f.) bietet Architekturdarstellungen palästinischer Städte bzw. Pfarreien, ein vor kurzem in Khirbet es-Samra entdecktes Mosaik (vgl. S. 268) zeigt zwei befestigte Städte (wohl Jerusalem und Bethlehem), der wunderschöne Boden in der Stephanskirche von Umm er-Rasas schenkt uns ganze Mosaikzeilen von Stadtrepräsentanzen (vgl. S. 313), und aus Jerash sind zwei Böden mit Ansichten Ägyptens bekannt (Kirche Johannes des Täufers, St. Peter und Paul). H. G. THÜMMEL erkennt in solchen Arbeiten eine spezifische, latent bilderfeindliche »Tendenz zum Formalen, Abstrakten, Gleichnishaften«, eine Umsetzung der heilsgeschichtlichen Botschaft in die unverfängliche Sphäre der Kartographie.

Die Mosaikkarte von Madaba wird man zunächst allerdings pragmatischer deuten: Vermutlich war sie einfach zur Instruktion der Nebo-Pilger gedacht – nach C. CLERMONT-GANNEAU hatte sie die Aufgabe, das Heilige Land so zu zeigen, wie MOSES es vom ›Berg Nebo‹ sah, und nach H. CÜPPERS sollte sie den Pilgern ein Anreiz sein, weitere Wallfahrtsorte und Segensstätten des Nahen Ostens zu besuchen.

Die berühmte Karte (Farbabb. 33) befindet sich heute in der **Georgskirche** von Madaba, schräg gegenüber dem staatlichen Rest House nahe der nördlichen Ortseinfahrt. Das Kirchengebäude entstand Ende des 19. Jh., wurde aber über den Grundmauern eines byzantinischen Vorläuferbaus errichtet, zu dem auch das Palästina-Mosaik gehörte.

Mit ca. 6 × 15,5 m Grundfläche dürfte die Bodenkarte ursprünglich ein landschaftliches Panorama erfaßt haben, das von Unterägypten bis zum phönikischen Sidon reichte. Wenn davon heute beträchtliche Teile zerstört sind, so liegt das – entgegen üblicher Behauptung – weniger an Unachtsamkeiten bei den Bauarbeiten von 1896 als an früheren Brandeinwirkungen und Erdbestattungen in der Kirche. Zwar nahm der Architekt von St. Georg weitere Beschädigungen in Kauf, als er neue Stützpfeiler im Boden verankern ließ, insgesamt aber muß man ihm und seinen Auftraggebern vom griechisch-orthodoxen Patriarchat zu Jerusalem offenbar eine »für die damalige Zeit mit großer Behutsamkeit durchgeführte Erhaltung des Bestandes« (H. CÜPPERS) bescheinigen.

Im Herbst 1965 leiteten H. DONNER und H. CÜPPERS neue Restaurierungs- und Konservierungsarbeiten ein. Für Touristengruppen immer wieder mit Wasser benetzt, um die Leuchtkraft der Farben zu steigern, hatten sich ganze Mosaikpartien über ihrem Kalkbett aufgewölbt und drohten unter starken Dehnungs- und Zugspannungen zu bersten. Dazu kamen erhebliche Verletzungen des Bodens durch unsachgemäße Abdeckung mit Holzplanken. Das gesamte Mosaik wurde von den westdeutschen Restauratoren abgehoben, plattenweise in eine frische Bettung eingefügt und schließlich neu verlegt.

Das heutige Hauptfragment des Mosaikbodens zeigt die Landschaft zwischen dem Nildelta (Süden) und dem palästinischen Sichem (Norden). Von Westen nach Osten gliedert die Palästina-Karte sich in fünf schematisierte Zonen von nahezu gleicher Breite: Auf das Mittelmeer folgt die Küstenebene, dann der mittelpalästinische Gebirgszug, der Jordangraben mit dem Toten Meer und schließlich die Berg- und Plateaulandschaft des Ostjordanlandes, in dem Kerak (= Characmoba) besonders hervorgehoben ist (vgl. S. 318). Als Mittelpunkt dieser palästinisch-jordanischen Welt erweist sich die Stadt Jerusalem – nach altchristlicher Auffassung ist sie ja der heilsgeschichtliche ›Erdennabel‹.

Seit langem schon weiß man, daß ein spätantikes Ortslexikon, das »Onomastikon« des Bischofs Eusebius aus Caesarea, dem Mosaik von Madaba als Grundlage diente, doch sind in den topographischen Ansichten auch spätere Bauleistungen des Heiligen Landes berücksichtigt, namentlich die sogenannte Nea von Jerusalem, die erst 542 entstand. Damit ist für die Mosaikkarte ein Datum post quem gegeben: Sie wird in der zweiten Hälfte des 6. Jh. ausgeführt worden sein, allerdings entspricht die geographische Infrastruktur im wesentlichen der eusebianischen Vorgabe des frühen 4. Jh.

Von einer dienstfertigen Umsetzung des »Onomastikon« kann man indessen schon deshalb nicht sprechen, weil die Kartographie durchweg mit heiteren Tier- und Pflanzendarstellungen aufgelockert ist: »Die Freude am Leben der Menschen und in der Natur läßt sich erkennen an jenen kleinen Genreszenen wie der vor dem Löwen dahinfliehenden Gazelle, an den Palmenhainen, den Schiffen, die auf dem toten Meere dahinfahren, den muntern Fischen, die in den Flüssen sich lustig tummeln, an den Brücken, die von einem Ufer zum andern den Verkehr vermitteln« (A. Jacoby, 1905). Übrigens umfaßte dieser anekdotische Realismus ursprünglich auch Menschendarstellungen (Schiffsbesatzungen).

Die künstlerisch-unbeschwerte Auffassung mindert allerdings keineswegs die sachliche Verläßlichkeit des Palästina-Mosaiks, man kann ihm auch dort vertrauen, wo es in seinen geographischen Informationen über das »Onomastikon« hinausgeht – mit der Einschränkung allerdings, daß sich in der griechischen Namengebung verschiedener Ortschaften und Stätten – einmal mehr – Schreibfehler nachweisen lassen. Sie verdeutlichen, daß der Madaba-Boden antike Tradition in einer bereits gebrochenen Form fortführt.

Der Jordan auf der Madaba-Karte (Zeichnung: U. Clemeur)

KÖNIGSSTRASSE: MADABA

Das **Mosaikenmuseum** von Madaba (geöffnet zwischen 8 und 17 Uhr, feiertags zwischen 10 und 16 Uhr; dienstags geschlossen) findet man einige hundert Meter südlich von St. Georg in einer Sackgasse nahe der Ausfallstraße nach Main. Das ›Banche‹-Satyros-Mosaik (s. o.) hat hier ebenso seinen Platz wie der Boden der Swaitha-Kapelle aus dem 6. Jh., ausgestattet mit einem Zentralmedaillon, das in kreuzförmigem Aufbau einen Widder (›Lamm Gottes‹) vor einem Baum zeigt. Tiere, vor allem Pfauen und Schafe, bestimmen auch das Repertoire der übrigen Mosaiken. Daß sie – unabhängig von ihrer vorchristlichen Inspiration – nun aus dem Geist des neuen Glaubens zu verstehen sind, belegt eine Paradiesszene mit fruchttragenden Bäumen und friedlich vereintem Getier; selbst Kalb und Löwe weiden hier, so wie es Jesaja (11, 6) für das messianische Reich verheißen hat, einträchtig beieinander.

Den Mosaikräumen des Museums sind eine archäologische und eine ethnographisch-folkloristische Abteilung angegliedert. Zu den Exponaten gehören römische Figurinen, byzantinische Keramiken und Gläser, außerdem ein Abguß des Moab-Steins (vgl. S. 26 f.), zum anderen jordanische Trachten, Schmuckstücke, Waffen und Teppiche.

Schließlich ist noch auf ein ›Museumsstück‹ besonderer Art hinzuweisen: auf eine frühbyzantinische **Kirchenruine,** die mitsamt Apsismauer, Säulenstellungen und geometrischen Mosaiken vor einigen Jahren aus der Nähe von Hisban in den Garten des städtischen Rest House »umgebettet« wurde.

›Messianisches‹ Mosaik aus dem Museum von Madaba: Löwe und Kalb weiden einträchtig miteinander (nach: P.-M. Séjourné, RB 1, 1892)

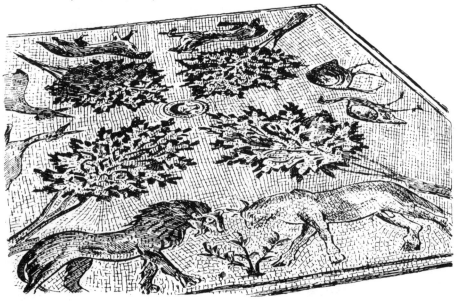

Im Südosten der Stadt, an der heutigen Ausfallstraße nach Kerak (nur ca. 300 m vom Mosaikenmuseum), entdeckte der Missionar G. Manfredi 1902 den Mosaikboden eines Gebäudes, das inschriftlich als **Apostelkirche** ausgewiesen war. Als Baudatum nannte jene Inschrift das Jahr 473 der Provincia Arabia (= 578/579 n. Chr.). Über die Architektur der Kirche brachten aber erst die Ausgrabungen des Deutschen Evangelischen Instituts für Altertumswissenschaft des Heiligen Landes im April und Mai 1967 (Leitung: Ute Lux) Aufschluß, gleichzeitig wurden bei dieser Gelegenheit die farbenfrohen Mosaiken – sie gehören zu den schönsten Arbeiten der ›Madaba-Schule‹ – von der Sinterschicht befreit, die sich im Laufe der Jahrhunderte auf ihnen abgelagert hatte.

Die Apostelkirche war als dreischiffige Basilika von ca. 23,5 m Länge und etwas über 15 m Breite angelegt und mit einem Narthex, dazu vielleicht auch einem Vorhof, ausgestattet. Im Norden schlossen sich an das Gotteshaus drei Nebenräume an, zugänglich durch das linke Seitenschiff. Heute ist der ganze Komplex bis auf die Grundmauern abgetragen. Um die Mosaikböden zu schützen, hat man eine Art Hangar über ihnen errichtet.

Während die beiden Seitenschiffe, wie so häufig in frühbyzantinischen Kirchen, mit geometrisch-floralen Mosaikkompositionen geschmückt sind – rechts Blütennetze, links Quadrat- und Sechseckmuster –, zeichnen den Boden des Mittelschiffs figürliche Motive (Abb. 48, 50) und beschwingte Genreszenen aus. Besonders abwechslungsreich ist der Rahmen des Hauptfelds gestaltet, die Bildmotive entfalten sich aus Akanthusblättern. Man sieht auf der *Nordseite* Weintrauben, eine Katze mit buschigem Schwanz, eine Henne, der im nächsten Feld drei Küken folgen, einen Zweig mit Granatäpfeln, einen Knaben mit Papagei (und zwei linken Füßen!), einen bunt gefiederten Vogel, einen Jaguar, einen Zitrusbaum, eine Gazelle, einen Früchtekorb, eine ungehörnte Gazelle und ein ›Stilleben‹ mit Melone und Messer; auf der *östlichen Schmalseite:* zwei auberginenartige Früchte, eine Nilgans, einen Knaben (wieder mit zwei linken Füßen), der eine langstielige Axt und eine Blüte hält, sowie zwei Sittiche; auf der *westlichen Schmalseite:* eine Katze, einen bunten Vogel, einen peitschenschwingenden Kutscher, dessen Gefährt von zwei Fasanen gezogen wird, und einen weißen Stier; die Rahmenmedaillons der *Südseite* sind zerstört.

Verlorengegangen sind auch zwei der vier Jahreszeitenpersonifikationen in den Winkeln des beschriebenen Mosaikrahmens; die beiden erhaltenen Arbeiten, ein vollwangiges und ein eher hageres Haupt (Farbabb. 30) in der Nordwest- bzw. Nordostecke, lassen sich als Sommer und Winter interpretieren. Jahreszeitendarstellungen erfreuten sich in Spätantike und frühbyzantinischer Zeit einiger Beliebtheit, nicht zuletzt im nahöstlichen Raum (Antiochia, Gerasa, Tyrus), wo die mysterienreligiöse Symbolik solcher Bilder auch in christlicher Zeit noch verstanden und gebilligt wurde: Lebensblüte = Sommer, Vergehen = Herbst, Tod = Winter und Wiederauferstehung = Frühling waren meist als Bruststücke ausgeführt und mit typischen Attributen wie Blumen, Garben, Reben und Geflügel ausgestattet (die in Madaba aber fehlen).

Das Hauptfeld des Mittelschiffs ist durch Diagonalen in einzelne Mosaikrauten gegliedert; Sittiche, Blüten, Pflanzen und Früchte füllen und beleben dieses Rhombennetz, in dessen Zentrum sich mit einem Durchmesser von etwa 2,2 m das berühmte Thalassa-Medaillon ausbreitet (Abb. 47). Es zeigt die weibliche Personifikation des Meeres, umgeben von Fischen, einem Tintenfisch sowie phantastischen Seeungeheuern.

Die Inschrift im Kreisband um die heidnisch-griechische Meeresgöttin lautet (nach der Lesung von Martin NOTH): »Herr Gott, der du den Himmel und die Erde gemacht hast, gib Leben dem Anastasios und dem Thomas und der Theodora und dem Salamanios als dem Mosaizisten«. Neben dem Schöpfer des Mosaiks dürften hier die Kirchenstifter genannt sein. Zwei weitere Inschriften – jeweils in einer Tabula ansata plaziert – finden sich in den nördlichen Annexräumen der Kirche. Sie erwähnen einen Bischof JOHANNES, einen Priester gleichen Namens, einen Diakon ANASTASIOS und einen Mönch JOHANNES.

Nebo (Khirbet el-Mekhayat, Uyun Musa, es-Syagha)

Kurz bevor man, aus Richtung Hisban kommend, Madaba erreicht, zweigt rechts (westlich) eine schmale Asphaltstraße zum ›Berg Nebo‹ ab, von der man nach 6 bis 7 km erneut abbiegen muß, diesmal nach links (Süden): Der Seitenweg endet nach ca. 2 km am Hügel Khirbet el-Mekhayat (d. h. kleine Nadel), der allgemein als Platz der biblischen Stadt Nebo gilt.

Die alttestamentlichen Referenzstellen (4. Mose [Numeri] 32, 3 und 38; 33, 47; 1. Chronik 5, 8; Jesaja 15, 2; Jeremia 48, 1 und 22) belegen das Alter dieses Ortes, sind ansonsten aber wenig aussagekräftig. Man erfährt lediglich, daß die Rubeniter Nebo übernahmen. König MESCHA rühmt sich Mitte des 9. Jh. v. Chr. auf seiner Stele, Nebo den Israeliten entrissen und die Bevölkerung des Ortes – »7000 Männer, Knaben und Frauen, Mädchen und Dienerinnen« – erschlagen zu haben (vgl. S. 27). Die genannte Zahl ist natürlich mit Zurückhaltung aufzunehmen, die besondere Hervorhebung Nebos spricht aber für eine beachtliche eisenzeitliche Siedlung auf el-Mekhayat. Auch das hellenistische Nebo ist biblisch bezeugt: Man darf es wohl mit jenem Nadabat gleichsetzen, das in 1. Makkabäer 9, 37 als Nachbarort Madabas genannt wird (vgl. S. 275). In byzantinischer Zeit besaß Nebo/Khirbet el-Mekhayat einen Klosterkomplex und mindestens vier Kirchen. Paul KARGE bezeichnete jene christliche Stadt als »die wichtigste Ortslage dieser Gegend, von großer natürlicher Festigkeit und namentlich dadurch von Bedeutung, daß sie die wichtigen Straßen beherrschte, welche von Jericho auf das moabitische Hochland nach Madaba hinaufführten«. Nur folgerichtig, daß Nebo im »Onomastikon« des Bischofs EUSEBIUS ebenso bezeugt ist wie im Lebensbericht PETRUS des Iberers (spätes 5. Jh. n. Chr.).

Ruinen altchristlicher Baudenkmäler waren bereits Alois MUSIL bei seinem Mekhayat-Besuch im Juli 1901 aufgefallen, 1913 kam dann bei Ausschachtungsarbeiten für ein Wohnhaus der Mosaikboden der Lot-und-Prokop-Kirche ans Licht. Die Identifizierung der Stätte mit dem biblischen Nebo und solche Entdeckungen bewogen den Franziskanerorden zum Ankauf von Khirbet el-Mekhayat (1932), zum Bau einer Verbindungsstraße nach Madaba (1933) und eines Schutzhauses über dem Lot-Prokop-Mosaik (1935, erneuert 1973). Über die wissenschaftliche Untersuchung Mekhayats, die sich auch auf die Ruinen der Georgskirche, der Casiseos-und-Amos-Kirche und der Kirche des Priesters JOHANNES erstreckten (s. u.), gaben S. J. SALLER und B. BAGATTI vom Studium Biblicum Franciscanum im Jahre 1949 einen ersten zusammenfassenden Bericht. Neue Aufschlüsse brachten Anfang der 60er Jahre die Forschungen J. RIPAMONTIS (u. a. Ausgrabung des Klosterkomplexes Rujm el-Mekhayat) und im Jahre 1973 die Bauaufnahmen und Restaurierungen M. PICCIRILLOS.

Ursprünglich zog sich um die Hügelhöhe von Khirbet el-Mekhayat in Form eines ca. 500 m langen und 200 m breiten Ovals ein **Befestigungswall** von annähernd 1,4 m Mauerstärke, erbaut offenbar in vorbyzantinischer (hellenistischer?) Zeit, denn eine nennenswerte christliche Besiedlung des Zitadelleninneren war nicht nachzuweisen; vielmehr lagen die Wohnhäuser des byzantinischen Nebo vorzugsweise auf der Ostseite des Hügels, an den Hängen über dem Wadi Afrit, wo sie vor den westlichen Sturmwinden besser geschützt waren.

Die **Georgskirche** auf der Spitze des Hügels kam erst bei Untersuchungen Anfang der 30er Jahre zutage, bis dahin war die dreischiffige Basilika mit ihren insgesamt sieben Neben-

Mosaikboden der Georgskirche von Nebo, im Mittelschiff ist die griechische Göttin Gäa, flankiert von zwei opfernden Gläubigen, abgebildet. In omayyadischen Mosaiken klingt das Motiv nach, gestaltet vielleicht von byzantinischen Künstlern (nach: S. J. Saller und B. Bagatti; Nachzeichnung: U. Clemeur)

KÖNIGSSTRASSE: NEBO

räumen unter arabischen Bauten verborgen gewesen. Aufmerksamkeit fanden vor allem die Mosaiken der Kirche. Zwischen Weinranken und Akanthusblättern breiten sich in mehreren Bodenzonen die typischen Motive der ›Madaba-Schule‹ aus: Tiere und Jäger vor allem; hinzu kommen eine Weinkelterszene (wie sie sich ganz ähnlich in der Lot-und-Prokop-Kirche findet; Abb. 49), ein Traubentransport sowie eine Personifikation der Erde, die mit der Thalassa in der Apostelkirche von Madaba vergleichbar ist und noch ein Jahrhundert später in einem omayyadischen Bodenfresko des syrischen Qasr el-Heir (West) fortlebt. Die insgesamt sechs Mosaikinschriften nennen Stifter (z. B. JOHANNES AMMONIUS, dazu Mitglieder der Familie COMITISSA), Mosaizisten (NAUMAS, CYRIAC und THOMAS) sowie als Schutzpatron den heiligen Georg. Teile des Mosaiks sind heute im ›Moses Memorial‹ von es-Syagha ausgestellt (s. u.).

Ein moderner Bau schützt den Mosaikboden der frühbyzantinischen **Lot-und-Prokop-Kirche**. Die Kirche selbst, eine dreischiffige Basilika, ist bis auf sechs Säulensockel und das erhöhte Bema völlig zerstört, der Brandschaden des Hauptmosaiks geht auf beduinische Lagerfeuer zurück.

In den schmal gehaltenen Seitenschiffen des kleinen Baus (Innenmaße ca. 16,5 × 8,5 m) sind Mosaikböden mit Blüten und Diagonalnetzen verlegt, in den Interkolumnien und im

Mittelschiff erkennt man figürliche Szenen, darunter ausgesprochen originelle Arbeiten. Das Bema-Mosaik mit zwei Schafen, die einen Baum flankieren, erscheint zwar noch ganz konventionell, doch schon das Mosaikfeld im Westen der Kirche, diagonal gegliedert durch Granatapfelbäume und ausgeschmückt mit Hirschen, Kaninchen und zwei Stieren beiderseits eines Brandopferaltars, verdient Beachtung. Künstlerisches Prunkstück der Kirche ist das Zentralmosaik. Zwischen Weinranken und Akanthusblättern entfaltet sich hier eine dionysische Szenerie, deren Hauptthema die Weingewinnung in den Stadien der Traubenlese, des Traubentransports (im Rückenkorb und auf dem Eselsrücken) und schließlich des Kelterns ist (Abb. 49). Flötenspieler und Jäger, dazu verschiedene Tiere (zwei Feldhühner, ein Panther, ein Bär, ein Fuchs, zwei Schafe, ein Hund, ein Hase, ein Löwe) ergänzen das spätantike Arkadien, dessen Elemente von den Kirchgängern aber wohl in einem neuen, christlichen Sinne aufgefaßt wurden. Zu beachten sind auch die Interkolumnien-Mosaiken, insbesondere eine Jordan(?)-Szene mit Angler und Bootsmann. Zwischen diesen beiden erkennt man einen stattlichen Steinbau – eine Kirche, die durch wuchtige Türme charakterisiert ist und der romanischen Sakralarchitektur vorzugreifen scheint.

Die drei Mosaikinschriften der Kirche nennen neben den beiden Heiligen noch einen Priester namens BARICHAS und mit den Stiftern STEPHAN und ELIA zwei weitere Mitglieder der schon in der Georgskirche bezeugten COMITISSA-Familie (s. o.); über das Entstehungsjahr von St. Lot und Prokop geben sie allerdings keine Auskunft. Aus stilistischen und bautechnischen Erwägungen neigen SALLER und BAGATTI zu einer Datierung ins 6. Jh.

Am Hang des Wadi Afrit, unterhalb von St. Lot und Prokop, sieht man die Ruinen von zwei weiteren Kirchen: rechts bzw. südlich die ältere **Kirche des Casiseos und des Amos** aus dem 4. oder 5. Jh., links bzw. nördlich die **Kirche des Priesters Johannes,** deren (heute abgedeckte) Mosaiken mit ihren bukolischen Motiven und einer Personifikation der Erde denen der Georgskirche ähneln und eine Datierung ins 6. Jh. nahelegen. Bemerkenswert erscheint, daß sich unter beiden Gotteshäusern Zisternen wölben. Auf ihrem Verputz fand PICCIRILLO Kreuzzeichen – sie könnten also aus frühbyzantinischer Zeit stammen.

Der Mosaikboden der Lot-und-Prokop-Kirche (Zeichnung: U. Clemeur)

KÖNIGSSTRASSE: NEBO

Auch das **Kloster von Rujm el-Mekhayat** – an einem Hang etwa 500 m östlich von Khirbet el-Mekhayat – ist über Kavernen errichtet. Der Ruinenkomplex besteht aus einer kleinen Kirche (ca. 12 × 9 m) mit Krypta, einer nördlich angebauten Sakristei und Unterkunftsräumen für die byzantinischen Mönche.

Vom Hauptweg, der den Besucher zum ›Moses Memorial‹ auf Khirbet es-Syagha bringt (s. u.), kann man noch einen zweiten Abstecher unternehmen: Ca. 1,5 km nach der el-Mekhayat-Seitenstraße zweigt, diesmal in nördlicher Richtung, ein Weg ab, der in Serpentinen hinunter zur sogenannten **Mosesquelle** (Ain Musa oder – in der Pluralform – Uyun Musa) führt; sie liegt unter hohen Eukalyptusbäumen. Eine moderne Pumpstation hat dem Platz leider viel von seinem Reiz genommen. Mit der Quelle, die MOSES nach 2. Mose (Exodus) 17,5–7 aus einem Felsen am Horeb schlug, kann die Nebo-Quelle nicht gleichgesetzt werden, doch vermutet O. HENKE in Wadi Uyun Musa jenes »Tal, in Moab, gegenüber Bet-Pegor«, in dem der Prophet die letzte Ruhe fand (vgl. 5. Mose [Deuteronomium] 34,6).

Bei der Abfahrt nach Uyun Musa sieht man an den Hängen eine Anzahl einfacher Dolmen (vgl. S. 134 ff.), außerdem auf einer Hügelzunge links des Weges einen prähistorischen Steinkreis, bestehend aus zwei konzentrischen Ringen.

»Moses stieg aus den Steppen von Moab hinauf auf den Nebo, (...) und der Herr zeigte ihm das ganze Land« (5. Mose [Deuteronomium] 34,1). Die Bibel-Archäologie neigt dazu, diesen mosaischen Aussichtsplatz mit **Khirbet es-Syagha** zu identifizieren. Dafür gibt es zwei Gründe. Zunächst einmal genießt man von es-Syagha – nicht aber von einem nahen, heute als Jebel en-Nebo (Berg Nebo) bekannten Hügel – den besten Blick über Totes Meer und Jordantal; an klaren Tagen zeichnen sich sogar Jerusalem und Jericho am Horizont ab. Zum anderen belegen historische Zeugnisse und der archäologische Befund, daß bereits vor eineinhalb Jahrtausenden auf es-Syagha des Propheten gedacht wurde.

Nach dem Pilgerbericht der südfranzösischen oder spanischen Nonne EGERIA (auch AETHERIA), die um 393/394 das Heilige Land bereiste, lebten seinerzeit ägyptische Mönche auf es-Syagha. Sie hatten »eine Kirche, aber keine große« (EGERIA) über dem Platz errichtet, wo MOSES nach einer frühchristlichen Legende von Engeln beigesetzt worden war. Etwa ein Jahrhundert später besuchte PETRUS der Iberer den Memorialbau, der sich nun bereits zu einem Wallfahrtsort entwickelt hatte und von einer Klosteranlage umgeben war. Auch nach dem ›Arabersturm‹ blieb die Kultstätte noch über Jahrhunderte in christlicher Obhut – als der Magister THETMAR bei seinen Wanderungen durch das Ostjordanland 1217 nach Nebo kam, fand er dort in einem griechischen Kloster Unterkunft für die Nacht. Dagegen berichtet ein portugiesischer Franziskanermönch, der 1564 auf es-Syagha war, von einem verlassenen Ort mit zerstörten Bauten.

Die neuzeitliche Erforschung von Syagha setzte 1864 mit dem Besuch des Duc DE LUYNES ein. Der Aussichtsberg trug damals noch den Namen Jebel Musa (Moses-Berg), aber auch die spätere, schon für das Jahr 1872 bezeugte Bezeichnung Syagha erinnert an die religiöse

Tradition des Gipfels – Syagha ist ein Wort aus dem Aramäischen und bedeutet soviel wie Kloster.

Im Jahre 1932 reagierte das Jerusalemer Bibelinstitut der Franziskaner mit dem Ankauf von Teilen des Gipfelplateaus auf das steigende Interesse insbesondere christlicher Besucher am ›Berg Nebo‹. Bereits ein Jahr darauf begannen – geleitet von Sylvester J. SALLER – die Ausgrabungen; 1941 wurden ihre Resultate in einem ersten Bericht zusammengefaßt. In den 60er Jahren war dann Virgilio CORBO für die archäologischen und Rekonstruktionsarbeiten auf es-Syagha verantwortlich. Sie kamen 1967 zum Stillstand, als der ›Moses-Berg‹ nach der israelischen Okkupation der West Bank zur militärischen Sperrzone erklärt wurde, und konnten erst 1976 wieder aufgenommen werden, nunmehr unter der Leitung des Franziskaners Michele PICCIRILLO.

Die bisher vorliegenden archäologischen Ergebnisse stimmen mit den frühen historischen Berichten gut zusammen, darüber hinaus erwies sich, daß der Hügel es-Syagha schon in

Mosaikboden von es-Syagha, datiert auf 531 n. Chr. (Zeichnung: U. Clemeur)

vorchristlicher Zeit ein Bauwerk trug: ein römisches Mausoleum, das als Cella trichora, als Dreikonchenbau, angelegt war. Auf den Ruinen jenes Prunkgrabes, dessen Mauerwerk sich mit dem herodianischer Bauten vergleichen läßt, entstand im 4. Jh. eine kleine Kirche – dieselbe wohl, von der EGERIA spricht (s. o.). Dem ersten bescheidenen Gotteshaus folgte eine dreischiffige Basilika, die zusätzlich ein Baptisterium und eine Marienkapelle (Südseite) sowie ein Diakonikon (Nordseite) erhielt. Im 6. und 7. Jh. wurden dann noch einmal Umbauten vorgenommen und neue Mosaikböden verlegt.

Daß die Basilika auf es-Syagha im ganz buchstäblichen Sinne ein vielschichtiges Bauwerk ist, zeigte sich bei den Ausgrabungen des Jahres 1976. SALLERs Spatenforschung zwischen 1933 und 1937 war nur bis zur obersten Mosaiklage vorgedrungen, nun entfernte PICCIRILLO diese Böden, um den Untergrund, die Frühgeschichte der Basilika zu untersuchen. Zumeist ließ er die Suchschächte danach wieder schließen und mit den sorgfältig konservierten Böden des frühen 7. Jh. abdecken, in einigen Fällen aber war das, was in den ›Tiefen‹ der Basilika zutage kam, auch ästhetisch so fesselnd, daß diese Sehenswürdigkeiten freigelegt blieben.

Zu den spektakulären Funden von 1976 gehört ein Taufbecken des frühen 6. Jh. n. Chr.: ein kreuzförmiges, abgestuftes Bassin, das – nach PICCIRILLO – Zuleitungen für Kalt- wie auch für Warmwasser besaß. Man entdeckte es unter dem Boden des Diakonikons. Unmittelbar anschließend kam ein Mosaikfeld von ca. 5 × 5,5 m Grundfläche zum Vorschein. Es liegt auch heute offen und zeigt in den beiden oberen Registern Jagdszenen mit Großkatzen, einem Bären, einem Wildschwein und Saluki-Hunden; darunter sieht man eine ländliche Idylle mit Schafherde und ›gutem Hirten‹ sowie – im Bodenregister – mit Strauß, Zebra und einem seltsam gefleckten Kamel (einer Giraffe?) exotische Tiere, die von zwei Wärtern oder Schaustellern an der Leine geführt werden (aus dem israelischen Bet Alfa ist eine ganz ähnliche Darstellung bekannt). Zusätzliche Bedeutung kommt zwei Inschriften über und unter dem Mosaik zu. Sie nennen die Namen der ausführenden Künstler (SOELOS, KAIOMOS und ELIAS), des verantwortlichen Abts (ELIAS) und nicht zuletzt das Entstehungsjahr des Bodens wie auch des Taufbeckens: das Jahr 425 der Provincia Arabia – was 531 n. Chr. entspricht.

Main und Hammamet Main

Wie Madaba und Nebo war **Main**, 12 km südwestlich von Madaba gelegen, ein frühes Zentrum des byzantinischen Ostjordanlandes. Belemunim hieß die christliche Siedlung – ein Name, in dem die biblische Ortsbezeichnung Baal-Meon nachklingt. Baal-Meon erscheint in 4. Mose (Numeri) 32, 38 als eine Stadt der Rubeniter und ist auch in den Namensformen Bet-Baal-Meon (Josua 13, 17) und Bet-Meon (Jeremia 48, 23) belegt. König MESCHA ver-

32 QASR BURQU Omayyadenschloß und Stausee
◁ 31 QASR EL-AZRAQ Hof der Festungsanlage
33 HAMMAM ES-SARAKH Omayyadenbad
34 QASR EL-KHARANEH
Raum des Obergeschosses (vgl. Farbabb. 35)

35 QUSAIR AMRA   Malerei im Bad (Dionysos und Ariadne?)

36 QUSAIR AMRA   Malerei im Bad

37 QUSAIR AMRA   Malereien in der Audienzhalle (vgl. Farbabb. 38)

38 UMM EL-JEMAL Sogenanntes Prätorium

39 UMM EL-JEMAL Spätantikes Haus

40 UMM ES-SURAB Minarett und byzantinische Kirchenruine

41 DEIR EL-KAHF Eingang zum spätantiken Kastell

42–46   Szenen und Porträts aus UMM EL-JEMAL (42), NAUR (43), der BELQA (44), KERAK (45) und nochmals UMM EL-JEMAL (46)

47 MADABA   Thalassa-Mosaik in der Apostelkirche ▷

48 MADABA Mosaikdetail der Apostelkirche

49 NEBO/EL-MEKHAYAT Mosaikdetail der Lot-und-Prokop-Kirche

50 MADABA Mosaikdetail der Apostelkirche

51 WADI EL-MUJIB   Römische Meilensteine

52 MACHÄRUS   Festungsberg

53 DHAT RAS   Mauerpartie eines nabatäischen Tempels
54 UM ER-RASAS   Byzantinischer Turm
55 KERAK   Südteil der Kreuzritterburg und Glacis (vgl. Farbabb. 40)
56 SELA   Felstor und mamlukische Mauern ▷

kündet auf seiner Stele, er habe den Tempel von Baal-Meon wieder aufgebaut (vgl. S. 27), und nach Nelson GLUECKS Vermutung besaß der Ort auch in nabatäischer Zeit ein Heiligtum. Das spätrömische Main, »ein großes, befestigtes Dorf« (A. NEGEV), ist als Beelmeon im »Onomastikon« des EUSEBIUS verzeichnet.

Als C. R. CONDER 1881 nach Main kam, fand er auf dem verlassenen Siedlungshügel noch »ausgedehnte Ruinen« der alten römisch-byzantinischen Stadt vor, nach der Wiederbesiedlung von Main durch Christen aus Kerak (um 1886) wurden diese steinernen Reste aber, ähnlich wie in Madaba, weitgehend abgetragen. Durch Ausgrabungen sind wir immerhin über drei frühbyzantinische Kirchenbauten unterrichtet.

Auf dem Hügel ed-Deir, einige hundert Meter südlich des Ortszentrums, legten der Franziskaner M. PICCIRILLO und M. RUSSAN vom Department of Antiquities in den Jahren 1972 und 1973 eine kleine (16 m lange) dreischiffige Basilika mit geometrisch gemusterten und rankenverzierten Mosaikböden frei. Auf der Südseite besaß diese Kirche drei Nebenräume, darunter eine Grabkapelle und eine Grabkammer. PICCIRILLO und RUSSAN vermuten, daß hier jener THEODORUS, ein reicher Bürger aus Belemunim, bestattet ist, den eine Mosaikinschrift in der Apsis als den Kirchenstifter nennt, und datieren den Bau der Basilika, die vielleicht 588 oder 599 durch ein Erdbeben zerstört wurde, in die Mitte des 6. Jh.

Ende der 70er Jahre leitete M. MUHEISIN Ausgrabungen in einer weiteren Kirche von Main: einer großen dreischiffigen Basilika mit Atrium. Bemerkenswert sind die mit byzantinischen Kreuzen reliefierten Kapitelle. Die Kirchenruine liegt mitten im modernen Main, nahe den beiden heutigen Hauptkirchen des Ortes und dem Municipality-Gebäude.

Die dritte byzantinische Kirche von Belemunim ist schon länger bekannt: R. DE VAUX entdeckte sie 1937 unter einem Wohnhaus auf der Höhe des ›Akropolishügels‹. Oder besser: Er fand hier einen Mosaikboden und spärliche Mauerreste, die er für die einer Kirche ansah, obwohl der Bau anscheinend keine Apsis besaß. Das Hauptinteresse galt von vornherein dem Mosaik, insbesondere seiner äußeren Bordüre, die neben palästinischen Städtenamen Bilder von Gebäuden, möglicherweise von Pfarrkirchen zeigt. Von den ursprünglich

Kapitell einer byzantinischen Basilika, freigelegt im heutigen Ortszentrum von Main (Zeichnung: U. Clemeur)

24 (so DE VAUX) oder 21 (so W. HOTZELT) Stadtvignetten blieben acht erhalten: Nikopolis, Askalon, Maiumas, Gaza, Areopolis, Gadoron, Esbus und Belemunim; einige andere Orte lassen sich, da die Beischriften teilweise zerstört sind, nur mit Vorbehalt identifizieren, Od(roa) oder (Eleuthero)polis etwa. Man vermutet, daß der Mosaikboden erst nach der moslemischen Eroberung des Landes (636 n. Chr.) entstand. In islamischer Zeit hat man die zoomorphen Motive im Mittelfeld des Bodens (ähnlich wie die Schiffsbesatzungen auf dem Palästina-Mosaik in Madaba) entfernt und durch geometrischen Zierat ersetzt.

Mit Planen und Erde abgedeckt und – wie 1937 – auf Privatgrund gelegen, kann das Mosaik zur Zeit nur ausnahmsweise besichtigt werden.

Etwa 22 km sind es von Main nach **Hammamet Main.** Der Serpentinenweg, eine der eindrucksvollsten Strecken Jordaniens, windet sich durch eine zunächst grüne, dann ockerfarbene Landschaft immer tiefer hinunter gegen das Tote Meer. Mit seinen annähernd fünfzig heißen und kalten Quellen ist das Tal von Hammamet Main, in dem die Straße endet, ein beliebtes Ausflugsziel: Hauptattraktion ist eine ca. 25 m hohe Kaskade, deren warmes Wasser sich über gelblich-grüne Sinterablagerungen ergießt (Farbabb. 15). Dieser ›versteinerte Wasserfall‹ veranschaulicht den hohen Mineralgehalt der ›Hot Springs‹, deren medizinische Wirkkraft (Heilanzeigen u. a. bei Rheumatismus) mit dem Bau von Badeanlagen und des Ende 1987 fertiggestellten Ashtar-Hotels künftig noch besser genutzt werden soll. Auch eine Verbindungsstraße zum Toten Meer (Ain ez-Zara; vgl. S. 154 ff.) ist vorgesehen.

Nach FLAVIUS JOSEPHUS (»Jüdischer Krieg« VII, 6, 3) kam man schon im Altertum nach Hammamet Main, um dort »ein angenehmes, heilkräftiges und besonders für die Nerven zuträgliches Bad« zu nehmen. Auch PETRUS der Iberer besuchte die Thermen Ende des 5. Jh. n. Chr., begleitet von einer großen Volksmenge. Der Platz trug damals den Namen Baaras oder Baar und ist im »Onomastikon« des EUSEBIUS ebenso verzeichnet wie auf der Madaba-Karte (dort [BA]AROY).

Meqawer (Festung Machärus)

Der Weg nach Meqawer (auch: Muqawer, Muqawir) führt über das Dorf Libb an der Königsstraße, 13 km südlich von Madaba. In Libb zweigt eine Asphaltstraße in westlicher Richtung ab, nach ca. 10 km passiert man die Ortschaft Khirbet Ataroz, das Atarot(h) der Gaditer (vgl. 4. Mose [Numeri] 32, 3 und 34) und der Mescha-Stele, nach ca. 21 km schließlich ist das Dorf Meqawer erreicht (byzantinische Kirchenruine, antike Architekturfragmente). Von Meqawers westlichem Ortsrand sieht man im Südwesten, vor der Kulisse des Toten Meeres, einen kegelförmigen Berg mit abgeflachter Spitze aufragen, heute Qalaat el-Mishnaqa oder Qasr el-Meshneqeh genannt, was soviel wie Galgenberg heißt. Der Berg ist fast 700 m hoch und trägt die Ruinen der HERODES-Festung Machärus. Man erreicht ihn in einem etwa viertelstündigen Fußmarsch (ca. 1 km) über einen neuen Aufstiegsweg von der Ostseite her; links des Weges die Grundmauern einer antiken Rampe.

Erster neuzeitlicher Besucher von Machärus war – am 17. Januar 1807 – Ulrich Jasper SEETZEN, der die Stätte auch richtig identifizierte. H. B. TRISTRAM (1872) und F.-M. ABEL (1909) lieferten genaue topographische Beschreibungen des Platzes, von einer Machärus-Forschung im eigentlichen Sinne kann aber erst seit Otto PLÖGER (1955) und August STROBEL die Rede sein. STROBEL veröffentlichte 1966 eine Darstellung der Festungsgeschichte und befaßte sich vor allem mit den römischen Belagerungswerken um Machärus (s. u.). Nach ersten Bodenforschungen (1968; J. VARDAMAN) vergingen noch einmal zehn Jahre, bis auf Initiative des Franziskanischen Bibelinstituts in Jerusalem unter V. CORBO, S. LOFFREDA und M. PICCIRILLO systematische Ausgrabungen begannen, die bis heute andauern.

Als verläßlicher Wegweiser aller Besucher und Forscher erwies sich die Machärus-Beschreibung des FLAVIUS JOSEPHUS im Siebten Buch (6, 1 und 2) seines »Jüdischen Krieges«. Wahrscheinlich hat JOSEPHUS die Hügelfeste selbst nie gesehen, doch schöpfte er seine Quellen und Gewährsberichte mit solcher Sorgfalt aus, daß die Ausgrabungen der franziskanischen Archäologen seine Angaben (deren Kernstück hier wiedergegeben ist) in den wesentlichen Punkten bestätigen konnten.

Flavius Josephus über Machärus

»Die Burg ist ein Felsen, der sich zu gewaltiger Höhe erhebt, so daß er schon dadurch schwer zu nehmen ist. Er ist aber auch von Natur unzugänglich. Denn er wird von allen Seiten wie mit Gräben und Schluchten umgeben, die eine schier unermeßliche Tiefe haben, so daß sie nicht überschritten und auch nicht zugeschüttet werden können. Die westliche Schlucht dehnt sich 60 Stadien aus und hat als Abschluß den Asphaltsee. Nach dieser Seite erhebt sich Machärus am höchsten. Die beiden Schluchten im Norden und Süden bleiben an Tiefe hinter der westlichen Schlucht zurück. Auch die Tiefe der östlichen Schlucht ist nicht geringer als 100 Ellen, und sie wird begrenzt von einer Höhe gegenüber Machärus. Angesichts der Natur des Ortes erbaute zuerst der König der Juden Alexander Iannäus auf ihm eine Burg, die später Gabinius im Kriege mit Aristobul zerstörte. Dem König Herodes schien der Platz jeder Mühe und starken Befestigung wert zu sein, besonders wegen der Nachbarschaft der Araber. Denn Machärus liegt günstig und überschaut ihr Land. So umgab er denn eine große Fläche mit Mauern und Türmen und gründete dort eine Stadt, aus der ein Aufgang zur Burg führte. Aber er baute auch um die Burg eine Mauer und stellte in die Ecken Türme, jeden 60 Ellen hoch. Innerhalb dieser Umfassungsmauer erbaute er einen Palast, prächtig durch die Größe und Schönheit der Gebäude. Er legte auch viele Zisternen zur Aufnahme von Wasser und Räume für reichliche Vorräte an geeigneten Stellen an, gleichsam mit der Natur wetteifernd und die natürliche Uneinnehmbarkeit durch künstliche Befestigung übertreffend. Denn er brachte hier auch eine Menge von Geschossen und Geschützen unter und tat alles, damit die Bewohner auch der längsten Belagerung spotten könnten...«

So trifft es etwa zu, daß der Hügel erst in der Hasmonäerzeit befestigt wurde; dies geschah unter dem jüdischen Priesterkönig ALEXANDER IANNÄUS (reg. 103–76 v. Chr.), der seine ostjordanischen Territorialgewinne mit Hilfe dieses vorgeschobenen Militärstützpunkts zu sichern trachtete – vor allem gegen nabatäische Angriffe. Die drei **Turmbasteien** am Rand des Hügelplateaus – erhalten nur in ihren Grundmauern – gehören in die Zeit zwischen 90 und 57 v. Chr., ebenso ein Verteidigungswall zwischen Turm 1 und Turm 2 sowie einige der unteren Hangfortifikationen.

Nach dem Tode des ALEXANDER IANNÄUS blieb Machärus, wie das Alexandreion und die Feste Hyrkania westlich des Jordan, dynastischer Besitz des Hasmonäerhauses, nun repräsentiert durch die Königswitwe ALEXANDRA (reg. 76–67 v. Chr.). In den folgenden Thronkämpfen verschanzten sich bei drei Gelegenheiten zwischen 63 und 56 v. Chr. Hasmonäer auf Machärus. Selbst nachdem POMPEIUS' Feldherr GABINIUS die Burgmauern im Jahre 57 v. Chr. hatte schleifen lassen, vertraute ARISTOBUL, einer der Thronprätendenten, noch der natürlichen Stärke des Hügels.

Der Neuaufbau der Festung erfolgte auf Betreiben HERODES des Großen um das Jahr 30 v. Chr. Wie ALEXANDER IANNÄUS hatte er dabei die Sicherung seines ostjordanischen Reichsteils im Auge – den jüdischen Soldaten auf Machärus fiel die Aufgabe zu, von diesem südlichsten Stützpunkt der Peräa aus die nabatäischen Truppenbewegungen zu kontrollieren. Zugleich versah HERODES das etwa 100 m lange und 60 m breite Hügelplateau mit **Palastanlagen** – auch darin vielleicht den Hasmonäern folgend, für die Machärus (nach O. PLÖGER) so etwas wie eine Familienburg war.

Luxuriöse **Thermen** der HERODES-Zeit, die bei den Ausgrabungen von 1979 freigelegt wurden, bestätigen JOSEPHUS' Darlegungen über Prachtbauten auf dem Hügel. In einigen der Baderäume fanden die Archäologen Spuren von Mosaikböden, ebenso in drei Palastgemächern auf der Nordostseite. Das Wasser für den Badebetrieb – wie auch für den täglichen Bedarf – kam aus zahlreichen Zisternen an den Hängen und über ein Aquädukt im Osten.

Im Machärus der Zeitenwende wurde JOHANNES der Täufer eingekerkert und enthauptet. Den Befehl dazu gab HERODES ANTIPAS (reg. 4 v. Chr.–39 n. Chr.), einer der HERODES-Söhne, dem nach dem Tod des Vaters neben Galiläa noch die ostjordanische Peräa und damit auch die abgelegene Festung zugefallen war. Wie JOSEPHUS in den »Jüdischen Altertümern« (XVIII, 5, 2) berichtet, fürchtete HERODES ANTIPAS die Frömmigkeit und Vorbildlichkeit des Täufers und seine daraus resultierende politische Ausstrahlungskraft. Der Evangelist MATTHÄUS (14, 3–12) nennt als unmittelbaren Anlaß für JOHANNES' Verhaftung dessen öffentliche Kritik an der zweiten Ehe des HERODES ANTIPAS, und als Grund für seine Hinrichtung eine Intrige jener zweiten Frau, deren Tochter SALOME vor dem König tanzte und sich auf diese Weise einen freien Wunsch erwirkte – auf Drängen der Mutter forderte SALOME den Kopf des JOHANNES.

Wenn der heutige Besucher auf dem ›Galgenberg‹ nur spärliche Reste der antiken Palast-Festung vorfindet, so hängt dies mit Machärus' Rolle im ersten jüdischen Aufstand zusammen. Seit 66 n. Chr. in der Hand der Rebellen, blieb die Burg auch nach der römischen Eroberung Jerusalems ein Widerstandsnest – vergleichbar dem berühmteren Masada jenseits

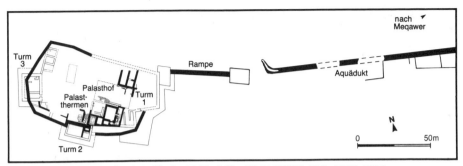

Machärus (nach: V. Corbo, S. Loffreda, M. Piccirillo, ADAJ XXIII, 1979; XXV, 1981)

des Toten Meeres. Im Jahre 72 n. Chr. rückte der römische Legat LUCILIUS BASSUS gegen Machärus vor. »Diese Feste zu schleifen war eine unbedingte Notwendigkeit; denn sie war so stark, daß sie für die Juden immer wieder eine Versuchung zum Abfall gewesen wäre...« (FLAVIUS JOSEPHUS, »Der Jüdische Krieg« VII, 6, 1). Ein unvorbereiteter Sturmangriff auf Machärus versprach indessen keinen Erfolg, die mehreren tausend römischen Legionäre richteten sich auf eine Belagerung ein und umschlossen den Festungshügel mit einer **Angriffsverschanzung** von ca. 1,5–2 m Mauerstärke. Die Linie dieser Umwallung, die auch mehrere Truppenlager und Feldposten einbezog, konnte August STROBEL 1973 rekonstruieren.

Der Angriff auf die Festung sollte von Osten her geführt werden. Dort ließ LUCILIUS BASSUS einen Damm aufschütten und als **Rampe** ausbauen, um einen maschinellen Vorstoß gegen die Mauerkrone von Machärus zu ermöglichen: Die jüdischen Rebellen hatten das Anrollen der römischen Belagerungstürme zu gewärtigen, gaben aber schon vorher auf, als einer der ihren, ELEAZAR, von den römischen Legionären gefangengenommen und – nach JOSEPHUS nur zum Schein – mit der Kreuzigung bedroht wurde. Während die Verteidiger von Machärus freien Abzug erhielten, wurde die Burg bis auf die Grundmauern zerstört.

Dhiban (Dibon)

Über Khirbet Iskander am Nordufer des Wadi el-Wala, wo Peter J. PARR 1955 eine bronzezeitliche Siedlung nachweisen konnte, zieht sich die Königsstraße zu dem Dorf Dhiban (ca. 20 km südlich von Libb). Der Ortsname erinnert nachdrücklich an das biblische Dibon, das die Moabiter an den Amoriterkönig SICHON verloren; SICHON wiederum mußte es in der Folge den Israeliten überlassen (vgl. 4. Mose [Numeri] 21, 21–30). Auch ein Relief im ägyptischen Luxor zeigt eine Festung dieses Namens. Bei der jüdischen Landverteilung fiel Dibon dem Stamm Gad zu (vgl. 4. Mose [Numeri] 32, 34; anders: Josua 13, 9).

Im Jahre 1868 entdeckte der Missionar F. A. KLEIN bei Dhiban den sogenannten Moab- oder Mescha-Stein. Diese Inschriftenstele aus dem 9. Jh. v. Chr. befindet sich heute im Louvre, Abgüsse sind in den Museen von Amman, Kerak und Madaba zu sehen. Der Stein verzeichnet die Taten des moabitischen Königs MESCHA und ergänzt in bemerkenswerter Weise die biblische Geschichte (vgl. S. 26f.). So ist dem Text etwa zu entnehmen, daß der israelitische König OMRI Dibon seinem Reich einverleibte, daß aber MESCHA die Stadt zurückgewann.

Neue Erkenntnisse über den Siedlungsplatz brachten Ausgrabungen der American Schools of Oriental Research zwischen 1950 und 1965 (Leitung: F. V. WINNETT, A. D. TUSHINGHAM, W. H. MORTON). Freigelegt wurden u. a. ein moabitischer Friedhof (etwa 200 m östlich des Hügels; wichtigster Fund: ein menschenförmiger Tonsarkophag, heute im Archäologischen Museum von Amman) und ein Befestigungswall des 9. Jh. v. Chr., der dem Wirken OMRIS oder MESCHAS zuzuordnen ist. Im weiteren erwies sich, daß die Ortschaft Ende des 8. Jh. verlassen lag, die assyrischen Kriegszüge im Ostjordanland waren ihr offenbar zum Verhängnis geworden. Erst im 1. Jh. v. Chr. stieg Dibon zu neuer Bedeutung auf: Die Nabatäer bauten den Platz im Zuge ihrer Nordexpansion zu einem Handelsemporium an der Königsstraße aus. Nabatäisches Gepräge trägt der Grundriß eines Antentempels im Südosten des Siedlungshügels: Eine Freitreppe und ein Vorraum lagen vor einer Cella mit dem typischen dreigeteilten Adyton, die Verwandtschaft des Baus mit dem allerdings annähernd zwei Jahrhunderte früheren Qasr el-Bint in Petra ist nicht zu übersehen. Spuren mehrerer Kirchen sprechen von einem blühenden byzantinischen Dibon. Die moslemische Folgesiedlung hatte nicht mehr diesen Rang. Noch einmal bezogen Ende des 12. Jh. Siedler den Stadthügel, seine günstige Lage inmitten fruchtbaren Ackerlandes lud dazu ein. Das heutige Dorf Dhiban erhebt sich, überragt von einem Minarett, auf einem zweiten, südlich benachbarten Hügel. Tell Dibon kann somit problemlos besichtigt werden, bietet dem Besucher aber wenig: Eisenzeitliche, römisch-nabatäische und byzantinische Mauern überlagern und kreuzen sich in den Grabungsfeldern, ein siedlungshistorischer Überblick ist bei einem kurzen Besuch kaum zu gewinnen; gut erkennen läßt sich lediglich eine Partie der moabitischen (?) Stadtmauer im Südosten.

Aroër, Umm er-Rasas und Lehun

Beim Polizeifort von Dhiban zweigt in östlicher Richtung eine Asphaltstraße ab, von der man ca. 2,5 km später noch einmal abbiegen muß, diesmal rechts/südlich auf eine schmale Straße, die nach weiteren 2,5 km Khirbet Arair, das biblische **Aroër**, erreicht. Die Siedlung liegt hoch über der Schlucht des Wadi el-Mujib und bietet eine großartige Aussicht über kahle, stark erodierte Bergflanken.

Das biblische Aroër wird in 5. Mose (Deuteronomium) 2, 36 wie auch in Josua 12, 2 als Grenzstadt des Amoriterkönigs SICHON genannt, »am Rand des Arnontals« gelegen; später gehörte der Platz den israelitischen Stämmen Ruben und/oder Gad (vgl. Josua 13, 16; 4. Mose [Numeri] 32, 34). Als König MESCHA die Königsstraße im Bereich des Arnon befestigte, ließ er auch Aroër wiederaufbauen (vgl. S. 27). Aus seiner Zeit (9. Jh. v. Chr.) könnte jene eisenzeitliche Karawanserei von ca. 50 x 50 m Seitenlänge stammen, die eine spanische archäologische Expedition unter der Leitung von Emilio OLAVARRI in den Jahren 1964 und 1965 bei Khirbet Arair freilegte. Im Innern des Handelsforts sind langgestreckte Lagerräume zu erkennen. Als HASAEL aus dem aramäischen Damaskus den Platz um die Wende vom 9. zum 8. Jh. v. Chr. eroberte, befand dieser sich – so 2. Könige 10, 32–33 – in israelitischer Hand, zur Zeit des Propheten JEREMIA, im 7. Jh. v. Chr. also (vgl. Jeremia 48, 19), gehörte Aroër dann zum Reich Moab. Anfang des 6. Jh. v. Chr. von den neubabylonischen Truppen NEBUKADNEZARS II. zerstört, blieb der Ort lange Zeit unbewohnt, erst die Nabatäer errichteten hier wieder eine Handelsstation. Diese Siedlung muß 106 n. Chr., als Rom das Araberreich annektierte, zu den – wenigen – Plätzen gehört haben, in denen die Legionäre auf Widerstand stießen. Die Kampfhandlungen endeten mit dem Untergang von Aroër. Der Stadtname ist aber noch im spätrömisch-frühbyzantinischen »Onomastikon« des Bischofs EUSEBIUS verzeichnet.

Um von Aroër nach **Umm er-Rasas** zu gelangen, muß man zu der Asphaltstraße zurückkehren, auf die man in Dhiban abgezweigt war; jener Asphaltweg führt in östlicher Richtung unmittelbar zu den Ruinen (und zieht sich dann weiter zur Wüstenstraße). Man kann aber auch über eine Straße von Madaba her anfahren, die im Bereich des Wadi el-Wela die Ruinen römischer Wachttürme und eines kleinen Forts (Qala Rumeil) berührt.

Die Stätte gliedert sich in drei Komplexe: ein mauerumgürtetes Ruinenfeld von ca. 150 x 120 m, einen nördlich anschließenden, unregelmäßig geformten Siedlungsbereich mit deutli-

Das Ruinenfeld von Umm er-Rasas (nach: H. B. Tristram)

chen Spuren späterer Umbauten (in der ersten Hälfte dieses Jahrhunderts von Beduinen bewohnt) und – noch weiter nördlich – ein kleineres Ruinengelände neben großen, in den Fels gehauenen Zisternen, überragt von einem 15 m hohen Steinturm.

Umm er-Rasas (sprich: Murassas) gab den frühen Forschungsreisenden (BUCKINGHAM 1816; IRBY und MANGLES 1818; PALMER 1870; TRISTRAM 1872) manches Rätsel auf, und auch die Untersuchungen von B. BAGATTI 1948 erbrachten keine Klarheit über Geschichte und Namen der Stätte – wohl aber den Nachweis mehrerer Kirchenbauten auch außerhalb des Mauergevierts (in dessen Innerem bereits drei Kirchen erkannt worden waren). Fest stand allerdings spätestens seit R. BRÜNNOWS und A. v. DOMASZEWSKIS Untersuchungen von 1897, daß es sich bei der umwallten Anlage um ein römisches Fort handelt. Es ist inzwischen auch namentlich zu bestimmen. Das »Onomastikon« des EUSEBIUS erwähnt ein römisches Truppenkontingent in Mefat am Rande der Wüste, die »Notitia Dignitatum« Kavallerieeinheiten, die in Mefaa stationiert waren. Bei den Ausgrabungen in der Stephanskirche (s. u.) kam nun dreimal die inschriftliche Selbstbezeichnung Kastron Mefaa zutage. Mit Sicherheit ist dies der alte Name von Umm er-Rasas.

Toponymisch kann man noch weiter zurückgreifen: Im biblischen Buch Jeremia (48, 21) wie auch bei Josua (13, 18; 21, 37) ist jeweils ein Ort Mefaat im Ostjordanland verzeichnet, jedoch hat die bisherige Bodenforschung keine eisenzeitlichen Überreste aufgedeckt; die ältesten Scherben stammen aus nabatäischer Zeit.

Ganz offenbar ist das Kastron, vergleichbar der Entwicklung von Lejjun (vgl. S. 429), im Niedergang des stationären Limessystems (vgl. S. 44f.) dann zum Kern einer ghassanidisch-

Turm bei Umm er-Rasas
(nach: E. H. Palmer)

byzantinischen Zivilsiedlung geworden, die auf den Schutz der Umfassungsmauern verzichtete und sich nordwärts, in Richtung der Zisternen, ausdehnte.

Wie für Umm el-Jemal (vgl. S. 256ff.) stellt sich auch für das christliche Mefaa die Frage, warum eine doch relativ kleine Siedlung eine so große Zahl von Kirchen besaß, nach heutigem Kenntnisstand nämlich mindestens sieben. Davon ist eine, die zu einem kleinen Klosterkomplex gehörige Stephanskirche, 1986 von dem Franziskaner M. PICCIRILLO mit vorzüglichen Ergebnissen ausgegraben worden; ihr sehenswerter Mosaikboden wird seit Weihnachten 1987 durch einen Hallenbau gegen Witterungseinflüsse und Vandalismus gesichert. Genauer gesagt wurden zwei Kirchen ergraben: unmittelbar nördlich der Stephanskirche, parallel situiert, aber auf 1 m tieferem Bodenniveau die Kirche des Bischofs SERGIUS, erbaut 587, mit allerdings weithin vernichteten figürlichen Mosaiken. Erhalten blieben als Motive lediglich zwei Lämmer, die sich von links und von rechts der in einem Schmuckkreis plazierten Stiftungsinschrift im Presbyterium zuwenden, dazu eine Verbildlichung des Frühlings als Jüngling, mit dem Füllhorn der Fruchtbarkeit in der Hand, immerhin ließen sich in den zerstörten Bereichen Stiftergestalten wie auch mythologische Darstellungen erschließen. Man kennt diesen Darstellungstyp aus Madaba und Nebo.

Abgelöst wurde die nach dem Arabersturm ikonoklastisch versehrte Sergiuskirche durch die besagte Stephanskirche, und zwar – dies war die eigentliche archäologische Überraschung – Mitte des 8. Jh. (!), also *nach* der Omayyadenära, schon in der Abbasidenzeit: 756 verlegte der inschriftlich bezeugte STAURACHIOS aus Hisban hier einen Mosaikboden, und noch im Oktober 785 erneuerten Mosaizisten (die nunmehr allerdings anonym zu bleiben wünschten) Partien des Kunstwerks. Also hat es auch um diese späte Zeit, aus der im transjordanischen Raum bislang keine Kirchenbauten bekannt waren, florierende christliche Gemeinden gegeben, selbstbewußt genug, in einer moslemisch dominierten Region repräsentative Sakralbauten zu stiften und zu renovieren. Freilich übte man dabei Selbstzensur, vermied in der Mosaikdarstellung weithin (jedoch keineswegs in Gänze) Heilige und Stifter, anthropomorphe Personifikationen und Tierbilder als Motive. Statt dessen fügten die christlichen Mosaizisten ihre bunten Tesserae nach jordanischer Tradition zu ›unverdächtigen‹ Stadtbildern oder -bildzeichen, wie sie u.a. von der berühmten Palästinakarte in der Georgskirche zu Madaba (vgl. S. 278f.), aber etwa auch von der ›Akropoliskirche‹ auf dem Stadthügel von Main (vgl. S. 305f.) bekannt sind.

In der Stephanskirche sind in den Interkolumnien der dreischiffigen Basilika auf der Nordseite acht palästinische Städte abgebildet, darunter Neapolis/Nablus, Diospolis/Lidda, Caesarea, Askalon und Gaza; auf der Südseite sieben transjordanische Gemeinden, so Kastron Mefaa/Umm er-Rasas, Philadelphia/Amman, Madaba, Esbounta/Hisban, Belemounta/Main, Areopolis/Rabba, Charachmoba/Kerak. Im inneren geographischen Rahmen liest man wiederum, verbunden mit zehn Stadtsymbolen, Siedlungsnamen des Nildeltas.

Der Turm ca. 1,3 km nördlich vom Kastron galt der Forschung bislang zumeist als Profanbau, bestimmt zum Schutz der nahen Wasserstelle oder/und der Kontrolle des Umlands. Kreuzzeichen auf drei seiner über quadratischem Grundriß aufsteigenden Mauern signalisieren freilich ebenso wie die jüngst im Grundriß freigelegte kleine Kirche südöstlich des Turmfußes eine religiöse Funktion und erhärten die alte Vermutung, daß es sich bei der Ruine nördlich des Turms um einen Sakralbau handelt, sei es ein Kloster (so C. WILSON 1899), sei es eine Kirche (so R. SAVIGNAC 1936). Auf M. PICCIRILLO geht nun folgende bemerkenswerte These zurück: Der Turm könnte einem Styliten gehört haben, einem jener Mönchsasketen, die zwischen dem 4. und 6. Jh. gerade im nahöstlichen Raum durch strenges Lebensbeispiel Weltflucht als Himmelswendung zu propagieren suchten, von Pilgern daraufhin als Nothelfer und Heilsbringer, jedenfalls aber als entrückte Mittler zwischen irdischer und göttlicher Sphäre verehrt. Für PICCIRILLOS These spricht, daß der Turm von Umm er-Rasas keinen Treppenaufgang besitzt.

Bei der Rückfahrt von Umm er-Rasas zur Königsstraße kann man noch **Lehun** (oder Lahun) besuchen, 3 km östlich von Aroër hoch über der Schlucht des Wadi el-Mujib gelegen (wo das Schild ›el-Meshrif‹ nach Norden zeigt, muß man nach Süden abbiegen; 3,5 km mäßiger Asphaltstraße bis zum Weiler). Besiedelt war Lehun zwischen dem 3. Jt. v. Chr. und dem Beginn der islamischen Ära – dies jedenfalls ergaben Nelson GLUECKs Untersuchungen im Juni 1933. Interessantestes Baudenkmal ist die Ruine eines kleinen nabatäischen Tempels (Außenmaße: ca. 6 × 6 m; Innenmaße: ca. 4 × 4 m) des nabatäischen ›Zentraltypus‹, wie man ihn etwa aus Khirbet et-Tannur, Wadi Rum oder Petra (Löwen-Greifen-Tempel) kennt. Bei dieser Tempelform entfällt die dreiteilige Gliederung des Raumhaupts, der Altar steht, meist nach Westen versetzt, in einem quadratischen oder rechteckigen Kultraum. Die Ruinen der zugehörigen nabatäischen Siedlung sind über die Hänge des Wadis verstreut, zwei in natürliche Höhlungen gelegte Zisternen nahe dem Tempel verweisen auf die stets problematische Wasserversorgung.

Zwischen Wadi el-Mujib und Wadi el-Hesa

Durch das Wadi el-Mujib nach Qasr, Balua und Rabba

Etwa 1,5 km südlich von Dhiban erreicht die Königsstraße das **Wadi el-Mujib** (Abb. 50), den ›Grand Canyon‹ Jordaniens, hervorgegangen aus jener geologischen Zerreißprobe, die auch den Jordangraben entstehen ließ. Etwa 400 m tief fällt die Schlucht ab, an die 4 km ist sie breit, und über 20 km zieht sich die Straße in Serpentinen an den Steilhängen hin, bis der südliche Hochrand des Wadi erreicht ist. Die herbe Naturszenerie gehört zu den eindrucksvollsten des ganzen Landes.

In biblischer Zeit schied diese natürliche Grenzlinie die amoritische, später die israelitische Einflußsphäre im Norden vom Königreich Moab im Süden (vgl. 4. Mose [Numeri] 21, 13–15; 5. Mose [Deuteronomium] 3, 8–16). Arnon, d. h. der Schnelle, in König DAVIDs Zeit auch Bach Gad, nennt das Alte Testament den Fluß, der sich durch das Tal zum Toten Meer hinunterwindet. Um die Arnon-Passage zu sichern, ergriff schon König MESCHA Maßnahmen (vgl. S. 270); der Begriff Arnon-Furten (vgl. Jesaja 16, 2) verdeutlicht, daß der Fluß im 9. und 8. Jh. v. Chr. noch durchwatet wurde. Im Zuge der Via Nova Traiana überspannte ihn eine Brücke, zudem wachten nun – wie schon im Nabatäerreich – zwei Kastelle über den strategisch bedeutsamen Schluchtweg. Beide waren später unter dem Namen Mahattat el-Hajj bekannt und dienten nun vielleicht jenen Pilgerkarawanen als Station, die aus Sicherheitsgründen nicht die Wüstenstraße benutzen wollten. Reste eines dieser Kastelle mitsamt zugehörigem Wasserreservoir sind rechts des Weges auf der Südseite des Wadi el-Mujib zu sehen, ca. 2 km jenseits der Brücke. Auch einige römische Meilensteine begleiten die moderne Straße (Abb. 51).

El-Qasr (arab.: Burg), der nächste sehenswerte Platz an der Königsstraße, liegt etwa auf halbem Wege zwischen dem Wadi el-Mujib und Kerak. Der arabische Name haftete ursprünglich an der Ruine eines nabatäischen Tempels und ging dann (auch in der Form: Qasr Rabba) auf das Dorf über, das sich Anfang dieses Jahrhunderts um das antike Gebäude entwickelte – und dieses augenscheinlich als Steinbruch ausbeutete. Bei einem Gang durch die Ortschaft bemerkt man allenthalben figürliche Skulpturfragmente und ornamental verzierte Blöcke; als Schmuckelemente sind sie in die Mauern der Bauernhäuser einbezogen.

Nelson GLUECK von den American Schools of Oriental Research, der el-Qasr im Mai 1937 untersuchte, fand im Dorf u. a. den Kopf eines Helios-Apollo im Strahlenkranz, einen geflügelten Eros sowie in einem Stall ca. 50 m östlich des Tempels Löwenhäupter, die einst als Wasserspeier gedient haben mögen; an den Bauschmuck des letzten (dritten) Tempels von Khirbet et-Tannur (vgl. S. 328 f.) erinnerten ihn nicht zuletzt die Weinranken und -blätter in der Bauornamentik von el-Qasr. Im Einklang mit seiner Tannur-Chronologie wies GLUECK das Heiligtum daraufhin dem ersten Viertel des 2. Jh. n. Chr. zu.

Auch die ursprünglich einsame Lage verbindet el-Qasr mit dem Bergtempel Khirbet et-Tannur, dazu mit dem syrischen Sia – mit religiösen Regionalzentren des nabatäischen ›Karawanenstaats‹ also, und tatsächlich stieß Alois MUSIL 1897 im Osten des Tempels auf die Reste eines zweiten Baus, der mit der Hauptruine durch eine Kolonnade verbunden war und el-Qasr als Teil einer größeren Kultanlage ausweist.

Heute sieht man – östlich der Königsstraße – nur noch jene el-Qasr genannte Hauptruine. Der Bau mißt etwa 32 x 27 m und ist aus großen, sorgfältig gebeilten Blöcken aufgeführt. Die Eingangsfront im Osten war einmal mit einem skulpturalen Fries geziert und durch einen Tetrastylos korinthischer Ordnung hervorgehoben. Erhalten sind die Basen der vier Säulen und einige mächtige Säulentrommeln von ca. 1,3 m Durchmesser.

El-Qasr weist die für syrische und speziell für nabatäische Tempel in Edom und Moab charakteristischen Elemente auf: die axiale Gliederung, das dreiteilige Adyton und die Treppe zum Dach oder jedenfalls zu einer höheren Ebene des Tempels, auf der vielleicht Opfer dargebracht wurden. Sicher war der Aufstieg zum Obergeschoß Priestern oder Eingeweihten vorbehalten.

KÖNIGSSTRASSE: BALUA/RABBA

Ein Feldweg von ca. 6 km Länge verbindet das Dorf el-Qasr mit dem nordwestlich gelegenen **Balua** (el-Balu), wo Reginald HEAD 1930 eine Bildstele von ägyptischem Typus barg (vgl. S. 25). Der heutige Baubestand von Balua – eine Zitadelle, Häuser und Stadtmauern aus Basalt – entstammt der Eisenzeit; ja, es handelt sich um das größte eisenzeitliche Ruinenfeld Zentraljordaniens, das freilich schon früher, nämlich seit der frühen Bronzezeit, und danach noch bis in die mamlukische Ära (als sie Shihan hieß) besiedelt war. Der einsame, nur von einigen Nomaden bewohnte Ort grenzt an ein tief eingeschnittenes Wadi, und besitzt großen landschaftlichen Reiz.

Knapp 5 km südlich von el-Qasr erreicht die Königsstraße **Rabba**, einen alten Siedlungsplatz mit moderner Bebauung. Seine Geschichte beginnt vermutlich mit jener Stadt Ar oder Ar-Moab, die in 4. Mose (Numeri) 21, 15 und 5. Mose (Deuteronomium) 2, 9 erwähnt wird. Während die Israeliten des Exodus Ar und das ganze Land Moab verschonten, brandschatzte der Amoriterkönig SICHON die Stadt bei einem Vorstoß über den Arnon (vgl. 4. Mose [Numeri] 21, 28).

Als Arabatha (Varianten: Rabatha, Tharabatha) erscheint der Ort eineinhalb Jahrtausende später in den »Jüdischen Altertümern« (XIV, 1, 4) des FLAVIUS JOSEPHUS. Wir erfahren dort, daß ALEXANDER IANNÄUS die Stadt, wohl Anfang des 1. Jh. v. Chr., den Nabatäern entrissen hatte; nun erklärte sich ALEXANDERS Sohn HYRKAN bereit, Arabatha zusammen

Der spätrömische Tempel von Rabba (Rabbathmoba), gewidmet den Augusti Diokletian und Maximian, deren Statuen in den Nischen beiderseits des Portals standen

mit elf anderen Ortschaften auszuliefern, wenn die Araber ihn dafür in seinem Thronkampf gegen ARISTOBUL unterstützten.

Rabbathmoba oder Rabbath Moab – im Unterschied zu Rabbath Ammon/Philadelphia – hieß die Stadt bei Nabatäern und Römern, bezeugt durch eines der Papyri aus dem Archiv der Jüdin BABATHA, das man in einer Höhle bei En-Gedi entdeckte. In dem Text, der auf 127 n. Chr. zu datieren ist, wird Rabbathmoba als Verwaltungszentrum der neugeschaffenen Provincia Arabia faßbar, die Stadt konnte sich um diese Zeit offenbar mit so bedeutenden Zentren wie Bos(t)ra, Petra und Characmoba/Kerak messen. Ein Siegelabdruck, den A. NEGEV bei seinen Ausgrabungen auf dem nabatäischen Friedhof von Mampsis im Negev fand, zeigt den damaligen Stadtgott von Rabbathmoba: Ares Panebalos. Ihm zu Ehren wurde der Ort später in Areopolis umbenannt, und unter diesem neuen Namen ist er im »Onomastikon« des EUSEBIUS ebenso wie in den »Notitia Dignitatum« verzeichnet.

Wie A. H. M. JONES feststellte, gehörte die Stadt zu jenen Zentren des Nahen Ostens, in denen auch *nach* dem THEODOSIUS-Dekret von 391 in den alten Tempeln den alten Göttern geopfert wurde. Einmal christianisiert, stieg Areopolis aber zur Bischofsstadt auf: Durch ANASTASIS wurde sie 449 in Ephesus, durch den Bischof ELIAS 536 auf der Synode von Jerusalem repräsentiert; darüber hinaus erscheint Areopolis namentlich auf den Pfarreien-Mosaiken von Main (vgl. S. 305 f.) und Umm er-Rasas (vgl. S. 313). Eine Inschrift, die F. ZAYADINE in Rabba entdeckte, nennt noch einen dritten Bischof der Stadt, JOHANNES, und berichtet von der Instandsetzung einer Kirche im Jahre 507 n. Chr.

Schon 634 n. Chr., zwei Jahre vor der Yarmuk-Schlacht (vgl. S. 64), mußte sich Areopolis den Moslem-Truppen unter General ABU UBAYDA ergeben. Die Stadt geriet danach in Vergessenheit, blieb aber bis ins Mittelalter bewohnt. Die islamische Geschichtsschreibung (MUQADDASI, ABU AL-FIDA) kennt den Ort unter dem Namen Maab, doch taucht daneben auch die alte semitische Bezeichnung Rabba wieder auf.

Die kontinuierliche Besiedlung bis in die Mamlukenzeit ging zu Lasten des antiken Baubestands, und schon die Entdeckungsreisenden des 19. Jh. sprechen von Rabba als einem Trümmerfeld, einer »unkenntlich gewordene(n) Stadtruine« (BRÜNNOW/DOMASZEWSKI). Immerhin vermochte Alois MUSIL 1902 noch Teile der römisch-byzantinischen Stadtmauer zu verfolgen.

Das besterhaltene Gebäude der antiken Stadt ist ein Tempel unmittelbar westlich der heutigen Durchfahrtsstraße. Säulen und Spuren von Pflasterung zeigen, daß vor dem Tempeleingang eine der Achsenstraßen von Areopolis verlief. In den beiden Nischen beiderseits des Tempeltors standen – bezeugt durch zwei Dedikationsinschriften – Statuen der römischen Kaiser DIOKLETIAN und MAXIMIAN. In der gemeinsamen Regierungszeit dieser beiden Augusti (zwischen 286 und 305 n. Chr.) wird der Tempel entstanden sein.

In dem unübersichtlichen Ruinengelände südlich des Tempels zeichnen sich deutlich nur die Grundmauern einer kleinen byzantinischen Kirche ab, errichtet aus älterem Steinmaterial. Möglicherweise hat sie eine langgestreckte Synagoge ersetzt, die ebenfalls apisidial abgeschlossen und basilikal konzipiert, aber nach Jerusalem ausgerichtet war (das westlich von Rabba liegt).

KÖNIGSSTRASSE: KERAK

Characmoba in der Darstellung der Madaba-Karte (Zeichnung: U. Clemeur)

Kerak

Zwischen Rabba und Kerak berührt die Königsstraße keine größeren Ortschaften mehr; östlich zweigt noch ein Verbindungsweg zur Wüstenstraße ab, wenig später wird dann im Westen der 950 m hohe Festungsberg von Kerak sichtbar. Die Kreuzritterburg nimmt die Südspitze dieser alten Bergfeste ein (Farbabb. 40, Abb. 55).

Kir, Kir-Moab und Kir-Heres sind die alttestamentlichen Namen der Stadt (vgl. Jesaja 15,1; 16, 7 und 11 sowie Jeremia 48, 36). In der Zeit der Richter könnte der moabitische König EGLON in Kir-Moab residiert haben (vgl. Richter 3, 12–30). Einer seiner späteren Nachfolger, König MESCHA, wurde um 850 v. Chr. in Kir-Heres von den vereinten israelitisch-judäischen Streitkräften der Könige JORAM und JOSAPHAT (JOSCHAFAT) belagert, konnte die drohende Niederlage aber durch die Opferung seines erstgeborenen Sohnes abwenden (vgl. 2. Könige 3, 4–27). Übrigens nennt auch eine Inschrift aus Kerak, gefunden bei Ausgrabungen des Jahres 1961, den Namen MESCHA.

Seit 733/734 v. Chr. war ganz Moab dem Assyrerkönig TIGLATPILESAR II. tributpflichtig, eine assyrische Garnison lag in einer Stadt namens Maaba, die vielleicht mit Kir-Moab gleichzusetzen ist. Auch nach der Auflösung des Staates Moab im 6. Jh. v. Chr. erhielten sich in der Region noch Spuren der alten kulturellen Identität: So ruft eine Inschrift aus dem 4. Jh. v. Chr. Kamosch an, den einstigen Hauptgott der Moabiter (vgl. S. 27). Spätestens im 2. Jh. v. Chr. dürfte das Land um Kerak aber unter nabatäischem, nach ALEXANDER IANNÄUS' Eroberungszügen östlich des Jordan zeitweilig wohl auch unter jüdisch-hellenistischem Einfluß gestanden haben.

Auf provinzrömischen Amtssiegeln des 2. Jh. n. Chr., deren Abdrücke im nabatäischen Mampsis (Negev) zutage kamen, tritt Kir-Moab nach Jahrhunderten historischer Anonymität aufs neue hervor. Der Ort heißt jetzt Characmoba und ist Distrikthauptstadt, steht dabei aber offenbar im Schatten des nahen Rabbathmoba (vgl. S. 317) und fehlt insofern auch auf der »Peutingertafel«. Nach der Aufteilung der Provincia Arabia im 4. Jh. gehörte Characmoba zur Provincia Palaestina Tertia: Die Stadt wurde Bischofssitz, besaß in der

›Kirche von Nazareth‹ ein weithin bekanntes Gotteshaus und seit dem späten 6. Jh. auch ein namhaftes Kloster, gegründet von einem gewissen SISINIUS. Auf der Madaba-Karte erscheint Characmoba mit einer repräsentativ ausgeführten Bildvignette.

Um so mehr verwundert, daß alle, auch die moslemischen Quellen über das Schicksal der Stadt während der arabischen Eroberungszüge und in frühislamisch-omayyadischer Zeit schweigen. Vielleicht darf man daraus immerhin schließen, daß Kerak kampflos auf- und übergeben wurde. Daß der Ort in der Folge verfiel, erstaunt dagegen weniger, denn als *Festungs*stadt konnte Kerak einem geeinten moslemischen Imperium schwerlich von Nutzen sein.

Erst als militärische Aspekte neuerlich in den Vordergrund traten, zur Zeit der Kreuzzüge also, erinnerte man sich der alten Bergfeste und ihrer strategischen Vorzüge: Wer Kerak besaß, kontrollierte das Südende des Toten Meeres, konnte Teile Palästinas abriegeln und die ostjordanischen Karawanen abfangen. Denkbar ist, daß mit solchen Überlegungen schon BALDUIN I. die Wälle von Characmoba instandsetzen ließ, eine Kreuzritterburg Kerak gibt es aber erst seit 1142. PAYEN LE BOUTEILLER, fränkischer Verwalter von Oultrejourdain, war ihr Bauherr und erster Burgherr.

Der Zengide NUR ED-DIN stellte Keraks Abwehrkraft 1170 erstmals auf die Probe. Um einer syrischen Karawane den ungestörten Durchzug nach Ägypten zu ermöglichen, belagerte er den Burgberg. Indirekt läßt sich daraus entnehmen, daß der fränkische Stützpunkt den moslemischen Verkehr auf der Königsstraße schwerwiegend beeinträchtigte.

Eine zweite, wiederum kurze Belagerung hatte Kerak 1173 zu bestehen, als nacheinander Truppen SALADINs und NUR ED-DINs vor der Festung aufzogen. Einzig die moslemische Uneinigkeit verhinderte den Untergang der Kreuzritterburg: Es konnte SALADIN seinerzeit nicht daran gelegen sein, Oultrejourdain – als für ihn nützlichen Sperriegel zwischen den syrischen Zengiden und dem eigenen ägyptischen Machtbereich – entscheidend zu schwächen.

Dies änderte sich allerdings mit der Gründung des ayyubidischen Einheitsstaates, in dem SALADIN Syrien und Ägypten zusammenschloß. Burgherr auf Kerak und fränkischer Gegenspieler des neuen Sultans war nun RAINALD VON CHATILLON, ein ›höherer Seeräuber‹, ebenso tapfer wie skrupellos. RAINALDs Überfälle auf moslemische Karawanen, ganz zu schweigen von seinem Raubzug gegen Mekka, reizten SALADIN aufs äußerste: In den Jahren 1183 und 1184 schlossen moslemische Truppen jeweils einen Ring um Kerak.

Bei der ersten Belagerung im November 1183 feierte man in der Christenburg gerade die Vermählung der elfjährigen Prinzessin ISABELLA mit dem siebzehnjährigen HUMFRIED VON TORON, dem designierten Erben von Kerak. Hochgestellte Gäste wie Königin MARIA KOMNENE, die Mutter der Braut, und alles, was der christliche Orient an Musikanten, Gauklern und Hofnarren aufbieten konnte, waren zugegen. »Während draußen Felsblöcke gegen die Mauern geschleudert wurden, gingen drinnen Gesang und Tanz weiter. Stephanie, die Mutter des Bräutigams, richtete mit eigener Hand Schüsseln vom Hochzeitsmahl her, die sie Saladin hinausschickte. Er fragte daraufhin an, in welchem Turm das junge Paar wohne, und gab Befehl, daß er von den Belagerungsmaschinen nicht beschossen werden dürfe« (S. RUN-

KÖNIGSSTRASSE: KERAK

Der Donjon von Kerak mit den Zelten der H. B. Tristram-Expedition von 1872 (nach: H. B. Tristram)

CIMAN). SALADIN eroberte zwar die befestigte Stadt, konnte die Burg selbst aber nicht einnehmen und mußte sich Anfang Dezember 1183, als fränkische Hilfstruppen von Jerusalem heranrückten, ohne greifbaren Erfolg zurückziehen.

Im Herbst 1184 wiederholte sich der Vorgang, freilich unter weniger dramatischen Umständen: SALADIN lagerte sieben Wochen vor Kerak und bestürmte die Burg, Outremer schickte den Eingeschlossenen ein Entsatzheer, und die Moslems waren gezwungen, nach Damaskus zurückzuweichen.

Im November 1188 fiel Kerak endlich doch in SALADINS Hand. Nach der vernichtenden Niederlage der Christen bei Hattin (1187) fehlte Jerusalem die Kraft, den bedrohten ostjordanischen Burgen ein weiteres Mal Hilfe zu schicken. Acht Monate hielten die Kreuzritter stand, dann mußten sie den ayyubidischen Truppen die Tore öffnen.

Der neue Burgherr, SALADINS Bruder AL-ADIL, beschränkte sich in der Folge keineswegs auf die Beseitigung der Belagerungsschäden: An der Südostspitze der Burg ließ er ein luxuriöses Herrenhaus, an der Südwestseite einen langgezogenen Zwinger mit starken Mauern anlegen. Danach hielt SALADIN die Burg für so sicher, daß er zeitweilig seinen Thronschatz hier deponierte.

Als der Mamlukensultan BAIBARS Kerak eroberte (1263 oder 1264), wurde der letzte christliche Bau der Stadt, die ›Kirche von Nazareth‹, niedergerissen, im übrigen aber ver-

stärkte der neue Dynast, AL-ADILs Beispiel folgend, die Befestigungen, vor allem die Stadtmauern. Die Nordbastion der Stadt Kerak trägt bis heute seinen Namen.
Im Jahre 1293 stürzten bei einem schweren Erdbeben drei Türme der Stadtbefestigung ein. Auch nach dieser militärischen Schwächung blieb der Burgberg jedoch Verwaltungszentrum, außerdem ein Verbannungsort. Im Zuge mamlukischer Thronkämpfe wurde Kerak 1342 sogar noch einmal belagert. Nach IBN BATTUTA, der die Stadt im Jahre 1355 besuchte, trug sie damals den Namen Krähenfeste (Hosn el-Ghurab). Für das Jahr 1506 ist ein Aufstand der lokalen Bevölkerung gegen die mamlukische Herrschaft bezeugt.
Seit 1518 gehörte Kerak formal zum Osmanenreich, die Macht lag jedoch bei lokalen Stammesführern. Zwar reagierte der türkische Sultan in den Jahren 1678/79 und 1710/11 jeweils mit Strafexpeditionen auf Unbotmäßigkeiten, im übrigen aber kümmerte ihn die ferne Provinzstadt wenig. Im frühen 19. Jh. bekannten sich Keraks Machthaber kurzzeitig zum arabischen Wahabitenstaat, und in den 30er Jahren waren MOHAMMED ALIs ägyptische Truppen in Kerak stationiert. Der osmanische Gegenschlag erfolgte 1840: Türkische Truppen unter IBRAHIM PASHA besetzten damals alle jene Stützpunkte in Jordanien, die als Widerstandsnester verdächtig waren, darunter auch Kerak, und schleiften ihre militärischen Anlagen – in Kerak vor allem die Ostmauern der Stadt.
Nach dem Abzug der Türken im Jahr darauf wurde das geschwächte Kerak zum Zankapfel verschiedener Lokalmächte und Beduinengruppen (u. a. Beni Hamida, Beni Sakhr, Majali), die Verwaltung brach zusammen, die Bevölkerung, damals 3000 oder 4000 Einwohner, erlitt bei Überfällen und Bürgerkämpfen schwere Verluste. Angesichts der chaotischen Verhältnisse entschlossen sich nach 1880 große Teile der kerakischen Christen zur Abwan-

Einer der Tunneleingänge in das mittelalterliche Kerak (nach: H. B. Tristram)

KÖNIGSSTRASSE: KERAK

derung nach Madaba und Main. Erst 1893/94, als 2000 türkische Soldaten in Kerak stationiert wurden, beruhigte sich die Lage.

Vielleicht waren es die Erfahrungen des 19. Jh., welche die Bevölkerung skeptisch gegenüber den Zielen des arabischen Aufstands machten. Nur wenige Kerakis unterstützten ihn, Zulauf erhielt vielmehr die osmanische Armee. Es bildeten sich sogar bewaffnete Freischaren, die vom Burgberg herab gegen die aufständischen Beduinen des Umlands operierten. In den 20er Jahren dieses Jahrhunderts erkannten allerdings auch Keraks Verantwortliche den Haschemitenemir ABDULLAH als ihre politische Autorität an.

Stadt und Burg Kerak liegen auf einem Bergrücken, um den sich im Osten und Westen die Wadis es-Sitt und el-Frangi ziehen. Die Bergkrone war ursprünglich in ganzem Umfang durch **Wälle** gesichert und mit fünf Türmen verstärkt; am besten sind diese Befestigungen auf der Westseite erhalten. **Baibars' Bastion** (Burj ez-Zahir Baibars) aus dem Jahre 1268 erhebt sich, mit einem Inschriftenband geschmückt, am Nordwesteck des Stadthügels.

Das mittelalterliche Kerak betrat man durch Felstunnel, die den Zug der Mauer nicht unterbrachen und leicht zu verteidigen waren. Einer dieser unterirdischen Zugänge befand

Die fränkisch-ayyubidisch-mamlukische Festung Kerak: 1 Modernes Haupttor 2 Pferdeställe 3 Unterburg 4 Archäologisches Museum 5 Unterirdische Iwan-Halle 6 Palas 7 Donjon 8 Hangpflaster (Glacis) 9 Kreuzritterkirche. Fränkische Baustufen: schwarz; arabische Baustufen: schraffiert (nach: P. Deschamps)

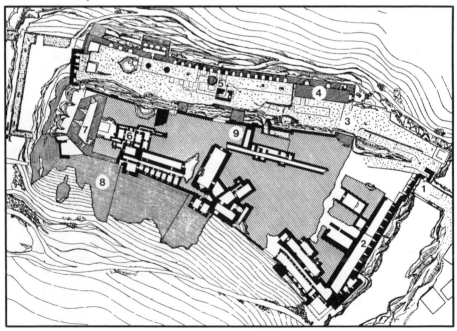

sich auf der Ostseite, nahe der heutigen Hauptzufahrt von Amman her, ein anderer auf der Nordwestseite, südlich von BAIBARS' Turm.

Bedeutende historische oder kunsthistorische Sehenswürdigkeiten besitzt die Stadt Kerak ansonsten nicht; einige Inschriften- und Skulpturenfunde aus dem Ort sind im Burgmuseum (s. u.) ausgestellt, und auf einem Platz im Stadtzentrum hat man eine **Säule** des römischen Characmoba wiederaufgerichtet. Die heutigen **Kirchenbauten** stammen aus dem 19. Jh., als verschiedene christliche Bekenntnisse in Kerak zu missionieren begannen. Dabei wurde die Georgskirche von 1849 über der Ruine einer byzantinischen Kirche gleichen Namens aufgeführt, die Kirche der Griechisch-Orthodoxen über den Resten eines Gotteshauses, das den Heiligen CYRUS und JOHANNES geweiht war. Auch die **Große Moschee** von 1897 erhob sich, wie J. T. MILIK feststellte, über einem älteren Sakralbau: einer Kreuzritterbasilika des 12. Jh. Keraks schnelles Wachstum (1922: ca. 3000, 1985: ca. 20000 Einwohner) wird manche andere Spur der Stadtgeschichte ausgelöscht haben.

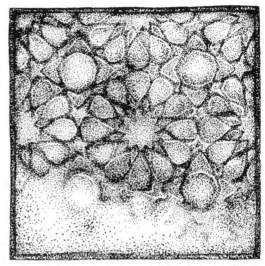

Schmucktafel in einer Mauer der Oberburg von Kerak (Zeichnung: U. Clemeur)

Ein Felsgraben von etwa 10 m Breite trennte die befestigte Stadt von der eigentlichen **Kreuzritter- bzw. Araberburg** auf dem Südsporn des Kalksteinhügels von Kerak (Farbabb. 40, Abb. 55). Die fränkischen und die ayyubidisch-mamlukischen Baustufen des etwa 250 m langen und zwischen 80 und 135 m breiten Kastells sind an der Art des verwendeten Gesteins zu unterscheiden: Die Kreuzritter bedienten sich des vulkanischen, rötlich-schwarzen Felsmaterials der näheren Umgebung, die Moslems benutzten grau-gelbliche Kalksteinblöcke aus einem weiter entfernten Steinbruch. Mit diesem ›Farbschlüssel‹ lassen sich – in groben Zügen – die Nord- und Ostteile des Burgkomplexes als fränkisch, die Unterburg im Westen mit ihrem ca. 230 m langen Hof und der Donjon bzw. die Residenz im Süden des Burgareals als ayyubidisch-mamlukisch bestimmen.

Welche Funktion die Räumlichkeiten der Burg im einzelnen besaßen, ist nicht leicht zu erkennen: Neben Türmen und Wehrmauern, Höfen und zahlreichen Zisternen gibt es große Hallen, die ebensogut Ställe wie Speise- oder Schlafsäle gewesen sein können. In der Regel dienten die Souterrain-Räume wohl der Verköstigung oder der Unterbringung der Ritter und Mannschaften, während in den Erd- und Obergeschossen Bedienstete (Stallburschen, Knappen) unterkamen, Reit- und Nutztiere (Pferde, Esel, Kamele) eingestellt waren und

KÖNIGSSTRASSE: KERAK/MUTA UND MAZAR/DHAT RAS

Vorräte aller Art lagerten. In den ›Tiefen‹ von Kerak findet sich u. a. ein nahezu 150 m langer Gewölbegang, dazu eine Kirche, und der moslemische Unterhof ist über zwei gewaltigen Sälen errichtet, getrennt voneinander durch einen bemerkenswerten Vier-Iwan-Raum. Unterirdisch angelegt war schließlich auch der Burgpalas im Vorfeld des Donjon.

Den mäßigen Zustand vieler Bauten auf Kerak macht der Fernblick vergessen, der an klaren Tagen bis zum Ölberg hinüberreicht. Es wird anschaulich, daß auch eine einsam gelegene Burg wie Kerak – über Signalfeuer nämlich – mit den westlichen Kerngebieten des fränkischen Outremer Kontakt halten und im Bedarfsfall Hilfe mobilisieren konnte.

Als militärische Zweckbauten entbehren die Kreuzritterburgen in der Regel jeglichen Bauschmucks. In Kerak gilt dies auch für die moslemischen Bauphasen. Der Baedeker von 1908 vermerkt allerdings »Spuren von Fresken« in der unterirdischen Burgkapelle. Einziges Schmuckelement der Burg Kerak scheint heute eine quadratische, geometrisch reliefierte Steintafel zu sein, die am Eingang einer unterirdischen Galerie des Oberhofs in das Mauerwerk verbaut ist. Architektonisch fällt ein kleiner Raum (Bad?) mit einer ca. 5 m hohen Kuppel über Trompen auf, der westlich an das Burgmuseum von Kerak anschließt.

Dieses **Museum** ist in einem Gewölbesaal der Unterburg eingerichtet. Bronzezeitliche Töpferwaren aus der nahen Nekropole von Bab edh-Dhra (vgl. S. 18) und Funde u. a. aus Buseira, Rabba, Dhiban sind hier zusammen mit byzantinischen Grabsteinen und Glasarbeiten ausgestellt; dazu kommen eine Kopie der Mescha-Stele (vgl. S. 26 f.) und – vor dem Eingang – das Fragment eines Löwenreliefs wohl vor-hellenistischer Zeit, das in der Stadt Kerak gefunden wurde.

Muta und Mazar

Bei **Muta**, etwa 10 km südlich von Kerak, stießen im Jahre 8 der Hejra (also im Jahre 629 oder 630 christlicher Zeitrechnung) erstmals arabische und byzantinische Truppen aufeinander. ZAID IBN HARITHA, ein Adoptivsohn des Propheten MOHAMMED und vielleicht der erste ›Mohammedaner‹ überhaupt, führte 3000 Moslems in die Schlacht; ihnen gegenüber stand eine größere und besser bewaffnete byzantinische Heerschar, die schließlich auch die Oberhand behielt. ZAID und viele Glaubenskrieger an seiner Seite fanden den Tod, das Kommando ging noch während der Kampfhandlungen auf JAFAR IBN ABU TALEB und ABDULLAH IBN RUAHA über. Als beide ebenfalls fielen, bewährte sich mit KHALID IBN AL-WALID ein junger Moslemoffizier, der später zu einem der bedeutendsten Heerführer der arabischen Eroberungszüge aufsteigen sollte. Nach der Niederlage von Muta sammelte er die versprengten arabischen Truppen und führte sie nach Medina zurück.

Den gefallenen Generalen ZAID, JAFAR und ABDULLAH widmete man später Kenotaphe in dem Ort **Mazar**, südlich von Muta an der Königsstraße. Im 13. Jh. erwähnt der moslemische Geograph YAKUT diese Grabmale, in der Folgezeit, vielleicht schon unter den Mamluken, entstand am Ort auch eine Gedenkmoschee. Ein vielbesuchtes Pilgerziel auf dem Weg nach Mekka, wurde diese Moschee in den 30er Jahren des 20. Jh. durch einen – inzwischen

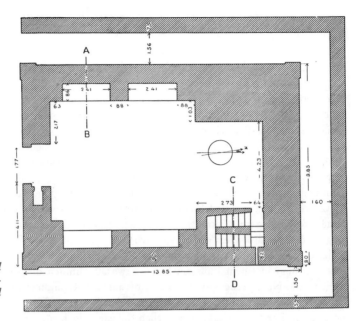

Nabatäischer Tempel in Dhat Ras (Grundriß: R. Brünnow und A. von Domaszewski)

nochmals modernisierten – Neubau ersetzt, der auch ein kleines Museum einschließt. Wichtigstes Ausstellungsstück ist das Epitaph des JAFAR IBN ABU TALEB, ausgeführt in Kufi-Schrift.

Dhat Ras

Ca. 8 km südlich von Mazar, einige Kilometer abseits der Königsstraße, liegt inmitten fruchtbaren Ackerlandes das Dorf Dhat Ras. Der Platz, 1150 m hoch, war in nabatäischer, römischer und frühbyzantinischer Zeit besiedelt, danach aber mehr als ein Jahrtausend verlassen. Als er Ende des 19. Jh. neu bezogen wurde, bedienten sich die arabischen Ankömmlinge des antiken Steinmaterials. Dennoch fällt es nicht schwer, die Beobachtungen von Forschungsreisenden wie BRÜNNOW/DOMASZEWSKI (1895) und MUSIL (1896) auf den verbliebenen Baubestand zu beziehen.

Besterhaltenes antikes Bauwerk ist ein nabatäischer Tempel im Südosten der Ortschaft. Er ist auch als römisches Mausoleum bezeichnet worden, besitzt jedoch den charakteristischen Treppenaufgang zum Dach. Man datiert den Tempel – allerdings ohne eindeutige, etwa inschriftliche Bestätigung – ins 2. oder 3. Jh. n. Chr.

Die Überreste zweier weiterer nabatäisch-römischer Tempel auf dem Dorfhügel (mit spätosmanischem Baubestand) könnten dem Zusammenhang eines großen Kultzentrums entstammen. Eine der erhaltenen Mauerpartien zeigt Halbsäulen mit den für nabatäische Bauten typischen kurzen Säulentrommeln (Abb. 53).

Zwischen Wadi el-Hesa und Petra

Durch das Wadi el-Hesa nach Khirbet et-Tannur und Khirbet edh-Dharih

»Da überquerten wir das Tal des Zered«, heißt es im biblischen Bericht über die israelitische Eroberung des Ostjordanlandes (5. Mose [Deuteronomium] 2, 13). Dieses Tal des Zered, durchflossen vom »Bach Zered« (4. Mose [Numeri] 21, 12), grenzte das eisenzeitliche Moab nach Süden hin gegen das Edomiterreich ab. Wie Moabs nördliche Grenzschlucht, das Wadi el-Mujib (vgl. S. 314f.), entstand das Wadi el-Hesa als Seitenstück des großen Grabenbruchs zwischen Jordan und Rotem Meer (Farbabb. 20).

Einer der kahlen Gipfel auf der Südseite der Schlucht trägt die Ruinen eines nabatäischen Kultzentrums, bekannt als **Khirbet et-Tannur.** Wer sie besuchen will, muß ca. 4 km nach dem Flußübergang (ca. 1,5 km *vor* dem Asphaltabzweig nach Hamat Afra) beim Wiederaufstieg aus dem Wadi el-Hesa rechts (westlich) auf eine – schlechte – Piste abzweigen, die dem isolierten, kegelförmigen Tempelberg zustrebt. Schließlich führt nur noch ein Pfad weiter, über den man in einem Fußmarsch von etwa 30 Minuten die abgeflachte Hügelspitze erreicht. Das Nabatäerheiligtum ist heute bis auf seine Grundmauern abgetragen, vor 2000 Jahren aber konnte gewiß kein Reisender auf der Königsstraße bzw. der Via Nova Traiana diese sakrale Landmarke, erbaut aus hellen Kalksteinblöcken, übersehen.

Wiederentdeckt hat Khirbet et-Tannur ein jordanischer Polizeioffizier Anfang der 30er Jahre. Wenig später, 1936, begann Nelson GLUECK mit der Ausgrabung des Tempelkomplexes, den er für den wichtigsten Wallfahrtsort Nabatäas hielt.

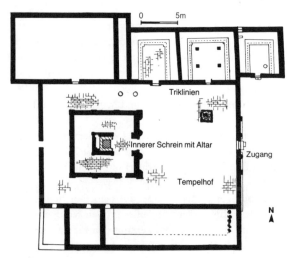

Nabatäisches Kultzentrum Khirbet et-Tannur, hoch über dem Wadi el-Hesa (Grundriß: N. Glueck)

Die Göttin Nike als Trägerin eines Zodiaks, über den die Göttin Tyche wacht. Nabatäische Skulptur aus Khirbet et-Tannur, heute auf Museen in Amman und Cincinnati verteilt. Besonderes Interesse verdient die Gliederung des Tierkreises in eine Sommerhälfte (links, von oben nach unten: Widder, dargestellt als Athena/Minerva, Stier, Zwillinge, Krebs, Löwe und Jungfrau) und eine Winterhälfte (rechts, wieder von oben nach unten: die personifizierte Waage, Skorpion, Schütze, Steinbock, Wassermann – die letzten drei als junge Männer dargestellt – und Fische). Avraham Negev vermutet, »daß die Nabatäer wie ihre jüdischen Nachbarn zwei Jahresanfänge kannten; einen im Frühling für das Verwaltungsjahr und einen im Herbst für das landwirtschaftliche Jahr« (Zeichnung: U. Clemeur)

KÖNIGSSTRASSE: KHIRBET ET-TANNUR/KHIRBET EDH-DHARIH/TAFILA

Vielleicht opferten schon die Edomiter auf Jebel et-Tannur ihren Göttern, die Einebnung der Bergspitze und die folgenden Bauarbeiten gehen aber auf nabatäische Initiative zurück. Im 1. Jh. v. Chr. errichteten die Araber auf dem Gipfelplateau einen ersten Altar, der auch nach seinem Verfall nicht beseitigt, sondern in den Altar der zweiten und schließlich auch einer dritten Bauphase eingefügt wurde. Daß man auf diesen drei Altären Brandopfer darbrachte, bezeugen die Knochen und die Asche zahlreicher Opfertiere, welche die Archäologen im Bauschutt feststellten.

In der zweiten Baustufe wurde indessen nicht allein der Altar erneuert, vielmehr entstand nun – wenn man N. GLUECK folgt: kurz vor der Zeitenwende – die eigentliche, in ihrer Struktur bis heute erhaltene Tempelanlage von Khirbet et-Tannur. Eine Plattform erhöhte den Altar, ein nahezu quadratischer Schrein schloß sich um diese Plattform, und ein gepflasterter rechteckiger Hof wiederum umgab den Schrein. Dazu kamen auf der Nord- und auf der Südseite Kolonnaden und Nebenräume, von denen drei als Triklinien, als Bankettgemächer für Ritualmahle (vgl. S. 353), ausgeführt waren.

Damit folgt Khirbet et-Tannur dem Baumodell des nabatäischen ›Zentraltempels‹, der in Wadi Rum oder im Löwen-Greifen-Tempel von Petra weitere wichtige Beispiele hat. An die altnabatäische Felsarchitektur des Großen Opferplatzes auf dem peträischen Zibb Atuf (vgl. S. 374) erinnert Tannurs Westorientierung, die den Hochaltar und die Ostfassade des inneren Schreins der aufgehenden Sonne aussetzt. Von besonderer religiöser Bedeutung waren in diesem Zusammenhang offenbar die beiden Äquinoktien im Frühling und Herbst, die von den Nabatäern feierlich begangen wurden.

In der dritten Phase, von N. GLUECK ins frühe 2. Jh. n. Chr. datiert, blieb die architektonische Konzeption der zweiten Stufe erhalten, doch wurde der Tempelkomplex, den bis dahin vielleicht Betyle schmückten, nun mit neuen, figürlichen Idolen ausgestattet: Die Ostfassade des Schreins, durch vier Halbsäulen ohnehin besonders hervorgehoben, trug jetzt sechs Medaillons mit Götterdarstellungen. Identifizierende Bildbeischriften fanden sich nicht, nach der Art der Präsentation lassen sich aber Hadad-Zeus als männlicher Hauptgott (vgl. die Abb. auf S. 351, rechts) und Atargatis-Aphrodite als Haupt- und wohl auch als Schutzgöttin des Tempels unterscheiden. Der Atargatis waren dabei gleich zwei Darstellungen gewidmet: Einmal ist sie als Delphingöttin, einmal als Getreidegöttin gestaltet.

Alle diese Reliefs (heute im Archäologischen Museum von Amman und im Cincinnati Art Museum, USA), darunter auch eine Tyche im zweigeteilten Zodiak, verweisen in der Gestaltung der Augen – überproportioniert nach Art der Betyle – und des Haars noch auf altnabatäisch-orientalische Bildtraditionen. Von daher erscheint fragwürdig, ob sie tatsächlich dem 2. Jh. n. Chr. entstammen, einer Zeit, zu der Nabatäa sich bereits weitgehend dem griechisch-römischen Geschmack angeschlossen hatte.

Seit 1984 gräbt eine französische Gruppe um C. F. VILLENEUVE in **Khirbet edh-Dharih** (bei den lokalen Beduinen als Siddar bekannt), einem Platz ca. 6 km nach dem Tannur-Abzweig (s. o.). Links der Straße, jenseits – oberhalb – des Flußbetts erblickt man antike Mauern. Ein Aufstieg dorthin ist lohnend; am besten überquert man das Wadi Laban zu Fuß.

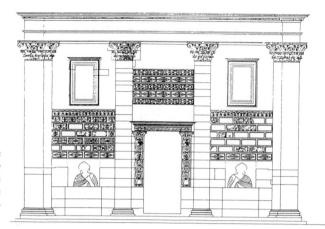

Fassade des nabatäischen Tempels von edh-Dharih in der Rekonstruktion von F. Larché(nach Studies in the History and Archaeology of Jordan IV)

Einst erhob sich in Dharih, weithin sichtbar vom Karawanenweg her, dem die moderne Straße folgt, innerhalb eines trapezoiden Temenos ein nabatäischer Tempel, errichtet wohl im 1. Jh. v. Chr. Der Grundriß der Anlage ist gut erkennbar, der von Säulen gesäumte Hof des Allerheiligsten heute teilweise restauriert, wobei die herzförmigen Ecksäulen auffallen.

Südlich des Tempelbezirks staffelten sich hangwärts die Bauten eines nabatäischen Dorfes, zu dem eine freigelegte Ölmühle ebenso gehörte wie ein Friedhof, der als Sehenswürdigkeit ein eigentümliches Grab mit sechs lotrechten Schächten und vier Bestattungen je Schacht freigegeben hat.

Die Ausgrabungen dauern an; die Vorergebnisse konnten hier nur skizzenhaft wiedergegeben werden.

Tafila, Sela und Buseira

Tafila, ein großes, langgestrecktes Dorf von etwa 7000 Einwohnern, liegt etwa 25 km südlich des Wadi el-Hesa unmittelbar an der Königsstraße. Es bildet den Mittelpunkt eines der wenigen reichen Agrargebiete Südjordaniens (Olivenhaine, Obstgärten).

Mit ihren ganzjährig sprudelnden Quellen kam der Tafila-Region gewiß schon im eisenzeitlichen Edom Bedeutung zu, nur die Gegend um Tawilan/Wadi Musa (vgl. S. 358) besaß annähernd günstige landwirtschaftliche Voraussetzungen. Ob Tafila mit der Ortschaft Tofel in 5. Mose (Deuteronomium) 1,1 gleichzusetzen ist, können nur Ausgrabungen erweisen.

Die Kreuzritter unterhielten in Tafila einen Stützpunkt; das einfache, rechteckige Gebäude auf einem Geländesporn ca. 200 m westlich der großen Straßenkreuzung dürfte der Überrest dieser Wehranlage sein.

KÖNIGSSTRASSE: KHIRBET ES-SELA / BUSEIRA / SHOBEQ

In der Zeit des arabischen Aufstandes spielte Tafila noch einmal eine politische Rolle. Auf einer Ebene nahe dem Dorf gewann T. E. LAWRENCE – in der einzigen regulären Schlacht seiner militärischen Laufbahn – die Oberhand über osmanische Truppenverbände.

Ein Besuch von **Khirbet es-Sela** kommt einer kleinen Entdeckungsreise gleich. Bei Ain el-Beidha, ca. 8 km südlich von Tafila, muß man die Königsstraße in Richtung auf das westlich gelegene Dorf es-Sela verlassen (4 km; ausgeschildert). Von diesem Ort zweigt, wiederum westlich, eine kaum mehr befahrbare Piste ab, die zunächst steil hangabwärts verläuft und sich schließlich an einer Felswand mit kleiner Höhle verliert. Über einen Pfad, der kurz darauf westwärts abzweigt, gelangt man an den Fuß des Bergstocks, wo ein steiler Aufstiegsweg beginnt.

Nelson GLUECK charakterisierte Khirbet es-Sela 1936 mit den Worten: »Die Stätte ist ein Petra im kleinen«. Aber erst Manfred LINDNER, der Sela zwischen 1969 und 1980 fünfmal besuchte, konnte eine kompetente Beschreibung liefern und anhand von Keramikfunden auch richtigstellen, daß auf dem Felsstock seit dem 3. vorchristlichen Jahrtausend und bis in mamlukische Zeit gesiedelt wurde – allerdings offenbar nur in den Notzeiten der Region. Die Nabatäer waren also nicht die ersten und auch nicht die letzten, die sich auf die »antike Fliehburg« (M. LINDNER) Khirbet es-Sela zurückzogen, unverkennbar aber zeigt das Gipfelplateau Eigentümlichkeiten ihrer Felsarchitektur. Zwischen steinernen »Kissen, Polstern und Kegeln mit dazwischen liegenden Schluchten, Gräben und Gassen« (M. LINDNER) kann man auf es-Sela vielfältige Abtreppungen, birnenförmige Zisternen, Wasserleitungen, Reste von Felshäusern, eine geschwärzte Höhle mit ›Gottesthron‹ und eine Idolnische erkennen. Der Aufstieg zur Gipfelfläche erfolgt von Osten her über einen langen Treppenaufgang, von den Einheimischen Khandaq genannt, und führt abschließend durch ein Felstor, das zusätzlich durch Mauern gesichert war (Abb. 56). Selas natürliche Stärke und solche Befestigungen unterstreichen Manfred LINDNERs Frage, ob der Felsen vielleicht mit jenem frühnabatäischen Rückzugsberg und Warenlager gleichzusetzen ist, von dem DIODOR spricht (vgl. S. 335): »Wäre es-Sela – und nicht Umm el-Biyara, wie andere meinen – die von Diodorus Siculus überlieferte Fliehburg des Jahres 312 v. Chr., dann würde das Fehlen von Inschriften, Betylen, bemalter Keramik und nabatäischer Beilung nicht überraschen«.

Das Dorf **Buseira** liegt ca. 3 km westlich der Königsstraße; von Tafila ist es ca. 25 km, von es-Sela in der Luftlinie nur etwa 5 km entfernt. Die günstige Lage am Südrand der fruchtbaren Tafila-Region, aber auch die Nähe zu dem bedeutenden Verhüttungszentrum Punon (Fenan) in der Araba gaben der Ortschaft offenbar früh eine hervorragende Stellung und lassen ihre Identifizierung mit dem biblischen Bozra zu.

Dieses Bozra wird in 1. Mose (Genesis) 36, 33 als Vaterstadt des edomitischen Königs JOBAB genannt; der Prophet AMOS (1,12) droht »Bozras Palästen« den Untergang an, der Prophet JESAJA (34, 6) verkündet der Stadt ein göttliches Blutgericht, und JEREMIA prophezeit (49, 21–22), »von Edoms dröhnendem Fall« werde auch Bozra nicht verschont bleiben.

Das Terrain, auf dem dieses alte Bozra zu suchen ist, erstreckt sich nördlich des heutigen Dorfes, jenseits der modernen Schule. Überragt wird es von einem niedrigen Siedlungshügel, der ›Akropolis‹ von Bozra. Auf diese ›Akropolis‹ konzentrierte sich seit Sommer 1971 das Ausgrabungsteam der Edom-Spezialistin Crystal-M. BENNETT von der British School of Archaeology, und zwar mit bemerkenswerten Resultaten: Erstmals kamen auf jordanischem Boden Bauwerke – Tempel oder Paläste, vielleicht auch Verwaltungsgebäude – zutage, die in ihrer Konzeption offenbar neoassyrischen Einfluß zeigen und im 8. oder 7. Jh. v. Chr. entstanden sein könnten. Vielleicht diente die Akropolis zu jener Zeit einem assyrischen Gouverneur als Residenz und Regierungssitz, eine Umfriedungsmauer grenzte die Höhe gegen die etwas tiefer gelegenen Terrassen mit den Wohnhäusern der edomitischen Bevölkerung ab. Aus den assyrischen Annalen wie auch aus dem Alten Testament wissen wir vom Wirken solcher Gouverneure in den neueroberten Gebieten des Nahen Ostens. Vom Großkönig persönlich eingesetzt, hatten sie Tribute einzutreiben, eine effektvolle Verwaltung zu organisieren und die einheimische Bevölkerung zu kontrollieren – in den transjordanischen Gebieten zusätzlich sicher auch über die Stämme Nordwestarabiens zu wachen.

Shobeq

Nach Kerak (vgl. S. 318 ff.) und neben Qalaat er-Rabad (vgl. S. 194 ff.) ist Shobeq die eindrucksvollste mittelalterliche Burg Jordaniens. BALDUIN I., König von Jerusalem, ließ sie 1115 als Zentralfeste auf einem kegelförmigen, bis dahin unbesiedelten Berg unweit der Königsstraße errichten. Montreal, Mons Regalis oder Mons Realis – Königsberg also – nennen die abendländischen Quellen diesen ersten Kreuzritter-Sitz in Oultrejourdain. In der Folge wurde er zum Glied des fränkischen Sicherheitskordons zwischen Kerak und Ela/Aqaba, zwischen Totem und Rotem Meer: Mit der 1142 entstandenen Burg Kerak hielt Montreal über den Posten Tafila (vgl. S. 329) Verbindung, in Richtung Aqaba schlossen die Stützpunkte Hormoz, Li Vaux Moyse und Sela die fränkische Verteidigungslinie.

Die Wahl des Burgstandorts war wohlbegründet: Von Shobeq aus konnten die Christen zwei wichtige Ost-West-Passagen hinunter zur Araba kontrollieren, zugleich genoß die Festung – in den Worten des fränkischen Chronisten WILHELM VON TYRUS – »die Vorteile eines fruchtbaren Bodens, der Korn, Wein und Öl im Überfluß hervorbrachte«.

Für den heutigen Besucher ist dieser letzte Vorzug nicht ohne weiteres einsichtig – ihm prägen sich in der engeren Umgebung von Shobeq vielmehr Brachland und kahle, windgepeitschte Hügel ein, doch besitzt die Ebene nordwestlich der Burg auch heute noch zwei reiche Dörfer (Khureiba und Muqariya) inmitten wohlbestellter Felder, außerdem etliche Weiler und Einzelgehöfte. Selbst das ärmliche Dorf am Fuße des Festungsberges muß einmal bessere Tage gesehen haben: Als der Pilger LUDOLF VON SUCHEM den alten Kreuzritterstützpunkt im frühen 14. Jh. besuchte, lebten und wirkten hier an die 6000 Menschen, Christen zumeist und als solche vielleicht Nachkommen der fränkischen Burgmannschaften. Und sie lebten anscheinend nicht schlecht, denn der Moslem ABU AL-FIDA, der sich einige Jahr-

KÖNIGSSTRASSE: SHOBEQ

Turm am Eingang der Burg Shobeq, geschmückt mit mittelalterlichen arabischen Inschriften (Zeichnung: U. Clemeur)

zehnte vor LUDOLF in Shobeq aufhielt, rühmt nachdrücklich die üppigen Gärten der Gegend: »Die Aprikosen und das übrige Obst, das hier angebaut wird, sind von ganz vortrefflichem Geschmack und werden sogar nach Ägypten ausgeführt«.

Als Kreuzritterburg bestand Montreal nur zwischen 1115 und 1189. Erster Burgherr war ROMAN VON LE PUY, sein Nachfolger PAYEN LE BOUTEILLER residierte ab 1142 in Kerak. Von SALADIN erobert, blieb die Festung 70 Jahre in ayyubidischer Hand. AL-MUAZZAM ISA herrschte als Gouverneur der Region zwischen 1197 und 1226 auf Shobeq, verstärkte die Mauern, ließ ihnen Inschriftensteine einlegen und verschönerte die Burganlage durch Gärten – so jedenfalls berichtet uns IBN SHADDAD, ein arabischer Historiker des 13. Jh. Auch schenkte der ayyubidische Gouverneur der von ihm bevorzugten Residenz eine bemerkenswerte Palastanlage.

Für die Mamluken wiederum, die Shobeq ab 1262 zum Verwaltungszentrum im südjordanischen Raum bestimmten, bedeutete die Burg zu einer Zeit, als die Kreuzfahrer noch immer die palästinische Küste behaupteten, das »Tor nach Großsyrien«, wie Robin M. BROWN es formuliert, der seit 1986 auf Shobeq gräbt und recherchiert. Weitere historische Veränderungen gehen auf die militärischen Aktionen des Osmanen IBRAHIM PASHA (19. Jh.) und Shobeqs Zivilbesiedlung im 20. Jh. zurück, als sich etwa ein Dutzend Bauernfamilien in den Ruinen einquartierten.

Ohne Zweifel stammen die Mauern der heutigen Burgruine zum großen Teil aus der ayyubidischen Epoche, und selbst eindeutig christliche Elemente innerhalb der Festungsarchitektur – etwa die beiden **Kirchen** oberhalb des Eingangstors bzw. in einem Souterrain-Raum ca. 150 m südlich oder einzelne Kreuzzeichen an den Wänden – müssen nicht zwangsläufig den Kreuzfahrern zugeschrieben werden, denn auch die moslemische Siedlung Shobeq besaß ja einen starken christlichen Bevölkerungsanteil. Zu einem späteren Zeitpunkt hat man den linken Teil der alten Kirche freilich zur **Moschee** umgewidmet, bis vor wenigen Jahren war ihr Mihrab noch erhalten. Auch die erwähnte unterirdische **Palastanlage** mit Vier-Iwan-Raum sowie ein **Bad** tragen Züge ayyubidischer Architektur.

Mit Sicherheit ist allerdings der berühmte **Brunnenschacht** von Shobeq eine fränkische Bauleistung: 356 Stufen führen ins Innere des Festungsberges, hinunter zu einer Wasserader. Dieser Treppenweg kann auch heute noch begangen werden (erforderlich ist eine starke Taschenlampe), das Becken in der Tiefe enthält nach wie vor Wasser. Die Bedeutung der erstaunlichen Anlage, die innerhalb der Kreuzritterarchitektur wohl ohnegleichen ist, liegt auf der Hand: Belagerer konnten nicht darauf hoffen, daß Wassermangel die Eingeschlossenen zur Aufgabe zwang. Tatsächlich hat sich Montreal 1188/89, bedrängt von SALADINS ayyubidischen Verbänden, sichtlich länger halten können (bis April/Mai 1189) als Kerak, die eigentliche Hauptburg Oultrejourdains.

Petra – Hauptstadt der Nabatäer

Eine Wanderung durch den Talkessel von Petra mit seinen unzähligen Grabfassaden gehört zu den großen Erlebnissen im Nahen Osten. Von der Felswüste, in der die antike Stadt sich verbirgt, geht dabei kaum geringerer Reiz aus als von den außergewöhnlichen, ›unorthodoxen‹ Denkmälern. Als »rosarote Stadt, halb so alt wie die Zeit« hat J. W. Burgon Petra bezeichnet, den »Sarkophag einer uralten Zivilisation« nannte sie G. L. Robinson. Die Aura des Geheimnisvollen ist Petra geblieben – trotz aller archäologischen Aufhellung und gegen alle touristische Betriebsamkeit. Allein schon, daß man den Sik, eine lange, enge Felsschlucht, passieren muß, ehe das Stadtgebiet von Petra sich öffnet, weckt und steigert Erwartungen. Sie werden nicht enttäuscht, wenn die zugleich monumentale und grazile Fassade der Khazne Firaun, des ›Pharao-Schatzhauses‹, rötlich zwischen den dunklen Steinwänden am Ausgang des Sik hervortritt (Abb. Umschlagvorderseite).

Petra ist keine Stätte für einen Kurzbesuch. Will man auch nur die wichtigsten Denkmäler mit ein wenig Muße erleben und landschaftliche Eindrücke sammeln, benötigt man wenigstens zwei Tage. Selbst ein wochenlanger Aufenthalt aber vermag die Schönheit und Vielfalt der antiken Stätte nicht auszuschöpfen.

Die Nabatäer

Petra war Hauptstützpunkt und später Königsstadt der Nabatäer, eines Wüstenvolkes, dessen Karawanen die begehrten Güter Südarabiens, vor allem Weihrauch und Myrrhe, daneben u. a. Aloe, Kassia und Zimt, in den Mittelmeerraum transportierten. Das früheste gesicherte Datum der nabatäischen Geschichte, das Jahr 312 v. Chr., ist mit den Diadochenkriegen verbunden (s. u.). Gestützt auf die Angaben verschiedener antiker und spätantiker Autoren, dazu auf etwa 3000 nabatäische Inschriften, läßt sich für die Folgezeit – zumindest annäherungsweise – das historische Geschick des arabischen Volkes rekonstruieren. Letztes Lebenszeichen der Nabatäer ist eine Inschrift des Jahres 328 n. Chr.

Woher stammt nun jenes Volk, unter welchen historischen Umständen übernahm es den Südarabien-Handel, und wann ließ es sich in Petra, in Edom und im Negev nieder? Manches spricht für folgenden geschichtlichen ›Dreischritt‹: Die Nabatäer sind *erstens* Nachfahren jenes biblischen Volkes Nebajot (oder Nebajoth), das »Ägypten gegenüber« in »Siedlungen und Zeltlagern« lebte und Schafe hielt (vgl. 1. Mose [Genesis] 25, 12–18; 1. Chronik 1, 29; Jesaja 60, 7); *zweitens* sind sie mit jenen Nabaitaya (Nabaati, Nabaiti) identisch, die in assyrischen Dokumenten des 8. und 7. Jh. v. Chr. als Araberstamm verzeichnet werden; *drittens* entzogen sie sich der neubabylonischen Kontrolle Nordarabiens (Zeit des NABONIDUS) durch Abwanderung nach Westen, Richtung Rotes Meer und Richtung Edom, wo sie zu Zwischenhändlern an der Weihrauchstraße avancierten und sich – in der Eigenbezeichnung Nabatu – schließlich auch staatlich organisierten. Was diesen ›Dreischritt‹ besonders plausibel macht, die formale Namensähnlichkeit der Ethnien, wirft unter linguistischem Aspekt allerdings erhebliche Probleme auf. Wie zuerst Eduard GLASER (1890) und zuletzt und besonders nachdrücklich Jean STARCKY (1966) vertreten haben, ist eine Umlautung, ein Übergang von den älteren, biblisch-assyrischen Namensformen zu der Bezeichnung Nabatu sprachgeschichtlich unwahrscheinlich. Wie es scheint, bleibt hier vorerst nur der Rückzug auf die Formel einer »dunkle(n) Zeit nabatäischer Geschichte« (I.P. ROSCHINSKI).

Gesellschaftliche Entwicklungsstufen

Der erste historische Bericht über die Nabatäer findet sich in der ›Universalgeschichte‹ des sizilianischen Historikers DIODORUS, eines Zeitgenossen CAESARS. Als seinen Gewährsmann nennt DIODOR einen gewissen HIERONYMUS von Kardia, der als hoher Beamter des Diadochen ANTIGONOS MONOPHTHALMOS zeitweise die Aufsicht über die Bitumengewinnung am Toten Meer innehatte (vgl. S. 153). In dieser Funktion muß er die Nabatäer, die ebenfalls Asphalt aus dem See bargen, gut gekannt haben. Zudem war HIERONYMUS Augenzeuge der Ereignisse von 312 v. Chr., als ANTIGONOS zweimal Truppen gegen die Nabatäer schickte – vielleicht, um einen bevorstehenden Ägyptenfeldzug an der Ostflanke zu sichern. Der erste Angriff endete nach einem Anfangserfolg mit einer vernichtenden Niederlage des Griechenheers: Von den 4000 Fußsoldaten und 600 Kavalleristen konnten nur 50 Mann entkommen. Den zweiten Angriff trug noch im selben Jahr ANTIGONOS' Sohn DEMETRIOS, genannt Städtebezwinger, gegen die Araber vor. Sein Versuch, den nabatäischen Stützpunkt im Sturm zu nehmen, scheiterte, eine Belagerung versprach keinen schnellen Erfolg, und so ging der Griechenfürst auf einen Vermittlungsvorschlag der Nabatäer ein und gab sich mit Geiseln und reichen ›Geschenken‹ zufrieden.

Wichtiger als die militärische Episode ist das Bild, das HIERONYMUS/DIODOR vom Leben der »nicht viel mehr als zehntausend« Nabatäer zeichnen: Die Araber besitzen keine festen Häuser und treiben weder Acker- noch Gartenbau; ihre Kamele und Schafe lassen sie in der Wüste weiden, die ihnen zugleich als Rückzugsgebiet dient, wenn feindliche Heere nahen; denn nur die Nabatäer kennen die wenigen Wasserstellen und vermögen in der Öde zu bestehen; Geschick zeigen sie auch bei der Anlage von Brunnen und verdeckten Zisternen; ihre Haupteinnahmen ziehen sie aus dem Verkauf von Asphalt und dem Handel mit Weih-

PETRA: NABATÄER (GESELLSCHAFT/HERRSCHAFTSFORM)

Münzbild des Demetrios Poliorketes, Sohn des Diadochen Antigonos Monophthalmos, der 312 v. Chr. den ›Felsen‹ der Nabatäer angriff (nach: H. Kreißig)

rauch, Myrrhe und seltenen Gewürzen, die aus »Arabia Eudaemon« stammen; gelegentlich unternehmen sie auch Raubzüge in die benachbarten Gebiete.

Einen ganz anderen Eindruck vermittelt STRABOS »Geographie«. Auch STRABO kann sich auf gute Quellen berufen – u. a. auf die Beschreibungen des ARTEMIDOR von Ephesus, der das Nabatäergebiet persönlich bereist hatte – und schildert dasselbe Volk. Doch seit dem Bericht des HIERONYMUS sind 300 Jahre vergangen, STRABOS Angaben über Lebensweise und gesellschaftliche Verhältnisse der Nabatäer (vgl. den Text S. 337) führen in die Jahrzehnte um die Zeitenwende. Sie zeigen ein wohlsituiertes Volk mit institutionalisiertem religiösen Brauchtum. Acker- und Gartenbau sind neben die traditionelle Viehzucht getreten, feste Häuser haben die Zeltlager abgelöst. Der Handel blüht, das ›Besitzdenken‹ ist ausgeprägt, auch eine Tendenz zur Prunkentfaltung hat sich entwickelt. Bis zur römischen Annexion dürfte das Leben Nabatäas in den hier angedeuteten Bahnen verlaufen sein.

Herrschaftsform und Reichsstruktur

STRABOS/ARTEMIDORS Bericht weist das Nabatäa jener Zeit als autokratisch geführten Staat, als Königreich aus. Dieses monarchische Regime muß sich im Laufe des 2. Jh. v. Chr. entwickelt haben, in fließendem Übergang aus beduinischer Stammesorganisation und Scheichtum. Als erster Nabatäerkönig gilt jener ARETAS, der im zweiten Makkabäerbuch (5, 8) als »Fürst (oder: »Alleinherrscher«) der Araber« genannt wird – derselbe wohl, den die früheste bekannte nabatäische Inschrift (aus Elusa im Negev) würdigt. Indessen geht aus dem biblischen Kontext hervor, daß sein Volk zu dieser Zeit (um 169 v. Chr.) noch weitgehend beduinisch lebte – in 2. Makkabäer 12, 12 heißt es lapidar: »Die Araber (...) zogen sich zu ihren Zelten zurück«.

In der Folgezeit machte sich in Anspruch und Gestus der nabatäischen Herrscher die Ausstrahlung der hellenistischen Monarchien deutlicher bemerkbar: ARETAS III. legte sich den Beinamen Philhellenos (d. h. Griechenfreund) zu, OBODAS III. wurde nach seinem

Strabo über die Nabatäer

»Die Hauptstadt der Nabatäer ist das sogenannte Petra, denn sie liegt auf einer zwar übrigens gleichmäßigen und ebenen, aber rings von Felsen umschlossenen Fläche, die auswärts schroff und steil abfällt, nach innen aber reiche Quellen sowohl zum häuslichen Gebrauche als zum Bewässern der Gärten enthält. Außerhalb ihrer Mauer ist meist wüstes Land, besonders gegen Judäa hin.

Die Nabatäer sind mäßig und erwerbsam, so daß selbst von Staats wegen dem, der sein Vermögen vermindert, Strafen, dem aber, der es vermehrt, Belohnungen bestimmt sind. Da sie wenige Sklaven haben, werden sie meist von Verwandten bedient oder gegenseitig voneinander, oder sie bedienen sich selbst; und sogar bis zu den Königen erstreckt sich diese Sitte. Sie veranstalten Gastmähler (immer) für dreizehn Personen, und bei jedem Gastmahle sind zwei Musiker zugegen. Der König aber hält in einem großen Saale fortwährend viele Trinkgelage. Niemand jedoch trinkt mehr als elf Becher und immer aus einem anderen goldenen Trinkgefäß. Der König ist auch so herablassend, daß er neben der Selbstbedienung sogar auch den übrigen gegenseitige Bedienung leistet. Oft legt er auch vor dem Volke Rechenschaft ab; bisweilen wird selbst sein Lebenswandel untersucht. Die Wohnungen sind von kostbarem Gestein und die Städte des Friedens wegen nicht ummauert. Das Land ist größtenteils fruchtbar, mit Ausnahme des Olivenöls; man bedient sich aber des Sesamöls. Die Schafe sind weißwollig, die Rinder groß; der Pferde ermangelt das Land, Kamele aber ersetzen ihren Dienst. Die Leute gehen einher ohne Leibröcke in Schürzen und Pantoffeln, selbst die Könige, diese jedoch in Purpur. Einige Waren dürfen ganz frei eingeführt werden, andere aber gar nicht, sowohl aus anderen Gründen, als besonders weil sie einheimisch sind, wie Gold, Silber und die meisten Gewürze. Kupfer aber und Eisen, ferner Purpurgewänder, Storax, Safran und weißer Zimt, erhabene Bildwerke, Gemälde und plastische Kunstwerke sind nicht einheimisch. Die Leichname achten sie dem Miste gleich, wie Heraklitus sagt: *Leichname sind verwerflicher als Mist.* Deshalb verscharren sie sogar die Könige neben den Miststätten. Sie verehren die Sonne, indem sie auf dem Hause einen Altar errichten, auf welchem sie am Tage Trank- und Rauchopfer darbringen.«

(STRABO: »Erdbeschreibung«, 16. Buch, 779 und 783/784); Übersetzung des 19. Jh. [A. FORBIGER])

Tode zum Gott erklärt, und noch RABEL II., der letzte König vor Nabatäas Einverleibung in das Römische Reich, ließ sich nach den Gepflogenheiten des ptolemäischen und seleukidischen Herrscherkults als Erretter feiern, »der seinem Volk Leben und Erlösung brachte«.

Die nabatäische Orientierung am griechischen Königtum, wie sie auch bei STRABO deutlich wird (s. o.), kann allerdings nicht über die gravierenden Unterschiede in Herrschaftsform und staatspolitischer Organisation hinwegtäuschen: Nabatäa war zu keiner Zeit ein ›normales‹ hellenistisches Kleinreich. So besaß es etwa – trotz einiger Wachtstationen zur Syrisch-Arabischen Wüste hin – keine Landesgrenzen im eigentlichen Sinne, auch waren die Nabatäer in ihrem ›Reichsgebiet‹ nie das einzige, in vielen Landstrichen nicht einmal das zahlenmäßig dominierende Volk (vgl. S. 255). Womit sich die Frage stellt, ob sie in den eher nominellen Reichsterritorien als Besatzer, als Herrenschicht auftraten. Dagegen spricht, daß

PETRA: NABATÄER (HERRSCHAFTSFORM / AUSSENPOLITIK)

Zwei Münzporträts nabatäischer Könige: Malichus I. (links) und Aretas IV. (Zeichnungen: U. Clemeur)

von innenpolitischem Widerstand, von sozialen Unruhen und Revolten in Nabatäa so wenig bekannt ist wie von militärischem Durchgreifen gegen die Zivilbevölkerung und ihr auferlegten Steuerlasten. Im Gegenteil: Von den ituräischen Arabern aus dem Anti-Libanon bedroht, riefen die Einwohner von Damaskus die Nabatäer im Jahre 84 v. Chr. als Schutzmacht in die Stadt. Die Wohlgelittenheit des Händlervolkes wird auch daran deutlich, daß es seine Tempel in Gebieten errichten konnte, die nicht unter politischer Kontrolle standen. »Es scheint, daß wir uns im Falle der Nabatäer einem neuen und bis jetzt noch kaum begriffenen Phänomen gegenüber finden, dem Phänomen der Entstehung eines Karawanenstaats nämlich...« (A. NEGEV).

Die nabatäischen Könige

ARETAS I. (ḤARITAT I.)	um 169 v. Chr.
ARETAS II. (ḤARITAT II.)	ca. 120/110 – ca. 96 v. Chr.
OBODAS I. ('ABADAT I.)	ca. 96–87 v. Chr.
RABEL I. (RABB'IL I.)	ca. 87 v. Chr.
ARETAS III. (ḤARITAT III.)	87–62 v. Chr.
OBODAS II. ('ABADAT II.)	62–60 v. Chr.
MALICHUS I. (MĀLIK I.)	60–30 v. Chr.
OBODAS III. ('ABADAT III.)	30–9 v. Chr.
ARETAS IV. (ḤARITAT IV.)	9 v. Chr. – 40 n. Chr.
MALICHUS II. (MĀLIK II.)	40–70 n. Chr.
RABEL II. (RABB'IL II.)	70–106 n. Chr.

(In Klammern jeweils die nabatäische Namensform [nach: H. P. ROSCHINSKI]; ein König RABEL I. ist wahrscheinlich, aber historisch nicht eindeutig gesichert.)

Münzbild des Rabel II. (nach: Schmitt-Korte)

Die besondere ökonomische Verfassung Nabatäas bedingte eine ungewöhnliche Innenpolitik. Seit dem 2. Jh. v. Chr. hatten sich die Nabatäer zwar in festen Siedlungen niedergelassen, doch waren sie dabei Händler und Viehzüchter geblieben, nabatäische Ackerbauern dürften in der Minderzahl gewesen sein. Erst kurz vor dem Verlust der politischen und Handelshoheit an Rom im Jahre 106 n. Chr. scheint sich dies auf Betreiben des Königs RABEL II. geändert zu haben. Vielleicht erklärt sich eben daraus die hohe Wertschätzung RABELS als ›Lebensretter‹ seines Volkes (vgl. S. 337); er wäre dann jener Herrscher, der eine Versorgungskrise bewältigte, indem er die Nabatäer zu verstärkter Aufnahme der Landwirtschaft veranlaßte. Folgt man dieser Argumentation, die Avraham NEGEV zur Diskussion stellte, so ergibt sich für die vorausgehenden Jahrhunderte eine Art Arbeitsteilung, eine ›symbiotische‹ Koexistenz der Nabatäer mit den nicht-nabatäischen, Ackerbau treibenden Bevölkerungsteilen: Die Araber besorgten den Handel und waren mit ihren beweglichen Kamelreitertruppen für den militärischen Schutz zuständig, die bäuerliche Bevölkerung überließ den reichen Kaufleuten ihre Gemüse-, Obst- und Getreideüberschüsse.

Außenpolitische Entwicklungslinien

Das Wort vom ›Karawanenstaat‹ lenkt die Aufmerksamkeit auf den Handelsgewinn als Triebkraft der nabatäischen Zivilisation. Alle militärische und politische Aktivität Nabatäas, der Einsatz der Kamelkavallerie ebenso wie die diplomatische Intervention, hatte den wirtschaftlichen Erfordernissen zu genügen, auch wenn gewiß nicht jede einzelne Staatsaktion auf ein kommerzielles Diktat zurückzuführen ist.

Von den südarabischen Lieferanten einmal mit dem Zwischenhandel im Norden der Arabischen Halbinsel betraut, schufen die Nabatäer entlang ihres Abschnitts der Weihrauchstraße einen Sicherheitskordon mit Wachtposten und bewachten Wasserstellen oder Brunnen. Die Übernahme der ›Wohlgerüche Arabiens‹ erfolgte in der Transitstation Hegra (= Medain Salih), und zwar zunächst aus den Händen der südarabischen Minäer, später der Dedaniter/Lihyaniter aus der Oase Dedan (el-Ula). Die Bedeutung Hegras unterstreichen knapp 80 Fassadengräber, von denen um die 30 Inschriften besitzen, nicht selten mit Angaben über die Grabinhaber.

PETRA: NABATÄER (AUSSENPOLITIK)

Noch einen zweiten Handelsweg, die Karawanenstraße durch das Wadi Sirhan, sicherten die Nabatäer – wohl in hellenistischer Zeit – als ›Korridor‹; andere, zum Teil ebenfalls überwachte Routen verliefen von Aqaba durch das Wadi el-Araba und entlang der heutigen Wüstenstraße nach Petra. Das Kerngebiet der Araber befand sich in Edom, ein zweiter Schwerpunkt im Negev –, dort also, wo wichtige Handelswege zusammenliefen und die indo-arabischen Güter in Warendepots auf den Endtransport ans Mittelmeer – zu den Häfen Rhinocolura (heute: el-Arish) und Gaza – warteten. Der zentrale Handelsposten Petra entwickelte sich allmählich auch zum politischen Zentrum, zur Königsstadt.

Räuberische Beduinen abzuwehren hatten die Nabatäer gelernt, in ernste Bedrängnis brachte sie aber das wirtschaftspolitische Engagement des Ptolemäerreiches, welches den Südarabienhandel an sich zu ziehen suchte. PTOLEMAIOS II. PHILADELPHOS (reg. 285–246 v. Chr.) verfolgte dabei eine Doppelstrategie. Einerseits griff er nach dem Roten Meer: Er ließ dessen Schiffbarkeit erkunden, verband es durch einen Kanal mit dem Nil, besetzte die nordwestarabische Küstenregion und gründete südlich von el-Wejh den ptolemäischen Handelshafen Ampelone. Andererseits trachtete er, die Nabatäer vom Mittelmeerraum abzuschneiden, indem er in Palästina, aber auch im Ostjordanland (wo zu diesem Zweck das alte Rabbath Ammon als Philadelphia neu belebt wurde; vgl. S. 89) Militär stationierte; Ziel war es, den verbleibenden nabatäischen Gütertransport auf den ptolemäisch kontrollierten Mittelmeerhafen Gaza zu lenken.

Eine Form des nabatäischen Widerstands gegen Alexandria war im 2. Jh. v. Chr. die Seeräuberei. AGATHARCHIDES, wie HIERONYMUS von Kardia (vgl. S. 335) ein Gewährsmann des DIODOR, berichtet von arabischen Piratenstücken im Golf von Aqaba, aber auch von ptolemäischen Strafexpeditionen (vgl. S. 444). Mindestens so wichtig wie solche räuberische ›Selbsthilfe‹ erscheint die vorsichtige Annäherung der Nabatäer an die Seleukiden, die großen hellenistischen Rivalen des ägyptischen Reiches. Umgekehrt war zumindest dem Seleukiden ANTIOCHOS III. (reg. 223–187 v. Chr.) an Unterstützung seitens der nabatäischen Kamelreiterei gelegen.

Die schwere seleukidische Niederlage gegen Rom (189 v. Chr. bei Magnesia ad Sipylum) leitete zu einer neuen Machtkonstellation auch und gerade im Nahen Osten über. Zu ihren Spätfolgen gehört, ausgelöst durch Maßnahmen des vierten ANTIOCHOS (vgl. S. 36), die Begründung eines autonomen jüdischen Staates in Palästina, beherrscht durch das Makkabäer- bzw. Hasmonäerhaus. Schien es anfangs, als könnte auch Nabatäa von der seleukidischen Entkräftung profitieren (Ausbreitung der Araber in das Gebiet von Amman), so spitzte sich die politische Situation Anfang des 1. nachchristlichen Jahrhunderts bedrohlich zu: Der Hasmonäer ALEXANDER IANNÄUS (reg. 103–76 v. Chr.) nahm den für Nabatäa so wichtigen Mittelmeerhafen Gaza ein und drängte ins Ostjordanland, während im Norden ein seleukidischer König (ANTIOCHOS XII.) den Rückgewinn der Ammonitis betrieb – der nabatäische Handelsverkehr nach Damaskus war akut gefährdet. Doch bestand Nabatäa

Der nabatäische Einflußbereich um die Zeitenwende (Karte: G. Rebensburg nach K. Schmitt-Korte, bei ▷ M. Lindner)

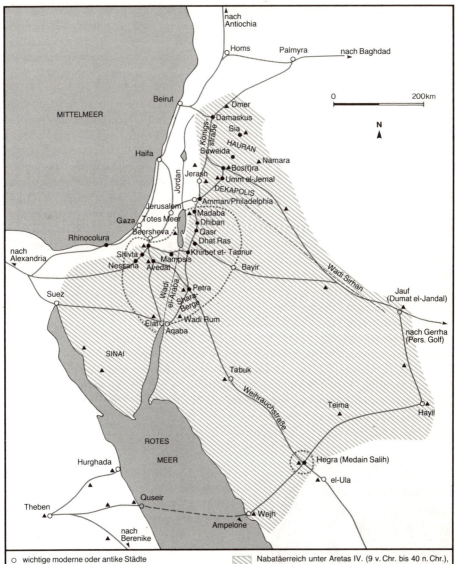

○	wichtige moderne oder antike Städte
•	wichtige Städte und Stätten, bei denen nabatäische Herrschaft sicher belegt ist (heutige Namen)
▲	Fundgebiete nabatäischer Inschriften
—	besonders wichtige Karawanenwege bzw. antike Handelsstraßen

Nabatäerreich unter Aretas IV. (9 v. Chr. bis 40 n. Chr.), ungefähre Ausdehnung

‑‑‑‑‑ Hauptfundgebiet der nabatäischen Feinkeramik (Einzelfunde an anderen Orten unberücksichtigt). Die durchbrochene Linie zwischen Quseir und Wejh bezeichnet eine Transportroute zur See für den Karawanenhandel nach Ägypten

beide militärischen Herausforderungen, schlug – vielleicht unter König RABEL I. – den zwölften ANTIOCHOS und – unter ARETAS III. – das Heer des Hasmonäers. Der ›Karawanenstaat‹ dehnte sich danach kurzfristig (84–72 v. Chr.) bis nach Damaskus aus, mußte andererseits aber in Moab erneut Territorialverluste an ALEXANDER IANNÄUS hinnehmen (82 v. Chr.).

Mit dem Eingreifen Roms veränderte sich das politische Kräftespiel im Nahen Osten grundlegend. Vielleicht hätte Nabatäa aus dem jüdischen Thronstreit nach ALEXANDER IANNÄUS' Tod (76 v. Chr.) Nutzen ziehen können, die italische Großmacht aber traf *ihre* Entscheidungen und wies die Araber in enge Schranken. Während sich Palästina und das Gebiet der Dekapolis römischer Förderung erfreuten und von Zahlungsverpflichtungen weitgehend verschont blieben (vgl. S. 39), bedrohte 62 v. Chr. ein römisches Heer unter M. AEMILIUS SCAURUS Nabatäa und preßte dem ›Karawanenstaat‹ eine bemerkenswert hohe Kontribution (300 Talente Silber) ab – womit zugleich Licht auf den Reichtum Petras fällt.

Der Zeitraum zwischen 75 v. Chr. und etwa 25 n. Chr. bietet sich in den Geschichtswerken des FLAVIUS JOSEPHUS als ein dichtes Gespinst von politischen Intrigen und militärischen Interventionen dar: Die letzten Hasmonäer, HERODES, seine Nachfolger und die Nabatäer lieferten sich unter den Augen Roms (das nach CÄSARS Tod selbst von Machtkämpfen zerrissen war) erbitterte Auseinandersetzungen, in die zeitweise noch die Parther und aus dem ptolemäischen Ägypten KLEOPATRA eingriffen; doch vermochten alle politischen Anstrengungen der römischen Klienten und auswärtigen Interessenten die Einflußsphären nur unwesentlich zu verschieben. Allein HERODES (ca. 73–4 v. Chr.), Judenkönig von Roms Gnaden, profitierte von dem politischen Schwebezustand: 30 v. Chr. konnte er einige Stützpunkte im Ostjordanland (Madaba, Machärus) hinzugewinnen, 23 v. Chr. überließ Kaiser AUGUSTUS ihm die Landstriche Auranitis, Batanäa und Trachonitis südlich Damaskus (vgl. S. 254f.). Durch diese Gebiete verlief freilich eine Hauptader des nabatäischen Handels, und folgerichtig zog Nabatäa alle Register seiner Diplomatie, die zu jener Zeit in SYLLÄUS, dem Kanzler des dritten OBODAS, einen überaus verschlagenen Regisseur hatte: Man unterstützte einen Araberaufstand in der Trachonitis, verklagte HERODES mit

Münzporträt der Kleopatra (nach: H. Kreißig)

falschen oder übertriebenen Beschuldigungen in Rom, versuchte es andererseits aber auch mit einer Einheirat ins Haus des HERODES – SYLLÄUS hielt um 14 v. Chr. um die Hand der HERODES-Schwester SALOME an. Im Endeffekt blieben die genannten Landschaften zwar bei Judäa, doch flossen die Waren ungehindert von Petra über Bos(t)ra nach Damaskus.

Besonders deutlich werden die Unterströmungen der nabatäischen Politik in einer historischen Episode, die u. a. von STRABO wiedergegeben wird; sie zeigt, auf welche Weise die Araber ihr Handelsmonopol – ihre ›vitalen wirtschaftlichen Interessen‹ – auch im Schatten Roms zu wahren wußten.

Als Kaiser AUGUSTUS im Jahre 25 v. Chr. seinen Feldherrn AELIUS GALLUS mit der Erkundung der Handelsroute nach Südarabien und der Eroberung der Weihrauchländer beauftragte, stand für die Nabatäer, deren ökonomische Stärke ja »auf der konsequenten Trennung von Erzeuger und Verbraucher« (M. LINDNER) beruhte, alles auf dem Spiel. Im nachhinein erwies sich als taktischer Fehler, daß das Imperium den Arabern zumutete, tatkräftig am eigenen Ruin mitzuwirken. Der schon erwähnte Kanzler SYLLÄUS sollte die römischen Truppen vom nordwestarabischen Hafen Leuke Kome nach Arabia Felix führen, schlug aber einen Weg abseits der Weihrauchstraße ein und umging die Oase Yathrib (Medina). Als die Römer nach sechs Monaten Wüstenmarsch schließlich vor den Mauern von Marib, der Hauptstadt des Sabäerreiches, anlangten, waren sie durch Entbehrungen und Krankheiten viel zu entkräftet, um einen Sturmangriff führen zu können. Über Midian kehrten die Truppenreste nach Ägypten zurück.

Sein Monopol auf den transarabischen Landhandel hat Nabatäa nach diesem Schachzug bis zur Auflösung des ›Karawanenstaates‹ in die Provincia Arabia behalten, allerdings verlor die nabatäische Handelshoheit seit Mitte des 1. nachchristlichen Jahrhunderts zunehmend an Wert (s. u.). Vorerst genoß das Kleinreich aber die merkantile Sicherheit und kalkulierbare Nachfrage einer Pax Romana, die durch die fortdauernden Querelen mit Judäa nicht ernstlich berührt wurde.

Der ökonomische Aufschwung fand nicht zuletzt in den Künsten einen Ausdruck: Die nabatäischen Städte, allen voran Petra, wurden ausgebaut und verschönt, auf den verschiedensten Gebieten nahmen kulturelle Produktivität und Qualität zu.

Um die Mitte des 1. Jh. n. Chr. drängten neue Nomadenstämme gegen das Ostjordanland, nabatäische Zentren des Negev wie Oboda oder Mampsis mußten zeitweilig aufgegeben werden, der Handelsfluß auf der Weihrauchstraße geriet ins Stocken, die Transporte verteuerten sich durch ›Schutzabgaben‹ an die Wüstenaraber. Dies wiederum veranlaßte Rom zum verstärkten Einsatz seiner ägyptischen Handelsmarine. Die Kenntnis des Roten Meeres, seiner stets gefürchteten Fahrwasser und Winde hatte sich seit ptolemäischer Zeit (als man sich nur saisonal aufs Meer hinauswagte) erheblich erweitert, und eine verbesserte Navigationstechnik machte den Seeweg gegenüber der Landroute nun definitiv zur kürzeren, verläßlicheren und preiswerteren Handelsverbindung. Der Abstieg Nabatäas begann.

In verschiedenen Landesteilen mußten die Araber Ende des 1. Jh. n. Chr. zur Landwirtschaft übergehen (vgl. S. 339), denn aus dem Karawanenhandel allein war der Lebensunterhalt nicht länger zu bestreiten. Über diesen Zwischenschritt vollzog sich die Integration in

Petra nach den Nabatäern

106 n. Chr.	Im März des Jahres erklärt Roms Statthalter in Syrien, AULUS CORNELIUS PALMA, Nabatäa zur römischen Provinz
um 114	Kaiser TRAJAN verleiht Petra den Titel einer Metropolis
129/130	Syrien-Reise Kaiser HADRIANS; der Kaiser besucht auch Petra und spricht der Stadt den Beinamen Hadriane zu
204/208	Von einem Provinzgouverneur werden Kaiser SEPTIMIUS SEVERUS am Straßentor von Petra drei Altäre geweiht
um 220	Kaiser ELAGABAL erkennt der Stadt den Titel einer Colonia zu
Mitte 3. Jh.	Zwei Bürger aus Petra, CALLINICUS und GENETHLIUS, sind als Rhetorik-Lehrer in Athen nachweisbar
Anfang/Mitte 4. Jh.	Petra und der Süden der Provincia Arabia werden der neuen Provincia Palaestina Tertia zugeschlagen
340–530	Für diesen Zeitraum sind Bischöfe der christianisierten Stadt (etwa GERMANUS und CASTERIUS) bezeugt
365	Im Mai des Jahres verwüstet ein schweres Erdbeben Petra (und die ganze Region bis hin nach Jerusalem)
446	Das Urnengrab wird zur Kathedrale von Petra geweiht
5.–7. Jh.	Über Jahrhunderte dürften Phylarchen, christianisierte Scheichs, in Petra geherrscht haben
um 747	Neues schweres Erdbeben in Petra
1107	BALDUIN I., fränkischer König von Jerusalem, vertreibt Damaszener Truppen aus dem Wadi Musa
um 1116	Die Kreuzritterburg Li Vaux Moyse (Wueira) und der fränkische Stützpunkt auf el-Habis entstehen
1170/1188	Die Kreuzritter müssen ihre Festungen in Wadi Musa/Petra endgültig räumen
1217	Der Pilger THETMAR ist Petras letzter abendländischer Besucher vor der Wiederentdeckung im Jahre 1812 (vgl. S. 359)
1276	Am 8. April besucht der Mamlukensultan BAIBARS auf dem Weg nach Kerak das Aaronsgrab und die antike Stadt

das römische Reich relativ reibungslos, militärischer Widerstand gegen die Provinzialisierung regte sich offenbar nur sporadisch (z. B. in Aroër; vgl. S. 310f.), und ein Leben in der römischen Provincia Arabia wird vielen Nabatäern als die schlechteste Lösung nicht erschienen sein. Avraham NEGEV urteilt: »Während des ganzen zweiten Jahrhunderts und eines Teils des dritten Jahrhunderts n. Chr. erfreute sich die ganze Provinz, einschließlich des früheren nabatäischen Distriktes im zentralen Negev, einer materiellen und künstlerischen Hochblüte, die in manchen Belangen sogar diejenige zur Zeit der großen Nabatäer-Könige Obodas II. und Aretas IV. übertraf«. Unbezweifelbar ist jedenfalls, daß die Nabatäer des 2. und 3. Jh. n. Chr. im Schutz römischer Truppen und Grenzbefestigungen als Baumeister und Bauern, als Verwaltungskräfte und Handwerker ein gesichertes Auskommen fanden. Wer bereit war, seine merkantilen Erfahrungen in den Dienst Roms zu stellen, fand überdies in den aufblühenden Städten Bos(t)ra und Palmyra lohnende Betätigungsfelder.

Was jedoch mit dem Verlust der politischen Autonomie verlorenging, war die nationale, schließlich auch die ethnische Identität. Daß die Nabatäer stets nur einen Teil der Landesbevölkerung gestellt hatten, förderte diesen Auflösungsprozeß, der auch kulturell nicht aufgefangen wurde, obwohl sich die Herausbildung der eckigen arabischen Konsonantenschrift (Kufi) unverkennbar unter dem Einfluß der nabatäischen Schrift vollzog. Der nabatäische Kultus glich sich griechisch-römischer Religion und Götterwelt an und ging schließlich im Christentum auf. Mitte des 3. Jh. ist die nabatäische Zivilisation erloschen.

Grundzüge nabatäischer Kultur

Kulturelle Anfänge

Wie ein Jahrtausend später die frühislamischen Araber, so sahen sich die zugewanderten Nabatäer an den Grenzen des Mittelmeerraums mit überlegenen Kulturen und Zivilisationen konfrontiert (vgl. S. 336f.). Anders aber als die Moslems des 7. Jh. n. Chr. kamen sie nicht als militärische Eroberer, sondern als Handelspartner, es bestand für sie nicht die Notwendigkeit, die eigene Identität durch kulturelle Abgrenzung, etwa durch ein ›Bilderverbot‹, zu schützen.

Eine Phase des kulturellen Unverständnisses, des befremdeten Staunens ist anzunehmen; sicher bedurfte es einer sozialen Umschichtung, ja der Herausbildung einer neuen Gesellschaftsform und mit ihr neuer Bedürfnisse, ehe sich – um die Wende vom 2. zum 1. Jh. v. Chr. – westliche wie östliche Kultureinflüsse geltend machen, künstlerische Vorbilder als solche wirksam werden konnten.

Damit soll nicht gesagt sein, die Nabatäer der Frühzeit seien kulturlos gewesen, doch war ihre materielle Kultur – nach allem, was bekannt ist – die eines Nomaden- und Hirtenvolkes. Was man an Kleinkunst vermuten darf – verzierte Zäume und Sättel, geschmückte Gebrauchsgegenstände und Stoffe –, hat sich naturgemäß nicht erhalten oder doch nur einen schwachen Nachhall gefunden im Zierat von Kamel- und Pferdefigurinen späterer nabatäischer Entwicklungsphasen. Hieronymus/Diodor schildern die Nabatäer des Jahres 312 v. Chr. überdies als versierte Ingenieure von Brunnen und »unterirdischen, mörtelverkleideten Reservoiren« (vgl. S. 335; S. 347ff.), auch waren die Araber um diese Zeit bereits ein schriftkundiges Volk: In »syrischer Sprache« schrieben sie, wiederum nach dem Zeugnis von Hieronymus/Diodor, einen versöhnlichen Brief an den Diadochen Antigonos Monophthalmos.

Die frühe Übernahme des ›Syrischen‹, d. h. des Aramäischen, war die Voraussetzung der späteren Akkulturation, vor allem aber war die Beherrschung des Aramäischen Grundvoraussetzung für ein Volk, das am Transarabienhandel teilhaben wollte. Seit dem Beginn des 1. Jt. v. Chr., als sich verschiedene aramäische Nomadenstämme im Fruchtbaren Halbmond

PETRA: NABATÄISCHE KULTUR (ANFÄNGE/ARCHITEKTUR)

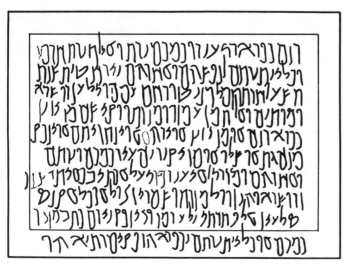

Nabatäische Grabinschrift aus Hegra, wohl 1. Jh. v. Chr. (nach: Die Nabatäer)

festsetzten und Staaten bildeten, war diese Sprache mit ihren 22 Konsonantenzeichen gegenüber der schwer zu beherrschenden Keilschrift immer mehr in den Vordergrund gerückt und zur Lingua franca des Vorderen Orients geworden. DARIUS I. (reg. 522–486 v. Chr.) erhob sie als Reichsaramäisch zur offiziellen Kanzleisprache in den achämenidischen Provinzen. Erst der Hellenismus brachte hier langsam einen Wandel, aber noch HERODES sprach und schrieb Aramäisch, allerdings in einer anderen Form (Hebräisch-Aramäisch) als die Nabatäer, die »ein Aramäisch mit arabischem Dialekteinschlag« (K. SCHMITT-KORTE) sprachen oder, genauer gesagt, schrieben, denn vieles, vor allem die Namengebung, läßt erkennen, daß die eigentliche Mutter*sprache* der Nabatäer eine Frühform des Arabischen war.

Aber auch wenn die nabatäische Übernahme einer allgemein benutzten Verkehrssprache als ein Brückenschlag zu den Kulturen des Vorderen Orients und des Mittelmeerraums erscheint, so gibt es doch kein Anzeichen, daß diese Brücke von den Arabern zwischen dem 4. und der Mitte des 2. Jh. v. Chr. beschritten wurde. Für diese Zeitspanne ist weder nabatäische Architektur noch Bildhauerei, weder nabatäische Keramik noch Münzprägung bezeugt. Bei den spärlichen Funden hellenistischer Kunst in Petra und in den Negev-Zentren Elusa, Nessana und Oboda handelt es sich um Importe, sie haben am Ort offenbar keine Eigenproduktion angeregt.

Daraus lassen sich Schlüsse ziehen, die in das Bild eines Nomadenvolkes passen: Da die Nabatäer jener Jahrhunderte in Zeltlagern lebten, gibt es keine Reste von Bauten, da sie den Warenhandel in der Form unmittelbaren Güteraustauschs betrieben, keine eigenen Münzen, da sie die südarabischen Waren nach Beduinenart in Ziegenhäuten, Säcken und Taschen transportierten, keine Keramik (die als Behältnis nur in Siedlungen dominiert). Überraschend ist allein das Fehlen von Inschriften aus dem 4., 3. und 2. vorchristlichen

Jahrhundert – vermutlich war das Vermögen, sich schriftlich auszudrücken, trotz der frühen Übernahme des Aramäischen auf eine Minderzahl von nabatäischen Händlern und Buchhaltern beschränkt.

Erst mit dem Auftreten Nabatäas als eigenständige politische und Handelsmacht geht auch die kulturelle ›Inkubationszeit‹ der Araber zu Ende: Sie schlagen nun eigene Münzen, brennen die typische rote Töpferware, schmieden Schmuck, modellieren Figurinen, skulptieren und bauen – nach Maßgabe der hellenistisch-römischen oder altorientalischen Welt und doch unverwechselbar.

Materielle Kultur: Haus- und Stadtarchitektur, Wasserbau, Töpferkunst

Haus- und Stadtarchitektur: Die Frage, wo Petras Einwohner lebten, ist nicht ohne einen Teil Spekulation zu beantworten. Das archäologische Interesse galt bislang vor allem den großen öffentlichen Bauten und Fassadengräbern, weniger als 1 % des Stadtgebiets sind durch Grabungen erkundet. Als Privathaus läßt sich zur Zeit mit Sicherheit lediglich jener große Steinbau klassifizieren, den P. J. PARR 1959 am Rande des Katute-Hügels im Süden des Talkessels freilegte. Die Ausgrabungen von Margaret MURRAY und J. C. ELLIS im Bereich des Wadi Abu Olleqa (Nordwest-Petra) brachten 1937 andererseits den Nachweis, daß auch Höhlen als Wohnungen ausgebaut waren – vielleicht von jenen Peträern, die das nabatäische ›Wirtschaftswunder‹ eher vom Hörensagen kannten. Im übrigen ist die peträische Privatarchitektur unter den Schutt- und Erdhügeln des weitläufigen Stadtgebiets begraben. Eine Wanderung in das Wadi Syagh führt zu großen nabatäischen Steinbrüchen, und angesichts der Vertrautheit der einheimischen Handwerker mit Stein- und Felsbearbeitung aller Art hat man das Petra der Zeitenwende mit seinen etwa 10 000 Einwohnern als eine Metropole in Stein rekonstruieren wollen. Gegenteiliger Meinung ist der US-amerikanische Archäologe P. C. HAMMOND: Er hält es für »denkbar, daß sich Petra einmal als eine Siedlung zu erkennen gibt, die in ihrer Kombination von Lehmziegel-, Stein- und – in geringerem Umfang – Holzbauten einem beliebigen Dorf des modernen Jordanien ähnelt«.

Tatsächlich spricht vieles für ein Nebeneinander unterschiedlicher Baustoffe und Architekturen – und für folgendes Stadtbild: Um eine steinerne, griechisch-römisch inspirierte ›City‹ gruppierten sich Lehmziegelviertel mit zinnengekrönten Wohnhäusern oder -türmen und – in den Vororten (am Sik el-Barid und an den Wegen zum Wadi el-Araba) – Zeltlager.

Wasserbau: Die Wassertechnologie der Nabatäer, Voraussetzung eines Lebens in Halbwüste und Wüste, mag in ihren Anfängen durch die großen südarabischen Beispiele (Damm von Marib) oder auch durch das Vorbild mesopotamischer und ägyptischer Bewässerungssysteme angeregt worden sein, gewiß konnte sie manchenorts auch an moabitische und edomitische Anlagen anknüpfen, doch hat die Eigenleistung der Nabatäer schon bei den antiken Autoren Anerkennung gefunden (vgl. S. 345): Bewundernswert erscheint bis heute, mit wieviel Geschick die Araber noch die geringsten Wassermengen (Tropfwasser und Tau)

PETRA: NABATÄISCHE KULTUR (WASSERBAU/TÖPFEREI)

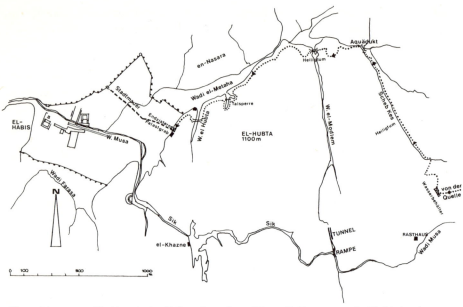

Wasserleitung von Ain Musa in den Talkessel von Petra (Karte: E. Gunsam; nach: M. Lindner)

auffingen, ableiteten und speicherten. Zugleich errichteten sie dort, wo nach winterlichen Regenfällen Sturzwasser Gefahr bringen konnte – in Gebirgsorten wie Petra und Sabra etwa – kluge Schutzvorrichtungen, die Talsperren, Wassertunnel und Stützmauern einschlossen und u. a. auch eine Ausschwemmung der Wadis verhinderten. Überall in Petra sind Führrinnen und Felskanäle zu finden – im Sik wie im Äußeren Sik, über dem Theater wie in der östlichen Farasa-Schlucht, auf dem Jebel en-Nmer wie auf Umm el-Biyara –, und von der Quelle Ain Musa verlief eine kilometerlange Wasserleitung zu einer Zisterne neben dem Palastgrab (vgl. S. 402). In späterer Zeit haben die Nabatäer sogar Druckröhrensysteme eingesetzt, wie man sie sonst nur von hochentwickelten hellenistischen oder römischen Wasserleitungen kennt. Aber auch die einfachen Wasserbauten bestechen durch ihre Zweckmäßigkeit und Gediegenheit: Im Hauran (so in Umm el-Jemal) und entlang der Wüstenstraße sind noch heute nabatäische Zisternen in Benutzung.

Töpferkunst: Die Schutthügel und Geländewellen von Petra sind mit Scherben nabatäischer Keramik übersät, hergestellt auf der Töpferscheibe, auffallend dünnwandig und häufig in charakteristischer Weise bemalt. Diese Keramik wurde zwischen dem 1. vorchristlichen und 3. nachchristlichen Jahrhundert gebrannt; dabei liegen die Anfänge in Petra etwas früher (ca. 75 v. Chr.) als im Negev (ca. 25 v. Chr.). In ihrer ersten Phase sind die Formen dieser Töpferware noch denen der zeitgleichen hellenistischen Keramik vergleichbar, die Dessins –

Blumen- und Blattmuster auf rosafarbenem Scherben – aber bereits ganz eigenständig. Stärkere Stilisierung der Muster, dunklere Malfarbe und ein eierschalendünner, aber metallisch harter ziegelroter Scherben charakterisieren die Keramik der zweiten Phase, während in einer dritten Phase, beginnend um die Mitte des 2. Jh. n. Chr., eine gewisse Monotonie die nabatäische Produktion prägt – die Dessins verlieren ihre Eleganz, die Arbeiten werden gröber, der Scherben nimmt einen bräunlichen Farbton an.

Dekorschemata nabatäischer Keramik (von links oben nach rechts unten): Zwei-Felder-Ordnung, Strichmuster, Drei-Felder-Ordnung (2x), Radial-Dekor, Konzentrischer Dekor, Wirbelartiger Dekor, Asymmetrischer Dekor und Flächenmuster (Entwurf: K. Schmitt-Korte; nach: M. Lindner)

Gebrannt wurden Tassen, Becher, Krüge und Lampen, vor allem aber flache Schalen. Auffällig ist die große Zahl von Unguentarien – Salb- und Parfümgefäßen mit zwiebelförmigem Bauch und schlankem Hals. Philip C. HAMMOND, der mit Karl SCHMITT-KORTE und Nabil I. KHAIRY Pionierarbeit bei der Erforschung der nabatäischen Keramik leistete, ist der Ansicht, daß die südarabischen Duftstoffe bereits in Petra in solche Gefäße abgefüllt wurden und den Mittelmeerraum bzw. Ägypten in ›marktgerechter Verpackung‹ erreichten.

An Motiven der nabatäischen Keramik unterscheidet SCHMITT-KORTE Blattranken und Zierlinien, Nadelmuster, Gitter, ›Augen‹ und Punkte, Palmetten, geometrische Motive sowie stilisierte Früchte und Pflanzen. Diese Motivgruppen gliedern sich – wiederum nach SCHMITT-KORTE – in sieben Dekorschemata: in Zwei-Felder- und Drei-Felder-Ordnungen, in radiale, konzentrische, wirbelartige und asymmetrische Kompositionen, schließlich auch in Flächenmuster. Keine Bemalung gleicht vollständig einer anderen.

Religiöse Kultur: Pantheon, Bildkunst, Kultplätze

Pantheon: Statuen oder einfache Steine, wie sie um die Kaaba in Mekka versammelt wurden, bildeten für die vorislamischen Stämme Arabiens die jeweilige Gottheit ab. Die Bildwerke wurden als Gottessitz betrachtet, kündeten von göttlicher Anwesenheit oder waren – nach dem Verständnis der Gläubigen – selbst die Gottheit.

Auch der Hauptgott der Nabatäer ›wohnte‹ im Stein – *war* Stein. Seinen ursprünglichen Namen kennt man nicht, später wurde er – zumindest regional – als Dhushara (griech.: Dusares) bezeichnet, was soviel wie Herr des Shara heißt. Mit Shara wiederum war jener Höhenzug gemeint, der von Zentral-Edom zum Golf von Aqaba verläuft und Petra überragt.

Später, im entwickelten ›Karawanenstaat‹, rückten fremde Götter in das nabatäische Pantheon – solche der altorientalischen Kulte ebenso wie griechische und altsüdarabische Gottheiten. Durch Angleichung bzw. Gleichsetzung fanden sie ihren Platz in der religiösen Tradition des Händlervolkes: Dhushara etwa wurde mit dem in hellenistischer Zeit so populären Fruchtbarkeitsgott Dionysos, aber auch mit Zeus identifiziert und mag als Gott der Weissagung und Schreibkunst auch Eigenschaften und kultische Funktionen des assyrobabylonischen Gottes Nabu übernommen haben. Unabhängig von Dhushara, ja gegen ihn (und damit vielleicht innernabatäische Widersprüche zwischen Städtern und Karawanenleuten widerspiegelnd) formte sich der Kult des Gottes Shai el-Qaum, der als »Begleiter und Beschützer der Wüstenreisenden« (F. ZAYADINE) galt; verehrt wurden ferner der griechische Heros Lykurg (Gegner des Dionysos!) und der edomitische Nationalgott Qaus (Qos), den man nun mit dem aramäischen Sturm- und Wettergott Hadad gleichsetzte. Auf dem Jebel et-Tannur (vgl. S. 326ff.) besaß Hadad – an der Seite der ›Delphingöttin‹ Atargatis – ein bedeutendes Kultzentrum.

Daß auch die frühen Nabatäer bereits zu einer weiblichen Gottheit beteten, ist anzunehmen; die entsprechenden Kulte altarabischer, vorislamischer Stämme weisen in diese Richtung. In späterer Zeit verehrte man in Nabatäa die arabischen Göttinnen Allat (identifiziert mit Aphrodite und Athene, aber auch mit Atargatis), al-Uzza (identifiziert mit Aphrodite/Venus) sowie Manat oder Manawat (identifiziert mit Tyche und Nemesis), außerdem die Göttin Isis der hellenistischen Mysterienkulte.

Bildkunst: An zahllosen Stellen Petras sind flache Nischen in den Fels getieft, aus denen rechteckige Stelen hervortreten. Nach dem aramäischen Beth-El (d. h. Haus Gottes) nennt man sie Betyle oder Baityloi. In diesen einfachen Reliefs haben wir offenbar die elementaren Idole des nabatäischen Kultus vor uns: Repräsentationen des Felsengottes Dhushara, der in Petra als schwarzer Stein auf goldenem Podest verehrt wurde. Manchmal enthalten solche Nischen, »die wie Miniaturausgaben des Adytons oder des Allerheiligsten eines orientalischen Tempels aussehen« können (F. ZAYADINE), auch zwei oder drei unterschiedlich hohe Reliefstelen (Farbabb. 1), ja ganze ›Betyl-Familien‹. Nach Gustaf DALMAN könnten die unterschiedlich hohen Gruppenidole verschiedene Erscheinungsphasen einer Gottheit darstellen. Vielleicht handelt es sich bei den Gruppen aber auch um Repräsentationen ganzer Götterversammlungen, mit Dhushara als oberstem Herrn – für diese Vermutung spricht, daß innerhalb derartiger ›Stelenfamilien‹ stets ein Relief besonders hervorgehoben ist. Die vergleichsweise häufigen Doppelbetyle würden – nach diesem Deutungsmodell – ein Götterpaar, am ehesten Dhushara und Allat, verkörpern.

Den Übergang vom urwüchsig-ungestalteten Gottesstein zur anthropomorphen Gottesdarstellung bezeichnen jene – selteneren – Betyle, bei denen das Idol mit Gesichtszügen ausgestattet ist (Farbabb. 1). Gottheiten wie Dionysos, Athene oder Isis, übernommen aus fremden Kulturkreisen, wurden dagegen ganz nach dem vorgegebenen Formenkanon, also figürlich, geformt (Abb. 66).

›Gesichtsbetyl‹ und großäugiges Porträt des Zeus-Hadad, zwei verwandte Darstellungsformen nabatäischer Bildkunst (Zeichnungen: U. Clemeur)

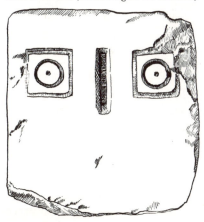

PETRA: RELIGIÖSE KULTUR

Nefesh-Gruppe im Bab es-Sik; heute wieder mit Erde abgedeckt (Zeichnung: I. Browning)

Nun liegt es nahe, Betyle, ›Gesichtsbetyle‹ und menschengestaltige Idole chronologisch zu reihen – und dies wird auch der Zeitfolge ihrer *Einführung* in den nabatäischen Kultus entsprechen. Doch dürften im Petra des 1. Jh. n. Chr. *gleichzeitig* und *nebeneinander* einfachste Betyle und mediterran inspirierte Götterbilder entstanden und verehrt worden sein, entsprechend einer eher ›progressiven‹ oder eher ›konservativen‹ Auffassung der jeweiligen Schöpfer, Auftraggeber und Gläubigen (vgl. S. 357).

Den einfachen Betylen ähnlich, jedoch von ganz anderer Bedeutung sind die sogenannten Nefesh: Spitzpfeilerreliefs, die häufig nur mit ihren Umrißlinien in den Stein geschnitten, gelegentlich aber auch, nach Art der Betyle, in eine Nische gesetzt sind. Das nabatäisch-aramäische Wort Nefesh bedeutet soviel wie Seele; offenbar sollten die Reliefs an Verstorbene erinnern. In ihrer ursprünglichen Gestalt als *Pfeiler* steigen sie vollplastisch über dem Obeliskengrab auf, die Mehrzahl der Reliefs aber »befindet sich nicht unmittelbar an oder in Grabanlagen, sondern an einem vielbegangenen Wege, hat also nur die Bedeutung von Denkmälern« (G. Dalman). Größere Nefesh-Gruppen sind rechter Hand vor dem Eingang zum Sik (vgl. S. 365f.) und an der südlichen Ausfallstraße nach Sabra bzw. zum Wadi el-Araba (vgl. S. 415) in die Felswände graviert.

Kultplätze: Als Kultplatz ist natürlich schon der einfache Betyl, die einfache Idolnische zu bezeichnen, zumal wenn ein solches Denkmal eine Bank für die Ablage von Votivgaben besitzt oder über Treppen/Abtreppungen hervorgehoben ist. In Höhen- und Schluchtheiligtümern, Opfermahlstätten und Tempeln konzentriert sich nabatäische Religiosität. Sofern die entsprechenden Angaben bei STRABO (vgl. S. 337) zuverlässig sind, muß es darüber hinaus auch Hausaltäre gegeben haben.

*Höhen*heiligtümer tragen u. a. die Bergkuppen oder -plateaus von el-Medras (Abb. 63), el-Hubta, Zibb Atuf (Abb. 64), el-Habis, Umm el-Biyara (Abb. 65), Jebel en-Nmer und Jebel Harun; Petras stimmungsvollstes *Schlucht*heiligtum ist die Nischenklamm (Wadi el-Modlem), aber auch im Wadi en-Nmer, in Qattar ed-Deir und – nicht zuletzt – im Sik finden sich zwischen zusammenrückenden Felswänden eindrucksvolle Kultplätze. »Allgemein gültige Vorschriften für die Herrichtung der Heiligtümer kann es nicht gegeben haben; denn nicht zwei sind darin gleich. Auch die Himmelsrichtung war nicht von entscheidender Bedeutung, die Heiligtümer folgen in ihrer Richtlinie stets den lokalen Verhältnissen« (G. DALMAN). Immerhin lassen sich wiederkehrende Elemente peträischer Kultstätten benennen: Votivnischen, Betyle, Felsaltäre, Abtreppungen, Schalenvertiefungen, Wasserbehälter und -rinnen, Bi- und Triklinien (s. u.), gelegentlich auch Felskammern.

Auf welche Weise, mit welchen Riten, in welchen Erwartungen oder Hoffnungen Dhushara und seine göttlichen Gefährten (bzw. Konkurrenten) hier verehrt wurden – wahrscheinlich übrigens unter der Anleitung von Priestern –, läßt sich freilich nur aus der Analogie zu vergleichbaren, besser dokumentierten Kultstätten und -handlungen anderer nahöstlicher Religionen, dazu aus einigen wenigen nabatäischen Inschriften erschließen. Danach wären die Becken und Rinnen zur Aufnahme von Weihwasser für die rituelle Reinigung der Gläubigen vor der Opferhandlung, die Altäre (darunter Hörneraltäre des ›klassischen‹ semitischen Typus) für Schlacht- und Räucheropfer wie auch zur Darbringung von Milch, Öl, Korn und Speisen, die Felsräume schließlich zur Aufbewahrung kultischer Gerätschaften und wertvoller Votivgaben bestimmt gewesen. Indessen ist zu unterstreichen, daß solche Zuweisungen zwar mehr oder minder plausibel, aber *nicht* gesichert sind. Entsprechend mangelt es auch nicht an phantasievolleren Interpretationen mit einer Vorliebe für dramatische Effekte: Von Menschenopfern und von einer Aussetzung der Toten auf Petras heiligen Höhen ist da bei einigen Autoren die Rede...

Nach der Opferhandlung versammelten sich die Gläubigen offenbar zu rituellen Mahlzeiten, die unter freiem Himmel (Beispiel: Zibb Atuf) oder auch in Felshallen (Beispiel: Bunter Saal) stattfinden konnten. Nach antiker wie auch beduinischer Sitte speiste man im Liegen; dabei ruhten die Beteiligten auf Steinbänken, die drei Seiten eines offenen oder geschlossenen Raumes einnahmen (Triklinium). Wo nur zwei Bänke vorhanden sind, die dann entweder parallel laufen oder im rechten Winkel aufeinander stoßen, spricht man von einem Biklinium. Häufig finden sich solche rituellen Speiseplätze in der Nachbarschaft oder im direkten Verbund mit Grabkammern; daß sie für Gedenkmahlzeiten benutzt wurden, liegt nahe. Bei den Römern waren solche Totenmahle übrigens am Beisetzungstage, am neunten Tag nach dem Leichenbegängnis und zur Jahresfeier des Verstorbenen angesetzt.

Wie die anthropomorphen Gottesbilder, so sind auch die Steintempel der Nabatäer aus der Begegnung mit altorientalischen wie gräko-römischen Kulturen, Kulten und Bauvorbildern entstanden. Ein Charakteristikum vieler (aber nicht aller; s. u.) dieser Tempel ist die Dreiteilung des Adytons, wie sie auch der Qasr el-Bint von Petra zeigt; sie wird unterstrichen durch die architektonische Dreiheit von Pronaos, Naos und Adyton. Avraham NEGEV geht von einem altsemitischen, in die Bronzezeit zurückreichenden Ursprung dieses Bautypus aus und erinnert an die vergleichbare Architektur des SALOMON- und HERODES-Tempels in Jerusalem. Andere Forscher (P. COLLART/J. VACARI) haben die Bedeutung mesopotamischer Traditionen für die Ausformung der Tempelanlagen im großsyrischen Raum betont. Daß die Dreiteilung des Tempeladytons sich dann wiederum auf die Gliederung frühchristlicher Kirchenstirnen ausgewirkt hat, ist seit H. C. BUTLER geläufige Auffassung (vgl. S. 60).

Der zweite nabatäische Tempeltypus ist auf ein Raumzentrum hin angelegt: In der quadratischen (oder rechteckigen) Mittelkammer eines Kultensembles erhebt sich hier ein Altar. ›Zentraltempel‹ dieser Art kennt man etwa aus Khirbet et-Tannur, Khirbet edh-Dharih, Lehun, Wadi Rum und seit einigen Jahren auch aus Petra (Löwen-Greifen-Tempel); im Gegensatz zu den dreigliedrigen Tempeln waren sie offenbar speziell auf den Opferkultus eingerichtet. Vielleicht muß man sogar einen grundsätzlichen Unterschied zwischen nabatäischen ›Opfertempeln‹ und ›Adorationstempeln‹ machen; letztere wurden gelegentlich – so etwa im Fall des Qasr el-Bint – durch Opferhöfe mit Altären ergänzt.

Sepulkralkultur: Gräber und Grabfassaden

Vieles spricht dafür, daß die Nabatäer an ein Fortleben nach dem Tode glaubten: die reichen Beigaben in ihren Gräbern etwa oder auch Inschriften, die Grabräuber abschrecken und die Totenruhe sichern sollten. Die posthume Vergöttlichung, die OBODAS III. erfuhr, weist in dieselbe Richtung, und ebenso der Prunk der großen Grabfassaden, die offenbar nicht nur irdische Repräsentation anstreben, sondern Anspruch auf ein fürstliches Jenseits erheben. In welche Gefilde die Toten nach nabatäischem Glauben übergingen, ob in ein Schattenreich, ob in ein Jenseits irdisch-weltlichen Gepräges oder aber in eine himmlisch/höllische Sphäre ausgleichender göttlicher Gerechtigkeit, weiß man nicht; es mangelt an Textzeugnissen.

Immerhin wird deutlich, daß die nabatäische Sepulkralkultur am Individuum interessiert ist, es dominiert die Einzelbestattung. Als ihre Elementarform erscheint das **Senkgrab**, eine Grube von ca. 2 m Länge, 60 cm Breite und 70 cm Tiefe, die in Felsbuckel oder in die Oberfläche von Blockgräbern eingetieft sein kann, zumeist aber innerhalb von Kammergräbern ihren Platz hat. Solche Grabkammern waren – wie die Inschriften von Hegra bezeugen – Familien- oder Sippenbesitz, doch konnten sich auch Fremde in sie ›einkaufen‹.

Die Anlage einer **Grabfassade** setzte eine geglättete, abgearbeitete Felsfläche voraus, erst dann begann das im eigentlichen Sinne baukünstlerische Werk. »Unfertige Gräber zeigen, daß fortlaufend von oben nach unten gearbeitet wurde; dabei verwendete man eine Art Spitzeisen, das in schrägem Winkel von ca. 45° geführt wurde« (A. SCHMIDT-COLINET). Bei den hohen Fassadengräbern wurde der geglätteten Felswand dazu anscheinend ein provisorisches Gerüst vorgesetzt; in den Felsaussparungen beiderseits der Khazne-Front sind entsprechende Befestigungsspuren gut zu erkennen. An anderen Fassaden hat man die Gerüstmarken nach Abschluß der Steinmetzarbeiten entfernt oder von vornherein eine andere Werktechnik (Abseilung der Handwerker?) favorisiert.

Waren die Fallinien ausgelotet, die gewünschten Fassadenkonturen auf dem Fels vermerkt, konnten die Steinmetzarbeiten nur dort größere Probleme aufwerfen, wo freistehende Bauelemente – man denke an die Säulen der Khazne – auszumeißeln waren, im übrigen dürfte der relativ weiche peträische Sandstein den Grabbaumeistern keine besonderen Schwierigkeiten aufgegeben haben.

Abschließend legte man über manche der großen Fassaden einen Stuckmantel, vielleicht mit Farbauftrag; die diagonale Scharrierung der Fronten erleichterte seine Befestigung. Auch manche Grabkammern und Opfermahlsäle dürften ursprünglich nicht so schmucklos gewesen sein, wie sie sich heute präsentieren. Dafür sprechen nicht nur die spielerisch-dekorativen Malereien des Bikliniums im Sik el-Barid (vgl. S. 420) und 1980 entdeckte Architekturfresken in einer Grotte über dem Wadi Syagh, sondern auch Stuckfragmente mit Inschriftenresten im Onaiso-Grab rechts über dem Ausgang des Äußeren Sik (vgl. S. 381 f.).

Zinnengräber – zuweilen auch Assyrische Gräber genannt – sind in Petra besonders häufig: Man hat 156 Fassaden mit einer Zinnenreihe und 81 Fassaden mit zwei Zinnenfriesen gezählt – dazu kommen 19 Zinnengräber im nordwestarabischen Hegra.

In der Theaternekropole und an den Meesara-Berglehnen im Nordwesten Petras, wo Gräber dieses Schnitts dominieren, erkennt man, daß sich ihre Fassaden ein wenig nach hinten neigen und mit zunehmender Höhe auch etwas schmaler werden. Von hellenistischem Geschmack zeugen Ziergiebel, die gelegentlich die Türrahmung bekrönen, der Zinnendekor selbst aber weist – so Andreas SCHMIDT-COLINET – nach Mesopotamien und ist wahrscheinlich über die achämenidische Kunst des 6. und 5. Jh. v. Chr. in den phönikischen Raum gelangt, wo sich auch bereits der doppelte Zinnenfries als Schmuckelement nachweisen läßt. Genausogut kann man freilich an eine Mittlerrolle südarabischer Vorbilder denken: T. WIEGAND erinnerte an die Ähnlichkeit der peträischen Zinnengräber mit Wohnburgen, wie sie sich möglicherweise auch in Petras Außenvierteln erhoben (vgl. S. 347). Seine Hypothese beinhaltet, daß die Dreidimensionalität solcher Wohntürme in der Sepulkralkunst von Petra auf die Felsfläche abgezeichnet, auf zwei Dimensionen reduziert wurde. Die erwähnte leichte Rückneigung und Schmälerung der Zinnengräber, vor allem aber das Beispiel eines vollplastischen Grabturms im Äußeren Sik, sprechen für WIEGAND.

Treppengräber – auch Stufen-, Halbzinnen-, Hohlkehlen- oder Hegra-Gräber genannt – zeigen in aller Regel reicheren Schmuck als die Zinnengräber: Halbsäulen oder Pilaster flankieren die Fassade und ›tragen‹ auf nabatäischen Hörnerkapitellen eine Gesimszone, zu der als oberer Abschluß eine Hohlkehle in »Form eines Viertelkreises« (F. ZAYADINE) gehört. Über dieser Hohlkehle steigen dann die dekorativen Treppen mit ihren in Petra jeweils fünf Stufen auf. Gelegentlich schiebt sich zwischen Gesims und Hohlkehle noch eine Attika mit Zwergpilastern. Das Grabportal kann durch Giebelung, Seitenpilaster und Leistenschmuck besonders hervorgehoben sein.

PETRA: SEPULKRALKULTUR

Die Vielfalt der aufgenommenen Vorbilder fordert der Kunstgeschichte ein geradezu detektivisches Gespür ab: Das Motiv der Treppenzinne ist aus dem mesopotamischen Raum bekannt, die Hohlkehle gehört zum Repertoire der altägyptischen Kunst, taucht in der Viertelkreisform aber erst im phönikischen Amrit auf, das Attika-Geschoß mit gestauchten Pilastern findet sich gelegentlich in der altiranischen Baukunst, mag in Petra aber auch durch hellenistische Hallenarchitekturen inspiriert sein, die doppelten Türrahmen und die Säulen-Pilaster-Gliederung im Aufriß wiederum weisen ins ptolemäische Ägypten.

Die dritte nabatäische Gräbergruppe, die wir hier als klassizistische bezeichnen, ist eine Domäne Petras – die Grabfassaden des nordwestarabischen Hegra gehören dagegen entweder dem Zinnen- oder dem Treppentypus an.

Klassizistische (nach anderer Nomenklatur: hellenisierende, klassisch-nabatäische, nabatäisch-römische, römische Tempel-)Gräber sind durchweg prunkvoll ausgeführt und häufig zweigeschossig aufgebaut, werden von einem (gesprengten) Giebel oder einem Bogen abgeschlossen, kennen Vollsäulen und setzen vielfach Scheibenmetopen-Triglyphen-Friese ein. In alledem äußert sich hellenistisch-römischer Geschmack. Auch figürliche Ausschmückungen klassisch-mediterraner Art fehlen nicht (Khazne, Statuengrab, Urnengrab u. a.), und es fällt auf, daß die betonte Zweidimensionalität der beiden anderen Fassadentypen bei den klassizistischen oder Tempelgräbern vielfach aufgelockert wird durch größere Bewegtheit der Frontpartien (Vor- und Rücksprünge) oder Freistellung einzelner Bauglieder.

Bis vor etwa einem Jahrzehnt war es allgemeine Ansicht, daß sich in der Stilvielfalt nabatäischer Fassaden, im Zusammenklang von mesopotamischen und achämenidischen, altägyptischen und ptolemäischen, panhellenistischen und syro-phönikischen Impulsen eine Entwicklung von Ost nach West in den drei Stufen des Zinnen-, Treppen- und klassizistischen Grabes abzeichne: Nach und nach habe der ›Karawanenstaat‹ seine altorientalische Formensprache gegen eine hellenistisch-römische eingetauscht. Man hoffte, aus dem Stil der Gräber eine Chronologie ableiten zu können.

Diese Auffassung, vorgetragen in mehr oder minder subtilen stilgeschichtlichen Interpretationen, ist ins Wanken geraten, seit Avraham NEGEV 1976 für die Gräber von Hegra einen Zusammenhang von Grabtypus und sozialem Status des Bestatteten nachweisen konnte – einen Zusammenhang, den rein stilkundliche Untersuchungen von vornherein ausblenden mußten. Nach NEGEV gehörten die hellenisierenden Treppengräber mit ihren Zierportalen und ihrem Pilasterschmuck den Angehörigen einer militärischen und zivilen Oberschicht. Auch ›mittelständische‹ Kaufleute und Unteroffiziere wurden in Treppengräbern beigesetzt, doch tritt in diesen Fällen die hellenistische – wie überhaupt die dekorative – Note merklich zurück. In den Zinnengräbern Hegras schließlich ruhten Nabatäer geringeren Rangs und Wohlstands, dazu übrigens eine ganze Anzahl von Frauen. NEGEVs Deutung

◁ *Nabatäische Grabfassaden: Einfaches Zinnengrab, Grab mit doppeltem Zinnenfries, Treppengrab mit Hohlkehle und Hörnerkapitellen, Treppengrab mit Zwergpilastern in der Attika und Zierportal (nach: R. Brünnow und A. von Domaszewski)*

weist also auf ein soziales *Nebeneinander* von Stilen und Ausdrucksformen hin, wo man bisher ein historisches *Nacheinander* vermutete.

Für Petra besagt dieser Befund zunächst, daß die großen klassizistischen Grabfassaden, die in Hegra ganz fehlen, mit hoher Wahrscheinlichkeit für Mitglieder des nabatäischen Königshauses und Persönlichkeiten von Staatsrang bestimmt waren. Auch die Positionen dieser Hauptfassaden an prominenten Punkten der antiken Stadt entspricht dynastischem Repräsentationsbedürfnis.

Andererseits: *Allein* aus dem jeweiligen Güterstand und Sozialstatus eines Verstorbenen bzw. seiner Familie ist die spezifische Grabgestalt sicher nicht herzuleiten: Auch ärmliche Zinnenfassaden können hellenistisch-römische Elemente führen, und umgekehrt sind einzelne Zinnenfassaden großzügig proportioniert und sorgfältig gestaltet. Geschmack und Stil sozialer Selbstdarstellung formierten sich auch in Nabatäa nicht streng ›schichtenspezifisch‹...

Wanderungen durch Petra

Wadi Musa und Bab es-Sik

Von der Höhe der Shara-Berge (vgl. S. 350) kommend, passiert man bei der Anfahrt auf Petra zunächst die Mosesquelle (**Ain Musa**), dann das Mosestal (**Wadi Musa**) mit der gleichnamigen Siedlung. Im Wadi Musa, so glauben die Dorfbewohner, ist es gewesen, wo der auch im Islam verehrte MOSES Wasser aus dem Stein schlug; eine Moschee, mit drei Kuppeln überwölbt, erinnert an die religiöse Bedeutung der Quelle. Von ihrer Bedeutung für das Wadi Musa künden die fruchtbaren Felder an den terrassierten Talhängen. Schon im Altertum führte eine kilometerlange Leitung das lebenspendende Wasser in den Felskessel von Petra (vgl. S. 348).

Noch früher versorgte die Quelle die edomitische Siedlung in **Tawilan**, eine halbe Stunde Fußweg nordwestlich von Ain Musa. In Tawilan legte Crystal-M. BENNETT von der British School of Archaeology in den Jahren 1967–1970 die Grundmauern eisenzeitlicher Bauernhäuser des 8.–6. Jh. v. Chr. frei. Sie fand dabei Eisensicheln und -messer, Steinmörser, Stößel und Mahlsteine, ferner große Mengen edomitischer Töpferware, die sich in der Qualität mit der späteren nabatäischen Keramik allerdings nicht messen kann. Auch eine Skarabäengemme mit religiösen Symbolen kam in Tawilan zutage.

In Tawilan – wie auch von der sich durch das Wadi Musa abwärts windenden Straße – genießt man einen weiten Blick auf die peträische Felslandschaft. In der Ferne sieht man als höchste Erhebung den Jebel Harun (d. h. Aaronsberg) aufsteigen, davor schieben sich, einem Sperriegel gleich, in dunklen oder rötlich-gelben Farbtönen unzählige kleine Felskuppen, geglättet durch die Erosion. Zwischen dem Aaronsberg und dieser steinernen Barriere liegt – noch unsichtbar – das Gebiet der antiken Stadt.

Petra-Pioniere

Im Sommer des Jahres 1812 reiste ein junger Mann von 25 Jahren in der Tracht eines Beduinen von Aleppo nach Kairo. In Syrien hatte er zwei Jahre arabisch gelernt und sich mit den theologischen und juristischen Grundlagen des Islam vertraut gemacht; von Kairo aus wollte er ins Schwarze Afrika aufbrechen, um die Quelle des Flusses Niger zu erkunden. Johann Ludwig BURCKHARDT, so hieß der junge Mann, war der Sohn eines Obristen und stammte aus Lausanne. Studienjahre in Leipzig und Göttingen lagen hinter ihm, seit 1806 stand er im Dienst einer englischen Forschungsgesellschaft. Diese Gesellschaft finanzierte auch die Ausbildungsgänge, mit denen BURCKHARDT sich auf das große Niger-Abenteuer vorbereitete. Doch noch vor dem Aufbruch zur Afrika-Expedition starb der Schweizer Forscher in Kairo an der Ruhr (17. Oktober 1817). Sein Name ist nicht mit der Erschließung des Schwarzen Erdteils, sondern mit der Wiederentdeckung Petras verbunden.

Als BURCKHARDT in jenem Sommer 1812 durch Edom ritt, hörte er von einheimischen Beduinen über eine große Ruinenstadt inmitten der Bergwildnis. Sein Interesse war sogleich geweckt, doch konnte er die argwöhnischen Nomaden nur durch eine List dazu bewegen, ihm die Stätte zu zeigen. Er habe ein Gelübde getan, erzählte er ihnen, das Grab AARONS (das er nahe bei den Ruinen wußte) zu besuchen. Da AARON (HARUN) auch im Islam hohes Ansehen genießt (vgl. S. 417), konnten die Beduinen ihm diesen frommen Wunsch kaum verwehren. Am 22. August 1812 zog BURCKHARDT als erster Europäer der Neuzeit durch den Sik und weiter bis an den Fuß des Jebel Harun, wo er AARON ein Tieropfer darbrachte. Mißtrauisch überwachte ihn sein Begleiter. Gleichwohl gelangen BURCKHARDT während des kurzen Besuchs schon erste Planskizzen der antiken Stadt und des ›Pharao-Schatzhauses‹. Und er wußte auch, was er entdeckt hatte: »... es ist sehr wahrscheinlich, daß die Ruinen im Wadi Musa jene des alten Petra sind«.

Noch vor der posthumen Publikation seiner Tagebücher (1822) war BURCKHARDTS Entdeckung bekannt geworden; vor allem in England machte sie Aufsehen. Im Mai 1818 besuchten die beiden britischen Marineoffiziere C. L. IRBY und J. MANGLES auf BURCKHARDTS Spuren die Nabatäerstadt. Sie waren die ersten, die – beim Aufstieg zum Jebel Harun – die Fassade von ed-Deir sichteten. 1828 kam der französische Graf Léon DE LABORDE, als Reisender noch ganz der romantischen Tradition verpflichtet, nach Petra. Von seinem Zeichner LINANT stammen bemerkenswerte Lithographien mit Ansichten der Ruinenstadt, dazu ein neuer Stadtplan. Auf LABORDE wiederum folgte 1836 der amerikanische Reverend Edward ROBINSON, der als Begründer der Bibel-Archäologie gilt. ROBINSON schenkte auch dem eigentlichen Stadtgebiet Petras Beachtung. Am 2. März 1837 traf dann als erster Deutscher der Geograph Gotthilf Heinrich VON SCHUBERT ein, begleitet von dem Landschaftsmaler BERNATZ. BERNATZ' Ansichten der antiken Stadt werden an Aussagekraft noch überboten von denen des Royal Academy-Mitglieds David ROBERTS, der 1839 in Petra weilte.

In immer rascherer Folge besuchten danach englische, französische und deutsche Reisende die Nabatäerstadt, unter ihnen der Mesopotamien-Forscher Austen Henry LAYARD (1840) und der Arabien-Pionier Charles M. DOUGHTY (1875). Aber erst kurz vor der Jahrhundertwende leiteten die kunsthistorisch-topographischen Forschungen von Rudolf BRÜNNOW/ Alfred von DOMASZEWSKI, Gustaf DALMAN und Plois MUSIC, dazu die orientalischen Arbeiten von J. EUTING, M. J. LAGRANGE und H. VINCENT (Histor. Abb. I) Petras wissenschaftliche Erschließung ein. Ausgrabungen auf peträischem Gebiet fanden erstmals im Frühjahr 1929 statt (G. HORSFIELD und A. CONWAY; vgl. S. 404). Um 1930 entstand das erste Hotel.

Petra im Überblick (Karte: G. Rebensburg) ▷

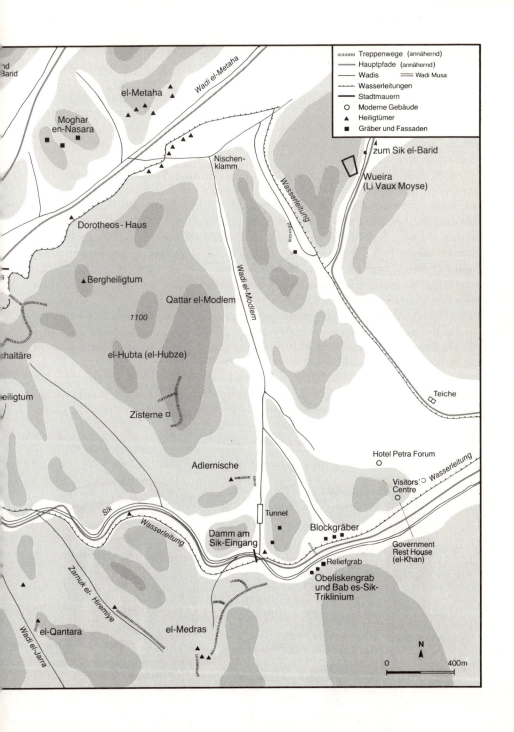

PETRA: BAB ES-SIK

Ausgangspunkt der Wanderungen durch Petra ist das staatliche Rest House am **Bab es-Sik** (d. h. Tor zum Sik). Die Hänge des Mosestals laufen hier in einem schluchtähnlichen Weg zusammen, der etwa einen Kilometer weiter westlich in die Felsklamm des eigentlichen Sik einmündet. Die Architektur des Rest House schloß zeitweise ein monumentales nabatäisches Grab, genannt **el-Khan** (d. h. Karawanserei), ein; im Säulenhof des Grabes befand sich die Hotelhalle, und aus der ehemaligen Grabkammer mit ihren Bestattungsnischen war eine Bar geworden. Beim Umbau des Rest House (seit 1991) hat man, mit mehr Pietät, das Grab wieder freigestellt.

Entlang weiß-gelblicher Felsen, erwartet von zahlreichen Dorfbewohnern aus Wadi Musa sowie Bdul-Beduinen, die Reitpferde, neuerdings aber auch Pferdekarren bereithalten, betritt der Besucher den Bab es-Sik. Allenthalben fallen Spuren nabatäischen Wirkens – Felsbearbeitungen und Höhlungen – ins Auge, und schon nach wenigen hundert Metern tauchen rechts des Wegs die ersten bedeutenden Steindenkmäler auf: drei **Blockgräber**, die auch als Sahrigs (d. h. Wasserspeicher), Pylonen oder Geistergräber bezeichnet werden (Abb. 59). Für Wasserspeicher hat man sie gehalten, weil am Fuße der nordwestlichen Felsen eine Wasserrinne verläuft, höchstwahrscheinlich haben wir aber Beispiele eines besonders frühen Grabtypus vor uns, der auf peträischem Gebiet u. a. in es-Sugra und Farasa (West) vertreten ist – die Bestattungsgruben sind in einigen Fällen in die Oberfläche, das ›Dach‹ der freistehenden Felswürfel eingesenkt. Von den Pylonen des Bab es-Sik besitzt allerdings nur das pilastergeschmückte Blockgrab eine solche Steingrube, und auch in ihr kamen bei einer Untersuchung im Winter 1978/79 keinerlei Spuren von Gebeinen oder Grabbeigaben zutage. Die Vermutung, daß es sich bei dem Pilasterblock – und auch bei den beiden anderen Pylonen – tatsächlich um Grabdenkmäler handelt, läßt sich indessen stilgeschichtlich abstützen. Das heute zerstörte Nabatäergrab im syrischen Suweida, dessen

Blockgräber im Bab es-Sik (nach: R. Brünnow und A. von Domaszewski)

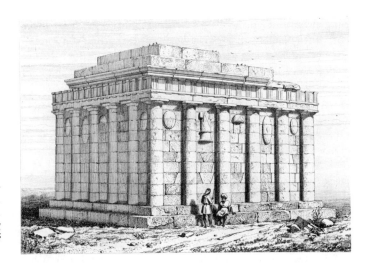

Nabatäisches Mausoleum von Suweida, Syrien (heute zerstört), in der Darstellung des Comte de Vogüé (nach: J. Odenthal)

Gestalt der Comte DE VOGÜÉ im Bild festgehalten hat, weist, obwohl aufgemauert und nicht aus dem Fels geschlagen, eine beredte Ähnlichkeit zu dem peträischen Felsdenkmal auf. Zugleich verdeutlicht VOGÜÉS Bild, daß das Grab von Suweida einst von einer Stufenpyramide bekrönt war. Solche pyramidalen Hauben darf man auch über den Blockgräbern des Bab es-Sik vermuten. Kulturgeschichtliche Bezüge lassen sich im übrigen auch zu den jüdisch-hellenistischen Gräbern im Kidrontal von Jerusalem herstellen.

Petra besitzt viele verborgene Sehenswürdigkeiten: Auf der Höhe der drei Pylonen sind in schmalen Seitenschluchten, nur wenige Dutzend Meter nordwestlich des Weges, zwei große **Treppengräber** in den Felsen gemeißelt, und auf der linken (südlichen) Seite – noch vor dem etwas zurückgesetzten Obeliskengrab/Barocktriklinium (s. u.) – gelangt man durch einen offenen Dromos, eingelassen in einen unscheinbaren Felsbuckel, in eine Grabkammer, geschmückt mit rohen, dennoch bemerkenswerten **Reliefs**. Neben einem Pferd (ca. 0,5 m lang), das auf seiner Kruppe einen Betyl (?) trägt (Abb. 68), sind zwei Schlangen von jeweils etwas über 1,5 m Länge zu sehen, die einen kleinen Vierbeiner bedrängen. »Die Schlange bewacht gewöhnlich die Gräber in der hellenistischen und römischen Bilderwelt« (F. ZAYADINE) – vielleicht hat sie also auch in diesem Grab eine apotropäische Funktion.

Das eigentümliche **Obeliskengrab** erhebt sich links (südlich) des Wegs über einem weiteren Felsbau, dem **Bab es-Sik**- oder **Barocktriklinium** (Farbabb. 6; Abb. 57). In den vier schmucklosen, ursprünglich etwa 7 m hohen pyramidalen Pfeilern sieht Fawzi ZAYADINE monumentale Nefesh zum Andenken an die hier Bestatteten (vgl. S. 352); die Existenz von *fünf* Senkgräbern im Innern erklärt er damit, daß der fünfte Tote durch die Statue zwischen den inneren Spitzpfeilern repräsentiert werde. Dieser Tote dürfte der Grabherr sein und könnte MANKU heißen – eine von J. T. MILIK entzifferte Inschrift in Nabatäisch und Griechisch nennt auf einem Felsen schräg gegenüber dem Grab auf der anderen Seite des Weges eben jenen Namen: »Dieses Denkmal wurde errichtet von ABD MANKU (...) für sich selbst, seine Nachfahren und deren beider Nachfahren...«

Vor dem Eingang zum Obeliskengrab – man erreicht ihn über eine Felstreppe von der linken Seite her – sind ein Wasserbecken und die Konturen eines Stibadiums zu erkennen, einer Opfer- oder rituellen Kochstelle zur Bereitung des Totenmahls. Vielleicht fanden solche Opfermahlzeiten im Triklinium unter dem Obeliskengrab statt. Aus stilistischen Gründen zögerte man bisher, die ›Barockfassade‹ auf das Grab darüber zu beziehen, doch ergaben photogrammetrische Auswertungen, daß die Portale beider Felsbauten in der gleichen Achse liegen. Damit gewinnt an Wahrscheinlichkeit, daß Grab und Triklinium gleichzeitig entstanden und einander funktional verbunden waren.

Mit ihrem gesprengten Giebel erinnert die Trikliniumfassade im übrigen an architektonische Stuckverzierungen auf der Seitenwand des Qasr el-Bint (vgl. S. 409f.), aber auch an das untere Stockwerk des Korinthischen Grabs (vgl. Farbabb. 2). Rechts und links der Felsfront öffnen sich Türen in Nebenkammern.

Schräg gegenüber von Obeliskengrab/Triklinium führt ein Weg hinauf zu einer **Kulthöhe** mit zahlreichen Senkgräbern und Votivnischen, einer Opfermahlstätte und einer Grabkammer für neun Bestattungen. Das Ensemble ist sehenswert, wird aber nur selten besucht.

Dies gilt auch für das Plateau von **el-Medras**, auf das kurz vor dem Eingang zum Sik links ein Schild hinweist. Die Stätte besitzt freilich keine hervorragenden Denkmäler oder Grabfassaden, gehört aber – auch in ihrer Stille und Abgeschiedenheit – zu den schönsten Kultplätzen Petras. DALMAN hielt Medras für das Heiligtum eines peträischen Clans.

Bei dem erwähnten Schild muß man den Bab es-Sik in südlicher Richtung verlassen. Nach etwa 15 Minuten Aufstieg zunächst über bepflanzte Terrassen, dann über Felswege und Treppen (›Steinmänner‹ als Wegmarken beachten!) ist der Kultbereich mit seinen Votivnischen, Inschriften, Betylen, Stufenfelsen, Wasserbecken und -leitungen erreicht. Besonders eindrucksvoll: der Hauptaltar von el-Medras (Abb. 63). Interessanterweise spricht eine nabatäische Inschrift von Dhushara als dem »Gott von Madresa« – der Name ist also seit 2000 Jahren mit dem Kultplatz verbunden.

Zurück auf dem Hauptweg sind es nur noch zweihundert Meter bis zum Sik-Eingang.

Das Deutsch-Türkische Denkmalschutz-Kommando (W. BACHMANN, C. WATZINGER, T. WIEGAND) erlebte bei seinen Petra-Forschungen 1916/17, »daß der bis dahin trockene Wadi es-Sik in voller Breite von reißendem Wasser angefüllt war«, und zwar »nach einem kaum halbstündigen starken Regen«. Am 8. April 1963 starben nach einem Wolkenbruch 28 Menschen in einer Flutwelle, die sich durch den Sik wälzte. Ein solches Unglück zu verhindern, hatten die antiken Stadtbaumeister Vorsorge getroffen: Die alte Straße, die an den Pylonen und am Obeliskengrab vorbei zum Sik führte, verlief in ihrem letzten Stück auf einem Erddamm mit seitlicher Stützmauer: Sturzwasser aus dem Wadi Musa konnte so nicht in die Klamm eindringen. Die Fluten wurden zunächst gegen die Felswand südlich des Schluchteingangs gelenkt und danach entlang des el-Hubta-Massivs durch einen Felstunnel nach Norden hin abgeleitet.

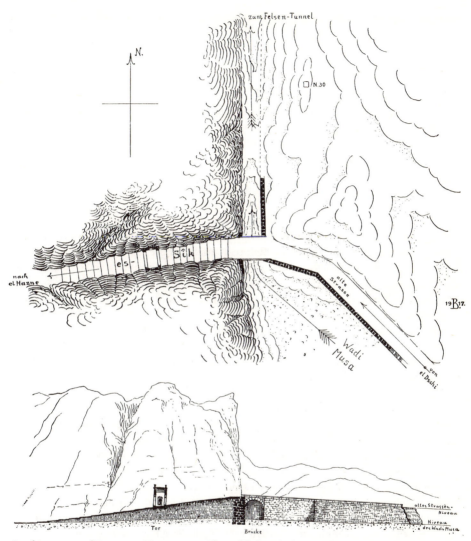

Straßenrampe und Damm am Eingang zum Sik. Aufblick und Schnitt (Rekonstruktion: W. Bachmann)

Seit 1964 ist der Sik nach antikem Vorbild wieder durch einen **Damm** gesichert; »wie eine Rampe« (M. LINDNER) greift er weit in die Schlucht hinein. Bei den Erdarbeiten entdeckte man rechts an der Einbiegung des Tunnelwegs **zwölf Spitzpfeilerreliefs** (Nefesh), teilweise mit nabatäischen Inschriften versehen (vgl. Textabb. S. 352). Eine dieser Inschriften hat Aufsehen erregt: Sie ehrt einen gewissen PETRAIOS, der in Garshu (Gerasa/Jerash) starb,

PETRA: DER SIK

aber, so heißt es, »ein Bewohner von Raqmu ist«. Raqmu (Reqmu, Rekem) ist mit hoher Wahrscheinlichkeit die altsemitische Bezeichnung Petras. (FLAVIUS JOSEPHUS [Jüdische Altertümer IV, 7,1] erwähnt einen Medianiterkönig Rekem, »von welch letzterem die Hauptstadt Arabiens ihren Namen hat«.)

Wenn man den Tunnel durchschreitet, nach ca. 15 m links aufsteigt und schließlich über eine Felslehne etwa 150 m aufwärts wandert, werden an der Wand zur Rechten mehrere Kultnischen sichtbar; eine davon zeigt über einem kleinen Dhushara-Idol ein **Adlerrelief** von etwas über einem halben Meter Höhe. Der frontal dargestellte Vogel – Tier des Zeus, aber auch imperiales Symbol – ist von römischem Typus, sein Kopf heute zerstört. Im Westen endet der Steinhang der ›Adlerschlucht‹, wie G. DALMAN sie nannte, in einem Steilabfall hinunter zum Grund des Sik.

Der Sik

Die Wände der Schlucht weisen Spuren von Wasserabschliff auf, dennoch ist der Sik kein Cañon, kein tief eingeschnittenes Flußtal; tektonische Kräfte, die einen kompakten Felsstock an seiner Schwachstelle, seiner natürlichen Nahtlinie, angriffen und aufrissen, haben ihn geschaffen. »Bis heute kann man sehen, wie Gesteinsschichten auf der einen Seite der Klamm jäh abbrechen, um sich unmittelbar gegenüber auf der anderen Seite fortzusetzen« (I. BROWNING).

Die fast lotrechten Wände des Sik ragen annähernd 70 m hoch, ihr Sandstein changiert in Farben zwischen Gelb und Dunkelgrau. Stellenweise verengt sich der Hohlweg bis auf eine Breite von etwa 4 m; düster, ja beklemmend wirkt besonders das letzte Stück im Westen, kurz bevor das ›Schatzhaus‹ erreicht ist.

Zu nabatäischer Zeit verlief durch den Sik der Hauptweg (aber nicht der einzige Weg!) in die antike Stadt. Den Schluchteingang überspannte damals ein einfacher **Bogen** mit zwei Innennischen, in denen einst vielleicht Statuen standen. Frühe Reisende wie LABORDE und ROBERTS haben diesen Bogen noch gesehen und im Bild festgehalten. Überdauert haben nur die Seitennischen der Torlaibung, zudem einer der aufgemauerten Bogenansätze.

Die **Kalksteinplatten,** mit denen der Sik im Altertum gepflastert war, blieben nur in einigen Randpartien erhalten; teilweise ist das Niveau des Schluchtwegs durch Auswaschung gesunken, teilweise hat es sich durch Geröll- und Sandablagerung erhöht.

An der linken Felswand sieht man den Kanal einer **Wasserleitung,** die schließlich auf die rechte Seite überwechselt und dort mit Hilfe von Tonröhren fortgesetzt wurde.

Von nabatäischer Religiosität zeugen im Sik an die drei Dutzend **Votivnischen,** darunter eine ›sechsköpfige‹ und eine ›zehnköpfige‹ Betylgruppe (vgl. S. 351). Etwa auf halber Wegstrecke passiert man einen isolierten Felsblock, in dessen Westseite unter einem Triglyphenfries ein Gesichtsbetyl und ein kleineres Begleitidol, vielleicht das Bild einer Göttin, eingemeißelt sind (Farbabb. 1). Des weiteren ist – links neben einem auffälligen ›Dom-Betyl‹ – die stark abgeriebene **Darstellung** einer Gottheit zu sehen, die auf zwei Löwen steht. Eine griechische Inschrift unter dem Relief nennt einen gewissen SABINUS als Stifter.

Der heute zerstörte Bogen über dem Eingang des Sik (Stich von ca. 1860)

Khazne Firaun

Die Khazne gilt als »die schönste skulptierte Felswand« Petras (M. LINDNER), als »ein Meilenstein der nabatäischen Kultur« (A. NEGEV). Wie kein anderes Denkmal der antiken Stadt hat sie Reisende und Forscher fasziniert, kein peträisches Denkmal ist in seiner Deutung und Datierung aber auch derart umstritten (s. u.).

Eine Khazne Firaun oder Khazne Faraun, ein Schatzhaus des Pharao, war der Felsbau freilich nicht. Diesen Phantasienamen prägten die Beduinen des vorigen Jahrhunderts, die heutigen Bewohner von Petra und Wadi Musa kennen die Khazne unter der Bezeichnung el-Jarra (d. h. Urne).

Ein Platz von etwa 250 m Länge und 70 m Breite, allseits von hohen Felswänden umschlossen, breitet sich vor dem ›Schatzhaus‹ aus. So ist dem Besucher die Möglichkeit gegeben, die turmhohe Fassade ins Auge zu fassen. Aus eisenhaltigem Sandstein gearbeitet, leuchtet sie im Licht der Morgensonne rötlich auf (Abb. Umschlagvorderseite).

Fast 40 m ragt das ›Schatzhaus‹ von der Säulenbasis bis zur Urnenspitze empor, einige Meter mehr sind es, wenn man die Felsaussparungen über dem Monument und das teilweise verschüttete Fundament hinzurechnet; die Breite des Bauwerks beträgt fast genau 25 m. Erstmals vermessen wurde es übrigens im Jahre 1910 – G. DALMAN brachte dazu aus Jerusalem eine speziell angefertigte Leiter mit.

Die Felsfassade gliedert sich in zwei Stockwerke. Die sechs unkannelierten Säulen des Untergeschosses besitzen attische Basen und floral verzierte Kapitelle. Nur zwei dieser sechs Säulen stehen als Monolithen frei (davon ist die linke 1960 von G. R. H. WRIGHT restauriert worden), die seitlichen Säulenpaare sind dagegen an die zurücktretende Felswand gebunden. Dadurch, vor allem aber durch den Kunstgriff, den unteren Giebel nur über vier der sechs Säulen zu legen, wirkt das Grundgeschoß der Fassade erstaunlich schlank. Jener Giebel, mit Akroterien geziert und sehr flach ausgeführt, fügt sich in eine Attika, über der das zweite Stockwerk aufsteigt. Die drei Bauglieder dieses Obergeschosses laufen in einem gesprengten Giebel aus. Die Mitte nimmt dabei eine zu zwei Dritteln freigestellte Tholos mit Pavillondach, krönendem Kapitell und abschließender Urne ein. Diese Urne, fast 3,5 m hoch, enthält nach Beduinenglauben den Pharao-Schatz; Scharten zahlreicher Flintenschüsse zeugen von Versuchen, das ›Steingefäß‹ aufzubrechen.

Beachtung verdient auch die Innenarchitektur des Felsbaus. Aus dem Vestibül geleiten links und rechts reich geschmückte Portale in zwei kahle Seitenkammern, die durch Ochsenaugen von der Vorhalle her belichtet werden. In der rechten Vorkammer hatte vermutlich ein Sarkophag seinen Platz. Geradeaus geht es über Stufen in den rechteckigen Hauptraum mit zwei Seiten- und einer Zentralnische, in denen weitere Prunksärge oder auch Götterbilder gestanden haben könnten. Am profilierten Portal zum Hauptraum fallen ionisierende Volutenkapitelle auf.

Die figürlichen Elemente der Fassade haben im Laufe der Zeit in solchem Maße Schaden genommen, daß ihre Identifizierung vielfach spekulativ bleibt. Manches ist in den älteren Drucken nach David ROBERTS oder LINANT besser zu erkennen als vor dem Felsbau selbst –

Treppensystem der Khazne und Seitenportal (Zeichnung: W. Bachmann)

man fragt sich allerdings, ob die Künstler des 19. Jh. ihrer jeweiligen Auffassung nicht mit Zeichenstift und Griffel ›rekonstruierend‹ nachgeholfen haben.

Der Duc DE LUYNES, der sich 1864 in Petra aufhielt und der Ikonographie der Khazne besondere Aufmerksamkeit schenkte, erkannte im Frontalrelief der Tholos die Schicksalsgöttin Tyche, in den Tiefenfeldern des gebrochenen Giebels Siegesgöttinnen und in den Interkolumnien der Seitenflügel sowie der Tholosflanken Amazonen; bei dem zentralen Akroter des unteren Giebels handelt es sich nach DE LUYNES um eine Sonnenscheibe zwischen Hörnern und Ähren. Dieses bekannte Isis-Symbol veranlaßte später BRÜNNOW und DOMASZEWSKI, die Frauengestalt in der Tholos als Isis statt als Tyche anzusprechen; überdies galten ihnen DE LUYNES' Siegesgöttinnen einfach als ›unbekannte Göttinnen‹. Wie DE LUYNES und BRÜNNOW/DOMASZEWSKI sah auch G. DALMAN im oberen Geschoß sechs Amazonen eine Göttin (Demeter-Isis) umtanzen, identifizierte die Frauengestalten in den Rücksprüngen des Giebels aber zunächst als die »beiden geflügelten ernsten Eumeniden« Elpis und Nemesis, später als Nike-Darstellungen. Einigkeit besteht wiederum darüber, daß in den beiden Seitenreliefs des Untergeschosses die Dioskuren, »bekannte Symbole von

Leben und Tod« (G. DALMAN), abgebildet sind. Zu ergänzen bleibt, daß den oberen, den gesprengten Giebel ursprünglich vier Adler-Akroterien schmückten und die Attikazone links und rechts von – wahrscheinlich apotropäischen – Raubkatzen (Löwe, Panther) flankiert wurde. Das stark beschädigte Tympanonrelief des unteren Giebels ist von ROBERTS als Adler, von DALMAN als Gorgonenhaupt oder bärtiger Dionysos/Osiris-Kopf gesehen worden, heute gilt es als Darstellung einer Göttin (›Rankenfrau‹).

In der Regel hängen solche Einzelinterpretationen eng zusammen mit der Gesamtdeutung des Baus. Wenn etwa BRÜNNOW/DOMASZEWSKI einer Isis-Identifizierung den Vorzug gaben, so entsprach dies ihrer Auffassung, die Khazne sei ein Isis-Heiligtum. Auch in der schwierigen Datierungsfrage werden Vorentscheidungen getroffen, sobald man die Khazne-Ikonographie im Kontext hellenistischer oder aber spätrömischer Mythologie interpretiert.

Die Fragen: nabatäisch oder römisch, Tempel oder Grab, stehen über mehr als ein Jahrhundert im Zentrum wissenschaftlicher Auseinandersetzungen. Ein Konsens wurde nur insofern erreicht, als der ursprünglich sepulkrale Charakter des Bauwerks kaum noch in Zweifel gezogen wird; offen bleibt indessen, ob die Khazne zusätzlich bzw. gleichzeitig ein Heiligtum war. Zu keiner Annäherung oder Entscheidung ist man in der Datierungsdebatte gelangt. Die Vorschläge für die Entstehungszeit des Bauwerks schwanken zwischen der ersten Hälfte des 1. Jh. v. Chr. (etwa G. DALMAN, Duc DE LUYNES) und der Mitte des 2. nachchristlichen Jahrhunderts (etwa G. R. H. WRIGHT), wobei – wie A. NEGEV zu Recht kritisiert – »jeweils dieselben stilistischen Argumente für eine frühe oder späte Datierung angewandt wurden«.

Am schlüssigsten erscheint – wie dies zuerst J. HITTORF (1866) und zuletzt A. SCHMIDT-COLINET (1981) versucht haben –, die Khazne aus spätalexandrinischen Bautraditionen herzuleiten. Zwar hat sich von jener ptolemäischen Architektur wenig genug erhalten, pompejanische Wandmalereien des Zweiten Stils, in denen zweigeschossige alexandrinische Villen und Paläste wiedergegeben sind, zeigen aber u. a. gesprengte Giebel, Tholosbauten, Halb- und Viertelsäulen – typische Bauelemente der Khazne also.

Der Äußere Sik

Nach dem Erlebnis der Khazne wirken die Felsfassaden des Äußeren Sik, durch den sich der Weg ins Stadtgebiet von Petra fortsetzt, eher unscheinbar – unverdientermaßen allerdings. Auf der Nordseite der Schlucht, über eine Treppe erschlossen, ist eines der größten **Triklinien** der antiken Stadt (ca. 12 × 12 m) in den anstehenden Fels gemeißelt. Der Kultsaal mit hoher Eingangsöffnung und zwei Fensterluken könnte zur Khazne gehören, die damit als Grabbau bestätigt würde. Die **reliefierten Rauten,** die man dem Triklinium gegenüber auf der linken Schluchtseite sieht, verzierten ursprünglich eine Votivnische.

In der Folge zeichnen sich monumentale **Zinnen- und Treppenfassaden** auf den Felswänden ab. Zuweilen treten sie plastisch aus dem Gestein hervor, und linker Hand ist ein **Zinnengrab** fast vollständig freigestellt. Zwei seiner Seiten zeigen abgeschliffene Pseudoportale, der Eingang befindet sich auf der Nordseite und wurde 1979 von Fawzi Zayadine geöffnet. Im Innern fand der Archäologe sechs Bestattungen sowie einen Wasserkanal, der quer durch die Grabkammer verlief und aus römisch-byzantinischer Zeit stammen muß. Typologisch erinnert der Zinnenbau an einen südarabischen Wehr- und Wohnturm (vgl. S. 355).

Daß der Äußere Sik, aufgeschwemmt mit Kieseln und Sand, heute ein höheres Bodenniveau besitzt als in nabatäischen Tagen, bezeugt eine Reihe mehr oder minder verschütteter **Zinnengräber** auf der rechten Seite. Oberhalb zog sich in einer Felsrinne eine tönerne **Wasserleitung** hin, diskret hat man sie durch die Fassade eines hohen **Treppengrabs** geführt. Im Innern dieses Treppengrabs verdienen fünf Nefesh, zwei davon mit kurzen nabatäischen Inschriften, Beachtung.

Ganze ›Gräberstraßen‹ bestimmen das Bild der sogenannten **Theaternekropole** (Abb. 58), die in mehreren Höhenstufen den Westhang des Äußeren Sik zwischen dem Aufstiegspfad zum Großen Opferplatz (vgl. S. 372) und dem Felstheater einnimmt. Vielfach gilt dieser ›Bergfriedhof‹ als ältester Begräbnisplatz der Nabatäerhauptstadt (s. u.). Man sieht hier besonders viele Fassaden mit einfachem oder doppeltem Zinnenfries, aber auch Treppen- und Rundbogengräber – letztere ein für Petra seltener Typus. Über den meist einfach gestalteten Grabportalen fallen zuweilen breite Querschlitze auf. Karl Schmitt-Korte vermutet, »daß diese zur Anbringung von Holzbalken bestimmt waren, auf denen der Name des Bestatteten erschien«.

Bevor Philip C. Hammond (damals Princeton, heute Salt Lake City, USA) mit Unterstützung der jordanischen Antikenverwaltung 1961/62 im **Theater** von Petra grub, lagen Bühne und Orchestra, die seitlichen Gewölbegänge und Teile der Sitzreihen unter Schutt und Erde begraben. Wir wissen jetzt, daß nicht 3000 oder 4000 Zuschauer – worauf sich ältere Schätzungen (Burckhardt, Robinson) beliefen –, sondern zwischen 7000 und 8500 Personen auf den vierzig Steinbänken des Auditoriums Platz fanden (Farbabb. 5, Abb. 60).

Das Theater von Petra vereint in sich nabatäische Eigenart mit mediterranen Charakteristika. Nabatäisch ist der Felsbau der Cavea, die Sitzreihen wurden unmittelbar aus dem gewachsenen Gestein gemeißelt; griechisch ist die Hanglage, zugleich hält sich das Theater in seiner Form jedoch an das römische Halbrund und in seiner Ausrichtung an die Normen Vitruvs. Wo nabatäische Meißelkunst nicht weiterhalf, etwa bei der Anlage der Vomitoria, kamen Haussteine zum Einsatz – standardisierte Blöcke, kleiner bemessen als die römische Quadereinheit und leichter mit der Hand zu verlegen.

Als ein Hauptergebnis der Ausgrabungen erscheint Hammonds Neudatierung des Theaters. Bis 1960 durchweg als römischer Bau aus der Zeit nach der Annexion Nabatäas angesprochen, ist es in Wahrheit »zwischen 4 v. Chr. (dem Todesjahr des Herodes) und 27 n. Chr.« (P. C. Hammond) entstanden – unter König Aretas IV. also. Über ein halbes Jahrhundert mehr oder minder rege benutzt, verfiel das Theater dann mit der Krise Nabatäas, bis die römische Besatzungsmacht es nach 106 n. Chr. wieder zu Ehren brachte. Der Untergang des Baus ist vielleicht mit dem Erdbeben vom 19. Mai 365 n. Chr. verbunden.

Wenn das Theater aber bereits um die Zeitenwende entstand, so hat dies Konsequenzen auch für die Chronologie der **Theaternekropole**. Angeschnittene Grabkammern (nicht etwa ›Ehrenlogen‹, wie E. L. WILSON vermutete) klaffen in der Abschlußwand über dem oberen Theaterrang, und auch auf den Felsschrägen, die der Cavea geopfert wurden, darf man ein Gräberfeld vermuten. All die abgetragenen Grüfte und mit ihnen auch die erhaltenen Gräberstraßen müssen aus der Zeit *vor* dem Bau des Theaters, aus dem 1. (oder 2.) vorchristlichen Jahrhundert stammen.

Avraham NEGEV hat Zweifel daran angemeldet, daß in Petras Theater tatsächlich Schauspiele zur Aufführung kamen, statt dessen vermutet er für den Felsbau eine »rituelle Funktion im Bestattungskult«. Nimmt man jedoch zur Kenntnis, mit welcher Rücksichtslosigkeit hier Ruhe und Weihe einer Nekropole gestört wurden, erscheint dies schwer vorstellbar, auch löst seine Distanz zum Stadtzentrum das Theater keinesfalls aus dem urban-profanen Lebenszusammenhang, wie NEGEV weiter meint. Immerhin verlief die Hauptstraße zur Stadt unmittelbar vor dem Bühnengebäude.

In die Lehnen und Felsplatten über dem Theater sind – einmal mehr – **Wasserleitungen und Führrinnen** eingesenkt. Auch in diesen Kanälen wird man Trauf- und Sturzwasser aufgefangen und in die Stadt abgeleitet haben. Vielleicht diente die Theaterorchestra in byzantinischer Zeit sogar als städtisches Wasserreservoir.

Es ist möglich, aber sehr mühsam und auch gefahrvoll, auf einer ›Direktroute‹ vom Theater zum Großen Opferplatz (s. u.) aufzusteigen; alte Treppenstufen weisen hier und dort den Weg. Entlang dieses **Nordstiegs** sind mehrfach Votivnischen in den Fels gemeißelt, überdies passiert man zwei nabatäische **Heiligtümer**: zunächst ein offenes Triklinium, auf der nächsthöheren Terrasse dann eine geräumige Felskammer, in deren Dämmerlicht das **Relief** einer etwa 2 m langen Schlange sowie ein altarähnliches Postament erkennbar werden. Kurz bevor die Kulthöhe des Theaterbergs erreicht ist, fällt eine **Betyl-Nische** auf, umschrieben von Pilastern mit Halbmondkapitellen, die vielleicht auf astrale Aspekte des nabatäischen Kultus verweisen.

Zum Großen Opferplatz und durch die östliche Farasa-Schlucht

Am leichtesten aber erreicht man den Großen Opferplatz auf dem Gipfel des Zibb Atuf über einen Treppenweg, der – etwa 100 m vor dem Theater – linker Hand, d. h. südlich, den Äußeren Sik verläßt, zunächst über einen kleinen Felssattel läuft und sich dann in Kehren eine enge düstere Schlucht namens Zarnuk Umm el-Mehafir hinaufwindet.

Nach etwa 30 Minuten tauchen rechts **Mauerreste** auf, die von einigen Forschern in die Kreuzritterzeit gewiesen werden. Dagegen spricht aber die typisch nabatäische Diagonalbeilung der Steine, und M. LINDNER und E. A. KNAUF vermuten wohl mit Recht, daß es sich hier nicht um eine Befestigung, sondern um Propyläen des Großen Opferplatzes handelt. Offenbar wurden die Steine an Ort und Stelle aus den Gipfelfelsen gebrochen – oder genauer: Ein ganzer Gipfelteil wurde mehrere Meter abgetragen.

Die beiden Obelisken auf dem Zibb Atuf. Im Hintergrund (rechts) das Gemäuer der Propyläen (?), die zum Hochaltar führten

Die ursprüngliche Höhe des anstehenden Gesteins geben **zwei Obelisken** an. Sinn und Zweck dieser eigentümlichen, über 6 m hohen Steinmale sind umstritten. An G. DALMAN anknüpfend, hält Philip C. HAMMOND sie einfach für »Steinbruch-Markierungen« ohne irgendeine kultische Bedeutung. Dagegen haben andere Forscher die Obelisken als religiöse Denkmäler begriffen. Tatsächlich erschiene es seltsam, wenn eine den Nabatäern heilige Form wie der Spitzpfeiler nahe der wohl wichtigsten Kulthöhe Petras jedweder religiösen Aussagekraft entbehrte – womit nicht gesagt ist, daß die Stelen in frommer Absicht *entstanden*, und nicht angefochten wird, daß sie *zunächst*, ganz zweckbezogen, lediglich das Felsniveau eines Steinbruchs bezeichneten.

Iain BROWNING sieht in den Monolithen Repräsentationen nabatäischer Gottheiten (Dhushara, al-Uzza), indessen wurde Dhushara nie im Spitzpfeiler verehrt, sondern als Block oder Blockrelief verkörpert (vgl. S. 351). Der nabatäische Obelisk und sein Reliefbild (Nefesh) stehen dagegen im Zeichen des Totengedenkens, und als Totenmale erscheinen auch die beiden Spitzpfeiler des Zibb Atuf – mögen sie nun an zwei nabatäische Könige oder an ein Königspaar, an Hohepriester oder Heroen erinnern.

Vom Obeliskenplateau gelangt man über die schon erwähnten nabatäischen Mauerreste in nördlicher Richtung zum **Großen Opferplatz**, der erst 1882 von dem englischen Photographen E. L. Wilson entdeckt wurde. Das Heiligtum ist in eine Gipfelplatte von etwa 65 m Länge gemeißelt und umfaßt von Süd nach Nord ein rechteckiges Regenwasserbecken mit Zuflußrinnen und einen abgetieften Felsplatz von etwa 14,5 × 6,5 m; seine Ränder dienten den nabatäischen Gläubigen bei ihren Kultmahlzeiten als Klinen. Ein flacher oblonger Sockel, den man bei der Planierung des Felshofes etwa 10 cm hoch hat stehen lassen, könnte, so A. Negev, das Standbild einer Gottheit getragen haben oder, so G. Dalman, ein Kulttisch gewesen sein, bestimmt »zur Niederlegung unblutiger Gaben vor der Gottheit«. Nahe der Südostecke entwässerte eine Ablaufrinne den Platz, nahe der Südwestecke verläßt ihn eine Treppe, die zum Nordsteig führt (vgl. S. 372).

Westlich schließt an den Felshof der eigentliche Opferbezirk (Abb. 64) an, bestehend aus einem Hochaltar (wohl für Schlachtopfer, nach G. L. Robinson für Räucheropfer bestimmt) und einem kreisförmigen Altar (wohl für Trankopfer, nach G. L. Robinson, R. Savignac und anderen für Blutopfer bestimmt). Dazu kommen vor und bei den Altären Abtreppungen, Rinnen und Tröge. Denkbar erscheint, daß die Ausrichtung des Hochaltars nach Westen von sakraler Bedeutung war und die Kulthöhe in einer Beziehung zu der bei Strabo erwähnten Sonnenanbetung der Nabatäer stand (vgl. S. 337).

Auf vier Wegen kann man Zibb Atuf wieder verlassen: durch die Schlucht Umm el-Mehafir (also auf dem schon beschriebenen Aufstiegspfad), entlang eines steilen und schwierigen Nordwegs, der über dem Theater endet (vgl. S. 372), auf einem Südweg, der über einen

Der runde Opferaltar auf Zibb Atuf, bestimmt für Trank- oder für Blutopfer (nach: R. Brünnow und A. von Domaszewski)

Der Gartentempel, auf der rechten Seite ein großes Staubecken (nach: L. de Laborde)

steilen Schotterhang hinunter zur Obodas-Kapelle führt (vgl. S. 380), und über den gut ausgebauten und besonders sehenswerten **Weg durch die östliche Farasa-Schlucht.** Um diesen letzten Felssteig zu erreichen, verläßt man das Gipfelplateau in südlicher Richtung, läßt links die beiden Spitzpfeiler zurück und biegt nach ca. 150 m in westlicher Richtung (nach rechts) ab.

Das erste Denkmal, das der Farasa-Treppenweg passiert, ist ein **Löwenrelief** von etwa 4,5 m Länge und einer Höhe zwischen 2,5 und 3 m (Abb. 69). Der Kopf der Raubkatze ist weitgehend zerstört, und zwar durch Wasser, das ursprünglich dem Maul des Löwen entsprang. Iain BROWNING vermutet, daß dieses Wasser in einem Bassin gesammelt und hinunter zum Haupttriklinium des Wadi Farasa, dem Bunten Saal (s. u.), geführt wurde. Ein ca. 1,7 m hoher **Steinaltar** schräg gegenüber dem Farasa-Löwen unterstreicht den kultischen Charakter des Brunnendenkmals.

Wie ein Frühlingsidyll erschien G. DALMAN 1904 jener in sich geschlossene Schluchtabschnitt, zu dem man vom Löwenbrunnen über steile Treppen hinabsteigt. Rasenteppich, Ginster- und Daphne-Gebüsch ließen den Forscher seinerzeit an ein »Gartental« denken – ein Eindruck, den auch LINANTs Lithographie bestätigt. So ist ein Felsbau am Nordende des kleinen Tals zu dem Namen **Gartentempel** (auch: **Gartengrab**) gekommen. Das Monu-

PETRA: ÖSTLICHE FARASA-SCHLUCHT

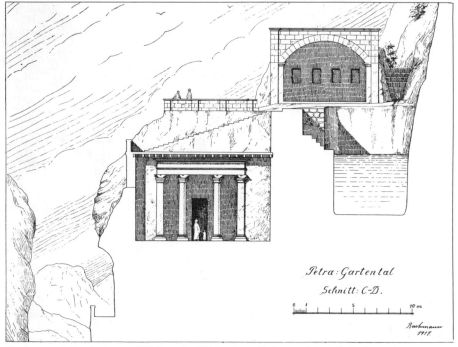

Gartentempel, Staubecken und Wohn- oder Wächterhaus (Rekonstruktion: W. Bachmann)

ment besitzt einen kleinen Vorplatz (einst möglicherweise als Peristylhof gestaltet), eine giebellose Fassade mit Eckpilastern und zwei frei stehenden grazilen Säulen sowie zwei Felsräume – man wird bei dieser Komposition eher an ein Grabtempelchen, das zum Kultbezirk des Statuengrabes zu rechnen ist (s. u.), als an ein Mausoleum denken, zumal Bestattungsnischen oder -gruben fehlen.

Die hochragende Mauer rechts neben der Tempelfassade gehört zu einem längsrechteckigen **Staubecken,** an dessen nördlichem Ende sich noch ein weiterer **Felsbau** erhebt, einst mit einem Tonnengewölbe eingedeckt. Carl WATZINGER hielt ihn für ein Wohnhaus.

Über eine langgezogene Felstreppe gelangt man aus dem Gartental zu einer »antike(n) Grabanlage von fürstlichen Ausmaßen« (M. LINDNER). Erhalten haben sich links das sogenannte Statuen- oder Soldatengrab und rechts der Bunte Saal, die vielleicht schönste Totenmahlkammer Petras. Beide Felsbauten waren durch ein heute verschwundenes Peristylium miteinander verbunden; Einlassungen in den Felswänden ermöglichten eine Rekonstruktion dieser Hofhalle.

Zwei Halbsäulen mit Hörnerkapitellen gliedern, zwei Eckpilaster mit angeschlossenen Viertelsäulen umfassen die ursprünglich ca. 14 m hohe Fassade des **Statuengrabes** (Farbabb. 7). Der flache Giebel ist in eine Attikazone gelegt, das Portal von einem Triglyphen-

Die Fassade des Statuengrabes (nach: R. Brünnow und A. von Domaszewski)

Wandgliederung des Bunten Saals mit Nischen und kannelierten Halbsäulen (nach: R. Brünnow und A. von Domaszewski)

PETRA: ÖSTLICHE FARASA-SCHLUCHT/FARASA (WEST)

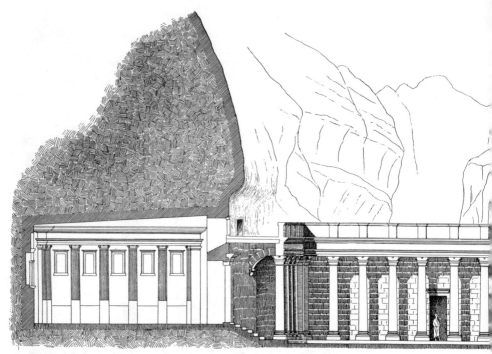

Bunter Saal (links) und Statuengrab (rechts) in ihrem architektonischen Zusammenhang...

Scheibenmetopen-Fries unter einem Miniaturgiebel bekrönt. In den Interkolumnien der Fassade sieht man drei ›Fenster‹-Nischen mit überlebensgroßen Statuentorsi: links und rechts zwei männliche Figuren, in der Mitte eine Panzerstatue nach römischem Geschmack. »Die fürstliche Erscheinung und Haltung (...) gestattet am ehesten die Deutung auf drei heroisierte Tote, die Inhaber des Grabes, einen fürstlichen Feldherrn mit seinen beiden Söhnen« (C. WATZINGER).

Durch zwei Felsfenster beiderseits der Fassade erhält das Grabesinnere Licht. Es fällt in einen Saal von ca. 13 × 15 m, dem südlich noch eine Kammer von etwa 9 m im Quadrat angeschlossen ist. In den Bogennischen an der Nord- und Westseite des Hauptraums dürften einmal Sarkophage gestanden haben.

Der **Bunte Saal** gegenüber dem Statuengrab hat seinen Namen von dem effektvoll ›marmorierten‹ Sandstein, der in Farbtönen zwischen Weiß, Grau und Rot spielt und in der Nachmittagssonne besondere Leuchtkraft gewinnt. Als einziges peträisches Triklinium weist der Felsbau (Grundriß ca. 11 × 11 m) im Innern eine plastische Wandgliederung auf: Zwischen Halbsäulen sind hochrechteckige Nischen in den Fels gearbeitet. Höchstwahrscheinlich fanden im Bunten Saal die kultischen Mahlzeiten für die Toten des Statuengrabes statt.

...verbunden durch einen Peristylhof (Rekonstruktion: W. Bachmann)

Im Auslauf des Farasa-Schluchtwegs gelangt man vor zwei weitere klassizistische Fassaden: erst vor ein **Grab mit Urnenakroterien** und hoch ansetzendem Flachbogen über dem Eingang – es ist auch als Renaissancegrab bekannt –, wenig später vor ein **Grab mit gesprengtem Giebel,** das einen Treppenvorbau aufweist. Die Ausmeißelung der Loculi im Innern wurde hier nicht zu Ende geführt.

Nach Farasa (West), zur Obodas-Kapelle und auf den Jebel en-Nmer

Wo das östliche Farasa-Tal zu Ende geht, erhebt sich links ein Felsplateau mit mehreren Opfermahlstätten, Postamenten und Nischen. Hier mündet (schräg gegenüber dem Grab mit Urnenakroterien; s. o.) auch das kleine, selten besuchte **Tal von Farasa (West).** Es besitzt eine **klassizistische Felsfassade,** die in ihrem Grundaufbau dem Statuengrab (s. o.) ähnelt, jedoch keinen Bildschmuck aufweist und auch nicht so hoch ragt. Ein anderes **Grab** ganz am Ende des Tals ist über der Tür mit einem Scheibenmetopen-Triglyphen-Fries geschmückt. Ferner findet man in der westlichen Farasa-Schlucht Felskammern und ein Triklinium.

PETRA: OBODAS-KAPELLE / JEBEL EN-NMER / ›KÖNIGSWAND‹

Grab im westlichen Farasa-Tal (nach: R. Brünnow und A. von Domaszewski)

Durch das Wadi en-Nmer, vorbei an Votivnischen und Felskammern, führt der Weg zur sogenannten **Obodas-Kapelle**. Man kann sich in der Felswildnis leicht verirren: Bei einer ersten Gabelung schlägt man den Weg in die linke Schlucht ein; wo das Wadi später auf einen größeren Platz mündet (gekennzeichnet durch Höhlungen im Fels), muß man sich halbrechts halten, dann über Treppen eine Plattform ersteigen und schließlich ganz links entlang der hoch aufragenden Felswand durch eine enge Schlucht, über Treppenpassagen und einen noch erkennbaren Pfad gehen (bei der Wegscheide links halten!), bis ein freier Platz mit zwei Felskammern erreicht ist.

Der größere Raum auf der südlichen Seite des Platzes trägt auf einem Felskiel unter der Decke eine vierzeilige nabatäische Inschrift: »Dies ist das Bild des Gottes Obodas, welches gemacht haben die Söhne des Honeinu (...) im 29. Jahre des Aretas, des Nabatäerkönigs, welcher sein Volk liebt«. Somit ist die Kultkammer im Jahre 20 n. Chr. entstanden und mit einem Bild des vergöttlichten OBODAS III. ausgestattet gewesen. Diese Statue wird – etwa lebensgroß – in jener Nische gestanden haben, die sich mit einer gerundeten Vertiefung an der Rückwand der Kapelle abzeichnet. Auch der zweite Felsraum (mitsamt Nische und Anbindlöchern) diente augenscheinlich dem nabatäischen Kultus. Eine Zisterne, Betyle und Mauerreste, dazu Votivinschriften und Scherben nabatäischer Keramik (Opferschalen?) deuten vielleicht darauf hin, daß vor der Obodas-Kapelle inmitten der Bergwildnis ein geschlossener **Sakralbezirk** lag.

Um zum Gipfel des **Jebel en-Nmer** zu gelangen, der sich westlich der Obodas-Kapelle emportürmt, muß man zunächst durch das Wadi en-Nmer bis zur ersten Weggabelung zurückgehen und dort nach Süden abbiegen. Über Sturzblöcke erreicht man am Ende dieses südlichen Seitentals verdeckte, sehr eindrucksvolle **Felstreppen,** die sich rechts (nordwestlich) zu einer ersten Terrasse mit Votivnischen hinaufziehen. Nun geht es in einer Spitzkehre nach links, hinunter in eine Talsohle und vorbei an den Stufen eines zerstörten Aufgangs. Die nächsten Treppenabschnitte steigen im Auslauf der Talpassage rechter Hand erst zu einem Felsplateau (wiederum mit Votivnischen), dann zu einer zweiten Terrasse auf, wo der Weg sich zur Linken zwischen Geröll und Steinblöcken verliert. Ein schwer erkennbarer Ziegenpfad bewältigt die schwierige Passage und geleitet durch einen Felsdurchschlupf schließlich wieder auf den antiken Treppenweg; dieser läuft auf eine dritte Terrasse hinaus und gewinnt danach, nun bereits in seinem letzten Stück, klarere Konturen. Ein **Relief** rechts an der Felswand (ca. 0,5 m hoch, abgeschliffen) stellt nach Auffassung von G. Dalman einen römischen Feldherrn mit Siegerkranz dar, nach M. Lindner dagegen einen Sol Invictus – die im spätrömischen Heer so beliebte Siegende Gottheit. Kurz vor dem Gipfel passiert der Felssteig noch einen **Altar.**

Auf der Nordwestseite des Gipfelplateaus stand einst vielleicht ein quadratischer kleiner **Mauertempel** von etwa 11 m Seitenlänge – jedenfalls entdeckte M. Lindner hier ein Säulenfragment und Architravreste, die eine solche Vermutung stützen. Mehrere kleine Felsbassins, Abtreppungen und eine Zisterne, die ursprünglich unter einer Gewölbetonne lag, vervollständigen das **Bergheiligtum** von en-Nmer.

Die ›Königswand‹

In den westlichen Fuß des el-Hubta-Massivs sind einige der imposantesten Fassadengräber Petras gemeißelt, darunter das Urnengrab, das Korinthische Grab, das Palastgrab und das Statthaltergrab des Sextius Florentinus. Daß diese groß angelegten Mausoleen mit ihren aufwendigen Schauseiten Beisetzungsplätze nabatäischer Könige seien, ist eine Hypothese des 19. Jh., die zeitweilig angezweifelt wurde, seit neuestem aber gerechtfertigt erscheint.

Rechts am Ausgang des Äußeren Sik, schräg gegenüber dem Mehafir-Aufstieg zum Großen Opferplatz (vgl. S. 372), fällt etwa zwei Dutzend Meter über dem Hauptweg ein stattliches, wiewohl nicht eigentlich prunkvolles **Treppengrab** mit komplex gestaltetem Portal ins Auge. Die zentrale Grabkammer läuft in elf Loculi aus, vor dem Grab lag einst ein **Säulenhof,** und links der Fassade findet sich ein **Triklinium** mit noch einmal drei Bestattungsnischen. Nach Inschriftenfunden aus Grabungen der 70er Jahre (M. Lindner, F. Zayadine) läßt sich über das Zwischenglied einer bisher falsch lokalisierten Inschrift (entdeckt 1896) eine Art Indizienbeweis führen, daß in diesem Treppengrab ein Mitglied oder ein enger Vertrauter des nabatäischen Königshauses beigesetzt gewesen sein dürfte – vielleicht jener Kanzler Onaiso (Uneishu), der gemeinsam mit der Königswitwe Shaqilat nach dem Tod des zweiten Malichus für den noch unmündigen Rabel II. die Regierungs-

PETRA: ›KÖNIGSWAND‹ (URNENGRAB)

geschäfte führte (ca. 70 n. Chr.). Nun ist durch eine lateinische Inschrift gesichert, daß am anderen Ende der »Großgräberreihe von el-Hubta« (M. LINDNER) einer der ersten römischen Gouverneure der Provincia Arabia, SEXTIUS FLORENTINUS, seine Ruhestatt hat. Der Schluß, daß zwischen diesen beiden ›Regentengräbern‹ Dynasten und Potentaten Nabatäas begraben liegen, bietet sich an. Trifft er zu, »so löst sich das Rätsel der peträischen Großgräber etwa in folgender Weise: Im mächtigen ›Urnengrab‹ oder im ›Korinthischen Grab‹ war Malichus II. beigesetzt, und das ›Palastgrab‹ war für den unglücklichen Rabel und seine Familie bestimmt« (M. LINDNER).

Einen fürstlichen Inhaber hatte sicherlich auch jenes zweite, größere **Treppengrab**, dessen Fassade ca. 100 m nördlich des Onaiso-Grabes auf einer Felsklippe der Hubta-Wand erscheint. Bisher war *dieses* Grab irrtümlich mit ONAISO in Verbindung gebracht worden.

Zum gewaltigen **Urnengrab** (Farbabb. 4), das manchmal (ganz und gar spekulativ) als Gerichtsgebäude bezeichnet wird, gelangt man heute über neu aufgemauerte Treppen. Der weite Vorplatz mit seinen beiden seitlichen Säulengängen ist nabatäischen Ursprungs und einst vielleicht als Triklinium benutzt worden. Höfe dieser Art finden sich generell nur vor bedeutsamen nabatäischen Mausoleen wie dem Statuengrab (vgl. S. 376 ff.), el-Khan (vgl. S. 362) oder auch dem Onaiso-Grab (s. o.). Später, wohl im 5. Jh., haben Petras Christen den Platz dann über mehrgeschossigen, mächtigen Substruktionen nach Westen hin erweitert.

Die Grabfassade selbst wird von Eckpfeilern mit angekoppelten Viertelsäulen abgegrenzt und durch zwei Halbsäulen gegliedert. Sie erinnert insofern an das Statuengrab – auch was die Portalgestaltung mit einem Giebel und einem Fries von Triglyphen und Scheibenmetopen anbelangt –, doch betont das Urnengrab sehr viel stärker die Vertikale. Zu dieser Tendenz trägt auch eine mehrstöckige Architrav-Attika-Zone mit abgeschliffenen Zwergpilastern und den Konturen von vier Büsten bei, die den Giebel und sein Urnenakroter zu überdurchschnittlicher Höhe emporhebt.

Während das Felsfenster über dem Eingang als eine spätere, eine byzantinische Einfügung erscheint, handelt es sich bei den drei Öffnungen weiter oben zwischen den Säulenstellungen um wichtige nabatäische Begräbnisplätze, die ursprünglich mit Porträtbüsten verschlossen waren. Die Mittelnische gilt manchen Forschern als Grab des Königs MALICHUS II. Wie ihre beiden Seitenstücke erwies sie sich als ausgeraubt, als der amerikanische Bergsteiger Joe BROWN sie 1962 für die British School of Archaeology (P. J. PARR) untersuchte.

Im Nordosteck der mit ca. 18,5 × 17 m sehr geräumigen Grabkammer nennt eine griechische Inschrift einen Bischof JASON und seinen Diakon JULIAN; sie haben das Urnengrab im Jahre 446 n. Chr. zur ›Kathedrale‹ von Petra geweiht. Dabei wurden Grabnischen an der ostwärts orientierten Rückwand des Felssaals zu Apsiden ausgewölbt. Die vier Vertiefungen im Boden vor der Hauptapsis könnten die Pfosten eines Altars gehalten haben.

Von den folgenden Mausoleen sei noch das **Bunte Grab** (auch: **Seidengrab**) hervorgehoben, dessen verwitterte, farbig gebänderte Halbsäulenfassade in einer Attika mit gestauchten Pilastern und einer Treppenkrone abschließt.

◁ *Das Urnengrab (nach: R. Brünnow und A. von Domaszewski)*

PETRA: ›KÖNIGSWAND‹ (PALASTGRAB)

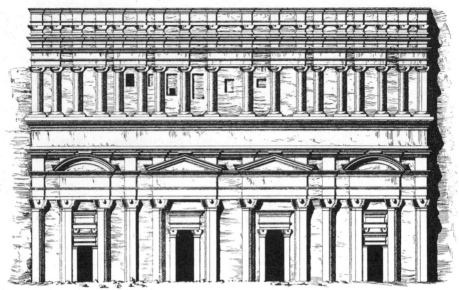

Das Palastgrab (nach: R. Brünnow und A. von Domaszewski)

Die brüchige, stark erodierte Front des **Korinthischen Grabes** (Farbabb. 2; Abb. 61) ist zweistöckig konzipiert. Über einem Grundgeschoß mit acht Halbsäulen sowie vier oder fünf Portalen erheben sich Attika und Giebel in der Art des Bab es-Sik-Trikliniums (vgl. S. 363 f.); darüber steigt die obere Fassadenzone mit gesprengtem Giebel und Mitteltholos auf – hier stand die Khazne Pate. Kuriosum am Rande: Bei den Kapitellen, die dem Mausoleum seinen Namen eintrugen, handelt es sich nicht um korinthische Beispiele, sondern um floral verzierte nabatäische Hörnerkapitelle.

Zwischen Windmauern, die einen gewissen Schutz vor äolischer Erosion gaben, zieht einer der gewaltigsten Felsbauten Petras den Blick auf sich: das **Palastgrab** (Abb. 61). Ob die breitgelagerte, komplex gestaltete Front einer fürstlichen Residenz des hellenistischen Orient nachempfunden ist (wie F. Zayadine meint), muß offen bleiben; desgleichen, ob die Fassade mit ihrer vorgeschobenen Felsplattform tatsächlich als theatralischer »Hintergrund für Staatsbegräbnisse mit all ihrem Schaugepränge, ihren Prozessionen und Ritualen von orientalischer Intensität« (I. Browning) diente. Definitiv ins Reich der Legende gehört allerdings die Behauptung, wir hätten hier kein Mausoleum, sondern einen Palast, die ›Königspfalz‹ von Petra, vor uns. Vier einfache Felssäle – auch der größte davon nur ein schlichtes Geviert von ca. 10 x 7 m – hätten nicht einmal den bescheidensten Anforderungen an eine königliche Wohnstatt genügt.

57   PETRA   *Obeliskengrab und Bab es-Sik-Triklinium (vgl. Farbabb. 6)* ▷

58 PETRA Theaternekropole

60 PETRA Blick von el-Hubta auf das Theater (vgl. Farbabb. 5)

59 PETRA Blockgräber im Bab es-Sik

62 PETRA Hochaltar auf el-Hubta

◁ 61 PETRA Palastgrab und Korinthisches Grab (vgl. Farbabb. 2)

63 PETRA Hauptaltar von el-Medras

64 PETRA Hochaltar auf Zibb Atuf

65 PETRA Heiligtum auf Umm el-Biyara

66 PETRA Göttin im Wadi Waqit
(Wadi Abu Olleqa)

67 PETRA Schlangenmonument in der Vorstadt es-Sugra

68 PETRA Relief (Detail) in einem Dromos-Grab am Bab es-Sik

69 PETRA Löwenbrunnen oberhalb der Farasa-Schlucht

70 PETRA Kamelrelief nahe ed-Deir

71 PETRA Theater von Sabra ▷

72 PETRA Grabfassade im Sik el-Barid

73 QASR BUSHIR Kastell des römischen Limes

74 MAAN Wochenmarkt

75　QALAAT EL-HESA　Blick in das osmanische Pilgerfort

77　WADI RUM　Kamelreiter der Wüstenpolizei ▷

76　QATRANA　Osmanisches Pilgerfort mit Zisterne

Wenn sich der Oberbau des Palastgrabes nur mit einiger Mühe rekonstruieren läßt, dann nicht allein, weil Teile der aufgemauerten Gebäudekrone zerstört sind – auch die Bauidee selbst erscheint unklar: Ist die mittlere Halbsäulenzone überhaupt als eigenes Geschoß anzusprechen oder handelt es sich einfach um eine ausgedehnte Attika? Und was soll der durch Leisten, Kehlen und Simse ganz unübersichtlich zergliederte Fassadenabschluß vorstellen, in den eine dichte Folge von Zwergpilastern, jeweils zu dreien übereinandergestaffelt, eingezogen ist? Avraham NEGEV urteilt: »Die obere Hälfte des Bauwerks scheint in illusionistischer Manier ein mehrstöckiges Gebäude in perspektivischer Sicht darzustellen«.

In den sechs Nischen der mittleren Fassadenzone fand der Bergsteiger Joe BROWN 1962 nicht die erwarteten Bestattungen. Untief und eng, waren die Felsgelasse wahrscheinlich nie als Loculi vorgesehen, sondern zur Aufnahme von Gedenkbildern bestimmt.

Das letzte, nördlichste Potentatengrab der ›Königswand‹ ist das schon erwähnte **Mausoleum des Sextius Florentinus,** eines Statthalters, der unter Kaiser HADRIAN die Provincia Arabia verwaltete. Eine lange lateinische Inschrift unter dem Bogentympanon weist seinen Sohn LUCIUS als Stifter des Grabes aus – es dürfte um 130 n. Chr. entstanden sein. Daß es sich um einen älteren nabatäischen Felsbau handelt, der für SEXTIUS FLORENTINUS neu hergerichtet wurde, ist entgegen der Vermutung A. NEGEVs unwahrscheinlich; mit dem kleinen Hadrianstempel von Ephesus läßt sich stilgeschichtlich ein bis in die Tympanonskulptur hinein ähnliches römisches Baubeispiel benennen, dessen Dreidimensionalität in Petra freilich flächig projiziert erscheint – wenn man so will: ›nabatäisiert‹ wurde (vgl. S. 355).

Einen Besuch des Statthaltergrabes spart man sich am besten für den Abend auf; nur dann fällt Streiflicht auf die bunte, stark geäderte Sandsteinfassade.

Im Norden der ›Königswand‹

Mit dem Statthaltergrab sind die Sehenswürdigkeiten des el-Hubta-Massivs noch nicht erschöpft. Wer sich der Mühe eines Aufstiegs zum **Gipfelplateau** unterzieht, wird dort Zisternen, Wohnhöhlen, Kultnischen, mehrere Altäre sowie einen markanten Hochaltar finden, der gleich dem auf dem Zibb Atuf (vgl. S. 374) nach Westen orientiert ist. Eindrucksvoll liegt das ganze Stadtgebiet bis Umm el-Biyara und Jebel ed-Deir im Blick, dazu tief unten das Halbrund des Theaters (Abb. 60). Aufstiegspfade nach el-Hubta beginnen in der Schlucht nördlich des Statthaltergrabens (anfangs über Sturzblöcke; schwierig) und nahe dem Urnengrab; teilweise geht man über breite, wohlgestaltete Treppenwege.

Nordöstlich schließen im Tal von Petra an das Statthaltergrab mehrere **Kultplätze** und endlich das sogenannte **Dorotheos-Haus** an – ein geräumiger, durchfensterter Felsbau mit Klinen. In eine der Ruhebänke ist zweimal der genannte Name graviert. Man wird in der

◁ 78 AQABA   *Erholung von den Touristen*

PETRA: NORDEN DER ›KÖNIGSWAND‹/INNENSTADT

Heiligtum im Wadi el-Modlem, sogenannte Nischenklamm (Zeichnung: E. Gunsam; nach: M. Lindner)

Anlage, zu der noch ein Vorplatz und eine Zisterne gehören, weniger eine Wohnung als eine Opfermahlstätte sehen. Für diese Vermutung sprechen auch mehrere Idolnischen links und rechts des Eingangs und im Innern des Felssaals.

Augenscheinlich war die Nordseite von el-Hubta für die Nabatäer von einiger kultischer Bedeutung. Dazu dürfte beigetragen haben, daß hier Wasser für Libationen zur Verfügung stand. Entlang der Wand verlief eine der wichtigsten **Wasserleitungen** Petras, in die sogar Aquädukte und eine kleine Talsperre einbezogen waren; die tiefe Leitrinne im Fels ist bis heute gut zu erkennen. Das Wasser selbst entstammte, wie die Untersuchungen der Naturhistorischen Gesellschaft Nürnberg (E. GUNSAM, M. LINDNER) ergaben, aus der Mosesquelle im Wadi Musa (vgl. S. 358) und wurde in einer Endzisterne links neben dem Palastgrab gespeichert.

Etwa 300 m östlich des Dorotheos-Hauses durchschneidet eine nur 2–3 m breite Schlucht, bekannt als **Nischenklamm,** die Nordwand von el-Hubta. Beiderseits weisen ihre Felswände Betyle und Nischen auf; sie kündigen ein Schluchtheiligtum mit über einem Dutzend Idolnischen an, das zu den stimmungsvollsten Kultplätzen Petras gehört.

Die Nischenklamm, die noch im April Wasser führen kann, mündet in das Wadi el-Metaha – und **el-Metaha** heißt auch der nordwestlich angrenzende einsame Hügelbezirk, den Treppengräber und Triklinien, Pfeileridole und Nischengruppen als Friedhof vor den Toren von Petra ausweisen.

Westwärts schließt an el-Metaha ein weiterer peträischer Vorort mit Wohnhöhlen und Bestattungsplätzen an: **Moghar en-Nasara**. Am alten Karawanenweg zum Sik el-Barid gelegen, wo sich höchstwahrscheinlich nabatäische Warenlager befanden (vgl. S. 417), besitzt en-Nasara (Nasara = ›Nazarener‹ = Christen) einige bemerkenswerte Grabfronten, darunter eine **Treppenfassade mit Waffenfries** (Schilde, Brustpanzer) in der Attika. Eindrucksvoll ist auch die blau-gelb-rote Maserung der südöstlichen Felsausläufer.

Die Innenstadt

Als ein Ergebnis ihrer Petra-Forschungen im Winter 1916/17 veröffentlichte das Deutsch-Türkische Denkmalschutz-Kommando (W. BACHMANN, C. WATZINGER, T. WIEGAND) einen Plan der Innenstadt, der seither immer wieder reproduziert wird. Die deutschen Forscher zeigen allerdings eine irritierende Sicherheit bei der Identifikation von Märkten und Gymnasien, eines Königspalastes und eines kleinen Theaters; irritierend erscheint ihre Bestimmtheit, weil sie allein auf Oberflächeneindrücke, nicht auf Bodenforschung zurückgeht. Was richtig gesehen wurde und was allzu phantasievolle Rekonstruktion war, müssen künftige Ausgrabungen erweisen. Wir beschränken uns hier auf die Beschreibung der sichtbaren und gesicherten Bauten und Anlagen der Innenstadt.

Nach Norden hin wurde Petra stets durch Stadtmauern geschützt. Während ein **nabatäischer Wall** von ca. 2 m Mauerstärke sich bis auf die Höhe des Vororts Moghar en-Nasara vorschob, wo er in einem massiven Steinring, dem sogenannten **Conway-Turm**, endete, nahm eine byzantinische Mauer die städtische Schutzzone bis auf die Höhe des Palastgrabes zurück – ein Indiz dafür, daß Petra zu jener Zeit (im 4. und 5. Jh. n. Chr.) nicht mehr die alte Einwohnerstärke besaß und daß es an Kräften fehlte, die längere Mauer mit Verteidigern zu besetzen.

Im Süden konnte bislang nur ein **byzantinischer Mauerzug** ermittelt werden. Er verlief – streckenweise über ältere Bauten hinweggeführt – entlang des Katute-Hügels. Zuvor, in hellenistisch-römischer Zeit, hat man sich zwischen el-Medras und Sabra, zwischen Jebel en-Nmer und Umm el-Biyara offenbar mit einzelnen Verteidigungsstellungen und Wachtposten begnügt.

Im Osten bot der Sik beste natürliche Verteidigungsmöglichkeiten, zusätzlich sicherten **Wachtstationen** etwa auf el-Hubta und bei el-Wueira die Stadt nach dieser Seite hin. Im Westen schließlich schützten Petra abweisende Felsberge (Umm el-Biyara, Jebel ed-Deir), durchbrochen nur durch die unzugängliche Syagh-Schlucht.

Von jeher bestimmte das Wadi Musa die Topographie des Stadtgebiets und Petras urbane Entwicklung. Die **gepflasterte Hauptstraße**, Achse der Innenstadt, folgte dem Lauf des Bachbetts auf der Südseite. Seit 1955 hat man diesen Cardo (dies die übliche Bezeichnung; nach der ost-westlichen Streichrichtung handelt es sich eigentlich um den Decumanus der Stadt) in verschiedenen Grabungsschritten freigelegt und einige Säulen an seiner südlichen

Grabungen in Petra

1929; 1932–1936	Erste Bodenforschung im Bereich der südlichen und nördlichen Stadtmauer; 1934 Ausgrabung des sogenannten Conway-Turms, 1936 Räumungsarbeiten in und vor Urnengrab, Khazne und Statuengrab (G. HORSFIELD, A. CONWAY)
1937	Die British School of Archaeology legt Wohnhöhlen an den Felshängen und -terrassen des nördlichen Wadi Abu Olleqa frei (M. A. MURRAY, J. C. ELLIS, J. A. SAUNDERS)
1954	Das jordanische Department of Antiquities (G. L. HARDING) trifft erste Maßnahmen zur Sicherung des Stadtzentrums gegen winterliches Hochwasser; u. a. wird eine Stützmauer errichtet
1955/56	Die britische Archäologin Diana KIRKBRIDE legt die Säulenstraße der antiken Stadt mitsamt ihrem südlichen, in byzantinischer Zeit überbauten Gehsteig frei; Wiederaufrichtung einiger Säulen durch das jordanische Department of Antiquities
1958–1965	P. J. PARR von der British School of Archaeology leitet an mehreren Stellen des Stadtgebiets Grabungen ein: u. a. entlang der Säulenstraße, auf dem Katute-Hügel (Ausgrabung eines Atrium-Hauses), im Wadi Abu Olleqa, am Qasr el-Bint und südlich des Conway-Turms. Hauptziel ist die Erstellung einer verläßlichen Siedlungssequenz. An den Kampagnen sind u. a. P. C. HAMMOND (1959) und G. R. H. WRIGHT (1960, Restaurierung einer Khazne-Säule, Arbeiten am Straßentor) beteiligt
1958–1967	D. KIRKBRIDE legt in acht Grabungskampagnen bei el-Beidha, nördlich von Petra, ein neolithisches Dorf des 7. vorchristlichen Jahrtausends frei
1959	Ein US-amerikanisches Archäologenteam unter P. C. HAMMOND untersucht die Befestigungsanlagen auf el-Habis
1961/62	P. C. HAMMOND leitet Grabungen im Theater von Petra; für die anschliessenden Restaurierungsarbeiten ist M. M. KHADIYA vom Department of Antiquities verantwortlich
1962–1964	In Abstimmung auf die britischen Grabungen unter P. J. PARR: Freilegung des Temenos vor dem Qasr el-Bint durch das Department of Antiquities
1962–1965	Crystal-M. BENNETT von der British School of Archaeology deckt auf dem Gipfelplateau von Umm el-Biyara ein edomitisches Dorf des 7.–5. Jh. v. Chr. auf
1964	Erneuerung des antiken Damms am Eingang zum Sik
1967–1970	C.-M. BENNETT legt am Hang von Tawilan (nordwestlich Ain Musa) eine weitere edomitische Siedlung frei
1968/69	Rekonstruktion des Straßentors und Ausgrabung der Thermenanlage südlich des Tors durch das Department of Antiquities
1973, 1976, 1978	Grabungen der Naturhistorischen Gesellschaft Nürnberg (Leitung: Manfred LINDNER) u. a. vor dem Urnengrab und im Onaiso-Grab
1974	Unter der Leitung von P. C. HAMMOND Ausgrabung des Löwen-Greifen-Tempels nördlich des Straßentors

seit 1978	Neue Ausgrabungen und Restaurierungen am Qasr el-Bint, gemeinsam durchgeführt vom Department of Antiquities und dem Französischen Archäologischen Institut (F. LARCHÉ u. a.)
1979	Räumungsarbeiten im Sik, Freilegung von Partien der antiken Pflasterung, Rekonstruktionskorrekturen am Straßentor, Öffnung eines verschütteten Felsgrabes schräg gegenüber der Khazne (Department of Antiquities)

Zu den aufgeführten Grabungen kommen zahlreiche kleinere archäologische Untersuchungen und Schürfungen. Sie werden ergänzt durch photogrammetrische Aufnahmen von Grabfassaden und kartographische Vermessungen

Seite wiederaufgerichtet. Wie weit sich die Straße über das jetzt sichtbare und begehbare Hauptstück zwischen Temenos-Tor und Nymphäum hinaus in gestalteter Form nach Westen erstreckte, ist allerdings nach wie vor ungeklärt; vielleicht reichte die Pflasterung bis vor das Große Theater im Auslauf des Äußeren Sik, vielleicht endete sie an der Kehre des Wadi Musa. Denkbar ist, daß an dieser letzten Stelle, wo T. WIEGAND 1916/17 ein kleines Theater sah, ein Treppenweg hinauf zu den ›Königsgräbern‹ führte. Als Treppenstraßen müßten auch die Arme des Decumanus (eigentlich: Cardo) angelegt gewesen sein – wenn es eine solche kreuzende *Haupt*straße überhaupt gab. Archäologisch ist ihre Existenz bislang nicht erwiesen.

Beiderseits der Säulenstraße erhoben sich auf Terrassen die großen öffentlichen Bauten Petras; an diese steinerne Innenstadt schlossen sich die weniger prunkvollen Wohnviertel an (vgl. S. 347). Um den Einwohnern freie Bewegungsmöglichkeit zu geben, werden Teile des

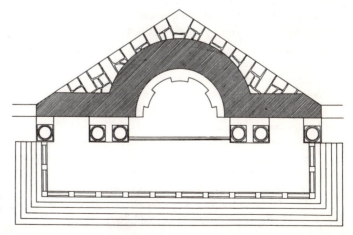

Grundriß des Nymphäums (Rekonstruktion: W. Bachmann)

PETRA: INNENSTADT (NYMPHÄUM/LÖWEN-GREIFEN-TEMPEL)

Wadi Musa überwölbt oder überbrückt gewesen sein – man erinnert sich an die entsprechende architektonische Lösung in der Unterstadt des römischen Philadelphia (vgl. S. 92 f.). In ihrer jetzigen Gestalt ist die Hauptstraße irgendwann zwischen 76 und 114 n. Chr. entstanden – in spätnabatäischer Zeit also –, doch verlief schon lange vorher, möglicherweise bereits im 3. Jh. v. Chr., ein Kiesweg entlang des Wadi Musa. Auch der Niedergang Petras wird faßbar im Zustand der Achsenstraße:·»Auf den Gehwegen hatten sich in byzantinischer Zeit kleine Läden und Häuser eingenistet, die zwischen den Säulen der früheren Kolonnaden errichtet waren und bei denen man Säulentrommeln als Bausteine benutzt hatte« (P. J. PARR).

Das **Nymphäum** von Petra, den städtischen Prachtbrunnen, legten die nabatäischen Baumeister an die Nordseite der Säulenstraße – vor die Mündung des Wadi el-Metaha in das Wadi Musa. Die Stelle wird heute von einer »Terebinthpistazie« (M. LINDNER) beschattet, der Brunnen selbst ist nurmehr in bescheidener Mauerhöhe erhalten. Sein Grundriß (rekonstruiert von T. WIEGAND) zeigt eine verstärkte Exedra mit dekorativen Säulenvorlagen und Treppenvorbau. Ein **zweites Nymphäum** soll nach den Bauaufnahmen des Deutsch-Türkischen Denkmalschutz-Kommandos »genau gegenüber«, südlich der Straße, gelegen haben.

Wer die westwärts strebende Straße verläßt, erlebt Petras Innenstadt als eine Landschaft aus Schutthügeln, übersät mit Säulentrommeln: Hier führt eine einsame **Freitreppe** auf ein ockergelbes Trümmerfeld; dort hat ausnahmsweise eine Säule, von den Beduinen **Zibb Faraun** genannt, die Zeitläufe (und also auch das Erdbeben von 365 n. Chr.) aufrecht überstanden. Zwei Ausgrabungen der jüngeren Zeit vermitteln indessen einen anderen, besseren Eindruck vom archäologischen Reichtum des peträischen Stadtkerns:

Ende der 60er Jahre legte das Department of Antiquities mehrere verschüttete Räume unmittelbar südlich des Straßentors frei – ein **nabatäisches Bad,** das vielleicht der rituellen Reinigung der Gläubigen diente. Die Nachbarschaft zum Tempel Qasr el-Bint wie auch zum Löwen-Greifen-Tempel weist jedenfalls auf eine solche kultische Funktion hin – dies um so mehr, als es am Zugangsweg zum nabatäischen Tempelzentrum von Sia im Hauran eine vergleichbare Badeanlage gab. Zudem waren, wie man seit kurzem weiß, auch dem Tempel im Wadi Rum Thermen zugeordnet (vgl. S. 440 f.).

Ausgegraben wurden in Petra ein runder, überkuppelter sowie ein quadratischer Raum, beide an die 7 m hoch. Auch Teile des Wasserleitungssystems mit einem großen Reservoir und Dränagekanälen kamen zutage. Vor die Thermen hatten die Baumeister ein zweistöckiges **Treppenhaus** gelegt, das mit Säulen und Stuckmalereien großzügig ausgestattet war.

Noch bedeutsamer erscheinen die Ausgrabungsergebnisse eines amerikanischen Archäologenteams unter Philip C. HAMMOND auf der Nordseite des Temenos-Tors: Knapp 100 m von der Straße entfernt und mit dieser durch eine Treppenflucht verbunden, erhob sich hier einst ein großer nabatäischer Tempel, bestehend aus einem rechteckigen Vestibül auf Substruktionen und einer nahezu exakt quadratischen Cella von ca. 17,5 m Seitenlänge. Der Bau – jedoch nicht der Zugang – ist inzwischen weitgehend freigelegt. Dabei kamen Kapitelle mit figürlichem Schmuck ans Tageslicht, die zur Bezeichnung des Heiligtums als **Löwen-Greifen-Tempel** oder **Tempel der geflügelten Löwen** führten.

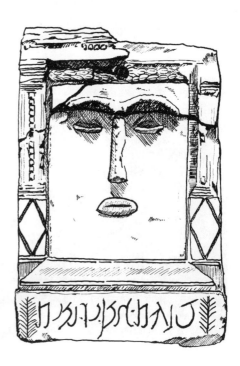

›Gesichtsbetyl‹, gefunden bei den Ausgrabungen im Löwen-Greifen-Tempel von Petra, Darstellung der Göttin al-Uzza (Zeichnung: U. Clemeur)

Im Innern der Cella steht ein großer säulengesäumter Podiumsaltar, umgeben von einer zweiten Säulenreihe; der Innenwand des Heiligtums sind Halbsäulen vorgelegt. Sucht man nach Parallelen für dieses eigentümliche Ensemble, so ist an erster Stelle der Atargatis-Tempel von et-Tannur zu nennen, der eine vergleichbare Altarplattform besaß.

Tatsächlich sieht P. C. HAMMOND den Löwen-Greifen-Tempel als Heiligtum der Atargatis an. Ein Siegelring mit dem Bild einer Göttin, die einen Delphin reitet, Delphin-Motive auf dem Verputz der Cella-Wände, dazu ein 1975 aufgedecktes Inschriftenfragment (».... der Göttin von...«) – diese Funde weisen für HAMMOND auf die tannurische Atargatis, die große ›Delphingöttin‹, hin.

Im Innern der Cella entdeckte das amerikanische Team außer den erwähnten Delphindarstellungen noch florale Motive und Putten nach Art der Sik el-Barid-Dekorationen (vgl. S. 420) und somit in der Manier des dritten pompejanischen Stils. Zu diesen Putzmalereien kommen Gipsapplikationen – ›tragische‹ Masken, Blätter- und Blumenfragmente – an den Innenwänden des Heiligtums. Unter den Funden im Grabungsschutt gebühren der Statuette einer thronenden Göttin (Isis?), die an das Idol im Wadi Abu Olleqa erinnert (Abb. 66; vgl. S. 417), und einer Opferstatuette von ägyptischem Typus besondere Beachtung.

Das **dreiteilige Tor,** welches die Säulenstraße in ganzer Breite (ca. 18 m) abschließt, ist zugleich Triumphbogen und Eingang zum Tempelbezirk, es scheidet also weltliches und geheiligtes Terrain.

PETRA: INNENSTADT (DREITEILIGES TOR/QASR EL-BINT)

Das Straßentor, im Hintergrund der Qasr el-Bint (nach: L. de Laborde)

Vier freistehende, gesockelte Säulen sowie florale und figürliche Dekorfelder an den Torrahmen schmücken die östliche Schauseite. Nach einer Inschrift datiert der Bogenbau, errichtet zu Ehren TRAJANS, in das Jahr 114 n. Chr. Seinerseits bedachte jener Kaiser Petra mit dem klangvollen Titel Metropolis, den nur ausgewiesene Verwaltungszentren tragen durften.

Jenseits des Tors setzte sich die Straße als **Via sacra** fort, entlang ihrer Südseite zogen sich nun **Steinbänke** hin. Bei Prozessionen und Kulthandlungen haben hier wohl die peträischen Gläubigen Platz genommen. Möglicherweise erhob sich auf der Terrasse südlich der Via sacra, nahe den Thermen, noch ein **kleiner Tempel** mit quadratischer Cella. An anderer Stelle, kurz vor dem Qasr el-Bint, durchbricht ein **Portal** die Südmauer mit ihren Bänken. Welches Gebäude oder welche Anlage dieser Zugang erschloß, wissen wir nicht.

Rückschlüsse von bau- und stadtgeschichtlicher Bedeutung erlaubte ein Sandsteinblock mit kurzer nabatäischer Inschrift, der in die südliche ›Sitzmauer‹ des Temenos, unweit des Qasr, eingefügt war. Jene Inschrift bezog sich nämlich auf König ARETAS IV. (9. v. Chr.–40 n. Chr.). Nun wird man – kurz und ohne die Feinheiten der archäologischen Argumentation gesagt – einen Tempelbezirk nicht mit Umfassungsmauern und Sitzgelegenheiten versehen haben, wenn der Tempel selbst sich nicht seiner Vollendung näherte. Somit ermöglicht der Inschriftenfund eine chronologische Einordnung des Qasr el-Bint Firaun (Faraun) in die

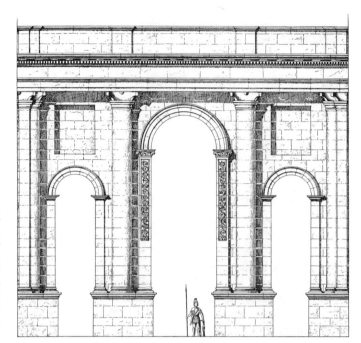

Aufriß des Straßentors, das 114 zu Ehren Trajans errichtet wurde. Entgegen der Rekonstruktion von W. Bachmann waren dem aufgemauerten Torbau auf der Ostseite ursprünglich vier Säulen auf hohen Sockeln vorgestellt

Zeit um Christi Geburt. Bei einem Gründungsdatum vor der Zeitenwende kommt als Tempelbauherr neben ARETAS noch der nabatäische König OBODAS III. (30–9 v. Chr.) in Frage.

Qasr el-Bint Firaun heißt Burg der Pharaonentochter – es ist dies einer jener klang- und phantasievollen Namen, mit denen Petras Beduinen die ihnen rätselhaften antiken Bauten belegten. Alois MUSIL hat die lokale Legende jenes hochgeborenen Fräuleins so überliefert: Eine Prinzessin wünschte sich in ihrem Palast (dem Qasr el-Bint) seit langem fließendes Wasser und versprach dem eine gute Ehefrau zu sein, der es ihr heranschaffen würde. Daß dies – nach etlichen Fehlschlägen – einem der Aspiranten auch gelang, versteht sich: Mit Gottes Hilfe soll jener junge Mann die Quelle Ain Harun zum Qasr geleitet haben.

Alles spricht – um zu den historischen Fakten zurückzukommen – dafür, daß der Qasr der Haupttempel von Petra und als solcher auch dem nabatäischen Hauptgott Dhushara geweiht war: nicht zuletzt eine Passage im byzantinischen Suda-Lexikon aus dem 10. Jh., in der als »Theusares«-Tempel, als Heiligtum des steinernen Dhushara, offenbar der Qasr el-Bint angesprochen wird. (Das in einem Dokument von 124 n. Chr. erwähnte Aphrodite-Heiligtum in Petra ist dagegen eher mit dem Löwen-Greifen- bzw. Atargatis-Tempel zu identifizieren, den P. C. HAMMOND seit 1973/74 freigelegt hat [vgl. S. 406 f.]).

PETRA: INNENSTADT (QASR EL-BINT)

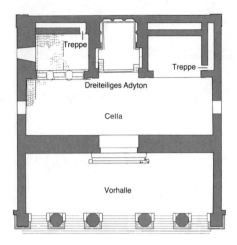

Grundriß des Qasr el-Bint (Plan: G. Rebensburg)

Mit einer Mauerhöhe von ca. 23 m ist der Stadttempel das besterhaltene nabatäische Bauwerk überhaupt. Vor dem Heiligtum breitete sich ein Hof aus, umschlossen von hohen, durch Exedren belebten Mauern. Auf einem annähernd quadratischen Altarpodium von ca. 12 x 12 m könnten in diesem Hof Brand- oder Schlachtopfer dargebracht worden sein. Eine ca. 40 m breite Freitreppe verband den Altarbezirk mit dem 9 m tiefen Vier-Säulen-Portikus

Der Qasr el-Bint im Jahre 1828 (nach: L. de Laborde)

des Antentempels; in den Ausgrabungskampagnen der letzten Jahre sind diese Stufen teilweise freigelegt worden. Bemerkenswert ist der hoch angesetzte Bogen, der das monumentale Tor (ca. 12 m breit) zwischen Portikus und Cella entlastete.

Nach Süden hin schließt diese Cella mit einem dreiteiligen Adyton ab, das seit 1978 von Schutt und Erde befreit wurde. Im zentralen Schrein, zu dem eine Treppe mit zwei Randstiegen hinaufführt, wird zunächst ein Dhushara-Stein, später ein Bild der Gottheit nach griechisch-römischem Geschmack gestanden haben – mit Blick auf die Shara-Berge. Bei den Ausgrabungen des Jahres 1959 kam eine überlebensgroße Steinhand zutage, die auf eine Statue von etwa 6 m Höhe schließen läßt.

Das Idol thronte im Halbdunkel, denn nur die linke Kammer des Adytons erhielt durch ein Seitenfenster direktes Licht. Unklar ist, ob auch in den beiden Nebenkammern Götterbilder verehrt wurden. Diese Seitenräume waren mit Marmorplatten ausgelegt und besaßen Blendmauern, hinter denen Aufgänge zum Tempeldach emporstiegen – eine charakteristische Eigentümlichkeit der Tempel syrischen Typus' (vgl. S. 58).

Zum Zierat des Qasr el-Bint Firaun gehören illusionistische Architekturdekorationen an der östlichen Außenwand des Tempels – sie zeigen, in Stuck aufgelegt, en miniature eine Säulenarchitektur mit Architrav und Bogentympanon unter einem Giebel. Die Antenstirnen des Tempels waren mit Scheibenmetopen geschmückt, und unter dem östlichen Dachansatz ist ein Triglyphenfries mit Metopen erhalten, die alternierend als Rosetten oder als Bildmedaillons ausgeführt sind.

Das Unvollendete Grab auf der Ostseite von el-Habis (nach: L. de Laborde)

El-Habis und Wadi es-Syagh (Wadi Syagh)

Westlich des Qasr el-Bint Firaun erhebt sich mit zwei Gipfeln der Felsberg **el-Habis**. Wohl zu Unrecht wird er gelegentlich als Akropolis, als Zitadelle des nabatäischen Petra bezeichnet, im Mittelalter jedoch hat el-Habis tatsächlich eine Wehrfunktion besessen: Der höhere Südgipfel trägt die Reste einer **fränkischen Festung**. Nach P. C. Hammonds Untersuchungen von 1959 bestand die kleine Burg aus einem Hauptturm auf der Höhe des Bergs und zwei ummauerten Wehrhöfen. Da die Mauerzüge mit diagonal gebeilten Hausteinen aufgeführt sind, dürfte es einen nabatäischen Vorläuferbau gegeben haben – höchstwahrscheinlich ein Heiligtum. Eindrucksvoller als die Spuren der Kreuzritterzeit erscheint im übrigen der Blick vom Gipfel über das Stadtgebiet und auf den Qasr el-Bint.

Man erreicht Südhöhe und Burgruine über einen gut ausgebauten Treppenweg von der Südostseite her. An dieser östlichen Flanke des Berges sind noch drei weitere nabatäische Felsbauten zu beachten:

Das sogenannte **Kolumbarium** besteht aus einer offenen Vorhalle und einer Felskammer. Die Wände sind allseits mit kleinen Nischen durchgliedert, die aber nicht tief genug eingesenkt sind, um Aschenurnen oder Totenschädel aufnehmen zu können. Vielleicht haben wir, wie schon Dalman vermutete, einfach einen Taubenschlag vor uns (vgl. S. 116 f.).

Einige Dutzend Meter nördlich des Kolumbariums kann man am **Unvollendeten Grab** nabatäische Felsbautechnik nachvollziehen. Zunächst wurde eine Steinfläche geglättet, dann die Grabfront von oben nach unten aus dem gewachsenen Fels gemeißelt. In diesem Fall war eine klassizistische Fassade mit zwei freistehenden und zwei flankierenden Stützen vorgesehen; ausgeführt wurden aber nur die oberen Stützenansätze mit nabatäischen Hörnerkapitellen, dazu die Lineatur des Architravs.

Das dritte Felsmonument auf der Ostseite von el-Habis, früher als Regenbogentempel oder als Fenstergrab bezeichnet, beherbergt seit vielen Jahren Petras kleines **archäologisches Museum**. Zu den Exponaten gehören nabatäische Keramik aus der Töpferwerkstatt eines östlichen Vororts, Kleinfunde sowie einige Reliefs und Skulpturen von griechisch-römischem Geschmack (Farbabb. 9), darunter ein Herkules-Torso. Der Felsbau selbst ist in einen Hauptsaal von ca. 10 × 6 m und zwei seitliche Abteile gegliedert. Seine älteren Namen verdankt er der ungewöhnlich bunten Steinmaserung bzw. einer Reihe sorgfältig ausgeführter Lichtöffnungen auf der Frontseite. Solche Fenster sind innerhalb der nabatäischen Felsarchitektur eine Seltenheit – das heutige Museum könnte einmal eine repräsentative Wohnung gewesen sein, vielleicht aber auch – wie das ebenfalls durchfensterte Dorotheos-Haus (vgl. S. 401 f.) – ein Kultraum. Für die zweite Deutung spricht, daß nördlich des ›Regenbogentempels‹ eine Felsgalerie zum **Westheiligtum** von el-Habis verlief.

Diese Galerie zieht sich um die Nordstirn des Massivs und endet auf einer Felsterrasse mit einem offenen Triklinium, einem eingetieften Hof, einem Altar, einer Treppengrabfassade und mehreren anderen Räumen unbekannter Bedeutung.

Von diesem Westheiligtum wiederum steigt ein schmaler Treppenweg zu der schon erwähnten Kreuzritterburg auf dem Südgipfel empor (die Treppe beginnt oberhalb des

Schutt- und Bruchsteinhanges zur Linken). Überdies kann man in einer Kletterpartie auch den Nordgipfel von el-Habis mit einer **zweiten Kultstätte** erreichen. G. DALMAN spricht von einem »ungewöhnlich primitiven Heiligtum« und vermutet, »hier könnte der älteste Sitz der Gottheit gelegen haben«. Der Kultplatz umfaßt ein Nischenbecken, eine Felskammer, Spuren eines Bikliniums, Abtreppungen und Felsrinnen.

Nördlich von el-Habis münden kleinere Wadis in das Hauptbett des Wadi Musa, das sich danach in der Syagh-Schlucht verläuft. Im Frühling, wenn die Oleanderbüsche blühen, ist dieser Schluchtweg von hohem landschaftlichen Reiz.

Eine Quelle inmitten des Oleanderwalds spendet ganzjährig Wasser. Auch vor der Anlage von Reservoiren und Wasserleitungen ist demnach in diesem Talbereich Leben möglich gewesen. Entsprechend vermutet M. LINDNER in den **Felshöhlen** am Eingang des Wadi Syagh »Zeugnisse der ersten Besiedlung Petras«. Im Januar 1980 entdeckten französische Archäologen in einigen schwer zugänglichen Felskammern über dem Wadi **Wandmalereien,** darunter ein Architekturfresko mit der Darstellung von Portalen. Zuvor war über dem Eingang der Schlucht schon ein **Isis-Heiligtum** bekannt geworden.

Tiefer im Wadi Syagh stößt man auf ausgedehnte, fast lotrecht aufsteigende **Steinbrüche,** aus denen die antike Stadt einen Teil ihres Baumaterials bezog. Bei genauem Hinsehen sind hoch oben an den abgearbeiteten Wänden **kultische Ritzzeichnungen** zu erkennen: Nefesh und Hörneraltäre. Übrigens haben die nabatäischen Steinmetzen auch in die Steinbruchwand südlich des Obeliskenplateaus auf dem Zibb Atuf (vgl. S. 372f.) einen Hörneraltar graviert – hier wie dort vielleicht als symbolisches Opferzeichen für den im Stein wohnenden Dhushara.

Umm el-Biyara

Von el-Habis führt ein Pfad über die Schutthalden des Katute-Sattels nach Süden in das Wadi es-Sugra und an den Fuß des Bergmassivs Umm el-Biyara. Mit einer Höhe von etwa 1260 m überragt dieser Berg das Stadtgebiet von Petra um annähernd 300 m, auf der Ostseite sind **Zinnen-, Bogen-** und **Treppengräber** in seinen Sockel gemeißelt.

Der einzige Aufstiegsweg zum Gipfelplateau beginnt in einer geröllverschütteten Felsklamm links neben einem monumentalen Treppengrab. Bald gelangt man auf einen Treppenweg, dann auf eine geglättete **Felsrampe,** die sich nach einer Spitzkehre verdoppelt und in zwei Aufstiegsschluchten zur **Nordterrasse** von Umm el-Biyara emporstrebt. Eine Galerie erschließt hier zur Rechten ein Ensemble von teils gestuckten Felssälen, die schön verzierte Vorbauten besessen haben müssen – Manfred LINDNER, der die Nordterrasse in den 70er Jahren untersuchte, fand dort Architekturfragmente, darunter Säulentrommeln. Der Zweck der Anlage ist unsicher: »Am ehesten wäre noch an eine kultische Weihestätte, etwa zu Ehren eines vergöttlichten Königs, zu denken« (M. LINDNER). Dies würde auch den Luxus der Aufstiegskorridore erklären.

PETRA: UMM EL-BIYARA / WADI ES-SUGRA

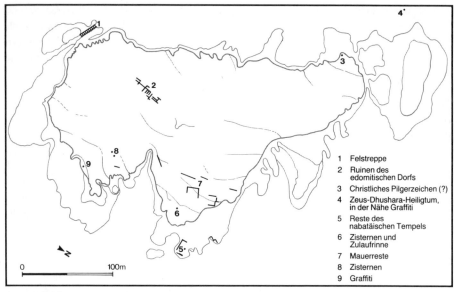

Das Gipfelplateau von Umm el-Biyara (Karte: G. Rebensburg nach G. D. Sykes; ADAJ XXIV, 1980)

Der weitere Weg zum Gipfelplateau ist weniger aufwendig gestaltet, doch gehören die vielfach gewendelten **Felstreppen,** teils in Kamine gelegt, teils an Steilabbrüchen entlanggeführt, zu den reizvollsten Bergsteigen Petras.

Die Mühen des Aufstiegs belohnt ein außerordentlicher Fernblick über den gesamten Talkessel von Petra, dazu auf el-Habis und die Südflanken der Meesara-Berge, deren Gesteinsschichtung, wie man aus der Distanz gut erkennt, die Anlage der dortigen Felsgräber beeinflußte. Nach Nordwesten reicht die Aussicht tief in die ausgeglühte, abweisende Berg- und Schluchtenwildnis vor dem Wadi el-Araba.

In den 60er Jahren legte C.-M. Bennett von der British School of Archaeology auf dem trapezförmigen, nach Osten hin abschüssigen Plateau von Umm el-Biyara die **Grundmauern einer edomitischen Siedlung** aus der Mitte des 1. vorchristlichen Jahrtausends frei. Jene Mauern waren ohne Mörtel aus flachen, unregelmäßigen Steinplatten aufgeschichtet; sie wirken schlicht, ja ärmlich. Hirten, Jäger und Kleinbauern dürften in den beengten Räumen gelebt haben. Um so überraschender, daß das Bergdörfchen ein Insigne des Edomiterkönigs Qos Gabor freigab, einen Siegelabdruck des 7. Jh. v. Chr. (vgl. S. 24).

Säulentrommeln und Reliefs von römischem Typus (Eroten zwischen Girlanden, heute im Museum von Petra) fanden sich, hart am Felsabsturz, auf der Nordostseite des Gipfelplateaus. Sie künden von neuen, anspruchsvolleren Bauaktivitäten. Hoch über der nabatäischen Stadt, ihren Bewohnern weithin sichtbar, dürfte sich hier einmal ein bedeutendes **Heiligtum** erhoben haben – in Blickverbindung zum Qasr el-Bint wie auch zu dem – wohl ebenfalls kultischen – Repräsentationsbau auf Jebel en-Nmer (vgl. S. 381). Offenbar ist man in Petra mit der Zeit dazu übergegangen, die Felsaltäre und Opferplätze einer früheren Periode (man denke an el-Hubta, el-Medras, el-Habis und Zibb Atuf) durch eine ›neuzeitlich‹-ambitionierte Sakralarchitektur von mediterranem Typus zu ersetzen.

Dagegen mutet das **zweite Heiligtum** auf (oder besser: vor) Umm el-Biyara noch ganz urtümlich an – dem Zeus-Dhushara geweiht, umfaßt es Votivnischen, einen reliefierten Hörneraltar, Betyle und griechisch-nabatäische Inschriften (Abb. 65). Der Besuch des Sakralplatzes ist mühevoll: Es gilt, über den äußersten Nordwestrand des Gipfelplateaus, vorbei an einer Höhle und durch eine Klamm, abwärts zu einem abgestürzten Felsblock zu steigen, in dessen Unter- bzw. Innenseite die genannten Kultmale eingeschnitten sind.

Am Weg, etwa 10 m westlich der erwähnten Höhle, springt eine Felsplatte über den Abgrund vor, auf der sich ein **Vier-Felder-Quadrat**, ein **Schriftzug** und ›**Fußspuren**‹ abzeichnen. Manfred LINDNER sah in diesen Steinmarken »ein christliches Pilgerzeichen«. Ob zu Recht, ist sehr die Frage, denn fußförmige Ovale oder »Sandalen«, wie Gustaf DALMAN sie nennt, finden sich auch – und zwar ohne die sakralen Implikationen einer Pilgerreise – an verschiedenen anderen Stellen Petras: im Osten des Plateaus von Umm el-Biyara etwa im Verbund mit Tier- und Jagdgraffiti.

Wann die damit angesprochenen **Petroglyphen** entstanden sind, läßt sich aus den gestalteten Motiven selbst nicht klären. Der amerikanische Archäologe W. H. MORTON fand 1955 auf Umm el-Biyara 15 verschiedene Gruppen von Felsbildern, vor allem Darstellungen von Steinböcken und Kamelen, dazu u. a. eine Falkenjagd (?), eine Schlange, einen Reiter und einen Pfau. Alle diese Motive sind in die dunkle Patina von Steinflächen oder Einzelfelsen geritzt und können Jahrtausende, Jahrhunderte oder auch nur Jahrzehnte alt sein.

Umm el-Biyara heißt Mutter der Zisternen, und tatsächlich findet man im Osten der Gipfelplatte sieben oder acht **Regenwasserreservoire**. Sie weisen einen relativ kleinen Mund auf, weiten sich dann aber bauchig aus und zeigen auf der Innenseite Spuren von Verputzung; in einigen Fällen führen Felsrinnen ihnen das Regenwasser zu.

Durch das Wadi es-Sugra nach Sabra und zum Jebel Harun

Tiefer im Wadi es-Sugra passiert der von Umm el-Biyara kommende Pfad (vgl. S. 413) lachsrote, blau gebänderte Felsabschnitte – einen ansteigenden Hohlweg, dessen linke Seite zahlreiche **Spitzpfeilerreliefs** trägt. Solche Totenmale finden sich in Petra vornehmlich an vielbegangenen Wegstrecken, etwa auch im Bab es-Sik (vgl. S. 365) und im Äußeren Sik; im Wadi es-Sugra riefen sie den Karawanenleuten, die auf dieser Südroute zum Wadi el-Araba und nach Sabra zogen, ihre Toten in Erinnerung.

Vielleicht stehen die es-Sugra-Nefesh in einer Beziehung zu dem kleinen **Friedhof** im südlichen Talabschluß, wo die Hänge in die Felsschrägen einer Wasserscheide übergehen. Überragt wird die Vorort-Nekropole von einem **Schlangendenkmal** – der gewundene Reptilienleib ist auf einem Felskubus plaziert, der breite Kopf des Tiers nach Südwesten gewendet (Abb. 67). Diese Schlange als apotropäisches Emblem zu deuten, liegt nahe (vgl. auch

PETRA: SABRA/JEBEL HARUN

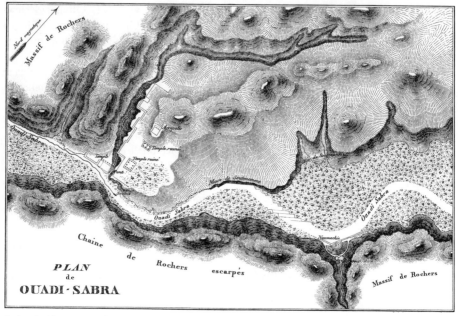

Labordes Karte von Sabra

S. 363); das Schlangenmonument wäre unter diesem Aspekt dazu bestimmt gewesen, die hier bestatteten Toten in transzendentalen Schutz zu nehmen.

Jenseits der Wasserscheide von es-Sugra breitet sich ein weites Landschaftspanorama mit kleinen Hügeln, Tälern und Bachbetten aus, umschlossen von kahlen Berggipfeln. Wer die antike Stadt **Sabra** besuchen will, muß in südöstlicher Richtung auf einen ›Doppelgipfel‹ zuhalten, ihn rechts passieren und danach über einen Geröllhang in das Wadi es-Sabra absteigen. Etwa 8 km (knapp drei Stunden Fußweg) sind es vom Qasr el-Bint bis nach Sabra; ein Führer ist ratsam, ein ausreichender Wasservorrat – einmal mehr – unbedingt erforderlich.

Sabras erster neuzeitlicher Besucher war im Jahre 1828 Léon DE LABORDE. Der französische Graf und nach ihm u. a. A. KAMMERER hielten Sabra für eine Art Luxusvorstadt von Petra, in deren Theater Naumachien veranstaltet wurden. Dagegen bezeichnete Alexander KENNEDY den Ort als eine römische Garnisonsstadt; Nelson GLUECK wiederum sah ihn als nabatäisches Bergbau- und Verhüttungszentrum für Kupfer und Eisenerz an.

Eines ist nach den jüngsten Untersuchungen von M. LINDNER (1980) sicher: Sabra war eine unabhängige Stadt, kein bloßer Vorort Petras. Der Platz besaß ein kleines **Theater** (Abb. 71) von griechischem Schnitt, mit einem Auditorium für etwa 500–800 Zuschauer, einen oder mehrere **Tempel** und ein ausgeklügeltes **Wasserleitungssystem. Stützmauern** setzten die besiedelten Westhänge gegen das Bett des Wadi es-Sabra ab.

Weitere Aufschlüsse, etwa auch in der Frage, ob sich Sabras Wohlstand dem Bergbau oder (und?) dem Warentransit verdankte, können nur neue archäologisch-topographische Forschungen erbringen, wie sie zuletzt von der Naturhistorischen Gesellschaft Nürnberg in Angriff genommen wurden. Daß LABORDES Skizze der antiken Stadt bis heute nicht ersetzt ist, zeigt, in welchem Maße Sabra vernachlässigt wurde.

Auch der Weg zum **Jebel Harun** führt zunächst durch das Wadi es-Sugra. Sind Schlangenmonument und Wasserscheide passiert, muß man sich rechts halten, der weiße Tupfer des Harun-Heiligtums gibt zunächst die Richtung an. Eine detaillierte Beschreibung des Saumpfads erübrigt sich indessen, denn man sollte den Aaronsberg nur mit einem Führer besuchen – dies schon deswegen, weil die Beduinen touristischen Visiten des ihnen heiligen Gipfels wenig Verständnis entgegenbringen. Über die aktuelle Situation informiert das Touristenzentrum vor dem Government Rest House (Bab es-Sik).

Wer sich mit einem Führer auf den Weg begibt, sollte auf einen Abstecher an den Oberlauf des Wadi Waqit (auch: Wadi Abu Olleqa) drängen, wo Anfang der 60er Jahre ein kleines **Felsheiligtum** mit dem **Relief einer thronenden Isis** entdeckt wurde (Abb. 66). An den Felswänden im Umkreis des Kultbilds, vor allem nördlich und nordwestlich, sind zahlreiche **nabatäische Inschriften** zu entdecken.

Auf dem höheren der beiden Harun-Gipfel erhebt sich ein einfach **überkuppeltes Hausteingebäude**. Der Legende nach birgt es das Aaronsgrab. Ein Pfeileridol und Inschriften weisen auf ein älteres nabatäisches Heiligtum, Spuren von Mosaiken auf einen byzantinischen Vorläuferbau hin – wahrscheinlich auf jenes »Kloster des heiligen Aaron«, das FULCHER VON CHARTRES, einer der Chronisten der Kreuzzüge, erwähnt. Im 12. Jh. hat BOHEMUND VON TARENT, damals Fürst von Antiochia, das Bergheiligtum besucht, später noch der Magister THETMAR (1217) und der Mamlukensultan BAIBARS (1276).

Wie viele andere biblische Gestalten ist auch AARON – als HARUN – über den Koran in den Islam eingeführt worden. Nach moslemischem Glauben fand der Bruder und beredte ›Wesir‹ MOSIS den Tod in einer Höhle, in der ein goldener Thron mit der Aufschrift »Für den, dem er angemessen ist« stand. MOSES nahm zuerst Platz, hatte aber nicht die rechte Größe für den Sitz; HARUN dagegen fand ihn passend, und sogleich erschien der Todesengel und »führte seine Seele hinweg«. Später klagten die Israeliten MOSES an, für den Tod des Bruders verantwortlich zu sein; daraufhin geleitete er sie zu jener Höhle, erweckte den Verstorbenen zu neuem Leben und ließ ihn bezeugen, was wirklich geschehen war. – Als den Ort dieser Ereignisse sehen die Moslems den Jebel Harun an.

Über Wueira oder durch die Nordschluchten nach Beidha und zum Sik el-Barid

Der Sik el-Barid, eine Schlucht etwa 6 km nördlich des Stadtzentrums von Petra, gilt als wichtiger kommerzieller Vorort der Nabatäerhauptstadt, als Stützpunkt des nabatäischen

PETRA: WUEIRA/BEIDHA/SIK EL-BARID

Fernhandels. Auf den Hochebenen vor diesem ›Handelskontor‹, wo heute Schafe weiden und Beduinen ihre Zelte aufgeschlagen haben, lagerten vor 2000 Jahren Karawanen, wurden eintreffende Gütertransporte registriert und neue Frachtbriefe ausgestellt. Im nahen el-Beidha hatten sich schon Jahrtausende zuvor neolithische Siedler niedergelassen.

Am leichtesten gelangt man über die Asphaltstraße zum Sik el-Barid, die vom Hotel Petra Forum westwärts führt und sogleich zwei **nabatäische Reservoire** passiert. In den beiden teils aufgemauerten, teils aus dem Fels gemeißelten Becken wurde das Wasser der Mosesquelle bei seiner Überführung in den Talkessel von Petra zwischengespeichert (vgl. S. 348).

Nächste Sehenswürdigkeit am Weg ist die **Kreuzritterburg el-Wueira**, die fränkische Baumeister im Jahre 1116 auf einer ›Felsinsel‹ zwischen Wadi el-Wueira und Wadi Sheb Qeis errichteten, in der Nachfolge einer nabatäischen Wachtstation. Spätestens mit der Übergabe der Großburgen Shobeq und Kerak dürfte auch Wueira – in den abendländischen Quellen Li Vaux Moyse oder Vallis Moyse genannt – an SALADINs Truppen gefallen sein (vgl. S. 79). Am besten erhalten sind noch die nordwestlichen Außenmauern von Wueira, im übrigen liegt die ausgedehnte, etwa trapezförmige Anlage heute in Trümmern.

Weiter westlich passiert die Straße zunächst eine kleine Siedlung, die von der jordanischen Regierung für die ausgesiedelten Bdul-Beduinen Petras finanziert wurde, ehe sie sich in einer weiten Schleife nach Norden zieht, zum Eingang der Barid-Schlucht.

Man kann die nabatäische wie die neolithische Stätte auch in einer ca. zweistündigen Fußwanderung von Petra aus erreichen: entweder durch das Wadi el-Meesara wasta, in dessen Flanken zahlreiche **Treppengräber** eingemeißelt sind, oder durch das Wadi Abu Olleqa und das anschließende Wadi et-Turkmaniye. Auf beiden Wegen besteht die Möglichkeit, in einem kurzen Abstecher die **Felsheiligtümer** (Altäre, Triklinien, Bassins, Nischen) an den Südhängen des Jebel el-Meesara aufzusuchen.

Der durch das Wadi Abu Olleqa verlaufende Pfad passiert darüber hinaus das **Turkmaniye-Grab** mit einer verwitterten Treppenfassade, deren untere Hälfte winterliche Wasserfluten zerstört haben. Die Bedeutung des Turkmaniye liegt in einer fünfzeiligen Inschrift auf einer Tafel zwischen den inneren Halbsäulen der Steinfront (Histor. Abb. I). Das Epitaph stellt das Mausoleum mit seinen Felskammern, aber auch den »Hof vor dem Grab (...), die Gärten und das Triklinium, die Zisternen, die Terrasse und die Mauern« unter den Schutz des Dhushara, verbietet die Entfernung jedweden Grabinventars und macht die Bestattung weiterer Toter in der Gruft von einem entsprechenden schriftlichen Vertrag abhängig. Hier werden religiöse Wertvorstellungen (Unantastbarkeit des Grabes) ebenso wie Usancen des religiösen Rechts (verbindliche Kontrakte über Liegeplätze in Felsgräbern) faßbar. Vor allem aber verdeutlicht die Inschrift, daß Gräber wie das Turkmaniye als Bestandteil ganzer kultischer Ensembles mit Opfermahlstätten, Wasserreservoirs etc. konzipiert waren.

Bei einer Wadi-Gabelung hält man sich links. Die Orientierung wird schwieriger, wo das Wadi Abu Ollega auf eine Hochebene ausläuft, aus der schroffe, aber nicht allzu hohe Felsberge aufsteigen. Man muß sich weiterhin nach Norden halten und überquert, nunmehr in leichtem Abstieg, eine Piste. Nach ca. 750 m signalisiert eine **Grabfassade** rechts an einem

Rundhäuser der neolithischen Siedlung el-Beidha nördlich von Petra (Rekonstruktion: I. Browning)

Felsen, daß man nach Osten in ein Wadi abbiegen muß. Nach einem weiteren Kilometer entlang des Flußbetts ist dann linker Hand am Fuße eines Hügelzuges die (umzäunte) **neolithische Siedlung von el-Beidha** erreicht.

Im Jahre 1956 machte ein Beduine die britische Archäologin Diana KIRKBRIDE auf diese Stätte aufmerksam, 1958 begannen die Ausgrabungen. In mehreren Kampagnen wurden danach die Siedlungsschichten eines neolithischen Dorfes oder besser: von sechs einander chronologisch folgenden Dörfern aus der Zeit zwischen etwa 7000 und 6500 v. Chr. freigelegt (vgl. S. 16). Die Schichtenfolge setzt mit aneinandergelegten Rundhäusern ein und endet mit freigestellten Rechteckbauten. Etwa 50 m östlich der Wohn- und Handwerkshäuser, die teilweise vielleicht schon zweigeschossig waren, fand KIRKBRIDE Anlagen besonderer Art – gerundete Einfriedungen mit sorgfältig geglätteten und gepflasterten Böden, möglicherweise ›Schreine‹ eines ›heiligen Bezirks‹.

Von el-Beidha bis zum Eingang des **Sik el-Barid** geht man auf einer Piste etwa eine Viertelstunde: zunächst wiederum in östlicher Richtung, am Ende der Beidha-Schlucht dann nördlich und schließlich westlich. Der Sik el-Barid, von Alexander KENNEDY als »die Hauptgeschäftsstraße« im nördlichen Vorbezirk Petras bezeichnet, beginnt rechts mit einer **klassizistischen Fassade,** zu der Treppenstufen emporführen (Abb. 73). Den Giebelabschluß bildet eine Urne, und über dem Eingangsportal sieht man einen Scheibenmetopen-Triglyphen-Fries sowie einen flachen Bogen. Als Grab wurde der Felsbau nie benutzt, seine innere Kammer blieb unvollendet.

Nach Westen hin verengt sich der Sik bald zu einer Klamm von nur etwa 2 m Breite. Einst war dieser Hohlweg durch ein Tor verschließbar, in den Felswänden sieht man noch die

PETRA: SIK EL-BARID / WEG NACH ED-DEIR

Nabatäische Wandmalerei in einem Biklinium des Sik el-Barid (nach: N. Glueck)

Einlassungen für die Balken. Jene Pforte sicherte den nun folgenden, breiteren Schluchtabschnitt, der sich ganz im Westen wieder verengt und dort nur über eine Treppe verlassen werden kann. In diesem natürlichen Depot mit seinen geräumigen Felskammern und Zisternen darf man bedeutende nabatäische Warenlager vermuten.

In der Felsarchitektur des Sik el-Barid überwiegen indessen die kultischen Einrichtungen, darunter vier große **Triklinien**. Linker Hand fällt eine schöne **Tempelfassade** ins Auge; mit ihren zwei grazilen Säulen erinnert sie an die Front des Gartentempels im Wadi el-Farasa (vgl. S. 375 f.). Etwas tiefer in der Schlucht führt auf derselben Seite eine Felstreppe zu einem vom Äußeren her unansehnlichen Saalbau empor. Der etwa 5 m hohe Raum, wahrscheinlich ein **Kultbiklinium**, ist für seine **Freskenfragmente** berühmt; sie gehören zu den wenigen erhaltenen Beispielen nabatäischer Malerei (vgl. S. 407; S. 413): Zwischen Weinranken zeichnen sich Eroten (ein Bogenschütze, ein Flötenspieler) und verschiedene Vögel ab. Darüber hinaus sieht man an zwei Wandflächen Reste von Lineatur, die ein Quadermauerwerk vortäuschen sollte (vgl. auch S. 423).

Der Weg nach ed-Deir

Ed-Deir, mit ca. 40 m Höhe und 47 m Breite eine der gewaltigsten peträischen Felsfassaden, besucht man am besten spätnachmittags, wenn von Westen her Sonnenlicht auf die Front fällt (Farbabb. 8). Vom Qasr el-Bint geht es durch ein sandiges Bachbett zunächst etwa zweihundert Meter in nördlicher Richtung, vorbei am Eingang zum Wadi es-Syagh und am neuen Restaurant, bis linker Hand die ersten Stufen einer langgezogenen Felstreppe auftauchen. Als »eine wahrhaft königliche Stiege mitten in der Romantik wilder Schluchten«

bezeichnete sie Anfang dieses Jahrhunderts Gustaf DALMAN. Nach Ausbesserungsarbeiten in den letzten Jahrzehnten gibt der Treppenpfad, ein antiker Prozessionsweg, keine ernsthaften Schwierigkeiten mehr auf, er verlangt jedoch eine gewisse Ausdauer – immerhin sind knapp 200 m Höhenunterschied zu bewältigen.

Als erstes Denkmal am Weg fällt auf der linken Seite, in einer kleinen Schlucht, das **Löwentriklinium** auf; seine schlüssellochartige Eingangsöffnung ist durch die Erosion eines Frontfensters in das Portal darunter entstanden. Die beiden namengebenden Löwen stehen sich, sehr verwittert, in heraldischer Pose gegenüber. Besser erhalten sind Frauenköpfe (Medusenhäupter?) in den seitlichen Verkröpfungen eines Triglyphenfrieses, der sich über ornamentierten Hörnerkapitellen hinzieht. Das Giebelfeld war einst mit Rankenwerk gefüllt und besaß drei Urnenakroterien. Links neben der Fassade erkennt man an der Fels-

Das Löwentriklinium am Weg nach ed-Deir, auf der linken Seite ein großer Betyl (Zeichnung: I. Browning)

PETRA: ED-DEIR

wand einen großen **Betyl,** weiter seitlich zwei **Gräber,** davon eines mit Balkenarchitraven. Ihnen war das Löwentriklinium sicher zugeordnet.

Der nächste bedeutende Kultraum entlang des Aufstiegswegs, das **Biklinium mit den drei Urnen,** besitzt eine sparsam verzierte, elegant geschnittene Giebelfassade. Es findet sich ca. 200 m hangaufwärts in der ersten rechts abzweigenden Nebenschlucht des Wadi ed-Deir. An der Wand neben dem Eingang sind **nabatäische Inschriften** des 1. Jh. n. Chr. zu erkennen, sie stammen von einer peträischen Kultgemeinschaft.

Am Oberlauf des Wadi el-Qattar (auch: Qattar ed-Deir), einer Klamm, die wiederum auf der rechten Seite des Treppenpfades abzweigt, kann man unter einem mächtigen Felsüberhang Kultnischen, Bassins, nabatäische Inschriften, ein Triklinium sowie einen Betyl mit eingeritztem Kreuz finden. Manfred LINDNER bezeichnet den feuchten, düster-romantischen Platz als »**Tropfheiligtum**«.

Die Fassade des Totentempels (?) von ed-Deir (nach: R. Brünnow und A. von Domaszewski)

Noch weiter bergaufwärts folgt linker Hand die sogenannte **Klausenschlucht** mit zwei Heiligtümern. Wer sie besuchen will, muß links abzweigen, sobald die Urne von ed-Deir über dem Felssteig sichtbar wird.

Das **erste, kleinere Heiligtum** umfaßt u. a. einen Felshof, eine Zisterne, einen gerundeten Grabraum und ein Stibadium auf einem isolierten Felsen; die **zweite Kultstatt** besitzt mehrere Felssäle – einer davon täuscht durch die Linierung seiner Wände Quadermauerwerk vor (vgl. S. 420) – und einen Opferplatz. Gravierte Kreuze im Stein bestätigen die Vermutung, daß »ein christlicher Klausner einmal hier gehaust hat« (G. DALMAN).

Am Ende des Aufstiegspfads öffnet sich eine Bergterrasse: Rechts ist in ein Felskliff die mächtige **Fassade von ed-Deir** (d. h. Kloster) gemeißelt, ihr gegenüber ziehen sich kleinere Höhen hin, der Platz dazwischen wurde in nabatäischer Zeit allem Anschein nach für Kult- oder Festakte genutzt. »Großartiger noch als die Khazne«, nannte David ROBERTS, einer der ersten Besucher (8. März 1839), den Felsbau; späteren Petra-Reisenden erschien er dagegen im Vergleich zum ›Pharao-Schatzhaus‹ monoton und uninspiriert. Unbestreitbar kann sich ›das Kloster‹ nicht messen mit der spielerischen Stimmung und Detailfreude der Khazne, doch besitzt es andere Tugenden: Die klar definierten architektonischen Linien vermitteln den Eindruck von gebündelter, beherrschter Kraft (Farbabb. 8).

Reliefhaft und geschlossen wirkt zumal das Untergeschoß mit seinen Nischen und vorgeblendeten Halbsäulen; lockerer ist dagegen das Obergeschoß konzipiert, das über einem schmucklosen Zwischengesims aufsteigt. Die stärkere Plastizität wie auch der gesprengte Giebel erinnern hier eher an die Khazne, deren Tiefenwirkung allerdings nicht erreicht wird.

In den fünf Nischen der Fassade – die beiden im Untergeschoß zeigen aufgesetzte Bogengiebel – werden einmal Statuen gestanden haben; die dafür vorgesehenen Postamente sind geblieben. Aber welcher Art Skulpturen waren hier aufgestellt: Bilder ehrwürdiger Toter oder solche von Gottheiten des nabatäischen Pantheons?

Im archäologischen Befund deutet sich eine Antwort an. Der kahle, annähernd quadratische (ca. 12 x 11 m) Felssaal des Deir besitzt weder Senkgräber noch Wandnischen für Bestattungen, über einem Treppenpodest an der Rückwand erhob sich in einer Bogennische ursprünglich ein Betyl. Demnach ist der Felsbau kein Mausoleum, sondern ein Tempel gewesen, doch bleibt offen, ob ein Grab- oder ein Gottestempel.

Eine nabatäische Votivinschrift in der Nachbarschaft des Felsbaus erwähnt den vergöttlichten König OBODAS (III.), dessen Grab man in der gleichnamigen Ruinenstadt des Negev (heute: Avedat) vermutet. Wie eine ›Kapelle‹ im Wadi en-Nmer zeigt (vgl. S. 380), wurde OBODAS nach seinem Tode auch in Petra verehrt. Ed-Deir könnte sein posthumes Heiligtum gewesen sein, entstanden nach der Zeitenwende. In diesem Fall müßte die Zentralnische des Obergeschosses ein Bild des ›göttlichen‹ OBODAS enthalten haben, während in den Seitennischen vielleicht die Statuen anderer nabatäischer Dynasten standen. Als gesichert darf dies jedoch nicht angenommen werden.

Alles ist monumental an ed-Deir: das Eingangsportal mit ca. 4 m Breite und 8 m Höhe ebenso wie die krönende Urne über dem Hörnerkapitell der Tholos; knapp 9 m Höhe hat

PETRA: ED-DEIR

allein dieser Bauabschluß. Man kann ihn genauer studieren, wenn man links des Felstempels auf einem Treppenweg zum ›Dach‹ emporsteigt. Dabei fallen weitere Einzelheiten der Fassade ins Auge, etwa der strenge Triglyphenfries mit seinen Scheibenmetopen oder die Hörnerkapitelle der oberen Halbsäulen. Der Blick vom Pavillondach geht weit über die Felswüste Petras.

Gustaf DALMAN zählte bei seiner Bestandsaufnahme um die letzte Jahrhundertwende auf dem Plateau von ed-Deir mehrere Dutzend Grabkammern und Altäre, Triklinien und Idolnischen. An dieser Stelle können nur einige besonders interessante Denkmäler vorgestellt werden.

Ca. 100 m links (nördlich) von ed-Deir öffnet sich eine kleine Schlucht, der man rechts unter einem Felsüberhang noch ca. 50 m folgt. Neben der Türöffnung eines Kultraums ist hier das **Relief eines** (zweihöckrigen?) **Kamels nebst Treiber** flach in den Felsen gemeißelt – vielleicht als Votivbild. Die Arbeit von ca. 1 m Höhe weist starken Abrieb auf und ist leicht zu übersehen (Abb. 70). Ursprünglich war sie zweiteilig, ein zweites Kamel und ein zweiter Kamelführer ergänzten sie auf der linken Seite (vgl. die Abbildung auf S. 471).

Auf einer etwas zurückgesetzten Felskuppe (sogenannter Burgberg) schräg gegenüber der Deir-Fassade hatten nabatäische Baumeister einen **Peristylhof** angelegt; er breitete sich vor einem nach Osten geöffneten Kultsaal von ca. 15 m Tiefe aus, der dem sogenannten Diwan von Hegra ähnelt und an der Rückwand bis heute eine schöne **Giebelnische** (vgl. die Abbildung auf S. 424) zeigt. Über den äußeren Rahmenpilastern prangen zwei – beschädigte – Porträts, in der inneren, ca. 1,8 m hohen Nische dürfte einmal eine Statue gestanden haben. Zweifellos ist dieser beachtliche Kultraum in einem Zusammenhang mit ed-Deir zu sehen. Dies gilt vielleicht auch für jene Gebäudereste auf der Höhe des ›Burgbergs‹, die bisher als byzantinische oder mittelalterliche Befestigungsanlagen angesprochen wurden, nach neuesten Forschungen von M. LINDNER aber in nabatäische Zeit datieren und u. a. einen »Rundbau mit eingebundenen Innensäulen« umfaßten.

Schließlich sei noch auf das **Rundbogentriklinium** in einem isolierten Felsausläufer am Westende des Plateaus hingewiesen, wo die Felsen in die gähnende Tiefe der Syagh-Schlucht abfallen und sich eine fesselnde Aussicht weit über das Wadi el-Araba bietet. Auch der Jebel Harun mit dem weißen Fleck des Aaronsgrabs ist von hier gut zu erkennen.

Man kann, was wenig bekannt ist, das Deir-Plateau außer auf dem Aufstiegsweg noch über einen zweiten Pfad nach Norden hin verlassen, der etwas nördlich der Kamelrelief-Schlucht beginnt und längs eines Gebirgsstocks über ein zunächst ansteigendes Felsband führt. Teile dieses gelegentlich künstlich erweiterten Rampenweges sind im Laufe der Jahrhunderte abgebrochen (man klettert dann über die Sturzblöcke), andere Stellen wurden in jüngster Zeit untermauert. Nach der Umrundung des Felsstocks führt der Weg nach Norden ins Wadi Mirwan und in das Tal von Beidha (vgl. S. 419).

◁ *Kultnische in einem Felssaal nahe ed-Deir*

Der Süden: Entlang der Wüstenstraße

Der arabische Limes (Limes Arabicus)

Im Jahre 106 n. Chr. fügte Kaiser TRAJAN dem römischen Reich die Provincia Arabia hinzu, bestehend aus dem Südteil des heutigen Syrien, dem Westteil des heutigen Jordanien, dem Negev, der Sinai-Halbinsel und Teilen Nordwestarabiens. Wie in anderen Grenzräumen des Orbis Romanus entstand anschließend auch am Saume Wüstenarabiens ein Limes, eine Kette von Grenzfestungen – von Lagern, Kastellen und Wachttürmen. Teils durch den Zug der Via Nova Traiana, teils durch ein sekundäres Wegenetz verbunden, zog sie sich von Bos(t)ra über annähernd 360 km bis zum Golf von Aqaba und weiter ins Land Midian hinunter. Ältere Befestigungen, ob eisenzeitliche Wachttürme oder nabatäische Bastionen, gingen vielfach in die Linien des römischen Limes ein, vor allem im Süden, wo z. B. Humayma und Quweira als ursprünglich nabatäische Anlagen anzusehen sind.

Zunächst war es nur eine Legion, die Legio III Cyrenaica, welche von der syrischen Garnisonsstadt Bos(t)ra aus, gestützt auf insgesamt neun Kastelle, dazu vielleicht auf ein Hilfslager in Odruh, die arabische Grenze sicherte. In spätrömischer Zeit, zumal unter SEPTIMIUS SEVERUS (reg. 193–211), erhöhte sich die Zahl der Forts, erhielt auch das Nordwestende des Wadi Sirhan, der wichtigsten beduinischen Route von Zentralarabien her (vgl. S. 240), eine angemessene Bewehrung, wurden weitere nabatäische Grenzanlagen instandgesetzt und in Dienst genommen. Doch auch die dergestalt gestärkte Kette von Kastellen versagte, als im 3. Jh. n. Chr. Palmyra, die syrische Oasenstadt, nach politischer Souveränität und neuen Einflußsphären strebte: Palmyrenische Truppen, ausgeschickt von dem Fürsten ODAENATHUS, später von seiner Witwe ZENOBIA, vermochten bis nach Ägypten vorzustoßen und zerstörten um 269 n. Chr. auch den Jupiter Ammon-Tempel in Bos(t)ra. DIOKLETIAN reagierte um die Wende zum 4. Jh. auf solche Gefährdungen in den römischen Ostgebieten mit einer erneuten Vermehrung und Tiefenstaffelung der Limesfestungen. Mehr noch als regionale Autonomiebestrebungen beunruhigte ihn aber die neue Großmacht im Osten: das sassanidische Persien, dessen Truppen vor allem im syrischen Raum operierten. Eine permanente Gefahr für den Status quo im Zeichen römischer Oberherrschaft stellten schließlich die Beduinenstämme der Syro-Arabischen Wüste dar.

Zwei Dutzend oder mehr Forts konnten von der nördlichen Garnisonsstadt Bos(t)ra aus weder angemessen versorgt noch kontrolliert werden. Zwei neue Legionärslager im zentralen Teil des arabischen Limes – die heutigen Orte Odruh und el-Lejjun – sorgten fortan für eine wirkungsvollere militärische Logistik. Sollte Odruh schon in den zwei Jahrhunderten zuvor als Lager bestanden haben (worauf erste Ausgrabungsergebnisse hinweisen), so gewann es nun jedenfalls stärkeres strategisches Gewicht. Wie es scheint, wurde auch eine neue Legion, die Legio IV Martia, zur Sicherung der jordanischen Grenze abkommandiert. DIOKLETIAN beließ es aber nicht bei militärischer Reorganisation. Im Zuge seiner reichsweiten Gebietsreformen trennte er von der Provincia Arabia den Süden als selbständige Verwaltungseinheit ab: Aus Sinai, Negev und Südjordanien wurde die neue Provincia Palaestina Salutaris (auch als Palaestina Tertia bekannt).

Nach dem archäologischen Befund hielt der Grenzgürtel in frühbyzantinischer Zeit zunächst das unter DIOKLETIAN erreichte hohe Wehrniveau. Dies stimmt mit dem Eindruck des Historikers AMMIANUS MARCELLINUS überein, der in seiner ›Römischen Geschichte‹ über ein Arabien »voll von starken Lagern und Kastellen« spricht. Nach der »Notitia Dignitatum«, einem »Staatshandbuch oder Hilfsbuch für den internen Dienstgebrauch römischer Behörden« (A. LIPPOLD) aus dem 5. Jh., lag die militärische Verantwortung für die Grenze nach der Zweiteilung der Provinz nun auch bei zwei Duces oder Heerführern: dem Dux Arabiae, der über die zwei Legionen III Cyrenaica und IV Martia gebot, und dem Dux Palaestinae, der die Legio X Fretensis befehligte. Das heutige Wadi el-Hesa markierte die Provinzgrenze zwischen dem nördlichen Arabien und dem südlichen Palästina. Nach A. H. M. JONES ist die Gesamtstärke der römischen Besatzungen für das 4. Jh. n. Chr. auf etwa 35 000 Mann zu veranschlagen.

Vom Beginn des 5. Jh. an wurden die Grenzstreitkräfte zusehends verringert, immer mehr Kastelle aufgegeben – um die Wende zum 6. Jh. n. Chr. auch die beiden Castra el-Lejjun und Odruh. Der Hintergrund: Ein Teil der militärischen Verantwortung ging zu jener Zeit auf die christianisierten Ghassaniden, im jordanischen Süden vielleicht auch auf thamudischsprachige Stämme über, die als arabische Verbündete von Byzanz auf vorgeschobenem Posten gegen die Bruderstämme des Südens und vor allem gegen Ktesiphons lakhmidische ›Klienten‹ standen (vgl. S. 44).

Um das Jahr 614 brachen die Sassaniden in Vorderasien ein. Mehr als zehn Jahre hielten sie die Diözese Oriens besetzt. Als Kaiser HERACLIUS die Region schließlich zurückgewann, war dies nur ein letztes, vergebliches Aufbäumen vor der Yarmuk-Schlacht (636) und dem Machtantritt des islamischen Arabien.

Nach dem Ende des Limes-Systems scheinen einige Festungen kurzfristig noch von christlichen Mönchen und Klausnern benutzt worden zu sein, so etwa Qasr el-Hallabat und Qasr Burqu (vgl. S. 237ff.) im nördlichen Jordanien. Vor allem in dieser Region übernahmen später auch Omayyadenfürsten einzelne Kastelle wie el-Azraq (vgl. S. 240f.).

Die Erforschung des Limes Arabicus begann um die letzte Jahrhundertwende mit dem großen, bis heute unverzichtbaren Werk von R. BRÜNNOW und A. VON DOMASZEWSKI: »Die Provincia Arabia«. Einzeluntersuchungen, etwa von P. THOMSEN (1917), A. ALT und G. BEYER (30er Jahre), schließlich N. GLUECKS archäologische Bestandsaufnahme des Ostjordanlandes, ergänzten die Pionierarbeit. Seit etwa 1970 haben auch Althistoriker, namentlich G. BOWERSOCK, M. SARTRE und M. P. SPEIDEL, dem römischen Arabien verstärkt Aufmerksamkeit geschenkt. Ausgrabungen am Limes Arabicus fanden erstmals 1980 statt – der kalifornische Archäologe S. T. PARKER widmete sich dem Legionärslager von el-Lejjun, der Engländer A. KILLICK dem Lager von Odruh. PARKER kommt darüber hinaus das Verdienst zu, anknüpfend an BRÜNNOW/DOMASZEWSKI eine neue Übersicht der Limesfestungen auf jordanischem Boden vorgelegt zu haben. D. F. GRAF leistete Feldforschung bei und in den nabatäisch-römischen Militärstationen Südjordaniens. Auf die genannten Arbeiten stützen sich die folgenden Beschreibungen exemplarischer Limesanlagen.

SÜDEN: LIMES ARABICUS / LEJJUN / QASR BUSHIR

Die Beschränkung auf nur einige Beispiele ist schon deshalb geboten, weil der jordanische Limes (nach PARKER) insgesamt zwei Legionärslager, 23 Kastelle und einige hundert Wachttürme, dazu Karawansereien und befestigte Zivilsiedlungen umfaßte. Die Festungswerke liegen durchweg in Ruinen, wobei der Erhaltungszustand sehr unterschiedlich ist: Qasr Bushir etwa, ein römisches Kastell des zentralen Limes, erhebt sich noch in nahezu ursprünglicher Mauerhöhe (Abb. 73); el-Lejjun, eines der beiden Großlager bot demgegenüber lange das Beispiel einer Anlage, die den Besucher in einem Steingewirr nur mehr die groben Umrisse der Hauptbauten erkennen ließ, doch haben S. T. PARKERS Ausgrabungen zwischen 1980 und 1989 sehenswerte Akzente gesetzt. So wurden etwa das dreiportalige Nordtor, ein Thermenkomplex auf der Nordseite und eine Kirche, dazu der nordwestliche Rundturm freigelegt.

Lejjun

Lejjun liegt etwa 20 km von Kerak entfernt. In Kerak verläßt man die Königsstraße nach Osten und nimmt die asphaltierte Route Richtung Wüstenstraße; kommt man von der Wüstenstraße, muß man ca. 2 km südlich von Qatrana nach Westen, Richtung Kerak, abbiegen (17 km). Das alte Lager befindet sich allerdings nicht unmittelbar an der angegebenen Verbindungsstrecke, sondern etwa 3 km nördlich (asphaltierte Zufahrtsstraße). Unweit von el-Lejjun kann man noch die Überreste zweier weiterer römischer Militärstützpunkte besuchen: Khirbet el-Fityan (Kastell; nordwestlich gelegen) und Rujm Beni Yasser (Wachtturm; östlich gelegen).

Das Lager selbst zeigt die typische Form des Gevierts; die turmbewehrten Außenmauern von 242 bzw. 190 m Länge werden von vier Toren durchbrochen. Ausgehend von diesen teils dreiportaligen Zugängen (am Südtor zahlreiche Wusum = beduinische Stammeszeichen) erschloß ein Wegekreuz das geometrisch durchgliederte Lagerinnere mit den Kasernenblöcken für die ursprünglich etwa 1500 Soldaten (= drei Kohorten) sowie einigen Versorgungseinrichtungen. Westlich der Wegekreuzung haben sich die Mauerlinien der Principia, der Lagerkommandantur, erhalten, zu der neben Offiziersräumen als militärisches ›Tabernakel‹ auch das Fahnenheiligtum gehörte. Hier wurden die Feldzeichen aufbewahrt, deren Verlust jeder Legion als militärische Entehrung erschienen wäre.

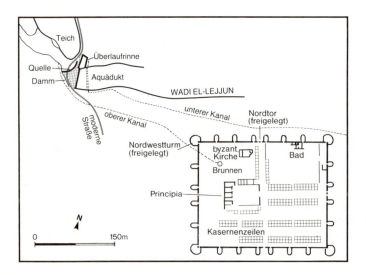

Das römische Lager von Lejjun und seine Wasserversorgung (Karte: G. Rebensburg nach S. T. Parker, BASOR 247, 1982)

Außer der Principia war ein Kasernenblock im Südosten des Lagers Ziel der ersten archäologischen Kampagne. Die einfachen Legionäre lebten zu jeweils acht Mann in einem Doppelraum, bestehend aus Schlaf- und Vorratskammer. Die beiden der Via Principalis nächstgelegenen Doppelräume einer jeden Kasernenzeile waren etwas großzügiger bemessen und wohl den Zenturionen vorbehalten, die man in ihrem militärischen Rang mit mittleren Offizieren vergleichen kann.

Die Besatzung einer Limesfestung – ob Lager oder Kastell – erhielt ursprünglich den größten Teil der benötigten Lebensmittel durch die provinziale Militärverwaltung; darüber hinaus versorgte sie sich aus den Erträgen eines sogenannten Territoriums, einer eigenen Anbaufläche in der Nähe des Stützpunkts. Anfang des 5. Jh. n. Chr. aber kam der Nachschub im Bereich des arabischen Limes zum Erliegen; die Legionäre mußten ihren Lebensunterhalt nun weitgehend aus eigener Kraft bestreiten. Hier zeichnet sich das spätere Schicksal der oströmischen Soldaten ab, die aus Grenzwächtern zwangsläufig immer mehr zu Siedlern wurden. Vorstellungen von einem spektakulären Zusammenbruch des Limesgürtels scheinen hier verfehlt; tatsächlich vollzog sich wohl eine allmähliche ›Zivilisierung‹ der seit dem 4. Jh. ohnehin meist einheimischen Legionäre.

In diesen Zusammenhang gehört das klug konzipierte Bewässerungssystem, das die amerikanische Expedition bei Lejjun entdeckte. Es umfaßt einen Damm unterhalb der ca. 300 m westlich des Lagers entspringenden Quelle, zwei Kanäle, von denen einer wohl ins Lager führte und dort einen Brunnen speiste, und eine Reihe von Teichen im Wadi el-Lejjun; oberhalb dieser Teiche standen drei Wassermühlen. Ein weiterer Damm am Zusammenfluß von Wadi el-Lejjun und Wadi Mojib staute das Quellwasser schließlich zu einem kleinen See auf. Zwar ist bislang nicht erwiesen, daß die genannten Anlagen in spätrömische/frühbyzantinische Zeit gehören (sie könnten auch nabatäischen Ursprungs sein), doch weisen die allgemeinen Überlegungen zur Versorgungssituation des Lagers in diese Richtung. Entsprechend schreibt PARKER: »Der fruchtbare Lößboden des Tales bietet sich für den Ackerbau geradezu an, sofern Wasser verfügbar ist. Es erscheint möglich, daß die Dämme von Legionären zur Bewässerung des Tales und vielleicht zur Fischzucht benutzt wurden (worauf Fischgräten in den Kasernen und in der Principia hindeuten). Die drei Mühlen könnten für die Verarbeitung ihres Getreides erbaut worden sein.«

Was die Datierung von Lejjun anbelangt, so hatten schon BRÜNNOW und DOMASZEWSKI den Aufbau des Lagers mit dem Wirken DIOKLETIANS in Verbindung gebracht. PARKER zufolge dürfte el-Lejjun Ende des 3./Anfang des 4. Jh. entstanden und – nach mindestens einem größeren Umbau – im frühen 6. Jh. wieder aufgegeben worden sein. Die beiden Stützpunkte Khirbet el-Fityan und Rujm Beni Yasser, letzterer eine nabatäische Gründung, konnten schon einige Jahrzehnte vorher nicht mehr besetzt werden. Ein schweres Erdbeben machte – wohl im Jahre 551 – auch der zivilen Nachfolgebesiedlung des Lagers ein Ende.

Qasr Bushir

Qasr Bushir, neben Qasr el-Hallabat das besterhaltene Limeskastell Jordaniens (Abb. 73), liegt ca. 15 km nordöstlich von el-Lejjun; man erreicht es von der Wüstenstraße her. Ca. 6 km nördlich von Qatrana verläuft eine schlechte Piste mit mehreren Spuren nach Westen. (Als Anhaltspunkt: Auf der anderen Straßenseite zweigt an dieser Stelle von der Wüstenstraße ein Asphaltweg nach Osten ab.) Der Westpiste folgt man über insgesamt ca. 12 km. Die Orientierung ist schwierig, aber nach der Passage einer Reihe von Hochspannungsmasten tauchen bald die Türme von Qasr Bushir am Horizont auf.

Kastelle wie Bushir waren der Via Nova in ca. 20–30 km Entfernung schützend vorgelegt. Zwischen el-Lejjun und Amman wurde diese Limeskette – bei einem Abstand von ca. 15–20 km zwischen den einzelnen Anlagen – von den Festungen Khirbet el-Fityan, Qasr Bushir, Qasr eth-Thuraya, Khirbet ez-Zona und el-Qastal gebildet; als Basislager, das Truppen schickte und Besatzungen auswechselte, diente ihnen el-Lejjun. Wachstationen sicherten zusätzlich die Kastelle (so etwa el-Al, nördlich von Bushir).

SÜDEN: QASR BUSHIR / ODRUH

Schnitt durch den Westturm des Römerkastells Qasr Bushir (nach: R. Brünnow und A. von Domaszewski)

Wie BRÜNNOW und DOMASZEWSKI feststellten, handelt es sich bei Qasr Bushir, einer annähernd quadratischen Bastion mit Seitenlängen von 52 bzw. 57 m, um einen Quadriburgus, ein Vier-Türme-Kastell. Die mehrstöckigen Ecktürme von ursprünglich ca. 10 m Höhe beherrschen dementsprechend die Architektur des Forts; wie unorganische Zufügungen wirken die Zimmerreihen entlang der ca. 6,5 m hohen Umfassungsmauer. Am besten hat sich der westliche Eckturm erhalten, er gibt Aufschluß über den – weitgehend identischen – Innenaufbau der Türme: Zum Treppenhaus, das im Westturm noch begehbar ist, öffnen sich in den einzelnen Stockwerken jeweils drei Räume, wobei das größte Zimmer als Eckraum stets den äußeren Winkel des Kastellgeviers einnimmt. Der Innenhof von Bushir ist mit niedergefallenen Steinen der Mauern und Türme übersät. Zu ihrem Absturz hat beigetragen, daß nur die unterste Partie des Umfassungswalls ein qualitätvolles Mauerwerk aus senkrecht gestellten, pfeilerartigen Blöcken besitzt; die höheren Mauerpartien und die Türme sind dagegen aus rohen Bruchsteinen in starkem Mörtellager aufgeführt.

Demgegenüber weist das Wasserreservoir ca. 300 m südlich des Kastells ein hochwertiges Quaderkleid auf. BRÜNNOW/DOMASZEWSKI schlossen daraus, es sei älter als die auf das Jahr 306 n. Chr. datierte Festung. Bestätigt sahen sie sich durch eine lateinische Inschrift in einer Tabula ansata auf dem Sturz des Südtors, die von einem »castra praetorii Mobeni«, einem Lager des Prätoriums von Moab, spricht:

OPTIMIS MAXIMISQVE PRINCIPIBVS NOSTRIS GAIO AVRELIO
VALERIO ΔIOCLETIANO PIO FELICI INVICTO AVGVSTO ET
MARCO AVRELIO VALERIO MAXIMIANO PIO FELICI INVICTO AVGVSTO ET
FLAVIO VALERIO CONSTANTIO ET GALERIO VALERIO MAXIMIANO
NOBILISSIMIS CAESARIBVS CASTRA PRAETORII MObENI A FVNdAMENTIS
AVRELIVS ASCLEPIAdES PRAESES PROVINCIAE ARABIAE
PERFICI CVRAVIT.

»Praetorium«, interpretieren die beiden deutschen Forscher, »bedeutet hier ein für die amtlichen Reisen des Statthalters und auch anderer Reichsbeamten bestimmtes Gebäude. Für diesen älteren Bau, der in diokletianischer Zeit durch das Kastell ersetzt wurde, wird das Wasserreservoir ursprünglich bestimmt gewesen sein.«

Odruh und Daganiya

Mit dem Lager (Hilfslager?) von Odruh und dem Kastell von Daganiya seien abschließend noch zwei weitere Anlagen des Limes Arabicus vorgestellt; beide sind relativ leicht zu erreichen.
    Odruh oder Udruh, ca. 22 km östlich von Wadi Musa gelegen, kann von dort – wie auch von Maan her – auf einer Asphaltstraße angefahren werden. Das Lager nimmt unmittelbar bei einem modernen Dorf gleichen Namens den leicht geneigten Hang eines kleineren Hügels ein. Bis in unser Jahrhundert wurde es als Steinbruch und Kalkgrube benutzt. So stehen nur wenige Mauerreste aufrecht, darunter solche, die späteren Datums als das Lager selbst sind: Osmanische Truppen bauten ein kleines Fort an die Nordmauer des trapezförmigen Lagerbezirks, und vor der Südostecke lassen sich die Ruinen einer byzantinischen Kirche erkennen. Darüber hinaus hat der britische Archäologe A. KILLICK nun die Mauerzüge der Principia freigelegt.
    Eine religionsgeschichtliche Rolle spielte Odruh, das nach YAKUT bereits im Jahre 9 der Hejra, 631 n. Chr. also, islamisiert wurde, im Jahre 659. Damals sollte hier ein neuer Kalif gewählt, die Rivalität zwischen ALI und MUAWIYA überwunden werden, doch gelangte die Versammlung der Gläubigen zu keinem Ergebnis: Die sich ankündigende Spaltung der moslemischen Gemeinschaft war auch in Odruh nicht aufzuhalten. Neben seiner neutralen Lage zwischen der irakischen und der syrischen Machtsphäre mag Odruh seinerzeit zum Versammlungsort der Umstand empfohlen haben, daß hier – so jedenfalls MUQADDASI im 10. Jh. – ein Mantel MOHAMMEDs und ein vom Propheten persönlich ausgefertigter Vertrag als Reliquien verwahrt wurden.

Das Kastell von **Daganiya** liegt wie Bushir abseits gebahnter Fahrwege, doch bereitet das Gelände geringere Schwierigkeiten. Man verläßt die Wüstenstraße ca. 43 km nördlich von Maan (damit zugleich

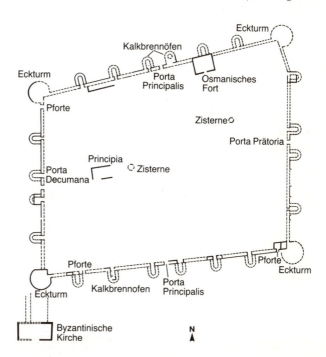

Das römische Lager bzw. Hilfslager von Odruh nahe Petra (Karte: G. Rebensburg nach A. Killick, Levant XV, 1983)

SÜDEN: DAGANIYA/MOSLEMISCHE PILGERFORTS

ca. 2 km südlich des Abzweigs zur Rashidiye-Zementfabrik), und zwar westwärts: Von einer schlechten Asphaltstraße zur Ortschaft Fejaje biegt man nach ca. 2,5 km Fahrt nach links auf eine Wüstenpiste ab (noch weitere 2 km). Schon von weitem sieht man den dunklen Streif der Festungsmauern – Daganiya ist, wie die meisten Kastelle, auf einem Hügelrücken, oder besser: auf einer Geländewelle erbaut.

Recht gut erhalten sind die Außenmauern; hingegen bietet das Innere des Kastells sich als eine Geröllwüste dar. Zu erkennen ist aber noch die breite Via Principalis, die einst Nordwest- und Südosttor miteinander verband. Annähernd im Zentrum des Kastellrechtecks befand sich an der Via Principalis die Principia mit dem Fahnenheiligtum; zwei Mauern dieser Kommandantur stehen noch. Die Kasernenzeilen haben sich dagegen in ihre Bestandteile aufgelöst. Eine Gruppe länglicher Räume an der Nordostwand wurde von BRÜNNOW/DOMASZEWSKI als Pferdeställe identifiziert. Die deutschen Forscher errechneten aus der Grundfläche dieser Stallungen und dem Areal der Kasernen sogar die Stärke der militärischen Besatzung von Daganiya: Danach war hier eine Cohors Quingenaria Equitata, eine Truppe von ca. 120 Kavalleristen und 320 Fußsoldaten nebst Offizieren und Unteroffizieren stationiert.

Die moslemischen Pilgerforts und die Hejaz-Bahn

Islamisches Gebot verpflichtet jeden Gläubigen, mindestens einmal im Leben nach Mekka, in die Heilige Stadt, zu pilgern. Nur drei Monate des islamischen Jahres – Shawwal, Dhu el-Qada, Dhu el-Hijja – gelten als die rechte Zeit für diese Wallfahrt oder Hajj. Wer in den übrigen Jahresabschnitten Mekka besucht, erwirbt sich durch eine solche – Umrah genannte – ›kleine Pilgerfahrt‹ zwar religiöse Verdienste, darf den Ehrentitel Hajji, Mekka-Pilger, aber nicht führen. Während die Reise und der Vollzug der ersten Riten bereits im Monat Shawwal beginnen dürfen, sind für die Hauptriten der achte, neunte und zehnte Tag des Dhu el-Hijja, des letzten Monats im arabischen Jahr, vorgesehen.

Von daher bestimmte sich der Zeitplan der großen Pilgerzüge, die in den vergangenen Jahrhunderten aus den verschiedenen islamischen Ländern nach Mekka aufbrachen. Edward H. LANE berichtete 1836, daß die ägyptische Pilgerkarawane Kairo, ihren Sammelplatz, im allgemeinen in der letzten Woche des Monats Shawwal verließ; für den Zug nach Mekka veranschlagten die Ägypter 37 Tage.

Die größte der Pilgerkarawanen brach von Damaskus auf. Hier strömten Türken, Syrer, dazu Moslems aus dem Iran, dem Irak und auch aus Mittelasien zusammen, unter ihnen viele Schiiten. Die klassische Beschreibung einer solchen Wallfahrt von Damaskus nach Arabien stammt von dem Engländer Charles M. DOUGHTY, der 1876 mit der Hajj bis nach Medain Salih in Nordarabien zog. Das Gros der Pilger hatte sich nach seinen Schilderungen (die wir im folgenden mehrfach zitieren) schon in Damaskus zusammengefunden, offiziell jedoch begann die Wallfahrt in Muzeyrib, einem Lager im heutigen Südsyrien:

»Als der Morgen dämmerte, brachen wir noch nicht sogleich auf; erst wurden die Zelte abgebrochen und die Kamele an ihrem Standort bei dem Gepäck der Einzelgruppen postiert. Wir warteten nun auf den Signalschuß, der die Pilgerfahrt dieses Jahres eröffnen sollte. Es war schon fast zehn Uhr, als der Schuß endlich ertönte; ohne die geringste Unordnung wurden nun jäh die Sänften hochgestemmt und auf den Tragtieren festgeschnallt, die knienden Kamele mit den Lasten bepackt, und die Tausende von Menschen, alle aus den Karawanenländern stammend, saßen schweigend auf. Danach standen nur noch die Kameltreiber – oder sie ruhten sich bis zum letzten Augenblick im Schneidersitz aus. Sie müssen mit den anderen Lager- und Zeltdienern die neunhundert Meilen zu Fuß zurücklegen, auch wenn sie vor Erschöpfung fast zusammenbrechen, und dann steht ihnen noch einmal die gleiche Strapaze bevor, wenn die müden Füße sie von den heiligen Städten zurücktragen. Wenige Augenblicke später, nach dem zweiten Signalschuß, setzte sich die Sänfte des Paschas in Bewegung, gefolgt von der Spitze der Karawane. Mehr als fünfzehn Minuten dauerte es für uns in der Nachhut, bis sich der lange Zug vor uns aufgereiht hatte, dann trieben wir die Kamele an, und die große Pilgerfahrt hatte begonnen. Gewöhnlich gehen drei oder vier, selten fünf Kamele nebeneinander; die Länge der sich langsam fortbewegenden Menge Mensch und Tier beträgt etwa zwei Meilen bei einer Breite von einigen hundert Yards auf freier Ebene. In diesem Jahr belief sich nach Schätzung der Pilger (die vielleicht etwas übertrieben ist) ihre eigene Zahl auf etwa sechstausend; von diesen waren mehr als die Hälfte Diener zu Fuß. Das Vieh wurde auf zehntausend Stück geschätzt, zumeist Kamele, aber auch Maultiere, Mietpferde und Esel, dazu einige wenige Dromedare arabischer Besitzer, die in der Sicherheit des großen Geleitzugs in ihre Heimatgebiete zurückreisten.«

In den nun folgenden 26 Tagesmärschen bis zur ›Stadt des Propheten‹ Medina (für die Strecke von Medina nach Mekka rechnete man noch einmal 14 Tagesmärsche) berührte die Pilgerkarawane, wie DOUGHTY weiter berichtet, keine größeren Siedlungen mehr: »Zunächst geht es zehn bis zwölf Tagesreisen durch eine öde Ebene aus Kalkstein mit Kies und Lehm, die bis nach Maan im Edomitergebirge nahe Petra unablässig ansteigt.« Der Zug forderte in jedem Jahr seine Opfer, die man Shahud, Märtyrer, nannte. Starb ein Pilger, so wurden die Besitztümer des Toten versiegelt. »Seine Gefährten vom Nachtlager waschen und bekleiden den Leichnam und legen ihn in ein flaches Grab, das sie mit den Händen ausgescharrt haben. Dann errichten sie dem Toten einen unbehauenen Grabstein am Rande der Wüstenpiste.« Kranke wurden häufig zurückgelassen und von den Beduinen, die jeder Pilgerkarawane in der Hoffnung auf solche Beute folgten, ausgeraubt.

Die Wüstennomaden entlang der Pilgerstraße konnten auch die Hajj selbst gefährden – nicht durch direkten Angriff, dazu reichten ihre Kräfte nicht, wohl aber durch Vergiften oder Verschütten der wenigen Wasserstellen. Wassernot der Pilgerkarawane war gleichbedeutend mit mehr ›Märtyrern‹ – und das hieß für die Beduinen: mit mehr Beute. Vor diesem Hintergrund erklärt sich die Existenz von Pilgerforts, von befestigten Wasserstationen. Die uns erhaltenen Bauten wurden zumeist im 18. und 19. Jh. errichtet, und zwar durch die osmanische Großmacht, die für die Sicherheit der Hajj verantwortlich war und den Beduinen zeitweise auch eine Art ›Schutzzoll‹ entrichtete.

Wie später die Trasse der Hejaz-Bahn (s. u.) der Route der Pilgerkarawane, so folgte der Karawanenweg dem Lauf der antiken und spätantiken Handelsstraßen bzw. der ihr vorgela-

SÜDEN: MOSLEMISCHE PILGERFORTS

Die Pilgerkarawane in der Jordanebene (Stich des 19. Jh.)

gerten Linie von Militärposten. Der Grund dafür ist einsichtig: Die wenigen Wasserstellen der jordanischen Wüste wurden zwangsläufig zu Fixpunkten einer jeden Nord-Süd-Bewegung; folgerichtig liegen die erhaltenen Pilgerforts meist in der Nähe älterer Siedlungsspuren, vor allem solcher des römisch-byzantinischen Limes.

»Kella« (nach Qala = arab.: Festung, Fort) nennt DOUGHTY die befestigten Stützpunkte: »Im Innern sind diese Wasserstationen düster, und alle, die ich betrat, waren im gleichen Stil

erbaut. Um den Brunnenhof in der Mitte liegen der Stall, das Futterlager und die Warenkammern. Über Stufen gelangt man dann zu einer Galerie, an deren Nord- und Südseite Reihen kleiner steinerner Wohnräume liegen. Von dieser Galerie führen Treppen aufs Dach, das die Besatzung schnell erreichen kann, wenn die Kella verteidigt werden muß.« Allerdings sind nicht alle Forts unmittelbar über einer Zisterne oder einem Brunnen erbaut; manchmal erheben sie sich auch in einiger Entfernung von der zu schützenden Wasserstelle.

SÜDEN: MOSLEMISCHE PILGERFORTS / HEJAZ-BAHN

Die ›Kella‹ von Medain Salih in Nordwestarabien zeigt den typischen Aufbau der moslemischen Pilgerforts (Zeichnung: C. Doughty)

Auf dem Boden des heutigen Jordanien haben acht oder neun solcher osmanischer Stationen bestanden (vgl. S. 86); drei davon seien im folgenden näher vorgestellt. »Im gleichen Stil erbaut«, wie schon DOUGHTY vermerkt, handelt es sich bei diesen Forts durchweg um kleinere Quadratbauten. Fenster besitzen sie in der Regel nicht, lediglich Luken oder Schießscharten, und es gibt stets nur einen einzigen Zugang. Die aus Bruchsteinen aufgeführten, stark gemörtelten Mauern können zinnenbewehrt sein, äußeren Schmuck weisen die halbmilitärischen Zweckbauten nicht auf. Im Innern gruppieren sich um einen Hof, auf zwei Stockwerke verteilt, Lager- und Unterkunftsräume; zu letzteren gehört ein Gebetsraum oder -iwan mit Mihrab-Nische.

Leicht erreichbar ist **Qalaat Aneza**, ca. 35 km nördlich von Maan gelegen und nur ca. 100 m von der Wüstenstraße entfernt (bei Aneza zweigt die Verbindungsstraße über Shobeq nach Petra ab). Die lebenswichtige Zisterne befindet sich inmitten der – wie gewöhnlich – quadratischen Anlage. Wir verfügen über ein interessantes Zeugnis DOUGHTYs, der 1876 mit der Pilgerkarawane bei dem Stützpunkt eintraf: »Vor Sonnenuntergang schlugen wir unser Lager kurz vor der Kellat Anezy auf, einer Regenwasserzisterne, die von zwei tölpelhaften Burschen gehütet wurde, Söhne alter Damaszener Turmwachen von Müttern aus dem Shobek-Stamm. Gewöhnlich leben sie zu Hause in ihrem Dorf.« Die Pilgerforts waren demnach nur in den Monaten besetzt, in denen die Hajj nach Mekka zog; als Wächter wurden Bauern angeworben, weil man auf deren ›natürliche‹ Feindschaft zu den Beduinen vertrauen konnte. Das in zahlreichen Reiseberichten des 19. Jh. hervorgehobene taktische Unvermögen der Wüstennomaden ließ im übrigen große Fortbesatzungen verzichtbar erscheinen.

Stärker zerstört ist das nördlich von Aneza gelegene Fort **Qalaat el-Hesa**, das in die Zeit des Osmanensultans MUSTAFA III. (reg. 1757–1774) datiert. Man erreicht es vom Dorf el-Hesa an der Wüstenstraße über eine westwärts führende Piste. In der Mitte des Festungshofes befindet sich eine überbaute Zisterne mit zwei Brunnenöffnungen (Abb. 75). Die Inschrift über dem Mihrab im Gebetsraum des Obergeschosses – es ist über brüchige Treppen erreichbar – hat leider starken Schaden genommen; nach der Übersetzung von R. BRÜNNOW/A. v. DOMASZEWSKI feierte sie den Bauherrn, Sultan MUSTAFA.

Ganz in der Nähe des Forts von el-Hesa sieht man inmitten der Wüste ein gepflastertes Straßenstück und eine gut erhaltene Wadi-Brücke. Es dürfte sich dabei – wie die typischen Rundbogen zeigen – um eine römische/frühbyzantinische Anlage handeln.

Bei **Qatrana**, noch einmal ca. 50 km weiter nördlich, erhebt sich an der Wüstenstraße, nahe einer großen Zisterne, ein weiteres Fort der Hajj (Abb. 76; ausgeschildert). Unlängst hat man das Mauergeviert, das wohl aus dem 18. Jh. stammt, mit türkischen Geldern restauriert. Auffällig an dem für gewöhnlich verschlossenen Bau sind seine Maschikuli-›Erker‹.

Ergänzend sei noch auf das Pilgerfort von Aqaba hingewiesen (vgl. S. 446ff.), das die gleiche Funktion wie die hier beschriebenen Bauten hatte, jedoch den ägyptischen Wallfahrern diente.

Die Hejaz-Bahn

Schon 1864 hatte der Deutschamerikaner O. ZIMPLE den Plan einer Eisenbahnlinie entwickelt, die den Strom der Pilger von Damaskus nach Medina und Mekka befördern sollte: die sogenannte Hejaz-Bahn, benannt nach der arabischen Landschaft, die sich nordwärts von Mekka entlang des Roten Meeres erstreckt. Im Jahre 1900, anläßlich des 25. Jahrestages seiner Thronbesteigung, verkündete der osmanische Sultan ABDUL HAMID II. den Baubeginn der Linie. Zusammen mit dem Khediven von Ägypten und dem Schah des Iran bestritt er auch die Grundkosten. Anschließende Sammlungen und Steuererhebungen führten der ›Hejaz-Kasse‹ zusätzliche Gelder zu. Die offizielle Leitung der technischen Großunternehmung hatte der türkische Ingenieur MUHTAR BEY inne; ein international besetzter Expertenstab stand ihm zur Seite. Ab 1902 war der Ingenieur Heinrich August MEISSNER aus Leipzig für den Bauabschnitt von Damaskus bis Maan verantwortlich. Über 5000 Soldaten, meist von syrischen und irakischen Regimentern abgezogen, bauten die Trasse, die 1903 Amman und 1904 das südjordanische Maan erreichte; von dort zog man später eine Nebenstrecke nach Ras en-Naqb (vgl. S. 439). In Medina trafen die Bautrupps 1908 ein. Damit war von Damaskus südwärts ein Schienenstrang von 1303 km gelegt, zugleich allerdings ein Wendepunkt erreicht: In der Revolution der Jungtürken wurden im selben Jahr der türkische Sultan und der religiöse Repräsentant der Hejaz-Bahn entmachtet, die Bahnlinie konnte nicht, wie vorgesehen, bis nach Mekka vorangetrieben werden. Auch der Verkehr nach Medina kam nach einigen Jahren zum Erliegen. LAWRENCE VON ARABIEN (= T. E. LAWRENCE), britischer Obrist und einer der Hauptakteure des arabischen Aufstands gegen die Türken (vgl. S. 440), praktizierte seit 1917 eine Guerilla-Taktik der ›Gewalt gegen Sachen‹, von der nicht zuletzt die Hejaz-Bahn betroffen wurde. Leitgedanke war dabei, die direkte militärische Konfrontation zu vermeiden; statt dessen sollten die Nachschubwege der gegnerischen Truppen durch Sabotage unterbrochen werden. In vier Monaten zerstörten LAWRENCES Stammeskrieger allein 17 Lokomotiven und an die 80 Eisenbahnbrücken; die Hejaz-Bahn mußte ihren Verkehr einstellen. Bis heute hat sie sich von den militärischen Attacken im Rahmen des Ersten Weltkriegs nicht erholt. Lediglich die Strecke von Damaskus bis Maan wurde wiederhergestellt, der Fahrbetrieb nach Südjordanien zeitweise neu aufgenommen. Gegenwärtig beschränkt sich der Personenverkehr auf die Zugverbindung zwischen Damaskus

SÜDEN: HEJAZ-BAHN/WADI RUM

und Amman (zweimal wöchentlich); dazu kommen Phosphattransporte von el-Hesa nach Aqaba, die über eine 1975 mit westdeutscher Hilfe fertiggestellte östliche Schmalspurstrecke (116 km; Stationen Batn el-Ghul, Disi, Rum) geführt werden.

Wadi Rum

Ein erster – und besonders eindrucksvoller – Blick über das Gebiet von Rum bietet sich auf der Fahrt von Maan nach Aqaba bei **Ras en-Naqb.** Da die Wüstenstraße Ras en-Naqb nach einer Streckenkorrektur nunmehr westlich passiert, muß man, um zu dem Aussichtspunkt zu gelangen, einen Umweg über die weiterhin befahrbare alte Straße in Kauf nehmen, die etwa 25 km südlich von Maan links von der Hauptroute abzweigt. Nach ca. 11 km ist Ras en-Naqb erreicht, weitere 7 km Serpentinenstrecke führen auf die Wüstenstraße zurück. – Der Umweg lohnt sich: Im Osten und Südosten sieht man tief unten aus beigefarbenem Wüstengrund in dunkleren Tönungen unzählige Hügelkuppen, Klippen und Tafelberge aufsteigen (Farbabb. 16). An klaren Tagen breitet die surreal wirkende Landschaft, von den Arabern Hisma genannt, ihr Panorama bis hinunter zur saudi-arabischen Grenze aus.

Etwa 40 km südlich von Ras en-Naqb verläßt ein Seitenweg die Wüstenstraße in Richtung Osten: die Straße nach Rum. Insgesamt 30 km sind es vom Abzweig bis zu der kleinen Beduinensiedlung mit einer Schule, einigen Zelten und Häusern sowie dem Fort der berittenen Wüstenpolizei (Desert Camel Corps; Farbabb. 21; Abb. 77); die letzten 12 km führen durch das Wadi Rum, ein Wüstental, das von mächtigen, bis 400 m hohen Felsmassiven gesäumt wird (Histor. Abb. XI) – T. E. LAWRENCE spricht in den »Sieben Säulen der Weisheit« von »riesigen Bauwerken zu beiden Seiten einer Straße« und von einem »Prozessionsweg«. Die asphaltierte Straße endet bei Polizeistation und Schule. Wer nicht auf derselben Strecke zurückfahren will, kann Rum auch in südlicher Richtung verlassen, benötigt dazu aber ein geländegängiges Fahrzeug und einen Führer: Auf einer schwierigen Piste durch das Wadi Yutm el-Umran wird er wieder die Wüstenstraße erreichen.

Entstanden ist der Landstrich um Rum im Zug jener erdgeschichtlichen Verwerfungen, die vor etwa 30 Millionen Jahren auch das Jordantal und den Golf von Aqaba hervorbrachten: Ein großer geologischer Bruch trennte eine vorher zusammenhängende Gesteinsmasse, riß gewaltige Schluchten auf und isolierte einzelne Berge. Alles übrige tat dann, bestärkt durch das Wüstenklima, die Erosion.

Die Berge um das Wadi Rum, die mit 1754 m (Jebel Rum) ihre größte Höhe erreichen, sind aus Granit und Sandstein aufgebaut (Farbabb. 21). Der dunklere Granit bildet die Bergsockel, der rötliche Sandstein die Gipfel (nur im Wadi Yutm el-Umran bestehen die

◁ *Wandbild, in dem ein ägyptischer Pilger seine Wallfahrt nach Mekka ausmalte (nach: J. Berque)*

SÜDEN: WADI RUM

Erhebungen zur Gänze aus Granit). Dieses typische Steingefüge erklärt auch die große Zahl von Quellen gerade im engeren Bereich von Rum: Regenwasser aus winterlichen Niederschlägen durchdringt langsam den porösen Sandstein, stößt schließlich auf den undurchlässigen Granit und fließt auf dieser Ebene zum Hang ab; dort entspringen dann Quellen, häufig Dutzende von Metern über dem Talgrund.

Rums berühmtester Besucher in diesem Jahrhundert war T. E. LAWRENCE. Der britische Agent und militärische Berater des arabischen Aufstands lagerte 1917 mit Angehörigen verschiedener Beduinengruppen in dem Wüstental. Seit David LEAN 1962 seinen Film »Lawrence von Arabien« im Gebiet des Wadi Rum drehte, hat sich der LAWRENCE-Kult (die »Lawrencemysterien«, wie der Biograph D. STEWART formuliert) mit dem Kult dieser Landschaft verbunden. Die Kamelreiter des Desert Camel Corps, betraut mit der Überwachung der Grenze, entsprechen mit ihren fußlangen khakifarbenen Wollgewändern und rot-weiß gemusterten Kopftüchern, den Dolch und die Pistole im Gürtel, auch folkloristischen und nostalgisch gefärbten Erwartungen (Abb. 77).

LAWRENCES Hinweis auf »deutlich erkennbare nabatäische Inschriften« an den Felswänden des Wadi Rum leitet zu den historischen und kunsthistorischen Aspekten des Wüstentals über, in dessen heutigem Namen noch die alte nabatäische Bezeichnung Iram nachklingt.

Das wichtigste nabatäische Denkmal von Rum, eine **Tempelruine,** liegt ca. 500 m westlich vom Fort der Wüstenpolizei am Fuße des Jebel Rum, unmittelbar neben einem kleinen Beduinenfriedhof. Entstanden wohl im 1. nachchristlichen Jahrhundert, durchlief das Heiligtum, wie Ausgrabungen und Untersuchungen seit Anfang der 30er Jahre ergaben (u. a. R. SAVIGNAC, G. HORSFIELD, D. KIRKBRIDE), insgesamt drei Baustufen: »Der erste Tempel war ein viereckiger Peripteros auf einem Podium mit 18 freistehenden Säulen. (...) In einer zweiten Bauperiode baute man die stuckkannelierten Säulen an drei Seiten in eine Mauer ein, die sorgfältig gestuckt und bemalt wurde. Damit war, vermutlich bereits nach der Annexion Nabatäas, das Schema des nabatäischen Tempels, wie es von Petra und dem Hauran her bekannt ist, hergestellt. In einer dritten Periode errichtete man schließlich eine feste Mauer um den Tempel, die viereckige Räume an den Seiten und Treppen zum Dach einschloß« (M. LINDNER). Im Innern des Heiligtums haben die Ausgrabungen der 30er Jahre die aus Sandstein gearbeitete Statue einer Sitzenden zutage gefördert – vielleicht ein Bild der nabatäischen Göttin Allat, die auch in einigen Graffiti des Wadi Rum genannt wird. Auf einem Inschriftenfragment ließen sich zudem die Worte »an die große Göttin in Iram« entziffern. Daß der Tempel auch in späterer Zeit, unter römischer Herrschaft, noch für Gottesdienst bzw. Kaiserkult benutzt wurde, belegt ein weiterer Inschriftenfund: eine lateinische Widmung an Kaiser CARACALLA (reg. 211–217).

Vor einigen Jahren wurde ca. 50 m nordöstlich ein vielkammriger Baukomplex freigelegt, dessen Deutung als – sakrales? – Bad inzwischen gesichert ist.

Die selten besuchte **nabatäische Brunnenanlage** ca. 300 m südlich der Tempelruine erhielt ihr Wasser über eine steinerne, in mehreren Passagen noch erhaltene Zuleitung von der Quelle Ain esh-Shellaleh, die südwestlich in einem kleinen Hochtal des Jebel Rum entspringt. Vom Tempel aus erreicht man die etwa 1 km entfernte Quelle in beschwerlichem

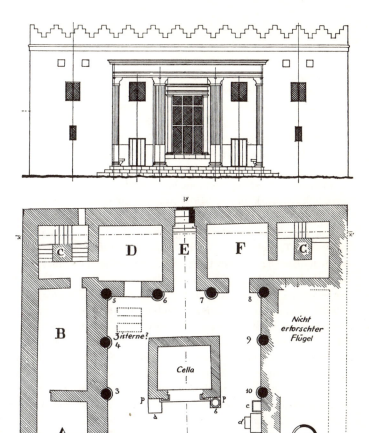

Rekonstruierter Auf- und Grundriß des nabatäischen Tempels im Wadi Rum (nach: R. Savignac und G. Horsfield bzw. A. Grohmann)

Aufstieg über einen Stein- und Schutthang; ursprünglich könnte ein Treppenweg sie erschlossen haben.

Nabatäische, thamudische, aber auch minäische (frühsüdarabische) **Inschriften,** entdeckt im Umkreis der Quelle, unterstreichen noch einmal die kulturelle wie kultische Bedeutung des Wadi Rum für die arabischen Stämme des Altertums. **Graffiti** mit Straußen und Kamelreitern, eingeritzt in die dunkle Patina von Felsblöcken oberhalb des Tempels, dürften dagegen aus diesem Jahrhundert stammen.

SÜDEN: AQABA

Aqaba

Jordaniens einzige Hafenstadt liegt südlich des 30. Breitengrades, ungefähr auf der Höhe von Teneriffa oder auch von Delhi, in einer weitgeschwungenen Bucht am Fuße schroffer, blaßrot oder gelblich getönter Wüstenberge. Vier Staaten – Ägypten, Israel, Jordanien und Saudi-Arabien – teilen sich den Golf von Aqaba, der als Fortsetzung des großen Grabenbruchs vom See Genezareth über Jordantal, Totes Meer und Wadi el-Araba entstand und dem Roten Meer einen nordöstlichen Arm gab. Nur wenige Kilometer westlich von Aqaba, jenseits der Grenze, ist im Ausschwung der Bucht zum Sinai hin die israelische Nachbarstadt Eilat (Elat) gelegen.

Für eine Siedlung am Golf sprachen von jeher zwei Gründe. Einmal verfügt der Platz über reiche Wasservorkommen. »Frischwasser«, schreibt G. L. HARDING, »ist in einer Tiefe von nur zwei Metern unter der Oberfläche im Überfluß vorhanden; ein Loch, das nur einen Meter vom Rand des Meeres gegraben wird, liefert trinkbares Wasser.« Undurchlässige Stein- und Tonschichten, die Sickerwasser wie auf einer schiefen Ebene zum Golf hinunterbefördern, erklären dieses Phänomen. Zum anderen kommt Aqaba durch seine strategisch und kommerziell günstige Lage Bedeutung zu. In dem Maße, wie der Persische Golf im irakisch-iranischen Konflikt unsicheres Fahrwasser wurde, stieg diese Bedeutung noch. Aqaba diente dem Irak als Nachschubhafen, Lastwagenkolonnen sorgten für den Weitertransport der Schiffsfrachten in den Osten. Als Handelshafen hatte der Ort sich schon vor längerer Zeit einen Namen gemacht: Die Wiedereröffnung des Sues-Kanals und der Bürgerkrieg im Libanon begleiteten den Aufstieg der Stadt zu einem zentralen Umschlagplatz für den Güterverkehr vom Mittelmeerraum nach Saudi-Arabien und in die Golfstaaten. Darüber hinaus dient Aqaba als Ausfuhrhafen für Phosphat, das wichtigste Exportgut des Haschemitischen Königreichs, gefördert u. a. in den Minen von el-Hesa, etwa 170 km nördlich (vgl. S. 439).

Wenig verwunderlich somit, wenn aus den 275 Schiffen, die den Hafen 1968 anliefen, inzwischen fast 2000 jährlich wurden. Das Aquaba der 50er Jahre, ein Fischerdorf von nicht einmal 3000 Einwohnern, hat sich in eine moderne Reißbrettstadt verwandelt, in der gegenwärtig an die 40 000 Menschen leben. Die Lehmziegelhäuser von einst sind ebenso verschwunden wie die Wasserräder, eines in jedem Garten, die von Eseln angetrieben wurden. Zur neuen Stadt gehören auch eine Experimentalanlage zur Nutzung von Solarenergie und eine meereskundliche Forschungsstation. Als Aqaba des Jahres 2000 schwebt den Planern (maßgeblich beteiligt ist die westdeutsche Gesellschaft für Technische Zusammenarbeit) eine Hafen- und Industriestadt modernsten Zuschnitts mit annähernd 160 000 Einwohnern vor. Ob ein solches Aqaba der Jahrtausendwende noch als Urlaubszentrum attraktiv sein wird, steht dahin. Trotz zahlreicher, darunter erstklassiger Hotels haben die rapide Hafen- und Stadtentwicklung dem Ort schon heute viel von seinem alten Reiz genommen.

Zuspruch fand Aqaba bisher vornehmlich als Herbst-, Winter- und Frühjahrsbadeort (Abb. 78). Auch im Winter fallen die Wassertemperaturen nicht unter 21 °C ab, liegt die Lufttemperatur im Tagesdurchschnitt bei 15 °C und darüber. Nach mitteleuropäischen

Maßstäben ist dies ein warmes Frühlingswetter. Niederschläge sind auch im Winter selten, doch kann das Wetter von der See her stürmisch werden. Weniger zu empfehlen ist ein Besuch des sommerlichen Aqaba mit seinen Tagestemperaturen von über 40 °C, zumal Staub- und Sandwinde aus dem Wadi el-Araba eine unangenehme Begleiterscheinung der heißen Jahreszeit sind.

Berühmt ist die Bucht von Aqaba für die üppige Meeresflora und -fauna entlang der vorgelagerten Korallenriffe. Den Gerätetauchern und Schnorchlern, die deswegen nach Aqaba kommen, steht das Royal Diving Centre 12 km südlich und das Tauchzentrum des Aquamarina Hotel Clubs zur Verfügung, und seit 1982 kann man Tauchexkursionen hinüber zur ägyptischen Sinai-Küste unternehmen.

Kunsthistorische Exkursionen führen von Aqaba zum heute wieder ägyptischen Katharinenkloster, aber auch zur Pharaoneninsel.

Geschichtlicher Überblick

Ausgrabungen der University of Jordan (L. KHALIL) am Tell Maquss (ca. 1,5 km jenseits der Polizeistation an der Straße zum Flughafen) erschlossen 1985 die Reste einer kleinen spätchalkolithischen Siedlung mit gerundeten Steinmauern und stohverstärktem Bodenverputz, in der um 3500 v. Chr. offenbar Handwerker lebten, Kupfererz schmolzen und verarbeiteten – vielleicht, so vermutet KHALIL, in einem Arbeitszusammenhang mit dem eigentlichen Siedlungshügel jener Zeit, den er hypothetisch mit dem 1,5 km weiter östlich gelegenen Tell Hujeirat el-Ghuzlan gleichsetzt.

Über die Frühgeschichte der Bucht am Roten Meer äußern sich alttestamentliche Texte. Sie nennen eine Ortschaft Elat oder Elot, die aber wohl nicht mit der namensgleichen israelischen Hafenstadt, sondern mit Aqaba zu identifizieren ist. Eine gewisse Unsicherheit besteht über Elats Beziehung zu einem weiteren biblischen Ort, Ezion Geber (auch: Ezjon-Geber), der ebenfalls an der heutigen Bucht von Aqaba lag. Bei den Ausgrabungen an dem Tell el-Khailifa genannten Hügel wenige Kilometer nordwestlich von Aqaba am Ausgang des Wadi el-Araba (heute militärisches Sperrgebiet) stieß Nelson GLUECK von den American Schools of Oriental Research 1937 auf die Überreste einer größeren Stadt, die vom 10. bis zum 5. Jh. v. Chr. ein Verhüttungszentrum für Kupfer gewesen sein muß. Nach allgemeiner Auffassung ist dies das alte Ezion Geber.

Aus dem Hafen von Ezion Geber, »das bei Elat an der Küste (...) liegt«, entsandte König SALOMO eine Handelsflotte in das sagenhafte Goldland Ophir, HIRAM, der König von Tyrus, stellte für die Unternehmung erfahrene phönizische Seeleute ab, und tatsächlich soll die Expedition mit einer Beute von 420 Talenten Gold zurückgekehrt sein (vgl. 1. Könige 9, 26–28). Als König JOSAPHAT (JOSCHAFAT) von Juda es nach der Reichsteilung SALOMO gleichzutun suchte, hatte er wenig Glück; bereits im Hafen erlitt seine Flotte Schiffbruch (vgl. 1. Könige 22, 49). Wenn die biblische Nachricht über einen Besuch der Königin von Saba (1. Könige 10, 1–13) bei König SALOMO zutrifft, müßte auch sie über den heutigen Golf von Aqaba angereist sein.

SÜDEN: AQABA (GESCHICHTE)

Im 9. und 8. Jh. v. Chr. war Elat/Ezion Geber zwischen Juda und Edom umstritten und wurde befestigt. Aus den Händen der Edomiter, die bis in die Mitte des 1. Jt. v. Chr. eine beherrschende Stellung im südlichen Jordanien innehatten, ging die Stadt schließlich in nabatäischen Besitz über. Die Araber richteten hier eine Handelsstation für ihre Karawanen ein, die aus dem heutigen Jemen und Oman Aromata und Spezereien in den Mittelmeerraum transportierten (vgl. S. 339f.). Wie es am Golf von Aqaba in frühnabatäischer Zeit aussah, deutet die Schilderung des antiken Geschichtsschreibers DIODOR an. Sie stützt sich auf ältere Berichte eines griechischen Geographen und Historikers namens AGATHARCHIDES (2. Jh. v. Chr.). AGATHARCHIDES/DIODOR zeigen sich erstaunt über die zahlreichen Dörfer der Araber, »der sogenannten Nabatäer«, auf deren Gebiet man »unzählige Einwohner und unglaublich große Herden« sehe; leider hätten sich die Nabatäer in jüngerer Zeit auf die Seeräuberei verlegt. Auch der griechische Geograph STRABO (ca. 64 v. Chr. – 19 n. Chr.) verzeichnet unter dem Namen Aela das heutige Aqaba. Dazu muß man anmerken, daß der Name der Stadt zeit ihrer Existenz stark variierte. Bekannt sind u. a. die Formen Aila, Ela, Elat, Elot, Aelana, Laeana, Elana; sie dürften sich sämtlich von dem hebräischen Wort für Palme, Ail, herleiten.

Schon zur Nabatäerzeit war Aqaba durch Karawanenwege mit Gaza am Mittelmeer und wohl auch mit dem ptolemäisch-römischen Suez verbunden; dazu kam eine Straße das Wadi el-Araba hinauf, die Petra passierte und das Südende des Toten Meers berührte. Eine vierte Route verlief etwa streckengleich zur heutigen Wüstenstraße nordwärts Richtung Maan.

Nach der Einverleibung Nabatäas in das Imperium Romanum dürfte in oder bei Aqaba (der nächste nachgewiesene Stützpunkt ist Khirbet el-Kithara) römisches Militär stationiert worden sein, zuerst Truppen der Legio III Cyrenaica, in der Spätzeit dann Soldaten der IV Martia und schließlich, schon im Rahmen der Provincia Palaestina Tertia, solche der X Fretensis. Es scheint, daß sich knapp 2 km vor der römischen Stadt ein »Trimphbogen des Kaisers« erhob – so jedenfalls der mamlukische Geschichtsschreiber AL-MAKRIZI Anfang des 15. Jh. n. Chr. in seinem »Buch der Erforschung und Betrachtung der Bauten und Denkmäler«. Gleich dem Temenos-Tor von Petra und dem Triumphbogen von Dura-Europos könnte dieses Monument – Kaiser TRAJAN zu Ehren – im Jahre 114 oder 115 n. Chr. von Cyrenaica-Legionären erbaut worden sein. Wie auch immer: Als Rastplatz der Karawanen aus Syrien und Palmyra, aus Ostarabien und den Weihrauchländern, aus Ägypten und Palästina hatte Ela/Aqaba in römischer Zeit Rang und Namen.

Gleiches gilt zunächst für das christlich-byzantinische Aqaba, das als Bischofssitz bekannt ist – Bischöfe aus Ela (mit Namen PETRUS und BERYLLUS, PAULUS und JOHANNES) haben an den Konzilien von Nicäa (325) und Chalcedon (451) genauso wie an den Kirchenversammlungen von Jerusalem (536) und Konstantinopel (ebenfalls 536) teilgenommen.

Absonderliches weiß der Geschichtsschreiber PROKOP Mitte des 6. Jh. in seinen Büchern über die Perserkriege von der christlichen Stadt zu berichten: Ein ›Magnetfelsen‹ in der Bucht von Ela zwinge die Einheimischen, ihre Boote ganz ohne Eisen zu bauen. Weniger fabelhaft erscheint da der Hinweis, daß unter Kaiser JUSTINIAN ein Architekt aus Ela an der Errichtung des Katharinenklosters auf dem Sinai beteiligt war. Im 6. Jh. soll es dort auch eine

Der Soldatenheilige Longinus auf einem byzantinischen Kapitell aus Aqaba (Zeichnung: U. Clemeur)

Mönchssiedlung von ›Elioten‹ gegeben haben. Als Bischofsstadt hat Ela sicher mehrere Kirchen besessen, nachgewiesen sind allerdings nur die Überreste eines einzigen Gotteshauses; vermutlich war es den Kriegerheiligen THEODOR und LONGINUS geweiht.

Die islamische Geschichte von Ela beginnt mit einem bemerkenswerten Dokument. Noch zu Lebzeiten MOHAMMEDS, im Jahre 9 der Hejra (d. h. 631), wurde die Stadt als erster Platz des heutigen Jordanien von moslemischen Truppen erobert; aus der Hand des Propheten soll die christliche Bevölkerung damals einen Schutzbrief erhalten haben, der ihr freien Handel zu Land und zu Wasser garantierte – die arabischen Geschichtsschreiber AL-MASUDI und AL-BALADHURI, dazu AL-MAKRIZI, berichten davon. Dennoch scheint ein nicht geringer Teil der christlichen wie auch der jüdischen Bevölkerung der islamisierten Stadt den Rücken gekehrt zu haben; nach dem 8. Jh. fehlt jeder Beleg für eine christliche Gemeinde in der Hafenstadt.

Das geschichtliche Dunkel der frühmittelalterlichen Zeit lichteten die Ausgrabungen, die 1986 Donald WHITCOMB vom Orientalistischen Institut der Universität Chicago mit Unterstützung der jordanischen Antikenverwaltung initiiert hat. Sie erbrachten das aufsehenerregende Ergebnis, daß Teile des damaligen Ela, einer quadratischen Stadtanlage von ca. 120 × 160 m, sich in Strandnähe (gegenüber dem Aqaba Gulf Hotel) mitsamt den alten, turmbewehrten Steinwällen und Resten administrativer Gebäude erhalten haben. Kleinfunde aus der Zeit vom 7. bis zum 12. Jh. belegen weitreichende Handelsverbindungen jener Hafenstadt und gewähren Einblick in die Endphase der byzantinischen Ära sowie in die Omayyaden-, Abbasiden- und Fatimidenzeit.

Geschichtlich faßbar wird Aqaba in den Kreuzzügen: Die abendländischen Ritter suchten die strategisch wichtige Stadt in ihren Herrschaftsbereich einzubeziehen. Im Jahre 1116 stieß BALDUIN I., König von Jerusalem, mit ein- oder zweihundert Begleitern in nur sieben Tagen bis nach Ela (von einigen Chronisten Helim genannt) vor und nahm es ein, enttäuscht übrigens von dem gewöhnlichen Blau des Roten Meeres. Um die Verbindungswege nach Ägypten und Arabien kontrollieren zu können, bauten die Franken auf der Ile de Graye im Golf von Aqaba (nahe der Sinai-Küste, heute ägyptisches Hoheitsgebiet) und wohl auch in Ela selbst Burgen. Am 31. 12. 1170 gelangte der Ort dennoch in die Hand des Ayyubiden-

SÜDEN: AQABA (MITTELALTERLICHE STADT/FESTUNG)

sultans SALADIN; dem Versuch RAINALDS VON CHATILLON, Herrscher des fränkischen Oultrejourdain und Burgherr von Kerak seit 1177 (vgl. S. 319), Insel- und Stadtfestung noch einmal zurückzuerobern, war nur ein flüchtiger Erfolg beschieden: Nach wenigen Monaten schon gehörten Landburg und Stadt wieder den Ayyubiden, die Inselfeste hatten die Moslems ohnehin behaupten können. Aqaba ist seit dieser Zeit islamisch geblieben.

Die weitere Geschichte der mittelalterlichen Stadt liegt großenteils im dunkeln; gesichert ist aber soviel: Im Jahre 1250 übernahmen die Mamluken Aqaba, und 1517 fiel der Ort dem Osmanenreich zu. Die türkische Herrschaft endete dann unter den bekannten dramatischen Umständen, die mit den Namen LAWRENCE, FEISAL und AUDA verknüpft sind: Aqaba war 1917 der wichtigste den Osmanen verbliebene Hafen am Roten Meer; im Sommer des Jahres griffen die Aufständischen ihn mit einer beduinischen Kamelreitertruppe an – und triumphierten trotz zahlenmäßiger Unterlegenheit, weil die etwa 300 Verteidiger den arabischen Umgehungsritt durch die Wüste nicht erwartet hatten.

Um in diesem Zusammenhang die ›Lawrencemysterien‹ ein wenig abzuschwächen: Der legendäre Agent hatte in der Aufregung des Angriffs sein eigenes Kamel angeschossen und wurde zu Boden geschleudert. »Im entscheidenden Augenblick der entscheidenen Schlacht war der einzige britische Offizier auf dem Feld bewußtlos« (Desmond STEWART).

Großbritannien war es, das die nach dem Ersten Weltkrieg umstrittenen Grenzen im südlichen ›Transjordanien‹ 1925 in einem einseitigen Akt – gegen die Ansprüche des arabischen Königs SAUD – annähernd auf ihren heutigen Verlauf festlegte; dadurch fielen die Provinzen Maan und Aqaba dem neubegründeten Ostjordan-Emirat unter ABDULLAH zu. Der kommerzielle Aufstieg der Stadt am Golf begann 1948, im Jahr der Proklamation des israelischen Staates, als die beiden Mittelmeerhäfen Haifa und Jaffa, die Jordanien bis dahin benutzt hatte, als Handelsstützpunkte verlorengingen und neue Verkehrswege erschlossen werden mußten. Durch einen Grenzausgleich mit Saudi-Arabien im Jahre 1965 gewann Aqaba zuletzt noch einmal 25 km Küste im Osten des Golfs und damit weitere Entwicklungsmöglichkeiten.

Mittelalterliche Stadt und Pilgerfort

Den heutigen Besucher mag nach Darstellung so reicher historischer Traditionen enttäuschen, daß Aqaba heute nur mehr zwei Sehenswürdigkeiten zu bieten hat.

In den Jahren 1986/87 legte Donald WHITCOMB von der Universität Chicago das **mittelalterliche Ela** (Ayla, Aila) frei, das als wohlhabende Siedlung zwischen dem 7. und 12. Jh. bestand. Erst aufgrund dieser Entdeckung erklärte sich MUQADDASIS bewundernde Feststellung (985): »Wayla ist eine Stadt an einem Arm des Chinesischen Meeres, reich gesegnet mit Palmen und Fischen; sie ist der Hafen Palästinas und das Warenlager des Hejaz.« Zu MUQADDASIS Zeit war die Stadt schon über 300 Jahre alt.

Begründet bald nach der arabischen Eroberung der Meeresbucht (vielleicht verbunden mit der Zerstörung einer spätrömischen Legionärsstation), blühte an diesem strategisch wie kommerziell gleichermaßen bedeutsamen Wegeschnitt zwischen Ägypten, Transjordanien

Die Pilgerkarawane vor der Festung von Aqaba (nach: L. de Laborde)

und Arabien unter den Omayyaden ein Handelszentrum auf, das sich architektonisch an den Vorbildern spätrömischer Limesfesten orientierte: ob im Mauerzug mit weit vorspringenden Halbrundtürmen und elaborierten Torbauten (man vergleiche darin Ela etwa mit Odruh; S. 431) oder in der Binnengliederung, die den traditionellen Grundriß römischer Castra aufnimmt und ein Achsenkreuz mit zwei Hauptstraßen favorisiert, erschlossen durch vier Tore. Der sogenannte ›Pavillon‹, ein stattlicher Bau von ca. 30 x 40 m südöstlich des zentralen Straßenkreuzes knüpft wiederum an die Tradition der römischen Principia an (vgl. S. 428 f.) und diente in spätabbasidischer und fatimidischer Zeit als Residenz.

Zu den Kleinfunden der Stätte gehört nicht nur die charakteristische Samarra-Ware der Abbasidenzeit, sondern auch ägyptische Lüsterkeramik. Den ausgedehnten Fernhandel bezeugen chinesische Porzellane, die typologisch der Zeit der Song-Dynastie (ab 960) zugeordnet werden können.

Dokumentiert sind diese und weitere Funde, darunter Fragmente einer Kufi-Inschrift vom Stadttor, aber etwa auch römische Meilensteine, im 1990 eingeweihten **Museum** mit Visitors' Centre, geöffnet täglich von 8–17 Uhr. Alter Kern des neuen Komplexes ist übrigens ein Haus des Sherifen von Mekka und König des Hejaz HUSSEIN (1853–1931) aus dem Jahre 1925.

Unmittelbar neben dem Museum erhebt sich auf einem Grundriß von ca. 50 x 50 m ein einfaches Mauergeviert mit Turmverstärkungen: die **Festung von Aqaba**. Von je umstritten war ihr Gründungsdatum, vor allem, ob sie auf Fundamenten der Kreuzfahrerzeit errichtet ist. Man wird sich zunächst an die Inschrift halten, die in etwa 50 cm hohen Bändern vom Vestibül zum Innenhof verläuft. Sie ist nicht ganz vollständig, Anfang und Abschluß wurden offenbar bei späteren Verkleinerungen der Eingänge zerstört. Aus H. W. GLIDDENS Lesung von 1952 ergibt sich aber eindeutig, daß wir eine befestigte Karawanserei vor uns haben und daß dieser Khan unter dem Mamlukensultan Quansu Al-Ghawri (reg. 1501–1516) im Jahre 920 der Hejra (also 1514/15) von einem gewissen Khayir Bey Al-Alai errichtet wurde. Damit ist allerdings noch nicht gesagt, daß es keinen Vorläuferbau gab, den die Mamluken übernahmen – vielleicht in einem Akt symbolischer Besitzergreifung, wie ihn ja auch das haschemitische Wappen demonstriert, das man im 20. Jh. zur Erinnerung an Feisals Aqaba-Aufenthalt über den Maschikulis des Eingangsportals angebracht hat. Andererzeits bezeichnet der zeitgenössische mamlukische Geschichtsschreiber Ibn Iyas jenen Khayir Bey Al-Alai ausdrücklich als einen »Baumeister«, und vom Sultan Al-Ghawri heißt es bei Ibn Iyas: »(...) er setzte die Straße nach el-Aqaba instand, wo er eine Karawanserei mit Türmen an den Torseiten baute und sie im Innern mit Lagerräumen für das Hab und Gut der Pilger ausstattete.« Dies weist den Khan von Aqaba als ein mamlukisches Gegenstück der osmanischen Pilgerforts aus (vgl. S. 434 ff.).

Die ägyptische Pilgerkarawane nach Mekka (vgl. S. 432) zog viele Jahrhunderte lang von Kairo über den Sinai nach Aqaba und von dort südwärts durch den Hejaz Richtung Mekka. Der heutige Name der Hafenstadt erklärt sich in diesem Kontext: Bei dem arabischen Geographen des 12. Jh. Idrisi ist zu lesen, daß der beschwerliche Paßübergang, der vom Sinai hinunter an den Golf führte, Aqabat Aila, d. h. Abstieg nach Ela, hieß.

Weitere Stätten im Süden

Basta Dorf 13 km südlich von Wadi Musa, in dem seit 1986 jordanische und Berliner Wissenschaftler unter der Leitung von M. Muheisen und H. J. Nissen eine Siedlung der ausklingenden Jungsteinzeit freilegen (zwei Grabungsfelder).

Humayma el-Gharbi (Auara) Diesen einsamen Platz südwestlich Ras en-Naqb (Farbabb. 16) erreicht man vom modernen Weiler Humayma an der Wüstenstraße auf schwieriger, unübersichtlicher Piste (ca. 15 km; ortskundiger Führer und geländegängiges Fahrzeug erforderlich!). Die Via Nova Traiana berührte den Ort dagegen unmittelbar. Es ist derselbe, der bei Ptolemäus im 2. Jh. n. Chr. als Auara und auf der spätantiken »Tabula Peutingeriana« als Hauarra verzeichnet ist. Auara soll vom nabatäischen König Obodas I, um das Jahr 87 v. Chr. gegründet worden sein. Im frühen 8. Jh. betrieben von Humayma aus pro-abbasidische Kräfte den Sturz der herrschenden Omayyaden. Erhalten haben sich römische, byzantinische und frühislamische Ruinen: u. a. Steinreste eines römischen Forts und Grundmauern einer dreischiffigen Basilika. Eindrucksvoll war die Wasserversorgung Humaymas seit nabatäischer Zeit geregelt. Eine fast 20 km lange Wasserleitung, deren Zug sich bis heute verfolgen läßt, wurde von zwei Quellen nahe der heutigen Wüstenstraße gespeist. Zugleich sorgten klug konzipierte Auffangkanäle im Fels der westlichen Vorberge dafür, daß jeder Tropfen Regenwasser in Reservoire und unterirdische Becken oder Höhlungen gelangte. Allein 51 Zisternen sind nach den Forschungen einer kanadischen Gruppe um J. P. Oleson im Umkreis von Humayma bezeugt.

Maan Mit etwa 10 000 Einwohnern ist die Oasenstadt Maan nach Aqaba die größte Siedlung des jordanischen Südens; in den letzten Jahren wurde sie stark modernisiert, doch haben einige Ortsteile die alte Lehmstruktur bewahrt. Wenn die Nomaden mit ihren Schafen, Ziegen und Kamelen zum Wochenmarkt kommen, gewinnt das Städtchen zusätzlichen Reiz (Abb. 74). Maan ist seit alters eine wichtige Station an der Straße nach Mekka, und so findet sich im Ort auch ein heute als Polizeistation genutztes osmanisches Pilgerfort aus dem 18. Jh. (vgl. 434 ff.).

Praktische Reiseinformationen

Inhalt

Landeskundlicher Überblick
Lage und Größe 450
Landschaften. 450
Klima. 451
    Klimatabelle 451
Vegetation und Flora
    (Von Claus Holzapfel). 452
Fauna *(Von Jörg Wittenberg)*. 453
Bevölkerung 454
    Die Kultur der Beduinen
    (Von Hans-Thomas Gosciniak) 455
Ethnien 458
Religion 458
Politische Situation 459
    Das politisch unabhängige Jordanien . . . 460
Wirtschaft 461

Vor Reiseantritt
Informationsstellen 462
Reisepapiere 462
Kraftfahrzeugpapiere 462
Diplomatische Vertretungen 462
Reisezeit 463
Gesundheitsvorsorge 463
Devisenvorschriften 463
Zollbestimmungen 463

Anreise
. . . mit dem Flugzeug 464
. . . über Land 464

Kurzinformationen von A–Z
Autovermietung 464
Bademöglichkeiten 465
Diplomatische Vertretungen in Amman . . . 465
Einkäufe und Souvenirs 465
Elektrizität 465
Feste und Feiertage 465
Flugbuchung 466
Geld und Geldwechsel 466
Gesundheit 466
Hotels und Unterkünfte 466
Kulturzentren 467
Notfälle 467
Öffnungszeiten 467
Photographieren 467
Post 467
Reisebüros 468
Sprache 468
Telephonieren 468
Trinkgeld 468
Verkehrsmittel 468
Wasser 469
Zeit 469
Zeitungen und Literatur 469

Reise- und Besichtigungsvorschlag 469
Entfernungen in Jordanien 470
Jordanien in zwei Wochen 471
Jordanien in einer Woche 471

Weiter- und Rückreise 472

Glossar 473
Ausgewählte Literatur 484
Register 488
Abbildungsnachweis 496

Landeskundlicher Überblick

Lage und Größe

Nach israelischer Besetzung des Westjordanlandes (West Bank; 1967) und König Husseins Verzicht auf dieses Gebiet (1988) ist das jordanische Staatsgebiet identisch mit jener Region, die früher als Transjordanien bekannt war: als das Land jenseits, d. h. östlich des Jordan. Seine **Bodenfläche** beträgt 91 700 km². Jordanien ist damit etwa so groß wie Österreich (84 000 km²). Von Nord nach Süd beträgt die größte **Ausdehnung** ungefähr 380 km, von West nach Ost zwischen 150 km und wiederum 380 km.

Abgesehen von der äußersten Südspitze des Landes, wo am Golf von Aqaba ein Küstenstreifen Zugang zum Roten Meer und damit zum Indischen Ozean gewährt, ist Jordanien ein **Binnenstaat**. Im Norden grenzt das Königreich an Syrien, im Westen an Israel, im Osten an den Irak und Saudi-Arabien, im Süden wiederum an Saudi-Arabien. Die **politischen Grenzen** orientieren sich – bis auf kleine Abschnitte zu Israel und Syrien hin – *nicht* an topographischen Gegebenheiten. Die Grenze zu Israel wurde 1949 als Waffenstillstandslinie festgelegt und 1967 durch militärische Aktion verändert, die mit Saudi-Arabien 1925 im Hadda-Vertrag, wobei 1965 in beiderseitigem Einvernehmen eine Grenzkorrektur erfolgte, deren Ergebnis eine Verlängerung der jordanischen Küstenzone am Golf von Aqaba (vgl. S. 446) war.

Geographisch wird Jordanien in etwa vom 35. und 39. Längengrad sowie vom 29. und 23. Breitengrad umschrieben. Amman liegt auf der Höhe von Isfahan (Iran), Schanghai, Marrakesch und Dallas/Texas.

Landschaften

Mehr als vier Fünftel Jordaniens sind **Wüste** (zumeist Stein- und Lavawüste, nur in wenigen Zonen Sandwüste) oder **wüstenartige Steppe**. Diese Gebiete, die den gesamten Osten und Süden des Landes einnehmen, gehören zur Großen Syrischen Wüste (Nordarabische Wüste). Niederschläge fallen hier nur im Winter und auch dann sehr selten; lediglich auf den aus Salz und Sand aufsteigenden kleinen Hügeln findet sich spärliche Vegetation. Der Jordanien-Besucher lernt diese karge Landschaft kennen, wenn er die Wüstenschlösser, Hauran-Städte und Römerkastelle besucht. Malerischer sind einige Wüstenabschnitte im Süden des Landes, vor allem um die Höhenzüge des Wadi Rum (Farbabb. 16, 21).

Nach Westen hin läuft die Wüstensteppe auf einem **Hochplateau** aus, das durch tief eingeschnittene Wasserläufe bzw. Trockenflußbetten (Wadis) gegliedert wird und vielfach atemberaubende Blicke in Schluchtenlandschaften bietet (Farbabb. 19, 20), insbesondere entlang der Königsstraße (Wadi el-Mujib, Wadi el-Hesa). Es gliedert sich von Nord nach Süd in die Bergländer von Gilead/Ammon, Moab und Edom.

Landwirtschaftlich wird dieses Hochplateau mit einem durchschnittlichen Niveau von 900 m und meist kahlen Gipfeln in Höhen bis zu 1600 und 1700 m nur wenig genutzt. ›Siedlungsinseln‹, wie sie sich etwa um Madaba, Dhiban, Rabba, Tafila und Wadi Musa finden, sind in der Regel von Quellen und Brunnen abhängig, perennierende Wasserläufe besitzen sie nicht.

Nach Westen fällt das Plateau zur **Großen Grabensenke** (Jordantal, Totes Meer und Wadi el-Araba) hin schroff ab. Dieser 410 km lange und 8 bis 20 km breite Graben weist im Toten Meer mit ca. 400 m (Wasserspiegel) die tiefste Landsenke der Erde auf (vgl. S. 136).

Fruchtbares Land bieten vor allem jordanischer Nordwesten (Farbabb. 17, 18, 39), Jordantal und West Bank. Um so härter hat die israelische Besetzung des *Westjordanlandes* den Haschemitenstaat getroffen. Im Einflußbereich des Mittelmeers gelegen, umfaßte die West Bank zuvor 30 % der landwirtschaftlichen Nutzfläche, erbrachte sie 65 % der Obst- und Gemüseernten (vgl. S. 461). Im heißen *Tiefland östlich des Jordan* (East Ghor) ist man allerdings bereits seit Jahrzehnten bemüht, durch einen Kanal und angeschlossene Bewässerungssysteme neue landwirtschaftliche Nutzflächen zu gewinnen (vgl. S. 127).

Bei dem zweiten bzw. dritten geschlossenen Agrargebiet Jordaniens handelt es sich um das *Hügelland von Ajlun* (Farbabb. 39). Hier ist in bescheidenem Umfang Regenfeldbau möglich, führen die Flüsse ganzjährig Wasser und gibt es zudem Quellen. Entsprechend ist der Nordwesten, obwohl eigentlich keine Vorzugslandschaft, der am dichtesten besiedelte Teil Jordaniens. Seine Hügel und Täler weisen mediterranes Gepräge auf – die Höhen sind mit Gestrüpp, teilweise auch mit Resten von immergrünem Eichen- und Kiefernwald bewachsen, die Becken und Hänge werden für Gemüse- und Getreideanbau sowie Zitrus- und Olbaumkulturen genutzt.

Klima

Jordanien liegt im **Übergangsbereich vom Mittelmeer- zum Wüstenklima:** Mit wachsender Entfernung vom Mittelmeer nehmen die Regenfälle ab und die jahreszeitlichen Temperaturunterschiede zu, herrscht kontinentales Wüstenklima vor.

Man unterscheidet eine ›**Regenzeit**‹ zwischen November und April und einen langen, heißen **Sommer** zwischen Mai und Oktober; ein Frühjahr und einen Herbst nach mitteleuropäischen Begriffen gibt es in Jordanien nicht. Relativ niederschlagsreich ist lediglich der Westhang des jordannahen Hochplateaus (bis 500 mm jährlich). In den östlichen Wüstengebieten kann der ohnehin spärliche Regen dagegen auch während des Winters ausbleiben; in den übrigen Landesteilen – d. h. vor allem westlich der Wüstenstraße – fallen die ersten winterlichen Niederschläge meist im November und Anfang Dezember. Schwere Regenfälle aus tiefhängender Wolkendecke, oft drei bis vier Tage anhaltend, sind für Januar und Februar charakteristisch (je zwölf Regentage), während sich im März und vor allem im April durch lange Aufheiterungen schon der Sommer ankündigt (drei bzw. vier Regentage). Auch Schnee kann auf dem Hochplateau und im Hügelland fal-

Klimatabelle

Durchschnittlich mittlere Tagestemperaturen in °C (in Klammern: mittleres tägliches Maximum/Minimum)

Monat	Amman	Aqaba	Durchschnittliche Zahl der Regentage in Amman*
Januar	8,1 (12,6/ 4,4)	15,6 (22,0/ 9,6)	12
Februar	9,0 (13,7/ 4,9)	17,0 (23,0/10,4)	12
März	11,8 (17,3/ 6,6)	20,1 (27,0/12,9)	8
April	16,0 (22,5/ 9,6)	24,3 (31,1/16,5)	4
Mai	20,7 (28,2/14,6)	28,4 (35,6/20,3)	2
Juni	23,7 (30,7/16,7)	31,8 (39,9/23,9)	0
Juli	25,1 (31,9/18,8)	32,5 (40,0/25,0)	0
August	25,6 (32,5/18,9)	33,0 (40,4/25,5)	0
September	23,5 (30,6/17,6)	30,4 (37,0/22,7)	0
Oktober	20,6 (27,6/14,2)	27,1 (33,2/18,9)	2
November	15,3 (20,9/10,0)	22,1 (29,2/15,9)	6
Dezember	10,0 (14,9/ 6,1)	17,2 (23,8/11,8)	10

* Das gesamte Land erhält mit weniger als 250 mm im Jahr äußerst geringe Niederschläge, lediglich am Westhang des Ostjordanischen Berglandes werden höhere Werte registriert (bis 500 mm, selten 700 mm).

len; so lag Amman im Winter 1991/92 unter einer dichten Schneedecke. Dagegen wird Aqaba von der kalten Jahreszeit kaum berührt.

Im August können die **Tageshöchsttemperaturen** überall im Land 40 °C überschreiten: Im Sommer 1978 maß man in Amman über 46 °C; in Aqaba sind im Juli und August Temperaturen über 40 °C sogar die Regel. Die **Temperaturunterschiede** zwischen Tag und Nacht sind besonders groß während der Sommermonate, vor allem in den Wüstengebieten.

Der **Wind** weht in der Regel aus westlicher Richtung, zu Beginn und am Ende des Sommers jedoch aus Süden und Südwesten: dann als schirokkoartiger Wüstenwind, Khamsin genannt, der Sand mit sich führt und die Temperaturen stark ansteigen läßt. Petras Talkessel kann dann von einem gelblichen Brodem erfüllt sein. Aus dem Norden oder Nordwesten kommt zwischen Juni und September der Schamal, ein besonders trockener, manchmal über eine Woche anhaltender Wind: Luft polaren Ursprungs, die sich über der eurasischen Landmasse erwärmt hat, zieht dabei über Jordanien hinweg.

Vegetation und Flora

Von Claus Holzapfel

Dem unvoreingenommenen Besucher erscheint das ›Wüstenland‹ Jordanien pflanzenarm, wenn nicht – besonders im Sommer – sogar weitgehend pflanzenleer. Es mag somit überraschen, wenn im Haschemitischen Königreich bisher tatsächlich um die 1800 Pflanzenarten gefunden wurden; dies entspricht der Artenzahl in Westdeutschland. Eine ganze Reihe von Arten kommen sogar nur hier vor, sie sind für Palästina endemisch. Dieser **Artenreichtum** läßt sich durch die topographische und damit klimatische Vielgestaltigkeit des Landes erklären:

Der gebirgige östliche Rand des Grabenbruches, mit verhältnismäßig günstigen Niederschlagsmengen, zeigt im Frühling eine reichblütige Flora, die jener der Mittelmeerküsten ähnelt. An wenigen Stellen ist hier auch das ursprüngliche Waldland erhalten geblieben (heute z. T. durch Wiederaufforstungsmaßnahmen unterstützt). Beispiele hierfür sind kleinere Eichen-Kiefernwälder im Gebiet von Ajlun und nördlich von Salt *(Quercus calliprinos, Pinus halepensis),* Eichenwälder bei Shobeq und offene Wacholderwälder in der Umgebung Petras *(Juniperus phoenicea).* Zumeist sind allerdings lediglich offene Dornstrauchgebüsche unter dem Einfluß des Menschen und seiner Haustiere übriggeblieben, wodurch die Landschaft oftmals eher einer Wüste gleicht.

Von den Randgebirgen ostwärts bildet den Übergang zur Wüste eine mehr oder weniger ausgebildete Steppenzone, im Süden (z. B. bei Ma'an) mehr als Beifußsteppe, im Norden eher als Grassteppe ausgeprägt. Große Teile dieser Steppenzone sind heute jedoch durch Kulturmaßnahmen verändert und liegen großflächig als Acker- und Weideland dar.

Die hieran anschließenden ›echten‹ Wüsten, die ja einen Großteil des Landes ausmachen, sind je nach dem geologischen Untergrund verschiedenartig: Der noch relativ reichhaltigen Flora in den Sandsteinwüsten des Südens (z. B. Wadi Rum) kontrastieren die extrem lebensfeindlichen Blocklavawüsten im Norden bei Azraq. Die Vegetation ist oftmals auf schmale Bereiche in den Wadis konzentriert; lediglich hier ermöglichen die unregelmäßigen Niederschläge Pflanzenwuchs. Neben vielen sporadisch erscheinenden einjährigen Pflanzen, die sich nur nach Regenfällen zeigen und anschließend rasch wieder verdorren, gibt es einige speziell angepaßte Straucharten, die auch die trockene Zeit überdauern. Meist kleinblättrige oder blattlose Rutensträucher sind hier zu nennen: Ginster, Gänsefußgewächse, Tamarisken u. a.

Sukkulente Pflanzen – also Arten mit Wasserspeicher – wie die typischen Kakteen der amerikanischen Halbwüsten fehlen in der jordanischen Wüste weitgehend; Ausnahmen sind z. B. die Aloe und Aasblumen *(Caralluma).*

Wo der Boden versalzt ist und sich Salzpfannen oder Salzseen bilden, wird die Vegetation von typischen Salzpflanzen gestellt, die teilweise an jene unserer Nordseeküste erinnern. Zu nennen sind hier vor allem die Uferzonen des extrem salzhaltigen Toten Meeres im Jordangraben (vgl. S. 136 ff.).

Das südlich anschließende Wadi Araba zeigt deutlichen Wüstencharakter, wobei einige Pflanzen eher tropischer Herkunft sind. Die offenen

Akazienbestände erinnern an afrikanische Savannen. Überall dort, wo Wasser zutage tritt, hat sich rasch eine sehr üppige Vegetation entwickeln können. Wer die Süßwassersümpfe bei Azraq oder die Oleander-Dickichte in den wasserführenden Wadis in der Umgebung Petras gesehen hat, begreift rasch, welch einen gravierenden Mangelfaktor das Wasser in weiten Teilen Jordaniens darstellt!

Die fruchtbarsten **landwirtschaftlichen Regionen** sind auf das nördliche Jordantal, auf Teile der ›Westbank‹ und die ostjordanischen Randberge beschränkt. Großflächig herrscht hier mehr oder weniger intensiver Getreideanbau vor (Gerste, Weizen). Typisch ist der althergebrachte Regenfeldbau von Wintergetreide, also ohne künstliche Bewässerung. Ausgedehntere Gemüse- und Obstanbaugebiete liegen im Jordantal (u. a. auch Bananen, Zitrusfrüchte, Tabak). In den südlichen Landesteilen sind darüber hinaus Dattelkulturen bekannt.

Fauna

Von Jörg Wittenberg

Im Gebiet des heutigen Jordanien sind fast alle Großwildtierarten ausgerottet worden. Dies geschah überwiegend in unserem Jahrhundert durch die Jagd mit modernen Schußwaffen – bei Benutzung von Geländefahrzeugen selbst in entlegensten Wüstengebieten! Am schwersten betroffen sind die **Säugetiere**, von denen zwischen 1900 und 1930 u. a. Braunbär, Wildesel, Addax- und Oryxantilopen sowie der Gepard verschwanden. Ungewiß ist das Schicksal der letzten Leoparden, Wüstenluchse, Streifenhyänen, Honigdachse oder Wölfe. Der ehemals weitverbreitete Steinbock lebt nur noch in den entlegensten Gebirgsregionen. Gazellen (zwei oder drei Arten), von denen für die vierziger Jahre noch Tausende bezeugt sind, bilden heute nur noch winzige, zerstreute Trupps. Der Löwe allerdings wurde bereits im Mittelalter ausgerottet (etwa 13. Jh.); Kaiser Decius soll ihn Mitte des 3. Jh. n. Chr. aus Afrika eingebürgert haben. Heute sind neben Goldschakal, Fuchs und Kaphase nur noch die verschiedenen Nagerarten relativ häufig, die man bei nächtlichen Autofahrten entdecken kann, darunter vor allem Wüstenspringmäuse (zwei Arten) sowie mehrere rattenähnliche Renn- und Wüstenmausarten. Auch die 15 Fledermausarten, das Weißschwanzstachelschwein und drei Igelarten sind wegen ihrer nächtlichen Lebensweise in der Regel kaum zu bemerken.

Dank der Royal Society for the Conservation of Nature Jordan können Besucher im *Wüstenschutzgebiet Shaumari* (bei Azraq) heute wieder **Arabische Oryxantilopen** sehen, deren Weltbestand im Jahre 1960 nur noch ca. 50 Tiere betrug. Acht Zuchttiere haben sich in Shaumari (von 1978/79 bis 1990) auf 10 Exemplare vermehrt und wurden in ein 22 km² großes umzäuntes Gebiet entlassen.

Weniger dramatisch hat sich der Jagddruck auf die **Vogelwelt** ausgewirkt. Der Strauß ist freilich ausgerottet worden (bis 1932 noch im Jebel Tubaiq); Trappen, Hühner, Geier und Adler sind selten geworden. Bei den mehr als 300 nachgewiesenen Vogelarten handelt es sich überwiegend um Durchzügler, die im Frühjahr und Herbst in Massen auftreten. Die Brutvögel zeigen einen deutlich tropischen – seltener asiatischen – Einfluß, z. B. mit den Arten Jericho-Nektarvogel, Tristramstar, Borstenrabe oder Einödgimpel, anzutreffen etwa in Petra und im Wadi Rum. Die vielen unscheinbaren Lerchen oder schwarz-weißen Steinschmätzer werden nur dem aufmerksamen Beobachter auffallen, sind aber weit typischer für Jordanien als z. B. die auffälligen Wiedehopfe oder Bienenfresser. Das Wasservogel-Schutzgebiet der Oase Azraq ist trotz starker, ja lebensbedrohlicher Schädigung durch steigende Trinkwasserentnahme (für Amman) das vogelkundlich bedeutendste Gebiet Jordaniens. In der von Salzdünen, Schilf und Tamarisken umgebenen Teich- und Sumpflandschaft (ca. 14 km²) rasten im Winter je nach Wasserstand bis zu 100 000 Wasservögel, maximal 347 000 im Februar 1967, überwiegend Enten (15 Arten), aber z. B. auch Flamingos oder Pelikane. Azraq ist überlebenswichtig für Millionen von Vögeln auf ihrem jährlichen Zug zwischen Afrika und Asien. Im Frühjahr zählten Vogelkundler hier mehr als hundert verschiedene Vogelarten in nur zwei bis drei Tagen. Ca. 280 Arten sind insgesamt nachgewiesen, ein Viertel davon sind Brutvögel. Weitab der ›normalen‹ Verbreitung brüten hier z. B. Wüstenregenpfeifer und Weißschwanzsteppenkiebitz.

LANDESKUNDLICHER ÜBERBLICK

Die Mehrzahl der **Reptilien** in Jordanien ist völlig ungefährlich. Hochgiftig sind nur die sandfarbene Hornviper *(Cerastes cerastes)* und mehr noch die hübsche Arabische Sandrasselotter *(Echis coloratus)*. Mehrere wesentlich größere Natternarten (bis 2 m) sind harmlos. Schlangen sind aber nur sehr selten zu sehen. Weit häufiger ist eine Vielzahl eidechsenähnlicher Tiere zu beobachten, z. B. großäugige Geckos, sich sonnende Agamen, im Sand ›schwimmende‹ Skinke oder blitzschnell flüchtende Wüstenrenner-Eidechsen. Besonders auffällig ist die leuchtend türkisblaue Sinai-Agame *(Agama sinaita)*, der man bei Wanderungen auf den Bergstöcken von Petra begegnet. Dagegen wird der Tourist kaum das Glück haben, gut getarnte Chamäleons oder die bis zu 1,30 m großen Wüstenwarane zu entdecken. **Amphibien** sind in Jordanien nur mit je ein oder zwei Frosch- und Krötenarten vertreten.

Unter den **Wirbellosen Tieren** sind außer der Schwarzen Witwe *(Latrodectus mactans)* – das ist eine kleine, kugelige Spinnenart, die beim Biß ein starkes Nervengift abgibt – nur die nächtlich aktiven Skorpione gefährlich. Vor allem in Petra ist Vorsicht angebracht, wenn man Steine aufhebt oder sich auf den Boden niederläßt. Insbesondere zwei schwarze Skorpionarten *(Buthacus bicolor, Buthacus judaicus)* sind zu fürchten, aber auch der Stich mehrerer gelber Skorpionarten ist sehr schmerzhaft und nicht ungefährlich. Harmlos sind dagegen Jordaniens ca. 1700 Käferarten – darunter der Pillendreher *(Scarabaeus sacer)* –, die ca. 14 cm langen Schnurfüßler *(Spirostreptus syraicus)* mit ihren 200 Fußpaaren oder die im Frühjahr zu Millionen über die Wüste flatternden Schmetterlinge (z. B. Kleiner Fuchs, Feuerfalter, Distelfalter). Die vielen merkwürdig gefärbten oder bizarr geformten Schrecken sind aufgrund ihrer Tarnung oft schwer zu entdecken.

Besondere Erwähnung muß das **Meeresleben** am Golf von Aqaba finden. Das wärmste Ozeanwasser der Welt (im Sommer bis 30 °C) kann zeitweise durch Massenvermehrung einer Schwimmalge *(Trichodemium erthrythaeum)* rot gefärbt werden, daher der Name ›Rotes Meer‹! Beim Schnorcheln kann man außer den leuchtend bunten Tropenfischen die Artenvielfalt der Korallenriffe bewundern. So wurden bei Aqaba in einer Probefläche von 10 × 140 m 157 Arten von Korallen, Seerosen, Schnecken, Muscheln und Seeigeln gezählt. Taucher sollten sich jedoch vorsehen vor den sehr giftigen Steinfischen, Feuerfischen, Stachelrochen oder Kegelschnecken und auch die Berührung der schmerzhaft brennenden gelbbräunlichen Feuerkoralle vermeiden. Abbrechende Seeigelstachel selbst von ungiftigen Arten können eiternde Verletzungen hervorrufen. *Schonen Sie die Riffe, sammeln Sie nichts, fassen Sie nichts an!* Am Sandstrand finden sich oft bizarre Schnecken- und Muschelgehäuse sowie Tausende von Renn- und Winkelkrabben.

An **domestizierten Tieren** sind für Jordanien zu nennen: Pferde, Esel, Kamele, Ziegen, Schafe und, seltener, Rinder, um Azraq auch Wasserbüffel. Dazu werden in den Dörfern Hühner (manchmal auch Gänse, Enten und Truthühner) gehalten. Die beste Anpassung an das Wüstenleben zeigt das Kamel, welches schadlos Wasser trinkt, das bis 6 % Salz enthält (der Mensch maximal 2 %), und das zehnmal so lange wie ein Mensch bzw. viermal so lange wie ein Esel dursten kann.

Bevölkerung

1992 zählte das Königreich Jordanien (ohne die israelisch besetzte West Bank) 3,98 Millionen **Einwohner** (weitere ca. 1 000 000 Araber bzw. Palästinenser leben auf der West Bank). Der jährliche Bevölkerungszuwachs liegt mit etwa 3,7 %, in den Städten sogar 4,7 %, extrem hoch (eine der höchsten Zuwachsraten in der Welt!).

Die mittlere Bevölkerungsdichte, 28 Einwohner pro Quadratkilometer, ohne West Bank (zum Vergleich: alte Bundesländer Deutschlands fast 250 Ew./km^2), täuscht über die tatsächliche demographische Verteilung hinweg; die Bevölkerung konzentriert sich naturgemäß auf jene Gebiete, in denen Ackerbau und Viehzucht möglich sind, d. h. auf den Westen und den Nordwesten: 90 % der Bevölkerung leben auf 10 % der Landesfläche, während das mehr als 70 000 km^2 umfassende Wüsten- und Halbwüstengebiet fast menschenleer ist.

Jordanien besitzt nur relativ wenige **Städte**, doch waren 1989 über 55 % der Bevölkerung Städter. Das alles beherrschende, rapide wachsende Zentrum mit heute (1992) über 1,4 Millionen

Einwohnern ist Amman. Als Großstädte können daneben auch Irbid (170 000 Einwohner) und Zarqua (300 000 Einwohner) angesehen werden. Ansonsten gibt es nur einige wenige Mittelstädte (so Aqaba mit etwa 40 000, Salt mit etwa 40 000, Madaba mit etwa 30 000, Maan mit etwa 12 000 Einwohnern) und Kleinstädte (etwa Ramtha, Mafraq, Jerash, Kerak – zwischen 6000 und 12 000 Einwohner). Jeder westeuropäische Besucher wird, Amman nach Süden verlassend, die Leere und Unbelebtheit des Landes stark empfinden, besonders auf der Wüstenstraße nach Aqaba.

Dörfer (1986 waren 37 % der Bevölkerung Dorfbewohner) finden sich wiederum vor allem im nordwestlichen Hügelland und neuerdings auch verstärkt im Jordantal – dort also, wo genug Regen fällt bzw. Bewässerungsmöglichkeiten bestehen. Die ländlichen Siedlungen mit ihren Steinhäusern zählten 1989 im Durchschnitt 500 Einwohner. Einzelhöfe sind selten.

1952 rechnete man in Jordanien mit ca. 200 000 **Nomaden und Halbnomaden** (sogenannte Beduinen; vgl. den Beitrag von Hans-Thomas Gosciniak), 1992 mit ca. 80 000, die vornehmlich Ziegen-, Schaf- und Kamelzucht betreiben und teils großräumige ganzjährige Wanderungen durchführen. Zunehmend dominiert dabei eine halbnomadische Lebensführung: Den Winter verbringen die Hirten mit ihren Tieren in den Wüsten des Ostens oder im Bereich des Wadi el-Araba, den Sommer über leben sie in permanenten oder semipermanenten Siedlungen auf dem Hochplateau, wo sie neben der Kleinviehhaltung auch etwas Ackerbau betreiben.

In der **Altersstruktur** der Bevölkerung dominiert die Jugend. 1989 waren knapp 58 % der Bevölkerung jünger als 15 Jahre (der Anteil wächst wegen der rapiden Bevölkerungszunahme stetig), dagegen nur 4 % älter als 65. Die durchschnittliche Lebenserwartung liegt bei 67 Jahren.

Die Kultur der Beduinen

Von Hans-Thomas Gosciniak

»Tfadal – ahlan wa sahlan« (»Bitte tritt näher – sei willkommen«) – ein Zauberwort, das den Wandel der Zeiten überdauert hat. Die Einladung – meist zum obligaten Kaffee – bildet den Schlüssel, der dem Reisenden die jahrtausendealte Tradition und Kultur der Gastgeber erschließt. Dem Hausherrn oder Scheich gibt sie die Möglichkeit, einem Gast die gebotene Ehre zu erweisen, dem Fremden bietet sie Gelegenheit, durch den gekonnten Austausch der rituellen Höflichkeiten Teil einer anderen Welt zu werden, um eben nicht als Fremder an einer alten Kultur betrachtend vorbeizureisen, sondern die Zeit für einen Augenblick anzuhalten.

Das liebevolle Rösten der Bohnen über dem offenen Feuer, das rhythmische Stampfen des großen Stößels im Mörser aus Terebinthenholz und die komplizierten Aufgüsse des Kaffees in verschiedenen Kannen, das Würzen mit Kardamom und Koriander sind Teil der Kaffeezeremonie, die alten Regeln folgt.

Gerne und stolz wird der Hausherr den Fremden, der sich kundig und interessiert zeigt, einen Blick in sein Zelt werfen lassen.

Das Zelt, Beit esh-Shaar (Haus aus Haar), ist dem Lebensraum der Beduinen optimal angepaßt und im jordanischen Süden und Osten noch weit verbreitet (Farbabb. 21), wenngleich Betonbauten, Lehmhäuser und Wellblechhütten es auch dort mehr und mehr verdrängen. Der Typus des sogenannten Großen Schwarzen Zeltes, ursprünglich aus Ziegenhaar gewebt und mit Jutegewebe geflickt und verstärkt, wird aus Stoffbahnen zusammengenäht, durch quere Spannbänder an 1–4 Stangen tragend befestigt und mit bis zu 30 m langen Spannseilen im Boden verankert. Beim Aufbau – früher ausschließlich eine Arbeit der Frauen – richtet man die Frontseite nach Mekka oder Süden aus, das Männerabteil zeigt nach Osten und ist vom Harem durch einen häufig prächtig gewebten Vorhang getrennt. Das Zentrum der Männerabteilung bildet die Feuerstelle, der Ort der Versammlung, der Kaffeezeremonie

(Histor. Abb. VII; Farbabb. 41). Hier sitzt der Hausherr mit seinen Gästen, hier wird beraten, musiziert, geplauscht, während die Frauen hinter dem Vorhang interessiert lauschen und auch ihre Kommentare herüberrufen. Wenig Hausrat befindet sich hier: die Utensilien zur Tee- und Kaffeebereitung mit den kleinen, henkellosen Täßchen, den Kannen, dem Mörser und der Röstpfanne, die Tabakdose und Pfeife, gelegentlich ein Sattel oder ein Gewehr und – als Zeichen der Zeit – oft ein Transistorradio.

Gern werden dem Gast aus der ihm verschlossenen Frauenabteilung Decken und Kissen geholt – die oft einzige Gelegenheit, einen Blick in den zweiten, größeren Teil des Zeltes zu werfen. Hier finden sich, tagsüber an der Zeltwand gestapelt, die Decken, Kissen, Matratzen, Vorratssäcke mit Getreide, Hülsenfrüchten, Käse, eine zweite Feuerstelle mit Kochgeschirr, des weiteren Wasserkanister und Kleidersäcke. Mit Muße betrachten kann man diesen Zeltteil, wenn seine Bewohnerinnen gerade ›außer Haus‹ sind und zur Durchlüftung die Seitenteile des Zeltes hochgeschlagen haben.

An Arbeit mangelt es der Beduinenfrau nicht: Sie stellt den größten Teil der benötigten Textilien auf großen, flachen Webstühlen her, die vor dem Zelt aufgebaut werden, sie muß das Brot auf dafür eigens hergerichteten Feuerstellen in Fladen ausbacken und Brennstoff (Kleinholz und Dung) sammeln. Die Kinder beanspruchen einen großen Teil der Zeit, und das lebenswichtige Wasser muß oft aus erheblicher Entfernung herbeigeschafft werden – heute nicht mehr in den malerischen Häuten, sondern in farbigen Plastikkanistern oder in Behältern, denen die Abstammung von alten Autoreifen deutlich anzusehen ist.

Bei den Arbeiten außerhalb des ›Hauses‹, beim Backen oder Weben, ergibt sich die Gelegenheit, Kleidung und Schmuck der Beduinenfrauen zu betrachten. Das Spitzärmelhemd, das bis zu den Knöcheln reicht und dessen weite Spitzen oft über dem Kopf zusammengebunden werden, ist mit Kreuzstichstickerei in Rot- und Blauschattierungen verziert und mit einem gewirkten Gürtel gerafft (im Jordantal und im nördlichen Palästina herrschen Gewänder mit engen Ärmeln vor). Den Gesichtsschleier sieht man so gut wie nie, oft jedoch bedeckt ein am gestickten Stirnband befestigtes Münzgehänge Teile des Gesichtes. Häufig läßt es die bläulich-schwarzen Wangen- und Stirntätowierungen durchscheinen. Selten fehlt das große, schwarze Kopftuch, das manchmal auch über die Kopfhaube gezogen wird. Auch diese Kopfhaube ist fast immer mit Silbermünzen besetzt.

Die Münzen, Teil des Brautpreises, sind wie der übrige Schmuck das persönliche Eigentum der Frau und stellen somit eine soziale Sicherung dar. Als Rohmaterial dienen die auf der ganzen Arabischen Halbinsel verbreiteten Maria-Theresien-Taler und osmanische Silbermünzen, die von städtischen Silberschmieden oder wandernden Handwerkern zu den verschiedensten Schmuckstücken umgearbeitet werden, ergänzt durch Karneole, Türkise, Korallen, Bernstein, Achate und Glaspasten. Die Ausstattung umfaßt Nasenringe, Fingerringe, Ohrgehänge, Halsketten, Kopfschmuck, Arm- und Fußreife, teils in Filigran-, Repoussée-, Granulations- oder Ritztechnik bearbeitet; auch das Sandgußverfahren kommt häufig zur Anwendung.

Der Schmuck ist aber nicht nur Zierde und finanzielle ›Rücklage‹, sondern hat oft auch magischen Charakter: Er soll den ›bösen Blick‹ und Krankheiten abwehren oder Glück bringen. Hierzu dienen im besonderen getriebenen Amulettbehälter, magische Symbole wie die Hand der Fatima oder halbmondförmige Silberscheiben mit mystischen Zeichen bzw. einer eingravierten Koransure. Die Silberringe, von denen meist vier an jeder Hand getragen werden, sind entweder ganz aus Silber geschmiedet oder mit Halbedelsteinen bzw. Glaspasten verziert, die Knöchelreifen häufig hohl getrieben und mit kleinen, runden Silberperlen an kurzen Kettchen besetzt.

Silberringe werden auch von den Männern getragen; der Siegelring ruht oft in einem Beutel am Hals. Gelegentlich schmückt sich der Mann noch mit einem Ohrring, während Amulettbehälter oder magische Symbole eher Teile des Gürtels oder des Patronengurtes bilden. Früher wurde viel Sorgfalt auf die Ausschmückung der traditionellen Waffen verwendet, heute dagegen tritt die individuelle Bewaffnung immer mehr in den Hintergrund.

Auch die Kleidung der Männer paßt sich westlichen Gepflogenheiten an – die europäisch geschnittene Hose und das entsprechende Hemd bilden eine eigentümliche Einheit mit dem langen Mantel und dem fast obligaten Kopftuch, das wie schon vor Jahrhunderten von den schwarzen Reifen malerisch gehalten wird (Farbabb. 22; Abb. 45, 46, 47). Türkische Pluderhosen, wie sie auf alten Stichen zu sehen sind, gibt es nicht mehr, häufig jedoch begegnet man bei den Fellahin (Bauern) der Kombination von europäischem Jackett mit der typischen langschrittigen Hose dieser Region.

Annäherungsweise spiegelt die Kleidung auch eine traditionell begründete soziale Schichtung wider. Die seßhaften und halbseßhaften Fellahin, als Landbesteller in der sozialen Rangordnung unter den viehzüchtenden Beduinen stehend, tragen weniger häufig die traditionellen Gewänder als die sich ihrer Traditionen eher bewußten, nichtseßhaften Beduinen, von denen bis heute viele nicht auf den Dolch als Zeichen ihrer Würde verzichten wollen und das lange Hemd und den malerischen weiten Mantel noch nicht gegen westliche Kleidung eingetauscht haben.

Mit der Modernisierung sind die Abstufungen in der traditionellen Rangordnung allerdings fließend geworden. Extensiver, zum Teil in genossenschaftlicher Form betriebener Ackerbau mit wissenschaftlich fundierter Bewässerungstechnik beendete die wirtschaftliche Abhängigkeit der Kleinbauern, die zu eigenem Besitz gelangen konnten, die Kleinviehzucht wurde konzentriert und unter Berücksichtigung der Bewässerungs- und Weidemöglichkeiten mit der Landwirtschaft verbunden. Auch die Verwertung der Agrarprodukte über den Eigenbedarf hinaus erfuhr eine überregionale Straffung und Planung.

Nicht zuletzt ließ das gemeinsame Schicksal der vergangenen Jahrzehnte – die israelische Besetzung und die damit verbundenen Zwangsumsiedlungen und Zwangsbewirtschaftungen – alte Stammes- und Familienfehden in den Hintergrund treten und ein neues Solidaritätsbewußtsein entstehen, ohne daß die traditionellen Strukturen dadurch zerbrochen würden.

Immer noch stellt der Scheich die Autorität im Stamm dar, beraten von einem Richter und der Ältestenversammlung. Der Urf, das in Jahrhunderten gewachsene Gewohnheitsrecht der Beduinen, hat sich zur Beilegung der alltäglichen Zwistigkeiten bewährt und wird beibehalten, wobei auch der Willkür des Scheichs eine enge Grenze gesetzt ist. Diese eigene Gerichtsbarkeit der Beduinen wird von der Zentralregierung durchaus anerkannt und nur in seltenen Fällen durch Staatsgesetze aufgehoben. Als offizielle Ordnungsmacht fungiert die sogenannte Wüstenpolizei (Abb. 77).

Eine noch bis in dieses Jahrhundert wesentliche Existenzgrundlage – die Raubzüge der Stämme und Clans gegeneinander – ist inzwischen zur Legende geworden, die nur noch fortlebt in den unendlichen Geschichten am Lagerfeuer und besungen wird von fahrenden Dichter, dessen soziale Funktion sich bis in die vorislamische Zeit zurückverfolgen läßt. Dichtkunst und Rezitation werden von den Beduinen hoch geschätzt – Kunstformen, die in einem Land zur höchsten Blüte kommen konnten, in dem es an Materialien zur Bildenden Kunst mangelt und dessen Religion das ›Wort‹ stets hoch schätzte (vgl. S. 63).

Die Dichtung, meist in Form der poetischen Qassiden, wird auf der einsaitigen Geige begleitet und befaßt sich im wesentlichen mit Heldentaten eines Stammes oder eines

> Scheichs, hinzu kommen Spottverse, allegorische Rätsel und Lobgesänge auf den großzügigen Gastgeber, der den Dichter bewirtet und entlohnt.
>
> In Jordanien haben wir es mit einer erstaunlichen Mischkultur zu tun. Jahrtausendealtes Nomadentum, verbunden mit den Lebensmaximen des Islam, eignete sich die Errungenschaften der westlichen Zivilisation an, ohne doch gänzlich von ihr erfaßt zu werden. Die Siedlungspolitik der letzten 40 Jahre hat aus einem Großteil der nomadisierenden Beduinen Seßhafte oder Halbseßhafte gemacht, der Traktor ersetzt das Kamel, Plastikbehältnisse verdrängen die Lederschläuche, Hemd und Hose die traditionellen Gewänder, Konserven haben den Speiseplan ergänzt, Bewässerungssysteme den Weide- und Ackerbauzyklus verändert. Man muß jedoch genau hinsehen: Wenn der Beduine die Zigarette mit dem Einwegfeuerzeug anzündet, das Kaffeewasser über der Propangasflamme erhitzt und neben dem Klang der Rebab, der einsaitigen Geige, oder der Flöte den libanesischen oder ägyptischen Schlagermelodien aus dem Transistorradio lauscht, dann sind dies Äußerlichkeiten, die sich der traditionellen islamischen Lebensform unter- und einordnen. Neben dem westlichen Gesetz der Zentralregierung und dem orthodoxen islamischen Recht gelten weiterhin das alte Gewohnheitsrecht und die Traditionen, die Stammesstrukturen haben nach wie vor Bestand, das Gastrecht gilt noch immer als hohes Gut. In letzter Zeit entwickelt sich sogar zunehmend ein stolzes Selbstbewußtsein, eine Rückbesinnung auf die eigene Kultur – eine Tendenz, die wohl auch und gerade durch die Konfrontation mit der westlichen Welt gefördert wird.

Ethnien

Jordanien ist ein arabisches Land. Zu den **Minderheitengruppen** gehören Armenier (0,2 %), Kurden (0,1 %) und Tscherkessen (0,5 %). Letztere wanderten in den 70er Jahren des 19. Jh. aus dem östlichen Kaukasus nach Vorderasien ein (vgl. S. 86f.); bis heute kommt ihnen eine überproportionale politische Bedeutung zu. Zur **arabischen Majorität** gehören auch Palästinenser, deren Zahl nach 1967 sprunghaft anstieg und heute bei etwa 1,9 Millionen liegt. Etwa 250000 Jordanier arbeiten im Ausland.

Religion

Zwar ist der Islam Staatsreligion, doch sichert die Verfassung Religionsfreiheit zu.

Etwa 93 % der Gesamtbevölkerung sind **sunnitische Moslems.** Die Sunniten, die größere der beiden Hauptgruppen des Islam, erkennen im Gegensatz zu den Schiiten (s. u.) die Nachfolger des Propheten MOHAMMED, die nicht aus dessen Nachkommenschaft stammen, als rechtmäßig an und stützen sich in ihrer Glaubens- und Pflichtenlehre auf die Sunna (d. h. ›Gewohnheiten‹), die überlieferten Aussprüche MOHAMMEDS. Zu den religiösen Pflichten im Islam, einer strikt monotheistischen Religion, die jüdische und christliche Lehren in sich aufgenommen hat, gehören u. a. die Ablegung des Glaubensbekenntnisses, die Erfüllung der fünf Tagesgebete, die Einhaltung eines Fastenmonats, die Pilgerfahrt nach Mekka (vgl. S. 432ff.), die Verpflichtung, Almosen an die Armen zu geben, sowie daneben der Verzicht auf Alkohol, Schweinefleisch und Glücksspiel. Ein institutionalisierter Priesterstand ist unbekannt. 3 % der Jordanier sind **Schiiten,** die – in verschiedene Richtungen zerfallend – die Rechtmäßigkeit der sunnitischen Kalifen bestreiten, die Sunna ablehnen und ihre Führer (Imame) wie Heilige verehren. Sie haben eine dem Islam ursprünglich fremde ausgeprägte Mystik entwickelt.

Neben dem Moslems leben ca. 190 000 **Christen** in Jordanien, koptische wie armenische, melchitische wie römisch-katholische und griechisch-orthodoxe, aber auch Mitglieder verschiedener protestantischer Bekenntnisse. Einige Dörfer im Nordwesten werden bis heute fast ausschließlich von Christen bewohnt. Die Vielfalt der christlichen Bekenntnisse rührt daher, daß nach der Islamisierung keine Zentralkirche einigend wirkte. Häufig konnten sich deshalb alte Sonderentwicklungen behaupten; dazu kamen religiöse Flüchtlinge aus benachbarten Ländern und aus der West Bank, wo Christen einen relativ hohen Bevölkerungsanteil ausmachen.

Wie in nahezu allen Staaten der islamischen Sphäre formiert sich auch in Jordanien eine fundamentalistische Strömung auf der Linie der Muslim-Bruderschaften. Spannungen mit der christlichen Minorität zeichnen sich, anders als etwa in Ägypten, allerdings nicht ab. Im Parlament – wo sie seit 1989 mit 24 von 68 Sitzen stark vertreten sind – wie außerparlamentarisch bemühen sich die Islamisten um Wahrung und Rückgewinnung muslimischer Lebensprinzipien, so etwa in einem Antrag von 33 Abgeordneten auf ein generelles Alkoholverbot (April 1992).

Politische Situation

Am 25. 5. 1946 wurde das Haschemitische Königreich Transjordanien, 1950 das Haschemitische Königreich Jordanien (al-Mamlakah al-Urdunniyah al-Hashimiye) proklamiert. Bis dahin hatte der Vorläuferstaat, das halbautonome Transjordanien, unter britischem Mandat und Einfluß gestanden (seit 1923). Die Verfassung vom 7. 11. 1951 (verabschiedet am 8. 1. 1952) ist in ihren Grundlagen bis heute gültig.

Jordanien ist eine **konstitutionelle Monarchie**. Als König regiert seit dem 11. 8. 1952 (nominell; faktisch seit dem 2. 5. 1953 als damals 18jähriger) HUSSEIN, der seine Abstammung auf den Propheten MOHAMMED zurückführt. In Übereinstimmung mit der bürgerlichen Verfassung, auf die der Monarch den Treueeid zu leisten hatte, übt er die volle Exekutivgewalt aus, er hat das Recht, das Parlament aufzulösen, er ernennt und entläßt den Premier und die Minister, er ist Oberbefehlshaber der Streitkräfte, verfügt über Justizvollmacht und kann gegen parlamentarische Entscheidungen ein Veto einlegen. Seine überragende Stellung mag u. a. die Tatsache illustrieren, daß der internationale Flughafen von Amman den Namen seiner 1977 tödlich verunglückten dritten Gattin ALIA trägt (HUSSEIN ist seit 1978 in vierter Ehe mit der Amerikanerin NOUR verheiratet).

Dem **Parlament** kommt eine vorwiegend legislative Rolle zu. Dem ›Unterhaus‹ (Abgeordnetenhaus) gehören 68 Mitglieder an. Parteien waren seit 1957 fast ununterbrochen verboten, die Kandidaten für das ›Unterhaus‹ traten als Einzelpersonen zur Wahl an, doch wurde dieser Zustand im Juni 1991 durch eine Nationalcharta aufgehoben. Zu den geplanten Neuwahlen 1992 werden auch Parteien antreten können.

Seit dem Krieg von 1967 waren unter der Begründung, daß die Abgeordneten der West Bank (die Hälfte der gewählten Parlamentarier) an den politischen Geschäften nicht teilnehmen und ihre Funktionen nicht wahrnehmen könnten, keine Parlamentswahlen mehr durchgeführt worden, das alte, gewählte Parlament wurde 1974 suspendiert. Statt dessen bildete sich 1978 auf Anregung des Königs ein nationaler Konsultativrat von 60 Mitgliedern, der als Beratungs- und staatspolitisches Diskussionsgremium wirkte, aber keine Entscheidungsgewalt besaß. Anfang 1984 wurde der Rat wieder aufgelöst, das Parlament trat erstmals seit zehn Jahren wieder zusammen, 1988 verzichtete HUSSEIN in einem politisch wohlkalkulierten Schritt dann auf die West Bank als Teil jordanischen Staatsgebiets und ließ einen neuen parlamentarischen Modus erarbeiten. Am 8. 11. 1989 fanden erstmals wieder Parlamentswahlen statt, und eine Nationalcharta erlaubt seit Juni 1991 auch die Gründung und politische Betätigung von Parteien. Der neue politische Liberalismus, zu dem seit 1984 auch das Frauenwahlrecht gehört, wird sich 1992 bei geplanten Parlamentswahlen erstmals bewähren müssen.

Administrativ gliedert sich Jordanien in **fünf Verwaltungsbereiche:** Amman, Belqa, Irbid, Kerak und Maan, dazu kamen bis 1988 nominell die drei West Bank-Bezirke Jerusalem, Nablus und Hebron. An der Spitze dieser Verwaltungseinheiten steht jeweils ein Gouverneur (Mutasharif). Das Wüstenterritorium als sechster Distrikt befindet sich, in weitgehender Autonomie, unter der Verwaltungshoheit eines Oberscheichs als Oberhaupt der nomadisierenden Stämme.

Im **Familien- und Erbrecht** gilt nach wie vor das traditionelle islamische Gesetz der Sharia, im übrigen orientiert sich die Jurisdiktion an westeuropäischen Vorbildern.

LANDESKUNDLICHER ÜBERBLICK

Das politisch unabhängige Jordanien

1946	Am 25. 5. wird das bisherige britische Mandat Transjordanien unabhängiges Königreich unter König Abdullah
1948	Nach der Unabhängigkeitserklärung Israels (bis dahin britisches Mandat Palästina) erster Nahostkrieg (Waffenstillstand: 3. 4. 1949); arabische Truppen besetzen die West Bank mit Ostjerusalem
1950	Offizielle Vereinigung von Transjordanien und West Bank zum ›Haschemitischen Königreich Jordanien‹
1951	Am 20. 7. Ermordung König Abdullahs in Jerusalem; es folgt ihm sein Sohn Talal, der am 11. 8. 1952 zugunsten von Hussein (s. u.) auf den Thron verzichtet
1953	Am 2. 5. offizielle Krönung von Abdullahs gerade 18jährigem Enkel Hussein, der bis heute regiert
1956	Zweiter Nahostkrieg, der keine nennenswerten Grenzkorrekturen zur Folge hat
1957	Abzug der letzten britischen Truppen aus Jordanien
1958	Mit dem Irak Bildung einer ›Arabischen Föderation‹, die jedoch noch im selben Jahr wieder aufgelöst wird
1962	Plan zum Zusammenschluß mit Saudi-Arabien; wird nicht in die Tat umgesetzt
1965	Abbruch der diplomatischen Beziehungen zu Syrien
1967	Im Juni besetzt die israelische Armee innerhalb von sechs Tagen die West Bank (›Sechs-Tage-Krieg‹); palästinensischer Flüchtlingsstrom nach Jordanien
1970	Im ›Schwarzen September‹ zerschlägt die jordanische Armee die militärischen Einheiten der PLO, die in den palästinensischen Flüchtlingslagern erheblichen Einfluß ausübte und eine Art ›Staat im Staate‹ bildete
1973	Am ›Yom-Kippur-Krieg‹ gegen Israel nimmt Jordanien an der Golan-Front teil
1974	Hussein erklärt den Verzicht auf die West Bank zugunsten der Palästinenser. Suspendierung des Parlaments.
1976	Beschluß über die ›kulturelle und wirtschaftliche Integration‹ mit Syrien; gelangt nicht zur Ausführung. Kooperationsvertrag mit der Europäischen Gemeinschaft
1984	Auflösung des Konsultativrates und Wiedereinsetzung des Parlaments
1987 ff.	Palästinenserunruhen und Streiks im israelisch besetzten Westjordanland
1988	Jordanien verzichtet auf die politische Vertretung des Westjordanlandes
1989	Parlamentswahlen, bei denen muslimische Gruppierungen überraschend stark abschneiden
1991	Neuer Ministerpräsident wird Taher Al-Masri in einem Kabinett aus 25 Ministern

Die **Staatsflagge** zeigt vor dem Hintergrund dreier waagerechter Streifen (schwarz-weiß-grün) ein rotes Dreieck mit einem weißen Stern. Im **Staatswappen** thront ein von Flaggen flankierter Adler auf einem runden Schild, hinter dem sich zwei Säbel kreuzen.

In **außenpolitischer Hinsicht** wird Jordanien gemeinhin dem ›gemäßigten‹, pro-westlichen Flügel innerhalb der arabischen Welt zugeordnet, und in der Tat bestehen traditionell enge Beziehungen zu Westeuropa und den USA. Dieses Bild änderte sich, als Jordanien 1991 im Golfkrieg für den Irak Position nahm, den engen Verbündeten und vorrangigen arabischen Handelspartner. Das haschemitische Königshaus war in eine politische Zwickmühle geraten, mußte im übrigen auch der pro-irakischen Stimmung breiter Bevölkerungsschichten Rechnung tragen. König HUSSEIN bemüht sich seither in bilateralen Gesprächen mit westlichen Staaten um Schadensbegrenzung.

Wirtschaft

Jordanien ist als Agrarland mit wachsendem Industrieanteil und bedeutendem Handelsverkehr zu charakterisieren. Das Bruttosozialprodukt pro Kopf der Bevölkerung liegt bei jährlich 1620 US-$.

Die israelische Okkupation der West Bank im Jahre 1967 nahm dem Staat an die 30 % seines besten Agrarlandes, 42 % seiner Bewässerungskulturen und 85 % des Obst- und Rebenanbaugebietes – ein Verlust, der wirtschaftlich erst Mitte der 70er Jahre wieder aufgefangen wurde. Erhebliche Probleme warfen auch die Kriegsschäden, der Zustrom von ca. 800000 Flüchtlingen und die zeitweilige Schließung des Sueskanals auf. Heute beschäftigt die **Landwirtschaft** etwa drei Fünftel aller jordanischen Erwerbstätigen. Mehr als die Hälfte des gesamten Nationaleinkommens und auch etwa 50 % des Exports entfallen auf sie (vgl. S. 450). Dabei sind nur 5 % der Fläche Jordaniens landwirtschaftlich nutzbar, weitere 8 % als Weideland. Großgrundbesitz spielt nach wie vor eine dominierende Rolle, bei der Mehrzahl der Bauern handelt es sich um Kleinpächter. Ergänzend spielt die zum Teil noch halbnomadisch betriebene **Viehzucht** eine große Rolle, während die Zahl der Vollnomaden in stetigem Rückgang begriffen ist (vgl. S. 455). In Jordanien werden schätzungsweise 700000 Schafe, 350000 Ziegen, 35000 Rinder und 12000 Kamele gehalten.

Unter den **Bodenschätzen** des Königreiches haben Erze statistisch nur eine untergeordnete Bedeutung; es gibt geringe Eisen-, Kupfer- und Manganlagerstätten sowie Pottaschevorkommen am Toten Meer (Potash City). Bedeutsamer ist dagegen die Förderung von Phosphat in Ruseifa nördlich von Amman und in el-Hesa nördlich von Maan (40 % des Exportvolumens). Erdöl hat man bisher in Jordanien nicht gefunden. ›Petrodollars‹ bringt jedoch die Pipeline, die von Saudi-Arabien über jordanisches Gebiet nach Syrien und Libanon (d. h. ans Mittelmeer) führt und für deren Benutzung Saudi-Arabien ein Entgelt entrichtet. Immerhin verfügt Jordanien über eine eigene Erdölraffinerie mit Standort Zarqa. Sie erzeugt das im Land benötigte Benzin, Dieselöl und Heizöl.

Jordaniens **Industrie** hat in den letzten Jahren unter Beteiligung ausländischen (nicht zuletzt arabischen) Kapitals und mit staatlicher Förderung deutlichen Aufschwung genommen: Neben dem Abbau von Bodenschätzen sind vor allem zementerzeugende, Textil- und Zigarettenindustrie zu nennen. Eine pharmazeutische Fabrik, ein Stahlwalzwerk, eine Gerberei und eine Fabrik, in der Flüssigbatterien hergestellt werden, vervollständigen das Spektrum der großen Industrieanlagen des Landes. Zentrum der Industrie ist die Region zwischen Amman und Zarqa, doch versucht die Regierung, weitere industrielle Regionalschwerpunkte zu schaffen.

Bei aller Tendenz zur Großindustrialisierung – noch dominieren in Jordanien die Klein- und Mittelbetriebe. 1976 hatten von 5000 Industrieunternehmen fast 4300 nur fünf oder weniger Arbeiter bzw. Angestellte. Das Gewicht hat sich dabei von nahrungsverarbeitender Industrie (Ölpressen, Mühlen, Bäckereien) und holz- oder lederverarbeitenden Betrieben, die in den 50er Jahren im Vordergrund standen, auf die Produktion von Plastik, Gummi, Farben u. a. verschoben.

Bedingt durch den libanesischen Bürgerkrieg, hat die Bedeutung Jordaniens als **Handelszentrum** zwischen den westlichen und den arabischen Ländern wesentlich zugenommen, zumal es durch die Wiedereröffnung des Sueskanals 1975 einen Seezugang zum Mittelmeer (vom Golf von Aqaba aus) besitzt.

Unter den **Handelspartnern** des Königreiches Jordanien stehen einerseits die europäischen, andererseits die arabischen Länder im Vordergrund: 36 % der Importe kamen 1976 aus der EG, 66 % der Exporte gingen nach Saudi-Arabien, Syrien, Kuwait und in den Irak. Die Einfuhr überstieg 1990 die Ausfuhr um mehr als das Fünffache, Jordanien leidet also unter einem chronischen Außenhandelsdefizit, das sich seit mehr als zehn Jahren in inflationären Tendenzen niederschlägt.

Schließlich muß auch der **Fremdenverkehr** als bedeutender Wirtschaftsfaktor gesehen werden. Bemerkenswerte 18 % am Bruttosozialprodukt des Landes betrug sein Anteil 1989. Zu dieser Erfolgsbilanz trug eine konziliante Fremdenverkehrspolitik bei, die es Ausländern seit längerem ermöglicht, von Jordanien aus via West Bank nach Israel weiterzureisen (vgl. S. 472). Um so härter hat der Golfkrieg von 1991 das Land getroffen, von dessen Besuch damals seitens westeuropäischer Regierungsstellen offiziell abgeraten wurde, da die Sicherheit der Reisenden nicht garantiert sei. Weniger als 10 % der Touristen des Jahres 1990 wagten sich daraufhin im folgenden Jahr nach Jordanien, und selbst eine sonst so betriebsame Stätte wie Petra verödete. Im erkennbaren Neuaufschwung des Jordanien-Tourismus seit Frühjahr 1992 dominieren übrigens vorerst italienische Reisegruppen, die Buchungen aus den USA, England, Frankreich und dem deutschsprachigen Raum sind vergleichsweise noch zurückhaltend.

Vor Reiseantritt

Informationsstellen

In der Bundesrepublik Deutschland, in Österreich und der Schweiz gibt es gegenwärtig *kein* jordanisches Fremdenverkehrsamt oder touristisches Informationsbüro. Auskünfte erteilen aber die Konsulate und die Jordanische Botschaft, zudem auch die jordanische Fluggesellschaft Alia (Adressen s. u.). In Jordanien selbst kann man sich (Korrespondenz in Englisch) an die **Jordan Tourism Authority, P.O. Box 224, Amman**, wenden. Die Behörde hat ihren Sitz auf dem Jebel Amman, und zwar nahe dem 3rd Circle in der al-Mutanabi Street (Tel. 64 23 11, Telex 2 17 41 touris jo)

Reisepapiere

Notwendig für die Einreise ist ein noch mindestens 6 Monate **gültiger Paß** mit einem von einer jordanischen Botschaft oder einem jordanischen Konsulat (Adressen s. u.) ausgestellten **Visum**, das entweder für eine oder für mehrere Einreisen und für einen oder mehrere Monate erteilt werden kann. Man leitet die Prozedur mit der Anforderung eines Antragformulars ein. Dem ausgefüllten Schriftstück muß neben dem Paß eine **Bescheinigung über die Religionszugehörigkeit** (z. B. Kopie des Taufscheins) sowie ein **Paßbild** und ein **frankierter Freiumschlag** (als Einschreiben deklariert) beigefügt werden. Die **Gebühr** betrug zuletzt (Frühjahr 1992) DM 60 für das einfache Touristenvisum, DM 110 für das Geschäftsvisum. Die Gebühren müssen per Postanweisung oder bar an die Botschaft bzw. das Konsulat entrichtet werden. Schecks und Banküberweisungen werden *nicht* akzeptiert.

An den Grenzübergängen werden außerdem ›**Not**‹- oder **Transitvisa** ausgestellt. *Ein Visum wird grundsätzlich nicht erteilt, wenn im Paß durch Stempel oder Visum ein Israel-Aufenthalt ausgewiesen ist* (vgl. S. 472).

Alle Reisenden müssen sich übrigens innerhalb von 14 Tagen bei einer Polizeistelle in Jordanien melden.

Kraftfahrzeugpapiere

Erforderlich sind ein gültiger **internationaler Führerschein** und ein **Carnet de Passage en Douane,** ein Zolldokument, das dem Besuchsland die Wiederausfuhr des Motorfahrzeugs garantiert (in der BRD über die ADAC-Zentrale, Am Westpark 8, 8000 München 70, oder über die ADAC-Geschäftsstellen erhältlich; in Österreich vom ÖAMTC, Schubertring 1–3, 1010 Wien; in der Schweiz vom ACS, Wasserwerkgasse 39, 3000 Bern 13). Ohne ein solches Carnet oder ein Triptik ist bei der Einreise zumeist der volle Zoll- und Steuerbetrag zu hinterlegen; er wird bei Wiederausfuhr zurückerstattet.

Diplomatische Vertretungen

Visa und Auskünfte erteilen im deutschsprachigen Raum die folgenden Vertretungen:

...für die BRD
Königlich-jordanische Botschaft
Beethovenallee 21
5300 Bonn 2 (Bad Godesberg)
Tel. (02 28) 35 70 46/35 40 51

Jordanisches Konsulat
Pichelswerder Str. 3–5
1000 Berlin 20
Tel. (030) 3 31 11 52

Jordanisches Konsulat
Poststraße 7
4000 Düsseldorf 1
Tel. (02 11) 1 38 06 02

Jordanisches Konsulat
Andreasstraße 1
3000 Hannover
Tel. (05 11) 32 38 34

Jordanisches Konsulat
Barer Straße 37
8000 München 2
Tel. (089) 28 29 53

Jordanisches Konsulat
An der Ringkirche 6
6200 Wiesbaden
Tel. (06 11) 49 52 51

... *für Österreich*
Königlich-jordanische Botschaft
Rotenturmstr. 25
1010 Wien I
Tel. (01) 63 02 33

... *für die Schweiz*
Königlich-jordanische Botschaft
Belpstr. 11
3007 Bern
Tel. (031) 25 41 46

Reisezeit

Am besten besucht man Jordanien zwischen Ende März und Ende Mai oder im Oktober. Zwar kann man den Norden des Landes (also etwa Amman und Jerash) auch im Hochsommer ohne größere Behinderung bereisen, die Tagestemperaturen im Süden (Petra, Wadi Rum, Aqaba), in den östlichen Wüstengebieten (Wüstenschlösser, Hauranstädte) sowie im Jordantal liegen dann aber sehr hoch, das Reisen gestaltet sich entsprechend strapaziös, obwohl die nächtlichen Temperaturen stärker absinken als etwa im Mittelmeerraum.

Aqaba wiederum bietet sich als Badeort für die Wintersaison an, wenn im Norden mit Frost, Regen und Schnee zu rechnen ist (vgl. auch *Klima*, S. 451).

Gesundheitsvorsorge

Der Nachweis einer Pockenschutzimpfung ist mittlerweile überflüssig, andere **Impfungen** (Gelbfieber, Cholera) sind seit einigen Jahren nur noch für Reisende vorgeschrieben, die aus Infektionsgebieten (im allgemeinen Asien, Afrika, Südamerika) kommen. In diesem Fall ist der gelbe Internationale Impfausweis mit den Impfdaten als Dokument vorzulegen.

Empfohlen seien aber eine Choleraimpfung und eine Typhus/Paratyphus-Prophylaxe (Schluckimpfung). Tetanus- und Polioimpfung geben Schutz, der auch über eine Jordanienreise hinaus sinnvoll ist.

Devisenvorschriften

Ausländische Zahlungsmittel wie auch jordanische Dinar können (Stand: 1992) in unbegrenzter Höhe ein- und ausgeführt werden; die früher übliche Devisendeklaration entfällt. Der Umtausch in Jordanien selbst ist günstiger.

Zollbestimmungen

Über die Artikel des persönlichen Bedarfs und Gebrauchs hinaus können zollfrei eingeführt werden
– 200 Zigaretten *oder* 50 Zigarren *oder* 200 g Tabak;
– zwei Flaschen Wein *oder* 1 l Spirituosen;
– Parfüm zum Eigengebrauch.

Anreise

... mit dem Flugzeug

Amman wird u. a. von Air France, Alitalia, British Airways, KLM und Swissair angeflogen, dazu natürlich von der jordanischen Luftfahrtgesellschaft Alia (Münchener Straße 12, 6000 Frankfurt a. M., Tel. 069/23 18 53 und 23 18 54). Die Lufthansa hat ihre Amman-Flüge im Zuge des Golfkriegs suspendiert. Westdeutscher An- und Abflughafen der Alia, der Royal Jordanian Airlines, ist Frankfurt a. M. (Geplant für Sommer 1992 ist die Aufnahme des Luftverkehrs mit Berlin.) Die Flugzeit von Frankfurt nach Amman beträgt etwas mehr als vier Stunden. Weiterflug nach Aqaba ist möglich.

Queen Alia International Airport, der **internationale Flughafen von Amman**, liegt ca. 35 km südlich der Hauptstadt unweit der Wüstenstraße. Busse und Taxis (die einfache Fahrt kostet etwa 7 JD; Stand: Mai 1992) verbinden ihn mit der Metropole. Die Touristeninformation im Flughafen reserviert (gegen Gebühr) Hotelzimmer in Amman.

... über Land

Es ist möglich, fast die gesamte Strecke nach Amman **mit der Eisenbahn** zurückzulegen: Von München mit dem Istanbul-Expreß in die Bosporus-Metropole (Bahnhof Sirkeçi auf der europäischen Seite); von der asiatischen Seite (Bahnhof Haydarpaşa) via Ankara, Kayseri und Adana über die syrische Grenze nach Aleppo; von dort weiter nach Damaskus per Bus/Sammeltaxi; von Damaskus aus schließlich (nur zweimal wöchentlich!) mit der Hejaz-Bahn in ca. acht Stunden nach Amman. Etwa sechs Tage muß man für diese ›nostalgische‹ Fahrt ansetzen.

Schneller und etwas bequemer ist die **Busanfahrt**. Mehrmals wöchentlich verkehren Expreßbusse der Firmen Bosfor und Varan von München, bzw. Wien sowie Europabusse von verschiedenen deutschen Großstädten nach Istanbul (ca. 38 Stunden Fahrt). Von der dortigen Busstation Topkapi kann man fast täglich über Antakya, Aleppo und Damaskus nach Amman (und weiter nach Saudi-Arabien) fahren.

Der **Autofahrer** benötigt für die rund 4000 Straßenkilometer von Frankfurt nach Amman eine knappe Woche. Die Straßenverhältnisse sind durchweg gut oder doch zufriedenstellend. Die Grenzkontrollen können, vor allem an der türkisch-syrischen, neuerdings auch an der syrisch-jordanischen Grenze, jedoch zeitraubend sein.

Im Zuge des palästinensischen Aufstands seit Ende 1987 haben die israelischen Grenzbehörden ihre Kontrollen beim Übergang ins Westjordanland auch für Reisende aus dem westlichen Ausland verschärft.

Schließlich sei auch noch darauf hingewiesen, daß zwischen Ägypten (Nuweiba) und dem südjordanischen Aqaba seit April 1985 wieder eine **Fährverbindung** besteht.

Kurzinformationen von A–Z

Autovermietung

Am **Flughafen** von Amman unterhält Avis Rent-A-Car ein Büro; auf dem **Jebel Amman** sind neben Avis (Hotel Jordan Intercontinental) u. a. National Rent-A-Car und Jorac Rent-A-Car (2nd Circle) mit Niederlassungen vertreten; in **Abdali** hat der Autoverleih Satelite seinen Sitz. Insgesamt gibt es gegenwärtig etwa zwei Dutzend Rent-A-Car-Unternehmen in Amman.

Der Kunde muß einen internationalen Führerschein vorweisen und hat neben einer Grundgebühr ein Kilometergeld von umgerechnet knapp DM 0,40 zu entrichten.

Bademöglichkeiten

Nur zwei Orte sind hier zu nennen: Aqaba am Roten Meer (Golf von Aqaba) und Suweima am Toten Meer. In **Aqaba,** das mehrere gute Hotels besitzt, bestehen Möglichkeiten zum Schnorcheln und Gerätetauchen (Korallenriffe!), Strände ziehen sich zur saudi-arabischen Grenze und zur israelischen Demarkationslinie hin. Besonders hingewiesen sei auf das Royal Diving Centre 12 km südlich von Aqaba. In **Suweima** wurde 1985 ein neues Government Rest House mit Süßwasserduschen eröffnet.

Diplomatische Vertretungen in Amman

Botschaft der Bundesrepublik Deutschland
Jebel Amman
Al-Afghani Street (P.O. Box 183)
Tel. 68 93 51

Botschaft der Republik Österreich
Jebel Amman
Al-Aqsa Street
Tel. 64 46 35 oder (Handelsabteilung) 67 47 50

Botschaft der Schweiz
Jebel Amman
Abu Feras Street (P.O. Box 5341)
Tel. 68 64 16

Einkäufe und Souvenirs

Amman gehört zu den zwei, drei Zentren des Nahen Ostens, in denen westliche Gebrauchsgüter, Luxusgüter und Lebensmittel aller Art erhältlich sind. Den Jordanien-Besucher mag aber besonders das reiche Angebot an **Gold- und Silberschmuck** interessieren: An die hundert kleine und kleinste Läden verkaufen in Amman Uhren, Ringe, Ohrringe, Anstecknadeln, Broschen, Anhänger, Armreifen und Halsketten. Dies geschieht im sogenannten ›Goldsuk‹, dessen Gänge und Gassen sich unmittelbar nördlich an die King Feisal Street anschließen. Bei den meisten Stücken handelt es sich um jordanische Handarbeit; ihre Preise werden nach dem Edelmetallgewicht festgelegt und entsprechen in etwa den mitteleuropäischen.

Etwa 20 Ladengeschäfte bieten in Amman **Souvenirs und Reiseandenken** an, darunter Schatullen mit Perlmutteinlage (das Perlmutt kommt zumeist aus Australien), bunt lackierte Töpferware, Holzarbeiten, Waffen (vor allem Säbel und Krummdolche), Wasserpfeifen, Teppiche, die typischen schwarz-weißen oder rot-weißen Kopftücher, Kupfer- bzw. Messingwaren (Kaffeemühlen und -mörser), Lederartikel und traditionelle Kleidung, so etwa alte Kaftane.

In Aqabas Schmuck- und Andenkenläden (Abb. 78) gehören auch Korallenketten zum Angebot, daneben – als vergleichsweise preiswertes Souvenir – Flaschen verschiedener Größe, denen in geometrischen, zuweilen sogar gegenständlichen Mustern farbiger Sand eingefüllt ist. Bunte Webteppiche sind die Spezialität von Madaba.

Grundsätzlich ist es möglich zu handeln, doch wird der Ladenbesitzer die einmal genannten Preise selten um mehr als 20 % senken. Staatliche Stellen erheben stets feste Sätze.

Elektrizität

220 oder 120 Volt Wechselstrom. In Hotels gehobener Preisklasse finden in der Regel europäische Steckdosen Verwendung. Individualreisenden mit wechselnden Quartieren sei ein Adapter (erhältlich bei spezialisierten Reise-Ausstattern) empfohlen.

Feste und Feiertage

Wie in fast allen islamischen Ländern ist in Jordanien nicht der Sonntag, sondern der Freitag **Wochenfeiertag.**

Als **Nationalfeiertage** werden der 15. März (Tag des arabischen Befreiungskampfes), der 1./2. Mai, der 25. Mai (Tag der Unabhängigkeit), der 11. August (Tag der Regierungsübernahme durch König HUSSEIN) und der 14. November (Geburtstag des Königs) begangen. Die beiden wichtigsten **religiösen Feste,** Aid el-Fitr (›kleines Hammelfest‹; zum Abschluß des Fastenmonats)

KURZINFORMATIONEN (F–P)

und Aid el-Adha (Opferfest oder ›großes Hammelfest‹, an Abraham erinnernd), dauern drei bzw. vier Tage. Während an den genannten Fest- und Feiertagen Behörden, Büros sowie die meisten Geschäfte geschlossen sind, bringt der **Fastenmonat Ramadan** für den Reisenden andere Behinderungen: Da den moslemischen Gläubigen in dieser Zeit von Sonnenaufgang bis Sonnenuntergang u. a. jegliches Essen, Trinken und Rauchen verboten sind, öffnen viele Restaurants – wenn überhaupt – erst am Abend, die Verkehrszeiten in den Ämtern sind eingeschränkt.

Flugbuchung

Royal Jordanien (Alia)
(Reservierungen und Ticketverkauf)
Tel. 6 78 3 21

Fluginformation des Queen Alia
International Airport
Tel. (08) 5 32 00

Geld und Geldwechsel

Jordanische Währungseinheit ist der Dinar (JD). Ein Dinar hat 1000 Fils oder 100 Piaster (letzteres eine inoffizielle, aber gebräuchliche Bezeichnung). Im Umlauf sind Banknoten zu 500 Fils, 1, 5, 10 und 20 Dinar, Silber- und Kupfermünzen.

Geldtausch ist in Banken und in den großen Hotels möglich. Der Kurs wird täglich neu festgelegt. Ein Dinar entspricht gegenwärtig (Frühjahr 1992) ungefähr 2,50 DM. Deutsche Mark und Schweizer Franken werden überall akzeptiert. An das Eurocheque-System ist Jordanien nicht angeschlossen, doch werden solche Schecks in Luxushotels akzeptiert.

Gesundheit

Jordanien darf für sich in Anspruch nehmen, über die modernsten medizinischen Einrichtungen des Nahen Ostens zu verfügen, viele jordanische Ärzte haben ihre Ausbildung in Europa oder in den Vereinigten Staaten erhalten. Zentrum der medizinischen Versorgung ist natürlich die Hauptstadt Amman.

Zu den bestausgestatteten Krankenhäusern gehören:

Hussein Medical Centre
Amman
Wadi Sir, Suweileh-Street
Tel. 81 38 13

Palestine Hospital
Amman
Shmeisani, University Street
Tel. 66 41 71-4

Muasher Hospital
Amman
Jebel Hussein
Tel. 66 72 27-9

University Hospital
Amman
University Highway
Tel. 84 58 45

Hotels und Unterkünfte

Während **Amman** über Hotels aller Preisklassen (insgesamt ca. 75), zudem über ein YWCA-Haus verfügt, ist es mit Unterkunftsmöglichkeiten außerhalb der Hauptstadt – Ausnahme: **Aqaba** – schlecht bestellt. In **Irbid, Zarqa, Ajlun, Azraq, Hammeh** und **Maan** gibt es bescheidene oder Mittelklasse-Hotels, in einigen anderen Orten, etwa in **Mafraq**, einfachste Herbergen. Die staatlichen Rest Houses in **Petra, Kerak, Azraq** und am **Toten Meer** bieten Übernachtungsmöglichkeiten auf dem Niveau eines Mittelklasse-Hotels (wohingegen die Rest Houses in Jerash, Madaba, Umm Qeis, Pella und Maan keine Übernachtungen anbieten). Neueröffnet wurden ein Hotel in Hammamet Main (vgl. S. 306) und ein Hotelkomplex am Toten Meer.

Die **Hotelpreise** entsprechen denen in Mitteleuropa, zur Zeit (1992) bezahlt man zwischen 5 und 50 Dinar für das Doppelzimmer. Ausgesprochene ›Billighotels‹, wie man sie etwa im Nachbarstaat Syrien findet, kennt man in Jordanien kaum, die kleinen Hotels im Zentrum von Amman oder auch in el-Wahdat erscheinen wenig einladend. Auch in den Mittelklasse-Hotels lassen Ausstattung und Service häufig zu wünschen übrig. Internationalen Standard bieten natürlich Fünf- bzw. Vier-Sterne-Hotels wie Jordan Intercontinental, Holiday Inn, Regency Palace, Marriott, Jerusalem International und Middle East in Amman, das Holiday Inn in Aqaba und das Petra Forum in Petra, deren Preise sich allerdings auch auf entsprechendem Niveau bewegen.

Zu Zimmerreservierungen für Kerak und Petra vgl. S. 469.

Kulturzentren

The American Centre
Jebel Amman, 3rd Circle
Tel. 64 15 20 (Library)

The British Council
Jebel Amman
Tel. 63 61 47/8

The French Cultural Centre
Jebel Luweibdeh
Tel. 63 70 09

Goethe Institut
Jebel Amman, Nähe 3rd Circle
Tel. 64 19 93

Notfälle

Die Polizei ist in Amman unter der Telephonnummer 62 11 11, der Notarzt unter der Nummer 193, die Verkehrspolizei unter 89 63 90, die Feuerwehr unter 198 zu erreichen. Die »Jordan Times« (vgl. S. 469) verzeichnet in ihrem Kalendarium für Amman täglich die Namen und Telephonnummern der Ärzte mit Nachtdienst.

Öffnungszeiten

Jordanischer Wochenruhetag ist der Freitag. Einige christliche Geschäftsleute halten ihre Läden allerdings am Sonntag geschlossen.

Staatliche Stellen sind im allgemeinen von 8.00 bis 14.00 Uhr geöffnet, **Banken** von 8.00–12.30, Büros von 9.00–19.00 Uhr, wobei eine längere Mittagspause eingelegt wird (13.00–15.00 Uhr), **Ladengeschäfte** von etwa 8.30– etwa 19.00 Uhr.

Restaurants servieren von ca. 13.00 – ca. 15.00 und abends ab ca. 20.00 Uhr, also – nach arabischem Brauch – verhältnismäßig spät. **Nachtclubs** öffnen in der Regel erst um 23.00 Uhr, **Diskotheken** eine oder zwei Stunden früher.

Photographieren

Zweierlei ist zu beachten: Erstens gibt es eine Reihe von militärischen Sperrgebieten, in denen auf keinen Fall Bilder aufgenommen werden dürfen (nicht zuletzt auch im Grenzbereich zur West Bank), zum zweiten sind keineswegs alle Jordanier bereit, sich photographieren zu lassen. Vor allem Frauen gegenüber und in religiösen Belangen ist Zurückhaltung geboten. Man sollte hier in jedem Fall vorab um Erlaubnis fragen. Andererseits ist es in einigen Touristenzentren wie Petra oder auch im Wadi Rum keine Seltenheit, daß die dort lebenden Beduinen sich gegen ein Entgelt als Photomotiv anbieten.

Die gängigen Markenfilme (Farb- eher als Schwarzweiß-Filme) sind in Amman erhältlich, allerdings zu den doppelten Preisen wie in Europa. Man sollte prüfen, ob das Verfallsdatum des Films nicht überschritten ist.

Post

Ein Luftpostbrief oder eine Luftpostkarte ist in der Regel eine knappe Woche von Jordanien nach Mitteleuropa unterwegs. Pakete, die man ins Ausland sendet, sollten wegen der Zollkontrolle unversiegelt sein. Briefmarken sind allein in den Postämtern selbst erhältlich.

Postlagernde Briefe und Sendungen läßt man am besten an das
Central Post Office
Amman
Prince Mohammed Street
(im unteren Stadtzentrum) schicken, das von 7.30 Uhr bis 19.30 geöffnet ist. Weitere Postämter befinden sich in Amman am 1st Circle, beim Hotel Jordan Intercontinental und auf dem Jebel Hussein (nahe dem Gesundheitsministerium). Jeder größere Ort in Jordanien besitzt ein Postamt.

Reisebüros

Es gibt in Amman gegenwärtig an die 70 (vom Tourismusministerium lizensierte) Reiseveranstalter; die meisten davon haben ihre Büros im unteren Stadtzentrum an King Hussein Street und Prince Mohammed Street.

Die von diesen Reisebüros angebotenen **Halbtagestouren** (Besichtigung Amman, Fahrt zum Toten Meer, zum Berg Nebo, nach Madaba und Jerash) verlaufen allerdings in allzu großer Eile, es bleibt wenig Zeit für die Sehenswürdigkeiten. Empfehlenswerter: die **Tagestouren** mit dem gleichen Programm, aber längeren Aufenthalten ›vor Ort‹. Offeriert werden darüber hinaus Tagestouren zu den Wüstenschlössern (empfehlenswert) und nach Petra (nicht empfehlenswert, da nur wenige Stunden zum Besuch der ausgedehnten Stätten verbleiben). Zwei- und Dreitagestouren mit Übernachtung in Kerak oder/und Petra sind für den Reisenden mit wenig Zeit die beste Möglichkeit, die Hauptsehenswürdigkeiten des Landes kennenzulernen.

Bei einigen der Reisebüros können auch Autos (mit oder ohne Fahrer) gemietet werden.

Vgl. auch *Autovermietung*, S. 464

Sprache

Fast überall im Lande kann man sich in Englisch verständigen (deutsch wird dagegen wenig gesprochen). Um den jordanischen Alltag zu bestehen, sollte man sich darüber hinaus die arabischen Zahlzeichen einprägen. Einige Grußformeln und Standardwendungen können nützlich sein.

Zahlentabelle

٠	0	sifr
١	1	wached
٢	2	thnain
٣	3	thalathe
٤	4	erba
٥	5	chamse
٦	6	sitte
٧	7	saba
٨	8	thamanja
٩	9	tissa
١٠	10	aschara

Telephonieren

Für Auskünfte über **jordanische Teilnehmer** und Fernsprechverbindungen wählt man in Amman die Nummer 121. Man ist vielfach schon deshalb auf diese Auskunft angewiesen, weil die jordanischen Telephonbücher nur in arabischer Sprache vorliegen. Die größeren Städte Jordaniens sind im Selbstwählverkehr miteinander verbunden.

Unter der Nummer 010230 kann man sich über Telephonverbindungen **nach Europa** (und Nordamerika) informieren und Gespräche dorthin anmelden. Auslandsgespräche vermittelt auch die Telephonzentrale von Amman in der Khayam Street, die 100 m östlich des Central Post Office abzweigt. Ein dreiminütiges Gespräch nach Deutschland kostet dort zur Zeit (Frühjahr 1992) 5 Dinar, bei Vermittlung des Gesprächs über ein Hotel kommt ein Aufschlag von ca. 30 % hinzu.

Im **Selbstwählverkehr** nach Europa/Nordamerika (nur von Amman aus möglich) muß zunächst die Codezahl 00, dann die Vorwahl des gewünschten Landes (BRD = 49), die Stadtvorwahl (ohne die erste Null) und schließlich die Nummer des Teilnehmers gewählt werden.

Trinkgeld

Wird überall erwartet: von Taxi-Chauffeuren, Portiers, Kellnern, Gepäckträgern; in Restaurants und Hotels auch dann, wenn die Bedienung nominell im Preis inbegriffen ist. Die Höhe des Trinkgeldes entspricht den mitteleuropäischen Sätzen und richtet sich natürlich nach der jeweiligen Dienstleistung.

Verkehrsmittel

Jordanien verfügt über ein gut ausgebautes, weithin asphaltiertes Straßennetz von insgesamt etwa 20 000 km Länge. Die **Hejaz-Bahn** (vgl. S.437ff.) und die täglichen **Flüge** zwischen Amman und Aqaba haben nur eine Randfunktion im innerstaatlichen Verkehr. Wenn nicht mit dem eigenen Auto oder einem Mietwagen reist man mit dem Bus, Kleinbus, Service-Taxi oder Taxi.

Erklärung erfordert die erwähnte ›Institution‹ des **Service-Taxis** (Sammel-Taxi): Es handelt sich dabei um Personenkraftwagen, die auf einer festgelegten Strecke verkehren – zwischen zwei Stadtteilen in Amman ebenso wie etwa zwischen Amman und Aqaba. Den Fahrpreis teilen sich die (in der Regel) fünf Passagiere, er liegt verhältnismäßig niedrig. Für die 328 km von Amman nach Aqaba muß der Passagier zur Zeit etwa 6 Jordanische Dinar veranschlagen (zum Vergleich: ein Platz im Bus kostet für dieselbe Strecke 3 Dinar). Wesentlich teurer ist das Einzeltaxi.

Die Busse und Service-Taxis nach Zielen außerhalb haben in Amman zwei **Abfahrtsplätze:** Nach Irbid, Jerash, Ramtha und (selten) Suweima am Toten Meer fährt man in *Abdali* (zwischen Jebel Hussein und Jebel Weibdeh) ab; nach Kerak, Madaba, Petra oder Aqaba in *el-Wahdat* an der Ausfallstraße nach Aqaba/Madaba.

Auch nach Syrien, in den Libanon und in den Irak verkehren Service-Taxis und Busse, darunter die relativ luxuriösen JETT-Busse, die ein eigenes Büro (mitsamt Abfahrtplatz) auf dem Jebel Hussein (King Hussein Street) unterhalten; sie fahren auch nach Aqaba und nach Petra.

Wasser

In Amman wie auch in anderen größeren jordanischen Ortschaften ist das Leitungswasser trinkbar. In Zweifelsfällen sollte man Wasserreinigungstabletten oder Filter benutzen. Vorsicht ist vor allem bei Brunnenwasser und Speicherwasser in den Wüstenregionen geboten. Im übrigen kann man sich auch an das lokale Mineralwasser halten, das überall verkauft wird und teils aus der historischen Hallabat-Quelle (vgl. S. 239) stammt.

Zeit

Mitteleuropäische Zeit plus eine Stunde. 1985 führte Jordanien die Sommerzeit ein.

Zeitungen und Literatur

In Amman ist neben mehreren Tageszeitungen in arabischer Sprache (Al-Dustour; Ar-Rai; Al-Akhbar) auch die englische »**Jordan Times**« mit einer täglichen Auflage von ca. 10 000 Exemplaren erhältlich. Außerhalb der Hauptstadt wird man sie allerdings kaum finden.

Englischsprachige Literatur führen verschiedene Buchhandlungen auf dem Jebel Amman, etwa: Firas Bookshop und Amman Bookshop, beide nahe dem 3rd Circle gelegen.

Reise- und Besichtigungsvorschlag

Ein Reiseprogramm für Jordanien muß an erster Stelle die geringe Zahl von Übernachtungsmöglichkeiten berücksichtigen (vgl. S. 466).

Amman ist der geeignete ›Stützpunkt‹ für den Besuch Nordjordaniens, des Jordantals, der Hauran-Städte und Wüstenschlösser im Nordosten sowie der Orte entlang der Königsstraße etwa bis zur Höhe von Dhiban (also z. B. Madaba und Nebo). Alle Sehenswürdigkeiten in den genannten Regionen lassen sich in Tagesausflügen erreichen.

Als zweiter ›Stützpunkt‹ kann das Rest House von **Kerak** dienen. Von hier erreicht man in ein oder zwei Tagesausflügen Stätten wie Qasr, Rabba, el-Lejjun, Mazar, Dhat Ras, Khirbet et-Tannur, Buseira und Sela, sofern man über einen eigenen Wagen, einen Mietwagen oder ein Taxi verfügt. Wer nur an den Hauptsehenswürdigkeiten interessiert ist, sollte von Amman direkt nach Wadi Musa/Petra fahren. Die Königsstraße ist dabei landschaftlich wesentlich reizvoller als die (allerdings schnellere) Wüstenstraße; südlich Dhiban, wo das Wadi el-Mujib, südlich Kerak, wo das Wadi el-Hesa ins Plateau einschneidet, wird man grandiose Schluchtenlandschaften erleben.

REISEVORSCHLAG

Von **Petra** aus bietet sich (über die Besichtigung der Nabatäerstadt selbst hinaus) ein Besuch der mittelalterlichen Burg Shobeq an. Auch Odruh und Basta liegen nahe.

Im jordanischen Süden ist nur **Aqaba** auf Tourismus eingerichtet; ein Besuch des Wadi Rum läßt sich von hier leicht arrangieren.

Schließlich ist noch **Maan** an der Wüstenstraße als ›Stützpunkt‹ für denjenigen zu nennen, der die Befestigungsanlagen im Zentralbereich des Limes Arabicus sowie osmanische Pilgerforts besichtigen möchte; an die dortige Unterkunft dürfen allerdings keine Ansprüche gestellt werden.

Von besonderer Wichtigkeit ist eine rechtzeitige **Zimmerreservierung** für die Rest Houses in Kerak und Petra bzw. für das Hotel Petra Forum (Reservierungen über Hotel Corporation, P.O. Box 2863, Amman). In der Saison (Frühjahr und Herbst) ist Petra häufig vollständig ausgebucht, dem Einzelreisenden bleibt dann, sich in Wadi Musa, weiter entfernt vom Bab es-Sik, einzuquartieren (5 Hotels; Stand: Frühjahr 1992).

Für die beiden nachfolgend beschriebenen Kunstreisen durch Jordanien benötigt man einen eigenen Wagen/Mietwagen oder muß weite Strecken mit dem Taxi fahren. Wer mit Bus und Service-Taxi unterwegs ist, kann den genannten Zeitplan nicht einhalten; einige der Stätten (Umm el-Jemal, Umm es-Surab, Pella, el-Kahf, Mshatta und andere Wüstenschlösser, Hammamet Main, Machärus, Umm er-Rasas, el-Lejjun, Qasr Bushir, Khirbet et-Tannur, Sela, Ras en-Naqb, Wadi Rum) sind mit öffentlichen Verkehrsmitteln nur schwierig zu erreichen.

Entfernungen in Jordanien
(in Straßenkilometern)

	Ajlun	Amman	Aqaba	Irbid	Jerash	Kerak	Maan	Madaba	Mafraq	Petra	Zarqa
Ajlun	–	73	409	32	24	198	290	107	64	335	94
Amman	73	–	328	89	48	124	216	33	72	262	23
Aqaba	409	328	–	412	383	285	121	332	407	133	358
Irbid	32	89	412	–	40	213	306	122	47	350	96
Jerash	24	48	383	40	–	172	265	81	40	310	71
Kerak	198	124	285	213	172	–	154	91	196	150	147
Maan	290	216	121	306	265	154	–	213	289	49	239
Madaba	107	33	332	122	81	91	213	–	105	238	56
Mafraq	64	72	407	47	40	196	289	105	–	334	49
Petra	335	262	133	350	310	150	49	238	334	–	285
Zarqa	94	23	358	96	71	147	239	56	49	285	–

Jordanien in zwei Wochen

Standort Amman
1. Tag: Besichtigung Amman und Umgebung (Nuweijis, Swafiyeh)
2. Tag: Tagesausflug nach Jerash/Gerasa und zur Araberburg Qalaat er-Rabad
3. Tag: Tagesausflug nach Abila, Umm Qeis/Gadara, Pella, Tell es-Saidiyeh, Tell Deir Alla, Salt
4. Tag: Tagesausflug nach Umm el-Jemal, Umm es-Surab, dazu eventuell Deir el-Kahf; ferner Rihab; Khirbet es Samra
5. Tag: Tagesausflug zu omayyadischen Wüstenschlössern (Hallabat, Hammam es-Sarakh, Qusair Amra, Kharaneh)
6. Tag: Tagesausflug nach Araq el-Emir und zu den Stätten westlich und südlich von Amman (etwa el-Nuweijis, el-Kahf, el-Quweisme, Qastal, Mshatta)
7. Tag: Tagesausflug nach Madaba, Nebo, Main, Hammamet Main, Machaerus/Meqawer
8. Tag: Weiterfahrt über Dhiban (Abstecher nach Umm er-Rasas, Lehun und Arair), Qasr, Balua und Rabba nach Kerak

Standort Kerak
9. Tag: Besichtigung Kerak, Ausflug nach el-Lejjun und Qasr Bushir
10. Tag: Weiterfahrt über Dhat Ras, Khirbet et-Tannur, Khirbet edh-Dharih, eventuell auch Sela und Buseira, nach Shobeq und Petra

Standort Petra
11./12. Tag: Petra
13. Tag: Weiterfahrt über Basta, Ras en-Naqb und Wadi Rum nach Aqaba

Standort Aqaba
14. Tag: Besichtigung Aqaba und Rückfahrt über die Wüstenstraße nach Amman

Jordanien in einer Woche

1. Tag: Besichtigung Amman und Araq el-Emir
2. Tag: Tagesausflug nach Jerash/Gerasa, Umm Qeis/Gadara, Pella
3. Tag: Tagesausflug nach Umm el-Jemal und zu verschiedenen omayyadischen Wüstenschlössern
4. Tag: Weiterfahrt über Madaba, Nebo, Kerak und Shobeq nach Petra
5. und 6. Tag: Besichtigung Petra
7. Tag: Weiterfahrt von Petra über Ras en-Naqb und Wadi Rum nach Aqaba und Rückfahrt nach Amman

Königsstraße und Wüstenstraße erschließen den Süden Jordaniens

Weiter- und Rückreise

Um in Jordaniens **arabische Anrainerstaaten** – in den Irak, nach Syrien, Saudi-Arabien, im weiteren auch Ägypten – zu reisen, benotigt man ein Visum des betreffenden Landes. Zu beachten ist, daß Saudi-Arabien und der Irak gegenwärtig keine Touristenvisa ausstellen. *Ein Visum wird grundsätzlich verweigert, wenn der Paß einen israelischen Sichtvermerk enthält.* Die Botschaften der vier genannten Staaten befinden sich sämtlich auf dem Jebel Amman: die Ägyptens in der Zahran Street (Tel. 4 13 75), die des Irak am 1st Circle (Tel. 6393 31), die Saudi-Arabiens in der Abu Bakr Street nahe dem 1st Circle (Tel. 81 41 54) und die Syriens in der al-Afghani Street (Tel. 64 10 76), unweit des 3rd Circle und unmittelbar neben der westdeutschen Botschaft.

Wer von Jordanien aus **Israel** besucht, reist nach offiziellem Wortlaut zur **West Bank.** Dazu ist ein spezielles Permit erforderlich, das vom jordanischen Innenministerium auf dem Jebel Hussein ausgestellt wird (Verkehrszeiten: 8.00–14.00 Uhr). Man muß ein Paßbild einreichen und eine geringe Gebühr entrichten, die Bearbeitungszeit beträgt in der Regel zwei Tage. (Bei Pauschalreisen ist das West Bank Permit im ›Leistungspaket‹ des Reiseveranstalters inbegriffen.)

Die israelischen Grenzbehörden erwarten, daß der Paß des Einreisenden noch mindestens neun Monate gültig ist. Zudem müssen deutsche Staatsangehörige, die vor dem Jahr 1928 geboren sind, eine Entnazifizierungserklärung vorlegen, die vor Reiseantritt über die Israelische Botschaft in Bonn (Simrockallee 2) zu beschaffen ist.

Für denjenigen, der von der West Bank bzw. aus Israel nach Jordanien zurückkehren will, ist schließlich noch wichtig: *Der israelische Sichtvermerk darf nicht in den Paß selbst eingestempelt werden, auf Wunsch benutzen die Grenzbeamten ein Einlegeblatt.*

Sind die Voraussetzungen zur Einreise erfüllt, gibt die Anfahrt selbst kaum noch Probleme auf: Nach **Ägypten** gelangt man mit dem Flugzeug (täglich) und mit der Fähre (von Aqaba aus nach Nuweiba); nach **Saudi-Arabien** und in den **Irak** mit dem Flugzeug (täglich) und mit dem Bus (täglich); nach **Syrien** mit dem Bus oder JETT-Bus (täglich) und dem Service-Taxi (täglich), dazu mit dem Flugzeug (mehrmals wöchentlich) und der Hejaz-Bahn (zweimal wöchentlich); zur **West Bank** mit dem Bus (täglich). Der Grenzübertritt nach Syrien und Saudi-Arabien, aber auch zur West Bank bzw. nach Israel kann mit scharfen Kontrollen verbunden sein.

Beim Rück- und Weiterflug vom Queen Alia International Airport ist pro Person eine Flughafengebühr von 10 Dinar (Stand: Frühjahr 1992) zu entrichten.

Musils Rekonstruktion des Kamel-Reliefs bei ed-Deir

Glossar

Verzeichnis historischer, kunsthistorischer und geographischer Fachbegriffe

Abbasiden Islamische Dynastie (750–1258) mit politischem und kulturellem Reichszentrum in Baghdad/Samarra

Achämeniden Altperisches Königshaus (um 700–330 v. Chr.); das von Kyros II. (reg. 559–539 v. Chr.) gegründete Weltreich, das sich über Indien, Iran, Vorderasien und Ägypten erstreckte, ging im Reich Alexanders des Großen auf

Adyton (griech.: das Unzugängliche), Allerheiligstes, Raum des Kultbildes im (griechischen) Tempel

Ädikula (lat.: kleines Haus), Nische von geringer Tiefe, die von Säulen, Pfeilern oder → Pilastern gerahmt, von → Gebälk und Giebel bekrönt wird

Äquinoktien Zeit der Tagundnachtgleiche am Frühlingsanfang um den 21. März und am Herbstanfang um den 23. September

Agora (griech.: Markt), Markt- und Versammlungsplatz griechischer Städte, als Staatsagora politisches Zentrum

Akanthus Mittelmeerische Distel mit großen, gezackten, an den Rändern leicht eingerollten Blättern; in stilisierter Form verbreitetes Dekorationselement in der Baukunst

Akropolis (griech.: Hochstadt), hochgelegener, befestigter Teil griechischer Städte, ursprünglich Burg, später auch Ort von Kultus und Repräsentation

Akroterien (griech.: höchste Teile), bekrönende Elemente auf der Spitze und an den Ecken eines Giebels

Alkoven Fensterloser, durch eine große Wandöffnung mit dem Hauptraum verbundener Nebenraum

alluvial Angeschwemmt, abgelagert; alle erdgeschichtlichen Ablagerungen, besonders Flußablagerungen, seit dem Ende der letzten Eiszeit

Amarna-Briefe 1887 in Amarna, der Königsstadt Amenophis' IV. in Mittelägypten, entdeckte Tontafeln in babylonischer Keilschrift mit Schreiben vorderasiatischer Fürsten des 15. und 14. Jh. v. Chr. an Amenophis III. und IV. (Echnaton)

Ammonitis Antike Bezeichnung der Landschaft um Rabbath Ammon, dem heutigen Amman, der alten Hauptstadt der Ammoniter

Amoriter (akkadisch: Amurra), semitisches Volk, das um 2000 v. Chr. nach Mesopotamien eindrang; Amurru seit etwa 1500 v. Chr. geographische Bezeichnung für einen Kleinstaat im Gebiet Libanon, Syrien, Palästina

Antentempel Tempel, dessen Längsmauern vorgezogen sind (Anten); die Vorhalle hat im allgemeinen zwei Säulen

antoninisch Bezeichnet die Zeit der römischen Kaiser Antoninus Pius (reg. 138–161) und Mark Aurel (reg. 161–180)

Apodyterium Auskleideraum in römischen → Thermen

apotropäisch Unheil abwehrend; apotropäischen Charakter haben z. B. Amulette oder Dämonenmasken an Gebäuden

Apsis, apsidial Halbrunder, rechteckiger oder vieleckiger Nebenraum, als steigender Abschluß einem übergeordneten Hauptraum angebaut, zu dem er sich meist in voller Breite öffnet; in der christlichen Baukunst östlicher Abschluß einer Kirche

Aramäisch Sprache und Schrift des Volkes der Aramäer, das zu Beginn des letzten vorchristlichen Jahrtausends aus der syro-arabischen Wüste nach Vorderasien eindrang und Städte gründete; in verschiedenen Dialektformen verbreitete Schrift- und Umgangssprache

GLOSSAR

Architrav Den Oberbau tragender Hauptbalken über Säulen und Pfeilern
Arkade Bogenstellung über Säulen oder Pfeilern, meist in fortlaufender Reihung
Arkadien, arkadisch Landschaft der Peloponnes, die in der hellenistischen und römischen Dichtung zum Land guter ländlicher Sitte, stillen Friedens und eines sorgenfreien dichterischen Lebens idealisiert wird
Arkosolium, Arkosol Aus dem Fels geschlagenes Wandgrab, bei dem sich über dem von einer Platte geschlossenen Grabtrog eine Bogennische wölbt
Artefakt Von Menschen geformter (vor-)geschichtlicher Gegenstand
Atrium Von Säulen getragener Innenhof des römischen Wohnhauses mit mittlerer Öffnung im Dach; in der christlichen Baukunst der von Säulenhallen umgebene westliche Vorhof einer Kirche
Attika Niedriges Geschoß oder freistehende Aufmauerung über dem abschließenden Gesims eines Gebäudes, in Petra auch das Zwerggeschoß zwischen Gebälk und abschließender Fassadenkrone
attische Basis Schlichte Form der → ionischen Säulenbasis, bestehend aus einer → Hohlkehle zwischen zwei Wülsten, von denen der obere etwas niedriger und weniger ausladend ist als der untere
Auditorium Zuschauerraum des römischen Theaters, → Cavea
Augustus (lat.: der Erhabene), Ehrenname des römischen Kaisers seit 27 v. Chr.; seit Hadrian (reg. 117–138) der regierende Kaiser im Unterschied zu seinem designierten Nachfolger bzw. untergeordneten Mitregenten; seit Diokletians Reichsreform (293) herrschten zwei Augusti mit je einem Caesar
Auranitis Antike Bezeichnung für das fruchtbare Tafelland um die Stadt Bos(t)ra in Südsyrien, den Südwesten des Hauran-Gebirges
Ayyubiden Ägyptisch-syrisches Herrschergeschlecht im 12. und 13. Jh., begründet vom späteren Sultan Saladin

Babatha-Archiv Papyrus-Archiv einer Jüdin aus der Zeit um 127 n. Chr., entdeckt in einer Höhle bei En-Gedi
Badiya (arab.: Weideland, Beduinenland), im übertragenen Sinne (nach H. Lammens u. a.) Wüstenschloß eines frühislamischen Fürsten
Baptisterium kirchliches Bauwerk neben einer Hauptkirche zum Vollzug des Taufaktes
Basilika Längsgerichtetes, drei- und mehrschiffiges Bauwerk, dessen höheres und breiteres Mittelschiff durch Fenster in den von Säulen oder Pfeilern getragenen oberen Mauerstreifen eigene Beleuchtung erhält; in der römischen Architektur Markt- und Gerichtshalle (›Allzweckbau‹), in der christlichen Baukunst früh bevorzugter Kirchentyp
Basrelief Relief von nur geringer räumlicher Tiefe
Batanäa Antike Bezeichnung der Landschaft bei der südsyrischen Stadt Deraa, westlich und nördlich der → Auranitis, östlich des Sees Genezareth
Beit In sich geschlossene Wohneinheit eines großen frühislamischen Hauses oder Palastes, bei dem sich in der Regel vier, fünf oder auch mehr Räume um einen Innenhof oder eine Mittelhalle gruppieren (Beit-System)
Bema (griech.: Stufe, Tritt), erhöhter, im Osten meist halbrund ausgebildeter Raumteil im Mittelschiff einer Kirche für Altar und Priesterschaft
Bergfried Hauptturm einer Burg als Beobachtungsstand und letzte Zufluchtsstätte bei Belagerungen; nicht zum dauernden Wohnen eingerichtet
Betyl (griech.: baitylos; von aramäisch: Beth-el = Haus Gottes), rechteckige → Stele, reliefartig aus der Rückwand von Felsnischen hervortretend; elementares Idol des nabatäischen Kultus, flaches Abbild des ›Gottessteins‹
Biklinium Speiseraum (Opfermahlstätte), der an zwei gegenüberliegenden Seiten oder rechtwinklig zueinander Bänke aufweist, auf denen die Gäste beim Mahl ruhten
Bit Hilani Altorientalische Palastform, im 1. vorchristlichen Jahrtausend in Anatolien und Syrien verbreitet; von Stützen getragene, durchbrochene Eingangsfront mit Nebenräumen und Türmen an den Seiten, dahinter der Hauptinnenraum und Anbauten

Blendnische Zur Schmückung oder Auflockerung der Mauerfläche angebrachte Nische, die durch Mauerstruktur oder Art und Farbe des Materials deutlich betont wird

bossiert Bezeichnet einen Werkstein oder Quader, der an der Vorderseite nur grob zugerichtet ist und buckelig bleibt

bukolisch (von griech.: bukolos = Rinderhirt), schäferhaft, idyllisch; zur Beschreibung das Landleben idealisierender Hirtendichtung verwendet

Burgus In der späten römischen Kaiserzeit kleiner befestigter Militärstützpunkt vor allem zur Grenzsicherung

Caldarium Warmbad in römischen → Thermen

Carceres Ablaufstände für Pferde und Rennwagen im römischen Circus

Cardo Nord-südlich verlaufende Hauptstraße römischer Städte und Lager (→ Decumanus)

Castrum Romanum Standlager römischer Truppen; rechtwinklig umwallt und parallel zu den zwei Hauptstraßen schachbrettartig unterteilt

Cavea Halbkreisförmig angelegter, in Stufen ansteigender Zuschauerraum römischer Theater

Cella Fensterloser Hauptraum für den Kult in einem antiken Tempel, der sein Licht nur vom Eingang her empfängt

Chalkolithikum Kupfersteinzeit, 5./4. Jt. v. Chr. (starke regionale Unterschiede); in der Übergangsphase vom ausschließlichen Gebrauch von Steinwerkzeugen zu Werkzeugen aus Metall (Kupfer, Bronze)

Cloaca maxima Hauptabwasserkanal römischer Städte

Decumanus Ost-westliche Hauptstraße römischer Städte und Lager (→ Cardo)

Dekapolis Von Gnaeus Pompeius ins Leben gerufener Bund (Wirtschaftszusammenhang) von 10–18 Städten im Ostjordanland, dessen Mitglieder bei kommunaler Selbstverwaltung der Provinz Syrien zugeordnet waren

Depression Eintiefung der festen Erdoberfläche, besonders eine solche, die unter den Meeresspiegel reicht

Diadochen (griech.: Nachfolger), die Feldherrn Alexanders des Großen, die nach dessen Tod (323 v. Chr.) sein Reich unter sich aufteilten

Diakonikon Aufenthalts- und Ankleideraum der Priester und Diakone in der frühchristlichen Kirche, häufig neben der → Apsis gelegen

Diözese Seit der Verwaltungsreform Diokletians (293 n. Chr.) der Provinz übergeordnete Verwaltungseinheit, seit dem 4. Jh. auch Verwaltungseinheit der christlichen Kirche

Dolmen (keltisch: Dol = Tisch, Men = Stein), prähistorische Steinsetzung, bei der über vertikal gestellte Tragsteine Decksteine gelegt werden; die so entstehende kleine Kammer bleibt meist zu einer Seite hin offen

Donjon Wehrhafter Hauptturm vor allem normannischer Burgen, der zu dauerndem Wohnen eingerichtet war

Dreikonchenbau Baukörper mit drei zumeist halbrunden → Apsiden, die nach drei Richtungen weisen, so daß sich im Grundriß die Form eines regelmäßigen Kleeblatts ergibt

Dromos (griech.: Gang, Lauf), Gang, der zu einem Raum, meist einer Grabkammer führt

Eierstab Zierleiste aus abwechselnd eiförmigen Gebilden und spitzen Stegen

Eklektizismus, Eklektik Bezeichnung für eine Kunst (oder kulturelle Haltung), die aus bereits vorhandenen Stilformen schöpft, deren Leistung allein in der geregelten oder phantasievollen Zusammensetzung überkommener Elemente besteht

Emporium Freihandelsplatz in oder nahe einer antiken Stadt zur Abwicklung von Fern- und Transithandel, Handelsstation

ephemere Pflanzen Schnell verblühende, ›eintägige‹ Pflanzen

GLOSSAR

Epigraph, epigraphisch Aufschrift, Inschrift, inschriftlich
Epitaph Grabschrift, im weiteren Erinnerungsmal für einen Verstorbenen
Eroten Kleine Liebesgötter, Kinder mit Flügeln; ein beliebtes Motiv in der antiken Wandmalerei und Mosaikkunst
Essener Strenggläubige, asketische jüdische Gemeinschaft seit etwa 150 v. Chr.; religionsgeschichtlich im Übergangsbereich von Judentum und Christentum; meist mit der Qumran-Gemeinde identifiziert
Exedra Halbkreisförmige Erweiterung an den Säulengängen öffentlicher Plätze und in Gebäuden der Antike
Exodus Auszug der Israeliten aus Ägypten

Fatimiden Schiitisch-ismailitische islamische Dynastie (909–1171) mit politischem und kulturellem Zentrum in Kairo; größte Machtentfaltung zwischen 973 und 1021
Flavier Römisches plebejisches Geschlecht, dem die Kaiser Vespasian, Titus und Domitian (reg. 69–96 n. Chr.) entstammten
Forum Meist längsrechteckiger Hauptplatz römischer Städte, Marktplatz und Versammlungsort
Fresko Wandmalerei, bei der mit Kalkwasser angerührte Farben auf noch feuchtem Kalkverputz aufgetragen werden; Farben und Verputz sind nach dem Trocknen unauflöslich miteinander verbunden
Frigidarium Kaltwasserbad, Abkühlungsraum in römischen → Thermen
Fruchtbarer Halbmond Von Gaza am Mittelmeer bis zum Fuß des Zagros-Gebirges (Iran) halbkreisförmig die syrisch-arabische Wüste umgrenzender landwirtschaftlich nutzbarer Regensteppenstreifen

Gebälk Oberer Teil einer Säulenordnung, bestehend aus → Architrav, Fries und Kranzgesims
gerrhäisch Nach der Stadt Gerrha am Persischen Golf benannte altarabische Kultur; G. war seit dem 3. Jt. v. Chr. bedeutender Umschlagplatz des indo-arabischen Handels
gesprengter Giebel Giebel, der nicht geschlossen ist, so daß nur zwei Seitenteile oder ein Mittelteil mit zwei abgetrennten Seitenteilen bleiben
Ghassaniden Christianisierte arabische Volksgruppe, die – in einem Lehensverhältnis zu den byzantinischen Kaisern stehend – um das 6. Jh. die Herrschaft über Teile Syriens, Palästinas und des Ostjordanlandes ausübte und die Wüstengrenze gegen → Sassaniden und → Lakhmiden verteidigte; Zentrum in Resafa, Syrien
ghassulisch Bezeichnung für eine → chalkolithische Kultur, deren zentrale Fundstelle Teleilat el-Ghassul im Nordosten des Toten Meeres ist; Blütezeit im 4. Jt. v. Chr.
Glacis Schräge Erdaufschüttung vor der äußersten Festungsmauer
Graffiti Ritz- oder Kratzinschriften, meist einfach-spontane Kritzeleien an Felsen, Bauwerken oder auf Scherben

Hallenkirche Kirche, deren Schiffe von gleicher oder annähernd gleicher Höhe sind, so daß die Belichtung einzig durch die Seitenschiffe erfolgt; in Jordanien vornehmlich einschiffig
Haschemiten Arabische Dynastie in Jordanien, ehemals auch in Irak; stellte seit dem 10. Jh. das religiöse Oberhaupt (Scherif) von Mekka
Hasmonäer Jüdische Dynastie des 1. Jh. v. Chr.; Nachkommen des Judas Makkabäus, der Mitte des 2. Jh. v. Chr. den Judenaufstand gegen die → Seleukiden leitete (→ Makkabäer)
Hejra Auswanderung Mohammeds von Mekka nach Medina zwischem dem 28. 6. und 20. 9. 622; Beginn der islamischen Zeitrechnung (14./15. 7. 622)
heraldisch In der Art von Darstellungen auf Wappenschilden
hippodamischer Stadtplan Nach Hippodamus von Milet (5. Jh. v. Chr.) benannter strenger Rasterplan griechischer Städte, der in den hellenistischen Städten Jordaniens durch eine Kolonnadenstraße,

in den römischen Städten durch ein (abgeschwächtes) Achsenkreuz (→ Cardo; → Decumanus) strukturiert wird

Hippodrom Antike Pferderennbahn, im Anlagetyp dem → Stadion ähnlich, d. h. mehrspurige Bahn mit Wende an der einen und geradem Abschluß an der anderen Seite

Hof-Hallen-Moschee Frühe Form des islamischen Kultbaus, bestehend aus einem weiträumigen Hof und einem oft vielsäuligen Betsaal, der zunächst breitgelagert und stets nach Mekka ausgerichtet ist

Hohlkehle Konkaves Element an Zierleisten, oft in Verbindung mit Wulsten

Hypogäum (griech.: unter der Erde), mehrräumiger unterirdischer Grabbau

Hypokausten Römische Fußbodenheizung, bei der Warmluft in Hohlräume und Kanäle, gebildet durch Ziegelpfeiler, geführt wird

Ikonographie Beschreibung und Erklärung von Bildinhalten und deren Entstehung, ›Bildsprache‹

Ikonoklasmus, ikonoklastisch ›Bildersturm‹; die in der Regel religiös motivierte Ablehnung figürlicher Bildnerei

inkrustiert Bezeichnet die Verkleidung von Wänden und Fassaden mit verschiedenfarbigen Blendsteinen in geometrisch-ornamentalem Dekor

Insula Von Straßen eingeschlossener Wohnblock in einer antiken Stadt

Interkolumnium Abstand von Säulenachse zu Säulenachse innerhalb einer Kolonnade

ionisch Schlanke antike Säulenordnung, typisch das → Volutenkapitell

Itinerar Reisehandbuch oder Wegebeschreibung der römischen Zeit mit Angaben über Straßennetz, Stationen, Entfernungen u. a.

Iwan In der orientalischen Baukunst gewölbte Halle, die sich mit großem Bogen zu einem Innenhof öffnet; gebräuchlich in der → sassanidischen Palastarchitektur, schon früh vom Islam übernommen

Jebel arab.: Berg, Gebirge

kanneliert Bezeichnet Säulen-, Pfeiler- und → Pilasterschäfte mit durchgehenden senkrechten, konkaven Rillen

Kartusche Ovale Umrahmung altägyptischer Königsnamen

Kastell Römisches Fort, Wehrbau vor allem an den Grenzen des Reiches

Kenotaph Grabdenkmal für einen Toten, der an anderer Stelle beigesetzt ist

Khan Türkisch-mongolischer Fürstentitel

Khan An Karawanenwegen gelegene Herbergen mit Räumen für Waren, Lasttiere und Menschen

Kolonnade Säulenreihe mit geradem → Gebälk zur repräsentativen Rahmung von Platzanlagen und Straßen

Kolumbarium Spätrömisch-frühchristliche unterirdische Begräbnisstätte mit Nischenreihen zur Aufnahme von Aschenurnen

Konche Halbrunde Nische mit Halbkuppel

Konsole Vorspringendes Trageelement als Auflager von Balken, Bogen u. a. oder als Träger von Büsten und Figuren

korinthisch Sehr schlanke antike Säulenordnung mit Blätterkapitellen

Kragstein Aus der Wandfläche vortretender Stein, der eine Last aufnehmen kann

Kreuzgewölbe Gewölbeform, die aus der Durchdringung zweier gleich hoher → Tonnengewölbe entsteht, wobei sich einander überkreuzende Grate bilden

Kufi Nach der irakischen Stadt Kufa benannte eckige Monumentalform der arabischen Schrift

Kurtine Wall zwischen zwei Bastionen einer Festung

Lakhmiden Nordarabischer Stamm mit Zentrum in Hira am Euphrat, von den → Sassaniden seit dem 3. Jh. n. Chr. zur Verteidigung der Grenze gegen Byzanz herangezogen (→ Ghassaniden)

Latifundien Große Liegenschaften, die entweder als Wirtschaftseinheit oder in mehreren selbständigen Betrieben durch Verwalter oder Pächter bewirtschaftet wurden

Legat Gesandter des römischen Senats, oder selbständiger Gehilfe eines Feldherrn oder Statthalters

GLOSSAR

Levante (ital.: Morgenland), Länder um das östliche Mittelmeer bis zum Euphrat und Nil, besonders die Küstengebiete Südkleinasiens, Syriens, Palästinas und Ägyptens
Libation Trankopfer (für Götter und Verstorbene)
Limes Befestigte Grenzlinie des römischen Reichs zur Abwehr der andringenden Fremdvölker; hier: Festungskette zwischen Bos(t)ra und Nordwestarabien (Limes Arabicus)
Loculus, Loculi Bestattungsnische(n) in großen Grabanlagen

Mäander Fortlaufendes antikes Ornament mit wiederholter rechtwinkliger Richtungsänderung
Macellum Lebensmittelmarkt antiker Stadtzentren, zumeist mit Rund- oder Oktogonalbau im Mittelpunkt
Makkabäer Jüdische Familie, die im 2. Jh. v. Chr. mit dem sogenannten Makkabäeraufstand die seleukidische Herrschaft über das jüdische Volk zu brechen suchte (bei → Flavius Josephus werden die M. Hasmonäer genannt)
Mamluken Kasernierte Militärsklaven türkischer oder → tscherkessischer Herkunft, die unter den → Ayyubiden in Ägypten und Syrien, zu Rittern ausgebildet, Kriegsdienst leisteten und in den darauffolgenden Jahrhunderten bis zur → osmanischen Eroberung (1250/1261–1517) eine streng hierarchisch gestaffelte Herrschaft über diese Gebiete ausübten
Maschikulis Ausgußöffnungen für Pech und heißes Öl im Boden vorspringender Wehrgänge einer Burg, manchmal auch als ›Pechnasen‹ in glatte Mauern über Toren eingezogen
Menhir (keltisch: Men = Stein, Hir = lang), prähistorische Steinsetzungen in Form eines einzelnen aufrechtstehenden Felsmonolithen
Menora Kultischer Leuchter der Juden
Mescha (Moab)-Stein Inschriftenstele des Moabiterkönigs Mescha (9. Jh. v. Chr.) aus schwarzem Basalt, 1868 nahe Dhiban entdeckt (heute im Louvre)
Mesolithikum Mittlere Steinzeit, in Palästina (nicht unumstritten) auf das 10./9. Jt. v. Chr. datiert; Fortdauer → paläolithischer Lebensweise des Jagens und Sammelns, aber erste Domestizierungen von Tieren sowie Wildgetreideanbau
Metropolis In spätrömischer Zeit Ehrentitel eines regionalen Verwaltungszentrums, ›Gauhauptstadt‹
Medianiter Hirtenvolk im nordwestlichen Arabien, eisenzeitliches Nachbarvolk der Edomiter
Mihrab Gebetsnische einer Moschee, nach Mekka gerichtet
Minäer Südarabisches Volk des 1. Jt. v. Chr., frühe Händler an der Weihrauchstraße
Minar, Minarett Moscheeturm für den Gebetsruf, bezeugt seit frühislamischer Zeit
Mischna Frühe (2. Jh. n. Chr.) Zusammenfassung der Lehren, Vorschriften und Überlieferungen des nachbiblischen Judentums
Mithräum Heiligtum des iranisch-kleinasiatisch-römischen Mysteriengottes und Urstier-Töters Mithras, der am 25. Dezember von einer Jungfrau geboren (von hier datieren die christlichen Weihnachten!) und später dem Sonnengott gleichgesetzt wurde
Motte Wehranlage aus einem künstlich aufgeschütteten Hügel mit Wohnturm, der von Palisade und Graben umschlossen ist; typische Herrenburg des normannischen Adels

Naos Raum für das Götterbild im griechischen Tempel
Narthex Westliche Vorhalle der altchristlichen → Basilika
Naumachien Seekämpfe mit Gladiatorengefechten in römischen Theatern, bei denen der Theatergrund geflutet wurde
Nefesh Bei den Nabatäern ein – häufig nur in Umrißlinien – aus dem Stein geschnittenes Spitzstelenrelief zur Erinnerung an einen Verstorbenen, nach Art der → Betyle teilweise in eine Nische gesetzt
Nekropole ›Gräberstadt‹; größerer Friedhof in der Nähe einer antiken Stadt
Neolithikum Jungsteinzeit; Phase wirtschaftlich-technisch-sozialer Umwälzungen größten Ausmaßes (›neolithische Revolution‹), bringt vor allem den Übergang von nomadischer zu seßhafter Lebensweise; ›Leitstätte‹ für Palästina und Transjordanien: Jericho

Notitia Dignitatum Römisches Staatshandbuch mit einer Übersicht militärischer und ziviler Dienststellen in der östlichen und westlichen Reichshälfte; die erhaltene Ausgabe geht auf eine Redaktion des 5. Jh. n. Chr. zurück

Nymphäum Quellheiligtum der Nymphen; besonders in römischer Zeit repräsentative Prachtbrunnenanlage einer Stadt, oft mit mehrgeschossigen Säulenarchitekturen

Obelisk In der Grundfläche quadratischer, nach oben sich verjüngender, also pyramidaler monolithischer Steinpfeiler

Ochsenauge Kreisförmiges oder elliptisches Fenster

Odeum, Odeion Kleines überdachtes Bauwerk in der Art eines römischen Theaters, für musikalische Aufführungen und Rezitationen benutzt

Oktogon Gebäude mit achteckigem Grundriß

Omayyaden Erste islamische Dynastie (661–750), deren Kalifen und Prinzen bevorzugt in Syrien (Reichshauptstadt Damaskus) und Jordanien residierten

Orchestra Runder, später halbrunder Platz des Chores im griechisch-römischen Theater, zwischen → Cavea und Bühne plaziert

Osmanen Türkische Dynastie, ihre Sultane beherrschten zwischen 1516 und 1918 von Istanbul (Byzanz, Konstantinopel) aus Anatolien, Teile des Balkan und den Nahen Osten, zeitweise auch Nordafrika bis Algerien

Ossuarium Beinhaus, Begräbnisstätte; im übertragenen Sinne auch hausartige Urne

Oultrejourdain (Terre oultre le Jourdain = Land jenseits des Jordan), Kreuzfahrername für Transjordanien

Outremer (jenseits des Meeres), Kreuzfahrername für das Heilige Land, konkret: das Königreich Jerusalem und die umliegenden levantinischen Fürstentümer und Grafschaften

pagan heidnisch

Paläolithikum Altsteinzeit, Periode der Vorgeschichte, die mit der Herstellung der ersten Steinwerkzeuge beginnt; in Palästina/Jordanien setzt man sie – nicht unumstritten – zwischen 500000 und 10000/9000 v. Chr. an

Palästra Sportkampfstätte der Antike, vor allem für Ringkämpfe bestimmt

Palas Herrenhaus der mittelalterlichen Burg mit Festsaal

Palmette Symmetrische Abstraktion eines Palmwipfels als Grundform der Ornamentik

Parther Steppenvolk, das um 250 v. Chr. in den Nordiran eindrang und als Nutznießer des seleukidischen Niedergangs ein Königreich zwischen Euphrat und Indus errichtete; östliche Konkurrenzmacht Roms, im 3. Jh. n. Chr. von den → Sassaniden abgelöst

Pastophorien Räume seitlich der Mittelschiffapsis der altchristlichen Basilika mit Zugang von den Seitenschiffen; Ankleidegemächer der Priester und Diakone (→ Diakonikon) und Verwahrorte liturgischer Gerätschaften (→ Prothesis)

Patriarchat Größte Verwaltungseinheit der altchristlichen Kirche, der ein Patriarch vorstand: etwa Rom, Konstantinopel, Alexandria, Jerusalem

Pendentif Wandfläche in sphärischer Dreiecksform zur Überleitung von einem quadratischen Grundriß zum Fußkreis einer Kuppel

Peräa Römische Bezeichnung für die transjordanische Landschaft, die sich zeitweise zwischen das Gebiet der → Dekapolis und den Herrschaftsbereich der Nabatäer schob

Peripteros Tempel, bei dem die → Cella von einer Säulenreihe umstanden ist

Peristylhof Säulenhof eines griechisch-römischen Hauses oder einer frühchristlichen Kirche

Petroglyphen Felszeichnungen auf glatten Steinflächen oder Einzelfelsen

Phönikien In der Antike schmaler Landstrich an der mittleren syrischen Mittelmeerküste; seine Bewohner erlangten als Seefahrer und Händler Bedeutung

Photogrammetrie Erd- und Luftbildmeßverfahren, eingesetzt in der Archäologie

GLOSSAR

Phylarch Stammesherrscher, Oberhaupt christianisierter Araberstämme frühbyzantinischer Zeit
Pilaster Flache, pfeilerartige Wandvorlage mit Basis und Kapitell
Polstermauerwerk Mauerwerk aus → bossierten, gebuckelten Steinen oder Quadern
Portikus Von Säulen getragener Vorbau vor der Hauptfront eines Gebäudes, zumeist von einem Giebel bekrönt
Prätorium Haus des römischen Prätors, eines hohen zivilen Beamten
Profilierung Die Linierung, Abteilung und Begrenzung von Bauteilen
Pronaos Vorhalle von → Cella/→ Naos eines Tempels
Propylon, Propyläen Monumentale Tor- und Treppenanlage eines geschlossenen Tempelbezirks oder Heiligtums
Protomen Skulptierte Konsole an Stützgliedern und Fassaden
Ptolemäer Nach dem Leibwächter und Feldherrn Alexanders des Großen, Ptolemaios (Ptolemäus) I. Soter, benannte hellenistische Dynastie, die zwischen 323 und 30 v. Chr. über Ägypten herrschte
Pultdach Halbes Satteldach, das manchmal an eine höhere Mauer anschließt
Punische Kriege Die drei Kriege Roms gegen Karthago: 264–241 v. Chr., 218–201 v. Chr., 149–146 v. Chr.
Pylon Großes Tempelportal, dessen Mitteldurchgang zu beiden Seiten von trapezförmigen Tortürmen flankiert wird, im weiteren Bezeichnung jener Turmbauten (→ Tetrapylon)

Quadriburgus Römisches Vierturmkastell
Qala arab.: Festung, Fort, Burg
Qasr arab.: Burg, Festung; von der heutigen Bevölkerung häufig zur Bezeichnung eines jeden monumentalen antiken Bauwerks benutzt
Qibla-Wand Die Wand einer Moschee, an der sich der → Mihrab befindet; sie gibt die Richtung nach Mekka an

Radiokarbondatierung Datierung prähistorischer wie historischer Funde anhand der Halbwertzeit des radioaktiven Kohlenstoffisotops C-14, das sich in jedem Organismus findet und in einem konstanten Verhältnis zum gewöhnlichen Kohlenstoff (C-12) steht
Rezeß Rücksprung eines Gebäudes, einer Mauer
Ringmauer Umfassungsmauer einer mittelalterlichen Burg oder Fliehburg, auch ringförmig verlaufende Stadtmauer
Rollsiegel Zylindrische Steine mit Bildern und Schriftzeichen, die zum Siegeln auf weichem Ton abgerollt wurden

Sabäer Altsüdarabisches Volk, das im 1. Jt. v. Chr. staatenbildend in Südwestarabien war (Königin von Saba der Bibel)
safaitisch Altnordarabische Schrift (und Kultur), bekannt aus Felsinschriften des 2.–6. Jh. n. Chr. vor allem in der Syro-arabischen Steinwüste
Sanktuarium Raum des Allerheiligsten, Heiligtum, Schrein, Altarraum
Sassaniden Persische Dynastie, welche 224 n. Chr. die → Parther ablöste und der stärkste östliche Konkurrent des römischen Reiches wurde; die Sassaniden gingen im 7. Jh. im ›Arabersturm‹ unter
Scenae frons Mehrgeschossige, reich gegliederte Rückwand oder Bühnenkulisse des römischen Theaters
Scheibenmetopen-Triglyphen-Fries Fries am → Gebälk antiker Tempel, bei dem → Triglyphen mit einfachen, scheibenförmig reliefierten Schmuckplatten wechseln
Schiff Der Innenraum von Langbauten, vor allem Kirchen; bei mehrschiffigen Anlagen sind Mittelschiff und Seitenschiffe durch Säulen und/oder Pfeiler voneinander getrennt
Schildwall Hohe Schutzmauer einer Burg an der Stelle, wo das Gelände über das Bauniveau der Burg ansteigt

Schiiten Eine der beiden Hauptkonfessionen des Islam (ca. 8%), die allein die Nachkommen aus der Ehe Fatimas, der jüngsten Tochter des Propheten, mit Ali als rechtmäßige Führer des Islam anerkennt (→ Sunniten)

Seldschuken Nach ihrem Anführer Seldschuk benanntes türkisches Volk und Herrschergeschlecht, das im 11 Jh. ein vorderasiatisches Großreich errichtete

Seleukiden Hellenistische Dynastie, benannt nach dem General Alexanders des Großen, Seleukos I. Nikator; beherrschte im 3. und 2. Jh. v. Chr. ein orientalisches Großreich mit Schwerpunkt Kleinasien, Syrien, Mesopotamien

sepulkral Mit dem Grabkult zusammenhängend

Serapeum Heiligtum des Gottes Serapis

Skarabäus Geschnittener Stein in Form des gleichnamigen Käfers, der in Ägypten als Erscheinungsform des Sonnengottes galt; zum Siegeln und zu magischen Zwecken verwendet

Sondierung Bohrung, Peilung oder Voruntersuchung eines vielversprechenden Grabungsfeldes mit Hilfe von Suchgräben, Luftbilduntersuchungen oder naturwissenschaftlichen Verfahren (Magnetographie).

Spitzbogen Bogen mit spitzer Kontur

Spolie Wiederverwendetes Werkstück aus älteren Bauten

Stele Aufrecht stehender, meist reliefierter und mit einer Inschrift versehener Gedenkstein

Stibadium Ruhebank in geschwungener Form um eine rituelle Kochstelle zur Bereitung des Totenmahls

Stratigraphie Schichtungsbefund einer archäologischen Grabungsstätte, der von der Tatsache ausgeht, daß von zwei übereinanderliegenden Ablagerungsschichten die obere immer jünger sein muß als die untere, sofern nachträgliche Veränderungen (z. B. ein geologisch bewirktes Abrutschen) ausgeschlossen sind.

Stratum Siedlungsschicht, definiertes Niveau einer archäologischen Grabung

Substruktion Unterwölbung eines Gebäudes auf sonst unsicherem Baugrund oder zur Erweiterung der Baufläche an Abhängen; im weiteren Sinne: aufgemauertes Fundament

Sunniten Hauptkonfession des Islam (ca. 92% aller Moslems), die im Gegensatz zu den → Schiiten die Omayyadenkalifen und deren Nachfolger als rechtmäßige Führer des Islam anerkennen

Synkretismus Verquickung verschiedener philosophischer Lehren, Kulte, Religionen, Kunststile (→ Eklektizismus)

Synode Griechische Bezeichnung für eine Kirchenversammlung

Synthronon Sitzbank der frühchristlichen Geistlichen im Halbkreis der → Apsis oder zu Seiten des → Bema

Survey Historisch-topographische Übersicht über eine Stätte oder über einen größeren Siedlungsraum

Tabula ansata Inschriftenrahmen in Form einer längsrechteckigen, zu beiden Seiten mit Henkeln versehenen Tafel

Tabula Peutingeriana (Peutingertafel) Kopie einer römischen Wegekarte mit den Straßen des römischen Reiches, den Stationsorten und deren Entfernung voneinander; benannt nach dem Augsburger Humanisten Konrad Peutinger (1465–1547), in dessen Besitz sie sich befand (heute Wien, Nationalmuseum)

Talus → Glacis

Tell (arab.: Hügel), Ruinenhügel, durch Übereinanderschichtung der Trümmer und Hinterlassenschaften langbewohnter Siedlungen entstanden, vor allem dort, wo Lehmziegel das bevorzugte Baumaterial sind

Temenos Umfriedeter heiliger Bezirk mit einem Tempel oder Kultplatz

Tepidarium Lauwarmbad römischer → Thermen

Tessera Mosaiksteinchen

GLOSSAR

Tetrapylon Monumentaler vierseitiger Torbau mit Öffnungen an jeder Seite, meist an den zentralen Straßenkreuzungen antiker Städte

Tetrarchie Durch Vierteilung entstandenes Herrschaftsgebiet; hier: das durch zwei → Augusti und zwei Caesares gelenkte römische Reich nach der Reform des Diokletian (293 n. Chr.)

thamudisch Altarabischer Dialekt, in zahlreichen Inschriften auf Felswänden überliefert

Thermen Römische Badeanlage

Tholos Rundtempel, dessen → Cella von einem Säulenkranz umgeben ist; gerundeter pavillonartiger Fassadenteil

Thora Das mosaische Gesetz, die fünf Bücher Mose

Tobiaden Judäische Aristokratenfamilie, nachweisbar in Transjordanien

Tonnengewölbe Gewölbe mit längs einer Achse gleichbleibendem Querschnitt

toponymisch ortsnamenkundlich

Trachonitis Antike Landschaftsbezeichnung für die Basaltwüste el-Lejja in Südsyrien, nordwestlich des Hauran-Gebirges

Transversalbogen Quer zur Längsachse eines Raumes verlaufender Bogen

Triglyphenfries Umlaufender Fries am → Gebälk antiker Tempel unterhalb des abschließenden Gesimses, bei dem sich durch senkrechte Stege gegliederte Steinplatten (Triglyphen) mit nicht reliefierten Feldern (Metopen) abwechseln

Triklinium Speiseraum der Antike, der an drei Seiten von Bänken umgeben ist, auf denen die Gäste beim Mahle ruhten; bei den Nabatäern Stätte des Opfermahls

Triumphbogen Ein- oder dreitoriger römischer Ehrenbogen; Bogen, der das Mittelschiff vom Chor einer Kirche trennt

Trompe Trichternische in Form eines halben Hohlkegels mit nach unten gekehrter Öffnung, häufig zur Überleitung eines quadratischen Grundrisses in eine Kuppel benutzt

Tscherkessen Moslemische kaukasische Volksgruppe, Flüchtlinge aus dem Zarenreich; seit 1878 von den → Osmanen als Wehrbauern (gegen die Beduinen) in Transjordanien angesiedelt

Tumulusgrab Grab, über dem ein Hügel von kreisrundem Grundriß aufgeschichtet ist

Tympanon Giebelfeld eines antiken Tempels

Unguentarien Salbgefäße

Via Nova Traiana Römische Bezeichnung einer alten transjordanischen Fernstraße zwischen Damaskus und dem Golf von Aqaba nach ihrem Ausbau und ihrer Befestigung im frühen 2. Jh. n. Chr.

Vier-Iwan-Halle Traditionelles Schema der parthisch-sassanidischen Baukunst, bei dem vier überwölbte Hallen sich an den vier Seiten eines Zentralraumes öffnen; von der islamischen Architektur übernommen

Vignette Rahmende Verzierung, schmückendes Bildfeld

Volute Spiraliges oder schneckenförmiges Bauornament

Vomitorium Innerer Gang eines Theaters, der in die → Cavea führt

Wadi Flußbett in der Wüste

Wahabiten Angehörige einer strenggläubigen sunnitischen Reformbewegung des 18. Jh. in Innerarabien, benannt nach ihrem Gründer; errichteten im 19. Jh. einen Staat, der sich über die Arabische Halbinsel hinaus erstreckte, von den Türken aber in die Grenzen des heutigen Saudi-Arabien zurückgedrängt wurde; dort bis heute von großem politischen Einfluß

Zengiden Strenggläubige islamische Dynastie des 12. Jh., deren Herrschaftsgebiet sich für kurze Zeit aus dem Irak bis nach Ägypten erstreckte

Zenon-Archiv Papyrus-Archiv mit dem Briefwechsel eines → ptolemäischen Politikers und Großgrundbesitzers aus der Mitte des 3. Jh. v. Chr.

Zenturionen Römische Unteroffiziere, Führer einer Zenturie, einer Hundertschaft von Soldaten

Zoroastrismus Die von Zarathustra (Zoroaster) zu Beginn des 6. Jh. v. Chr. gegründete monotheistische Religion der Perser
Zwerggeschoß Niedriges, → attikaartiges Obergeschoß
Zwickel Teilgewölbe, das zu einer Kuppel überleitet
Zwinger Bereich zwischen Vor- und Hauptmauer einer Burg

Autoren der Antike und des Mittelalters

Abu al-Fida Arabischer Geograph und Historiker (1273–1331)
Ammianus Marcellinus Römischer Geschichtsschreiber (ca. 330 – ca. 395), Verfasser einer nicht in allen Teilen erhaltenen römischen Geschichte für die Zeit von 96–378 n. Chr.
Baladhuri Arabischer Geschichtsschreiber (ca. 820 – ca. 892)
Diodor Griechischer Geschichtsschreiber des 1. Jh. v. Chr., Verfasser einer materialreichen Universalgeschichte in 40 Bänden
Ed-Din Arabischer Geschichtsschreiber des 12. Jh., Biograph Saladins
Egeria (oder Aetheria) Südfranzösische oder spanische Nonne, pilgerte Ende des 4. Jh. ins Heilige Land
Eusebius Bischof des palästinischen Caesarea (ca. 260 – ca. 339), Verfasser u. a. einer Kirchengeschichte, einer Lebensgeschichte Konstantins und des »Onomastikon«
Flavius Josephus Jüdischer Geschichtsschreiber (ca. 37 – nach 100), Verfasser einer Geschichte des »Jüdischen Krieges« und einer zwanzigbändigen allgemeinen Geschichte der Juden bis in die Zeit Neros (»Jüdische Altertümer«)
Hieronymus Bedeutender lateinischer Kirchenvater (um 347–420), Verfasser zahlreicher theologischer und historischer Schriften
Ibn Battuta Islamischer Weltreisender (1304–1369), der bis an die Wolga, nach China und Timbuktu gelangte
Ibn Iyas Mamlukischer Geschichtsschreiber (1448 – ca. 1528), Verfasser einer Chronik Ägyptens
Idrisi Arabischer Geograph (ca. 1100–1166), Verfasser einer Erdbeschreibung (1154)
Isfahani Arabischer Schriftsteller des 10. Jh., bekannt vor allem für das um 960 zusammengetragene »Buch der Lieder«
Makrizi Ägyptischer Geschichtsschreiber (1364–1442)
Masudi Arabischer Geschichtsschreiber († 956)
Muqaddasi Arabischer Geograph und Geschichtsschreiber des 10. Jh., nach ausgedehnten Reisen 985 Verfasser einer Schilderung der islamischen Welt
Petrus der Iberer Abendländischer Palästina-Reisender des späten 5. Jh.
Prokop Byzantinischer Geschichtsschreiber des 6. Jh., Verfasser zahlreicher historischer Werke und einer Lobschrift auf die Bauleistungen Kaiser Justinianus
Severus Ibn al-Muqaffa Koptischer Bischof der zweiten Hälfte des 10. Jh., Verfasser einer Patriarchengeschichte
Strabo Griechischer Geograph und Geschichtsschreiber (ca. 64 v. Chr. – ca. 19 n. Chr.), Verfasser einer Erdbeschreibung (Geographika)
Tabari Arabischer Geschichtsschreiber, Theologe und Rechtsgelehrter (839–923), Verfasser einer Weltgeschichte und eines großen Koran-Kommentars
Thetmar (Thietmar) Abendländischer Reisender im Jordanland zu Beginn des 13. Jh.
Vitruv Römischer Architekturtheoretiker und -historiker des 1. Jh. v. Chr.
Wilhelm von Tyrus Chronist der ersten Kreuzzüge und Outremers, Erzbischof von Tyrus im 12. Jh.
Yakubi Arabischer Geschichtsschreiber und Geograph des 9. Jh., Hauptwerke von 874 und 891
Yakut Baghdader Gelehrter und Geograph (ca. 1175–1229), ausgedehnte Reisen, starb in Aleppo

Ausgewählte Literatur

Allgemeine Werke

Reiseführer

Baedeker Syrien, Jordanien, Irak. Stuttgart 1908
BARDORF, U./W.: Syrien/Jordanien. Reisehandbuch. München 1986
Franciscan Fathers: Guide to Jordan. Jerusalem 1977
GORYS, E.: Das Heilige Land. Köln 1984
Guide bleu Jordame. Paris 1979
HARDING, G. L.: The Antiquities of Jordan. London 1959 (dt.: Auf biblischem Boden. Wiesbaden 1961)
HOADE, E.: East of the Jordan, Jerusalem 1954
ODENTHAL, J.: Syrien. Köln 1983 (hieraus unsere Abb. S. 64, S. 363)

Länderkunde

ABEL, F.-M.: Géographie de la Palestine, Paris 1933–1938 (2 Bde)
AHARONI, Y.: Das Land der Bibel. Eine historische Geographie. Neukirchen-Vluyn 1984 (hieraus die Vorlagen für unsere Karten S. 21, S. 29)
BENDER, F.: Geologie von Jordanien. Berlin-Stuttgart 1968
CZICHOWSKI, F.: Jordanien. Internationale Migration, wirtschaftliche Entwicklung und soziale Stabilität. Hamburg 1990
GLUECK, N.: The River Jordan. New York 1968
HITTI, P. K.: History of Syria. ²1957
HÜTTEROTH, W.-D./ABDULFATTAH, K.: Historical Geography of Palestine, Transjordan and Southern Syria in the Late 16th Century. Erlangen 1977 (hieraus die Vorlagen für unsere Karte S. 86)
NYROP, R. F.: (Hrsg.): Jordan. A country study. Washington D.C. 1980
SANGER, R. H.: Where the Jordan Flows. Washington D. C. 1963
WIRTH, E.: Syrien. Eine geographische Landeskunde. Darmstadt 1971

Häufig zitierte oder zugrunde gelegte Quellenwerke

Die Bibel. Altes und Neues Testament. Einheitsübersetzung. Freiburg – Basel – Wien 1980 *(von den Schreibweisen dieser Übersetzung wurde gelegentlich, wo es die Abstimmung auf andere Literatur erforderte, abgewichen)*
EUSEBIUS: Onomastikon (Hrsg.: E. Klostermann). Leipzig 1904
FLAVIUS JOSEPHUS: Jüdische Altertümer (Übers.: H. Clementz). Wiesbaden o. J.
FLAVIUS JOSEPHUS: Der jüdische Krieg (Übers.: H. Endrös). München 1980
Der Koran (Übers.: M. Henning). Stuttgart 1960
MILLER, K. (Hrsg.): Die Peutingersche Tafel. Ausgabe Stuttgart 1962
RAABE, R. (Hrsg.): Petrus der Iberer, Leipzig 1895

STRANGE, G. le (Hrsg. und Übers.): Palestine under the Moslems. A Description of Syria and the Holy Land. Ausgabe Beirut 1965

Konsultierte Zeitschriften

(Über diese Organe sind die vom Verfasser benutzten, im Einzelfall auch zitierten Aufsätze, Forschungs- und Ausgrabungsberichte zu erschließen)

American Journal of Archaeology (AJA)
Annales Archéologiques de Syrie (AAS)
The Annual of the American Schools of Oriental Research (AASOR)
Annual of the Department of Antiquities (ADAJ)
Ars Islamica (AI)
The Biblical Archaeologist (BA)
Bulletin of the American Schools of Oriental Research (BASOR)
Damaszener Mitteilungen (DM)
Der Islam (DI)
Jahrbuch des Deutschen Archäologischen Instituts und Archäologischer Anzeiger (JDI/AA)
Journal of the American Oriental Society (JAOS)
Journal of Near Eastern Studies (JNES)
Journal of Roman Studies (JRS)
Journal of Semitic Studies (JSS)
Levant
Palestine Exploration Quarterly (PEQ)
The Quarterly of the Department of Antiquities in Palestine (QDAP)
Revue Biblique (RB)
Studii Biblici Franciscani (SBF)
Syria
Zeitschrift der Deutschen Morgenländischen Gesellschaft (ZDMG)
Zeitschrift des Deutschen Palästina-Vereins (ZDPV)

Lexika und bibliographische Hilfsmittel

(Über diese Werke ist wichtige und weiterführende Literatur zu erschließen)

The Cambridge Ancient History
Encyclopédie de l'Islam. Nouvelle édition
Encyclopedia of World Art (vor allem die Stichwörter: Abbaside Art; Arabian, Pre-Islamic Art; Asia-West, Ancient Art; Greek Art, Eastern; Hellenistic Art; Hellenistic-Roman Art; Jordan; Late-Antique and Early Christian Art; Mameluke Art; Omayyad Schools; Roman Art of the Eastern Empire; Sassanian Art; Syro-Palestinian Art)
The Princeton Encyclopedia of Classical Sites
ENDRESS, G.: Einführung in die islamische Geschichte. München 1982
Der kleine Pauly. Lexikon der Antike. München 1979
Reallexikon für Antike und Christentum
Reallexikon der Assyrologie
Reallexikon zur Byzantinischen Kunst

Wichtige ältere Reiseberichte

BRÜNNOW, R. E./DOMASZEWSKI, A. von: Die Provincia Arabia. Bd. I, II. Straßburg 1904, 1905 (hieraus unsere Abb. S. 112, S. 113, S. 251, S. 252, S. 325, S. 356, S. 362, S. 374, S. 377 (2), S. 380, S. 382, S. 384, S. 422, S. 430)
BURCKHARDT, J. L.: Johann Ludwig Burckhardt's Reisen in Syrien, Palästina und der Gegend des Berges Sinai. Weimar 1823 (2 Bde)
BUTLER, H. C.: Ancient Architecture in Syria. Section A: Southern Syria. Leiden 1910–1913 (3 Bde) (hieraus unsere Abb. S. 120, S. 238, S. 239, S. 264)
CONDER, C. R.: The Survey of Eastern Palestine. London 1889 (hieraus unsere Abb. S. 94/95, S. 99, S. 104, S. 106, S. 116, S. 119 [oben])
DOUGHTY, C. M.: Travels in Arabia Deserta. Cambridge 1888 (2 Bde) (hieraus unsere Abb. S. 436)
GLUECK, N.: Explorations in Eastern Palestine I–IV. New Haven 1934–1951
GONZENBACH, C. von: Pilgerritt. Bilder aus Palästina und Syrien. Berlin 1895 (hieraus unsere Abb. S. 126)
HILL, G.: With the Beduins. London 1891
IRBY, C. L./MANGLES, J.: Travels in Egypt and Nubia, Syria and the Holy Land. Ausgabe London 1845
JAUSSEN, A./SAVIGNAC, R.: Mission Archéologique en Arabie III (Text und Tafelbd.) Paris 1922 (hiernach unsere Pläne S. 242, S. 246 und die Abb. S. 247)
LABORDE, L. de: Journey through Arabia Petraea. London ²1838 (hieraus unsere Abb. S. 408, S. 411, S. 447)
LABORDE, L. de & LINANT: Voyage de l'Arabie Petrée. Paris 1830 (hieraus unsere Abb. S. 375, S. 410, S. 416)
LAYARD, A. H.: Early Adventures in Persia, Susiana and Babylonia... London 1887
LYNES, Duc de: Voyage d'Exploration à la Mer Morte, à Petra et sur la rive gauche du Jourdain. Paris o.J. (3 Bde und Atlas)
MERRILL, S.: East of the Jordan. London 1881 (hieraus unsere Abb. S. 91, S. 92, S. 100)
MUSIL, A.: Arabia Petraea I: Moab. Wien 1907 (hieraus unsere Abb. S. 249)
MUSIL, A.: Arabia Petraea II: Edom. Wien 1908 (2 Bde) (hieraus unsere Abb. S. 471)
MUSIL, A.: Arabia Petraea III. Wien 1908
PALMER, E. H.: The Desert of the Exodus. New York 1872 (hieraus unsere Abb. S. 312)
ROBERTS, D.: The Holy Land, Syria, Idumea, Arabia, Egypt & Nubia... (1842 ff.) N. D. Jerusalem o.J. (hieraus unser Frontispiz)
SAULCY, F. de: Voyage autour de la Mer Morte et dans les Terres Bibliques... Paris 1853 (2 Bde)
SCHUMACHER, G.: Across the Jordan. London 1886
SCHUMACHER, G.: Northern Ajlun, ›within the Decapolis‹, London 1890 (hieraus unsere Abb. S. 227)
SEETZEN, U. J.: Reisen durch Syrien, Palästina, Phönicien, die Transjordan-Länder... Berlin 1854–1855 (3 Bde)
TRISTRAM, H. B.: The Land of Moab. Ausgabe London 1874 (hieraus unsere Abb. S. 250, S. 311, S. 320, S. 321)

Literatur zu einzelnen historischen Abschnitten und Stätten

(Aufgeführt werden nur grundlegende Werke oder solche Titel, die über ihre Literaturverzeichnisse weiteres Schrifttum erschließen)

Gesamtüberblicke, Sammelbände

The Archaeological Heritage of Jordan. Part I: The Archaeological Periods and Sites (East Bank). Amman 1973 (hieraus unsere Abb. S. 60)
Contribution Française à l'Archèologie Jordanienne. 1984 (hieraus unsere Abb. S. 119, S. 121, S. 122 und die Vorlage für die Karte S. 172)
DEXINGER, F./SAUER, G./OESCH, J. M.: Jordanien. Auf den Spuren alter Kulturen. Innsbruck-Wien 1985
First International Conference on the History and Archaeology of Jordan (Oxford, March 1980). Synopses of Lectures. Amman o.J. (1980)
Second International Conference on the History and Archaeology of Jordan (Amman, April 1983). Synopses of Lectures. Amman o.J. (1983)
Der Königsweg. 9000 Jahre Kunst und Kultur in Jordanien und Palästina. Katalog der Ausstellung im Rautenstrauch-Joest-Museum Köln. Mainz 1987
Studies in the History and Archaeology of Jordan III.; IV. London–New York 1987; Amman–Lyon 1992
THOMPSON, H. O.: Archaeology in Jordan. New York–Bern–Frankfurt a. M.–Paris 1989
La Voie Royale. 9000 Ans d'Art au Royaume de Jordanie. Paris 1986

Vorgeschichte

ALBRIGHT, W. F.: Archäologie in Palästina. Einsiedeln–Zürich–Köln 1962
GARRARD, A. N./GEBEL, H. G.: The Prehistory of Jordan. The State of Research in 1986. Oxford 1988
HELMS, S. W.: Jawa. Lost City in the Black Desert. London 1981 (hieraus unserer Abb. S. 266)
HENNESSY, J. B.: Teleilat Ghassul. Sidney 1977
KENYON, K.: Archaeology in the Holy Land. London ⁴1979
MELLAART, J.: The Neolithic of the Near East. London 1975
PERROT, J.: Syrien–Palästina. I. Ausgabe München 1979
ROTHERT, H.: Transjordanien. Stuttgart 1938 (hieraus unsere Abb. S. 14)
RÖHRER-ERTL, O.: Die neolithische Revolution im Vorderen Orient. München 1978

LITERATUR ZU EINZELNEN HISTORISCHEN ABSCHNITTEN UND STÄTTEN

Frühgeschichte und biblische Zeit

AHORONI, Y./AVI-YONAH, M.: Der Bibel-Atlas. Die Geschichte des Heiligen Landes 3000 v. Chr. bis 200 J. n. Chr. Hamburg 1982
AVI-YONAH, M./KEMPINSKI, A.: Syrien-Palästina II. Ausgabe München 1980
ABOU-ASSAF, A.: Untersuchungen zur ammonitischen Rundbildkunst. Kevelaer/Neukirchen-Vluyn 1980
EPH'AL, I.: The Ancient Arabs. Jerusalem/Leiden 1982
FRANKFORT, H.: The Art and architecture of the Ancient Orient. Harmondsworth 1954
FINEGAN, J.: Archaeological History of the Ancient Middle East. Boulder (Col.) 1979
FOHRER, G.: Geschichte Israels. Heidelberg 1975
GROHMANN, A.: Kulturgeschichte des Alten Orients. Arabien. München 1963 (hieraus unsere Abb. S. 441)
IBRAHIM, M. M./GORDON, R. L.: A Cemetery at Queen Alia Intenational Airport. Wiesbaden 1987
KHOURY, R. G.: The Antiquities of the Jordan Rift Valley. Amman 1988
KLENGEL, H.: Zwischen Zelt und Palast. Wien o. J. (Leipzig 1972)
KLENGEL, H.: Geschichte und Kultur Altsyriens. Wien 1980
KNAUF, E. A.: Ismael. Untersuchungen zur Geschichte Palästinas und Nordarabiens im 1. Jt. v. Chr. Wiesbaden 1985
NOTH, M.: Geschichte Israels. Göttingen [3]1956
SAWYER, J. F. A./CLINES, D. J. A.: Midian, Moab and Edom. The History and Archaeology of Late Bronze and Iron Age Jordan... Sheffield 1983
WRIGHT, G. R. H.: Ancient Building in South Syria and Palestine. Leiden–Köln 1985 (2 Bde)

Hellenismus

BICHLER, R.: ›Hellenismus‹. Geschichte und Problematik eines Epochenbegriffs. Darmstadt 1983
BRINGMANN, K.: Hellenistische Reform und Religionsverfolgung in Judäa. Göttingen 1983
HADAS, M.: Hellenistische Kultur. Ausgabe Frankfurt–Berlin–Wien 1981
HAVELOCK, C. M.: Hellenistische Kunst. Wien und München o. J. (ca. 1971)
HENGEL, M.: Judaism and Hellenism. Studies in their Encounter in Palestine during the Early Hellenistic Period. Philadelphia 1974
KREISSIG, H.: Geschichte des Hellenismus. Berlin 1982 (hieraus unsere Abb. S. 35, S. 38, S. 336, S. 342)
ROSTOVTZEFF, M.: Gesellschafts- und Wirtschaftsgeschichte der Hellenistischen Welt. Ausgabe Darmstadt 1984 (3 Bde)
SCHLUMBERGER, D.: Der hellenisierte Orient. Baden-Baden 1969
TARN, W.: Die Kultur der hellenistischen Welt. Darmstadt 1966

Nabatäer

BACHMANN, W./WATZINGER, C./WIEGAND, T.: Petra. Berlin und Leipzig 1921 (hieraus unsere Abb. S. 365, S. 369, S. 376, S. 378, S. 405, S. 409)

BROWNING, I.: Petra. London [4]1980 (hieraus unsere Abb. S. 352, S. 419, S. 421)
DALMAN, G.: Petra und seine Felsheiligtümer. Leipzig 1908
DEXINGER, F.: Kultur aus der Wüste. Die Nabatäer. Katalog Wien 1980 (ausführliches Literaturverzeichnis)
GLUECK, N.: Deities and Dolphins. The Story of the Nabataens. New York 1965 (hieraus unsere Abb. S. 326, S. 420)
HAMMOND, P. C.: The Nabataens. Their History, Culture and Archaeology. Lund (Schweden) 1973
KHOURI, R. G.: Petra. A guide to the capital of the Nabateans. London–New York 1986
LAWLOR, J. I.: The Nabateans in Historical Perspective. Grand Rapids (Mich.) 1974
LINDNER, M.: Petra und das Königreich der Nabatäer. Lebensraum, Geschichte und Kultur eines arabischen Volkes der Antike. München [4]1983 (Grundlegendes Werk über die nabatäische Zivilisation; hieraus unsere Kartenvorlage S. 341, dazu Abb. S. 348, S. 349)
LINDNER, M. (Hrsg.): Petra. Neue Ausgrabungen und Entdeckungen. München–Bad Windsheim 1986
DIE NABATÄER. Katalog Bonn 1981 (hieraus unsere Abb. S. 346)
NEGEV, A.: Die Nabatäer (= Antike Welt. Sondernummer 1976). Feldmeilen 1976
NEGEV, A.: Nabatean Archaeology Today. New York–London 1986
PATRICH, J.: The Formation of Nabataean Art. Jerusalem/Leiden 1990
SCHMITT-KORTE, K.: Die Nabatäer. Spuren einer arabischen Kultur der Antike. Katalog 1976 (hieraus unsere Abb. S. 339)
WENNING, R.: Die Nabatäer. Denkmäler und Geschichte. Freiburg (Schweiz)–Göttingen 1987

Römisch-byzantinische Zeit

BIETENHARD, H.: Die syrische Dekapolis von Pompeius bis Traian. In: Aufstieg und Niedergang der römischen Welt. II, 8 (1977)
BORAAS, S. T./GERATY, L. T.: Tell Hesban, Jordan. In: Archaeology XXXII, 1979 (hieraus die Vorlage für unsere Karte S. 272)
BOWERSOCK, G. W.: Roman Arabia. London 1983
BROWNING, I.: Jerash and the Decapolis. London 1982 (hieraus unsere Abb. S. 159, S. 164, S. 175, S. 183, S. 184, S. 193; außerdem die Vorlagen für unsere Karten S. 178, S. 180/181 – vgl. auch Crowfoot, J. W.)
Byzantinische Mosaiken auf Jordanien. Ausstellungskatalog. Wien 1986
CROWFOOT J. W.: Early Churches in Palestine. London 1941 (hieraus die Vorlagen für unsere Karten S. 178, S. 180/181 und die Abb. S. 161)
CUMONT, F.: Oriental Religions in Roman Paganism. Ausgabe New York 1956
DESCOEUDRES, G.: Die Pastophorien im syro-byzantinischen Osten. Wiesbaden 1983
DONNER, H./CÜPPERS, H.: Die Mosaikkarte von Madaba. II. Tafelband. Wiesbaden 1977
GROSSMANN, P.: S. Michele in Africso zu Ravenna. Mainz 1973
GUTHE, H.: Die griechisch-römischen Städte des Ostjordanlandes. Leipzig 1918

JONES, A. H. M.: The Cities of the Eastern Roman Provinces. Oxford ²1971
JONES, A. H. M.: The Later Roman Empire. Oxford 1964
KENNEDY, D. L.: Archaeological Explorations on the Roman Frontier in North-East Jordan. Oxford 1982
KENNEDY, D. L./RILEY, D.: Rome's Desert Frontier from the Air, Austin (Texas) 1990
KHOURI, R.: Jerash. A Frontier City of the Roman East. London–New York 1986
KITZINGER, E.: Byzantinische Kunst im Werden. Stilentwicklungen in der Mittelmeerkunst vom 3. bis zum 7. Jahrhundert. Köln 1984
KRAELING, C. H. (Hrsg.): Gerasa. City of the Decapolis. New Haven 1938
KRAUTHEIMER, R.: Early Christian and Byzantine Architecture. Harmondsworth 1965 (hieraus unsere Abb. S. 182)
LASSUS, J.: Sanctuaires chrétiens de Syrie. Paris 1947
LYTTLETON, M.: Baroque Architecture in Classical Antiquity. London 1974
OLAVARRI, E.: Excavaciones en el ágora de Gerasa en 1983. Madrid 1988
PICCIRILLO, M.: Chiese e Mosaici della Giordania Settentrionale. Jerusalem 1981
PICCIRILLO, M. u. a.: La Jordaine Byzantine. o. O. 1984
PICCIRILLO, M.: La Montagna del Nebo. Jerusalem 1988
ROSTOVTZEFF, M.: Caravan Cities. Oxford 1932
ROTHSTEIN, G.: Die Dynastie der Lahmiden in Al-Hira. Berlin 1899
RUYT, C. de: Macellum. Marché alimentaire des romains. Louvain-la-Neuve 1983
SALLER, S. J.: The Memorial of Moses on Mount Nebo. Part I. The Text. Jerusalem 1941
SALLER, S. J./BAGATTI, B.: The Town of Nebo (Khirbet el-Mekhayyat) with a Brief Survey of Other Ancient Christian Monuments in Transjordan. Jerusalem 1949 (hieraus die Vorlage für unsere Nachzeichnung S. 283)
SCHÄFER, P.: Geschichte der Juden in der Antike. Stuttgart/Neukirchen–Vluyn 1983
SCHNEIDER, C.: Geistesgeschichte der christlichen Antike. Ausgabe München 1978
SCHUMACHER, G.: Abila of the Decapolis. London 1889 (hieraus die Vorlage zu unserer Karte S. 198)
SEYRIG, H.: Temples, cultes, souvenirs historiques de la Décapolis. 1959
SMEATON, W. I. G.: The Ghassanids. Chicago 1941
SMITH, R. H.: Pella of the Decapolis. Wooster (Ohio) 1973
SPEIDEL, M. P.: The Roman Army in Arabia. In: Aufstieg und Niedergang der römischen Welt. II, 8 (1977)
SPIJKERMAN, A.: The Coins of the Decapolis and Province of Arabia. Jerusalem 1978
STÖVER, H. D.: Christenverfolgung im Römischen Reich. Ausgabe München 1984
TALBOT RICE, D.: Byzantinische Kunst. München 1964
ZAYADINE, F. (Hrsg.): Jerash Archaeological Project 1981–1983. Amman 1986

Frühislamische Zeit

CRESWELL, K. A. C.: Early Muslim Architeture. I, Oxford ²1969 (hieraus unsere Abb. S. 244)
CRESWELL, K. A. C.: A Short Account of Early Muslim Architecture. Harmondsworth 1958
ETTINGHAUSEN, R.: Die Arabische Malerei. Ausgabe Genf 1979
FRANZ, H. G.: Palast, Moschee und Wüstenschloß. Das Werden der islamischen Kunst, 7.–9. Jh. Graz 1984
GRABAR, O.: Die Entstehung der islamischen Kunst. Köln 1977
HAMILTON, R.: Walid and His Friends. An Umayyad Tragedy. Oxford 1988
HERZFELD, E.: Mshatta, Hira und Badiya. In: Jb. d. Preußischen Kunstsammlungen 42, 1921 (hieraus unsere Abb. S. 73)
KUBAN, D.: Muslim Religious Architecture. Vol. I. Leiden 1974 (hieraus unsere Abb. S. 68)
MOHR, H./WAADE, W.: Byzanz und Arabisches Kalifat. Berlin 1981
SALIBI, K. S.: Syria under Islam. Empire on Trial 634–1097. Delmar (N. Y.) 1977
SCHOLTEN, A.: Länderbeschreibung und Länderkunde im islamischen Kulturraum des 10. Jh.s. Paderborn 1976
TAESCHNER, F.: Geschichte der arabischen Welt. Stuttgart 1964
TALBOT RICE, D.: Islamic Painting. Edinburgh 1971
TRÜMPELMANN, L.: Mschatta. Tübingen 1962
VOGT-GÖKNIL, U.: Frühislamische Bogenwände. Graz 1982
ZAYADINE, F.: The Frescoes of Quseir Amra. Amman 1977 (hieraus unsere Abb. S. 277)
ZIADEH, N. A.: Urban Life in Syria under the Early Muslims. Beirut 1953

Islamisches Mittelalter und Kreuzzüge

BERQE, J.: Die Araber. Köln 1960 (hieraus unsere Abb. S. 82/83, S. 438)
BOASE, T. S. R.: Castles and Churches of the Crusading Kingdom. London–New York–Toronto 1967 (hieraus die Vorlage für unsere Rekonstruktionszeichnung S. 196)
DESCHAMPS, P.: Les châteaux des croisés en Terre Sainte. 1934 (hieraus unsere Vorlage für die Karte S. 322)
DUSSAUD, R./DESCHAMPS, P./SEYRIG, H.: La Syrie antique et médiévale illustrée. Paris 1931
ERBSTÖSSER, M.: Die Kreuzzüge. Ausg. Gütersloh 1980
FEDDEN, R./Thomson, J.: Kreuzfahrerburgen im Heiligen Land. Wiesbaden 1959
MÖHRING, H.: Saladin und der Dritte Kreuzzug. Wiesbaden 1980
MÜLLER-WIENER, W.: Burgen der Kreuzritter im Heiligen Land... München–Berlin o. J. (ca. 1967)
PERNOUD, R. (Hrsg.): Die Kreuzzüge in Augenzeugenberichten. Ausgabe München 1971
PHILIPP, T. (Hrsg.): The Syrian Land in the 18th and 19th Century. Stuttgart 1992
RUNCIMAN, S.: Geschichte der Kreuzzüge. München 1957–1960 (3 Bde)
SMAIL, R. C.: The Crusaders in Syria and the Holy Land. London 1973 (hieraus unsere Abb. S. 80)
WOLLSCHLÄGER, H.: Die bewaffneten Wallfahrten gen Jerusalem. Geschichte der Kreuzzüge. Zürich 1973
ZÖLLNER, W.: Geschichte der Kreuzzüge. Berlin 1979

Register

Personen, Völker, Dynastien, Orte

(vgl. auch das Glossar, S. 473)

Abbasiden 67, **72 ff.**, 74, 232, 236, 258, 310
Abd el-Gader 262
Abd al-Malik, omayyad. Kalif 66, 68, 233, 234, 235, 237, 254
Abd al-Malik Ibn Omar 248
Abdul Hamid II., Osmanensultan 162, 250, 254, 437
Abdullah Ibn Hussein, Emir von Transjordanien 87, 91, 322, 446, 458
Abdullah Ibn Ruaha 63, 324
Abel, F.-M. 154, 307
Abila 40, 74, 197, **198 f.**; *Abb. 28*
Abischai, Feldherr Davids 275
Abu Alanda 30
Abu al-Fida 91, 274, 317, 331
Abu Bakr 63
Abu Habil 127
Abu Hamid 16
Abu Muslim 67
Abu Tawwab 16
Abu Ubayda 64, 317
Achämeniden 32, 33, 62, 89, 255, 356
Adad Nirari III., assyrischer König 28
Adeitha (Hatita) 268
Ader 19
al-Adil, Ayyubidensultan 241, 320 f.
Adoni Nur 32, 103
Ägypten 19 f., 25, 28, 33, 59, 76, 78, 85, 92, 124, 285, 319, 347, 407, 442
ägyptische Quellen 19, 22, 23, 128
Aelius Gallus, römischer Feldherr 343
Aemilius Scaurus, Feldherr des Pompeius 39, 342
Agatharchides 340, 444
Ahab, König von Israel 27
Ahamant 78
Aharoni, Y. 133, 270
Ahas, König von Juda 23
Ain Ghazal 16
Ain es-Sol 241
Ajlun 85, 133, **194 f.**
Ajlun-Berge 194 f., 450, 452; *Farbabb. 39*
Albright, W. F. 22, 24, 135
Aleppo 76, 78, 81, 85, 88
Alexander der Große **33 f.**, 129, 157
Alexander Iannäus 36, 129, 158, 200, 275, 307, 308, 316, 318, 340, 342
Ali, Kalif 65, 431
Almagro, Martin 242
Almagro-Gorbea, Antonio 103, 108, 109
Alp Arslan, Seldschukenherrscher 75, 76
Alt, A. 427
Altheim, F. 47, 230
Amarna-Briefe 22, 128, 133, 156, 271
Amazja, König von Juda 23
Aminadab, König von Ammon 30, 32
Amman, s. auch Philadelphia, Rabbath Ammon 19, 20, 78, 85, **88 ff.**, 136, 158, 248, 256, 257, 270, 271, 276, 313, 340, 437, 450, 451, 452, 453, 459, 460, 461, 462, 463, 464, 466, 467; *Abb. 2–4, Histor. Abb. III*
- Abu Darvish-Moschee 87, 101
- ammonitische Wachttürme 30, 89, 111
- Archäologisches Museum 15, 25, 26, 36, 102, 103, 104, **110 f.**, 134, 249, 267, 309, 310, 328
- byzantinische Kirche 93, 102, 103, **105**
- Forum 59, 92, **93 ff.**, 97, 99, 103; *Abb. 7*
- ›Herkules-Tempel‹ 93, 102, 103, **104**
- Hussein-Moschee 88, 91, **101**; *Abb. 1*
- Jebel Amman 30, 88, 111
- Jebel el-Qala/Zitadelle 89 f., 91, 93, **101 ff.**, 110
- Jordan Museum of Popular Tradition/Folklore Museum (›Theatermuseum‹) **98**, 160
- King Abdullah-Moschee 101; *Abb. 5*
- Nordterrasse des Jebel el-Qala **108 f.**
- Nuweijis 111 f.; *Abb. 11*
- Nymphäum **100 f.**; *Abb. 9*
- Odeum 92, 96, **98 ff.**
- omayyadische Moschee 74, 101
- Propyläum 93, 96, 103
- Qasr 90, 103, **106 ff.**, 109, 112, 253; *Abb. 6*
- Swafiyeh 90, 93, **114 ff.**, 245
- Tempel am Marka-Flughafen 20, 88
- Theater 57, 88, 91, 95, **96 ff.**, 99, 103; *Abb. 8, Histor. Abb. II*
- Wadi Amman 88
Ammianus Marcellinus 44, 66, 427
Ammon/Ammoniter 20, 25, 26, **28 ff.**, 33, 36, 89, 103, 104, **110 f.**, 157, 275, 450
Ammonitis 32, 340
Amoriter (Martu, Amu) 19, 20, 29 f., 271, 275, 309 f., 314, 315
Amos, Prophet 23, 89, 330
Anastasius, oströmischer Kaiser 44
Aneza, Qalaat **436**
Antigonos Monophthalmos, makedonischer Feldherr 34, 335, 345
Antiochia 35, 43, 45, 66, 75, 76, 77, 80, 90, 100, 193, 273, 281
Antiochos I., syrischer König 35
Antiochos III., Seleukidenherrscher 36, 38, 89, 133, 158, 340
Antiochos IV., Seleukidenherrscher 36, 118, 158, 173, 340
Antiochos XII., Seleukidenherrscher 340 ff.
Antoninus Pius, römischer Kaiser 197
Aqaba (Aela, Aelana, Laeana, Eleana, Ela, Elat, Elot, Helim) s. auch Tell el-Khailifa 13, 34, 63, 74, 78, 85, 87, 340, 437, **442 ff.**, 451, 452, 453, 461, 462, 463, 464, 466; *Abb. 78, Histor. Abb. XII*
- Golf von Aqaba 22, 127, 340, 426, 440, 442, 450
- Ile de Graye 78, 79, 445
- Landburg Aila 78, 79, 81, 84, **447**
Araq el-Emir (Tyrus) 33, 35, 37, 76, **117 ff.**, 281
Aretas I., nabatäischer König 336, 338
Aretas II., nabatäischer König 338

Aretas III. Philhellenos, nabatäischer König 255, 336f., 338, 342
Aretas IV., nabatäischer König 41, 275, 338, 344, 371, 380, 408
Aristobul, Hasmonäer 275, 307, 308, 317
Aristoteles 175
Arnon, s. Wadi el-Mujib
Aroër 27, 310f., 344
Artaxerxes I., persischer Großkönig 117
Artemidor von Ephesus 336
Asarhaddon, assyrischer König 24, 28, 30
Aschtaroth 29
Assurbanipal, assyrischer König 24, 30
Assyrien 23, 24, 28, 30, 31, 32, 244, 255, 317, 331
assyrische Quellen 24, 28, 335
Augustus, römischer Kaiser 42, 46, 200, 342, 343
Aulus Cornelius Palma, römischer Statthalter in Syrien 344
Auranitis 255, 342
Aurelian, römischer Kaiser 160
Avi-Yonah, M. 59, 269
Aybak, Majordomus des al-Muazzam 194, 196, 241
Ayyubiden 76, 77f., 79, 110, 241, 319, 333, 446
Azraq 13, 194, 240, 266, 452, 453, 466
- Qasr el-Azraq 230, 234, 240f., 245, 248, 257, 263, 427; Abb. 30, 31

Baag 265
Bab edh-Dhra s. Dhra, Bab edh-
Babylon s. Chaldäer, Mesopotamien
Bachmann, W. 364
Bacon, B. W. 163f.
Bagatti, B. 105, 283, 285, 312
Baghdad 72, 73, 88, 257
Baibars, Mamlukensultan 76, 78, 84, 124, 322, 323, 344, 417
Baladhuri 265, 445
Balak, König von Moab 24
Balduin I., König von Jerusalem (Balduin von Boulogne) 76, 78, 319, 331, 344, 445
Balduin II., König von Jerusalem 79, 80, 162, 189
Balua 316
Balua-Stele 24, 25f., 109, 315
Baqura 127
Bartlett, J. R. 23
Bartoccini, R. 103, 104, 107, 108
Baschan 29, 255
Basta 16, 448
Batanäa 41, 254f., 342
Bayir 249f., 448
el-Beidha s. Petra
Beit Ras s. Capitolias
Bell, G. 13, 250
Beni Amrat, antiker Beduinenstamm 275
Beni Hamida, Beduinenstamm 275
Beni Hassan, Beduinenstamm 268
Beni Sakhr, Beduinenstamm 123, 321
Beni Scheiban, Beduinenstamm 45
Bennett, C.-M. 22, 23, 24, 331, 358, 404, 414
Betts, A. 16
Beyer, G. 427
Bileam (Balaam), biblischer Seher 23, 134
Bisheh, Ghazi 12, 239
Bod-El (Puduel), König von Ammon 30

Bohemund von Tarent 417
Bos(t)ra 39, 41, 60, 89, 159, 160, 228, 255, 257, 258, 265, 269, 271, 317, 343, 344, 426
- Kathedrale 69, 178, 226
- Theater 97
Bowersock, G. 427
Brown, J. 383, 401
Brown, R. M. 333
Browning, I. 159, 186, 192, 193, 366, 373, 375, 384
Brünnow, R. E./Domaszewski, A. von 113, 230, 253, 254, 312, 325, 359, 369, 370, 427, 429, 430, 432, 436
Buckingham, J. S. 162, 200, 312
Burckhardt, J. L. 93, 162, 171, 193, 195, 200, 359, 371
Burgon, J. W. 334
Burqu, Qasr 16, 234, 237f., 267, 427; Abb. 32
Buseira (Bozra) 22, 23, 270, 324, 329f.
Bushir, Qasr 423, 429ff.; Abb. 73
Butler, H. C. 103, 108, 121, 238, 239, 256f., 258, 261, 262, 263, 264, 265, 354

Campbell, E. F. 20, 88
Canaan, T. 173, 174
Capitolias (Beth Reša, Beit Ras) 74, 197f.
Caracalla, römischer Kaiser 238, 441
Carlier, P. 254
Carus, römischer Kaiser 43f.
Chalcedon, Konzil von 46, 90, 130, 160, 276, 444
Chaldäer 24, 28, 32, 255, 311, 335
Chanun (Hanun), König von Ammon 30
Claudius, römischer Kaiser 41
Claudius Ptolemäus 197, 198, 200, 448
Claudius Severus, Statthalter der Provincia Arabia 191, 271
Clermont, Synode von 75, 76
Clermont-Ganneau, C. 252, 278
Commodus, römischer Kaiser 258
Conder, C. R. 93, 100, 101, 103, 106, 108, 111, 113, 118, 121, 136, 305
Corbett, G. U. S. 257, 260, 261
Corbo, V. 287, 307
Cornelius Bol, P. 200
Creswell, K. A. C. 67, 90, 107, 112, 240, 242, 253
Crowfoot, J. W. 158, 160, 164, 177f., 180, 182, 185, 189
Cüppers, H. 278

Dafyaneh 263
Daganiya 431f.
Dajaima, spätantiker Beduinenstamm 44
Bajani, R. W. 19, 135
Dalman, G. 194, 351, 352, 353, 359, 364, 366, 368, 369f., 373, 374, 375, 381, 412, 415, 421, 423, 425
Damaskus 40, 41, 44, 45, 59, 62, 63, 66, 78, 85, 87, 88, 90, 158, 228, 231, 257, 271, 338, 340, 343, 432, 437
- Omayyadenmoschee/Zeus-Tempel 68, 70
Damiya 135, 156
Darius I., persischer Großkönig 346
David, König von Israel 23, 26, 30, 89, 106, 270, 314
Decius, römischer Kaiser 42, 113, 452
Deir Alla, Tell 20, 110, 127, 128, 133f.

489

REGISTER

Deir el-Kahf 256, 257, **263**, 265; *Abb. 41*
Deir el-Kinn 256, 264 f.
Dekapolis 37, 39, 57, 89, 128, 158, **197 ff.**, 342
Demetrios Poliorketes 35, 335
Dentzer-Feydy, J. 123
Deraa (Edrei, Adraha) 30, 197, 254
Detweiler, A. H. 167
Dharih, Khirbet edh- **328 f.**, 354
Dhat Ras 58, **325;** *Abb. 53*
Dhiban (Dibon) 24, 25, 27, 28, 270, **309 f.**, 324, 450
Dhra, Bab edh- **18 f.**, 324
Diodorus 187
Diodorus Siculus 330, 335 f., 340, 345, 444
Diözese Oriens 45 f.
Diokletian, röm. Kaiser 43, 44, 160, 240, 317, 426 f., 429
Dion (Dium) 40, 159
Dollfuss, G. 16
Domitian, römischer Kaiser 174
Donner, H. 156, 278
Dornemann, R. 19, 103
Doughty, C. M. 359, **432 f.**, 434
Drusen 258
Dura-Europos 160, 267, 444
Dussaud, R. 240

East Ghor Canal 127, 136
Edessa 39, 75, 76, 77
Edom, Edomiter 20, **22 ff.**, 27, 28, 33, 78, 270, 326, 329, 330, 334, 340, 347, 358, 359, 414, 444, 450
Egeria (Aetheria) 286, 288
Eglon, König von Moab 26, 318
Elagabal, römischer Kaiser 273, 344
Elderens, Bastiaan van 115
Elusa 336, 346
Endress, G. 72, 85
Ephesus, Konzil von 46, 130, 273, 316
Epiphanius, zypriotischer Bischof 160, 179, 181
Essener 36
Eusebius, Bischof von Caesarea 129 f., 198, 200, 279, 282, 305, 306, 311, 312, 317
Ezion (Ezjon) Geber s. Tell el-Khailifa

el-Fakharani, F. 96, 104
Fatimiden 76, 77, 80
Feisal, König des Irak 87, 447; *Histor. Abb. XIII*
Fenan (Punon) 22, 330
Fisher, C. S. 169, 171, 176
Fityan, Khirbet el- 428, 429
Flavius Josephus 117, 118, 121, 129, 153, 155, 158, 172, 200, 273, 275, 306, **307**, 308 f., 316, 342
Franken 77, **79 ff.**, 194, 412, 418, 446
Franz, H. G. 68, 70, 253
Friedrich I. Barbarossa, deutscher Kaiser 76
Friedrich II., deutscher Kaiser 76, 78
Fruchtbarer Halbmond 14, 33, 63, 345 f.
Fulcher von Chartres 417
Fulko, König von Jerusalem 79, 80

Gabinius, Feldherr des Pompeius 307, 308
Gad, Gaditer 25, 27, 30, 133, 271, 309, 310
Gadara 37, 40, 43, 57, 58 f., 95, 159, 197, **199 ff.**, 229; *Farbabb. 23, 26, Abb. 23, 24, 25, 26, 27*
Garrard, A. 16

Gaube, H. 90, 103, 107, 232 f., 237, 247, 248, 253, 254
Gaza, 33, 313, 340, 444
Genesius, Bischof von Gerasa 161, 177
Gerasa (nabatäisch: Garshu) s. auch Jerash 37, 40, 43, 45, 58, 61, 89, 95, 98, 110, **157 ff.**, 256, 269, 276, 281, 366; *Abb. 14, 19, 20*
– Artemis-Tempel und Prophyläen 58, 79, 160, 162, 163, 165, 167, 170, 180, 185, **186 ff.**, 192; *Farbabb. 27, 29; Histor. Abb. V*
– Atriumsmoschee 167, **185 f.**
– Birketein 167, 184, 191, **193 f.**
– Brunnenhof 160, 167, **179 f.**; *Farbabb. 28, Abb. 16*
– Drei-Kirchen-Komplex s. auch St. Johannes, St. Kosmas und Damian, St. Georg 167, **178 f.**
– Gedächtniskirche 170, **177 f.**
– Genesiuskirche 161, 167, **177 f.**
– Hadriansbogen 160, **165 ff.**, 169, 228; *Abb. 15*
– St. Georg **178 f.**
– Hippodrom 165, 167, 228
– Isaias-Kirche 167, **190**
– St. Johannes 161, 162, **178 f.**, 192, 226, 278
– Kathedrale 158, 160, 167, **179 f.**
– Kirche des Elias, der Maria und des Soreg 160
– Kirche der Propheten, Apostel und Märtyrer 160, 170
– St. Kosmas und Damian 61, 161, 162, 164, **178 f.;** *Abb. 22*
– Macellum 165, 167, 170, **174;** *Abb. 18*
– Nordtetrapylon 58, 165, 167, **190 f.**
– Nordtheater 57, 163, 165, 167, **189 f.**
– Nordtor 167, 169, **191 f.**
– Nymphäum 101, 160, 163, 167, 170, **182 ff.**, 193; *Abb. 17*
– Oktogonalkirche 167
– Omayyadenbau (?) am südwestlichen Decumanus 167, **176 f.**
– Ostbäder 57, 165, **192**
– Ovales Forum 59, 159, 160, 167, 170, **171**, 173; *Abb. 21, Histor. Abb. IV*
– St. Peter und Paul 60, 161, 167, 170, **177**, 178, 192, 278
– Procopius-Kirche 160, 167, 170, 171, **192**
– Südtetrapylon 58, 62, 163 f., 167, 170, **175 f.**
– Südtheater 57, 163, 164, 167, **173 ff.**
– Südtor 167, **169,** 191
– Synagogenkirche 161, 167, **189,** 192
– St. Theodor 160, 167, **179 ff.;** *Farbabb. 28, Abb. 16*
– Viaduktkirche (Propyläenkirche) 161, 167, **184 f.**
– Wadi Jerash 157, 167
– Westbäder 57, 112, **191**, 193
– Zeus-Tempel 58, 158, 159, 163, 165, 167, 170, 171, **172 f.**
Geraty, L. T. 271, 272
Germer-Durand, J. 276
Gerrha, gerrhäisch 255
Ghassaniden 424 f., 62, 63, 230, 239, 254, 268, 427
Ghassul, Teleilat el-, ghassulisch **16 ff.**, 110, 127, 266
Glidden, H. W. 447
Glueck, N. 19, 22, 24, 127, 133, 164, 255, 257, 305, 314, 315, 326, 328, 330, 416, 427, 443
Gordian III., römischer Kaiser 43

Gottfried von Bouillon 76, 77
Grabar, O. 67, 70, 108, 232, 233, 243, 245
Graf, D. F. 427
Greene, J. A. 103
Gregor VII., Papst 76
Guidi, G. 103, 108
Gustavson-Gaube, C. 16

Hadidi, A. 93, 98 f.
Hadrian, röm. Kaiser 41, 48, 159 f., 165 ff., 238, 344, 401
Hajjar, Khirbet el- 30
al-Hakim, Fatimidensultan 75
Hallabat, Qasr el- 230, 234, **238 f.**, 257, 427, 429; *Farbabb. 34*
Hamilton, R. W. 177, 189
Hammamet Main 156, 306; *Farbabb. 15*
Hammeh (Hamma) 59, **229**
Hammond, P. C. 59, 347, 350, 371, 373, 404, 406, 407, 409, 412
Harding, G. L. 19, 20, 85, 88, 103, 110, 135, 161, 176, 191, 192, 197, 199, 239, 404, 442
Harith Ibn Jabalah, Phylarch der Ghassaniden 44, 254
Harun al-Rashid, abbasidischer Kalif 72
Haschemiten 87, 91
Hasmonäer (s. auch Makkabäer) 36, 37, 40, 198, 275, 308, 340, 342
Hattin, Schlacht von 76, 84, 194, 320
Hauptmann, A. 18
Hauran **254 ff.**, 268, 274, 348, 440, 450, 452, 461
Head, R. 25, 316
Hegra (Medain Salih) 339 f., 355, 357 f., 425, 431
Heinrich VI., deutscher König 76
Heir, Qasr el-(West) 69, 230, 234, 284
Hejaz-Bahn 87, 269, 433, **437 ff.**, 462, 468
Helms, S. W. 265 f.
Hennessy, B. 16, 20, 128
Heraclius, oströmischer Kaiser 45, 63, 427
Herodes der Große **40 f.**, 89, 155, 156, 200, 273, 275, 307, 308, 342, 346, 371
Herodes Antipas 40, 41, 156, 308
Herzfeld, E. 44, 72, 230, 252
Hesa, Qalaat el- 85, **436 f.**, 442, 460; *Abb. 75*
Hieronymus von Kardia 335, 340, 345
Hill, G. 248
Hillenbrand, R. 233, 235
Hippos s. Hosn, Qalaat el-
Hira 44, 62
Hiram, König von Tyrus 133, 443
Hisban (Heschbon, Esbus) 24, 25, 28, 270, **271 ff.**, 276, 313
Hisham, omayyadischer Kalif 66, 233, 234, 240, 245
Hoffmann, A. 200, 228
Horiter 23
Hormoz 78, 79, 331
Horsfield, G. 163, 173, 176, 185, 186, 257, 359, 404, 440
Hosea-Grab (Nabi Yusha) **123 f.**
Hosn, Qalaat el-(Hippos) 40
Hosn, Tell el- 19, 133
Hotzelt, W. 306
Hujeirat el-Ghuzlan, Tell 443
Humayma el-Gharbi (Auara, Hauarra) 67, 271, 426, **448**

Hussein, Herrscher im Hejaz 87, 447
Hussein, König von Jordanien 87, 458, 459
Hyrkan 35, 117 ff., **118 ff.**, 275, 316

Ibn Battuta 195, 321
Ibn Iyas 447
Ibn Shaddad 333
Ibrahim, omayyadischer Kalif 234
Ibrahim, M. 16, 124, 127
Ibrahim Pasha, osmanischer General 124, 321, 333
Idrisi 448
Iktanu, Tell 19, 127, 156
Irak 92, 442, 450, 458, 460
Irbid (Beth-Arbel, Bet-Arbeel, Arbela) 19, 136, **229**, 453, 459, 466
 – Archäologisches Museum 198, 229, 267
Irby, C. L. 121, 162, 200, 312, 359
al-Isfahani 233, 254
Iskander, Khirbet 19, 309
Israel, Israeliten s. auch Juden 20, 22, 23, 24, 26, 27, 29 f., 32, 33, 89, 270, 271, 275, 282, 309, 311, 314, 315, 317
Israel (nach 1948) 230, 442, 446, 450, 458, 459, 460
Izz ad-Din Aybak, Statthalter des al-Muazzam 194, 196, 241
Izz ed-Din Usama 194 f.

Jaffa 76, 446
el-Jafr 13
Jalul, Tell 271
Jaussen, A. 242
Jawa 18, 256, 264, **265 f.**, 267
Jebel ed-Druze 254
Jebel Seis 234
Jebel Tubaiq 13, 452
Jerash s. auch Gerasa 85, 452, 453, 461
Jeremia, Prophet 23, 311, 330
Jericho **14 ff.**, 24, 26, 110, 122, 286
Jerusalem 28, 32, 45, 64, 68, 75, 76, 80, 90, 120, 158, 182, 248, 279, 286, 308, 354, 459
Jerusalem, Synode von 316, 444
Jerusalem, Lateinisches Königreich 76, 77, 78
Jesaja, Prophet 23, 275, 330
Jeziret Faraun s. Aqaba, Ile de Graye
Jiza (Ziza) **124**
Jobab, König von Edom 330
Johannes der Täufer 41, 308
Jojakim, König von Juda 28
Jones, A. H. M. 317, 427
Joram, König von Juda 23, 318
Jordanien, Haschemitisches Königreich 87, 81, **458 ff.**
Josaphat (Joschafat), König von Juda 318, 443
Juda, Judäer 24, 27, 30, 32, 444
Judäa 37, 40, 41, 79, 337, 343
Judas Makkabäus 36
Juden, Judentum s. auch Israeliten 28, **36**, 37, 41, 47, 59, 87, 158, 189, 200, 273, 275 f.
Julian Apostata, römischer Kaiser 44
Justinian, oströmischer Kaiser 44, 161, 239, 254, 268, 444

Kafafi, Z. 16
el-Kahf (er-Rakim) **112 ff.**

491

REGISTER

Kalayan, H. 164, 169, 171, 190
Kallirhoë (Ain ez-Zara) 154 ff.
Kamosch Nadab, König von Moab 28
Kamosch Haleth 28
Kanatha (Qanawat) 40, 258
Kennedy, A. 416, 419
Kenyon, K. 15
Kerak (Kir, Kir-Moab, Kir-Heres, Maaba, Characmoba) 27, 85, 270, 274, 276, 305, 313, 314, 317, **318 ff.**, 344, 452, 453, 459, 466; *Abb. 45, Histor. Abb. VIII, IX*
 - Burg (Krak de, Moab, Pierre du Désert) 78, 79, 80, 84, 317, 323 f., 331, 333, 418; *Farbabb. 40, Abb. 55*
 - Burgmuseum 26, 309, 322, **324**
Kerner, S. 228
Khadiya, M. M. 404
Khailifa, Tell el- 22, 443
Khalde, Khirbet el- 426
Khalid Ibn al-Walid 63, 64, 324
Khalil, L. 443
Kharaneh, Qasr el- 90, 230, 234, **246 ff.**, 253; *Farbabb. 35, Abb. 34, Histor. Abb. X*
Khayir Bey al-Alai 448
Khirbet s. jeweilige Hauptnamen
Killick, A. 427
Kilwa **13 f.**
King, G. R. D. 263, 265
Kirkbride, D. 16, 173, 174, 404, 419, 440
Kithara, Khirbet el- 425, 439, 444
Knauf, A. 197
Königsstraße, s. auch Via Nova Traiana 20, 22, **270 ff.**, 450
Konrad III., deutscher König 76
Konstantin, römischer Kaiser 43, 48, 60
Kraeling, C. H. 164, 167, 172, 173, 177
Krak des Chevaliers 81, 84
Kreuzritter s. Franken
Ktesiphon 44, 72, 248
Kyros, persischer Großkönig 28

Laborde, L. de 162, 359, 366, 416, 417
Lakhmiden **44 f.**, 62, 63, 233, 427
Lammens, H. 230, 231
Lapp, W. 18, 19, 121, 122
Larché, F. 405
Lawrence, T. E. (Lawrence von Arabien) 87, 241, 250, 330, 437 ff., **440**, 446, 448; *Histor. Abb. XIII*
Layard, H. 250, 359
Lehun (Lahun) **314**, 354
el-Lejjun 57, 312, 426, 427, **428 f.**
Lenzen, C. J. 197
Libanon 92, 230, 267, 442, 460
Limes Arabicus 41, 44, 230, 253, 257, 268 f., **426 ff.**
Linant 359, 368, 375
Lindner, M. 330, 343, 365, 368, 372, 376, 381, 383, 402, 404, 406, 413, 415, 416, 422, 425, 440
Li Vaux Moyse (Wueira) 78 f., 331, 344
Lucilius Bassus, römischer Legat 309
Ludolf von Suchem 332
Ludwig VII., französischer König 76
de Luynes, Duc 154, 286, 369, 370

Maan 13, 78, 85, 433, 437, 446, **448**, 453, 459, 466; *Abb. 74*
Mabrak 20
Machärus s. auch Meqawer 41, 155, 342; *Abb. 52*
Madaba (Madeba, Medeba) 24, 27, 29, 37, 41, 45, 85, 90, 270, **274 ff.**, 288, 305, 309, 311, 313, 322, 342, 450, 453, 464; *Histor. Abb. VI*
 - Apostelkirche 116, 276 f., **281 f.**, 284; *Farbabb. 30, Abb. 47, 48, 50*
 - Mosaikkarte, St. Georg 155, 276, **278 f.**, 306, 313, 318, 452; *Farbabb. 33*
 - Mosaikenmuseum 26, 61, 276 f., **280**, 309
 - ›Madaba-Schule‹ 61, 245, **276 f.**, 284
Mafjar, Khirbet el- 69, 108, 110, 230, 234
Mafraq 85, 256, 453, 466
Mahattat el-Hajj 315
al-Mahdi, abbasidischer Kalif 72
Main (Baal-Meon, Bet-Baal-Meon, Bet-Meon, Belemunim) 45, 276, 278, **288**, **305 f.**, 313, 317, 322
 - Hammamet Main 165, **306**, *Farbabb. 15*
Majali, Beduinenstamm 321
Makkabäer 37, 129, 198, 275, 340
al-Makrizi 444, 445
Malichus I., nabatäischer König 338, 413
Malichus II., nabatäischer König 338, 381, 383
al-Mamun, abbasidischer Kalif 74
Mamluken 78, **84 f.**, 110, 131, 238, 274, 317, 320, 324, 333, 344, 446, 447
Mampsis 316, 318, 343
Mangles, J. 121, 162, 200, 312, 359
al-Mansur, abbasidischer Kalif 72
Maquss, Tell 443
Marc Aurel, römischer Kaiser 104, 238, 258
Mare, W. H. 198
Martin, I., Papst 273
Martin-Bueno, M. 171, 174
Marwan I., omayyadischer Kalif 234
Marwan II., omayyadischer Kalif 67, 234
al-Masudi 445
al-Matabi 135
Maximian, römischer Kaiser 240, 265, 317
Maximinus, römischer Kaiser 42
Mazar 63, 156, **324**
Medina s. auch Yathrib 63 ff., 70, 257, 324, 433, 437
Mekka 62 f., 65, 67, 70, 79, 85, 101, 235, 257, 319, 324, 350, 433, 437
Meleagros (Meleager) 37, **199**
Mellaart, J. 127
Menippos 37, **199**
Meqawer (Muqawer, Muqawir) s. auch Machärus 37, **306 ff.**
Mescha (Mesa), König von Moab 27, 270 f., 275, 282, 288, 309, 315, 318
Mesopotamien 18, 19, 24, 33, 48, 58, 72, 266, 347, 354, 356 f.
Midian, Midianiter 22, 343, 426
Milik, J. T. 275, 323, 363
Minäer 339 f.
Mithradates VI. 39
Mittmann, S. 89, 227, 269
Moab, Moabiter 20, **24 ff.**, 30, 33, 79, 128, 271, 275, 309, 311, 314, 315, 317, 326, 347, 430, 450
Moab (Mescha)-Stein 24, **26 f.**, 275, 280, 282, 288, 309 f., 314

Mohammed 63, 66, 114, 324, 431
Mongolen 76, 78, 84f., 124, 195
Morin, F. 254
Morton, W. H. 310
Mshatta 108, 203f., 234, 249, 250ff.
Muawija I., omayyadischer Kalif 65, 66, 234, 431
Muawiya II., omayyadischer Kalif 234
al-Muazzam Isa 333
Muheisen, M. 16, 448
Mundhir, Ghassanidenfürst 44
Mundhir III., Lakhmidenfürst 44
al-Muqaddasi 74, 90, 101, 106, 317, 431, 446
Murray, M. A. 347, 404
Musil, A. 25, 69, 155, 231, 239, 242, 249, 276, 282, 315, 317, 325, 359, 409
Mustafa III., Osmanensultan 436
Musuri, König von Moab 28
Muta 324

Nabatäa, Nabatäer 24, 28, 34, 35f., 41, 58, 62, 89, 153, 158, 159, 173, 179, 238, 255, 256, 267, 275, 308, 310, 313, 314, 324ff., 329, 334ff., 426, 429, 440, 444, 448
Nabonidus, neubabylonischer Herrscher 335
Najjar, M. 103
Namara 257
Naqb, Ras en- 439, Farbabb. 16
Naur (Abel Keramin) 19, 124; Abb. 43
Nebo (Nadabat, Khirbet el-Mekhayat) 27, 136, 276, 282ff., 288, 313
 - Nebo-Mosaiken 45, 61, 116, 276f.
 - Casiseos- und Amos-Kirche 283, 285
 - St. Georg 283f.
 - Kirche des Priesters Johannes 283, 285
 - Lot-und-Prokop-Kirche 282, 284f.; Abb. 49
 - Syagha, Moses Memorial 274, 284, 286ff.
 - Uyun Musa 286
Nebukadnezar II., neubabylonischer Herrscher 28, 32, 311
Negev 317, 334, 340, 344, 348, 426, 427
Negev, A. 59, 133, 317, 339, 344, 354, 357f., 368, 372, 374, 401
Nehemia, König von Juda 32, 118
Nessana 346
Neubabylonisches Reich s. Chaldäer
Nicäa, Konzil von 90, 197, 273, 444
Nissen, H. J. 16, 448
Northedge, A. 103, 107, 108
Northey, A. E. 93, 162
Nur ed-Din, Zengidensultan 319
el-Nuweijis 112; Abb. 11

Oboda 343, 346, 423
Obodas I., nabatäischer König 338, 448
Obodas II., nabatäischer König 338, 344
Obodas III., nabatäischer König 41, 337, 338, 342, 354, 380, 408, 423
Odenthal, J. 38, 70, 452
Odruh (Udruh) 57, 65, 276, 427, 431f., 447
Og, König von Baschan 20, 30
Oleson, J. P. 448
Omar I., Kalif 63, 64, 65
Omar II., omayyadischer Kalif 234

Omayyaden 61, 65f., 72, 74, 90, 102, 107f., 131, 162, 185f., 230ff., 257f., 263, 274, 276, 427, 448
Omri, König von Israel 27, 310
Onaiso (Uneishu) 381, 383, 404
Ortner, D. J. 18
Osmanen 84ff., 91, 124, 320, 333, 437, 446
Oultrejourdain 78f., 194, 268, 319, 331, 446
Outremer 76ff., 84, 194, 319, 323

Palästinenser 92, 127, 457, 458, 459
Palmer 312
Palmyra 44, 58, 59, 157, 159, 160, 175, 267, 344, 426
Parker, S. T. 253, 427, 428, 429
Parr, P. J. 309, 347, 383, 404, 406
Parther 39, 40, 342
Paulus, Bischof von Gerasa 177, 178, 189, 192
Payen le Bouteiller, gen. Pagan, Fürst V. Qultrejourdain 79, 319, 333
Pella (Pihilum, Pehel, Tabaqatahl) 16, 20, 37, 40, 43, 63, 74, 85, 128f., 159, 191, 229
 - Westkirche 130, 131
 - Talbasilika 130, 131, 132, 133; Farbabb. 25
 - Theater 132
Peräa 32, 40, 275, 308
Peter von Amiens 75, 76
Petra s. auch Wadi Musa 38, 57, 58, 59, 157, 159, 271, 317, 334, 343, 348, 358ff., 440, 452, 461, 463; Farbabb. 5, 9–14, Abb. 62
 - Ain Musa, Mosesquelle 22, 348, 358, 402, 418
 - Bab es-Sik-Triklinium (Barocktriklinium) 363, 384; Farbabb. 6, Abb. 57
 - el-Beidha 15f., 419
 - Bunter Saal 353, 375, 376ff.
 - ed-Deir 359, 423ff.; Farbabb. 8, Abb. 70
 - Dorotheos-Haus 401f., 412
 - Dreiteiliges Tor 407f., 444
 - Farasa (Ost) 348, 375ff.; Abb. 69
 - Farasa (West) 362, 379
 - Gartentempel (Gartengrab) 375f., 420
 - el-Habis, Heiligtum 353, 413, 414
 - el-Habis, Kreuzritterburg 78, 79, 344, 404
 - el-Hubta 353, 364, 381ff., 401ff., 403, 414; Abb. 62
 - Jebel ed-Deir 401, 403
 - Jebel Harun 353, 358, 359, 417, 425
 - Jebel en-Nmer 348, 353, 380, 381, 403, 414
 - el-Khan 362, 383
 - Khazne Firaun (Faraun), ›Pharao-Schatzhaus‹ 334, 354f., 357, 359, 368ff., 384, 404, 405, 423
 - Klausenschlucht 423
 - Korinthisches Grab 364, 381, 383, 384; Farbabb. 2, Abb. 61
 - Löwen-Greifen-Tempel (Tempel der geflügelten Löwen) 58, 314, 328, 354, 404, 406f., 409
 - el-Medras 353, 364, 403, 414; Abb. 63
 - Meesara-Berge 355, 413, 418
 - Nischenklamm 402
 - Nymphäum 405, 406
 - Obeliskengrab 352, 363f.; Farbabb. 6, Abb. 57
 - Obodas-Kapelle 380, 423
 - Onaiso-Grab 356, 381, 383, 404; Farbabb. 3
 - Palastgrab 348, 381, 383, 384, 401, 402; Abb. 61
 - Qasr el-Bint Firaun (Faraun) 58, 310, 354, 364, 404, 405, 406, 409ff., 414

493

REGISTER

- Schlangenmonument 226, **415**; *Abb. 67*
- Sik 334, 348, 352, 353, 359, **362**, 364 f., 403, 404, 405, 415; *Farbabb. 1*
- Äußerer Sik 348, 356, **370 ff.**, 405; *Farbabb. 3*
- Sik el-Barid 347, 356, **366**, 403, 407, **419 f.**; *Abb. 72*
- Statthaltergrab (Grab des Sextius Florentinus) 381, **401**
- Statuengrab 357, **376 ff.**, 383, 404; *Farbabb. 7*
- Theater 57, 348, **371 f.**, 401, 404, 405; *Farbabb. 5, Abb. 60*
- Theaternekropole 356, **371 f.**; *Abb. 58*
- Turkmaniye-Grab **418**; *Histor. Abb. I*
- Umm el-Biyara 22, 23, 24, 348, 353, 401, 403, 404, **413 ff.**; *Abb. 65*
- Urnengrab 344, 357, 381, **383**, 404; *Farbabb. 4*
- Wadi Abu Olleqa (Wadi Wapit) 347, 404, 407, **417**, **418**; *Abb. 66*
- Wadi es-Syagh 347, 356, 403, **413**, 420, 425
- el-Wueira 403, **418**
- Zibb Atuf, Großer Opferplatz 328, 364, **372 ff.**, 401, 403, 413, 414; *Abb. 64*

Petrus der Iberer 282, 286, 306
Peutingertafel 197, 257, 318, 448
Philadelphia s. auch Amman 37, 40, 43, 58, **89 f.**, **92 ff.**, 159, 226, 340, 406
Philippus Arabs, römischer Kaiser 42, 43, 254
Philodomos **37, 199**
Piccirillo, M. 269, 283, 285, 287 f., 305, 307, 313, 314
Plinius d. Ä. 153, 197
PLO 458, 459
Plöger, O. 122, 307, 308
Pompeius **38 ff.**, 129, 198, 200, 308
Prokop (Prokopius) 444
Provincia Arabia 62, 89, 159, 160, 191, 240, 271, 316, 343, 344, 383, 401, 426 f.
Provincia Palaestina 129
Provincia Palaestina Secunda 129, 197, 199
Provincia Palaestina Tertia (Salutaris) 318, 325, 344, 427, 444
Ptolemäer 35, 36, 89, 118, 129, 169, 199, 255, 337, 340, 357, 370
Ptolemaios II. Philadelphos 89, 118, 158, 340
Puchstein, O. 163

Qailat ed-Diyab, Tell 111
Qalaat er-Rabad 84, **194 ff.**, 331; *Farbabb. 39, Abb. 29*
Qala Rumeil 311
Qasr s. jeweilige Hauptnamen
el-Qasr (Qasr Rabba) 58, **315 f.**
Qasr el-Abd 117, **121 ff.**; *Abb. 10, 12*
el-Qastal (Castellum Ziza) 124, 230, 234, **253 f.**, 429
al-Qatrana 85, **437**; *Abb. 76*
Qos Gabor, König von Edom 24, 414
Quansu al Ghawri 448
el-Queilbeh s. Abila
Qusair Amra 69, 71, 230, 231, 233, 234, 235, 236, 239, **241 ff.**, 277; *Farbabb. 37, 38, Abb. 35, 36, 37*
Quweira 426
el-Quweisme 88, **112**, 276

Rabad, Qalaat er- 84, 194 ff., 331; *Farbabb. 39, Abb. 29*

Rabba (Ar, Ar-Moab, Arabatha, Rabatha, Tharabatha, Areopolis, Maab) 58, 270, 313, **316 f.**, 324, 450
Rabbath Ammon s. auch Amman 29, 30, **89**, 317, 340
Rabel I., nabatäischer König 338, 340
Rabel II., nabatäischer König 337 f., 339, 381, 383
Rainald von Chatillon, Burgherr von Kerak 79, 194, 319, 446
Rama, Tell er-(Shaghur) 156
Ramla 65
Ramses II., ägyptischer Pharao 22, 25, 255
Ramtha 453
Raphana (er-Rafe) 40
Rast, W. 18
Rehabeam, König von Juda 30, 134
Resafa 44, 234
Restle, M. 181, 185, 191
Rhinocolura (el-Arish) 340
Ricci, P. A. 163, 195
Rihab (Rehob, Beth Rehob, Bet Rehob) 45, 61, 105, 129, 268, **269**
Roberst, D. 359, 366, 368
Robinson, E. 132, 200, 359, 371
Robinson, G. L. 162, 334, 374
Rollefson, G. 16
Roman von Le Puy 78, 79, 333
Romanos IV., byzantinischer Kaiser 75, 76
Roschinski, H. P. 335
Rostovtzeff, M. 164
Rotes Meer s. auch Golf von Aqaba 33, 79, 127, 340, 343, 442, 450
Ruben, Rubeniter 25, 30, 271, 275, 282, 288, 310
Rudayma 257
Runciman, S. 75, 84, 319 f.

Sabäer 343
Sabha 256, 263
Sabra 348, 352, 403, **416 f.**
es-Safa **267**
Safut, Tell 19
Sahab 16, 19, **124**
Saidiyeh, Tell es- 127, 128, **133 f.**
Saladin, Ayyubidensultan 76, 77 f., 79, 81, 84, 194, 268, 274, 319 f., 333, 418, 446
Saller, S. J. 283, 285, 287 f.
Salomo, König von Israel 30, 133, 270, 443
es-Salt (Gadora, Salos Hieraticon) 84, 85, 86, 91, **124**, 452, 453
Sama 256, **265**
Samarra, Jausaq al-Khaqani 72, 73, 108, 233
Samra, Khirbet es- **268**, 278
Sanherib, assyrischer Herrscher 28, 30
Sanipu, König von Ammon 30
Sarakh, Hammam es- (Hammam esh-Sharqa) 234, **239 f.**, 242; *Abb. 33*
Sartre, M. 427
Sassaniden 43, 45, 62, 64, 72, 90, 160, 161 f., 233, 248, 426, 427
Saudi-Arabien 442, 446, 450, 458, 460
Saul, erster König von Israel 26, 30
Sauvaget, J. 67, 232 f., 245, 253
Savignac, R. 242, 314, 374, 440
Schahpur I., Sassanidenherrscher 43, 160
Schaub, T. 18
Schiiten **65**, 66, 77, 433, **457**

Schmidt-Colinet, A.   354, 356, 370
Schmitt-Korte, K.   346, 350
Schubert, G. H. von   153 f., 359
Schulz, B.   163, 253
Schumacher, G.   132, 162, 186, 189 f., 192, 199, 200, 269
Seetzen, U. J.   93, 153, 162, **163**, 197, 200, 307
Sela, Khirbet es-   23, 85, **330 f.**, 331; *Abb. 56*
Seldschuken   75, 76, 77
Seleukiden   35 f., 47, 57, 58, 89, 129, 133, 158, 198, 199, 255, 275, 337, 340
Seleukos   35
Septimius Severus, römischer Kaiser   190, 241, 263, 344, 426
Sergius, Bischof   313
Severus Alexander, römischer Kaiser   43
Severus Ibn al-Muqaffa   249, 253
Sextius Florentinus, römischer Statthalter der Provincia Arabia   381, 383
Shebib Ibn Jarir el-Uqaili   124
Shobeq (Le Krak de Montreal, Mons Regalis, Mons Realis)   78, 80, 84, 85, **331 ff.**, 418, 452
Shuna, Tell esh-   16, 18, 127
Sichon, amoritischer König von Heschbon   20, 24 f., 28, 29, 30, 271, 275, 309, 310, 316
Simmons, A.   16
Speidel, M. P.   427
Starcky, J.   335
Staurachios   313
Stephanos von Byzanz   199
Stewart, D.   440, 446
Stinespring, W. F.   185
Strabo   336, **337**, 353, 374, 444
Strobel, A.   154, 155, 156, 307 f., 309
Strzygowski, J.   230, 252
Subheya   263
Suk, Khirbet es-   88, **114**
Suleiman, omayyadischer Kalif   234
Suleiman Ibn Hisham, Omayyadenprinz   90
Sunniten   **65**, 66, 77, **457**
Suweima   153, 463
Swafiyeh   90, 93, **114 f.**, 245
Sylläus   41, 342 f.
Syrien   32, 38, 45, 60, 63, 64, 65, 68, 85, 87, 230, 244, 319, 411, 426, 450, 458, 460
Syro-Arabische Wüste   22, 24, 29, 337, 426, 450

Tabaqat Fahl   s. Pella
Tabari   90
Taeschner, F.   77
Tafila (Tofel)   78, 79, **329**, 331, 450, 452
Taif   65
Talal, Emir von Transjordanien   87, 458
Tannur, Khirbet et-   58, 109, 246, 314, 315, **326 ff.**, 350, 354, 407
Tarn, W.   35
Tawilan (Teman)   22, 23, 24, 329, **358**, 404
Teleilat el-Ghassul   **16 ff.**, 109, 127, 266
Tell   s. jeweilige Hauptnamen
Theodorus, Tyrann von Philadelphia   158, 172
Theodosius, oströmischer Kaiser   317
Theodosius II., Kaiser   114
Thetmar, Magister   286, 344, 317
Thomsen, P.   427

Thuraya, Qasr eth   429
Thutmosis III.   19 f., 128
Tiberius, römischer Kaiser   48
Tiberius JulianusAlexander, röm. Statthalter   175
Tiglatpilesar III., assyrischer Herrscher   28, 30, 32, 255, 318
Titus, römischer Kaiser   41
Tobiaden   35, 89, **117 f.**
Tobias, persischer Statthalter in Ammon   32, 35, **117**
Tobias, Statthalter des Ptolemaios II. Philadelphos   117
Totes Meer   24, 79, 110, 127, 128, **136 ff.**, 450, 466
Trachonitis   42, 254, 342
Trajan, römischer Kaiser   41, 46, 89, 159, 191, 197, 238, 344, 408, 426, 444
Transjordanien, Emirat   87, 91, 446
Tripolis   33, 76, 77
Tristram, H. B.   24, 154, 250, 307, 312
Tscherkessen   86, 91, 123, 162, 192, 457
Tuba, Qasr et-   110, 234, **249**
Tubb, J. N.   133
Tunayb   86
Tyrus   33, 76, 281

Umm el-Jemal (Thantia [?])   39, 136, 162, 255, **256 ff.**, 267, 268, 313, 348; *Abb. 38, 39, 42, 46*
– Kirchen   **261 f.**; *Abb. 40*
Umm Qeis   s. Gadara
Umm el-Quttein   135, 256, **263**
Umm er-Rasas   57, 278, **311 ff.**; *Abb. 54*
Umm es-Surab   256, **265**
Urban II., Papst   75, 76
Useikhin, Qasr el-   240, 257, 263
Uthman, Kalif   65
Uweinid, Qasr el-   240, 257, 263

Valerian, römischer Kaiser   43
Vaux, R. de   135, 306
Vespasian, römischer Kaiser   153
Via Nova Traiana, s. auch Königsstraße   41, 57, 93, 159, 191, 268, 271, 315, 326, 426, 429, 448
Villeneuve, C. F.   328
Vitruv   97, 226
Vogt-Göknil, U.   265
Vogüé, Comte de   121, 363
Vries, B. de   257, 258, 262

Wadi el-Araba   22, 24, 127, 340, 347, 352, 414, 425, 450, 453
Wadi Attun   155
Wadi Feinan   18
Wadi el-Frangi   322
Wadi el-Hesa (Zered)   22, 24, 36, 270, **326 ff.**, 427, 450; *Farbabb. 20*
Wadi Jeilat   16
Wadi Kefrein   117
Wadi el-Lejjun   429
Wadi Miqat   237
Wadi el-Mujib (Arnon)   24, 25, 28, 29, 253, 270 f., 310, **315**, 326, 429, 450; *Farbabb. 19, Abb. 51*
Wadi Musa, Mosestal   78, 79, 329, 344, **358 f.**, 364, 368, 403, 406, 450, 452 f.
Wadi Rajil   265 f.
Wadi Rum   13, **16**, 314, 406, **439 ff.**, 450, 461, 463,

467; *Farbabb. 21, Abb. 77, Histor. Abb. XI*
– Nabatäischer Tempel 58, 313, 328, 354, 406, **440 f.**
Wadi Shueib 16
Wadi es-Sir (Qasr el-Abd) **116 ff.**; *Abb. 10, 12, 13*
Wadi Sirhan 28, 240, 255, 257, 340, 426
Wagner-Lux, U. 200, 227
Wahabiten 85, 320
al-Walid I., omayyadischer Kalif 66, 233, 234, 237 f.
al-Walid II., omayyadischer Kalif 90, **233 ff.**, 240, 241, 245, 249, 253
Warren, J. 90, 93, 107, 113, 114, 248
Watzinger, C. 163, 364, 376, 378
Weber, T. 200
Weissgerber, G. 18
West Bank, Westjordanland 125, 127, 287, 450, 453, 458, 459, 460, 467
Whitcomb, D. 446
Wiegand, T. 356, 364, 405, 406
Wilhelm von Tyrus 81, 162, 331
Will, E. 122
Wilson, C. 314
Wright, G. E. 20, 88
Wright, G. R. H. 368, 404

Wueira (Li Vaux Moyse) 78 f., 331, 344
Wüstenstraße 270, 274, 340, 343, 348, 439, 444

Yaduda 86
Yakubi 131
Yakut 130, 162, 197, 324, 431
Yarmuk (Hieromax) 59, 64, 127, 136, 197, 200, 228, 229; *Farbabb. 17*
Yarmuk-Schlacht 45, 64, 131, 427
Yassine, K. 20, 135
Yathrib s. auch Medina 63, 343
Yazid I., omayyadischer Kalif 233, 234, 235, 236
Yazid II., omayyadischer Kalif 162, 234, 235, 268
Yazid III., omayyadischer Kalif 234, 243, 245, 253

Zaid, Z. 197
Zarqa 85, 91, **124**, 195, 453, 460, 466
Zayadine, F. 59, 103, 105, 114, 122, 173, 243, 245, 317, 350, 351, 356, 363, 370 f., 381, 384
Zebedas 187
Zengiden 76, 77, 80, 319
Zenobia, Königin von Palmyra 44, 426
Zeraqun, Khirbet ez- 18
Zona, Khirbet ez- 429

Abbildungsnachweis

Farbabbildungen
Reinhard Mario Fox, Lübeck 23
Anneliese und Peter Keilhauer, Salzburg 27–29
Middle East Photographic Archive, London (P. Ryan) Umschlaginnenklappe
Bernhard Müller, Planegg-Martinsried 9
Marion Piotrowski, Plettenberg Umschlagrückseite, 17–20, 34, 35, 37, 39
Johannes Odenthal, Arnsberg 21
Frank Rainer Scheck und Ursula Clemeur, Köln 1, 2, 4–8, 10–16, 25, 31, 32, 36, 38
Tourism Authority, Amman 22, 24, 41 (Marie Claire Paganon); 26, 30, 33, 40 (Adam Woolfitt)
Jörg Wittenberg, Hamburg 3

Schwarzweiß-Photos
Reinhard Mario Fox, Lübeck 45

Christine Osborne, London 74, 77, 78
Frank Rainer Scheck und Ursula Clemeur, Köln 2, 4, 6–41, 47, 48, 50–73, 75, 76
Tourism Authority, Amman 1, 3, 5 (Kay Chernush); 42–44, 46 (Marie Claire Paganon); 49 (Adam Woolfitt)

Historische Photos
Archive des Autors und des Verlages

Textabbildungen
Originalzeichnungen: Ursula Clemeur, Köln
Originalkarten: Gerda Rebensburg, Köln
Alle übrigen Reproduktionen: vgl. Quellenangaben in den Bildlegenden (genaue Titelangaben in den Literaturhinweisen)